이우재의 맹자 읽기

KI신서 3760

이우재의 맹자 읽기

1판 1쇄 발행 2012년 1월 16일
1판 2쇄 발행 2013년 5월 6일

역주 이우재
펴낸이 김영곤 **펴낸곳** (주)북이십일 21세기북스
부사장 임병주
MC기획1실장 김성수 **BC기획팀** 심지혜 양으녕 **해외기획팀** 김준수 조민정
편집팀장 정지은 **디자인 표지** 씨디자인 **본문** 김성엽
마케팅영업본부장 이희영 **영업** 이경희 정경원 정병철
광고제휴 김현섭 김다영 강서영 **프로모션** 민안기 최혜령 이은혜
출판등록 2000년 5월 6일 제10-1965호
주소 (우 413-120) 경기도 파주시 회동길 201(문발동)
대표전화 031-955-2100 **팩스** 031-955-2151 **이메일** book21@book21.co.kr
홈페이지 www.book21.com **트위터** @21cbook **블로그** b.book21.com

ISBN 978-89-509-3516-0 03140
책값은 뒤표지에 있습니다.

이 책 내용의 일부 또는 전부를 재사용하려면 반드시 (주)북이십일의 동의를 얻어야 합니다.
잘못 만들어진 책은 구입하신 서점에서 교환해 드립니다.

오롯이 살아 숨 쉬는 이천삼백 년 삶의 지혜

이우재의 맹자 읽기

이우재 역주

21세기북스

책머리에

　주희(朱熹)의 『맹자집주(孟子集注)』 서설(序說)에는 다음과 같은 정이(程頤)의 말이 인용되어 있다. "맹자는 영기(英氣)가 있는데, 조금이라도 영기가 있으면 곧 규각(圭角, 말과 행동에 모가 있는 것)이 생기니, 영기는 일에 매우 해롭다. 안자(顏子, 안회)는 혼후(渾厚)하여 이와 다르니 성인(공자)과의 차이가 머리카락 하나다. 맹자는 대현(大賢)으로 아성(亞聖)의 다음이다." 주희는 정이의 말을 빌려 맹자의 말과 행동에 모가 나 있는 것을 비판하고 있는 것이다. 확실히 맹자에게는 공자와는 달리 면도날 같은 날카로움과 폐부를 찌르는 통렬함이 있다. 그 차이를 정이는 얼음과 옥에 비유한다. 그리고 맹자와 공자의 수준 차이가 바로 그 얼음과 옥의 차이 만큼이라고 하고 있다.

　문제는 맹자 자신도 그것을 알고 있었다는 것이다. 그는 자신이 논쟁을 벌이기를 좋아한다는 세간의 평가에 대해 답하면서 "성왕(聖王)이 일어나지 않자, 제후들이 방자해지고 처사들이 함부로 의논을 펴, 양주(楊朱)와 묵적(墨翟)의 말이 천하에 가득 찬" 상황에서 자신이 "사람의 마음을 바로잡고 사악한 학설(邪說)을 종식시키며, 편파적인 행동을 물리치고 옳지 않은 말을 내침으로써 세 성인을 계승하려고 한다. 내가 어찌 논쟁을 벌이기를 좋아하겠느냐? 어쩔 수가 없기 때문이다."라고 하고 있다. 즉 당시 묵적의 극단적인 이타주의와 양주의 극단적인 이기주의가 세상을 덮고 있었기 때문에 자신이 그럴 수밖에 없었다는 것이다. 맹자의 규각이 어쩔 수 없는 시대의 산물이었다는 것은 정자(程子)도 인정하고 있다. "배우는 자들은 때를 알아야만 하니, 만일 때를 알지 못한다면 학문을 말할 수 없다. 안회가 누추한 골목에 살면서도 스스로 즐긴 것은 공자가 있었기 때문이다. 맹자의 시대에는 세상에 이미 그런 사람이 없으니, 어찌 스스로 도를 자임하지 않을 수 있었겠는가?"

맹자에 대해 자세한 것은 전해지지 않는다. 지금 우리가 맹자에 대해 알 수 있는 것은, 맹자가 자신의 제자들과 함께 썼을 것으로 추정되는 『맹자』에 기록된 것이 거의 다이다. 맹모삼천의 고사는 유향(劉向)의 『열녀전(列女傳)』에 실려 있으나 야사에 불과하다. 사마천(司馬遷)의 『사기』「맹자순경열전(孟子荀卿列傳)」에 실려 있는 내용은 너무 짧아 참고할 만한 것이 거의 없다. 맹자는 생몰연대조차 분명하지 않다. 일반적으로 BC372년 무렵에 태어나 BC289년 무렵에 죽은 것으로 추정할 따름이다. 그러나 『맹자』에서 언급되는 인물들로 미루어 볼 때 BC4세기의 인물임은 확실하다. 그렇게 볼 때 공자와 맹자의 차이는 소위 춘추 시대와 전국 시대의 차이다.

춘추 초기 170여 개나 되던 제후국들은 맹자의 시대에 오면서 전국 칠웅으로 정리되었다. 제후국의 수는 줄어들었으나, 싸우는 국가(戰國)라는 말에서 알 수 있듯이 전쟁은 총력전으로 변해 더욱 격렬해졌다. 맹자 이후의 일이지만 BC260년에 일어난 장평(長平) 전투에서 진(秦)나라 장군 백기(白起)는 항복한 조(趙)나라 군사 40만을 생매장했다고 한다. 물론 상당히 과장된

숫자이겠지만 그 1/10만 잡아도 4만이나 된다. 당시 전쟁의 규모와 그 참혹함을 미루어 짐작할 수 있다.

춘추 중기 이후 철제 농기구가 보편화되고 그에 따라 농업 생산력이 비약적으로 발전하면서 씨족제적 읍 공동체 질서는 해체되어 갔고, 전국 시대에 이르면 가족 단위의 소농 경영이 보편화되었다. 공동체적 질서의 규제 아래 있었던 토지는 이제 사유화되어 봉건 지주경제가 발전해 갔다. 토지의 사유화는 필연적으로 토지 소유의 집중을 야기했고, 그에 따라 많은 농민들이 토지로부터 추방되어 생활의 터전을 잃었다. 맹자가 무엇보다도 백성에게 먹고 살 방도(恒産)를 마련해 주어야 한다고 역설한 것은 바로 이런 세태를 반영한다.

열국들은 안으로는 새로운 사회경제의 발전 추세에 대응하기 위해, 밖으로는 열국간의 경쟁에서 승리하기 위해 제각기 총체적인 체제 정비에 나섰다. 위문후(魏文侯) 때 이회(李悝)를 필두로 하여 진효공(秦孝公) 때 상앙(商鞅), 초도왕(楚悼王) 때 오기(吳起) 등의 변법(變法)이 그것이다. 변법의 목적은 크게 두 가지였다. 하나는 구래의 씨족공동체적 질서의 잔재를 파괴하고 군주를 정점으로 하는 일원적인 법치 질서를 전 지역에 관철하는 것이었고, 또 하나는 공동체로부터 분리된 소농에게 안정적인 재생산 구조를 보장하는 것이었다. 이런 변법을 통하여 봉건 지주제가 확고하게 자리를 잡아갔고, 군현제(郡縣制)로 표현되는 중앙집권체제가 확립되어 갔다.

그러나 변법론자들의 주장은 맹자에게는 모두 사악한 학설일 뿐이었다. 변법은 약육강식의 경쟁에서 승리하기 위한 것이었고, 그것은 결국 땅을 내몰아 사람을 먹게 하는 것(牽土地而食人肉)에 다름 아니었다. 변법이 전제로 하고 있는 씨족공동체의 해체는 또한 백성의 항산을 빼앗는 것에 불과했다.

그것은 한편으로는 효제(孝悌)로 대표되는 인륜을 파괴하는 것으로서 맹자에 의하면 부모도 없는 금수와 같은 짓이었다. 이런 사악한 학설은 혹세무민하는 것이며, 인의(仁義)를 가로막는 것이었다. 이를 불식시키지 않으면 공자의 도가 나타날 수 없었다. 이런 사악한 학설을 묵과하는 것은 더러운 세상과 야합하는 것으로 향원(鄕原)과 같은 짓이었다. 비슷하지만 아닌 것(似而非)이 더 위험하니, 향원을 미워하는 것은 그것이 덕을 해치기 때문이다. 사악한 학설은 그 마음에서 일어나 그 일을 해치며, 그 일에서 일어나 그 정치를 해친다. 따라서 이들을 물리쳐야 한다고 말만 할 수 있어도 능히 성인의 무리라고 할 수 있었다. 한 마디로 말해 시대는 더욱 각박해졌는데 사설과 요설이 판을 치고 있었던 것이다. 맹자가 폐부를 찌르는 통렬함과 면도날 같은 날카로움으로 다른 학자들과 날선 논쟁을 벌인 것은 바로 이런 이유에서였다.

그러나 세상의 흐름은 맹자의 기대와는 다르게 전개되었다. 공맹의 학설은 전국 시대 정치 사상의 주류가 되지 못했다. 너무 이상주의적이고 복고주의적이었기 때문이었다. 제자백가 최후의 승자는 법가였다. 비록 한(漢) 왕조가 등장한 이후 법가의 통치가 명목상으로는 종언을 고했다고 하나, 한번 해체된 씨족공동체는 다시 복원되지 못했고, 군현제는 역대 왕조 통치체제의 근간이었다. 이후 중국의 정치는 사실상 법가의 내용에 유가의 외피를 입힌 것이었다.

한무제 이후 유교가 독존의 지위를 차지하면서 공자는 화려하게 재기하였지만, 맹자는 그렇지 못했다. 동한 시대 조기(趙岐, 108-198)가 오늘날 우리가 접할 수 있는 가장 오래된 『맹자』 텍스트인 『맹자장구(孟子章句)』를 지었으나 한당(漢唐)대 학자들에게 그렇게 중시된 것 같지는 않다. 맹자가 다시

세인의 주목을 받게 된 것은 송대 성리학자들이 선종(禪宗)을 흉내 내 유교의 법통을 세우면서였다. 그들은 공자, 증자(曾子), 자사(子思), 맹자로 공자의 가르침이 전승되어 왔다고 주장하면서, 『논어』『대학』『중용』『맹자』를 사서(四書)라고 칭해 오경과 별도로 아니 더 위로 놓았다. 맹자의 성선설은 그들이 성리학을 수립하는 데 중요한 초석의 하나가 되었다. 그 이후 비로소 맹자는 공자에 버금가는 존재로서 자리 잡을 수 있게 되었다.

성선설 외에 맹자하면 떠오르는 것은 인의(仁義)라는 두 글자이다. 정이도 말했듯이 공자가 단지 인(仁)이라는 글자 하나만을 이야기했다면 맹자는 입만 열면 인의를 이야기하였다. 『맹자』의 첫머리인 「양혜왕상」1에서 맹자가 양혜왕을 보고 한 첫마디가 "왕께서는 하필이면 이(利)를 말씀하십니까? 단지 인의(仁義)가 있을 뿐입니다."였다는 것은 유명한 이야기이다. 일찍이 사마천은 맹자를 읽다가 이 대목에 이르러 책을 덮고 탄식하지 않은 적이 없었다고 한다. 이와 인의는 정말로 인류 역사에서 영원히 대립하는 명제가 아닐 수 없다.

지난 세기말부터 소위 신자유주의가 전 지구적으로 맹위를 떨치고 있다. 1980년대 말 동구 사회주의가 몰락한 이후 개인의 이익 추구가 사회 전체의 선(善)이 된다는 자본주의의 교리는 만고불변의 진리처럼 받아들여지고 있다. 그러나 불과 20년도 채 안 돼 신자유주의는, 아니 자본주의는 오직 1929년의 대공황만이 그에 비견될 수 있을 정도의 자기 파탄을 드러내고 말았다. 사방에 돈이 넘쳐나는데도 금융공황이 발생해 기업들이 연쇄적으로 쓰러졌다. 전대미문의 경제성장을 이루었다고 하나 그 혜택은 몇몇 소수에게만 돌아가 빈부격차는 날이 갈수록 심해져 가고 있다. 온 천지에 물건이 넘쳐나는데도 제3세계의 굶주리고 가난한 사람들은 여전히 굶주림과 가난에서 벗어나지 못하고 있으며, 이제는 인류 역사상 가장 강대하고 부유한 제국이라는 곳에서조차 굶주리고 가난한 사람이 가파른 비율로 늘어나고 있다. 전세계적으로 자원은 고갈되고 있으며, 생태계마저 파멸의 위협에 직면하고 있다. 1929년의 대공황은 제2차세계대전이라는 인류 역사 최대의 재앙을 낳았는데 지금 이 사태가 인류 역사에 또 어떤 재앙을 가져올지 생각하기조차 힘들다.

이 모든 것은 자본의 무제한적인 이윤 추구를 방종, 아니 조장한 결과이다. 무제한적인 이윤 추구는 사회 전체의 선이 되는 것이 아니라, 악이 되었다. 공자는 "이를 좇아 행동하면 원망을 많이 받는다"라고 했다. 사마천의 말대로 이란 진실로 난(亂)의 시작이며, 모든 사회악의 근원이다. 맹자도 말했듯이 온 나라가 이를 추구하면 그 이 때문에 나라가 산산조각날 것이요, 온 집안이 이를 추구하면 그 이 때문에 부모와 자식이 서로를 내팽개칠 것이다.

이제 더 이상 이가 선이라는 이 사설(邪說)을 용인해서는 안 된다. 이 사설을 용인하는 것은 자본의 탐욕에 쓰러져 가고 있는 수많은 사람들의 고통을 외면하는 것이요, 자본의 탐욕에 파괴되고 있는 지구상의 모든 생명체의 고통을 외면하는 것이다. "길이 둘이니, 인(仁)과 불인(不仁)뿐이다"라는 공자의 말대로 길은 둘 뿐이다. 인의의 길이냐? 이의 길이냐? 중간의 길은 존재하지 않는다. "양주와 묵적을 물리쳐야 한다고 말할 수 있는 자는 성인의 무리다"라고 맹자가 말했듯이, 이의 길을 물리쳐야 한다고 말할 수 있는 자는 인의의 길을 가는 무리다. 자본의 자선에 기대어 이 현실의 모순을 절충하고자 하는 자는 향원일 뿐이다. 인의의 길을 가는 사람은 인의의 길을 가는 사람으로부터는 사랑을 받고 이의 길을 가는 사람으로부터는 미움을 받는다. 이의 길로부터도 인의의 길로부터도 사랑을 받고자 한다는 것은 세상에 야합하여 거짓 명성이나 얻으려 하는 자일뿐이다. 그런 자는 덕을 해치는 자이며, 맹자의 말대로 절대로 요순의 길에는 들어갈 수 없다. 오늘 이 어지러운 세상에서 우리에게 필요한 것은 안회의 혼후함이 아니라, 맹자의 규각이요, 옥의 따스한 윤기가 아니라, 얼음의 차디찬 날카로움이다. 맹자가 이 시대에 다시 살아나야 하는 이유는 바로 여기에 있다.

2000년 논어를 출판한 이후 다음은 맹자라고 생각하고 있었는데, 10년이 넘어서야 그 뜻을 이루게 됐다. 그간 여러 가지 변동이 있어 아버님께서 이 세상을 떠나셨다. 새삼 그동안의 불효가 가슴속을 헤집는다. 그리고 또 많은 사랑하는 사람들을 잃었다. 특히 일부(一夫) 박정희와 싸우느라 젊은 청춘을 감옥에서 보낸 나의 동료, 박홍렬, 서동만, 이창호를 잃은 것은 정말 큰 슬픔이었다. 모두들 박정희와 맞서기를 주저하고 있을 때 이들은 정말 용감하게 앞에 나섰는데……. 특히 서동만은 나의 둘도 없는 친구였다. 이 글을 쓰고 있는 동안에도 그와의 추억들이 눈앞에서 어른거린다. 그들의 영혼이 부디 저세상에서 평안하길…….

그리고 살아남은 자에게는 살아남은 자의 몫이 있는 법, 이제는 주변의 사람들을 정말 소중하게 생각하며 살아야겠다. 지금껏 나와 인연을 맺어 함께한 모든 사람들에게 지면을 빌어 감사를 표한다. 특히 항상 큰 형님처럼 나를 돌봐주신 호인수 신부님, 조성교 신부님, 나의 대부 홍성훈 원장님께 덕분에 이 책을 쓸 수 있었다고 감사를 올린다. 그리고 한 마디만 더한다면 온고재 좁은 공간에서 나와 함께 논어, 맹자를 함께 읽은 우리 온고재 식구 여러분들의 도움도 잊을 수 없다. 내 인생의 나머지를 온고재에서 그들과 함께 보낼 수 있다면 그 이상의 바람은 없을 것이다. 그러나 무엇보다 가장 큰 감사는 어머님과 내 형제들, 그리고 나의 아내와 아이들에게 전한다. 그들의 사랑이 없었으면 이 책의 출간은 정말 불가능했을 것이다. 특히 사랑하는 아내 유경림에 대한 고마움은 지면으로는 다 표시할 수조차 없다. 모두들에게 정말 고맙다는 말을 하고 싶다. 마지막으로 돈도 안 될 이 책을 기꺼이 출판해 준 김영곤 사장과 한자 때문에 골머리깨나 앓았을 편집부 심지혜 씨에게도 감사의 말을 전한다.

이 책을 쓰는 데 주로 참고한 책은 다음과 같다.

정약용(丁若鏞) 『맹자요의(孟子要義)』

주희(朱熹) 『맹자집주(孟子集註)』

초순(焦循) 『맹자정의(孟子正義)』

이토 진사이(伊藤仁齋) 『맹자고의(孟子古義)』

양백준(楊伯峻) 『맹자역주(孟子譯注)』, 중화서국(中華書局)

2011년 12월 온고재에서 이우재

| 차례 |

책머리에 _4

1. 양혜왕장구상(梁惠王章句上) _15
왕께서는 하필이면 이를 말씀하십니까? 단지 인의가 있을 뿐입니다.

2. 양혜왕장구하(梁惠王章句下) _71
이제 왕께서 백성과 함께 즐기신다면 왕다운 왕이 되실 수 있을 것입니다.

3. 공손추장구상(公孫丑章句上) _135
그 기는 지극히 크고 지극히 강해서, 이것을 의로써 기르고 해치지 않는다면 천지간을 가득 채울 것이다.

4. 공손추장구하(公孫丑章句下) _201
장차 큰일을 할 임금은 반드시 부르지 못하는 신하가 있어, 상의하고 싶은 일이 있으면 찾아갑니다.

5. 등문공장구상(滕文公章句上) _253
백성이 살아가는 도는, 일정하게 먹고살 방도가 있어야 떳떳한 마음이 있고 일정하게 먹고살 방도가 없으면 떳떳한 마음도 없는 법입니다.

6. 등문공장구하(滕文公章句下) _303
자기를 굽히는 사람은 남을 펼 수 없는 법이다.

7. 이루장구상(離婁章句上) _357
공자께서 말씀하시길 '길이 둘이니 인과 불인뿐이다'라고 했다.

8. 이루장구하(離婁章句下) _417
대인은 말을 했다고 해서 꼭 지킬 것을 기약하지 않으며, 행동을 했다고 해서 꼭 그 결과를 기약하지 않는다. 오직 의(義)만 따를 뿐이다.

9. 만장장구상(萬章章句上) _485
성인의 행동이 같지 않아, 어떤 사람은 멀리 하기도 하고 어떤 사람은 가까이 하기도 하며, 어떤 사람은 떠나기도 하고 어떤 사람은 떠나지 않기도 하지만, 모두 그 몸을 깨끗이 하는 것으로 귀결될 뿐이다.

10. 만장장구하(萬章章句下) _537
공자를 일컬어 집대성했다고 한다. 집대성이란 금성옥진하는 것이다.

11. 고자장구상(告子章句上) _585
인은 사람의 마음이요, 의는 사람의 길이다.

12. 고자장구하(告子章句下) _647
하늘이 사람에게 큰일을 맡기려고 하면, 반드시 먼저 그 심지를 괴롭히고 그 근골을 수고롭게 하며 그 몸을 굶주리게 하고 궁핍하게 하며 나아가 그 하고자 하는 바를 어긋나게 한다.

13. 진심장구상(盡心章句上) _707
그 마음을 다하는 사람은 그 타고난 본성을 안다. 그 본성을 알면 하늘을 안다.

14. 진심장구하(盡心章句下) _791
인(仁)이라고 하는 것은 인(人)이다. 합해 말하면 도다.

찾아보기 | 고유명사 _860
찾아보기 | 어구 _867

| 일러두기 |

맹자 각 편의 이름은 대개 각 편 첫 장의 두 글자 내지 세 글자를 취해 만들어졌다. 예를 들어 첫 편의 이름이 양혜왕인 것은 첫 장 '孟子見梁惠王'에서 '孟子見'을 뺀 나머지 글자가 양혜왕이기 때문이다. '孟子見'을 뺀 것은 맹자라는 글자가 너무 많이 나와 맹자로는 편명을 지을 수가 없기 때문이다. 이런 작명법은 『논어(論語)』에서 유래했으리라 생각된다. 그것은 맹자가 스스로 공자의 문도임을 자인한 데서 비롯되었을 것이다. 이런 작명법은 당시에도 일상적인 것은 아니었다. 『묵자(墨子)』나 『장자(莊子)』, 『순자(荀子)』 등 대부분의 선진(先秦) 시대 문헌들은 대개 각 편의 주제어로 그 편명을 삼았다.

장구(章句)는 한(漢)대의 학자들이 경전을 훈고할 때 쓰던 말로, 경전을 장(章)과 구(句)로 나누어 읽는다는 뜻이다. 현존하는 맹자에 대한 주석서 중 가장 오래된 『맹자장구(孟子章句)』의 저자인 후한(後漢)의 조기(趙岐, 108~198)는 맹자 전체를 일곱 편으로 나눈 뒤, 다시 각 편을 상하로 나누었다. 그래서 첫 편은 '梁惠王章句上'이라는 제목이 붙여졌으며, 그 후로 이것이 관례가 되었다.

양혜왕장구상

梁惠王章句上

왕께서는 하필이면 이를 말씀하십니까? 단지 인의가 있을 뿐입니다.

1

맹자가 양혜왕을 만나자, 왕이 말했다. "선생님께서 천 리를 멀다 하지 않고 오셨으니, 그렇다면 장차 내 나라를 이롭게 할 일이 있겠군요?"

맹자가 대답했다. "왕께서는 하필이면 이(利)를 말씀하십니까? 단지 인의(仁義)가 있을 뿐입니다. 왕께서 '어떻게 하면 내 나라를 이롭게 할 수 있을까'라고 하신다면, 대부(大夫)들도 '어떻게 하면 내 집안을 이롭게 할 수 있을까'라고 할 것이며, 사(士)나 서인(庶人)들도 '어떻게 하면 내 몸을 이롭게 할 수 있을까'라고 할 것입니다. 위아래가 서로 이익을 다투게 되면 나라가 위태롭습니다. 만승(萬乘)의 나라에서 그 임금을 시해할 자는 반드시 천승(千乘)의 집안이며, 천승의 나라에서 그 임금을 시해할 자는 반드시 백승(百乘)의 집안입니다. 만에서 천을 갖고 있고, 천에서 백을 갖고 있다면 적은 것이 아닙니다. 그런데도 의(義)를 뒤로 하고 이를 앞세운다면, 다 빼앗지 않으면 만족하지 않을 것입니다. 어질면서 그 어버이를 버리는 자는 없으며, 의로우면서 그 임금을 뒤로 하는 자는 없습니다. 왕께서는 단지 인의만을 말씀하셔야지 하필이면 이를 말씀하십니까?"

孟子見梁惠王. 王曰 叟不遠千里而來 亦將有以利吾國乎.

맹자가 양혜왕을 만나자, 왕이 말했다. "선생님께서 천 리를 멀다 하지 않고 오셨으니, 그렇다면 장차 내 나라를 이롭게 할 일이 있겠군요?"

양혜왕(梁惠王)은 전국(戰國)시대 위(魏)나라의 임금으로 이름은 앵(罃)이다. 양혜왕의 선조는 춘추시대 진(晉)나라의 육경(六卿)의 하나였던 위(魏)씨였다. 위씨는 기원전 453년 조(趙)씨, 한(韓)씨와 더불어 진나라를 삼분(三分)한 뒤, 기원전 403년 주(周)의 위열왕(威烈王)으로부터 추인을 받아 정식으로 제후가 되었다. 양혜왕은 기원전 361년(사마천司馬遷의 『사기史記』「위세가魏世家」에서는 양혜왕 31년인 기원전 339년의 일로 기록하고 있다), 서쪽에 있는 진(秦)의 압박을 피해 수도를 안읍(安邑, 지금의 산시山西성 샤夏현 서북쪽 위왕청禹王城)에서 대량(大梁, 지금의 허난河南성 카이펑開封시)으로 옮겼다. 그때부터 위나라를 양나라라고도 불렀으며, 혜(惠)는 죽은 후에 붙여진 시호다.

양나라는 당시 주(周)의 제후국으로 왕을 칭할 수 없었다. 주나라의 법제 하에서는 주의 천자만이 왕을 칭할 수 있었으며, 제후들은 공후백자남(公侯伯子男)이란 칭호를 썼다. 춘추시대 초(楚)나라가 왕을 칭했으나, 초는 원래 주의 봉건제 밖에 존재한 나라였다. 양혜왕이 왕을 칭한 것은 당시 양나라의 국력을 믿고 왕을 참칭(僭稱)한 것이다. 그러나 이미 이름뿐인 주로서는 어찌할 방도가 없었다. 양혜왕의 칭왕(稱王)은 이후 많은 제후들이 서로 앞을 다투어 왕을 칭하는 계기가 되었다.

맹자가 양혜왕을 만난 것에 대해 사마천의 『사기』「위세가」는 위나라가 대량으로 천도한 지 4년 뒤인 양혜왕 35년의 일로 기록하고 있다. 양혜왕이 여러 차례 전쟁에서 패배하자 공손하게 자신의 몸을 낮추고 후한 예물을 갖춰 어진 사람들을 초청하니, 추연(鄒衍), 순우곤(淳于髡), 맹자 등이 대량에 왔다고 한다.

수(叟)는 주희(朱熹)에 의하면 장로(長老)를 일컫는 말이다. '어르신', '노인장'의 뜻이나 여기서는 선생님이라고 번역했다. 역(亦)은 앞뒤 문장을 잇는 접속사로 '곧', '그렇다면'의 뜻이다.

양혜왕이 자신을 낮추고 후한 예물을 갖춰 맹자를 초청한 것은 나라의 부국강병을 위해서였다. 그러기에 맹자가 무슨 방법으로 나라를 이롭게 할 것인가를 물은 것이다.

孟子對曰 王何必曰利 亦有仁義而已矣.
맹자가 대답했다. "왕께서는 하필이면 이(利)를 말씀하십니까? 단지 인의가 있을 뿐입니다."

역유인의이이의(亦有仁義而已矣)의 亦은 지(祇)로 '다만', '단지'의 뜻이다. 주희의 『맹자집주(孟子集注)』에 의하면 인(仁)은 마음의 덕으로 사랑의 이치(心之德愛之理)고, 의는 마음의 법도로 일의 마땅함(心之制事之宜)을 뜻한다. 일본의 이토 진사이(伊藤仁齋)는 『맹자고의(孟子古義)』에서 자애하는 마음이 안과 밖, 멀고 가까움을 막론하고 이르지 않는 곳이 없는 것을 일컬어 인, 마땅히 해야 할 바를 하고 해서는 안 될 것은 하지 않는 것을 일컬어 의라 하고 있다. 우리나라의 다산(茶山) 정약용(丁若鏞)은 『맹자요의(孟子要義)』에서 仁이라는 글자는 人과 人이 중첩된 글자로 사람과 사람이 그 분수를 다하는 것을 뜻하며, 따라서 옛사람들은 사람을 사랑하는 것을 仁이라고 하고 자신을 선하게 하는 것을 義라고 했다고 풀이한다. 그러나 『논어』나 『맹자』에는 인과 의에 대한 사전적인 풀이는 보이지 않는다. 따라서 여기서는 그냥 인을 널리 남을 사랑하는 것, 의는 사물을 올바르게 공정히 대하는 것 정도로 해석해도 무방할 듯하다.

王曰 何以利吾國, 大夫曰 何以利吾家, 士庶人曰 何以利吾身, 上

下交征利而國危矣. 萬乘之國弑其君者 必千乘之家. 千乘之國弑其
君者 必百乘之家. 萬取千焉 千取百焉 不爲不多矣. 苟爲後義而先
利 不奪不饜. 未有仁而遺其親者也 未有義而後其君者也. 王亦曰
仁義而已矣 何必曰利.

"왕께서 '어떻게 하면 내 나라를 이롭게 할 수 있을까'라고 하신다면, 대부들도 '어떻게 하면 내 집 안을 이롭게 할 수 있을까'라고 할 것이며, 사(士)나 서인들도 '어떻게 하면 내 몸을 이롭게 할 수 있을까'라고 할 것입니다. 위아래가 서로 이익을 다투게 되면 나라가 위태롭습니다. 만승의 나라 에서 그 임금을 시해할 자는 반드시 천승의 집안이며, 천승의 나라에서 그 임금을 시해할 자는 반 드시 백승의 집안입니다. 만에서 천을 갖고 있고, 천에서 백을 갖고 있다면 적은 것이 아닙니다. 그런데도 의를 뒤로 하고 이를 앞세운다면, 다 빼앗지 않으면 만족하지 않을 것입니다. 어질면서 그 어버이를 버리는 자는 없으며, 의로우면서 그 임금을 뒤로 하는 자는 없습니다. 왕께서는 단지 인의만을 말씀하셔야지 하필이면 이를 말씀하십니까?"

왕, 대부, 사서인(士庶人)은 당시 사회의 계급 구조다. 왕은 천자로부터 분봉받은 자신의 나라(國)를 거느리고, 대부는 왕으로부터 부여받은 읍을 근거로 자신이 족장으로 있는 일족(家)을 거느리며, 사서인은 대부에게 복속되어 자신이 가장으로 있는 가족을 거느린다.

 만승, 천승, 백승의 승(乘)은 말 네 마리가 끄는 마차다. 전국시대 중반까지 전투의 주력은 마차였다. 따라서 나라 크기도 마차 수로 나타냈으니, 만승은 마차 만 대를 동원할 수 있는 크기의 나라로 주(周)의 천자를 지칭했다. 천승은 큰 제후국, 백승은 대부를 나타낸다. 그러나 전국시대에 이르러 철기 도입에 따른 생산력의 비약적 발전에 힘입어 인구수가 급격히 증가하면서 양이나 제(齊), 진(秦) 등의 여러 나라가 스스로 만승을 자임했다.

 구(苟)는 '진실로', '만일'의 뜻이고, 시(弑)는 아랫사람이 윗사람을 죽이는 것을 말한다. 염(饜)은 원래는 음식을 너무 많이 먹어 싫증이 난다는 뜻인데, 주희에 의하면 여기서는 '만족해한다(足)'는 뜻이다.

양혜왕의 질문에 대한 맹자의 대답은 전혀 예상 밖이었다. 맹자는 인의로 정치를 하면 저절로 나라에 이득이 된다고 대답해도 될 것을, 이(利)라는 말 자체를 부정하고 있다. 이는 모든 화의 근원으로, 사회 구성원들이 모두 이를 좇으면 결국 그 사회는 무너지고 만다는 것이다. 이는 수단으로도 목적으로도 결코 정당화될 수 없다. 오직 인의만이 있을 뿐으로, 인의의 정치를 펴 나라를 인의의 나라로 만들어야 한다. 인의 이외에는 어떤 것에도 곁눈 하나 주지 않는 당당함이 퍽 인상적이다. 개개인의 이기심이 결국 사회 전체의 선이 된다는 애덤 스미스 이래 자본주의 옹호론자들을 맹자가 무어라 할지는 눈에 보지 않아도 선하다.

●

논어의 첫 구절이 공부에 관한 이야기인 데 반해(學而時習之 不亦說乎, 배우고 때 맞춰 익히면 또한 즐겁지 않겠는가), 맹자의 첫 구절은 인의에 관한 이야기다. 맹자를 쓴 사람이 맹자 본인인지 아니면 그의 제자들인지는 확실하지 않지만, 맹자 평생의 뜻이 인의라는 두 글자에 있다고 생각했을 것이다. 그러기에 주제별로도 시간별로도 편찬한 것이 아닌 이 책의 첫머리를 굳이 이 구절로 장식했을 것이다. 인의와 이(利), 고금의 어느 지역을 망라하고 이 둘은 항상 대립, 충돌해왔으며, 지금도 이 둘의 관계는 여전히 풀기 어려운 문제임에 틀림없다.

사마천은 『사기』 「맹자순경열전(孟子荀卿列傳)」에서 다음과 같이 말하고 있다.

"태사공(太史公)은 말한다. 내가 일찍이 맹자를 읽다가 양혜왕이 '어떻게 하면 내 나라를 이롭게 할 수 있을까?' 하고 묻는 대목에 이르러 책을 덮고 '아! 이라는 것은 정말 난(亂)의 근원이구나!'라고 탄식하지 않은 적이 없다. 공자께서 이에 대해 거의 말씀하시지 않은 것은 그 근원을 막기 위해서였다. 그래서 말씀하시길 '이를 좇아 행동하면 원망이 많다'고 하셨다. 천자로부터 서인에 이르기까지 이를 좋아하는 폐해가 무엇이 다르겠는가?"

주희는 『맹자집주』에서 다음과 같이 설명하고 있다.

"이 장에서 말하는 인의는 사람 마음에 고유한 것으로, 천리(天理)의 공(公)이다. 이를 생각하는 마음(利心)은 남과 나를 서로 구분하는 데서 생기는 것으로, 사람 욕심(人欲)의 사사로움(私)이다. 천리를 따르면 이를 구하지 않아도 저절로 이롭지 않은 것이 없다. 인욕을 따르면 이를 구해도 얻지 못하며 해(害)만 따라올 뿐이다. 소위 머리카락 하나 차이가 천리(千里)나 어긋나는 것이다."

주희는 인의와 이의 대립을 천리와 인욕, 공과 사의 대립으로 이해하고 있다. 지나치게 도식적이고 형이상학적인 면은 있으나 이 대립 구조는 성리학을 수미일관 관통하는 근본 구조다.

2

　맹자가 양혜왕을 만났는데, 왕이 연못가에 서서 크고 작은 기러기와 사슴들을 돌아보며 말했다. "현자 또한 이런 것들을 즐깁니까?"
　맹자가 대답했다. "현자가 된 연후에야 이런 것들을 즐길 수 있으니, 현명하지 못한 사람들은 비록 이런 것들이 있어도 즐기지 못합니다. 시에서 말하길 '영대(靈臺)를 짓기 시작해, 자리를 잡고 터를 닦자, 백성들이 그것을 지어 며칠도 안 돼 완성했도다. 서두르지 말라고 해도 백성들이 자식처럼 모여들었도다. 왕께서 영유(靈囿)에 계시니, 암사슴이 엎드리도다. 암사슴은 살쪄 윤이 나고 백조는 희디희도다. 왕께서 영소(靈沼)에 계시니 연못 가득히 물고기가 뛰노는구나'라고 했습니다. 문왕(文王)은 백성의 힘으로 대를 짓고 소를 팠습니다. 백성들이 이를 즐겨, 그 대를 일컬어 영대라 하고, 그 소를 일컬어 영소라 했으며, 그곳의 고라니와 사슴, 물고기와 자라들을 즐겼습니다. 옛사람들은 백성들과 함께 즐겼기 때문에 능히 즐길 수 있었습니다. 탕서(湯誓)에서 말하길 '이 해는 언제 없어지나? 나도 너와 함께 망하리라'고 했습니다. 백성들이 함께 망하길 원한다면, 비록 누대와 연못과 짐승과 새들이 있다고 해도 어찌 그것들을 혼자 즐길 수 있겠습니까?"

孟子見梁惠王. 王立於沼上 顧鴻鴈麋鹿曰 賢者亦樂此乎.
맹자가 양혜왕을 만났는데, 왕이 연못가에 서서 크고 작은 기러기와 사슴들을 돌아보며 말했다.

"현자 또한 이런 것들을 즐깁니까?"

소(沼)는 연못, 沼上은 연못 위가 아니라 연못가라는 뜻이다. 홍안미록(鴻雁麋鹿)의 鴻은 큰 기러기, 雁은 작은 기러기, 麋는 큰 사슴, 鹿은 작은 사슴이다. 樂은 즐긴다는 뜻의 낙으로 읽는다. 양혜왕은 맹자 같은 현자는 고결한 이상만을 추구하느라 일신의 안락 같은 것에는 관심이 없을 것이라고 생각했다. 그래서 이렇게 물은 것이다.

孟子對曰 賢者而後樂此, 不賢者雖有此 不樂也. 詩云 經始靈臺 經之營之, 庶民攻之 不日成之. 經始勿亟 庶民子來. 王在靈囿 麀鹿攸伏, 麀鹿濯濯 白鳥鶴鶴. 王在靈沼 於牣魚躍. 文王以民力爲臺爲沼. 而民歡樂之 謂其臺曰靈臺, 謂其沼曰靈沼, 樂其有麋鹿魚鼈. 古之人與民偕樂 故能樂也.

맹자가 대답했다. "현자가 된 연후에야 이런 것들을 즐길 수 있으니, 현명하지 못한 사람들은 비록 이런 것들이 있어도 즐기지 못합니다. 시에서 말하길 '영대를 짓기 시작해 자리를 잡고 터를 닦자, 백성이 그것을 지어 며칠도 안 돼 완성했도다. 서두르지 말라고 해도 백성들이 자식처럼 모여들었도다. 왕께서 영유에 계시니 암사슴이 엎드리도다. 암사슴은 살쪄 윤이 나고 백조는 희디희도다. 왕께서 영소에 계시니 연못 가득히 물고기가 뛰노는구나'라고 했습니다. 문왕은 백성의 힘으로 대를 짓고 소를 팠습니다. 백성들이 이를 즐겨, 그 대를 일컬어 영대라 하고 그 소를 일컬어 영소라 했으며, 그곳의 고라니와 사슴, 물고기와 자라들을 즐겼습니다. 옛사람들은 백성들과 함께 즐겼기 때문에 능히 즐길 수 있었습니다."

이후(而後)는 '되고 나서야', '이후에야'의 뜻이다. 양혜왕의 질문에 맹자는 오히려 현자만이 그런 즐거움을 누릴 수 있다고 대답하고 있다. 詩는 지금 『시경(詩經)』「대아(大雅)」의 영대(靈臺)편이다. 경(經)은 땅을 측량하는 것, 영대는 문왕(文王)이 지은 누대의 이름이다. 영(營)은 푯말을 세우는 것, 공(攻)은 치(治)로, 세우는 것, 건축하는 것이다. 불일성지(不日成之)의 不日에 대해 조기는 기한을 정하지 않았다는 뜻으로 풀이하고 있으나 주희는 '하루가 되기 전에'의 뜻으로 풀이한다. 다산 정약용은 조기와 견해를 같이한다. 즉 기한을 정해 독촉하지 않았는데도 완성됐다는 뜻이다. 극(亟)은 빨리하다, 서두르다, 자래(子來)는 자식처럼 달려왔다는 뜻이다. 문왕이 영대를 건설할 때 서두르지 말라고 했음에도 불구하고 백성들이 마치 자식이 부모 일에 달려오듯 달려왔다는 것이다. 영유(靈囿)는 영대 아래 있는 정원, 영소(靈沼)는 그 정원 안에 있는 연못이다. 우(麀)는 암사슴, 유복(攸伏)은 편안히 엎드려 쉬고 있는 모습이며, 탁탁(濯濯)은 살쪄 윤택한 모양, 학학(鶴鶴)은 희고 깨끗한 모양이다. 어(於)는 여기서는 아아! 하는 감탄사, 인(牣)은 만(滿)으로 가득하다는 뜻이다. 주나라 문왕이 선정을 펴자 백성들이 왕의 일을 자기 일처럼 여겨 영대를 만드는 것을 거들었고, 왕과 함께 그것을 즐겼다는 옛이야기를 통해, 맹자는 오직 현자만이 그런 즐거움을 누릴 수 있다는 것을 논증하고 있다. 여민해락(與民偕樂)의 偕는 동(同)으로 함께라는 뜻이다. 與民同樂이라고도 쓴다.

湯誓曰 時日害喪 予及女偕亡. 民欲與之偕亡 雖有臺池鳥獸 豈能獨樂哉.

"탕서에서 말하길 '이 해는 언제 없어지나? 나도 너와 함께 망하리라'고 했습니다. 백성들이 함께 망하길 원한다면, 비록 누대와 연못과 짐승과 새들이 있다고 해도 어찌 그것들을 혼자 즐길 수 있겠습니까?"

탕서(湯誓)는 『상서(尙書)』의 편명으로, 상(商)나라의 시조 탕왕(湯王)이 폭군 걸(桀)을 정벌할 때 군사들에게 한 말이라고 전해오고 있다. 시일해상 여급여해망(時日害喪 予及女偕亡)의 時는 시(是)로 '이(this)'라는 뜻의 지시사(指示詞), 害는 갈(曷)로 어찌, 언제라는 뜻의 의문사다. 동한(東漢)의 학자 정현(鄭玄)의 해석에 따르면 하나라의 폭군 걸은 백성들이 이반하는 것을 보고, 자신을 태양에 비유해 "이 해가 어찌 없어지겠는가? 만일 이 해가 없어진다면 너희도 나와 함께 모두 망하리라"고 말했다 한다. 즉 해가 없어지지 않는 것처럼 자신도 망하지 않을 것이라는 말이다. 정현에 따르면 이 말은 걸의 말이다. 그런데 조기는 이 말을 탕왕의 말로 해석한다. 是日은 걸이 망했다는 을묘(乙卯)일이고 害는 대(大)로 '크게'라는 뜻이다. 즉 탕왕이 걸의 정벌을 앞두고 병사들에게 '이날 (걸이) 크게 망할 것이다. 내가 너희와 함께 가 그를 망하게 할 것이다'라고 말했다는 것이다. 그러나 주희와 다산을 위시한 대부분의 해석은 이와 다르다. 그들은 이 말을 걸의 폭정에 신음하는 하나라 백성들의 말로 해석한다. 하나라 백성들이 걸이 자신을 해에 비유하는 것을 듣고 말하길 "이 해는 언제 없어지나? 나도 너와 함께 망하리라"고 저주했다는 것이다. 뒤의 문장을 볼 때 이 해석이 옳은 듯하다.

유명한 여민동락의 장이다. 위정자와 백성이 함께하면 나라가 오래갈 것이요, 따로 하면 아무리 그 영화가 화려하다고 해도 오래가지 못함을 고금 동서의 역사가 보여주고 있다.

3

양혜왕이 말했다. "과인은 나라에 대하여 마음을 다 쏟았습니다. 하내(河內)에 흉년이 들면 그 백성들을 하동(河東)으로 옮기고 곡식을 하내로 보냈습니다. 하동이 흉년이 들어도 마찬가지로 했습니다. 이웃나라의 정치를 살펴보니 과인처럼 마음을 쓰는 자가 없습니다. 그런데도 이웃나라의 백성들이 더 줄어들지 않고 과인의 백성들도 더 늘어나지 않으니 무슨 까닭입니까?"

맹자가 대답했다. "왕께서 전쟁을 좋아하니, 전쟁에 비유해 말씀드리겠습니다. 북소리가 둥둥 울려 칼날끼리 이미 맞붙었는데 갑옷을 버리고 무기를 끌며 달아났습니다. 어떤 자는 백 보를 달아나다 멈추고 어떤 자는 오십 보를 달아나다 멈췄습니다. 그런데 그 오십 보를 달아난 사람이 백 보를 달아난 사람을 비웃었다면 어떻습니까?"

"안 됩니다. 단지 백 보가 아닐 뿐이지, 이 또한 달아난 것입니다."

"왕께서 이를 아신다면 백성들이 이웃나라보다 많기를 기대해서는 안 됩니다. 농사철을 어기지 않는다면 곡식이 먹어도 남아돌 것이며, 연못에서 너무 촘촘한 그물로 고기를 잡지 않는다면 물고기와 자라가 먹어도 남아돌 것이며, 때를 맞춰 벌목한다면 재목이 써도 남아돌 것입니다. 곡식과 물고기와 자라가 먹어도 남아돌고 재목이 써도 남아돈다면 백성들은 산 사람을 기르고 죽은 사람을 장사지내는 데 유감이 없을 것입니다. 산 사람을 기르고 죽은 사람을 장사지내는 데 유감이 없도록 하는 것이 왕도(王道)의 시작입니다. 다섯 무(畝)의 택지에 뽕나무를 심으면 오십이 넘은 사람들이 비단옷을 입을 수 있고, 닭과 개와 돼지를 때를 맞춰 잘 기르면 칠십이 넘은 사람들이 고기를 먹을 수 있으며, 백 무의 밭에 때 맞춰 농사를 지으면 몇 식구의 집안이 굶주리지 않게 될 것이며, 학교에서 가르침을 삼가 효제(孝悌)의 의리를 거듭 편다면 머리가 희끗희끗한 사람들이 길 위에서 짐을 이거나 지지 않을 것입니다. 칠십이 넘은 사람들이 비단옷을 입고 고기를 먹으며, 백성들이 굶주리거나 추위에 떨지 않는데, 그러고서도 왕이 되지 못한 사람은 없습니다. 개와 돼지가 사람이 먹을 것을 먹는데도 제재를 가할 줄 모르며, 길에 굶어죽은 사람들의 시체가 널려 있는데도 창고의 곡식을 풀 줄 모릅니다. 그러면서도 사람이 죽으면 말하길 '내 잘못이 아니다, 흉년 탓이다'라고 한다면, 칼로 사람을 찔러 죽이고 나서 '내가 아니다. 칼이 죽인 것이다'라고 하는 것과 무엇이 다르겠습니까? 왕께서 흉년 탓을 하지 않는다면 천하의 백성들이 다 이를 것입니다."

梁惠王曰 寡人之於國也 盡心焉耳矣. 河內凶 則移其民於河東, 移其粟於河內. 河東凶亦然. 察鄰國之政 無如寡人之用心者. 鄰國之民不加少 寡人之民不加多 何也.

양혜왕이 말했다. "과인은 나라에 대하여 마음을 다 쏟았습니다. 하내에 흉년이 들면 그 백성들을 하동으로 옮기고 곡식을 하내로 보냈습니다. 하동이 흉년이 들어도 마찬가지로 했습니다. 이웃나라의 정치를 살펴보니 과인처럼 마음을 쓰는 자가 없습니다. 그런데도 이웃나라의 백성들이 더 줄어들지 않고 과인의 백성들도 더 늘어나지 않으니 무슨 까닭입니까?"

과인(寡人)은 제후가 스스로를 부를 때 쓰는 말로 덕이 부족한 사람(寡德之

人)이라는 뜻이다. 하내(河內)는 지금의 허난성 경내 위나라 영토 중 황하 이북 지역, 하동(河東)은 산시(山西)성 경내 위나라 영토 중 황하 이동 지역이다. 가소(加少), 가다(加多)의 加는 '더욱', '더'라는 뜻의 증(增)으로 '더 줄어들다', '더 늘어나다'의 뜻이다.

 양혜왕은 한 지역에서 흉년이 들면 그 백성은 곡식이 풍부한 다른 지역으로 옮기고, 대신 곡식을 그 지역으로 보내 굶주림을 면하게 하는 등 자기 딴에는 정성을 다해 나랏일을 돌보았다. 그런데도 인구수가 이웃나라에 비해 늘어나지 않자 그것을 이상하게 여겨 맹자에게 그 이유를 물었다. 인구수로 물은 것은 당시도 지금이나 마찬가지로 인구수가 국력의 요체였기 때문이다.

孟子對曰 王好戰 請以戰喩. 塡然鼓之 兵刃旣接 棄甲曳兵而走. 或百步而後止 或五十步而後止. 以五十步笑百步 則何如.

맹자가 대답했다. "왕께서 전쟁을 좋아하니, 전쟁에 비유해 말씀드리겠습니다. 북소리가 둥둥 울려 칼날끼리 이미 맞붙었는데 갑옷을 버리고 무기를 끌며 달아났습니다. 어떤 자는 백 보를 달아나다 멈추고 어떤 자는 오십 보를 달아나다 멈췄습니다. 그런데 그 오십 보를 달아난 사람이 백 보를 달아난 사람을 비웃었다면 어떻습니까?"

전연(塡然)은 북소리가 둥둥 울리는 것을 나타내는 말이고, 고(鼓)는 북을 친다는 뜻이다. 고는 자동사로 목적어가 필요 없으나 지(之)가 운율을 맞추기 위해 첨가되었다. 병인(兵刃)은 병기와 칼날 즉 병기이며, 기접(旣接)은 맞붙은 것이다. 기갑예병(棄甲曳兵)은 갑옷을 버리고(棄甲) 병기를 끄는 것이며(曳兵), 주(走)는 뛰어 도망치는 것이다.

1. 양혜왕장구상(梁惠王章句上)

양혜왕은 즉위 후 여러 차례에 걸쳐 이웃나라와 정벌전쟁을 벌였다. 따라서 맹자가 전쟁에 관한 일로 비유를 들어, 오십 보를 도망친 사람이 백 보를 도망친 사람을 비웃는다면 어떻겠냐고 물은 것이다.

曰 不可, 直不百步耳 是亦走也.
"안 됩니다. 단지 백 보가 아닐 뿐이지, 이 또한 달아난 것입니다."

직(直)은 다만, 단지의 뜻이다. 왕은 당연히 오십 보나 백 보나 도망친 것은 똑같다고 대답했다.

曰 王如知此 則無望民之多於鄰國也. 不違農時 穀不可勝食也, 數罟不入洿池 魚鼈不可勝食也, 斧斤以時入山林 材木不可勝用也. 穀與魚鼈不可勝食 材木不可勝用 是使民養生喪死無憾也. 養生喪死無憾 王道之始也.
"왕께서 이를 아신다면 백성들이 이웃나라보다 많기를 기대해서는 안 됩니다. 농사철을 어기지 않는다면 곡식이 먹어도 남아돌 것이며, 연못에서 너무 촘촘한 그물로 고기를 잡지 않는다면 물고기와 자라가 먹어도 남아돌 것이며, 때를 맞춰 벌목한다면 재목이 써도 남아돌 것입니다. 곡식과 물고기와 자라가 먹어도 남아돌고 재목이 써도 남아돈다면 백성들은 산 사람을 기르고 죽은 사람을 장사지내는 데 유감이 없을 것입니다. 산 사람을 기르고 죽은 사람을 장사지내는 데 유감이 없도록 하는 것이 왕도의 시작입니다."

불위농시(不違農時)는 백성들을 노역이나 전쟁에 동원할 때 농사철을 피한다는 뜻이고, 불가승식(不可勝食)은 많아 다 먹지 못하는 것이다. 백성들이 농사일에 전념할 수 있게 농번기에 노역 동원을 하지 않으면 백성들이 밥을 넉넉히 먹을 수 있다. 촉고(數罟)의 數은 촘촘할 촉으로 그물눈이 촘촘한 것이다. 물고기의 씨가 마르지 않도록 그물눈이 너무 촘촘한 것을 쓰지 않으면 물고기의 생육이 보장되어 물고기를 넉넉히 먹을 수 있다. 부근이시입산림(斧斤以時入山林)의 斧는 도끼, 斤은 자귀로 나무를 벨 때 쓰는 연장이다. 아무 때나 숲에 들어가 나무를 베지 않고 나무의 생장이 멈춘 동절기에 숲에 들어가 나무를 베는 것이다. 나무를 함부로 베지 않고 일정 정도 나무의 생장을 보장하면 재목을 넉넉히 쓸 수 있다. 양생상사(養生喪死)의 養生은 살아 있는 사람을 봉양하는 것이고, 喪死는 죽은 사람을 장사지내는 것이다. 무감(無憾)은 유감이 없는 것이다.

　왕도정치가 다른 것이 아니다. 백성들이 편안히 먹고살 수 있게 해주는 것이 바로 왕도정치다.

五畝之宅 樹之以桑 五十者可以衣帛矣, 雞豚狗彘之畜 無失其時 七十者可以食肉矣, 百畝之田 勿奪其時 數口之家可以無飢矣, 謹庠序之敎 申之以孝悌之義 頒白者不負戴於道路矣. 七十者衣帛食肉 黎民不飢不寒 然而不王者 未之有也.

"다섯 무의 택지에 뽕나무를 심으면 오십이 넘은 사람들이 비단옷을 입을 수 있고, 닭과 개와 돼지를 때를 맞춰 잘 기르면 칠십이 넘은 사람들이 고기를 먹을 수 있으며, 백 무의 밭에 때 맞춰 농사를 지으면 몇 식구의 집안이 굶주리지 않게 될 것이며, 학교에서 가르침을 삼가 효제의 의리를 거듭 편다면 머리가 희끗희끗한 사람들이 길 위에서 짐을 이거나 지지 않을 것입니다. 칠십이 넘은 사람들이 비단옷을 입고 고기를 먹으며, 백성들이 굶주리거나 추위에 떨지 않는데, 그러고서도 왕이 되지 못한 사람은 없습니다."

무(畝)는 토지 면적을 나타내는 단위다. 시대에 따라 다르나 현재의 1무는 약 667㎡(200평)다. 맹자 시대 1무가 얼마인가에 대해서는 확실치 않다. 현재의 1무가 240보(步)인 데 반해 주나라 때 1무가 100보임을 감안할 때 약 80평 정도로 생각할 수 있으나, 보의 기준이 되는 척(尺)의 단위가 다르기 때문에 확정할 수 없다. 아무튼 집 주변에 뽕나무를 심으면 오십이 넘은 사람들이 비단옷을 입을 수 있다. 계(鷄)는 닭, 돈(豚)은 새끼 돼지, 구(狗)는 개, 체(彘)는 돼지다. 무실기시(無失其時)는 가축을 기를 때 새끼나 새끼를 밴 것은 잡아먹지 않는 것이다. 가축을 한꺼번에 다 잡아먹지 않고 생육을 조절하면서 키우면 칠십이 넘은 사람들이 고기를 먹을 수 있다. 여기서 오십, 칠십이라는 것은 오십이나 칠십이 안 된 젊은 사람들은 비단옷을 입거나 고기를 먹어서는 안 된다는 뜻이 아니다. 오십이 넘으면 비단옷이 아니면 따뜻하지 않고 칠십이 넘으면 고기가 아니면 배부르지 않으니, 이들 노인들에게 우선적으로 입히고 먹인다는 뜻이다.

물탈기시(勿奪其時)는 농사철에 농민이 농사에 전념할 수 있도록 전쟁이나 노역 동원을 하지 않는 것이다. 한 가구당 백 무의 토지를 주어 경작케 하면서, 농민이 농사철에 농사에 전념할 수 있게 한다면 농민들이 굶지 않는다. 상서(庠序)는 중국 고대 지방의 교육기관이다. 신(申)은 '거듭하다', '반복하다'의 뜻이다. 효(孝)는 주희에 따르면 부모를 잘 섬기는 것이고, 제(悌)는 형과 웃어른을 잘 모시는 것이다. 반백(頒白)의 頒은 斑(얼룩 반)으로, 머리가 반은 희고 반은 검어 희끗희끗한 것이다. 백성의 물질적 생활이 안정되면 이어 고을마다 학교를 세워 백성들을 가르친다. 그러면 백성들이 교화되어 길거리에서 나이 든 사람들이 짐을 지고 다니는 일이 없게 된다.

여민(黎民)의 黎는 검을 흑(黑)으로, 여민은 관을 쓰지 않아 머리를 드러내 놓고 다니는 사람, 즉 백성을 말한다. 진(秦)나라에서는 검수(黔首)라고 불렀다. 나이 든 노인이 비단옷에 고기를 먹고 백성들이 굶주리거나 추위에 떨지 않는데도 천하의 왕이 되지 못한 사람은 일찍이 없었다.

狗彘食人食而不知檢, 塗有餓莩而不知發. 人死 則曰 非我也 歲也. 是何異於刺人而殺之 曰 非我也 兵也. 王無罪歲 斯天下之民至焉.
"개와 돼지가 사람이 먹을 것을 먹는데도 제재를 가할 줄 모르며, 길에 굶어죽은 사람들의 시체가 널려 있는데도 창고의 곡식을 풀 줄 모릅니다. 그러면서도 사람이 죽으면 말하길 '내 잘못이 아니다, 흉년 탓이다'라고 한다면, 칼로 사람을 찔러 죽이고 나서 '내가 아니다, 칼이 죽인 것이다'라고 하는 것과 무엇이 다르겠습니까? 왕께서 흉년 탓을 하지 않는다면 천하의 백성들이 다 이를 것입니다."

구체식인식이부지검(狗彘食人食而不知檢)에 대해서는 해석이 엇갈린다. 조기는 檢을 법도로 거둬들이는 것으로 풀이한다. 즉 임금이 개나 돼지를 기르며 사람이 먹는 것을 먹게 하면서도 그것을 법도로 거둬들일 줄(자제할 줄) 모른다는 것이다. 주희는 檢을 制民之産의 제(制)로 풀이해 개나 돼지가 사람이 먹는 것을 먹어도 백성들이 먹고살 방도를 만들어줄 줄 모른다는 뜻으로 풀이한다. 다산과 안사고(顔師古)는 이 말이 풍년에 해당하는 말이라고 한다. 즉 풍년에 곡식이 너무 많이 생산되면 가격이 떨어져 개나 돼지까지 곡식을 먹는 지경에 이른다. 이때는 국가가 곡식을 적정한 가격에 사들여 곡식 가격이 너무 폭락하는 것을 방지해야 한다는 것이다. 즉 상평법(常平法)을 써야 한다는 이야기다. 뒤 문장의 발(發)이 창고를 연다는 뜻임에 비추어 그렇게 해석한 것 같으나 맹자 당시 시장경제가 그만큼 발전했는지는 의문이다. 청(淸)의 학자 염약거(閻若璩)는 狗彘食人食을 백성들로부터 가렴주구해서 자기 집의 개나 돼지를 먹인다는 뜻으로 풀이한다. 양백준(楊伯峻)은 『맹자역주(孟子譯注)』에서 이 입장을 지지해 부귀한 자들이 백성들로부터 가렴주구해서 자기 집의 개와 돼지를 먹이는데도 그것을 검사해 제재를 가할 줄 모른다는 뜻으로 해석한다. 여기서는 이 설을 따랐다.

도유아표이부지발(塗有餓莩而不知發)의 塗는 길, 莩는 굶어죽은 시체, 發은 창고를 여는 것이다. 즉 흉년이 들어 길가에 굶어죽은 사람의 시체가 나뒹구는데도 곡식 창고를 열어 백성을 구제할 줄 모른다는 것이다. 그렇게 사람이 죽어가는데도 말하길 자기 잘못이 아니고 흉년 탓이라고 한다면, 그것은 사람을 칼로 찔러 죽여놓고 자기가 아니라 칼이 그랬다고 하는 것과 같다. 그러면서 자기 나라 백성이 이웃나라보다 많아지기를 바란다는 것은 그야말로 어불성설이다. 양혜왕이 흉년 탓으로 돌리지 않고 백성들에게 어진 정치를 편다면 천하의 백성들이 모두 위나라로 몰려들 것이다.

유명한 오십보백보 고사가 여기서 나왔다. 전국시대 각국의 군주들은 모두 양혜왕과 같았다. 모두 자기 배만 채우기에 급급했던 것이다. 그러면서도 서로 자기 나라가 이웃나라보다 부유하고 강대하기를 바랐으니 그야말로 오십보백보일 수밖에 없었다. 맹자가 보기에 각국의 군주가 모두 오십보백보인 상황에서 누구 하나라도 고대 성왕들을 본받아 어진 정치를 편다면 천하의 왕자가 되는 것은 시간 문제였을 것이다.

4

양혜왕이 말했다. "과인이 원컨대 기꺼이 가르침을 받고자 합니다."

맹자가 대답했다. "사람을 몽둥이로 죽이는 것과 칼로 죽이는 것 사이에 무슨 차이가 있습니까?"

"차이가 없습니다."

"칼로 죽이는 것과 정치로 죽이는 것 사이에는 무슨 차이가 있습니까?"

"차이가 없습니다."

"부엌에는 기름진 고기가 있고 마구간에는 살찐 말이 있는데 백성들은 굶주린 기색이 있고 들판에는 굶어죽은 시체가 있으니, 이는 짐승을 몰아다가 사람을 잡아먹게 하는 것입니다. 짐승들이 서로 잡아먹는 것조차 사람들은 싫어합니다. 그런데 백성의 부모가 되어 정치를 하면서 짐승을 몰아다가 사람을 잡아먹게 하는 데서 벗어나지 못하고 있으니, 어디에 백성의 부모됨이 있습니까? 중니(仲尼)께서 말씀하시길 '처음 나무인형을 만든 사람은 아마 후손이 없을 것이다'라고 하셨으니, 이는 사람의 형상을 본떠 사용했기 때문입니다. 그런데 이 백성을 굶주려 죽게 해서 어찌시려는 것입니까?"

梁惠王曰 寡人願安承敎.

孟子對曰 殺人以梃與刃 有以異乎.

曰 無以異也.

以刃與政 有以異乎.

曰 無以異也.

양혜왕이 말했다. "과인이 원컨대 기꺼이 가르침을 받고자 합니다."

맹자가 대답했다. "사람을 몽둥이로 죽이는 것과 칼로 죽이는 것 사이에 무슨 차이가 있습니까?"

"차이가 없습니다."

"칼로 죽이는 것과 정치로 죽이는 것 사이에는 무슨 차이가 있습니까?"

"차이가 없습니다."

원안승교(願安承敎)의 安은 낙의(樂意), 안의(安意)로 '기꺼이'의 뜻이다. 양혜왕이 맹자로부터 기꺼이 가르침을 받겠다고 한 것이다. 정(挺)은 몽둥이, 인(刃)은 칼이다. 맹자는 양혜왕의 부탁을 듣고 양혜왕의 폭정을 비판하고자 살인을 예로 들어 말을 시작했다.

曰 庖有肥肉 廐有肥馬, 民有飢色 野有餓莩, 此率獸而食人也. 獸相食 且人惡之. 爲民父母 行政不免於率獸而食人. 惡在其爲民父母也.

"부엌에는 기름진 고기가 있고 마구간에는 살찐 말이 있는데 백성들은 굶주린 기색이 있고 들판에는 굶어죽은 시체가 있으니, 이는 짐승을 몰아다가 사람을 잡아먹게 하는 것입니다. 짐승들이 서로 잡아먹는 것조차 사람들은 싫어합니다. 그런데 백성의 부모가 되어 정치를 하면서 짐승을 몰아다가 사람을 잡아먹게 하는 데서 벗어나지 못하고 있으니, 어디에 백성의 부모됨이 있습니까?"

포(庖)는 부엌, 구(廐)는 마구간이다. 아표(餓莩)는 굶어죽은 시체다. 솔수(率

獸)는 짐승을 몰고 가는 것이다. 포유(庖有)부터 식인야(食人也)까지는 「등문공하(滕文公下)」 9에 공명의(公明儀)의 말로도 소개되어 있다. 아마 당시 유행하던 숙어였을 것으로 생각된다. 백성들을 가혹하게 착취해 자기 집의 짐승은 살찌우면서 백성들을 들판에서 굶어죽게 만드는 것은 짐승을 몰아 사람을 잡아먹게 하는 것과 다를 게 없다. 차인오지(且人惡之)의 且는 상차(尙且)로, '조차도', '까지도'의 뜻이다. 민부모(民父母)는 백성의 부모로 임금을 가리킨다. 오재(惡在)는 어디에 있느냐는 반어(反語)다. 백성의 부모라는 자가 짐승을 몰아 백성을 잡아먹게 한다면 그게 어디 백성의 부모냐는 뜻이다. 그것은 칼이나 몽둥이로 사람을 죽이는 것과 똑같은 짓이다.

仲尼曰 始作俑者 其無後乎. 爲其象人而用之也. 如之何其使斯民飢而死也.

"중니께서 말씀하시길 '처음 나무인형을 만든 사람은 아마 후손이 없을 것이다'라고 하셨으니, 이는 사람의 형상을 본떠 사용했기 때문입니다. 그런데 이 백성을 굶주려 죽게 해서 어쩌시려는 것입니까?"

중니(仲尼)는 공자다. 시작용자 기무후호(始作俑者 其無後乎)는 공자의 말이다. 용(俑)은 나무나 흙으로 만든 인형이다. 고대 중국에는 순장 풍습이 있었다. 그러나 점차 사람의 지혜가 발달하면서, 사람 대신 나무나 흙으로 만든 인형을 함께 매장하는 쪽으로 변해갔다. 용은 그때 쓰는 인형이다. 후(後)는 후손이다. '其~乎'는 가벼운 추측을 나타낸다. 공자는 비록 사람이 아닌 인형을 매장했다고 하더라도 그것이 사람의 형상을 띤 이상 어질지 못한 행동이라고 생각했다. 따라서 하늘의 벌을 받아 후손이 없게 될 것이라고 말한 것이다.

임금이 정녕 백성의 부모라면 진짜 부모처럼 백성의 삶을 살피고 돌봐야 한다. 그런데 자기 집의 짐승은 배불리 먹이면서 백성들은 굶주려 들판에서 죽게 만든다면, 그것은 백성을 칼로 찔러 죽이거나 몽둥이로 때려죽이는 것과 똑같은 살인일 뿐이다. 살인은 한두 사람, 기껏해야 몇 사람에게만 그 피해가 미칠 뿐이지만 가혹한 정치는 몇 십 만, 몇 백 만의 사람을 들판으로 내몰아 죽게 만든다.

5

    양혜왕이 말했다. "진국(晉國)이 천하에서 막강했음은 선생님께서도 알고 계시는 바입니다. 그런데 과인의 대에 이르러 동으로는 제(齊)에게 패해 큰아들이 죽었고, 서로는 진(秦)에게 토지 칠백 리를 잃었으며, 남으로는 초(楚)에게 모욕을 당했습니다. 과인이 이를 부끄럽게 여겨 죽은 사람들을 위해 이 치욕을 한꺼번에 깨끗이 씻고 싶은데 어떻게 하면 되겠습니까?"
    맹자가 대답했다. "땅이 사방 백 리면 가히 왕이 될 수 있습니다. 왕께서 만일 백성들에게 어진 정치를 베풀어, 형벌을 줄이고 세금을 적게 거두며, 밭을 깊이 갈고 풀을 잘 매도록 하게 하면서, 젊은이들이 여가를 이용해 효제충신(孝悌忠信)의 도리를 닦고, 집에 들어와서는 그 부형을 잘 섬기며, 나아가서는 그 윗사람들을 잘 받들게 한다면, 비록 몽둥이만 갖고서도 진나라 초나라의 튼튼한 갑옷과 예리한 병기를 지닌 군사들을 물리칠 수 있을 것입니다. 저들이 백성들의 농사지을 시기를 빼앗아, 백성들이 밭을 갈고 풀을 매어 그 부모를 봉양할 수 없도록 하니, 부모는 추위에 얼고 굶주리며 형제와 처자는 뿔뿔이 흩어집니다. 저들이 백성들을 도탄에 빠뜨렸을 때 왕께서 가서 이를 정벌하신다면 누가 왕과 대적하겠습니까? 그래서 '어진 사람에게는 적이 없다(仁者無敵)'고 하는 것입니다. 청컨대 왕께서는 이를 의심하지 마십시오."

梁惠王曰 晉國 天下莫强焉 叟之所知也. 及寡人之身 東敗於齊 長
子死焉, 西喪地於秦七百里, 南辱於楚. 寡人恥之 願比死者一洒之
如之何則可.

양혜왕이 말했다. "진국이 천하에서 막강했음은 선생님께서도 알고 계시는 바입니다. 그런데 과인의 대에 이르러 동으로는 제에게 패해 큰아들이 죽었고, 서로는 진에게 토지 칠백 리를 잃었으며, 남으로는 초에게 모욕을 당했습니다. 과인이 이를 부끄럽게 여겨 죽은 사람들을 위해 이 치욕을 한꺼번에 깨끗이 씻고 싶은데 어떻게 하면 되겠습니까?"

진국(晉國)은 춘추시대 지금의 산시성(山西省) 일대에 있던 나라다. 양혜왕의 위나라는 BC 453년 한(韓)씨, 조(趙)씨, 위(魏)씨가 진나라를 삼분하면서 성립했다. 그렇기 때문에 양혜왕이 자신의 나라를 진나라라 칭한 것이다. 천하막강언(天下莫强焉)의 莫은 부정대명사로 영어로 말하면 nobody, nothing의 뜻이며, 焉은 於是로 '이보다'의 뜻이다. 즉 천하에 이보다 강한 나라는 아무것도 없다는 말이다. 이 말은 양혜왕이 자신의 국세를 과장한 말처럼 보이지만, 실제로 전국 초기 위나라의 국세는 천하막강이었다. 양혜왕의 할아버지 위문후(魏文侯)는 이회(李悝)를 등용해 전국의 국가 중 최초로 변법(變法)을 시행함으로써 비약적인 발전을 이룩했다. 양혜왕이 전국의 군주 중 최초로 왕을 칭한 것은 바로 이런 국력 신장에서 기인했다.

동패어제 장자사언(東敗於齊 長子死焉)은 양혜왕 30년(BC 340)에 일어난 마릉(馬陵, 지금의 허난성 푸청濮城 북)의 전역을 말한다. 당시 양혜왕이 조(趙)나라를 공격하자 조나라가 제(齊)나라에 구원을 요청했다. 제나라는 전기(田忌)를 대장으로, 손빈(孫臏)을 군사로 삼아 군대를 파견해 조나라를 구원하는 대신 위나라를 공격했다. 위나라 군대는 마릉에서 손빈의 계략에 걸려 결국 장수 방연(龐涓)이 죽고, 태자인 신(申)이 포로로 붙잡히는 참패를 당했다. 태자 신은 제나라로 끌려갔다가 돌아오지 못하고 제나라에서 사망했다.

서상지어진칠백리(西喪地於秦七百里)는 마릉의 전역 이후 진(秦)나라가 누차 위나라를 침략해 땅을 빼앗은 사실을 가리키는 듯하다. 남욕어초(南辱於楚)에 대해서는 여러 설이 분분하다. 양백준은 『죽서기년(竹書紀年)』의 기록에 근거해, 양혜왕 후원(後元) 11년(BC 324) 위나라가 양릉(襄陵)에서 초나라에 패한 사실을 가리키는 것으로 이해하고 있다.

원비사자일쇄지(願比死者一洒之)의 比는 주희에 따르면 위(爲)로, '위하여'의 뜻이며, 一은 한꺼번에, 모두, 洒는 물을 뿌려 씻어낸다는 뜻이다. 즉 죽은 자들을 위해 한꺼번에 깨끗이 설욕하고 싶다는 말이다.

孟子對曰 地方百里而可以王. 王如施仁政於民 省刑罰 薄稅斂 深耕易耨. 壯者以暇日修其孝悌忠信 入以事其父兄 出以事其長上, 可使制梃以撻秦楚之堅甲利兵矣.

맹자가 대답했다. "땅이 사방 백 리면 가히 왕이 될 수 있습니다. 왕께서 만일 백성들에게 어진 정치를 베풀어, 형벌을 줄이고 세금을 적게 거두며, 밭을 깊이 갈고 풀을 잘 매도록 하게 하면서, 젊은이들이 여가를 이용해 효제충신의 도리를 닦고, 집에 들어와서는 그 부형을 잘 섬기며, 나아가서는 그 윗사람들을 잘 받들게 한다면, 비록 몽둥이만 갖고서도 진나라나 초나라의 튼튼한 갑옷과 예리한 병기를 지닌 군사들을 물리칠 수 있을 것입니다."

사방 백 리의 땅은 작은 제후의 나라다. 생형벌(省刑罰)의 省은 덜 생으로 읽으며, 형벌을 가볍게 한다는 뜻이다. 박세렴(薄稅斂)은 세금을 줄이는 것이다. 형벌을 가볍게 하고 세금을 줄이는 것은 예로부터 어진 정치의 가장 중요한 요체였다. 심경(深耕)은 깊이 밭을 가는 것이다. 이누(易耨)의 易에 대해 주희는 치(治)로 해석해 김매는 것을 다스리다, 즉 김을 잘 맨다는 뜻으로 풀이한다. 그러나 이 해석은 深耕과 문장 구조가 어울리지 않는다. 양백준은 易를 질(疾), 속(速)으로 해석해 빨리 김을 맨다는 뜻으로 풀이한다.

이가일(以暇日)의 以는 용(用)으로, "한가한 시기를 이용해"의 뜻이다. 충(忠)은 주희에 따르면 자기를 다하는 것(盡己)을 말하며, 신(信)은 진실로써 하는 것(以實)을 말한다. 제(制)는 작(作)으로 만드는 것, 정(梃)은 몽둥이, 달(撻)은 매질하는 것이다. 즉 임금이 진정 어진 정치를 베풀어 백성으로 하여금 생업에 열중하게 하고 농한기를 이용해 적절한 교육을 시킨다면, 백성들이 다 감화되어 비록 몽둥이만 갖고라도 죽음을 무릅쓰고 싸워 진나라나 초나라와 같은 강대국의 두꺼운 갑옷과 예리한 병기를 지닌 군사들을 물리칠 수 있을 거라는 말이다.

彼奪其民時 使不得耕耨以養其父母 父母凍餓 兄弟妻子離散. 彼陷溺其民 王往而征之 夫誰與王敵. 故曰 仁者無敵. 王請勿疑.
"저들이 백성들의 농사지을 시기를 빼앗아 백성들이 밭을 갈고 풀을 매어 그 부모를 봉양할 수 없도록 하니, 부모는 추위에 얼고 굶주리며 형제와 처자는 뿔뿔이 흩어집니다. 저들이 백성들을 도탄에 빠뜨렸을 때 왕께서 가서 이를 정벌하신다면 누가 왕과 대적하겠습니까? 그래서 '어진 사람에게는 적이 없다'고 하는 것입니다. 청컨대 왕께서는 이를 의심하지 마십시오."

피(彼)는 저들로, 양혜왕의 적국인 제, 진, 초나라를 가리킨다. 탈기민시(奪其民時)는 백성들이 농사지을 시기를 빼앗는 것이다. 함(陷)은 함정에 빠뜨리는 것이고, 익(溺)은 물에 빠뜨리는 것이다. 부수여왕적(夫誰與王敵)의 夫

는 발어사이며, 與는 '~와 더불어'의 뜻으로 대저 누가 왕과 대적하겠는가라는 말이다. 인자무적은 아마 예로부터 내려오는 숙어일 것이다.

●

맹자의 뜻은 양혜왕의 설욕을 돕는 데 있지 않다. 다만 양혜왕이 복수를 갈망하고 있기 때문에 그것을 이용해 어진 정치를 펴게 하려는 것일 뿐이다. 어진 정치의 목적은 백성을 도탄에서 구하고 평안케 하는 데 있다. 부국강병을 통해 군주의 개인적 복수를 이루는 것과는 아무 상관 없다.

6

　맹자가 양양왕(梁襄王)을 만나고 나와 다른 사람에게 말했다. "멀리서 바라볼 때는 임금 같지 않았고, 다가가보니 두려워할 만한 것이 없었다. 문득 말하길 '천하가 어떻게 되겠습니까?'라고 묻길래, 내가 '하나로 통일됩니다'라고 대답했다. '누가 하나로 합니까?'라고 하기에 대답하길 '살인하기를 좋아하지 않는 사람이 능히 하나로 할 수 있을 것입니다'라고 했다. '누가 그를 따르겠습니까?'라고 해 이렇게 대답했다. '천하의 누구도 그를 따르지 않을 사람이 없을 것입니다. 왕께서는 식물의 싹을 아십니까? 7, 8월 사이에 가뭄이 들면 싹이 말라버립니다. 그런데 하늘에 뭉게뭉게 구름이 일고 쫙쫙 비가 내리면 싹이 쑥쑥 자랍니다. 이렇게 되면 누가 이것을 막을 수 있겠습니까? 지금 천하의 군주들 중 살인하기를 좋아하지 않는 사람이 없습니다. 정녕 살인하기를 좋아하지 않는다면 천하의 백성들이 모두 목을 길게 빼고 바라볼 것입니다. 진정 이렇게 된다면 백성들이 귀의함이 마치 물이 아래로 내려가듯 할 텐데, 그 도도함을 누가 막을 수 있겠습니까?"

孟子見梁襄王. 出 語人曰 望之不似人君 就之而不見所畏焉. 卒然問曰 天下惡乎定. 吾對曰 定于一.
맹자가 양양왕을 만나고 나와 다른 사람에게 말했다. "멀리서 바라볼 때는 임금 같지 않았고, 다가가보니 두려워할 만한 것이 없었다. 문득 말하길 '천하가 어떻게 되겠습니까?'라고 묻길래, 내

가 '하나로 통일됩니다'라고 대답했다."

양양왕(梁襄王)은 양혜왕의 아들로 이름은 혁(赫)이며 양혜왕의 뒤를 이어 즉위했다. 재위년간에 대해 『사기』는 BC 334~296년이라고 하고 있으나 『죽서기년』은 BC 317~296년이라고 하고 있다. 망지(望之)는 멀리서 바라보는 것, 취지(就之)는 다가가는 것이다. 불사인군(不似人君), 불견소외(不見所畏)는 양양왕이 임금으로서의 위의가 없음을 일컬은 말이다. 졸연(卒然)은 '갑자기'다. 천하오호정(天下惡乎定)의 惡乎는 '어디로', 定은 '정해지다'의 뜻이다. 즉 천하가 장차 어디로 정해지겠느냐, 어떻게 되겠느냐란 말이다. 정우일(定于一)은 하나로 정해진다, 하나로 통일된다는 뜻이다.

孰能一之. 對曰 不嗜殺人者能一之. 孰能與之. 對曰 天下莫不與也. 王知夫苗乎. 七八月之間旱 則苗槁矣. 天油然作雲 沛然下雨 則苗浡然興之矣. 其如是 孰能禦之.

"'누가 하나로 합니까?'라고 하기에 대답하길 '살인하기를 좋아하지 않는 사람이 능히 하나로 할 수 있을 것입니다'라고 했다. '누가 그를 따르겠습니까?'라고 해 이렇게 대답했다. '천하의 누구도 그를 따르지 않을 사람이 없을 것입니다. 왕께서는 식물의 싹을 아십니까? 7, 8월 사이에 가뭄이 들면 싹이 말라버립니다. 그런데 하늘에 뭉게뭉게 구름이 일고 쫙쫙 비가 내리면 싹이 쑥쑥 자랍니다. 이렇게 되면 누가 이것을 막을 수 있겠습니까?'"

일지(一之)는 하나로 통일하는 것, 기(嗜)는 좋아하는 것이다. 여지(與之)의 與는 종(從), 귀(歸)로, 따르는 것, 귀의하는 것이다. 七八月은 주력(周曆)으로, 주나라는 동지를 정월로 했기 때문에 주력 칠팔월은 지금의 육칠월에 해당하며 한창 식물이 자랄 때다. 유연(油然)은 구름이 뭉게뭉게 일어나는 모양, 패연(沛然)은 비가 쫙쫙 내리는 모양, 발연(渤然)은 싹이 쑥쑥 자라는 모양을 나타낸 의태어다. 동사나 형용사에 연(然)이 붙으면 부사어가 된다.

今夫天下之人牧 未有不嗜殺人者也. 如有不嗜殺人者 則天下之民皆引領而望之矣. 誠如是也 民歸之 由水之就下 沛然誰能禦之.

"지금 천하의 군주들 중 살인하기를 좋아하지 않는 사람이 없습니다. 정녕 살인하기를 좋아하지 않는다면 천하의 백성들이 모두 목을 길게 빼고 바라볼 것입니다. 진정 이렇게 된다면 백성들이 귀의함이 마치 물이 아래로 내려가듯 할 텐데, 그 도도함을 누가 막을 수 있겠습니까?"

인목(人牧)은 백성을 기르는 사람(牧民), 즉 임금이다. 인령이망지(引領而望之)의 領은 목으로, 목을 빼고 바라보는 것이다. 유(由)는 유(猶)로 여(如), 즉 '~와 같다'는 뜻이다. 由와 猶가 발음이 같은 까닭에 서로 통용되었다. 여기서의 패연(沛然)은 청나라 학자 초순(焦循)의 『맹자정의(孟子正義)』에 따르면 물이 용솟음치는 것을 형용한 말로 물이 콸콸 솟아나는 것처럼 백성들이 모여드는 것이다. 천하의 모든 임금들이 포악한 정치를 일삼아 백성을 죽이기를 밥 먹듯 하는 상황에서, 누구 하나 백성 죽이는 것을 삼가고 조심하는 임금이 있다면 천하의 인심이 그에게로 모이는 것은 마치 물이 콸콸 아래로 내려가는 것과 같다. 그 도도한 흐름을 누가 막겠는가?

● 살인을 좋아하지만 않아도 천하를 통일할 수 있다는 맹자의 말은 어찌

보면 지나친 말일 수도 있다. 주희는 『맹자집주』에서 "내가 살펴보건대, 맹자 이래로 한고조(漢高祖)로부터 광무제(光武帝, 동한東漢의 시조)와 당태종(唐太宗) 및 우리 태조 황제(송宋을 건국한 조광윤趙匡胤)에 이르기까지 천하를 통일할 수 있었던 사람이 네 임금이었는데, 모두 살인하기를 좋아하지 않았기 때문에 그것을 이룰 수 있었다. 다른 사람들은 사람을 더 많이 죽일수록 천하가 더 혼란해졌다. 진(秦)과 진(晉, 삼국시대를 통일한 왕조), 수(隋)는 힘은 능히 천하를 통일할 수 있었으나 살인하기를 좋아하는 것을 멈추지 않아, 혹은 잠시 통일했으나 다시 분열되었고, 혹은 마침내 나라가 망하고 말았다. 맹자의 말이 어찌 우연일 뿐이겠는가?"라는 소철(蘇轍)의 말을 인용해 맹자의 말을 뒷받침하고 있다.

그러나 다산이 『맹자요의』에서 말하고 있듯 소철의 견해는 잘못된 견해다. 여기서 말하는 살인이란 병장기나 형벌에 의한 살인만을 말하는 것이 아니다. 백성들이 생업에 종사하지 못해 들판에 얼어죽고 굶어죽은 시체가 뒹구는 것도 임금이 죽인 것이며, 맹자 말처럼 나이 오십에 비단옷을 입지 못해 추위에 떨고 칠십에 고기를 먹지 못해 굶주림에 고생하다 죽는 것 또한 임금이 죽인 것이다. 백성의 부모요 백성을 기르는 임금이라면 마땅히 백성이 편안히 먹고살 수 있도록 보살피고 돌봐줄 책임이 있으며, 그렇지 못해 백성들이 굶주림과 추위에 죽어간다면 그것은 바로 임금 자신이 죽인 것이라는 게 맹자의 주장이다. 따라서 살인을 좋아하지만 않아도 천하를 통일할 수 있다는 맹자의 말은 사실은 백성이 편안히 먹고살 수 있도록 해야만 천하를 통일할 수 있다는 말이다.

7

　제선왕(齊宣王)이 물었다. "제환공(齊桓公)과 진문공(晉文公)의 일을 들려주실 수 있겠습니까?"

　맹자가 대답했다. "중니의 문도들은 제환공과 진문공의 일에 대해 말하지 않습니다. 이런 까닭에 후세에 전해지는 것이 없습니다. 신도 듣지 못했습니다. 그만두라 하지 않으신다면 왕도(王道)에 대해 말해볼까요?"

　"덕이 어떠하면 왕이 될 수 있을까요?"

　"백성을 평안하게 하면 왕이 될 수 있으니, 아무도 그를 막을 수 없습니다."

　"과인과 같은 사람도 백성을 평안하게 할 수 있을까요?"

　"할 수 있습니다."

　"무엇으로 내가 할 수 있는 줄 아십니까?"

　"신이 호흘(胡齕)에게서 다음과 같은 이야기를 들었습니다. 왕께서 당상에 앉아 계실 때 소를 끌고 당 아래를 지나가는 자가 있어 왕께서 보시고 말씀하시길 '소가 어디로 가는 거냐'고 하니, '흔종(釁鐘)을 하러 갑니다'라고 대답했습니다. 왕께서 말씀하시길 '놓아주어라. 나는 죄도 없으면서 죽으러 끌려가며 두려움에 떠는 모습을 차마 보지 못하겠다'고 하니, '그러면 흔종을 하지 말까요?' 여쭈니 '어찌 그만두겠느냐? 양으로 바꾸어라' 하셨다는데 그런 일이 있었습니까?"

　"있었습니다."

"그런 마음이면 족히 왕이 될 수 있습니다. 백성들은 모두 왕께서 재물을 아낀다고 여기고 있으나, 신은 진실로 왕께서 차마 보지 못하는 마음에서 그런 것인 줄 알고 있습니다."

왕이 말했다. "그렇습니다. 정말 그런 백성들이 있습니다. 그러나 제나라가 비록 작다고 한들 내가 어찌 소 한 마리를 아끼겠습니까? 죄도 없으면서 죽으러 끌려가며 두려움에 떠는 그 모습을 차마 보지 못해 양으로 바꾼 것입니다."

"백성들이 왕께서 재물을 아껴 그러는 것으로 여긴다고 이상하게 생각하지 마십시오. 큰 것을 작은 것으로 바꿨으니 그들이 어찌 그것을 알겠습니까? 그런데 왕께서 이처럼 죄도 없이 죽으러 끌려가는 것을 측은하게 여기셨다면, 소와 양은 어떻게 가리셨습니까?"

왕이 웃으며 말했다. "이것은 정말 무슨 마음일까요? 내가 재물을 아낀 것은 아닙니다. 그러나 소를 양으로 바꿨으니, 백성들이 내가 재물을 아껴 그런다고 하는 것도 마땅하겠지요."

"상관하지 마십시오. 이것이 바로 인술(仁術)이니, 소는 보았으나 양은 보지 못했기 때문입니다. 군자는 새나 짐승에 대해 그 살아 있는 것을 보면 그것이 죽는 것을 차마 보지 못하며, 그 (죽으면서 내는) 소리를 들으면 차마 그 고기를 먹지 못합니다. 이런 까닭에 군자는 푸줏간을 멀리합니다."

왕이 기뻐 말했다. "시에 말하길 '다른 사람의 마음을 내가 헤아린다'고 하는데 이는 선생님을 일컬은 것이군요. 내가 그렇게 행동하고 내 마음을 돌이켜보아도 내 마음을 알 수 없었습니다. 그런데 선생님이 말씀하니 내 마음이 확 뚫리는 것 같습니다. 이 마음이 왕에 부합하는 이유는 무엇입니까?"

"왕께 아뢰는 자가 '제 힘이 족히 백 균(鈞)을 들 수 있습니다'라고 하더니 깃털 하나도 들 수 없다거나, '제 눈이 밝아 족히 터럭의 끝도 살필 수 있습니다'라고 하더니 수레에 가득한 나뭇짐도 보지 못한다면, 왕께서 이를 허락하시겠습니까?"

"못합니다."

"지금 (왕의) 은혜가 족히 금수에게까지 미치면서도 공덕이 백성에게 이르지 못하는 것은 유독 무엇 때문입니까? 깃털 하나를 들지 못하는 것은 힘을 쓰지 않기 때문이요, 수레에 가득한 나뭇짐을 보지 못하는 것은 그 눈을 쓰지 않기 때문이요, 백성이 보전되지 못하는 것은 은혜를 베풀지 않기 때문입니다. 따라서 왕께서 왕다운 왕이 되지 못하는 것은 하지 않는 것이지 할 수 없는 것이 아닙니다."

"하지 않는 것과 할 수 없는 것은 그 모습이 어떻게 다릅니까?"

"태산(太山)을 겨드랑이에 끼고 북해(北海)를 건너는 것을 남들에게 '할 수 없다'고 한다면, 이것은 정말로 할 수 없는 것입니다. 그러나 어른을 위해 나뭇가지를 꺾는 것을 남들에게 '할 수 없다'고 한다면, 이것은 하지 않는 것이지 할 수 없는 것이 아닙니다. 왕께서 왕다운 왕이 되지 못하는 것은, 태산을 겨드랑이에 끼고 북해를 건너는 것과 같은 종류의 것이 아니라 나뭇가지를 꺾는 것과 같은 종류의 것입니다.

우리 집의 노인을 노인으로 섬기는 그 마음으로 남의 노인을 섬기며, 우리 집의 어린이를 어린이로 보살피는 그 마음으로 남의 어린이를 보살핀다면, 천하를 가히 손바닥 위에 놓고 움직일 수 있을 것입니다. 시에 말하길 '아내에게 모범이 되어 형제에게 이르게 하며, 집안과 나라에까지 미치게 한다'고 했으니, 이것은 이러한 마음을 들어 저들에게 가하는 것을 말했을 뿐입니다. 그러므로 은혜를 밀고 나아가면 사해(四海)를 보전할 수 있고, 은혜를 밀고 나아가지 못하면 처자식도 보전하지 못하는 것입니다. 옛사람들이 남들보다 크게 뛰어났던 것은 다름 아니라 그 하는 바를 잘 밀고 나아갔기 때문입니다. 지금 은혜가 족히 금수에게까지 미치면서도 공덕이 백성에게 이르지 못하는 것은 유독 무엇 때문입니까?

저울질을 한 다음에야 무겁고 가벼움을 알며, 자로 재어본 다음에야 길고 짧음을 압니다. 사물이 모두 그러하며, 마음은 더욱 그렇습니다. 왕께서는 청컨대 헤아리십시오. 아니면 왕께서는 군사를 일으켜 선비와 신하들을 위태롭게 하고 제후들과 원한을 맺은 다음에야 마음이 통쾌하십니까?"

왕이 말했다. "아닙니다. 내가 그것으로 무엇이 통쾌하겠습니까? 장차 내가 크게 원하는 것을 구하고자 하기 때문입니다."

"왕께서 크게 원하는 것이 무엇인지 들려주실 수 있겠습니까?"

왕이 웃으며 대답하지 않았다.

"기름지고 단 음식이 입에 부족하기 때문입니까? 가볍고 따뜻한 옷이 몸에 부족하기 때문입니까? 아니면 아름다운 미녀가 눈으로 보기에 부족하기 때문입니까? 좋은 음악이 귀로 듣기에 부족하기 때문입니까? 시종들이 앞에 놓고 부리기에 부족하기 때문입니까? 왕의 신하들이 모두 이것들을 충분히 제공할 것이니 어찌 이것들 때문이겠습니까?"

"아닙니다. 그런 것들 때문은 아닙니다."

"그러면 왕께서 크게 원하시는 것이 무엇인지 알 수 있을 것 같습니다. 토지를 크게 확장하고, 진나라와 초나라를 신하로 부리며, 중국에 왕으로 군림해 사방의 오랑캐를 복속시키는 것입니다. 그런데 그와 같이 행동하면서 이와 같은 것을 바란다면 그것은 나무에 올라 물고기를 구하는 것과 같습니다."

왕이 말했다. "그렇게까지 심합니까?"

"아마 더 심할 것입니다. 나무에 올라 물고기를 구하는 것은 비록 물고기는 구하지 못하지만 후환은 없습니다. 그런데 그와 같이 하면서 이와 같은 것을 바라는 것은, 몸과 마음을 다해 그것을 행한다면 반드시 후환이 있을 것입니다."

"왜 그런지 들을 수 있겠습니까?"

"추(鄒)나라와 초나라가 싸운다면 왕께서 보시기에 누가 이기겠습니까?"

"초나라가 이깁니다."

"그렇다면 작은 것은 진실로 큰 것을 이기지 못하고, 적은 것은 많은 것을 이기지 못하며, 약한 것은 강한 것을 이기지 못합니다. 지금 사해 안에 토지가 사방 천 리인 나라가 아홉인데 제나라는 그중 하나입니다. 그 하나를 가지고 여덟을 복속시키려고 하는 것이 추나라가 초나라를 이기려고 하는 것과 무엇이 다릅니까? 마땅히 근본으로 돌아가야 합니다.

지금 왕께서 어진 정치를 베풀어, 천하의 벼슬하려고 하는 자들이 모두 왕의 조정에 서고 싶어 하고, 농사짓는 자들이 모두 왕의 땅에서 농사짓고 싶어 하며, 장사꾼들이 모두 왕의 시장에 물건을 쌓아두고 싶어 하고, 여행하는 자들이 모두 왕의 길로 다니고 싶어 하며, 천하의 그 임금을 미워하는 자들이 모두 왕에게 달려와 호소하고 싶어 하게 하십시오. 이와 같다면 누가 능히 이를 막겠습니까?"

왕이 말했다. "내가 어리석어 그리로 나아갈 수 없습니다. 원컨대 선생님께서 내 뜻을 도와 나를 밝게 가르쳐주십시오. 내가 비록 불민하나 이를 시험해볼까 합니다."

"일정한 생업이 없으면서도 한결같은 마음이 있는 것은 오직 선비만이 그럴 수 있습니다. 백성들은 일정한 생업이 없으면 한결같은 마음도 없습니다. 만일 한결같은 마음이 없게 되면 방탕하고, 편벽되며, 사악하고, 사치한 일 등 하지 못하는 것이 없게 됩니다. 그렇게 되어 죄에 빠지게 된 이후에 그에게 형벌을 가한다면, 이것은 백성들을 그물질해 잡는 것입니다. 어찌 어진 사람이 임금 자리에 있으면서 백성들을 그물질할 수 있습니까?

이런 까닭에 명철한 임금은 백성들이 먹고살 방도를 마련해, 반드시 위로는 족히 부모를 섬길 수 있게 하고 아래로는 처자식을 먹일 수 있게 하며, 풍년에는 내내 배부르고 흉년이 들더라도 죽음을 모면할 수 있게 합니다. 그런 연후에 백성들을 착한 길로 나아가게 하니 백성들이 따르기가 쉽습니다.

그런데 지금은 백성들이 먹고살 방도를 마련함에, 위로는 부모를 섬기기에 부족하고 아래로는 처자식을 먹일 수 없으며, 풍년에도 내내 고달프고 흉년이 들면 죽음을 면할 수 없습니다. 이렇게 되면 오직 죽음만을 모면하는 데도 부족할까 두려운데 어느 겨를에 예의를 닦을 수 있겠습니까? 왕께서 어진 정치를 행하고자 한다면 마땅히 근본으로 돌아가야만 합니다.

다섯 무(畝)의 택지에 뽕나무를 심으면 오십이 넘은 사람들이 비단옷을 입을 수 있고, 닭과 개와 돼지를 때를 맞춰 잘 기르면 칠십이 넘은 사람들이 고기를 먹을 수 있으며, 백 무의 밭에 때 맞춰 농사를 지으면 여덟 식구의 집안이 굶주리지 않게 될 것이고, 학교에서 가르침을 삼가 효제(孝悌)의 의리를 거듭 편다면 머리가 희끗희끗한 사람들이 길 위에서 짐을 이거나 지지 않을 것입니다. 노인들이 비단옷을 입고 고기를 먹으며 백성들이 굶주리거나 추위에 떨지 않는데, 그러고서도 왕이 되지 못한 사람은 없습니다."

齊宣王問曰 齊桓晉文之事可得聞乎.

孟子對曰 仲尼之徒無道桓文之事者 是以後世無傳焉. 臣未之聞也. 無以 則王乎.

제선왕이 물었다. "제환공과 진문공의 일을 들려주실 수 있겠습니까?"
맹자가 대답했다. "중니의 문도들은 제환공과 진문공의 일에 대해 말하지 않습니다. 이런 까닭에 후세에 전해지는 것이 없습니다. 신도 듣지 못했습니다. 그만두라 하지 않으신다면 왕도에 대해 말해볼까요?"

제선왕(齊宣王)은 제나라의 왕으로 성은 전(田), 이름은 벽강(辟彊)으로 재위 년간은 BC 319~301년이다. 제환(齊桓)은 제나라 환공(桓公)으로 성은 강(姜), 이름은 소백(小白)이며, 춘추오패(春秋五覇)의 처음이자 으뜸이다. 진문(晉文)은 진나라 문공(文公)으로 제환공의 뒤를 이어 패자가 되었다. 도(道)는 언(言)으로 말하는 것이다. 무이즉왕호(無以則王乎)에 대해 조기는 "달리 물으실 것이 없다면 왕도입니까?"로 해석한다. 그러나 주희는 이(以)를 이(已)로 읽어 "그만두라 하지 않으신다면 왕도에 대해 말해볼까요?"로 풀이한다. 여기서는 주희의 설을 따랐다.

曰 德何如 則可以王矣.
曰 保民而王 莫之能禦也.
曰 若寡人者可以保民乎哉.
曰 可.
曰 何由知吾可也.
曰 臣聞之胡齕曰 王坐於堂上 有牽牛而過堂下者. 王見之 曰 牛何之. 對曰 將以**釁鐘**. 王曰 舍之. 吾不忍其觳觫 若無罪而就死地. 對曰 然則廢**釁鐘**與. 曰 何可廢也 以羊易之. 不識有諸. 曰 有之.

"덕이 어떠하면 왕이 될 수 있을까요?"

"백성을 평안하게 하면 왕이 될 수 있으니, 아무도 그를 막을 수 없습니다."

"과인과 같은 사람도 백성을 평안하게 할 수 있을까요?"

"할 수 있습니다."

"무엇으로 내가 할 수 있는 줄 아십니까?"

"신이 호흘에게서 다음과 같은 이야기를 들었습니다. 왕께서 당상에 앉아 계실 때 소를 끌고 당 아래를 지나가는 자가 있어 왕께서 보시고 말씀하시길 '소가 어디로 가는 거냐'고 하니, '흔종을 하러 갑니다'라고 대답했습니다. 왕께서 말씀하시길 '놓아주어라. 나는 죄도 없으면서 죽으러 끌려가며 두려움에 떠는 모습을 차마 보지 못하겠다'고 하니, '그러면 흔종을 하지 말까요?' 여쭈니 '어찌 그만두겠느냐? 양으로 바꾸어라' 하셨다는데 그런 일이 있었습니까?"

"있었습니다."

보(保)는 안(安)으로 평안하게 하는 것이다. 호흘(胡齕)은 제선왕 주변의 근신이다. 우하지(牛何之)의 之는 여기서는 간다는 뜻의 동사다. 흔종(釁鐘)은 새로 종을 주조했을 때 그 종을 사용하기 전에 짐승을 죽여 그 피를 종의 틈새에 바르는 의식이다. 사(舍)는 사(捨)로 '버리다', '놓아주다'의 뜻이다. 인(忍)은 '차마~하다'의 뜻인데, 여기서는 부정형인 불인(不忍)으로 쓰여 차마 보지 못하겠다는 의미다. 곡속(觳觫)은 두려움에 벌벌 떠는 모양을 나타낸 말이다. 부식유저(不識有諸)의 有諸는 유지호(有之乎)로 그런 일이 있었냐는 뜻이다. 맹자가 왕이 흔종에 쓰이려 끌려가는 소를 보고 불쌍히 여겨 소를 놓아주고 양으로 바꾸라고 했다는 호흘의 이야기를 듣고 그런 일이 있었냐고 물은 것이다.

曰 是心足以王矣. 百姓皆以王爲愛也 臣固知王之不忍也.

王曰 然. 誠有百姓者. 齊國雖褊小 吾何愛一牛. 卽不忍其觳觫 若

無罪而就死地 故以羊易之也.

"그런 마음이면 족히 왕이 될 수 있습니다. 백성들은 모두 왕께서 재물을 아낀다고 여기고 있으나, 신은 진실로 왕께서 차마 보지 못하는 마음에서 그런 것인 줄 알고 있습니다."

왕이 말했다. "그렇습니다. 정말 그런 백성들이 있습니다. 그러나 제나라가 비록 작다고 한들 내가 어찌 소 한 마리를 아끼겠습니까? 죄도 없으면서 죽으러 끌려가며 두려움에 떠는 그 모습을 차마 보지 못해 양으로 바꾼 것입니다."

애(愛)는 인(吝), 색(嗇)으로 아까워하는 것이다. 왕이 소가 죄도 없이 죽는 것을 차마 그대로 보지 못하는 그 마음이 바로 인(仁)의 단서다. 왕이 그 마음을 백성에게까지 밀고 가면 그게 바로 백성을 평안하게 하는 어진 정치다. 성(誠)은 부사로 '진실로', '참으로'의 뜻이다. 소를 양으로 바꿨으니 백성들이 임금이 재물을 아껴 그랬다고 생각한 것이다. 편소(褊小)는 좁고 작은 것이다. 왕은 제나라가 비록 작다고 하나 소 한 마리를 아껴 그런 것은 아니라고 대답했다.

曰 王無異於百姓之以王爲愛也. 以小易大 彼惡知之. 王若隱其無罪而就死地 則牛羊何擇焉.

王笑曰 是誠何心哉. 我非愛其財. 而易之以羊也 宜乎百姓之謂我愛也.

"백성들이 왕께서 재물을 아껴 그러는 것으로 여긴다고 이상하게 생각하지 마십시오. 큰 것을 작은 것으로 바꿨으니 그들이 어찌 그것을 알겠습니까? 그런데 왕께서 이처럼 죄도 없이 죽으러 끌려가는 것을 측은하게 여기셨다면, 소와 양은 어떻게 가리셨습니까?"

왕이 웃으며 말했다. "이것은 정말 무슨 마음일까요? 내가 재물을 아낀 것은 아닙니다. 그러나 소를 양으로 바꿨으니, 백성들이 내가 재물을 아껴 그런다고 하는 것도 마땅하겠지요."

이(異)는 괴(怪)로 괴이하게 여기는 것, 은(隱)은 통(痛)으로 마음 아파하는 것, 택(擇)은 분(分)으로 구분하는 것, 의(宜)는 마땅하게 여기는 것이다. 무이어(無異於)의 於, 의호(宜乎)의 乎는 모두 '~에 대해'의 뜻이다. 맹자가 왕에게 소가 죄도 없이 죽는 것은 마음 아파해 풀어주면서 왜 양에게는 그런 마음을 갖지 않았냐고 물었다. 그러자 왕 자신도 왜 그랬는지를 해명하지 못했다. 그래서 자기가 재물을 아껴 그랬던 것은 아니지만, 외관상으로는 어쨌든 작은 것으로 큰 것을 바꾼 것이니 백성들이 그렇게 여기는 것도 마땅하다고 인정한 것이다.

曰 無傷也 是乃仁術也 見牛未見羊也. 君子之於禽獸也 見其生 不忍見其死, 聞其聲 不忍食其肉. 是以君子遠庖廚也.

"상관하지 마십시오. 이것이 바로 인술이니, 소는 보았으나 양은 보지 못했기 때문입니다. 군자는 새나 짐승에 대해 그 살아 있는 것을 보면 그것이 죽는 것을 차마 보지 못하며, 그 (죽으면서 내는) 소리를 들으면 차마 그 고기를 먹지 못합니다. 이런 까닭에 군자는 푸줏간을 멀리합니다."

무상(無傷)은 무해(無害), 즉 해가 될 것 없다, 아무 상관 없다는 뜻이다. 내(乃)는 강조하는 말로 '~이 바로', '~이야말로'의 뜻이다. 술(術)은 방법이다. 시내인술야(是乃仁術也)에 대해 주희는 다음과 같이 설명하고 있다. "소를 죽이는 것도 차마 할 수 없고, 또 흔종도 그만둘 수 없다. 여기에서 어찌할 바를 모르면, 비록 이 마음이 이미 발동했다 하더라도 끝내 베풀 수가 없게 된다. 그러나 소를 볼 때는 이 마음이 이미 발동해 억제할 수가 없고,

양은 아직 보지 못했기 때문에 그 이치가 아직 형태를 띠지 않아 방해받는 바가 없다. 따라서 소를 양으로 바꾸면 이 두 가지(소를 차마 죽이지 못하는 것과 흔종—역자 주)를 모두 온전히 하면서도 해가 되지 않는다. 이것이 바로 인의 술이 되는 까닭이다."

군자(君子)는 여기서는 인격이 훌륭한 사람을 가리킨다. 원래는 임금(君)의 자식(子)이라는 말에서 알 수 있듯 신분이 높은 사람을 가리키는 말이었으나 후에 뜻이 변하면서 덕이 높은 사람을 가리키는 말로도 쓰였다.

사람이 살면서 고기를 안 먹을 수는 없다. 그러나 짐승이 죽는 것을 눈으로 보고 귀로 들으면서까지 차마 그 고기를 먹을 수는 없다. 비록 짐승이라도 그 죽어가는 모습이 안타깝기 때문이다. 그러기에 군자는 푸줏간을 멀리하는 법이며, 이것이 다름 아닌 인을 베푸는 방법이다.

王說曰 詩云 他人有心 予忖度之. 夫子之謂也. 夫我乃行之 反而求之 不得吾心. 夫子言之 於我心有戚戚焉. 此心之所以合於王者何也.

왕이 기뻐 말했다. "시에 말하길 '다른 사람의 마음을 내가 헤아린다'고 하는데 이는 선생님을 일컬은 것이군요. 내가 그렇게 행동하고 내 마음을 돌이켜보아도 내 마음을 알 수 없었습니다. 그런데 선생님이 말씀하니 내 마음이 확 뚫리는 것 같습니다. 이 마음이 왕에 부합하는 이유는 무엇입니까?"

說은 여기서는 기쁠 열(悅)로 읽는다. 타인유심 여촌탁지(他人有心 予忖度之)는 『시경』「소아(小雅)」교언(巧言)편에 나온다. 忖度은 '헤아리다', '추측하다'다. 부득오심(不得吾心)은 자기 마음을 이해하는 것이다. 척척(戚戚)은 마음이 움직이는 것을 형용한 말이다. 이제야 제선왕이 당시 자기의 마음을 이해할 수 있었다. 그러나 바로 그 마음으로 천하의 왕이 될 수 있다는 것을 이해하지 못해 다시 물었다.

曰 有復於王者曰 吾力足以擧百鈞 而不足以擧一羽, 明足以察秋毫之末 而不見輿薪, 則王許之乎.
曰 否.
今恩足以及禽獸 而功不至於百姓者 獨何與. 然則一羽之不擧 爲不用力焉, 輿薪之不見 爲不用明焉, 百姓之不見保, 爲不用恩焉. 故王之不王 不爲也 非不能也.

"왕께 아뢰는 자가 '제 힘이 족히 백 균을 들 수 있습니다'라고 하더니 깃털 하나도 들 수 없다거나, '제 눈이 밝아 족히 터럭의 끝도 살필 수 있습니다'라고 하더니 수레에 가득한 나뭇짐도 보지 못한다면, 왕께서 이를 허락하시겠습니까?"

"못합니다."

"지금 (왕의) 은혜가 족히 금수에게까지 미치면서도 공덕이 백성에게 이르지 못하는 것은 유독 무엇 때문입니까? 깃털 하나를 들지 못하는 것은 힘을 쓰지 않기 때문이요, 수레에 가득한 나뭇짐을 보지 못하는 것은 그 눈을 쓰지 않기 때문이요, 백성이 보전되지 못하는 것은 은혜를 베풀지 않기 때문입니다. 따라서 왕께서 왕다운 왕이 되지 못하는 것은 하지 않는 것이지 할 수 없는 것이 아닙니다."

복(復)은 백(白)으로 아뢰는 것이다. 균(鈞)은 무게 단위로 삼십 근(斤)이다. 명(明)은 눈의 밝기, 시력이다. 추호지말(秋毫之末)은 가을에 짐승이 겨울을 지내기 위해 털갈이한 털의 끝이다. 매우 가늘어 쉽게 보이지 않는다. 여신(輿薪)은 수레에 가득한 땔나무다. 커서 쉽게 볼 수 있다. 허(許)는 신(信)으로 믿는 것이다. 금은(今恩) 이하는 다시 맹자의 말이다. 양백준에 따르면 맹자가 제선왕의 말을 바로 받아 말한 것을 나타내기 위해 曰을 생략했다고 한다. 독(獨)은 유독이다. 백성지불견보(百姓之不見保)의 見은 피동을 나타내는 조동사이며, 백성이 보호를 받지 못한다는 말이다. 같은 사람으로서 사람에게 먼저 측은히 여기는 마음이 베풀어져야 하는데도, 왕은 소는 불쌍히 여겨 살려주면서 백성에게는 은혜를 베풀어 평안하게 보살피지 않았다. 왕이 측은히 여기는 마음을 갖고 있지 않은 것이 아닌데도 왕은 그것을 백성에게 베풀지 않았으니, 이는 안한 것이지 할 수 없었던 것이 아니다. 백성에게 은혜를 베풀어 평안하게 보살피는 자가 천하의 왕이 된다. 그러니 왕이 천하의 왕이 되지 못하는 것도 스스로가 안하는 것이지 하지 못하는 것은 아니다.

曰 不爲者與不能者之形何以異.
曰 挾太山以超北海 語人曰 我不能 是誠不能也. 爲長者折枝 語人曰 我不能 是不爲也 非不能也. 故王之不王 非挾太山以超北海之類也, 王之不王 是折枝之類也.

"하지 않는 것과 할 수 없는 것은 그 모습이 어떻게 다릅니까?"

"태산을 겨드랑이에 끼고 북해를 건너는 것을 남들에게 '할 수 없다'고 한다면, 이것은 정말로 할 수 없는 것입니다. 그러나 어른을 위해 나뭇가지를 꺾는 것을 남들에게 '할 수 없다'고 한다면, 이것은 하지 않는 것이지 할 수 없는 것이 아닙니다. 왕께서 왕다운 왕이 되지 못하는 것은, 태산을 겨드랑이에 끼고 북해를 건너는 것과 같은 종류의 것이 아니라 나뭇가지를 꺾는 것과 같은 종류의 것입니다."

협(挾)은 겨드랑이에 끼는 것, 초(超)는 뛰어넘는 것, 태산(太山)은 산동성의 태산(泰山), 북해(北海)는 발해(渤海)다. 절지(折枝)에 대해서는 몇 가지 이견이 있다. 조기는 어른의 팔다리를 주물러주는 안마라고 했고, 원(元)의 진천상(陳天祥)은 『사서변의(四書辨疑)』에서 어른에게 몸을 굽혀 인사하는 것이라 했으며(초순의 『맹자정의』에서 인용), 주희는 나뭇가지를 꺾는 것이라고 했다. 여기서는 주희 설을 따랐다.

老吾老 以及人之老, 幼吾幼 以及人之幼. 天下可運於掌. 詩云 刑于寡妻 至于兄弟 以御于家邦. 言擧斯心加諸彼而已. 故推恩足以保四海 不推恩無以保妻子. 古之人所以大過人者無他焉 善推其所爲而已矣. 今恩足以及禽獸 而功不至於百姓者 獨何與.

"우리 집의 노인을 노인으로 섬기는 그 마음으로 남의 노인을 섬기며, 우리 집의 어린이를 어린이로 보살피는 그 마음으로 남의 어린이를 보살핀다면, 천하를 가히 손바닥 위에 놓고 움직일 수 있을 것입니다. 시에 말하길 '아내에게 모범이 되어 형제에게 이르게 하며, 집안과 나라에까지 미치게 한다'고 했으니, 이것은 이러한 마음을 들어 저들에게 가하는 것을 말했을 뿐입니다. 그러므로 은혜를 밀고 나아가면 사해를 보전할 수 있고, 은혜를 밀고 나아가지 못하면 처자식도 보전하지 못하는 것입니다. 옛사람들이 남들보다 크게 뛰어났던 것은 다름 아니라 그 하는 바를 잘 밀고 나아갔기 때문입니다. 지금 은혜가 족히 금수에게까지 미치면서도 공덕이 백성에게 이르지 못하는 것은 유독 무엇 때문입니까?"

앞의 노(老)와 유(幼)는 동사로 노인으로 섬기고 어린이로 보살피는 것이며, 뒤의 老와 幼는 명사로 노인과 어린이다. 이급(以及)은 그것으로써 미치는 것이다. 즉 우리 집의 노인을 노인으로 섬기는 것처럼 남의 노인도 섬기며,

우리 집의 어린이를 어린이로 보살피는 것처럼 남의 집 어린이도 보살피는 것이다. 정치가 먼 데 있는 것이 아니다. 우리 부모를 섬기고 우리 아이를 보살피는 그 마음으로 백성들의 부모, 백성들의 아이를 대하면 되는 것이다. 그러면 천하를 손바닥 위에 놓고 움직일 수 있게 된다.

형우과처 지우형제 이어우가방(刑于寡妻 至于兄弟 以御于家邦)은 『시경』 「대아(大雅)」 사제(思齊)편에 나온다. 형(刑)은 양백준에 따르면 형(型)으로 모범을 보이는 것이다. 과처(寡妻)에 대해 주희는 과덕지처(寡德之妻)의 겸칭, 초순과 양백준은 적처(嫡妻)라고 하고 있다. 부인이라고 해석해도 무방하다. 어(御)는 조기에 따르면 향(享)으로 향유하는 것, 주희에 따르면 치(治)로 다스리는 것이다. 초순은 御를 진(進)으로 보아 임금에게 올리는 것이라고 해석했다. 양백준도 초순처럼 進으로 보았으나 뜻은 추진하는 것, 즉 미치게 하는 것이라고 풀이했다. 여기서는 이 설을 따랐다. 즉 먼저 부인에게 모범을 보이고, 이어 형제에게까지 그것이 이르게 하며, 마침내는 나라와 집안 전체에까지 미치게 한다는 것이다.

거(擧)는 들다, 가(加)는 가하다, 저(諸)는 지어(之於)를 줄인 것이다. 대과인(大過人)은 남보다 크게 뛰어난 것이다. 진리는 가깝고 쉬운 데 있는 법이다. 우리 부모를 섬기고 우리 아이를 보살피는 그 마음으로부터 시작해, 점차 나아가 남의 부모, 남의 아이를 섬기고 보살피는 데까지 이른다. 성인이라 할지라도 처음에는 자기 부모, 자기 아이를 사랑하는 것에서부터 시작할 뿐이다. 다만 성인이 범인과 다른 것은, 범인은 거기서 머물거나 주변에만 약간 미치는 데 반해 성인은 그 마음을 밀고 나아가 천하 만백성에게까지 두루 미친다는 것뿐이다. 그리고 사람에게 그 마음이 다 미친 연후에 비로소 다른 사물에게까지 그 마음이 미친다. 그런데 왕은 하찮은 소에게까지 은혜를 베풀면서 같은 사람인 백성에게는 은혜를 베풀지 않았다. 그 은혜가 멀고 어려운 데는 미치면서 가깝고 쉬운 데는 미치지 않으니, 이는 하지 못한 것이 아니라 안한 것이다. 맹자는 왕이 그것을 깨닫기를 바랐다.

權 然後知輕重, 度 然後知長短. 物皆然 心爲甚. 王請度之.
"저울질을 한 다음에야 무겁고 가벼움을 알며, 자로 재어본 다음에야 길고 짧음을 압니다. 사물이 모두 그러하며, 마음은 더욱 그렇습니다. 왕께서는 청컨대 헤아리십시오."

권(權)은 저울추로 여기서는 저울로 잰다는 뜻으로 사용되었고, 도(度)는 자로 여기서는 자로 잰다는 뜻으로 사용되었다. 탁지(度之)의 度은 헤아린다는 뜻의 탁이다. 사람들은 물건을 대할 때 저울이나 자로 반드시 그 경중장단을 헤아려 취급한다. 마음을 쓸 때는 물건을 대할 때보다도 더욱 그 경중장단을 헤아려야 한다. 소를 사랑하는 것은 가볍고 짧지만, 백성을 사랑하는 것은 무겁고 길다. 그런데 왕은 그 가볍고 짧은 것에 대해서는 마음을 쓰면서 무겁고 긴 것에 대해서는 마음을 쓰지 않았다. 물건이라면 그런 식으로 대하지 않았을 것이다. 맹자는 왕에게 마음을 쓸 때 무엇이 우선이고 급한가를 헤아려볼 것을 요청했다.

抑王興甲兵 危士臣 構怨於諸侯 然後快於心與.
"아니면 왕께서는 군사를 일으켜 선비와 신하들을 위태롭게 하고 제후들과 원한을 맺은 다음에야 마음이 통쾌하십니까?"

억(抑)은 '아니면'이다. 흥갑병(興甲兵)은 전쟁을 일으키는 것, 위사신(危士臣)

은 병사와 신하들을 겁주는 것, 구원어제후(構怨於諸侯)는 제후들과 원한을 맺는 것이다. 맹자는 왕이 백성에게 은혜를 베풀지 않는 것이 사물의 경중 장단을 헤아리지 않아서 그런 것이 아니라면, 전쟁을 일으켜 병사와 신하들을 두려움에 떨게 하고 제후들과 원한을 맺게 되는 것을 마음에 유쾌하게 여겨서 그런 것이냐고 물었다. 그런 것을 좋아할 사람은 없으니 왕이 다시 한 번 돌이켜 생각해볼 것을 요청한 것이다.

王曰 否. 吾何快於是. 將以求吾所大欲也.
曰 王之所大欲可得聞與.
王笑而不言.
曰 爲肥甘不足於口與, 輕煖不足於體與, 抑爲采色不足視於目與, 聲音不足聽於耳與, 便嬖不足使令於前與. 王之諸臣皆足以供之. 而王豈爲是哉.
曰 否. 吾不爲是也.

왕이 말했다. "아닙니다. 내가 그것으로 무엇이 통쾌하겠습니까? 장차 내가 크게 원하는 것을 구하고자 하기 때문입니다."

"왕께서 크게 원하는 것이 무엇인지 들려주실 수 있겠습니까?"

왕이 웃으며 대답하지 않았다.

"기름지고 단 음식이 입에 부족하기 때문입니까? 가볍고 따뜻한 옷이 몸에 부족하기 때문입니까? 아니면 아름다운 미녀가 눈으로 보기에 부족하기 때문입니까? 좋은 음악이 귀로 듣기에 부족하기 때문입니까? 시종들이 앞에 놓고 부리기에 부족하기 때문입니까? 왕의 신하들이 모두 이것들을 충분히 제공할 것이니 어찌 이것들 때문이겠습니까?"

"아닙니다. 그런 것들 때문은 아닙니다."

맹자의 질문에 왕이 마침내 속마음을 밝혔다. 크게 욕심내는 것이 있어서라고. 그러나 그 욕심이 무엇인가에 대해서는 대답하지 않았다. 위비(爲肥), 위채(爲采), 기위(豈爲), 불위(不爲)의 爲는 모두 '~때문에'다. 비감(肥甘)은 기름지고 단 음식, 경난(輕煖)은 가볍고 따뜻한 옷, 채색(采色)은 화려한 색깔의 옷을 입은 미녀, 성음(聲音)은 아름다운 음악, 편폐(便嬖)는 가까이 두고 부리는 신하다. 맹자가 다시 물었다. 왕이 크게 욕심내는 것이 무엇이냐? 기름지고 단 음식이 부족하냐? 가볍고 따뜻한 옷이 부족하냐? 아름다운 미녀가 부족하냐? 아름다운 음악이 부족하냐? 아니면 가까이 두고 부릴 신하가 부족하냐? 왕의 신하들이 그것들을 충분히 공급하고 있을 텐데 왕이 어찌하여 이런 것들 때문에 그러겠냐고.

曰 然則王之所大欲可知已. 欲辟土地 朝秦楚 莅中國而撫四夷也. 以若所爲求若所欲 猶緣木而求魚也.

"그러면 왕께서 크게 원하시는 것이 무엇인지 알 수 있을 것 같습니다. 토지를 크게 확장하고, 진나라와 초나라를 신하로 부리며, 중국에 왕으로 군림해 사방의 오랑캐를 복속시키는 것입니다. 그런데 그와 같이 행동하면서 이와 같은 것을 바란다면 그것은 나무에 올라 물고기를 구하는 것과 같습니다."

벽(辟)은 토지를 개척하는 것, 조(朝)는 조공 받는 것, 리(莅)는 임(臨)으로 임하는 것, 무(撫)는 안무하는 것, 사이(四夷)는 중국 동서남북의 오랑캐들이다. 왕의 욕심은 강대국이 되어 진이나 초와 같은 다른 강대국으로부터 조공을 받으면서 천하의 왕 노릇 하는 것이었다. 이약(以若)과 구약(求若)의 若은 여차(如此)로 '이와 같이', '이처럼'이다. 연(緣)은 오르는 것이다. 나무 위에 올라서는 물고기를 구할 수 없다. 연목구어(緣木求魚) 고사가 여기서 생겼다.

王曰 若是其甚與.

曰 殆有甚焉. 緣木求魚 雖不得魚 無後災. 以若所爲求若所欲 盡心力而爲之 後必有災.

曰 可得聞與.

曰 鄒人與楚人戰 則王以爲孰勝.

曰 楚人勝.

曰 然則小固不可以敵大, 寡固不可以敵衆, 弱固不可以敵彊. 海內之地方千里者九 齊集有其一. 以一服八 何以異於鄒敵楚哉. 蓋亦反其本矣. 今王發政施仁 使天下仕者皆欲立於王之朝, 耕者皆欲耕於王之野, 商賈皆欲藏於王之市, 行旅皆欲出於王之塗, 天下之欲疾其君者皆欲赴愬於王. 其若是 孰能禦之.

왕이 말했다. "그렇게까지 심합니까?"

"아마 더 심할 것입니다. 나무에 올라 물고기를 구하는 것은 비록 물고기는 구하지 못하지만 후환은 없습니다. 그런데 그와 같이 하면서 이와 같은 것을 바라는 것은, 몸과 마음을 다해 그것을 행한다면 반드시 후환이 있을 것입니다."

"왜 그런지 들을 수 있겠습니까?"

"추나라와 초나라가 싸운다면 왕께서 보시기에 누가 이기겠습니까?"

"초나라가 이깁니다."

"그렇다면 작은 것은 진실로 큰 것을 이기지 못하고, 적은 것은 많은 것을 이기지 못하며, 약한 것은 강한 것을 이기지 못합니다. 지금 사해 안에 토지가 사방 천 리인 나라가 아홉인데 제나라는 그중 하나입니다. 그 하나를 가지고 여덟을 복속시키려고 하는 것이 추나라가 초나라를 이기려고 하는 것과 무엇이 다릅니까? 마땅히 근본으로 돌아가야 합니다.

지금 왕께서 어진 정치를 베풀어, 천하의 벼슬하려고 하는 자들이 모두 왕의 조정에 서고 싶어 하고, 농사짓는 자들이 모두 왕의 땅에서 농사짓고 싶어 하며, 장사꾼들이 모두 왕의 시장에 물건을 쌓아두고 싶어 하고, 여행하는 자들이 모두 왕의 길로 다니고 싶어 하며, 천하의 그 임금을 미워하는 자들이 모두 왕에게 달려와 호소하고 싶어 하게 하십시오. 이와 같다면 누가 능히 이를 막겠습니까?"

태유심언(殆有甚焉)의 殆는 아마, 有는 우(又), 甚焉은 심어시(甚於是)로, 아마 그보다 더 심할 것이라는 말이다. 후재(後災)는 뒤에 올 재난 즉 후환이다. 추(鄒)는 산둥성 쩌우(鄒)현 지역의 작은 나라, 초(楚)는 후베이(湖北)성 일대의 큰 나라다. 제집유기일(齊集有其一)은 제나라의 땅을 다 합하면 사방 천 리로, 천하에서 사방 천 리의 영토를 가진 나라 아홉 중 하나에 해당된다는 뜻이다. 합역반기본의(蓋亦反其本矣)의 蓋은 초순에 따르면 합(合)으로 '마땅히'의 뜻이다. 즉 근본으로 돌아가야 마땅하다는 말이다. 그러나 일본의 이토 진사이는 하불(何不), 즉 "어찌~하지 않느냐"의 뜻으로 해석해야 한다고 주장한다. 여기서는 초순의 주장을 따랐다. 상고(商賈)의 商은 돌아다니며 장사하는 행상, 賈는 한 자리에서 장사하는 사람을 가리킨다. 도(塗)는 도(道)로 길이다. 질(疾)은 미워하는 것, 부소(赴愬)는 달려와 하소연하는 것이다.

정치의 근본은 다른 것이 아니다. 바로 어진 정치다.

王曰 吾惛 不能進於是矣. 願夫子輔吾志 明以教我. 我雖不敏 請嘗試之.

曰 無恆産而有恆心者 惟士爲能. 若民 則無恆産 因無恆心. 苟無恆心 放辟邪侈 無不爲已. 及陷於罪 然後從而刑之 是罔民也. 焉有仁人在位 罔民而可爲也.

왕이 말했다. "내가 어리석어 그리로 나아갈 수 없습니다. 원컨대 선생님께서 내 뜻을 도와 나를 밝게 가르쳐주십시오. 내가 비록 불민하나 이를 시험해볼까 합니다."

"일정한 생업이 없으면서도 한결같은 마음이 있는 것은 오직 선비만이 그럴 수 있습니다. 백성들은 일정한 생업이 없으면 한결같은 마음도 없습니다. 만일 한결같은 마음이 없게 되면 방탕하고, 편벽되며, 사악하고, 사치한 일 등 하지 못하는 것이 없게 됩니다. 그렇게 되어 죄에 빠지게 된 이후에 그에게 형벌을 가한다면, 이것은 백성들을 그물질해 잡는 것입니다. 어찌 어진 사람이 임금 자리에 있으면서 백성들을 그물질할 수 있습니까?"

혼(惛)은 혼(惛, 昏)으로 어두운 것, 어리석은 것이다. 항산(恆産)은 조기에 따르면 일정한 생업이고, 항심(恆心)은 사람이 항상 갖고 있는 착한 마음이다. 사(士)가 항산이 없어도 항심을 가질 수 있는 것은 학문을 쌓아 곤궁해도 도를 잃지 않으며, 구차히 얻는 것을 구하지 않기 때문이다. 방벽사치(放辟邪侈)는 방탕하고, 편벽되고, 사악하고, 사치한 것이다. 백성은 사와 달라 항산이 없으면 먹고살기 위해 무슨 일이든 하지 못하는 일이 없게 된다. 망(罔)은 망(網)으로 백성을 그물질해 잡는 것이다. 백성이 방벽사치하다보면 결국 죄를 짓게 된다. 그때 백성이 죄를 졌다고 형벌을 가하는 것은 백성을 그물질하는 것과 같다. 어진 사람이 정치를 편다면 그런 일을 할 리가 없다.

是故明君制民之産, 必使仰足以事父母 俯足以畜妻子, 樂歲終身飽 凶年免於死亡. 然後驅而之善 故民之從之也輕. 今也制民之産, 仰

不足以事父母 俯不足以畜妻子, 樂歲終身苦 凶年不免於死亡. 此
惟救死而恐不贍 奚暇治禮義哉. 王欲行之 則盍反其本矣.

"이런 까닭에 명철한 임금은 백성들이 먹고살 방도를 마련해, 반드시 위로는 족히 부모를 섬길 수 있게 하고 아래로는 처자식을 먹일 수 있게 하며, 풍년에는 내내 배부르고 흉년이 들더라도 죽음을 모면할 수 있게 합니다. 그런 연후에 백성들이 착한 길로 나아가게 하니 백성들이 따르기가 쉽습니다. 그런데 지금은 백성들이 먹고살 방도를 마련함에, 위로는 부모를 섬기기에 부족하고 아래로는 처자식을 먹일 수 없으며, 풍년에도 내내 고달프고 흉년이 들면 죽음을 면할 수 없습니다. 이렇게 되면 오직 죽음만을 모면하는 데도 부족할까 두려운데 어느 겨를에 예의를 닦을 수 있겠습니까? 왕께서 어진 정치를 행하고자 한다면 마땅히 근본으로 돌아가야만 합니다."

제(制)는 만드는 것이다. 앙(仰)은 우러러보는 것으로 여기서는 '위로는'의 뜻이고, 부(俯)는 굽어보는 것으로 여기서는 '아래로는'의 뜻이다. 축(畜)은 길러 먹이는 것이다. 낙세(樂歲)는 풍년이다. 구(驅)는 모는 것이고, 지(之)는 가는 것이다. 백성이 충분히 먹고살 방도를 만들어준 이후에 백성을 선으로 교화하는 것이다. 그래야만 백성이 따르기가 수월하다. 차유구사이공불섬(此惟救死而恐不贍)의 救死는 죽음에서 벗어나는 것이고, 贍은 넉넉할 섬이다. 오직 죽음만을 모면하기에도 부족할까 두려운 것이다. 해가치예의재(奚暇治禮義哉)는 어느 겨를에 예의를 닦겠느냐는 말이다.

 백성은 무항산무항심이다. 정치의 근본은 어진 정치에 있고, 어진 정치의 근본은 백성이 먹고살 방도를 마련해주는 데 있다. 지극히 단순해 보이지만 이는 만고불변의 진리로 오늘날에도 이 말의 타당함은 절대불변이다.

五畝之宅 樹之以桑 五十者可以衣帛矣, 雞豚狗彘之畜 無失其時

七十者可以食肉矣, 百畝之田 勿奪其時 八口之家可以無飢矣, 謹庠序之敎 申之以孝悌之義 頒白者不負戴於道路矣. 老者衣帛食肉 黎民不飢不寒 然而不王者 未之有也.

"다섯 무의 택지에 뽕나무를 심으면 오십이 넘은 사람들이 비단옷을 입을 수 있고, 닭과 개와 돼지를 때를 맞춰 잘 기르면 칠십이 넘은 사람들이 고기를 먹을 수 있으며, 백 무의 밭에 때 맞춰 농사를 지으면 여덟 식구의 집안이 굶주리지 않게 될 것이고, 학교에서 가르침을 삼가 효제의 의리를 거듭 편다면 머리가 희끗희끗한 사람들이 길 위에서 짐을 이거나 지지 않을 것입니다. 노인들이 비단옷을 입고 고기를 먹으며 백성들이 굶주리거나 추위에 떨지 않는데, 그러고서도 왕이 되지 못한 사람은 없습니다."

3장에서 이미 나왔다. 3장에서는 양혜왕에게 말했는데 여기서는 제선왕에게 말하고 있다. 그리고 3장에서는 八口之家가 數口之家로 되어 있으며 노자(老者)가 칠십자(七十者)로 되어 있다. 추측컨대 맹자는 아마 만나는 왕마다 이 말을 하고 다녔던 것 같다.

2

양혜왕장구하

梁惠王章句下

이제 왕께서 백성과 함께 즐기신다면 왕다운 왕이 되실 수 있을 것입니다.

1

　장포(莊暴)가 맹자를 만나 말했다. "제가 왕을 만나게 되었는데, 왕이 제게 말하길 음악을 좋아한다고 했습니다. 그런데 제가 무어라 대답하지를 못했습니다. ……음악을 좋아하면 어떻습니까?"

　맹자가 말했다. "왕이 음악을 좋아하는 것이 심하다면, 제나라는 아마 기대할 만할 것입니다."

　다른 날 맹자가 왕을 만나게 되어 말했다. "왕께서 전에 장자(莊子)에게 음악을 좋아한다고 말씀하셨다는데, 그런 일이 있습니까?"

　왕이 얼굴색이 변하며 말했다. "과인은 옛 선왕의 음악을 좋아하는 것이 아니라 단지 세속의 음악을 좋아할 뿐입니다."

　"왕께서 음악을 좋아하는 것이 심하다면, 제나라는 아마 기대할 만할 것입니다. 지금의 음악도 옛날 음악과 같습니다."

　"말씀을 들을 수 있겠습니까?"

　"혼자 음악을 즐기는 것과 남과 함께 음악을 즐기는 것 중 어느 것이 더 즐겁겠습니까?"

　"혼자가 남과 함께 음악을 즐기는 것만 못하겠지요."

　"적은 사람과 함께 즐기는 것과 많은 사람과 함께 즐기는 것 중 어느 것이 더 즐겁겠습니까?"

　"적은 사람이 많은 사람과 함께 즐기는 것만 못하겠지요."

　"신이 청컨대 왕을 위해 음악에 대해 말씀드리겠습니다. 지금 여기서 왕께서 음악을 연주하시면, 백성들이 왕의 종소리, 북소리, 피리 소리를 듣고는 머리를 아파하고 이마를 찡그리면서 서로 말하길 '우리 왕은 음악을 연주하기를 좋아하면서 어째서 우리는 이처럼 곤궁한 지경에 이르게 하는가? 부자(父子)가 서로 만나지도 못하고, 형제와 처자가 산산이 흩어지다니!'라고 합니다. 지금 여기서 왕께서 사냥을 하시면, 백성들이 왕의 말과 수레 소리를 듣고 아름다운 깃발들을 보고서는 머리를 아파하고 이마를 찡그리면서 서로 말하길 '우리 왕은 사냥을 좋아하면서 어째서 우리는 이처럼 곤궁한 지경에 이르게 하는가? 부자가 서로 만나지도 못하고 형제와 처자가 산산이 흩어지다니!'라고 합니다. 이는 다른 것이 아닙니다. 왕께서 백성들과 함께 즐기시지 않기 때문입니다.

이제 왕께서 여기서 음악을 연주하시는데, 백성들이 왕의 종소리, 북소리, 피리 소리를 듣고 모두 기뻐 즐거운 빛을 띠며 서로 말하길 '우리 왕은 병도 없으신가봐, 어떻게 음악을 연주하실 수 있지?'라고 합니다. 왕께서 여기서 사냥을 하시면, 백성들이 왕의 말과 수레 소리를 듣고 아름다운 깃발을 보고는 모두 기뻐 즐거운 빛을 띠며 서로 말하길 '우리 왕은 병도 없으신가봐, 어떻게 사냥을 하실 수 있지?'라고 합니다. 이는 다름 아니라 백성과 함께 즐기기 때문입니다. 이제 왕께서 백성과 함께 즐기신다면 왕다운 왕이 되실 수 있을 것입니다."

莊暴見孟子曰 暴見於王 王語暴以好樂 暴未有以對也. 曰 好樂何如.
孟子曰 王之好樂甚 則齊國其庶幾乎.
장포가 맹자를 만나 말했다. "제가 왕을 만나게 되었는데, 왕이 제게 말하길 음악을 좋아한다고 했습니다. 그런데 제가 무어라 대답하지를 못했습니다. ……음악을 좋아하면 어떻습니까?"
맹자가 말했다. "왕이 음악을 좋아하는 것이 심하다면, 제나라는 아마 기대할 만할 것입니다."

장포(莊暴)는 제나라의 신하다. 見孟子와 見於王은 용법이 다르다. 見孟子는 '맹자를 만나다'인데, 어(於)가 붙으면 피동을 나타내 왕에 의해 만나게 되다, 즉 왕을 만나게 되었다는 뜻이 된다. 왕은 제선왕이다. 호악(好樂)의 樂은 음악이다. 好樂何如는 장포의 말이다. 曰이 붙은 것은 장포가 좀 시간을 두고 말한 것을 나타내기 위해서다. 기서기호(其庶幾乎)의 其~乎는 "아마~일 것이다", 庶幾는 주희에 의하면 가깝다는 근(近)으로, 다스림에 가깝다(近於治), 즉 잘 다스려질 것이라는 뜻이다.

他日見於王曰 王嘗語莊子以好樂 有諸.
王變乎色曰 寡人非能好先王之樂也 直好世俗之樂耳.
曰 王之好樂甚 則齊其庶幾乎. 今之樂猶古之樂也.

다른 날 맹자가 왕을 만나게 되어 말했다. "왕께서 전에 장자에게 음악을 좋아한다고 말씀하셨다는데, 그런 일이 있습니까?"
왕이 얼굴색이 변하며 말했다. "과인은 옛 선왕의 음악을 좋아하는 것이 아니라 단지 세속의 음악을 좋아할 뿐입니다."
"왕께서 음악을 좋아하는 것이 심하다면, 제나라는 아마 기대할 만할 것입니다. 지금의 음악도 옛날 음악과 같습니다."

장자(莊子)는 장포를 높여 부른 것이다. 왕 앞에서 신하를 부를 때는 이름을 부르는 것이 예의다. 청의 염약거(閻若璩)는 기록자가 잘못 기록한 것이라고 한다. 유저(有諸)는 유지호(有之乎)로, 그런 사실이 있냐는 뜻이다. 직(直)은 지(只)로 '단지', '다만'의 뜻이다. 금지악(今之樂)은 세속의 음악이고, 고지악(古之樂)은 옛 선왕의 음악이다.

曰 可得聞與.
曰 獨樂樂 與人樂樂 孰樂.
曰 不若與人.
曰 與少樂樂 與衆樂樂 孰樂.
曰 不若與衆.

"말씀을 들을 수 있겠습니까?"
"혼자 음악을 즐기는 것과 남과 함께 음악을 즐기는 것 중 어느 것이 더 즐겁겠습니까?"
"혼자가 남과 함께 음악을 즐기는 것만 못하겠지요."
"적은 사람과 함께 즐기는 것과 많은 사람과 함께 즐기는 것 중 어느 것이 더 즐겁겠습니까?"
"적은 사람이 많은 사람과 함께 즐기는 것만 못하겠지요."

樂樂에 대해 주희와 초순 모두 앞의 樂을 음악의 악으로, 뒤의 것은 즐겁다는 뜻의 락으로 읽어야 한다고 하고 있다. 즉 앞의 樂을 음악을 하거나(作樂) 듣는 것(廳樂)으로 해석하는 것이다. 그렇게 해석하면 "혼자 음악을 하는 것이 즐겁냐, 남과 함께 음악을 하는 것이 즐겁냐, 어느 것이 더 즐겁냐"가 된다. 그러나 그렇게 해석하는 것보다는 앞의 樂은 즐긴다는 뜻의 락, 뒤의 樂은 음악의 악으로 읽는 것이 좀 더 낫다고 생각된다. 즉 "혼자 음악을 즐기는 것과 남과 함께 음악을 즐기는 것 중 어느 것이 더 즐겁냐?"로 읽는 것이다.

臣請爲王言樂. 今王鼓樂於此. 百姓聞王鐘鼓之聲 管籥之音 擧疾首蹙頞而相告曰 吾王之好鼓樂 夫何使我至於此極也. 父子不相見 兄弟妻子離散. 今王田獵於此. 百姓聞王車馬之音 見羽旄之美 擧疾首蹙頞而相告曰 吾王之好田獵 夫何使我至於此極也. 父子不相見 兄弟妻子離散. 此無他 不與民同樂也.

"신이 청컨대 왕을 위해 음악에 대해 말씀드리겠습니다. 지금 여기서 왕께서 음악을 연주하시면, 백성들이 왕의 종소리, 북소리, 피리 소리를 듣고는 머리를 아파하고 이마를 찡그리면서 서로 말하길 '우리 왕은 음악을 연주하기를 좋아하면서 어째서 우리는 이처럼 곤궁한 지경에 이르게 하는가? 부자가 서로 만나지도 못하고, 형제와 처자가 산산이 흩어지다니!'라고 합니다. 지금 여기서 왕께서 사냥을 하시면, 백성들이 왕의 말과 수레 소리를 듣고 아름다운 깃발들을 보고서는 머리를 아파하고 이마를 찡그리면서 서로 말하길 '우리 왕은 사냥을 좋아하면서 어째서 우리는 이처럼 곤궁한 지경에 이르게 하는가? 부자가 서로 만나지도 못하고 형제와 처자가 산산이 흩어지다니!'라고 합니다. 이는 다른 것이 아닙니다. 왕께서 백성들과 함께 즐기시지 않기 때문입니다."

언악(言樂), 고악(鼓樂)의 樂은 음악이고, 고(鼓)는 악기를 연주하는 것이다. 종고(鐘鼓)는 종과 북, 관약(管籥)은 피리 같은 관악기다. 거(擧)는 개(皆)로 모두, 질수(疾首)는 머리 아파하는 것, 축알(蹙頞)은 이마를 찡그리는 것이다. 극(極)은 주희에 따르면 궁(窮)으로 극도로 곤궁한 것이다. 전렵(田獵)은 사냥, 우모(羽旄)는 깃발의 장식이다. 왕이 음악뿐만 아니라 사냥도 좋아하기 때문에 맹자가 음악에 이어 사냥까지 언급한 것이다. 백성과 함께 즐기지 않고 혼자만 즐기면서 백성을 돌보지 않아 백성을 곤궁에 빠뜨리니 좋은 음악 소리도, 화려한 치장도 모두 원망의 대상이 될 뿐이다.

今王鼓樂於此. 百姓聞王鐘鼓之聲 管籥之音 擧欣欣然有喜色而相 告曰 吾王庶幾無疾病與 何以能鼓樂也. 今王田獵於此. 百姓聞王 車馬之音 見羽旄之美 擧欣欣然有喜色而相告曰 吾王庶幾無疾病 與 何以能田獵也. 此無他 與民同樂也. 今王與百姓同樂 則王矣.

"이제 왕께서 여기서 음악을 연주하시는데, 백성들이 왕의 종소리, 북소리, 피리 소리를 듣고 모두 기뻐 즐거운 빛을 띠며 서로 말하길 '우리 왕은 병도 없으신가봐. 어떻게 음악을 연주하실 수 있지?'라고 합니다. 왕께서 여기서 사냥을 하시면, 백성들이 왕의 말과 수레 소리를 듣고 아름다운 깃발을 보고는 모두 기뻐 즐거운 빛을 띠며 서로 말하길 '우리 왕은 병도 없으신가봐. 어떻게 사냥을 하실 수 있지?'라고 합니다. 이는 다름 아니라 백성과 함께 즐기기 때문입니다. 이제 왕께서 백성과 함께 즐기신다면 왕다운 왕이 되실 수 있을 것입니다."

흔흔연(欣欣然)은 기뻐하는 모양을 나타낸 말이다. 똑같은 음악 소리, 똑같은 치장이건만 백성과 함께 즐기면 백성이 모두 즐거워하고 혼자 즐기면 백성이 모두 원망한다. 정치의 본령은 백성과 함께하는 것일 뿐이다.

2

제선왕이 물었다. "문왕의 정원이 사방 칠십 리였다고 하는데 맞습니까?"

맹자가 대답했다. "전해 내려오는 책에 그런 말이 있습니다."

"그처럼 큽니까?"

"백성들은 오히려 작다고 여겼습니다."

"과인의 정원은 사방 사십 리인데 백성들은 오히려 크다고 여깁니다. 왜 그렇습니까?"

"문왕의 정원은 사방 칠십 리지만, 나무꾼도 들어가고 사냥꾼도 들어가는 등 백성들과 함께했습니다. 그러니 백성들이 작다고 여기는 것 또한 당연하지 않겠습니까? 신이 처음 이 나라에 이르렀을 때, 나라에서 크게 금하는 것들을 물은 다음에야 감히 들어왔습니다. 신이 듣기를 교외 관문(關門) 안에 왕의 정원이 사방 사십 리인데, 그 안에서 사슴이나 고라니를 죽이는 자는 사람을 죽인 것과 같이 처벌한다고 했습니다. 이것은 나라 안에 사방 사십 리의 함정을 판 것입니다. 백성들이 크다고 여기는 것 또한 당연하지 않겠습니까?"

齊宣王問曰 文王之囿方七十里 有諸.

孟子對曰 於傳有之.

제선왕이 물었다. "문왕의 정원이 사방 칠십 리였다고 하는데 맞습니까?"

맹자가 대답했다. "전해 내려오는 책에 그런 말이 있습니다."

유(囿)는 새나 짐승을 기르는 정원이다. 초순에 따르면 유는 담이 없는 것이고, 담이 있는 것은 원(苑)이라고 한다. 전(傳)은 예로부터 전해 내려오는 책이다.

曰 若是其大乎.
曰 民猶以爲小也.
曰 寡人之囿方四十里 民猶以爲大 何也.
曰 文王之囿方七十里 芻蕘者往焉, 雉兎者往焉 與民同之. 民以爲小 不亦宜乎.

"그처럼 큽니까?"

"백성들은 오히려 작다고 여겼습니다."

"과인의 정원은 사방 사십 리인데 백성들은 오히려 크다고 여깁니다. 왜 그렇습니까?"

"문왕의 정원은 사방 칠십 리지만, 나무꾼도 들어가고 사냥꾼도 들어가는 등 백성들과 함께했습니다. 그러니 백성들이 작다고 여기는 것 또한 당연하지 않겠습니까?"

추요자(芻蕘者)는 꼴을 베고 땔나무를 하는 사람, 치토자(雉兎者)는 꿩이나 토끼를 잡는 사냥꾼이다. 문왕이 정원을 백성들에게 개방해 백성들과 함께 이용하니 백성들이 모두 오히려 작다고 여긴 것이다.

臣始至於境 問國之大禁 然後敢入. 臣聞郊關之內有囿方四十里 殺其麋鹿者如殺人之罪. 則是方四十里 爲阱於國中. 民以爲大 不亦宜乎.

"신이 처음 이 나라에 이르렀을 때, 나라에서 크게 금하는 것들을 물은 다음에야 감히 들어왔습니다. 신이 듣기를 교외 관문 안에 왕의 정원이 사방 사십 리인데, 그 안에서 사슴이나 고라니를 죽이는 자는 사람을 죽인 것과 같이 처벌한다고 했습니다. 이것은 나라 안에 사방 사십 리의 함정을 판 것입니다. 백성들이 크다고 여기는 것 또한 당연하지 않겠습니까?"

경(境)은 국경이다. 대금(大禁)은 나라에서 하지 못하게 엄히 다스리는 것이다. 교(郊)는 도성 밖 100리까지를 일컫는 말이며, 관(關)은 국경에 설치한 관문이다. 정(阱)은 함정이다. 제선왕의 정원은 비록 사방 사십 리에 불과하지만 백성들의 출입을 금해, 백성들이 그 안에서 짐승을 사냥하다 걸리면 사람을 죽인 것과 같은 죄로 다스렸으니, 이는 정원이 아니라 백성을 잡는 함정인 것이다. 함정이 사방 사십 리니 이것을 어찌 크다고 아니하겠는가?

3

제선왕이 물었다. "이웃나라와 사귀는 데 도(道)가 있습니까?"

맹자가 대답했다. "있습니다. 오직 어진 자만이 큰 나라이면서도 작은 나라를 섬길 수 있습니다. 이런 까닭에 탕(湯)임금이 갈(葛)을 섬겼고 문왕이 곤이(昆夷)를 섬겼습니다. 오직 지혜로운 자만이 작은 나라로 큰 나라를 섬길 수 있습니다. 그래서 태왕이 훈육(獯鬻)을 섬겼고 구천(句踐)이 오(吳)를 섬겼습니다. 큰 나라가 작은 나라를 섬기는 것은 하늘을 즐기는 것이며, 작은 나라가 큰 나라를 섬기는 것은 하늘을 두려워하는 것입니다. 하늘을 즐기는 자는 천하를 보존하고, 하늘을 두려워하는 자는 그 나라를 보존합니다. 시에 말하길 '하늘의 위엄을 두려워하니 이에 그 나라를 보존할 것이라'고 했습니다."

왕이 말했다. "참 크도다! 그 말씀이. 과인에겐 병이 있는데 용기를 좋아합니다."

맹자가 대답했다. "왕께서는 청컨대 작은 용기를 좋아하지 마십시오. 대저 칼을 어루만지고 노려보며 말하길 '그가 어찌 나를 감당하겠는가?' 하는데, 이는 필부의 용기로 한 사람만을 상대합니다. 왕께서는 청컨대 크게 하십시오. 시에 말하길 '왕께서 불끈 화를 내시어 이에 그 군사를 정돈하셨다. 그로써 밀인(密人)이 거(莒)로 가는 것을 막고, 주(周)나라의 복(福)을 두텁게 하셔서, 천하에 이름을 날렸다'고 하는데, 이것은 문왕의 용기입니다. 문왕은 한 번 화를 내어 천하의 백성들을 편안케 했습니다.

서(書)에 말하길 '하늘이 백성을 내려 보내고는 임금을 세우고 스승을 세웠다. 단지 말하길 상제를 도와 사방에 은총을 베풀라고 하셨다. 죄가 있고 없고는 나한테 있으니, 천하의 그 누가 감히 그 뜻을 어길 수 있으랴?'고 했습니다. 한 사람이 천하를 횡행(橫行)하자 무왕(武王)이 이를 부끄럽게 여겼습니다. 이는 무왕의 용기로, 무왕도 한 번 화를 내어 천하의 백성들을 편안케 했습니다. 지금 왕께서 또한 한 번 화를 내시어 천하의 백성들을 편안케 하신다면, 백성들은 오직 왕께서 용기를 좋아하지 않을까 그것을 걱정할 것입니다."

齊宣王問曰 交鄰國有道乎.
孟子對曰 有. 惟仁者爲能以大事小. 是故湯事葛 文王事昆夷. 惟智者爲能以小事大. 故大王事獯鬻, 句踐事吳.

제선왕이 물었다. "이웃나라와 사귀는 데 도가 있습니까?"
맹자가 대답했다. "있습니다. 오직 어진 자만이 큰 나라이면서도 작은 나라를 섬길 수 있습니다. 이런 까닭에 탕임금이 갈을 섬겼고 문왕이 곤이를 섬겼습니다. 오직 지혜로운 자만이 작은 나라로 큰 나라를 섬길 수 있습니다. 그래서 태왕이 훈육을 섬겼고 구천이 오를 섬겼습니다."

탕(湯)은 은나라를 세운 탕임금이다. 갈(葛)은 은나라 주위에 있던 작은 나라. 탕이 갈을 섬긴 이야기는 「등문공하」편에 자세히 나온다. 곤이(昆夷)는 주나라 초기 서쪽에 있던 작은 나라다. 문왕이 곤이를 섬긴 것에 대해서는 『시경』「대아」면(綿)편에 약간 나오나 자세한 이야기는 전해지지 않는다. 어진 자는 마음이 관대하며 측은히 여기는 마음이 있다. 따라서 작은 나라가 비록 방자하게 굴어도 대소강약을 따지지 않고 측은히 여길 뿐이다.

大王은 태왕으로 읽으며 문왕의 할아버지인 고공단보(古公亶父)다. 훈육(獯鬻)은 조기에 의하면 중국 서북지방의 유목민족인 흉노(匈奴)다. 태왕은 훈육을 피해 자기의 본거지인 빈(邠)을 버리고 떠났다. 태왕이 훈육을 섬긴 것에 대해서는 본편 15장에 자세한 이야기가 나온다. 구천(句踐)은 월(越)나라 임금으로 오(吳)나라 왕 부차(夫差)와 함께 와신상담(臥薪嘗膽)의 고사로 유명하다. 오왕 부차에게 패해 회계산(會稽山)으로 쫓겨 갔으나, 온갖 굴욕을 참고 오왕 부차를 섬겨 몸과 나라를 보존했을 뿐만 아니라 마침내 오왕 부차를 멸망시켰다. 지혜로운 자는 의리를 알고 시세를 살필 줄 안다. 따라서 대국이 횡포하게 굴어도 자기 분수를 헤아려 함부로 처신하지 않는다.

以大事小者 樂天者也, 以小事大者 畏天者也. 樂天者保天下, 畏天者保其國. 詩云 畏天之威 于時保之.

"큰 나라가 작은 나라를 섬기는 것은 하늘을 즐기는 것이며, 작은 나라가 큰 나라를 섬기는 것은 하늘을 두려워하는 것입니다. 하늘을 즐기는 자는 천하를 보존하고, 하늘을 두려워하는 자는 그 나라를 보존합니다. 시에 말하길 '하늘의 위엄을 두려워하니 이에 그 나라를 보존할 것이라'고 했습니다."

크면서도 작은 것을 섬기는 자는 온갖 생명을 품고 양육하는 하늘의 덕을 즐기는 자다. 작으면서 큰 것을 섬길 줄 아는 자는 하늘의 법도와 위엄을 두려워하는 자다. 하늘의 호생지덕(好生之德)을 즐기는 자는 천하를 보전할 수 있고, 하늘의 법도를 두려워하는 자는 그 나라를 보전할 수 있다. 시는 『시경』「주송(周頌)」아장(我將)편이다. 시(時)는 시(是)다.

王曰 大哉言矣. 寡人有疾 寡人好勇.

왕이 말했다. "참 크도다! 그 말씀이. 과인에겐 병이 있는데 용기를 좋아합니다."

왕이 대단한 말이라고 하면서도 용기를 좋아한다고 대답한 것은, 자신은 약소한 자의 방자함이나 강한 자의 횡포를 참지 못한다는 뜻이다.

對曰 王請無好小勇. 夫撫劍疾視曰 彼惡敢當我哉. 此匹夫之勇 敵一人者也. 王請大之.

맹자가 대답했다. "왕께서는 청컨대 작은 용기를 좋아하지 마십시오. 대저 칼을 어루만지고 노려보며 말하길 '그가 어찌 나를 감당하겠는가?' 하는데, 이는 필부의 용기로 한 사람만을 상대합니다. 왕께서는 청컨대 크게 하십시오."

무검(撫劍)은 칼을 어루만지는 것, 질시(疾視)는 눈을 부릅뜨고 쳐다보는 것이다. 오감(惡敢)은 '어찌 감히'의 뜻이다. 주희에 따르면 작은 용기는 혈기에서 나오며 큰 용기는 의리에서 나온다.

詩云 王赫斯怒 爰整其旅 以遏徂莒 以篤周祜 以對于天下. 此文王之勇也. 文王一怒而安天下之民.

"시에 말하길 '왕께서 불끈 화를 내시어 이에 그 군사를 정돈하셨다. 그로써 밀인이 거로 가는 것을 막고, 주나라의 복을 두텁게 하셔서, 천하에 이름을 날렸다'고 하는데, 이것은 문왕의 용기입니다. 문왕은 한 번 화를 내어 천하의 백성들을 편안케 했습니다."

시는 『시경』「대아」 황의(皇矣)편이다. 혁사(赫斯)는 혁연(赫然)으로 노한 모습을 형용한 말이다. 원정기여(爰整其旅)의 爰은 발어사(發語詞), 旅는 군대로, 그 군대를 정돈한다는 뜻이다. 이알조거(以遏徂莒)의 遏은 지(止)로 막는 것, 徂는 왕(往)으로 가는 것, 莒는 나라 이름이다. 밀(密)나라 사람들이 거 나라를 정벌하러 가는 것을 막았다는 말이다. 독(篤)은 후(厚)로 두텁게 하는 것, 호(祜)는 복(福)이다. 이대우천하(以對于天下)의 對에 대해 주희는 답(答) 즉 보답하는 것으로 해석하고 있으나, 조기는 양(揚) 즉 이름을 날리는 것(揚名)으로 해석하고 있다. 여기서는 조기를 따랐다.

書曰 天降下民 作之君 作之師. 惟曰其助上帝 寵之四方. 有罪無罪 惟我在 天下曷敢有越厥志. 一人衡行於天下 武王恥之. 此武王之勇也. 而武王亦一怒而安天下之民.

"서에 말하길 '하늘이 백성을 내려 보내고는 임금을 세우고 스승을 세웠다. 단지 말하길 상제를 도와 사방에 은총을 베풀라고 하셨다. 죄가 있고 없고는 나한테 있으니, 천하의 그 누가 감히 그 뜻을 어길 수 있으랴?'고 했습니다. 한 사람이 천하를 횡행하자 무왕이 이를 부끄럽게 여겼습니다. 이는 무왕의 용기로, 무왕도 한 번 화를 내어 천하의 백성들을 편안케 했습니다."

서(書)의 내용은 『상서』「태서(泰誓)」편에 보인다. 그러나 지금 우리가 보고 있는「태서」편은 동진(東晋) 때 매색(梅賾)이 위조한 이른바 『위고문상서(僞古文尚書)』로, 조기의 시대에도 이미 실전되어 지금은 그 내용을 상고할 길이 없다. 작지군 작지사(作之君 作之師)는 백성들의 임금을 세우고 스승을 세운 것이다. 상제(上帝)는 은족(殷族)의 최고신으로, 기조상제 총지사방(其助上帝 寵之四方)은 상제를 도와 널리 사방에서 백성들에게 은총을 베풀라는 뜻이다. 유죄무죄 유아재(有罪無罪 惟我在)는 죄가 있고 없고는 오직 내가 알아서 한다는 말이다. 그러나 조기는 四方을 有罪無罪와 연결시켜 읽는다. 그렇게 되면 사방에서라는 뜻이 더 추가되나 내용상 큰 차이는 없다. 천하갈 감유월궐지(天下曷敢有越厥志)의 궐(厥)은 기(其)로 '그'다. 천하에 어찌 감히 그 뜻을 어길 자가 있겠느냐는 말이다. 일인(一人)은 은나라의 마지막 임금 주(紂)왕을 가리킨다. 형행(衡行)은 횡행(橫行)이다. 무왕이 큰 용기를 내어 폭정을 일삼던 은나라 주왕을 정벌하고 천하 만민을 편안케 한 일을 말하고 있다.

今王亦一怒而安天下之民 民惟恐王之不好勇也.
"지금 왕께서 또한 한 번 화를 내시어 천하의 백성들을 편안케 하신다면, 백성들은 오직 왕께서 용기를 좋아하지 않을까 그것을 걱정할 것입니다."

왕이 문왕이나 무왕처럼 큰 용기를 내어 천하 만민을 평안케 한다면 백성들은 오히려 왕이 용기를 좋아하지 않을까 그것을 걱정할 뿐이다.
　주희는 다음과 같은 장식(張栻)의 말로 이 장을 마무리하고 있다. "작은 용기는 혈기에서 나오는 노여움이고 큰 용기는 의리에서 나오는 노여움이다. 혈기에서 나오는 노여움은 있어서는 안 되지만 의리에서 나오는 노여움은 없어서는 안 된다. 이것을 알면 성(性)과 정(情)을 올바르게 살필 수 있으며 천리와 인욕의 구분도 인식할 수 있을 것이다."

4

제선왕이 설궁(雪宮)에서 맹자를 만났다. 왕이 말했다. "현명한 사람도 이런 즐거움이 있습니까?"

맹자가 대답했다. "있습니다. 사람들은 (이런 즐거움을) 얻지 못하면 그 윗사람을 비난합니다. 얻지 못한다고 그 윗사람을 비난하는 것도 잘못이지만, 백성의 윗사람이 되어가지고 백성과 함께 즐기지 않는 것도 또한 잘못입니다. 백성들이 즐기는 것을 즐기면 백성들 또한 그 (왕이) 즐기는 것을 즐길 것이며, 백성들이 근심하는 것을 근심하면 백성들도 그 (왕이) 근심하는 것을 근심할 것입니다. 천하의 백성들과 함께 즐기고 천하의 백성들과 함께 근심하면서도 왕이 되지 못하는 자는 없습니다.

옛날에 제경공이 안자(晏子)에게 물었습니다. '내가 전부(轉附)와 조무(朝儛)를 구경하고 바다를 따라 남으로 내려가 낭야(琅邪)에 이르고 싶은데, 어떻게 하면 선왕들의 유람과 비견될 수 있겠습니까?' 안자가 대답했습니다. '좋은 질문입니다. 천자가 제후에게 가는 것을 순수(巡狩)라고 하는데, 순수라는 것은 그 지키는 곳을 둘러보는 것입니다. 제후가 천자에게 조회를 가는 것을 술직(述職)이라고 하는데, 술직은 그 맡은 일을 진술하는 것입니다. 모두 일이 아닌 것이 없습니다. 봄에는 경작하는 것을 살펴 부족한 것을 도와주고, 가을에는 거둬들이는 것을 살펴 부족한 것을 도와줍니다. 하(夏)의 속담에 우리 임금이 봄 순수를 하지 않으시니 내가 어찌 쉴 수 있겠으며, 우리 임금이 가을 순수를 하지 않으시니 내가 무슨 도움을 받을 수 있겠느냐고 했습니다. 봄에 한 번, 가을에 한 번 하는 순수는 제후의 법도가 되었습니다. 하지만 지금은 그렇지 않습니다. 군사들이 따라 나서 식량을 먹어대니 굶주린 백성들이 먹지를 못하고 힘든 백성들이 쉬지를 못합니다. 흘겨보며 서로 헐뜯으니 백성들이 왕을 원망하게 됩니다. 명령을 거역해 백성을 학대하고, 마시고 먹어 치우는 것이 흐르는 물과 같습니다. 유련황망(流連荒亡)은 제후의 근심이 되었습니다. 물길을 따라 내려가 돌아올 것을 잊은 것을 일컬어 유(流)라 하고, 물길을 거슬러 올라가 돌아올 것을 잊은 것을 일컬어 연(連)이라 하며, 짐승을 쫓아다니며 만족할 줄 모르는 것을 일컬어 황(荒)이라 하고, 술을 좋아해 만족할 줄 모르는 것을 일컬어 망(亡)이라고 합니다. 선왕들께옵서는 이런 유련의 즐김과 황망의 행동이 없었습니다. 오직 임금께서 하실 바에 달려 있습니다.'

경공이 기뻐하며 나라에 크게 경계를 내리고 교외에 나가 머물렀습니다. 그러고는 이에 비로소 창고를 열어 백성들이 부족한 것을 도와주었습니다. 악사를 불러 '나를 위해 임금과 신하가 서로 즐거워하는 음악을 만들라'고 했으니 이것이 바로 치소(徵招)와 각소(角招)입니다. 그 시에 말하길 '임금을 만류하는 것이 무슨 잘못이랴'고 했으니, 임금을 만류하는 것은 임금을 좋아하는 것입니다."

齊宣王見孟子於雪宮. 王曰 賢者亦有此樂乎.
제선왕이 설궁에서 맹자를 만났다. 왕이 말했다. "현명한 사람도 이런 즐거움이 있습니까?"

설궁(雪宮)은 제선왕의 별궁이다.

孟子對曰 有. 人不得 則非其上矣. 不得而非其上者 非也, 爲民上
而不與民同樂者 亦非也. 樂民之樂者 民亦樂其樂, 憂民之憂者, 民
亦憂其憂. 樂以天下 憂以天下 然而不王者 未之有也.

맹자가 대답했다. "있습니다. 사람들은 (이런 즐거움을) 얻지 못하면 그 윗사람을 비난합니다. 얻지 못한다고 그 윗사람을 비난하는 것도 잘못이지만, 백성의 윗사람이 되어가지고 백성과 함께 즐기지 않는 것도 또한 잘못입니다. 백성들이 즐기는 것을 즐기면 백성들 또한 그 (왕이) 즐기는 것을 즐길 것이며, 백성들이 근심하는 것을 근심하면 백성들도 그 (왕이) 근심하는 것을 근심할 것입니다. 천하의 백성들과 함께 즐기고 천하의 백성들과 함께 근심하면서도 왕이 되지 못하는 자는 없습니다."

인부득(人不得)은 사람이 그런 즐거움을 얻지 못한 것이다. 조기는 有人不得으로 읽으면서 뜻을 얻지 못한 것(不得志)이라고 풀이했는데 받아들이기 어렵다. 비기상(非其上)의 非는 비난하는 것, 上은 윗사람 즉 임금이다. 임금이 백성과 더불어 즐기지 않으면 백성들은 그 즐거움을 얻지 못한 것에 대해 임금을 비난한다. 그것은 잘못이다. 그러나 더 원천적인 잘못은 임금이 백성과 더불어 즐기지 않은 것이다. 천하의 만백성과 즐거움과 근심을 함께 나누면서 천하의 왕이 되지 못한 사람은 없다.

昔者齊景公問於晏子曰 吾欲觀於轉附, 朝儛, 遵海而南 放于琅邪.
吾何脩而可以比於先王觀也.

"옛날에 제경공이 안자에게 물었습니다. '내가 전부와 조무를 구경하고 바다를 따라 남으로 내려가 낭야에 이르고 싶은데, 어떻게 하면 선왕들의 유람과 비견될 수 있겠습니까?'"

제경공(齊景公)은 춘추시대 제나라 임금으로 성은 강(姜), 이름은 저구(杵臼)다. 안자(晏子)는 제경공의 명재상으로 성은 안(晏), 이름은 영(嬰)이다. 관중과 더불어 춘추시대 제나라의 대정치가로 손꼽혔다. 관(觀)은 유(遊)로 여행하는 것이다. 전부(轉附)와 조무(朝儛)는 모두 제나라의 산 이름이나 자세히는 알 수 없다. 낭야(琅邪)는 지명으로 지금의 산둥성 주청(諸城)현 동남지방이다. 준(遵)은 순(循)으로 따르는 것, 방(放)은 지(至)로 이르는 것이다. 비(比)는 비견되는 것이다.

晏子對曰 善哉問也. 天子適諸侯曰巡狩 巡狩者巡所守也, 諸侯朝於天子曰述職 述職者述所職也. 無非事者. 春省耕而補不足, 秋省斂而助不給. 夏諺曰 吾王不遊 吾何以休, 吾王不豫 吾何以助. 一遊一豫 爲諸侯度.

"안자가 대답했습니다. '좋은 질문입니다. 천자가 제후에게 가는 것을 순수라고 하는데, 순수라는 것은 그 지키는 곳을 둘러보는 것입니다. 제후가 천자에게 조회를 가는 것을 술직이라고 하는데, 술직은 그 맡은 일을 진술하는 것입니다. 모두 일이 아닌 것이 없습니다. 봄에는 경작하는 것을 살펴 부족한 것을 도와주고, 가을에는 거둬들이는 것을 살펴 부족한 것을 도와줍니다. 하(夏)의 속담에 '우리 임금이 봄 순수를 하지 않으시니 내가 어찌 쉴 수 있겠으며, 우리 임금이 가을 순수를 하지 않으시니 내가 무슨 도움을 받을 수 있겠느냐고 했습니다. 봄에 한 번, 가을에 한 번 하는 순수는 제후의 법도가 되었습니다.'"

적(適)은 가는 것, 순(巡)은 순시를 도는 것, 수(守)는 맡아 지키는 것, 조(朝)는 조회를 가는 것, 술(述)은 진술하는 것, 직(職)은 직무를 맡은 것, 성(省)은 살피는 것, 염(斂)은 수확을 거두는 것, 급(給)은 넉넉한 것이다. 천자가 지방을 순수하는 것은 그냥 놀기 위한 것이 아니다. 봄에는 백성들이 농사짓는 것을 살펴 부족한 것을 도와주고, 가을에는 거두는 것을 살펴 또한 부족한 것을 도와주기 위한 것이다. 따라서 정식 업무다. 하언(夏諺)은 하나라 시대에 민간 사이에 전해지던 말이다. 유(遊)는 봄에 하는 순수를 일컫는 말이고, 예(豫)는 가을에 하는 순수를 일컫는 말이다. 주희는 夏諺을 오왕불유(吾王不遊)에서 위제후도(爲諸侯度)까지로 보고 있다. 조기도 마찬가지나, 성백효(成百曉) 선생의 말처럼 오하이조(吾何以助)까지를 夏諺으로 보는 것이 더 타당할 것이다. 一遊一豫 爲諸侯度는 그래서 이후에 천자가 봄가을로 한 번씩 순수를 나가는 것이 제후들의 법도가 되었다는 안자의 설명이다. 참고로 夏諺을 뒤에 나오는 爲諸侯憂까지로 보는 사람도 있음을 부기한다.

今也不然. 師行而糧食 飢者弗食 勞者弗息. 睊睊胥讒 民乃作慝. 方命虐民 飮食若流. 流連荒亡 爲諸侯憂.

"하지만 지금은 그렇지 않습니다. 군사들이 따라 나서 식량을 먹어대니 굶주린 백성들이 먹지를 못하고 힘든 백성들이 쉬지를 못합니다. 흘겨보며 서로 헐뜯으니 백성들이 왕을 원망하게 됩니다. 명령을 거역해 백성을 학대하고, 마시고 먹어 치우는 것이 흐르는 물과 같습니다. 유련황망은 제후의 근심이 되었습니다."

사(師)는 군대의 편제 단위로 주희에 의하면 2500명이라고 한다. 견견(睊睊)은 눈을 흘겨 보는 것, 서(胥)는 상(相)으로 '서로', 참(讒)은 헐뜯는 것, 작특(作慝)은 원망하고 미워하는 것이다. 방(方)을 조기는 방(放) 즉 내팽개치는 것으로 해석하나, 주희는 역(逆) 즉 거역하는 것으로 해석한다. 명(命)도 조기는 선왕의 명, 주희는 왕명으로 달리 해석한다. 양백준은 상제의 명으로 해석한다. 약류(若流)는 흐르는 물처럼 끝이 없는 것이다. 유련황망에 대해서는 뒤에 맹자의 해설이 나온다.

從流下而忘反謂之流, 從流上而忘反謂之連, 從獸無厭謂之荒, 樂酒無厭謂之亡. 先王無流連之樂 荒亡之行. 惟君所行也.

"물길을 따라 내려가 돌아올 것을 잊은 것을 일컬어 유(流)라 하고, 물길을 거슬러 올라가 돌아올 것을 잊은 것을 일컬어 연(連)이라 하며, 짐승을 쫓아다니며 만족할 줄 모르는 것을 일컬어 황(荒)이라 하고, 술을 좋아해 만족할 줄 모르는 것을 일컬어 망(亡)이라고 합니다. 선왕들께옵서는 이런 유련의 즐김과 황망의 행동이 없었습니다. 오직 임금께서 하실 바에 달려 있습니다.'"

종유하(從流下)는 물의 흐름을 따라 내려가는 것, 종유상(從流上)은 물의 흐름을 거슬러 올라가는 것이다. 종수(從獸)는 짐승을 쫓는 것으로 사냥이다. 염(厭)은 많이 즐겨 싫증내는 것이다. 유군소행야(惟君所行也)는 제후의 법도가 될 것인지 제후의 근심이 될 것인지는 모두 경공이 하기 나름이란 말이다.

景公說 大戒於國 出舍於郊. 於是始興發補不足. 召大師曰 爲我作君臣相說之樂. 蓋徵招角招是也. 其詩曰 畜君何尤. 畜君者 好君也.

"경공이 기뻐하며 나라에 크게 경계를 내리고 교외에 나가 머물렀습니다. 그러고는 이에 비로소 창고를 열어 백성들이 부족한 것을 도와주었습니다. 악사를 불러 '나를 위해 임금과 신하가 서로 즐거워하는 음악을 만들라'고 했으니 이것이 바로 치소와 각소입니다. 그 시에 말하길 '임금을 만류하는 것이 무슨 잘못이랴'고 했으니, 임금을 만류하는 것은 임금을 좋아하는 것입니다."

계(戒)는 조기에 따르면 준비하는 것이다. 그러나 주희는 명령을 내리는 것이라고 풀이한다. 출사어교(出舍於郊)는 교외에 나가 머무는 것이다. 흥발(興發)은 창고를 여는 것이다. 대사(大師)는 악관이다. 치소각소(徵招角招)는 제경공이 그때 만든 악곡의 이름이다. 기시(其詩)는 그 악곡의 가사를 가리킨다. 축(畜)은 조기에 따르면 호(好)로 좋아하는 것, 주희에 따르면 축지(畜止)로 막는 것이다. 여기서는 주희의 말을 따랐다.

●

계속해서 여민동락을 말하고 있다.

5

제선왕이 물었다. "사람들이 모두 나에게 명당(明堂)을 허물라고 하는데 허물까요, 말까요?"

맹자가 대답했다. "무릇 명당이라는 것은 왕자(王者)의 당입니다. 왕께서 왕의 정치(王政)를 행하려고 하신다면 허물지 마십시오."

왕이 말했다. "왕정에 대해 들을 수 있을까요?"

맹자가 대답했다. "옛날에 문왕이 기(岐)를 다스릴 때, 농민은 구분의 일 세를 냈고, 관리들은 세록(世祿)을 받았으며, 관문이나 시장에서는 살피기만 했지 세금을 걷지 않았고, 연못에서 고기 잡는 것을 금하지 않았으며, 죄인의 처자까지 처벌하지 않았습니다. 늙고 부인이 없는 사람을 홀아비(鰥)라 하고, 늙고 남편이 없는 사람을 과부(寡)라 하며, 늙고 자식이 없는 사람을 홀몸(獨)이라 하고, 어려 아비가 없는 사람을 고아(孤)라 합니다. 이 넷은 천하의 궁핍한 사람들로서 호소할 데도 없는 사람들입니다. 문왕께서 어진 정치를 베푸실 때 반드시 이 넷을 먼저 하셨습니다. 시에 말하길 '부자들은 좋겠지만 외롭고 의지할 데 없는 사람들은 참으로 가엾구나'라고 했습니다."

왕이 말했다. "참 좋은 말이군요!"

"왕께서 좋게 여기신다면 왜 실행하지 않으십니까?"

왕이 말했다. "과인에겐 병이 있는데 재물을 좋아합니다."

맹자가 대답했다. "옛날에 공유(公劉)가 재물을 좋아했습니다. 시에 말하길 '들에도 쌓고 창고에도 쌓자. 마른 양식을 차곡차곡 전대에도 넣고 자루에도 넣자. 백성을 거둬 나라를 빛내자. 활과 화살을 당기고 방패와 창, 도끼를 쳐들어 바야흐로 길을 떠나자!'고 했으니, 머무른 사람들은 들과 창고에 쌓아놓은 곡식이 있었고, 길을 떠난 자는 자루에 넣어둔 마른 양식이 있었습니다. 그런 후에 비로소 길을 떠날 수 있었습니다. 왕께서 재물을 좋아하신다고 하나 백성과 함께한다면 왕께 무슨 어려움이 있겠습니까?"

 왕이 말했다. "과인에겐 병이 있는데 여색을 좋아합니다."

 맹자가 대답했다. "옛날에 태왕이 여색을 좋아해 그 왕비를 사랑했습니다. 시에 말하길 '고공단보(古公亶甫)가 아침에 말을 달려 서쪽 물가를 따라 기산(岐山) 아래에 이르렀다. 강녀(姜女)와 함께 와 살 집을 살폈다'고 했습니다. 이 당시 안에는 남편이 없어 원망하는 여자가 없었고 밖에는 장가를 들지 못한 외로운 남자가 없었습니다. 왕께서 여색을 좋아하신다고 하나 백성과 함께한다면 왕께 무슨 어려움이 있겠습니까?"

齊宣王問曰 人皆謂我毁明堂. 毁諸, 已乎.

孟子對曰 夫明堂者 王者之堂也. 王欲行王政 則勿毁之矣.

제선왕이 물었다. "사람들이 모두 나에게 명당을 허물라고 하는데 허물까요, 말까요?"

맹자가 대답했다. "무릇 명당이라는 것은 왕자의 당입니다. 왕께서 왕의 정치를 행하려고 하신다면 허물지 마십시오."

명당(明堂)은 조기에 따르면 태산 아래 있는 명당을 가리키며, 본래 주나라 천자가 동으로 순수를 할 때 제후들의 조회를 받던 곳이라고 한다. 이(已)는 지(止)로 그만두는 것이다. 제나라 영토가 늘어나 명당이 제나라 것이 되었는데, 신하들이 제후인 제나라 왕이 명당을 쓸 일이 없으니 허물자고 한 것이다. 그러나 맹자는 제선왕이 왕도정치를 펼쳐 천하의 왕이 되고자 한다면 허물어서는 안 된다고 생각했다.

王曰 王政可得聞與.
對曰 昔者文王之治岐也 耕者九一 仕者世祿 關市譏而不征 澤梁無禁 罪人不孥. 老而無妻曰鰥, 老而無夫曰寡, 老而無子曰獨, 幼而無父曰孤. 此四者, 天下之窮民而無告者. 文王發政施仁 必先斯四者. 詩云 哿矣富人 哀此煢獨.

왕이 말했다. "왕정에 대해 들을 수 있을까요?"
맹자가 대답했다. "옛날에 문왕이 기를 다스릴 때, 농민은 구분의 일 세를 냈고, 관리들은 세록(世祿)을 받았으며, 관문이나 시장에서는 살피기만 했지 세금을 걷지 않았고, 연못에서 고기 잡는 것을 금하지 않았으며, 죄인의 처자까지 처벌하지 않았습니다. 늙고 부인이 없는 사람을 홀아비라 하고, 늙고 남편이 없는 사람을 과부라 하며, 늙고 자식이 없는 사람을 홀몸이라 하고, 어려 아비가 없는 사람을 고아라 합니다. 이 넷은 천하의 궁핍한 사람들로서 호소할 데도 없는 사람들입니다. 문왕께서 어진 정치를 베푸실 때 반드시 이 넷을 먼저 하셨습니다. 시에 말하길 '부자들은 좋겠지만 외롭고 의지할 데 없는 사람들은 참으로 가엾구나'라고 했습니다."

기(岐)는 주나라의 옛 땅으로 지금의 산시(陝西)성 치산(岐山)현 일대다. 경자구일(耕者九一)은 정전제(井田制)를 말한다. 정전제 하에서는 토지를 우물 정(井)자 형태로 아홉 구역으로 나누어, 여덟 가구가 각각 한 구역씩 경작하고 가운데 구역은 공동으로 경작해 나라에 세금으로 바쳤다. 맹자는 이 정전제를 가장 이상적인 토지제도로 간주했다. 그러나 정전제가 실제로 실시되었다는 증거는 『맹자』 책 외에는 거의 찾을 수 없다. 정전제에 관한 자세한 이야기는 「등문공상」편에 나와 있다. 세록(世祿)은 대대로 녹봉을 주는 것이다. 관리의 자식에게도 대대로 녹봉을 주어 생계를 유지할 수 있게 한 것이다. 기(譏)는 살피는 것, 정(征)은 세금을 걷는 것이다. 관문과 시장에서는 실정을 살피기만 하고 세금을 걷지 않아 통행하고 거래하는 데 지장을 주지 않았다. 택량무금(澤梁無禁)은 저수지나 연못에 백성들이 자유롭게 출입해 물고기를 잡을 수 있게 한 것이다. 죄인불노(罪人不孥)의 孥는 처자 노로, 죄가 본인에게만 미치고 처자에게는 미치지 않는 것이다. 환(鰥)은 홀아비, 과(寡)는 과부, 독(獨)은 늙어 자식이 없는 사람, 고(孤)는 고아다. 이 넷은 세상에서 가장 곤궁한 사람들로 어디 하소연할 데도 없는 사람들이다. 따라서 문왕은 백성을 보살필 때 이들을 가장 먼저 보살폈다. 시는 『시경』「소아」 정월(正月)편이다. 가(哿)는 가(可)로 괜찮다, 좋다는 뜻이고, 경(煢)은 외롭다는 뜻이다. 즉 부유한 사람은 괜찮지만 외롭고 의지할 데 없는 사람들은 가엾다는 말이다.

王曰 善哉言乎.

曰 王如善之 則何爲不行.

王曰 寡人有疾 寡人好貨.

對曰 昔者公劉好貨. 詩云 乃積乃倉 乃裹餱糧 于橐于囊. 思戢用光. 弓矢斯張 干戈戚揚 爰方啓行. 故居者有積倉 行者有裹糧也 然後可以爰方啓行. 王如好貨 與百姓同之, 於王何有.

왕이 말했다. "참 좋은 말이군요!"

"왕께서 좋게 여기신다면 왜 실행하지 않으십니까?"

왕이 말했다. "과인에겐 병이 있는데 재물을 좋아합니다."

맹자가 대답했다. "옛날에 공유가 재물을 좋아했습니다. 시에 말하길 '들에도 쌓고 창고에도 쌓자.

마른 양식을 차곡차곡 전대에도 넣고 자루에도 넣자. 백성을 거둬 나라를 빛내자. 활과 화살을 당기고 방패와 창, 도끼를 쳐들어 바야흐로 길을 떠나자'고 했으니, 머무른 사람들은 들과 창고에 쌓아놓은 곡식이 있었고, 길을 떠난 자는 자루에 넣어둔 마른 양식이 있었습니다. 그런 후에 비로소 길을 떠날 수 있었습니다. 왕께서 재물을 좋아하신다고 하나 백성과 함께한다면 왕께 무슨 어려움이 있겠습니까?"

호화(好貨)는 재물을 좋아하는 것이다. 왕은 왜 문왕의 어진 정치를 행하지 않느냐는 맹자의 질문에 자신은 재물을 좋아해 왕정을 행할 수 없다고 대답했다. 공유(公劉)는 주나라의 시조인 후직(后稷)의 증손이다. 시는 『시경』 대아」 공유편이다. 적(積)은 노적(露積)하는 것이고, 창(倉)은 창고에 쌓는 것이다. 과(裹)는 보자기 같은 것으로 쌓는 것을 가리키는 말이며, 후량(餱糧)은 마른 양식이다. 탁(橐)은 밑이 없는 것으로 몸에 매는 전대를 말하며, 낭(囊)은 밑이 있는 것으로 들고 다니는 자루다. 사집용광(思戢用光)의 사는 발어사이며, 戢은 안집(安集), 用은 이(以)로, 백성을 편안케 해 그 국가를 빛나게 하는 것이다. 간(干)은 방패, 과(戈)는 창의 한 종류, 척(戚)은 부(斧)로 작은 도끼, 양(揚)은 월(鉞)로 큰 도끼다. 원방계행(爰方啓行)의 爰은 어시(於是)로 '이에', 方은 '바야흐로', 啓는 개(開)로 '열다', '시작하다'는 뜻이다. 이에 비로소 길을 떠났다는 말이다. 행자유과량야(行者有裹糧也)는 완원(阮元)의 『십삼경주소교감기(十三經註疏校勘記)』에 따르면 송본(宋本)과 공본(孔本)에는 양(糧)이 낭(囊)으로 되어 있다고 한다. 초순과 같은 이도 양(糧)을 낭(囊)으로 써야 한다고 주장한다. 어왕하유(於王何有)는 왕에게 무슨 어려움이 있겠냐는 뜻이다.

王曰 寡人有疾 寡人好色.

對曰 昔者大王好色 愛厥妃. 詩云 古公亶甫 來朝走馬 率西水滸 至于岐下. 爰及姜女 聿來胥宇. 當是時也 內無怨女 外無曠夫. 王如好色 與百姓同之 於王何有.

왕이 말했다. "과인에겐 병이 있는데 여색을 좋아합니다."

맹자가 대답했다. "옛날에 태왕이 여색을 좋아해 그 왕비를 사랑했습니다. 시에 말하길 '고공단보가 아침에 말을 달려 서쪽 물가를 따라 기산 아래에 이르렀다. 강녀와 함께 와 살 집을 살폈다'고 했습니다. 이 당시 안에는 남편이 없어 원망하는 여자가 없었고 밖에는 장가를 들지 못한 외로운 남자가 없었습니다. 왕께서 여색을 좋아하신다고 하나 백성과 함께한다면 왕께 무슨 어려움이 있겠습니까?"

이에 대해 왕은 자신이 여색을 좋아해 백성들과 재물을 나누어 쓸 수 없다고 대답했다. 大王은 태왕으로 읽으며 문왕의 할아버지인 고공단보를 가리킨다. 시는 『시경』「대아」 면(緜)편이다. 고공(古公)은 태왕의 본래 호칭인데 후에 태왕으로 추존되었다. 단보(亶甫)는 태왕의 이름이다. 내조주마(來朝走馬)는 고공단보가 적(狄)인의 침략을 피해 아침 일찍 말을 달려 나간 것을 말한다. 솔서수허(率西水滸)의 率은 순(循)으로 따르는 것, 滸는 물가다. 서쪽으로 물가를 따라 달렸다는 말이다. 기하(岐下)는 기산(岐山) 아래다. 강녀(姜女)는 태왕의 비인 강씨다. 율래서우(聿來胥宇)의 聿은 뜻이 없는 발어사, 胥는 '살피다', 宇는 '살 곳'으로, 와서 살 곳을 살폈다는 말이다. 광부(曠夫)의 曠은 공(空)으로, 아내의 자리가 빈 총각이나 홀아비를 뜻한다. 태왕은 적인의 침략을 피해 기산 아래로 도망갈 때조차도 아내인 강씨를 함께 데리고 갈 정도로 여자를 좋아했다. 그러나 그는 혼자만 여색을 밝히지 않고 백성들도 보살펴 짝이 없는 남자나 여자가 없도록 했다.

6

맹자가 제선왕에게 말했다. "왕의 신하 중에 자기 처자를 친구에게 부탁하고 초나라로 여행간 사람이 있었는데, 돌아와 보니 그 처자를 굶주리고 추위에 떨게 했다면 어떻게 하시겠습니까?"

왕이 말했다. "절교합니다."

"사법을 맡은 자가 휘하 관원들을 잘 다스리지 못하면 어떻게 하시겠습니까?"

"그만두게 합니다."

"사방 경내가 잘 다스려지지 않으면 어떻게 하시겠습니까?"

왕이 좌우를 돌아보며 딴소리를 했다.

孟子謂齊宣王曰 王之臣有託其妻子於其友 而之楚遊者. 比其反也 則凍餒其妻子 則如之何.
王曰 棄之.

맹자가 제선왕에게 말했다. "왕의 신하 중에 자기 처자를 친구에게 부탁하고 초나라로 여행간 사람이 있었는데, 돌아와 보니 그 처자를 굶주리고 추위에 떨게 했다면 어떻게 하시겠습니까?"
왕이 말했다. "절교합니다."

탁(託)은 맡기는 것이고, 지(之)는 갈 지, 비(比)는 급(及)으로 '미치다'이다. 반(反)은 반(返)으로 돌아오는 것, 동뇌(凍餒)는 추위에 떨고 굶주리게 하는 것, 기(棄)는 절(絕)로 절교하는 것이다.

曰 士師不能治士 則如之何.
王曰 已之.

"사법을 맡은 자가 휘하 관원들을 잘 다스리지 못하면 어떻게 하시겠습니까?"
"그만두게 합니다."

사사(士師)는 사법을 맡은 관리, 사(士)는 사사 휘하의 관원이다. 이(已)는 그만두게 하는 것이다.

曰 四境之內不治 則如之何.
王顧左右而言他.

"사방 경내가 잘 다스려지지 않으면 어떻게 하시겠습니까?"
왕이 좌우를 돌아보며 딴소리를 했다.

언타(言他)는 딴말을 하는 것이다. 왕은 남의 잘못에 대해서는 단호하게 책임을 물으면서도 정작 자신의 잘못에 대해서는 딴말을 하고 있다. 일찍이 공자는 "자신에 대해서는 엄하게 책망하고 남에 대해서는 가볍게 한다면 원망을 멀리할 수 있으리라"고 했다(『논어』「위령공(衛靈公)」). 정치의 요체나 삶의 요체나 이치는 한 가지다. 자신부터 시작하는 것이다.

7

맹자가 제선왕을 만나 말했다. "소위 오래된 나라라는 것은 오래된 나무가 있는 것을 말하는 것이 아니요, 대를 이어 내려온 신하가 있는 것을 말하는 것입니다. 지금 왕께서는 친근한 신하가 없습니다. 옛날에 등용한 신하가 지금은 자리에 없는 것도 모르고 있습니다."

왕이 말했다. "내가 그들이 재능이 없다는 것을 어떻게 알고 버릴 수 있었겠습니까?"

"나라의 임금이 현명한 자를 등용할 때는 부득이해 어쩔 수 없었던 것처럼 해야 합니다. 장차 비천한 자가 존귀한 자보다 높게 되고, 소원한 자가 친근한 자보다 높게 되는데 신중하지 않을 수 있겠습니까? 좌우에서 모두 현명하다고 해도 아직 안 됩니다. 모든 대부들이 현명하다고 해도 아직 안 됩니다. 국인(國人)들이 모두 현명하다고 한 연후에 살펴보아 현명함이 보이거든 등용하십시오. 좌우에서 모두 안 된다고 해도 듣지 마십시오. 모든 대부들이 다 안 된다고 해도 듣지 마십시오. 국인들이 모두 안 된다고 한 연후에 살펴보아 그 불가함이 보이거든 그를 버리십시오. 좌우에서 모두 죽이라고 해도 듣지 마십시오. 모든 대부들이 다 죽이라고 해도 듣지 마십시오. 국인들이 모두 죽이라고 한 연후에 살펴보아 죽여야 할 이유가 보이거든 죽이십시오. 고로 말하길 국인들이 죽였다고 하는 것입니다. 이와 같이 한 연후에 백성의 부모가 될 수 있는 것입니다."

孟子見齊宣王曰 所謂故國者 非謂有喬木之謂也 有世臣之謂也. 王無親臣矣 昔者所進 今日不知其亡也.
王曰 吾何以識其不才而舍之.

맹자가 제선왕을 만나 말했다. "소위 오래된 나라라는 것은 오래된 나무가 있는 것을 말하는 것이 아니오, 대를 이어 내려온 신하가 있는 것을 말하는 것입니다. 지금 왕께서는 친근한 신하가 없습니다. 옛날에 등용한 신하가 지금은 자리에 없는 것도 모르고 있습니다."
왕이 말했다. "내가 그들이 재능이 없다는 것을 어떻게 알고 버릴 수 있었겠습니까?"

고국(故國)은 오래된 나라, 교목(喬木)은 높고 큰 나무다. 세신(世臣)은 대대로 내려오는 훈구 대신으로 나라와 흥망성쇠를 같이하고, 친신(親臣)은 친히 믿고 일을 맡기는 신하로 임금과 기쁨과 슬픔을 같이한다. 오래된 나라의 종묘나 사직에는 신목으로 받드는 크고 오래된 나무가 있다. 그러나 오래된 나라를 오래된 나라로 만드는 것은 그런 나무가 아니라, 대대로 나라와 고락을 같이하는 세신들이다. 그런데 제선왕은 세신은커녕 친신도 없을 뿐만 아니라, 전날에 발탁했던 사람이 지금은 그 자리에 없는 것도 모르고 있다. 그러자 왕이 변명한다. 내가 어찌 그들이 재주가 없음을 알고 버릴 수 있었겠냐고. 즉 그들이 재주가 있다고 여겨 발탁했는데, 나중에 알고 보니 재주가 없어 버렸다는 말이다.

曰 國君進賢 如不得已. 將使卑踰尊 疏踰戚 可不愼與.

"나라의 임금이 현명한 자를 등용할 때는 부득이해 어쩔 수 없었던 것처럼 해야 합니다. 장차 비천한 자가 존귀한 자보다 높게 되고, 소원한 자가 친근한 자보다 높게 되는데 신중하지 않을 수 있겠습니까?"

여부득이(如不得已)는 삼가고 삼갔으나 부득이해서 어쩔 수 없었던 것처럼 하는 것이다. 어진 사람을 발탁할 경우, 지위가 낮은 사람이 갑자기 높은 자리에 올라가게 되고, 친하지 않던 사람이 갑자기 친해지게 된다. 그에 따라 평소 높거나 친한 사람들로부터 반발이 생기기 마련이다. 그러니 어찌 신중하지 않을 수 있으랴.

左右皆曰賢 未可也, 諸大夫皆曰賢 未可也, 國人皆曰賢 然後察之, 見賢焉 然後用之. 左右皆曰不可 勿聽, 諸大夫皆曰不可 勿聽, 國人皆曰不可 然後察之, 見不可焉 然後去之.
"좌우에서 모두 현명하다고 해도 아직 안 됩니다. 모든 대부들이 현명하다고 해도 아직 안 됩니다. 국인들이 모두 현명하다고 한 연후에 살펴보아 현명함이 보이거든 등용하십시오. 좌우에서 모두 안 된다고 해도 듣지 마십시오. 모든 대부들이 다 안 된다고 해도 듣지 마십시오. 국인들이 모두 안 된다고 한 연후에 살펴보아 그 불가함이 보이거든 그를 버리십시오."

좌우(左右)는 좌우 근신들이다. 좌우 근신들의 이야기만으로는 그 사람이 현명한지 아닌지를 판단하기 어렵다. 대부들이 모두 이구동성으로 이야기한다면 대강은 믿을 수 있으나 그래도 아직 부족하다. 이해관계에 얽혀서 그럴 수도 있기 때문이다. 국인(國人)은 여기서는 나라의 백성 전부를 이야기하는 것이 아니다. 원래 조상이 공, 경, 대부였으나 계속되는 분족(分族)으로 혈연관계가 소원해지면서 말단인 사(士)의 신분으로 전락한 제후의 지족(支族)을 가리킨다. 국인이 모두 이야기한다면 그것은 공론이라 할 수 있다. 그러나 세상에는 시류에 영합해 이름 내기를 좋아하는 향원(鄕原) 같은 자도 있기 마련이고, 남과 많이 다르기 때문에 세상으로부터 미움 받는 사람도 있기 마련이다. 그러니 친히 살펴 판단해야 한다.

左右皆曰可殺 勿聽, 諸大夫皆曰可殺 勿聽, 國人皆曰可殺 然後察之, 見可殺焉 然後殺之. 故曰 國人殺之也. 如此 然後可以爲民父母.

"좌우에서 모두 죽이라고 해도 듣지 마십시오. 모든 대부들이 다 죽이라고 해도 듣지 마십시오. 국인들이 모두 죽이라고 한 연후에 살펴보아 죽여야 할 이유가 보이거든 죽이십시오. 고로 말하길 국인들이 죽였다고 하는 것입니다. 이와 같이 한 연후에 백성의 부모가 될 수 있는 것입니다."

사람을 등용하거나 물리칠 때만 그런 것이 아니다. 형벌을 쓸 때도 그래야 한다. 그래서 임금이 죽였다고 하지 않고 국인이 죽였다고 하는 것이다.

8

제선왕이 물었다. "탕임금이 걸(桀)을 내쫓고 무왕이 주(紂)를 정벌했다고 하는데 그런 일이 있습니까?"

맹자가 대답했다. "전해오는 책에 있습니다."

"신하가 그 임금을 시해해도 됩니까?"

"인(仁)을 해치는 자를 일컬어 적(賊)이라 하고, 의(義)를 해치는 자를 일컬어 잔(殘)이라 하며, 잔적(殘賊)한 자를 일컬어 일부(一夫)라고 합니다. 일부인 주를 죽였다는 말은 들었어도 그 임금을 시해했다는 말은 듣지 못했습니다."

齊宣王問曰 湯放桀 武王伐紂 有諸.

孟子對曰 於傳有之.

_{제선왕이 물었다. "탕임금이 걸을 내쫓고 무왕이 주를 정벌했다고 하는데 그런 일이 있습니까?"}
_{맹자가 대답했다. "전해오는 책에 있습니다."}

탕방걸(湯放桀)은 은나라를 세운 湯임금이 하나라의 폭군 桀왕을 무력으로 쫓아낸 것을 말한다. 무왕벌주(武王伐紂)는 무왕이 군사를 일으켜 은나라 주왕을 토벌한 것이다. 전(傳)은 전해 내려오는 책이다.

2. 양혜왕장구하(梁惠王章句下) **107**

曰 臣弒其君可乎.
曰 賊仁者謂之賊, 賊義者謂之殘, 殘賊之人謂之一夫. 聞誅一夫紂
矣 未聞弒君也.

"신하가 그 임금을 시해해도 됩니까?"
"인을 해치는 자를 일컬어 적이라 하고, 의를 해치는 자를 일컬어 잔이라 하며, 잔적한 자를 일컬어 일부라고 합니다. 일부인 주를 죽였다는 말은 들었어도 그 임금을 시해했다는 말은 듣지 못했습니다."

시(弒)는 자식이 부모를 죽이거나 신하가 임금을 죽이는 등 아랫사람이 윗사람을 죽이는 패역적인 살인에 쓰이는 말이다. 이에 반해 주(誅)는 죄를 진 자를 정의에 입각해 죽이는 행위에 쓰인다. 일부(一夫)는 독부(獨夫)라고도 쓰이며, 백성이 없는 임금 즉 백성으로부터 버림받은 임금이라는 뜻이다. 천하 만민이 따르면 천자가 되지만 천하 만민이 떠나가면 일부가 된다.

탕왕과 무왕이 걸과 주를 토벌할 때, 걸과 주는 천자의 신분이었고 탕왕과 무왕은 신하인 제후의 신분이었다. 외면상으로는 명백한 반역이고 시해였다. 그러나 맹자의 견해는 다르다. 백성을 탐학해 백성으로부터 버림받은 자는 일부이지 더 이상 임금이 아니다. 따라서 탕왕과 무왕이 죄인인 걸과 주를 주살한 것이지, 모반해서 시해한 것이 아니란 것이다. 그러면 현존하는 권력에 대해 임금인가, 일부인가를 판단할 근거는 무엇인가? 맹자에 따르면 그것은 하늘이요 백성이다. 그러나 하늘과 백성의 뜻은 사후적으로밖에 판단되지 않는다. 그야말로 이기면 충신이요 지면 역적인 것이다. 이런 어려움 때문에 주희는 "이 말은 아래에 있는 자가 탕왕이나 무왕과 같이 어질고, 위에 있는 자가 걸과 주 같은 폭군일 때만 가능하다. 만일 그렇지 않다면 찬역과 시해의 죄를 면치 못할 것이다"라는 왕면(王勉)의 말로 해설을 마치고 있다.

　이 이야기는 오늘날과 같은 민주주의 사회에서는 언뜻 상관없는 말로 여겨질지도 모른다. 그러나 불과 삼십 몇 년 전 우리나라에서도 그런 일이 일어났다. 독재자 박정희를 쏜 김재규의 행위는 시해일까 주살일까? 영구집권을 위해 국민을 짓밟고 민주주의를 유린한 박정희는 대통령이었을까 아니면 일부였을까? 뒤이어 등장한 또 다른 군부 독재자 전두환에 의해 김재규는 결국 대통령 시해범으로 규정된 채 형장의 이슬로 사라졌다. 그러나 그에 대한 역사의 규정이 그것으로 끝난 것은 아니다. 아직 이 땅의 민주화가 완결되지 않았기 때문이다. 이 땅의 민주화가 완결될 때만이 그에 대한 심판이 제대로 내려질 수 있을 것이다. 박정희가 대통령이었던가 일부였던가도 함께.

9

 맹자가 제선왕을 만나 말했다. "큰 집을 지으려면 반드시 대목(大木)으로 하여금 큰 나무를 구해오게 합니다. 대목이 큰 나무를 구해오면 왕께서 기뻐하며 능히 그 일을 감당할 수 있을 것이라고 여깁니다. 그런데 목수들이 나무를 깎아 작게 만들면 왕께서 화를 내시며 능히 그 일을 감당할 수 없을 것이라고 여길 것입니다. 대저 사람은 어릴 때 배워, 커서는 그것을 행하려고 합니다. 그런데 왕께서 '잠시 네가 배운 것을 버리고 나를 따르라'고 하신다면 어떻게 되겠습니까? 지금 여기에 깎지 않은 박옥(璞玉)이 있다면, 비록 만일(萬鎰)이나 되는 큰 것이라 하더라도 반드시 옥을 다듬는 사람으로 하여금 그것을 다듬도록 할 것입니다. 그런데 나라를 다스리는 것에 대해서는 '잠시 네가 배운 것을 버리고 나를 따르라'고 하시니, 옥을 다듬는 사람에게 옥을 다듬도록 시키는 것과는 어찌하여 다르게 하십니까?"

孟子見齊宣王曰 爲巨室 則必使工師求大木. 工師得大木 則王喜 以爲能勝其任也. 匠人斲而小之 則王怒 以爲不勝其任矣. 夫人幼而學之 壯而欲行之. 王曰 姑舍女所學而從我 則何如.

맹자가 제선왕을 만나 말했다. "큰 집을 지으려면 반드시 대목으로 하여금 큰 나무를 구해오게 합니다. 대목이 큰 나무를 구해오면 왕께서 기뻐하며 능히 그 일을 감당할 수 있을 것이라고 여깁니다. 그런데 목수들이 나무를 깎아 작게 만들면 왕께서 화를 내시며 능히 그 일을 감당할 수 없을 것이라고 여길 것입니다. 대저 사람은 어릴 때 배워, 커서는 그것을 행하려고 합니다. 그런데 왕께서 '잠시 네가 배운 것을 버리고 나를 따르라'고 하신다면 어떻게 되겠습니까?"

거실(巨室)은 큰 집이고, 공사(工師)는 목수의 우두머리인 대목이다. 승기임(勝其任)은 그 임무를 감당하는 것이다. 고(姑)는 잠시다. 사람이 어릴 때 공부하는 것은 커서 그것을 행하기 위해서다. 그런데 왕이 그에게 여태껏 배운 것을 버리고 자기를 따르라고 하는 것은 대목이 어렵게 구한 큰 목재를 장인을 시켜 작게 깎아내는 것과 같다.

今有璞玉於此 雖萬鎰 必使玉人彫琢之. 至於治國家 則曰 姑舍女所學而從我 則何以異於敎玉人彫琢玉哉.

"지금 여기에 깎지 않은 박옥이 있다면, 비록 만일이나 되는 큰 것이라 하더라도 반드시 옥을 다듬는 사람으로 하여금 그것을 다듬도록 할 것입니다. 그런데 나라를 다스리는 것에 대해서는 '잠시 네가 배운 것을 버리고 나를 따르라'고 하시니, 옥을 다듬는 사람에게 옥을 다듬도록 시키는 것과는 어찌하여 다르게 하십니까?"

박옥(璞玉)은 캐낸 그대로의 갈고 다듬지 않은 옥이다. 만일(萬鎰)은 이십만 냥으로 매우 크다는 뜻이다. 하이이어교옥인조탁옥재(何以異於敎玉人彫琢玉哉)는 두 가지로 해석할 수 있다. 하나는 조기의 해석으로 "옥을 다듬는 사람에게 옥을 다듬는 것을 가르치는 것과 무엇이 다르겠는가?"로 해석하는 것이다. 즉 何以異는 '무엇이 다르겠는가?'로, 敎는 가르치는 것으로 해석하는 것이다. 또 하나는 何以異를 '어찌하여 달리 하느냐?'로, 敎를 시키는 것으로 해석해서 "옥을 다듬는 사람에게 옥을 다듬도록 시키는 것과는 어찌하여 달리하느냐?"로 읽는 것이다. 앞뒤 문맥으로 볼 때 후자가 더 타당할 듯하다.

10

제나라가 연나라를 정벌해 승리했다. 선왕이 물었다. "어떤 사람은 과인에게 연나라를 차지하라고 하고 어떤 사람은 차지하지 말라고 합니다. 만승(萬乘)의 나라가 만승의 나라를 정벌해 오십 일 만에 끝냈으니 사람의 힘으로는 이렇게 될 수 없습니다. 차지하지 않으면 반드시 하늘의 재앙이 있을 것입니다. 차지하려고 하는데 어떻습니까?"

맹자가 대답했다. "차지해서 연나라 백성들이 기뻐하면 차지하십시오. 옛사람 중에 그렇게 한 사람이 있으니 바로 무왕입니다. 차지해서 연나라 백성들이 기뻐하지 않으면 차지하지 마십시오. 옛사람 중에 그렇게 한 사람이 있으니 바로 문왕입니다. 만승의 나라가 만승의 나라를 정벌하는데, (그 나라 백성들이) 대그릇에 밥을 담고 호로병에 마실 것을 담아 왕의 군대를 환영하는 것이 어찌 다른 이유가 있겠습니까? 물과 불을 피하고자 한 것입니다. 만일 물이 더 깊고 불이 더 뜨겁다면 또한 백성들은 옮겨갈 뿐입니다."

齊人伐燕 勝之. 宣王問曰 或謂寡人勿取 或謂寡人取之. 以萬乘之國伐萬乘之國 五旬而擧之 人力不至於此. 不取 必有天殃. 取之何如.

제나라가 연나라를 정벌해 승리했다. 선왕이 물었다. "어떤 사람은 과인에게 연나라를 차지하라고 하고 어떤 사람은 차지하지 말라고 합니다. 만승의 나라가 만승의 나라를 정벌해 오십 일 만에

2. 양혜왕장구하(梁惠王章句下) **113**

끝냈으니 사람의 힘으로는 이렇게 될 수 없습니다. 차지하지 않으면 반드시 하늘의 재앙이 있을 것입니다. 차지하려고 하는데 어떻습니까?"

연(燕)나라는 지금의 베이징 부근에 있던 북방의 대국으로 전국칠웅(戰國七雄) 중 하나였다. 제나라가 연나라를 정벌한 것에 대해 『사기』에서는 여기와는 달리 제민왕(齊湣王) 때의 일로 기록하고 있다. 『사기』에 의하면 연왕 희쾌(姬噲)가 재상 자지(子之)에게 나라를 양도하자 그에 불복하는 태자 평(平)과 자지 사이에서 내란이 발생했다. 제나라는 이 기회를 틈타 연나라를 공격했는데, 연나라 군사들은 방어도 하지 않고 성문까지 활짝 열어놓았다. 이 바람에 제나라는 손쉽게 대승을 거둘 수 있었다.

孟子對曰 取之而燕民悅 則取之. 古之人有行之者 武王是也. 取之而燕民不悅 則勿取. 古之人有行之者 文王是也.

맹자가 대답했다. "차지해서 연나라 백성들이 기뻐하면 차지하십시오. 옛사람 중에 그렇게 한 사람이 있으니 바로 무왕입니다. 차지해서 연나라 백성들이 기뻐하지 않으면 차지하지 마십시오. 옛사람 중에 그렇게 한 사람이 있으니 바로 문왕입니다."

은나라 말기 주나라 문왕은 천하의 삼분의 이를 갖고 있으면서도 은나라를 섬겼다고 한다(『논어』「태백」). 무왕 때에 이르러 군사를 일으켜 은나라를 멸망시켰는데, 이것을 맹자는 민심의 향방에 따라 그렇게 한 것으로 보고 있다.

以萬乘之國伐萬乘之國 簞食壺漿 以迎王師 豈有他哉. 避水火也.

如水益深 如火益熱 亦運而已矣.

"만승의 나라가 만승의 나라를 정벌하는데, (그 나라 백성들이) 대그릇에 밥을 담고 호로병에 마실 것을 담아 왕의 군대를 환영하는 것이 어찌 다른 이유가 있겠습니까? 물과 불을 피하고자 한 것입니다. 만일 물이 더 깊고 불이 더 뜨겁다면 또한 백성들은 옮겨갈 뿐입니다."

단사호장(簞食壺漿)은 대그릇에 담긴 밥과 호로병에 담긴 마실 것이다. 피수화(避水火)는 홍수나 불과 같은 재앙을 피하는 것이다. 운(運)은 전(轉)으로 다른 사람에게로 옮겨가는 것이다. 연나라 백성들이 먹을 것과 마실 것을 들고 제나라 군사들을 맞이한 것은 연나라의 폭정이 싫어서였다. 그런데 제나라의 침탈이 더 심하다면 마찬가지로 민심이 다른 데로 옮겨갈 뿐이다.

　무왕이 은나라를 멸망시킨 것에 대해 주희는 집주에서 "이 일은 털끝 하나의 차이도 허용되지 않는다. 하루 사이라도 천명이 아직 끊어지지 않았으면 임금과 신하 관계다. 당일 천명이 끊어지면 독부(獨夫)가 되는 것이다. 그러나 천명이 끊어졌는지 아닌지를 어찌 인간이 알 수 있겠는가? 인심(人心)일 뿐이다. 제후들이 기약하지 않았는데도 모인 자가 팔백이었으니, 무왕이 어찌 이를 말릴 수 있었겠는가?"라는 장재(張載)의 말을 인용하고 있다. 그러나 이는 세습 군주제와 소위 천명에 의한 정권 교체 간의 필연적인 모순을 구구히 해명하고 있을 뿐이다. 정당하다고 생각해 군사를 일으켰는데 모이지 않았다면 제 발로 가 목숨을 내놓아야 한다는 말인가? 인간의 지혜가 발달하고 사회가 진보하면서 세습제가 사라지게 된 것은 역사의 필연이었다.

11

　제나라가 연나라를 정벌해서 차지하자 제후들이 연나라를 구할 것을 모의했다. 선왕이 말했다. "많은 제후들이 과인을 정벌하려고 모의하는데 어떻게 상대해야 합니까?"
　맹자가 대답했다. "신은 사방 칠십 리의 땅으로 천하에 정치를 편 사람이 탕임금이라는 말은 들었어도, 사방 천 리의 땅을 갖고서 남을 두려워했다는 말은 듣지 못했습니다. 서(書)에 말하길 '탕임금이 처음 정벌을 갈(葛)로부터 시작하니' 천하가 그를 믿었다. 동쪽을 향해 정벌에 나서니 서쪽 오랑캐가 원망했고, 남쪽을 향해 정벌에 나서니 북쪽 오랑캐가 원망하며 말하길 왜 우리를 뒤로 하는가?라고 했습니다. 백성들이 그를 바라보기를 큰 가뭄에 구름과 무지개를 바라보듯 했습니다. 시장으로 돌아오는 자가 그치지 않았고 밭을 가는 농부들도 놀라지 않았습니다. 그 임금을 주살하고 그 백성을 위문하는 것이 마치 때 맞춰 내리는 비와 같아서 백성들이 크게 기뻐했습니다. 서에 말하길 '우리 임금을 기다리니 임금이 오시면 우리가 살아나리라'고 했습니다.
　지금 연나라가 자기 백성들을 학대해 왕께서 가서 정벌하셨습니다. 연나라 백성들은 자기들을 물과 불 속에서 구해주려는 것으로 생각해서 대그릇에 밥을 담고 호로병에 마실 것을 담아 왕의 군대를 환영했습니다. 그런데 만일 그 부형을 살해하고, 그 자제들을 잡아오며, 종묘를 훼손하고 귀중한 보물들을 약탈한다면, 어떻게 그럴 수 있겠습니까? 천하는 진실로 제나라가 강성함을 두려워하고 있습니다. 그런데 지금 땅이 두 배로 늘어났는데도 어진 정치를 베풀지 않으면, 이것은 천하의 병사들을 출동시키는 것입니다.

왕께서 빨리 명령을 내려 노약자들을 돌려보내고, 보물 약탈을 중지하며, 연나라 사람들과 논의해 그 임금을 세운 후에 철수하신다면, 아직은 제후들의 공격을 저지할 수 있을 것입니다."

齊人伐燕 取之. 諸侯將謀救燕. 宣王曰 諸侯多謀伐寡人者 何以待之.

孟子對曰 臣聞七十里爲政於天下者 湯是也. 未聞以千里畏人者也. 書曰 湯一征 自葛始. 天下信之. 東面而征 西夷怨, 南面而征 北狄怨. 曰 奚爲後我. 民望之 若大旱之望雲霓也. 歸市者不止 耕者不變. 誅其君而弔其民 若時雨降 民大悅. 書曰 徯我后 后來其蘇.

제나라가 연나라를 정벌해서 차지하자 제후들이 연나라를 구할 것을 모의했다. 선왕이 말했다. "많은 제후들이 과인을 정벌하려고 모의하는데 어떻게 상대해야 합니까?"

맹자가 대답했다. "신은 사방 칠십 리의 땅으로 천하에 정치를 편 사람이 탕임금이라는 말은 들었어도, 사방 천 리의 땅을 갖고서 남을 두려워했다는 말은 듣지 못했습니다. 서에 말하길 '탕임금이 처음 정벌을 갈로부터 시작하니' 천하가 그를 믿었다. 동쪽을 향해 정벌에 나서니 서쪽 오랑캐가 원망했고, 남쪽을 향해 정벌에 나서니 북쪽 오랑캐가 원망하며 말하길 왜 우리를 뒤로 하는가?라고 했습니다. 백성들이 그를 바라보기를 큰 가뭄에 구름과 무지개를 바라보듯 했습니다. 시장으로 돌아오는 자가 그치지 않았고 밭을 가는 농부들도 놀라지 않았습니다. 그 임금을 주살하고 그 백성을 위문하는 것이 마치 때 맞춰 내리는 비와 같아서 백성들이 크게 기뻐했습니다. 서에 말하길 '우리 임금을 기다리니 임금이 오시면 우리가 살아나리라'고 했습니다."

칠십리위정어천하자(七十里爲政於天下者)는 사방 칠십 리의 나라를 갖고 정치를 해서 천하를 다스렸다는 말이다. 이천리외인자(以千里畏人者)는 사방 천 리나 되는 큰 나라인 제나라를 갖고도 남을 두려워한다는 말로 제선왕을 가리킨다. 書曰의 書는 『상서』로 『상서』가 두 번 인용되었는데, 둘 다 『상서』「중훼지고(仲虺之誥)」에서 인용된 것으로 추측된다. 그러나 지금 전해지는 「중훼지고」는 동진(東晉) 때 매색(梅賾)이 위조한 이른바 『위고문상서』로 그 내용을 신뢰할 수 없다. 또 그 내용도 맹자와 조금 다르다. 조기는 둘 다 일편(逸篇)이라 하고 있다. 따라서 書曰의 내용이 어디까지인지도 불확실하다. 양백준은 탕일정자갈시(湯一征自葛始)와 혜아후후래기소(徯我后後來其蘇)만을 書曰의 내용으로 보고 있다. 일정(一征)은 초정(初征)으로, 첫 번째 정벌이다. 천하신지(天下信之)는 탕왕이 갈나라부터 정벌을 시작했는데, 천하의 모든 사람들이 탕왕의 정벌의 뜻이 백성을 구하는 데 있음을 다 믿었다는 말이다. 해위후아(奚爲後我)는 왜 우리나라부터 먼저 정벌해 백성들을 구해주지 않고 나중에 오느냐는 원망의 말이다. 예(霓)는 무지개다. 이토 진사이에 의하면 색깔이 짙은 것이 숫무지개인 홍(虹)이고, 어두운 것이 암무지개인 霓라고 한다. 귀시자부지 경자불변(歸市者不止 耕者不變)은 탕왕의 군대가 이르렀는데도 백성들이 여느 때처럼 시장에도 오고 농사도 변함없이 지었다는 말이다. 徯我后 后來其蘇의 徯는 기다리는 것, 后는 임금, 蘇는 소생하는 것이다. 즉 다른 나라 백성들이 탕왕을 자기 임금으로 여겨, 그가 오기를 기다리며 그가 오면 자기들이 살아날 것이라고 믿었다는 말이다.

今燕虐其民 王往而征之. 民以爲將拯己於水火之中也 簞食壺漿 以迎王師. 若殺其父兄 係累其子弟 毀其宗廟 遷其重器 如之何其可

也. 天下固畏齊之彊也. 今又倍地而不行仁政 是動天下之兵也. 王速出令 反其旄倪 止其重器 謀於燕衆 置君而後去之 則猶可及止也.

"지금 연나라가 자기 백성들을 학대해 왕께서 가서 정벌하셨습니다. 연나라 백성들은 자기들을 물과 불 속에서 구해주려는 것으로 생각해서 대그릇에 밥을 담고 호로병에 마실 것을 담아 왕의 군대를 환영했습니다. 그런데 만일 그 부형을 살해하고, 그 자제들을 잡아오며, 종묘를 훼손하고, 귀중한 보물들을 약탈한다면, 어떻게 그럴 수 있겠습니까? 천하는 진실로 제나라가 강성함을 두려워하고 있습니다. 그런데 지금 땅이 두 배로 늘어났는데도 어진 정치를 베풀지 않으면, 이것은 천하의 병사들을 출동시키는 것입니다. 왕께서 빨리 명령을 내려 노약자들을 돌려보내고, 보물 약탈을 중지하며, 연나라 사람들과 논의해 그 임금을 세운 후에 철수하신다면, 아직은 제후들의 공격을 저지할 수 있을 것입니다."

증(拯)은 구하는 것이다. 계루(係累)는 밧줄로 묶는 것을 말한다. 천기중기(遷其重器)는 귀중한 기물들을 제나라로 반출하는 것이다. 모예(旄倪)의 旄는 팔십에서 구십 사이의 늙은이, 倪는 어린이다.

●

탕왕이나 무왕이 벌인 것같이 백성을 구하기 위한 정벌만이 정의의 정벌이다. 남의 나라를 약탈하기 위한 정벌은 해서는 안 될 불의의 정벌이며 결국 화만 자초할 뿐이다.

12

추(鄒)나라와 노(魯)나라가 싸웠다. 목공(穆公)이 물었다. "내 신하가 삼십삼 명이나 죽었는데도 백성들은 누구도 그들을 위해 죽지 않았습니다. 그 백성들을 죽이자니 모두 다 죽일 수도 없고, 죽이지 않자니 그들이 윗사람의 죽음을 보면서도 구하지 않은 것이 밉습니다. 어떻게 하면 좋겠습니까?"

맹자가 대답했다. "흉년에 기근이 들어 임금의 백성들 중에 노약자들은 죽어 그 시체가 도랑에 굴러다니고 건장한 자들은 사방으로 흩어진 것이 몇 천 명입니다. 그런데 임금의 창고는 가득 차 있었지만, 이 사실을 아무도 알리지 않았습니다. 이는 윗사람이 태만해 아랫사람을 해친 것입니다. 증자(曾子)는 이렇게 말했습니다. '삼가고 삼가라! 네게서 나온 것은 네게로 돌아간다.' 백성들이 이제야 돌려줄 수 있었던 것입니다. 임금께서는 허물하지 마십시오. 임금께서 어진 정치를 베푸시면 백성들이 윗사람을 친애하고 그들을 위해 죽을 것입니다."

鄒與魯鬨. 穆公問曰 吾有司死者三十三人 而民莫之死也. 誅之 則不可勝誅. 不誅 則疾視其長上之死而不救 如之何則可也.
추나라와 노나라가 싸웠다. 목공이 물었다. "내 신하가 삼십삼 명이나 죽었는데도 백성들은 누구도 그들을 위해 죽지 않았습니다. 그 백성들을 죽이자니 모두 다 죽일 수도 없고, 죽이지 않자니 그들이 윗사람의 죽음을 보면서도 구하지 않은 것이 밉습니다. 어떻게 하면 좋겠습니까?"

추(鄒)는 전국시대의 작은 나라로 지금의 산둥성 쩌우현 부근에 있었다. 홍(鬨)은 투(鬭)로, 싸우는 것이다. 목공(穆公)은 추나라의 임금이다. 유사(有司)는 관리다. 민막지사(民莫之死)는 백성들 중 아무도 그들(유사)을 위해 죽지 않았다는 말이다. 질시기장상지사이불구(疾視其長上之死而不救)를 주희는 (백성들이) 그 장상(유사)의 죽음을 疾視하며(미워해 바라보며) 구하지 않았다는 뜻으로 해석한다. 즉 疾視 전체를 하나의 동사로 간주하는 것이다. 그러나 양백준은 疾을 '미워하다'는 뜻으로 해석해 목공이 미워하는 것으로, 視는 바라본다는 뜻으로 해석해 백성들이 바라보는 것으로 풀이한다. 즉 백성들이 그 장상의 죽음을 바라보고 구하지 않은 것이 밉다는 뜻이다. 여기서는 양백준을 따랐다.

孟子對曰 凶年饑歲 君之民老弱轉乎溝壑 壯者散而之四方者 幾千人矣. 而君之倉廩實 府庫充 有司莫以告 是上慢而殘下也. 曾子曰 戒之戒之. 出乎爾者 反乎爾者也. 夫民今而後得反之也. 君無尤焉. 君行仁政 斯民親其上 死其長矣.

맹자가 대답했다. "흉년에 기근이 들어 임금의 백성들 중 노약자들은 죽어 그 시체가 도랑에 굴러다니고 건장한 자들은 사방으로 흩어진 것이 몇 천 명입니다. 그런데 임금의 창고는 가득 차 있었지만, 이 사실을 아무도 알리지 않았습니다. 이는 윗사람이 태만해 아랫사람을 해친 것입니다. 증자는 이렇게 말했습니다. '삼가고 삼가라! 네게서 나온 것은 네게로 돌아간다.' 백성들이 이제야 돌려줄 수 있었던 것입니다. 임금께서는 허물하지 마십시오. 임금께서 어진 정치를 베푸시면 백성들이 윗사람을 친애하고 그들을 위해 죽을 것입니다."

노약전호구학(老弱轉乎溝壑)의 溝壑은 도랑으로, 노약자들이 굶어죽어 그 시체가 도랑에 굴러다닌다는 뜻이다. 충(充)은 만(滿)으로, 가득 찬 것이다. 증자(曾子)는 공자의 제자인 증삼(曾參)으로, 『효경(孝經)』과 『대학(大學)』의 저자로 알려져 있다. 우(尤)는 허물하는 것, 책망하는 것이다.

●

자기로부터 나온 대로 자기에게 돌아온다. 내가 남을 선으로 대하면 남도 나를 선으로 대하지만 내가 남을 악으로 대하면 남도 나를 악으로 대할 뿐이다. 정치도 여기서 예외가 될 수 없다.

13

등문공(滕文公)이 물었다. "등(滕)은 작은 나라로 제나라와 초나라 사이에 끼어 있습니다. 제나라를 섬겨야 합니까? 초나라를 섬겨야 합니까?"

맹자가 대답했다. "이런 문제는 제가 잘 알지 못합니다. 마다하지 않으신다면, 한 가지 계책이 있습니다. 해자를 깊이 파고 성벽을 높이 쌓아 백성과 함께 지키는데, 백성들이 죽더라도 떠나지 않는다면 해볼 만할 것입니다."

滕文公問曰 滕小國也 間於齊楚. 事齊乎. 事楚乎.
孟子對曰 是謀非吾所能及也. 無已 則有一焉. 鑿斯池也 築斯城也 與民守之 效死而民弗去 則是可爲也.

등(滕)은 주나라 때의 작은 제후국으로 지금의 산둥성 텅(滕)현 부근에 있었다. 무이(無已)는 '그만두라 하지 않는다면', '마다하지 않는다면'의 뜻이다. 효사(效死)는 효력진사(效力盡死) 즉 힘을 다해 죽는 것이다.

백성들이 힘을 다해 죽는 한이 있어도 도망가지 않는다면 비록 작은 나라라 하더라도 큰 나라를 상대할 수 있다. 그러나 이것은 백성의 마음을 깊이 얻은 자가 아니면 불가능하다. 백성의 마음을 깊이 얻는 길은 오직 어진 정치밖에 없다. 어진 정치를 펴 백성의 마음을 얻을 수 있다면 비록 작은 나라라 하더라도 능히 큰 나라를 상대할 수 있다.

14

    등문공이 물었다. "제나라가 설(薛)에 성을 쌓으려고 합니다. 매우 두려운데 어떻게 하면 좋겠습니까?"
    맹자가 대답했다. "옛날에 태왕이 빈(邠)에 살고 있을 때, 적인(狄人)이 쳐들어와 그곳을 떠나 기산 밑으로 이주했습니다. 골라서 한 것이 아니라 부득이했던 것입니다. 진실로 선을 베푸신다면 후세 자손들 중에 반드시 왕자가 나타날 것입니다. 군자가 창업해 후대에 물려주면 계속 이어갈 수 있을 것입니다. 성공은 하늘에 달려 있습니다. 임금께서 그들을 어떻게 하시겠습니까? 힘써 선을 행할 뿐입니다."

滕文公問曰 齊人將築薛 吾甚恐. 如之何則可.
등문공이 물었다. "제나라가 설에 성을 쌓으려고 합니다. 매우 두려운데 어떻게 하면 좋겠습니까?"

축(築)은 성을 쌓는 것이다. 설(薛)은 주나라 때의 작은 나라로 지금의 산동성 텅현 동남 지방에 있었다. 나중에 제나라에게 멸망당했는데, 제는 그곳에 성을 쌓아 이웃인 등나라를 위협했다.

孟子對曰 昔者大王居邠 狄人侵之 去之岐山之下居焉. 非擇而取之

不得已也. 苟爲善 後世子孫必有王者矣. 君子創業垂統 爲可繼也. 若夫成功 則天也. 君如彼何哉. 彊爲善而已矣.

맹자가 대답했다. "옛날에 태왕이 빈에 살고 있을 때, 적인이 쳐들어와 그곳을 떠나 기산 밑으로 이주했습니다. 골라서 한 것이 아니라 부득이했던 것입니다. 진실로 선을 베푸신다면 후세 자손들 중에 반드시 왕자가 나타날 것입니다. 군자가 창업해 후대에 물려주면 계속 이어갈 수 있을 것입니다. 성공은 하늘에 달려 있습니다. 임금께서 그들을 어떻게 하시겠습니까? 힘써 선을 행할 뿐입니다."

빈(邠)은 빈(豳)으로 지금의 산시(陝西)성 디엔이(甸邑)현 서쪽 일대다. 적(狄)은 일반적으로는 중국 북방의 오랑캐를 말한다. 그러나 여기서는 빈 근처의 이민족을 가리키며, 자세한 것은 다음 장에 나온다. 기산(岐山)은 지금의 산시성 치산(岐山)현에 있는 산이다. 구위선후세자손필유왕자의(苟爲善後世子孫必有王者矣)는 태왕의 자손인 무왕이 은나라를 무너뜨리고 천자가 된 것을 가리킨다. 창업수통(創業垂統)은 나라를 창건해 후대에 그 대통을 드리우는 것이다. 군여피하재((君如彼何哉)의 피(彼)는 제나라다. 강(彊)은 면(勉)으로, 힘쓰는 것이다.

조기는 이 장의 뜻을 다음과 같이 말했다. "군자의 도는 자기를 바로하고 하늘에 맡기는 것이니 강포한 일이 이르는 것은 내가 불러들인 것이 아니다. 곤궁할 때는 자기 자신을 선하게 할 뿐임을 말한 것이다." 주희는 임금은 마땅히 해야 할 바에 힘을 다할 뿐이지, 꼭 된다고 하기 어려운 것에 요행을 바라서는 안 된다고 했다. 당나라의 시인 두목(杜牧)도 스스로를 갈고 닦는 것보다 좋은 방책은 없다고 했다. 아무리 어렵다고 도리에 어긋난 일을 해서는 안 될 것이다. 그러나 나라의 운명이 백척간두에 달렸는데 어떻게 하든지 무슨 수를 내야지, 힘써 선을 행할 뿐이라는 것은 너무 무기력한 말은 아닐까? 유가의 정치 이념의 한계를 여기서 볼 수 있다.

15

등문공이 물었다. "등은 작은 나라라 힘을 다해 큰 나라를 섬겨도 화를 면할 수 없습니다. 어떻게 하면 좋겠습니까?"

맹자가 대답했다. "옛날에 태왕이 빈에 살고 있을 때 적인이 쳐들어왔습니다. 피륙을 바쳐 섬겨도 화를 면할 수 없었고, 말과 개를 바쳐도 면할 수 없었으며, 주옥을 바쳐도 면할 수 없었습니다. 이에 노인들을 불러 이르기를 '적인이 원하는 것은 나의 땅입니다. 내가 듣기로 군자는 사람을 기르는 것 때문에 사람을 해치지 않는다고 합니다. 여러분들은 임금이 없다고 무엇을 걱정하겠습니까? 내가 떠나렵니다'고 했습니다. 그리고 빈을 떠나 양산(梁山)을 넘어 기산 아래에 읍을 세우고 살았습니다. 빈의 사람들이 말하길 '어진 사람이다. 잃어서는 안 된다'고 하면서 따라오는 것이 마치 시장에 모여드는 것 같았습니다.

또 어떤 사람들은 말하길 '대대로 지켜온 땅이다. 내 마음대로 할 수 있는 것이 아니다. 죽는 한이 있어도 못 떠난다'고 했습니다.

청컨대 임금께서는 이 둘 중 하나를 택하십시오."

滕文公問曰 滕小國也. 竭力以事大國 則不得免焉. 如之何則可.

등문공이 물었다. "등은 작은 나라라 힘을 다해 큰 나라를 섬겨도 화를 면할 수 없습니다. 어떻게 하면 좋겠습니까?"

부득면(不得免)은 화(禍)를 면할 수 없다는 말이다.

孟子對曰 昔者大王居邠 狄人侵之. 事之以皮幣 不得免焉, 事之以犬馬 不得免焉, 事之以珠玉 不得免焉. 乃屬其耆老而告之曰 狄人之所欲者 吾土地也. 吾聞之也 君子不以其所以養人者害人. 二三子何患乎無君. 我將去之. 去邠 踰梁山 邑于岐山之下居焉. 邠人曰 仁人也 不可失也. 從之者如歸市.

맹자가 대답했다. "옛날에 태왕이 빈에 살고 있을 때 적인이 쳐들어왔습니다. 피륙을 바쳐 섬겨도 화를 면할 수 없었고, 말과 개를 바쳐도 면할 수 없었으며, 주옥을 바쳐도 면할 수 없었습니다. 이에 노인들을 불러 이르기를 '적인이 원하는 것은 나의 땅입니다. 내가 듣기로 군자는 사람을 기르는 것 때문에 사람을 해치지 않는다고 합니다. 여러분들은 임금이 없다고 무엇을 걱정하겠습니까? 내가 떠나렵니다'고 했습니다. 그리고 빈을 떠나 양산을 넘어 기산 아래에 읍을 세우고 살았습니다. 빈의 사람들이 말하길 '어진 사람이다. 잃어서는 안 된다'고 하면서 따라오는 것이 마치 시장에 모여드는 것 같았습니다."

피폐(皮幣)의 皮는 짐승의 가죽, 幣는 비단이다. 屬은 모을 촉이다. 기로(耆老)의 耆는 예순 살 이상의 노인, 老는 일흔 살 이상의 노인을 가리키나, 여기서는 합쳐 그냥 노인을 가리킨다. 기소이양인자(其所以養人者)는 토지를 가리킨다. 토지에서 나는 곡물로 사람이 살아가기 때문에 그렇게 말한 것이다. 이삼자(二三者)는 당신들, 여러분들이다. 양산(梁山)은 지금의 산시(陝西)성 첸(乾)현 서북쪽에 있는 산이다. 읍(邑)은 읍을 세운다는 뜻의 동사다. 귀시(歸市)는 시장에 모여드는 것이다. 이토 진사이에 의하면 맹자가 태왕의 일을 인용한 뜻은 백성이 귀중하고 사직은 그다음이기 때문에(「진심하」

13), 태왕처럼 백성을 위해 나라를 버리라고 권한 것이라 한다.

或曰 世守也 非身之所能爲也. 效死勿去. 君請擇於斯二者.
"또 어떤 사람들은 말하길 '대대로 지켜온 땅이다. 내 마음대로 할 수 있는 것이 아니다. 죽는 한이 있어도 못 떠난다'고 했습니다.
청컨대 임금께서는 이 둘 중 하나를 택하십시오."

세수(世守)는 대대로 지켜오는 것이다. 군청택어사이자(君請擇於斯二者)는 태왕처럼 화를 피해 달아나든가, 아니면 대대로 전해 내려온 종묘사직이니 목숨을 걸고 지키든가 둘 중 하나를 선택하라는 말이다.

  등문공이 강대국 사이에 껴 어떻게 하면 좋을지에 대해 물은 것이 세 장 연이어 나왔다. 처음에 맹자는 성을 높이 쌓고 해자를 깊이 판 다음 백성과 더불어 목숨을 걸고 지키라고 말했다. 그다음에는 어떻게 될지는 하늘에 맡기고 힘써 선을 행할 뿐이라는 자못 무기력한 말로 대답했다. 그리고 마침내는 피해 달아나든지 아니면 죽기를 각오하고 지키든지 둘 중 하나를 선택하라고 했다. 그러나 당시 상황에서 등문공이 택할 수 있었던 것은 아마 항복하든가 아니면 죽기를 각오하고 싸우든가 둘 중 하나였을 것이다. 당시는 이미 태왕의 시절과 달라 나라를 버리고 다른 지방으로 도망갈 상황이 아니었다. 결국 등나라는 멸망하고 말았지만, 맹자의 대답은 현실 정치에서의 유가의 무기력함을 그대로 드러내고 말았을 뿐이다.

16

　노평공(魯平公)이 외출하려고 하는데 장창(臧倉)이라고 하는 총애하는 신하가 청해 말했다. "다른 때는 임금께서 외출하실 때 반드시 담당 관리에게 가는 곳을 말씀해주셨는데 오늘은 수레가 이미 준비되었는데도 담당 관리가 가실 곳을 모릅니다. 청컨대 말씀해주십시오."

　공이 말했다. "맹자를 만나러 간다."

　"무엇 때문입니까? 임금께서 몸을 낮추시어 필부를 먼저 찾아가시는 것이 그가 현명하다고 생각하기 때문입니까? 예의는 현명한 자로부터 나오는데, 맹자의 나중 어머니 상(喪)이 먼저 아버지 상보다 더 성대했습니다. 만나보지 마십시오."

　공이 말했다. "알았다."

　악정자(樂正子)가 들어와 알현하고 말했다. "임금께서는 어찌하여 맹가(孟軻)를 만나지 않으십니까?"

　"누가 과인에게 고하길 '맹자의 나중 어머니 상이 먼저 아버지 상보다 더 성대했다'고 하여 만나러 가지 않았소."

　"무엇입니까? 임금께서 더 성대했다고 하는 것이. 전에는 선비의 예였고 나중에는 대부의 예였던 것입니까? 전에는 삼정(三鼎)으로 했고 나중에는 오정(五鼎)으로 한 것입니까?"

　"아니오. 관곽(棺槨)과 수의가 화려했던 것을 말한 것이오."

　"그것은 더 성대했다고 말할 것이 아닙니다. 가난하고 부귀한 것이 같지 않았던 것입니다."

악정자가 맹자를 만나 말했다. "제가 임금께 말씀드려 임금께서 만나고자 오시려고 했습니다. 그런데 장창이라고 하는 총신이 임금을 막아 임금께서 오실 수 없게 되었습니다."

"행해지는 것은 무언가가 그렇게 되게 만드는 것이며, 행해지지 않는 것은 무언가가 그렇게 되지 않게 막는 것이다. 행해지고 행해지지 않는 것은 사람의 힘으로 능히 할 수 있는 것이 아니다. 내가 노나라 임금을 만나지 못한 것은 하늘이 그렇게 한 것이지, 장(臧)씨 집의 아들이 어찌 나를 만나지 못하게 할 수 있겠느냐?"

魯平公將出. 嬖人臧倉者請曰 他日君出 則必命有司所之. 今乘輿已駕矣, 有司未知所之. 敢請.

公曰 將見孟子.

曰 何哉. 君所爲輕身以先於匹夫者 以爲賢乎. 禮義由賢者出. 而孟子之後喪踰前喪. 君無見焉.

公曰 諾.

노평공이 외출하려고 하는데 장창이라고 하는 총애하는 신하가 청해 말했다. "다른 때는 임금께서 외출하실 때 반드시 담당 관리에게 가는 곳을 말씀해주셨는데 오늘은 수레가 이미 준비되었는데도 담당 관리가 가실 곳을 모릅니다. 청컨대 말씀해주십시오."

공이 말했다. "맹자를 만나러 간다."

"무엇 때문입니까? 임금께서 몸을 낮추시어 필부를 먼저 찾아가시는 것이 그가 현명하다고 생각하기 때문입니까? 예의는 현명한 자로부터 나오는데, 맹자의 나중 어머니 상이 먼저 아버지 상보다 더 성대했습니다. 만나보지 마십시오."

공이 말했다. "알았다."

노평공(魯平公)은 노나라 경공(景公)의 아들로 이름은 숙(叔)이다. 폐인(嬖人)은 임금을 가까이서 모시는 지위가 낮은 사람을 가리킨다. 어떤 때는 임금의 사랑을 받는 여인을 지칭하기도 한다. 승여(乘輿)는 임금이 타는 수레이며, 가(駕)는 수레에 말을 매는 것이다. 하재군소위경신이선어필부자(何哉君所爲輕身以先於匹夫者)는 君所爲輕身以先於匹夫者何哉를 도치한 문장이다. 임금이 자기 몸을 가볍게 여기고 먼저 필부를 찾아가는 것이 무슨 이유 때문이냐고 물은 것이다. 후상(後喪)은 모친상, 전상(前喪)은 부친상을 가리킨다. 맹자는 아버지를 먼저 여읜 뒤 어머니를 여의었다. 유(踰)는 과(過)로 지나친 것이다. 장창이 맹자가 모친상을 부친상보다 더 성대하게 치른 것을 문제 삼아, 그가 현명하다면 그렇게 할 리가 없으니 가지 말라고 한 것이다.

樂正子入見曰 君奚爲不見孟軻也.
曰 或告寡人曰 孟子之後喪踰前喪 是以不往見也.
曰 何哉君所謂踰者. 前以士 後以大夫, 前以三鼎 而後以五鼎與.
曰 否. 謂棺槨衣衾之美也.
曰 非所謂踰也 貧富不同也.

악정자가 들어와 알현하고 말했다. "임금께서는 어찌하여 맹가를 만나지 않으십니까?"
"누가 과인에게 고하길 '맹자의 나중 어머니 상이 먼저 아버지 상보다 더 성대했다'고 하여 만나러 가지 않았소."
"무엇입니까? 임금께서 더 성대했다고 하는 것이. 전에는 선비의 예였고 나중에는 대부의 예였던 것입니까? 전에는 삼정으로 했고 나중에는 오정으로 한 것입니까?"

"아니오. 관곽과 수의가 화려했던 것을 말한 것이오."

"그것은 더 성대했다고 말할 것이 아닙니다. 가난하고 부귀한 것이 같지 않았던 것입니다."

악정자(樂正子)는 맹자의 제자로 이름은 극(克)이다. 당시 노나라에서 벼슬을 하고 있었다. 하재군소위유자(何哉君所謂踰者)도 君所謂踰者何哉를 도치한 것이다. 정(鼎)은 발이 세 개 달린 그릇으로 주로 제사 때 고기 등을 담는 데 썼다. 삼정은 사(士)의 예로 제사 때 돼지, 생선, 말린 고기를 담은 정 세 개를 진설하는 것이다. 오정은 대부(大夫)의 예로 위의 셋에다가 양과 저민 고기를 담은 정 두 개를 더 진설했다. 참고로 천자는 구정, 제후는 칠정이다. 여(與)는 문장 끝에 쓰여 가벼운 의문을 나타낸다. 관(棺)은 죽은 자의 시신을 넣는 속널, 곽(槨)은 관을 담는 덧널, 의금(衣衾)은 죽은 사람을 염할 때 입히는 수의다. 비소위유야 빈부부동야(非所謂踰也 貧富不同也)는 맹자가 아버지를 여읠 때와 어머니를 여읠 때 처지가 달랐기 때문에, 아버지 상보다 어머니 상이 더 성대했다는 뜻이다.

한편 유향(劉向)의 『열녀전(列女傳)』에 인용된 유명한 맹모삼천(孟母三遷) 고사에 의하면 맹자는 어려서 아버지를 잃고 어머니가 홀로 키운 것으로 되어 있다. 그러나 여기에 의하면 아버지가 돌아갈 당시 맹자는 사의 신분이었다. 어느 것이 맞는지 알 수 없다.

樂正子見孟子曰 克告於君 君爲來見也. 嬖人有臧倉者沮君 君是以不果來也.

曰 行或使之 止或尼之. 行止 非人所能也. 吾之不遇魯侯 天也. 臧氏之子焉能使予不遇哉.

악정자가 맹자를 만나 말했다. "제가 임금께 말씀드려 임금께서 만나고자 오시려고 했습니다. 그런데 장창이라고 하는 총신이 임금을 막아 임금께서 오실 수 없게 되었습니다."
"행해지는 것은 무언가가 그렇게 되게 만드는 것이며, 행해지지 않는 것은 무언가가 그렇게 되지 않게 막는 것이다. 행해지고 행해지지 않는 것은 사람의 힘으로 능히 할 수 있는 것이 아니다. 내가 노나라 임금을 만나지 못한 것은 하늘이 그렇게 한 것이지, 장씨 집의 아들이 어찌 나를 만나지 못하게 할 수 있겠느냐?"

극(克)은 악정자의 이름이다. 군위래견야(君爲來見也)의 爲는 '원래 ~하려 했다'는 뜻을 나타낸다. 군시이불과래야(君是以不果來也)의 不果는 예상과 달리 안 된 것을 나타낸다. 저(沮)와 니(尼)는 지(止)로 막아 못하게 하는 것이다. 행혹사지 지혹니지(行或使之 止或尼之)를 주희는 "사람이 어떤 일을 하는 것은 반드시 그렇게 하게 시킨 누군가가 있는 것이며, 그만두는 것은 반드시 그렇게 하지 못하게 막은 누군가가 있는 것이다"라고 해석한다. 그러나 양백준은 使之, 尼之의 주체를 사람이 아닌 어떤 힘으로 본다. 즉 사람이 어떤 일을 하는 것은 어떤 힘이 그렇게 하게 시킨 것이며, 그만두는 것은 어떤 힘이 그렇게 하지 못하게 한 것이라는 뜻이다. 맹자의 말은 자신이 노평공을 만나지 못한 것은 천명 때문이지 장창 따위 때문에 그런 것은 아니라는 말로, 자신의 인생에 대한 강한 자긍심을 나타내고 있다.

●

주희는 이 장이 성현이 나아가고 머무는 것은 시운의 성쇠와 관련 있으며, 이는 천명(天命)이 하는 바이지 사람의 힘이 미칠 바가 아니라는 것을 말하는 것이라고 하고 있다. 일리가 없는 것은 아니나 너무 숙명론적인 냄새가 강하다.

공손추장구상

公孫丑章句上

그 기는 지극히 크고 지극히 강해서, 이것을 의로써 기르고 해치지 않는다면 천지간을 가득 채울 것이다.

1

공손추(公孫丑)가 물었다. "선생님께서 제나라 요직에 앉아 정치를 맡는다면 관중이나 안자의 공적을 다시 일으킬 수 있겠지요?"

맹자가 말했다. "그대는 정녕 제나라 사람이라 관중과 안자밖에 모르는구나. 누군가가 증서(曾西)에게 '당신과 자로(子路)는 누가 더 현명합니까?'라고 물었다. 증서가 펄쩍 뛰면서 말하길 '우리 웃어른께서도 어려워하셨다'고 하니, 말하길 '그러면 당신과 관중은 누가 더 현명합니까?'라고 함에 증서가 발끈해 불쾌해하며 말하길 '당신은 어찌하여 나를 관중에다 비교하는가? 관중이 임금의 신임을 얻어 그렇게도 국정을 전횡했고, 국정을 행하길 그렇게도 오래했건만 그 공적이란 것이 그렇게도 보잘것없었다. 당신은 어찌하여 나를 관중에다 비교하는가?'라고 했다. ……관중은 증서도 되지 않으려고 한 사람인데, 너는 내가 그를 바란다고 여기느냐?"

"관중은 그 임금을 패자로 만들었고 안자는 그 임금을 세상에 드러냈는데도, 관중과 안자가 오히려 하시는 데 부족하십니까?"

"제나라를 가지고 천하의 왕이 되는 것은 손을 뒤집는 것과 같다."

"그렇다면 제자의 의혹이 더욱 심해집니다. 문왕은 덕을 지니고 백년씩이나 살다가 죽었는데도 천하에 두루 미치지 못해 무왕과 주공(周公)이 계승한 이후에야 크게 행해졌습니다. 지금 왕이 되는 것이 이처럼 쉽다고 하시니, 문왕은 본받기에 부족합니까?"

"문왕을 어찌 감당할 수 있겠느냐? 탕임금으로부터 무정(武丁)에 이르기까지 현명하고 성스러운 임금이 6~7명이나 나왔다. 천하가 은(殷)으로 귀의한 지 오래되었으니, 오래되었으면 바꾸기 어렵다. 무정은 제후의 조회를 받아 천하를 차지하기를 손바닥 위에서 움직이듯 했다. 주(紂)는 무정으로부터 시간이 오래되지 않아 오랜 가문의 유풍과 선정의 풍습이 아직 남아 있었다. 그리고 또 미자(微子)와 미중(微仲), 왕자 비간(比干), 기자(箕子), 교격(膠鬲)이 모두 현명한 사람들인데, 이들이 서로 도왔기 때문에 천하를 잃는 데 오랜 시간이 흘렀다. 한 치의 땅이라도 그 땅이 아닌 것이 없었고, 한 사람의 백성이라도 그 신하가 아닌 사람이 없었다. 그런데 문왕은 사방 백 리의 토지에서 일어났으니 그래서 어려웠던 것이다.

제나라 사람들이 말하길 '비록 지혜가 있다 한들 시세를 타는 것만 못하며, 비록 호미가 있다 한들 농사지을 때를 기다리는 것만 못하다'고 했다. 지금의 시세라면 이루기가 쉽다. 하나라와 은나라, 주나라가 성대했으나 그 땅이 사방 천 리를 넘지 않았는데, 제나라는 지금 그 땅을 가지고 있다. 닭이 울고 개가 짖는 소리가 잇달아 들리기를 사방 경계에까지 이르니 제나라는 이렇게 많은 백성을 갖고 있다. 땅을 새로 개척할 것도 없고 백성을 다시 모을 것도 없이 어진 정치를 편다면 천하의 왕이 될 것이며, 아무도 이를 막을 수 없다. 지금 왕자가 일어나지 않은 것이 이때보다 뜸한 적이 없으며, 백성이 학정에 시달려 초췌해진 것이 이때보다 심한 적이 없다. 굶주린 자는 밥을 먹이기 쉽고 목마른 자는 물을 먹이기 쉽다. 공자께서 말씀하셨다. '덕이 퍼져나가는 것이 역마를 두고 명을 전하는 것보다 빠르다'고. 지금 만승의 나라가 어진 정치를 베푼다면 백성들이 기뻐하기를 마치 거꾸로 매달린 것을 풀어준 것처럼 할 것이다. 따라서 일은 옛사람의 반밖에 하지 않아도 공적은 그 배가 될 것이니 지금의 때가 바로 그렇다."

公孫丑問曰 夫子當路於齊 管仲晏子之功 可復許乎.

공손추가 물었다. "선생님께서 제나라 요직에 앉아 정치를 맡는다면 관중이나 안자의 공적을 다시 일으킬 수 있겠지요?"

공손추(公孫丑)는 맹자의 제자로 성은 公孫, 이름은 丑다. 제나라 출신이다. 당로(當路)에 대해 조기는 당사로(當仕路), 즉 벼슬길에 나아가는 것이라고 풀이하나, 주희는 거요지(居要地) 즉 요직에 머무는 것으로 풀이하고, 양백준은 당권(當權) 또는 당정(當政)으로 풀이한다. 어떻게 풀이하든 요직에 앉아 정치를 맡는 것이다. 허(許)는 조기에 의하면 흥(興)으로 일으키는 것이다.

孟子曰 子誠齊人也. 知管仲晏子而已矣. 或問乎曾西曰 吾子與子路孰賢. 曾西蹴然曰 吾先子之所畏也. 曰 然則吾子與管仲孰賢. 曾西艴然不悅曰 爾何曾比予於管仲. 管仲得君 如彼其專也, 行乎國政 如彼其久也, 功烈 如彼其卑也. 爾何曾比予於是.

맹자가 말했다. "그대는 정녕 제나라 사람이라 관중과 안자밖에 모르는구나. 누군가가 증서에게 '당신과 자로는 누가 더 현명합니까?'라고 물었다. 증서가 펄쩍 뛰면서 말하길 '우리 웃어른께서도 어려워하셨다'고 하니, 말하길 '그러면 당신과 관중은 누가 더 현명합니까?'라고 함에 증서가 발끈해 불쾌해하며 말하길 '당신은 어찌하여 나를 관중에다 비교하는가? 관중이 임금의 신임을 얻어 그렇게도 국정을 전횡했고, 국정을 행하길 그렇게도 오래했건만 그 공적이란 것이 그렇게도 보잘것없었다. 당신은 어찌하여 나를 관중에다 비교하는가?'라고 했다."

증서(曾西)는 조기나 주희에 의하면 증자의 손자다. 그러나 당(唐)의 육덕명(陸德明)의 『경전석문(經典釋文)』 「서록(序錄)」에는 "증신(曾申)의 자는 자서(子西)로, 노나라 사람이며 증삼의 아들이다"라는 기록이 있다. 다산과 모기령(毛奇齡) 등은 이 증신이 바로 증서라고 주장한다. 자로(子路)는 공자의 제자로 이름은 중유(仲由)다. 축연(蹴然)은 불안해하는 모습이다. 선자(先子)는 이미 죽은 웃어른을 일컫는 말로, 여기서는 증서의 웃어른인 증자를 가리킨다. 증자나 자로나 모두 공자의 제자이나 자로가 증자보다 나이가 한참 많았다(『사기』에 의하면 서른일곱 살이나 차이가 났다). 그래서 어려워한 것이다. 불연(艴然)은 발끈하고 노하는 것이다. 하증(何曾)은 하내(何乃), 하경(何竟)으로 의외라는 뜻을 나타내며 '어찌하여'로 번역된다. 비(比)는 비교하는 것이다. 관중득군 여피기전야(管仲得君 如彼其專也), 행호국정 여피기구야(行乎國政 如彼其久也)는 관중이 제환공의 신임을 받아 사십여 년 간 국정을 전횡한 것을 말한다. 공렬 여피기비야(功烈 如彼其卑也)는 관중이 왕도를 실행하지 않고 패도를 실행했기 때문에 그 공이 그처럼 보잘것없다는 뜻이다.

曰 管仲 曾西之所不爲也 而子爲我願之乎.
"관중은 증서도 되지 않으려고 한 사람인데, 너는 내가 그를 바란다고 여기느냐?"

왈(曰) 이하도 역시 맹자의 말이다. 자문자답이 아닌데도 다시 曰자를 쓰는 것은 말을 정돈하기 위해서다. 맹자가 위의 말을 한 후 좀 시간을 두었다가 다시 말을 시작했기 때문에 曰을 쓴 것이다. 위(爲)는 이위(以爲)로 '~로 여기다'는 뜻이다.

曰 管仲以其君霸 晏子以其君顯. 管仲晏子猶不足爲與.
曰 以齊王由反手也.

"관중은 그 임금을 패자로 만들었고 안자는 그 임금을 세상에 드러냈는데도, 관중과 안자가 오히려 하시는 데 부족하십니까?"

"제나라를 가지고 천하의 왕이 되는 것은 손을 뒤집는 것과 같다."

이(以)는 사역동사인 사(使)로 '~로 하여금 ~하게 하다'는 뜻이다. 패(霸)는 패자가 되는 것이고, 현(顯)은 현명(顯名)으로 이름을 드러내는 것이다. 왕(王)은 여기서는 동사로 (천하의) 왕이 되는 것이다. 유(由)는 유(猶)로 '~와 같다'는 뜻이다. 반수(反手)는 손을 뒤집는 것처럼 쉽다는 말이다.

曰 若是 則弟子之惑滋甚. 且以文王之德 百年而後崩 猶未洽於天下. 武王周公繼之 然後大行. 今言王若易然 則文王不足法與.

"그렇다면 제자의 의혹이 더욱 심해집니다. 문왕은 덕을 지니고 백년씩이나 살다가 죽었는데도 천하에 두루 미치지 못해 무왕과 주공이 계승한 이후에야 크게 행해졌습니다. 지금 왕이 되는 것이 이처럼 쉽다고 하시니, 문왕은 본받기에 부족합니까?"

자(滋)는 익(益)으로 '더욱'이다. 붕(崩)은 천자의 죽음을 일컫는 말이다. 『예기』에 의하면 제후의 죽음은 훙(薨), 대부의 죽음은 졸(卒), 사의 죽음은 불록(不祿), 서인의 죽음은 사(死)라고 한다. 전해오는 이야기에 의하면 문왕은 구십칠 세에 죽었다고 한다. 따라서 백년이라고 한 것이다. 주공(周公)은 성은 희(姬), 이름은 단(旦)으로 무왕의 동생이다. 무왕이 일찍 죽어 그의 아들인 성왕(成王)이 어린 나이에 즉위하자 섭정으로서 그를 도와 주나라가 안정되는 데 크게 기여했다. 유가에서는 문왕, 무왕과 더불어 성인으로 추앙하며, 공자는 꿈에서 그를 본 지가 오래된 것을 한탄할 정도로 그를 흠모했다(『논어』「술이」). 법(法)은 효(效)로 본받는다는 뜻이다. 문왕은 그처럼 훌륭한 덕으로 백년이나 살면서 다스렸지만 천하의 왕이 되지 못했다. 그의 아들인 무왕 대에 이르러서야 천하의 왕이 될 수 있었으며, 주공이 무왕의 아들인 성왕을 도와 예악을 창제하고 나서야 천하에 교화가 크게 행해졌다. 그런데도 천하의 왕이 되기가 손을 뒤집는 것처럼 쉽다고 한다면, 성인이라는 문왕조차 본받기에 부족하다는 말인지 그것이 의혹스럽다고 공손추가 물은 것이다.

曰 文王何可當也. 由湯至於武丁 賢聖之君六七作. 天下歸殷久矣 久則難變也. 武丁朝諸侯有天下 猶運之掌也. 紂之去武丁未久也 其故家遺俗 流風善政 猶有存者. 又有微子, 微仲, 王子比干, 箕子, 膠鬲皆賢人也. 相與輔相之 故久而後失之也. 尺地莫非其有也 一民莫非其臣也. 然而文王猶方百里起 是以難也.

"문왕을 어찌 감당할 수 있겠느냐? 탕임금으로부터 무정에 이르기까지 현명하고 성스러운 임금이 6~7명이나 나왔다. 천하가 은으로 귀의한 지 오래되었으니, 오래되었으면 바꾸기 어렵다. 무정은 제후의 조회를 받아 천하를 차지하기를 손바닥 위에서 움직이듯 했다. 주는 무정으로부터 시간이 오래되지 않아 오랜 가문의 유풍과 선정의 풍습이 아직 남아 있었다. 그리고 또 미자와 미중, 왕자 비간, 기자, 교격이 모두 현명한 사람들인데, 이들이 서로 도왔기 때문에 천하를 잃는 데 오랜 시간이 흘렀다. 한 치의 땅이라도 그 땅이 아닌 것이 없었고, 한 사람의 백성이라도 그 신하가 아닌 사람이 없었다. 그런데 문왕은 사방 백 리의 토지에서 일어났으니 그래서 어려웠던 것이다."

문왕하가당야(文王何可當也)에 대해서는 풀이가 엇갈린다. 조기는 문왕의 시대에는 공을 이루기가 어려웠기 때문에 어찌 당할 수 있었겠느냐고 말한 것이라고 풀이한다. 즉 "문왕이 어찌 그 당시 시대를 감당할 수 있었겠느냐"란 뜻이다. 주희는 당(當)은 대적한다는 '적(敵)과 같다'고만 하고 있다. 다산은 "후대 사람들이 어찌 문왕을 감당할 수 있겠느냐"란 뜻으로 풀이한다. 즉 맹자가 "내가 어찌 문왕을 대적할 수 있겠느냐"고 말한 것으로 보는 것이다. 여기서는 다산의 설을 따랐다. 무정(武丁)은 은나라를 중흥시킨 왕으로 시호는 고종(高宗)이다. 작(作)은 기(起)로 일어나는 것이다. 그러나 양백준은 수량의 단위를 나타내는 양사(量詞)로 보고 있다. 탕왕으로부터 무정에 이르기까지 어진 왕으로 『사기』에 기록된 왕은 탕왕을 위시해 태갑(太甲, 太宗), 태무(太戊, 中宗), 조을(祖乙), 반경(盤庚), 무정의 여섯이다. 유운지장야(猶運之掌也)는 손바닥 위에서 움직이듯 했다는 말이다.

『사기』에 의하면 무정과 주(紂) 사이에는 일곱 명의 왕이 있었다. 주지거무정미구야(紂之去武丁未久也)는 그 사실을 가리킨다. 미자(微子)는 이름은 계(啓)로, 『사기』에 의하면 주의 배다른 형이다. 그러나 맹자는 미자가 주의 숙부라고 하고 있다(「고자상」). 미중(微仲)은 미자의 동생으로 이름은 연(衍)이다. 왕자 비간(比干)은 마융(馬融)에 의하면 주의 아저씨뻘 되는 당내 친척(諸父)이다. 비간이 주의 폭정에 간언하자 주는 "성인의 심장에는 구멍이 일곱 개 있다고 들었다"고 하면서 그를 죽여 해부해 심장을 꺼내보았다고 한다. 기자(箕子)도 마융에 의하면 주의 제부(諸父)다. 비간이 살해되자 놀라 거짓으로 미친 척해 남의 노예가 되었으나 주는 그도 역시 잡아 가두었다. 교격(膠鬲)에 대해서는 알려진 바가 없다. 상여(相與)는 '서로', 보상(輔相)은 돕는 것이다. 연이문왕유방백리기(然而文王猶方百里起)의 猶는 유(由)로 '~로부터'의 뜻이다.

齊人有言曰 雖有智慧 不如乘勢, 雖有鎡基 不如待時. 今時則易然也. 夏后 殷 周之盛 地未有過千里者也 而齊有其地矣. 雞鳴狗吠相聞 而達乎四境 而齊有其民矣. 地不改辟矣 民不改聚矣 行仁政而王 莫之能禦也. 且王者之不作 未有疏於此時者也, 民之憔悴於虐政 未有甚於此時者也. 飢者易爲食 渴者易爲飮.

"제나라 사람들이 말하길 '비록 지혜가 있다 한들 시세를 타는 것만 못하며, 비록 호미가 있다 한들 농사지을 때를 기다리는 것만 못하다'고 했다. 지금의 시세라면 이루기가 쉽다. 하나라와 은나라, 주나라가 성대했으나 그 땅이 사방 천 리를 넘지 않았는데, 제나라는 지금 그 땅을 가지고 있다. 닭이 울고 개가 짖는 소리가 잇달아 들리기를 사방 경계에까지 이르니 제나라는 이렇게 많은 백성을 갖고 있다. 땅을 새로 개척할 것도 없고 백성을 다시 모을 것도 없이 어진 정치를 편다면 천하의 왕이 될 것이며, 아무도 이를 막을 수 없다. 지금 왕자가 일어나지 않은 것이 이때보다 뜸한 적이 없으며, 백성이 학정에 시달려 초췌해진 것이 이때보다 심한 적이 없다. 굶주린 자는 밥을 먹이기 쉽고 목마른 자는 물을 먹이기 쉽다."

수유지혜 불여승세 수유자기 불여대시(雖有智慧 不如乘勢 雖有鎡基 不如待時)는 당시 제나라 사람들의 속담이다. 勢는 시세(時勢), 鎡基는 호미, 時는 농사짓는 시기다. 모든 일에는 시세를 타는 것이 가장 중요하다는 말이다. 하후(夏后)는 하나라다. 계명구폐상문 이달호사경(雞鳴狗吠相聞 而達乎四境)은 이웃집의 개나 닭이 우는 소리가 서로 들릴 정도로 집들이 다닥다닥 붙어 있는 것이 국경에 이르기까지 계속된다는 말로, 호구(인구)가 많다는 말이다. 참고로 전국시대 제나라 수도였던 임치(臨淄)에는 칠만 호가 있었다고 한다. 한 가구당 다섯 명으로만 잡아도 얼추 삼십만이 넘는 사람이 살고 있었던 셈이다. 기자이위식 갈자이위음(飢者易爲食 渴者易爲飮)은 허기진 자는 배고픔에 급급해 아무거나 주어도 잘 먹고, 목마른 자는 목마름에 급급해 아무거나 주어도 잘 마신다는 말이다.

孔子曰 德之流行 速於置郵而傳命. 當今之時 萬乘之國行仁政 民之悅之 猶解倒懸也. 故事半古之人 功必倍之 惟此時爲然.
"공자께서 말씀하셨다. '덕이 퍼져나가는 것이 역마를 두고 명을 전하는 것보다 빠르다'고. 지금 만승의 나라가 어진 정치를 베푼다면 백성들이 기뻐하기를 마치 거꾸로 매달린 것을 풀어준 것처럼 할 것이다. 따라서 일은 옛사람의 반밖에 하지 않아도 공적은 그 배가 될 것이니 지금의 때가 바로 그렇다."

치우(置郵)는 역참으로 국가의 정령 등을 전달하는 기관이다. 유해도현야(猶解倒懸也)는 거꾸로 매달린 사람을 풀어주는 것과 같다는 말이다. 백성들이 가혹한 정치에 시달려 마치 거꾸로 매달린 것처럼 괴로워하고 있는 지금 이때야말로 바로 어진 정치를 실행하는 데 최적의 시기다. 지금의 시세는 일은 옛 성인들의 반만 하고도 공은 그 배로 이룰 수 있는 바로 그런 시세다.

2

공손추가 물었다. "선생님께서 제나라의 경상(卿相)이 되어 도를 실행할 수 있다면, 이로 말미암아 패업이나 왕업을 이루었다 하더라도 이상하지 않을 것입니다. 이렇게 된다면 마음이 움직이겠습니까?"

맹자가 말했다. "아니다. 나는 나이 사십 이후에는 마음이 움직이지 않았다."

"그렇다면 선생님께서는 맹분보다 훨씬 대단하십니다."

"이것은 어렵지 않다. 고자(告子)는 나보다 앞서 마음이 움직이지 않았다."

"마음이 움직이지 않는 데도 방법이 있습니까?"

"있다. 북궁유(北宮黝)는 용기를 길러 살을 찔러도 움츠리지 않았고, 눈을 찔러도 피하지 않았으며, 터럭 하나라도 남에게 꺾이는 것을 마치 시장에서 매를 맞는 것같이 여겼다. 하찮은 사람에게도 모욕을 받지 않았으며 만승의 임금에게도 모욕을 받지 않았다. 만승의 임금을 찌르는 것을 하찮은 자를 찌르는 것처럼 여겼고 제후를 어려워하지 않았다. 나쁜 소리가 들려오면 반드시 보복했다.

맹시사(孟施舍)는 용기를 길러 '이기지 못할 것을 이길 것처럼 본다. 적군을 헤아린 다음 진격하고 이길 것을 고려한 뒤 싸운다면, 이는 적군을 두려워하는 것이다. 내가 어찌 반드시 이긴다고 할 수 있겠는가? 두려워하지 않을 뿐이다'라고 했다.

맹시사는 증자(曾子)를 닮았고 북궁유는 자하(子夏)를 닮았다. 무릇 두 사람의 용기는 누가 더 나은지 알 수 없으나 맹시사의 지킴이 요령이 있다.

옛날에 증자는 자양(子襄)에게 이렇게 말했다. '그대는 용기를 좋아하는가? 내가 일찍이 선생님으로부터 큰 용기에 대해 들었다. 스스로 돌이켜보아 옳지 않으면 비록 하찮은 사람이라 할지라도 어찌 두렵지 않겠는가? 스스로 돌이켜보아 옳으면 비록 천만 명이라도 내가 간다.'

맹시사가 기를 지키는 것은 또한 증자의 지킴만큼 요령이 있지는 못하다."

"감히 묻노니 선생님의 부동심과 고자의 부동심에 대해 들을 수 있겠습니까?"

"고자는 말하길 '말에서 얻지 못한 것을 마음에서 구하지 말고, 마음에서 얻지 못한 것을 기(氣)에서 구하지 말라'고 했으나, 마음에서 얻지 못한 것을 기에서 구하지 않는 것은 괜찮으나 말에서 얻지 못한 것을 마음에서 구하지 않는 것은 옳지 않다. 무릇 지(志)는 기(氣)를 통수하는 것이요 기는 몸을 채우는 것이다. 무릇 지가 이르는 곳에 기가 따라 머문다. 따라서 말하길 '그 지를 견지하고 그 기를 난폭하게 하지 말라'고 하는 것이다."

"아까는 '지가 이르는 곳에 기가 따라 머문다'고 말씀하시고, 또 '그 지를 견지하고 그 기를 난폭하게 하지 말라'고 하신 것은 어째서입니까?"

"지가 하나가 되면 기를 움직이고 기가 하나로 되면 지를 움직인다. 지금 넘어지고 뛰고 하는 것은 기이나 반대로 그 마음을 움직인다."

"감히 묻건대 선생님께서는 무엇을 잘하십니까?"

"나는 말을 알고 호연지기(浩然之氣)를 잘 기른다."

"감히 묻건대 호연지기는 무엇을 일컫는 것입니까?"

"말하기 어렵다. 그 기는 지극히 크고 지극히 강해서, 이것을 의(義)로써 기르고 해치지 않는다면 천지간을 가득 채울 것이다. 그 기는 의(義)와 도(道)에 배합해, 의와 도가 없으면 굶주려 허약해질 것이다. 이것은 의가 쌓여서 생기는 것이지 의가 갑자기 엄습한다고 얻어지는 것이 아니다. 행동이 마음에 흡족하지 않은 것이 있으면 기가 굶주려 허약해진다. 그러므로 나는 일찍이 고자는 의를 알지 못했다고 했는데, 이는 그가 의를 밖에 있다고 여겼기 때문이다.

반드시 의를 쌓는 것을 일로 삼되 그 효과를 미리 기약해서는 안 되며, 마음으로 잊지 말되 조장해서는 안 된다. 송(宋)나라 사람처럼 해서는 안 된다. 송나라에 싹이 자라지 않는 것을 근심해 그 싹을 뽑고는 피곤한 몸으로 집으로 돌아간 자가 있었다. 그 집사람에게 말하길 '오늘 피곤하다. 내가 싹이 자라는 것을 도와주었다'고 했다. 그 아들이 달려가 살펴보니 싹들이 모두 말라 죽어 있었다. 천하에 싹이 자라는 것을 도와주지 않는 자가 드물다. 무익하다고 여겨 버려두는 자는 김을 매지 않는 자요, 자라는 것을 도와주는 자는 싹을 뽑는 자다. 무익할 뿐만 아니라 해롭게 하는 것이다."

"말을 안다는 것은 무엇을 일컫는 말입니까?"

"한쪽으로 치우친 말에 대해서는 그 은폐한 바를 알며, 과도한 말에 대해서는 그 빠진 바를 알고, 올바르지 못한 말에 대해서는 그 벗어난 바를 알며, 도망가는 말에 대해서는 그 궁색한 바를 안다. 그 마음에서 생겨 정치에 해를 끼치며, 정치에서 발로되어 그 일을 해친다. 성인이 다시 일어나신다 하더라도 반드시 내 말을 따를 것이다."

"재아(宰我)와 자공(子貢)은 말을 잘했고, 염우(冉牛)와 민자(閔子), 안연(顔淵)은 덕행에 대해 잘 말했습니다. 공자께서는 양자를 겸하셨으면서도 '나는 말은 잘 못한다'고 하셨는데, 그러면 선생님께서는 이미 성인이란 말씀이십니까?"

"오, 이 무슨 말인가? 옛날에 자공이 공자에게 '선생님께서는 성인이십 니까?'라고 물으니, 공자께서 말씀하시길 '성인은 내가 감당할 수 없다. 나 는 배우기를 싫어하지 않고 남을 가르치기를 게을리하지 않는다'고 하셨 다. 그랬더니 자공이 말하길 '배우기를 싫어하지 않으시는 것은 지(智)요, 가르치기를 게을리하지 않으시는 것은 인(仁)입니다. 어지시고 지혜로우시 니 선생님께서는 이미 성인이십니다'라고 했다. 대저 성인은 공자께서도 아니라고 하셨는데 이 무슨 말이냐?"

"전에 제가 개인적으로 이런 말을 들었습니다. 자하(子夏)와 자유(子游)와 자장(子張)은 모두 성인의 지체(肢體)의 하나를 가졌고, 염우와 민자와 안연 은 지체는 모두 갖췄으나 미미했다. 감히 묻건대 선생님께서는 어디에 해 당하십니까?"

"잠시 이 이야기는 접어두자."

"백이(伯夷)와 이윤(伊尹)은 어떻습니까?"

"도가 다르다. 그 임금이 아니면 섬기지 않고 그 백성이 아니면 부리지 않았다. 다스려지면 나아가고 어지러우면 물러났으니 이 사람이 백이다. 누구를 섬긴들 임금이 아니며 누구를 부린들 백성이 아니랴. 다스려져도 나아가고 어지러워도 나아갔다. 이 사람이 이윤이다. 벼슬을 해야 하면 벼 슬하고 물러나야 하면 물러났다. 오래 있어야 하면 오래 있고 빨리 떠나야 하면 빨리 떠났다. 이 사람이 공자다. 모두 옛 성인들로 나는 그렇게 행할 수 없다. 다만 바라는 것이 있다면 공자를 배우는 것이다."

"백이와 이윤이 그처럼 공자와 같습니까?"

"아니다. 사람이 생겨난 이래 공자와 같은 분은 있지 않았다."

"그러면 같은 것이 있습니까?"

"있다. 백리의 땅을 얻어 임금이 된다면, 모두 능히 제후들의 조회를 받고 천하의 주인이 될 것이다. 한 가지 불의한 일을 행하거나 한 사람이라도 무고한 사람을 죽여 천하를 얻는다면, 모두 하지 않을 것이다. 이것은 모두 같다."

"감히 묻건대 그 다른 것은 무엇입니까?"

"재아와 자공과 유약(有若)은 그 지혜가 성인을 충분히 알 수 있는 사람들이다. 설사 지혜가 좀 모자라더라도 자기들이 좋아한다고 해서 아부하는 데까지 이르지는 않을 사람들이다. 재아가 말하길 '내가 선생님을 살펴보건대 요순(堯舜)보다도 훨씬 현명하시다'고 했다. 자공은 이렇게 말했다. '그 예(禮)를 보면 그 정치를 알며 그 음악을 들으면 그 덕을 안다. 백 대 후에 백 대의 왕을 비교해도 아무도 이것을 어길 수 없다. 사람이 생겨난 이래 선생님 같은 분은 있지 않다.' 유약도 이렇게 말했다. '어찌 사람뿐이겠는가? 기린과 뛰어다니는 짐승, 봉황과 날아다니는 새, 태산과 언덕, 하해(河海)와 도랑은 같은 종류다. 성인과 사람도 같은 종류다. 그 같은 종류에서 뛰어나고 그 무리에서 빼어나니, 사람이 생겨난 이래 공자보다 훌륭한 사람은 없다.'"

公孫丑問曰 夫子加齊之卿相 得行道焉 雖由此霸王不異矣. 如此則動心否乎.

孟子曰 否. 我四十不動心.

공손추가 물었다. "선생님께서 제나라의 경상이 되어 도를 실행할 수 있다면, 이로 말미암아 패업이나 왕업을 이루었다 하더라도 이상하지 않을 것입니다. 이렇게 된다면 마음이 움직이겠습니까?"

맹자가 말했다. "아니다. 나는 나이 사십 이후에는 마음이 움직이지 않았다."

가(加)는 거(居)로 어떤 지위에 있는 것이다. 수유차패왕불이의(雖由此霸王不異矣)에 대해서는 조기와 주희의 해석이 엇갈린다. 조기는 異를 동이(同異)의 異로 읽어 "비록 이로 말미암았다 하더라도(卿相, 즉 신하의 지위에서 비롯되었다 하더라도) 옛날의 패왕과 다르지 않을 것입니다"로 해석한다. 그러나 주희는 異를 괴이(怪異)하다는 異로 읽어 "비록 이로 말미암아(경상의 지위를 얻어 도를 행한 것으로 말미암아) 패업이나 왕업을 이루었다 하더라도 이상하지 않을 것입니다"로 해석한다. 여기서는 주희의 설을 따랐다. 여차 즉동심부호(如此 則動心否乎)는 그럴 경우 그 무거운 책임 때문에 두려움과 의혹이 생겨 마음이 동요하지 않겠느냐는 말이다. 사십은 공자에 의하면 불혹(不惑)의 나이다(『논어』 「위정」). 의혹이 없으면 자연 두려움도 사라지고 따라서 마음이 동요하지도 않을 것이다.

曰 若是 則夫子過孟賁遠矣.
曰 是不難. 告子先我不動心.

"그렇다면 선생님께서는 맹분보다 훨씬 대단하십니다."
"이것은 어렵지 않다. 고자는 나보다 앞서 마음이 움직이지 않았다."

맹분(孟賁)은 중국 고대의 용사로 추정되나 알려진 바는 없다. 고자(告子)는 이름은 불해(不害)이며 성은 告다. 조기에 의하면 유가와 묵가(墨家)의 도를 같이 공부했으며, 일찍이 맹자로부터 가르침을 받은 바 있다고 한다. 그러나 맹자의 제자가 아니라고 주장하는 사람도 있어 확인하기 어렵다. 뒤의 「고자상」편에서 맹자와 인간의 본성(本性)에 대해 논쟁을 벌였다.

曰 不動心有道乎.

曰 有. 北宮黝之養勇也 不膚撓 不目逃 思以一豪挫於人 若撻之於市朝. 不受於褐寬博 亦不受於萬乘之君. 視刺萬乘之君 若刺褐夫. 無嚴諸侯. 惡聲至 必反之.

"마음이 움직이지 않는 데도 방법이 있습니까?"

"있다. 북궁유는 용기를 길러 살을 찔러도 움츠리지 않았고, 눈을 찔러도 피하지 않았으며, 터럭 하나라도 남에게 꺾이는 것을 마치 시장에서 매를 맞는 것같이 여겼다. 하찮은 사람에게도 모욕을 받지 않았으며 만승의 임금에게도 모욕을 받지 않았다. 만승의 임금을 찌르는 것을 하찮은 자를 찌르는 것처럼 여겼고 제후를 어려워하지 않았다. 나쁜 소리가 들려오면 반드시 보복했다."

도(道)는 이토 진사이에 의하면 방(方)으로 방법이다. 북궁유(北宮黝)에 대해서는 알려진 바가 없다. 그러나 여기에 묘사된 것으로 보아서는 자객이나 임협(任俠)의 무리일 것으로 생각된다. 불부요(不膚撓)는 살을 찔러도 움츠리지 않는 것, 불목도(不目逃)는 눈을 찔러도 눈동자를 피하지 않는 것이다. 좌(挫)는 남에게 꺾이는 것, 창피를 당하는 것이고, 달(撻)은 매질을 당하는 것이다. 시조(市朝)는 시장이다. 불수(不受)는 뒤에 목적어가 생략되었는데 남에게 모욕을 받지 않는 것이다. 갈관박(褐寬博)의 褐은 거친 옷, 寬博은 헐렁한 옷으로, 모두 비천한 사람이 입는 옷이다. 뒤의 갈부(褐夫)와 마찬가지로 비천한 사람을 가리킨다. 엄(嚴)은 외(畏)로 두려워하는 것, 반(反)은 보복하는 것이다. 상대가 필부이건 제후이건 자기에게 조금이라도 모욕을 가하면 반드시 돌려주려고 한 것은 남한테 조금이라도 지지 않으려고 하는 것이다. 북궁유는 남한테 조금이라도 지지 않는 것을 용기로 생각했다.

孟施舍之所養勇也 曰 視不勝猶勝也. 量敵而後進 慮勝而後會 是
畏三軍者也. 舍豈能爲必勝哉. 能無懼而已矣.
"맹시사는 용기를 길러 '이기지 못할 것을 이길 것처럼 본다. 적군을 헤아린 다음 진격하고 이길 것을 고려한 뒤 싸운다면, 이는 적군을 두려워하는 것이다. 내가 어찌 반드시 이긴다고 할 수 있겠는가? 두려워하지 않을 뿐이다'라고 했다."

맹시사(孟施舍)도 중국 고대의 용사이나 알려진 바는 없다. 孟施가 성, 舍가 이름이라는 설과 孟이 성, 施舍가 이름이라는 설, 孟이 성이고 舍가 이름이며 施는 단지 발어사라는 설이 있다. 회(會)는 회전(會戰)하는 것이다. 적이 나보다 센지 아닌지를 살핀 연후에 나아가고, 이길 수 있는지 아닌지를 생각한 연후에 싸우는 것은 적군을 두려워하는 것이다. 맹시사는 두려워하지 않는 것을 용기로 생각했다.

孟施舍似曾子 北宮黝似子夏. 夫二子之勇 未知其孰賢 然而孟施舍守約也.
"맹시사는 증자를 닮았고 북궁유는 자하를 닮았다. 무릇 두 사람의 용기는 누가 더 나은지 알 수 없으나 맹시사의 지킴이 요령이 있다."

자하(子夏)는 공자의 제자로 성은 복(卜), 이름은 상(商)이다. 공자보다 마흔네 살 어리다. 맹자가 무엇을 근거로 맹시사를 증자에, 북궁유를 자하에 비견했는지는 불분명하다. 조기는 증자는 효에 뛰어났는데, 효는 백행(百行)의 근본이기 때문에 자하가 비록 도를 아는 바가 많다고 하더라도 증자의 효만

3. 공손추장구상(公孫丑章句上)

큼 크지는 못하다고 설명하고 있으나 구차할 뿐이다. 주희는 자하는 성인을 독실히 믿었고, 증자는 자기 몸에 돌이켜 구했다(反求諸己)고 설명하고 있는데, 그것과 이것이 무슨 상관이 있는지 애매하다. 따라서 일본의 이토 진사이 같은 사람은 자하가 자로의 잘못이라고 하고 있다. 옛 문헌에 자하의 용기에 대해서는 전해오는 바가 없으나 자로에 대해서는 전해오는 바가 많다는 것이 그 근거다. 수약(守約)은 지킴이 요령이 있어 간략한 것이다.

昔者曾子謂子襄曰 子好勇乎. 吾嘗聞大勇於夫子矣. 自反而不縮 雖褐寬博 吾不惴焉, 自反而縮 雖千萬人 吾往矣. 孟施舍之守氣 又不如曾子之守約也.

"옛날에 증자는 자양에게 이렇게 말했다. '그대는 용기를 좋아하는가? 내가 일찍이 선생님으로부터 큰 용기에 대해 들었다. 스스로 돌이켜보아 옳지 않으면 비록 하찮은 사람이라 할지라도 어찌 두렵지 않겠는가? 스스로 돌이켜보아 옳으면 비록 천만 명이라도 내가 간다.' 맹시사가 기를 지키는 것은 또한 증자의 지킴만큼 요령이 있지는 못하다."

자양(子襄)은 조기에 의하면 증자의 제자다. 그 외에는 알려져 있지 않다. 여기서의 부자(夫子)는 공자다. 축(縮)은 곧다는 뜻의 직(直)으로, 의롭다는 의(義)와도 상통한다. 췌(惴)는 두려워하는 것이다. 오불췌언(吾不惴焉)을 조기나 주희 모두 "내가 그를 두려움에 떨게 하지 않는다"로 해석한다. 즉 스스로 돌이켜보아 옳지 않으면 아무리 하찮은 사람이라 할지라도 그를 두려움에 떨게 하지 않는다는 것이다. 이 해석은 뒤의 오왕의(吾往矣)를 염두에 둔 해석으로 보인다. 즉 뒤에서 스스로 돌이켜보아 옳다면 비록 상대가 천만 명이라 할지라도 겁내지 않고 가서 상대한다고 되어 있으니까, 여기서도 상대가 비록 하찮은 사람이라 할지라도 내가 가서 그를 두려움에 떨게 하지 않는 것으로 해석하는 것이다. 그런데 이 해석은 문제가 있다. 스스로 돌이켜보아 옳다면 비록 천만 명이라 하더라도 두렵지 않다는 것은 말이 되지만, 스스로 돌이켜보아 옳지 않다면 상대가 하찮은 사람이든 아니든 내 스스로 두려워할 일이지 가서 겁주지 않는다는 것은 아무리 해도 어색하기 짝이 없다. 이런 이유로 왕약허(王若虛)는 『맹자변혹(孟子辨惑)』에서 不을 잘못 들어간 연자(衍字)로 보고 있다. 즉 "상대가 비록 하찮은 사람이라 할지라도 내가 그를 두려워한다"로 해석하는 것이다(초순의 『맹자정의』에서 인용). 또 염약거(閻若璩)와 다산은 不을 기불(豈不)로 본다. "내가 어찌 그를 두려워하지 않겠는가"의 뜻이다. 여기서는 이 설을 따랐다. 맹시사와 증자의 차이는 의(義)라는 글자 하나의 차이다. 맹시사는 두려워하지 않는 것만을 생각했지 그것이 옳은가 그른가는 생각하지 않았다. 그러나 진정한 용기는 의(義)에서 나오는 것이다. 이것이 맹시사가 증자만 못한 결정적 이유다.

曰 敢問夫子之不動心 與告子之不動心 可得聞與.
告子曰 不得於言 勿求於心, 不得於心 勿求於氣. 不得於心 勿求於氣 可, 不得於言 勿求於心 不可.

"감히 묻노니 선생님의 부동심과 고자의 부동심에 대해 들을 수 있겠습니까?"
"고자는 말하길 '말에서 얻지 못한 것을 마음에서 구하지 말고, 마음에서 얻지 못한 것을 기에서 구하지 말라'고 했으나, 마음에서 얻지 못한 것을 기에서 구하지 않는 것은 괜찮으나 말에서 얻지 못한 것을 마음에서 구하지 않는 것은 옳지 않다."

고자의 말 부득어언 물구어심 부득어심 물구어기(不得於言 勿求於心 不得於心

勿求於氣)에 대해서는 사람마다 해석이 다 다르다. 우선 조기의 풀이는 다음과 같다. "不得은 남의 좋은 마음과 좋은 말을 얻지 못하는 것이다. 求는 취(取)하는 것이다. 고자는 그 위인이 용감하나 사려가 없어, 그 정(情)의 근원을 거슬러 살피지 않는다(不原其情). 남이 나에게 좋지 못한 말을 하면, 그 사람의 마음에 선(善)함이 있는 것을 다시 취하지 않고 바로 화를 낸다. 그래서 맹자가 불가(不可)하다고 한 것이다. 고자는 남이 나쁜 마음을 갖고 있음을 알면, 비록 나에게 좋은 말투(善辭氣)로 해도 또한 바로 화를 내는데, 맹자는 이것은 가(可)하다고 했으니 사람은 마땅히 마음으로 정(正)을 삼아야 한다고 말한 것이다." 조기에 의하면 고자의 부동심은 남의 말이나 마음을 그대로 받아들일 뿐 그 본마음을 헤아리는 것이나 그 말투에 의해 마음이 동요하지 않는 것이다. 그러기에 맹자가 그 말투에 동요하지 않는 것(勿求於氣)은 가해도 그 본마음을 헤아리지 않는 것(勿求於心)은 불가하다고 했다는 것이다.

주희의 해석은 다음과 같다. "고자는 '말에 통달하지 않는 바가 있으면(有所不達), 마땅히 그 말을 내버려둘 것이지, 굳이 그 이치를 마음에서 돌이켜 구해서는 안 된다. 마음에 불안한 바가 있으면 마땅히 힘써 그 마음을 제어할 것이지 굳이 기(氣)에서 도움을 다시 구해서는 안 된다'고 했는데, 이것은 그 마음을 굳게 지켜 동요하지 않게 하기를 빨리 하려는 것이다. 맹자가 이 말을 외우고 또 단정해 말하길 '그가 마음에서 얻지 못한 것을 기에서 구하지 말라고 한 것은 그 근본은 서두르고 말단은 천천히 하고자 한 것이니, 오히려 가(可)하다. 그러나 말에서 얻지 못한 것을 마음에서 구하지 말라고 한 것은 이미 밖에서 잃었는데 또 마침내 안까지 버린 것이니 그 불가(不可)함은 틀림이 없다'고 했다. 그러나 무릇 가하다고 한 것은 겨우 가할 뿐으로 아직도 미진한 것이 있다는 말이다." 주희가 보기에 고자의 부동심은 불문곡직하고 억지로 마음의 동요를 제어하는 것이다. 그렇기에 맹자가 기의 도움을 받지 않고 마음의 동요를 억제하려고 하는 것은 그럭저럭 가하다고 할 수 있으나, 시비를 논하지 않고 마음만을 억제하려고 하는 것은 불가하다고 했다는 것이다.

다산은 이렇게 해석한다. "不得於言은 말에 걸리어 넘어진 바가 있는 것을 말하며(言有所跲, 말이 조금이라도 남에게 꺾이는 것), 不得於心은 마음에 흡족하지 못한 것이 있음을 말한다(心有不慊, 스스로 돌이켜보아 옳지 않은 것). 고자가 말에 걸려 넘어진 바가 있으면 마땅히 내버려두고 다시 그 까닭을 내 마음에서 구하지 말아야 한다고 한 것은 스스로 지켜 마음을 움직이지 않게 하려는 것이다. 마음에 흡족하지 못한 것이 있으면 마땅히 내버려두고 다시 그 징험을 내 기에서 구하지 말아야 한다고 한 것도 또한 스스로 지켜 마음을 움직이지 않게 하려는 것이다. 고자의 학문은 대개 그 시비는 묻지 않고 오직 마음을 움직이지 않는 것으로써 주를 삼는다." 주희와 유사하나 不得於言을 남에게 말로 꺾이는 것, 不得於心을 스스로 돌이켜보아 옳지 않은 것이라고 풀이하는 것이 특이하다.

양백준은 이 말을 승부와 관련된 것으로 본다. 즉 말에서 이기지 못하더라도 굳이 마음에서 도움을 구하려 하지 말며(그 원인을 마음에서 찾으려 하지 말며), 마음에서 이기지 못하더라도 굳이 기에서 도움을 구하려 하지 말라(화를 내지 마라)는 뜻으로 해석하는 것이다.

사람마다 해석이 구구한 것은 이 말이 앞뒤 배경 없이 불쑥 나온데다 워낙 짧기 때문이다. 주희의 해설이 일면 가장 그럴듯해 보이지만, 이 말이 나오게 된 배경과는 맞지 않는다. 고자의 말에 앞서 맹자는 북궁유의 지지 않으려 하는 부동심(용기), 맹시사의 두려워하지 않으려는 부동심(용기), 증자의 의에서 나오는 부동심(용기)을 말하고 있다. 즉 지금 여기까지 이야기된 부동심은 모두 용기와 관계된 것이다. 그런데 주희의 해석에서는 용기와 관련된 것은 찾을 수 없다. 주희와 다산의 해석은 뒤에 나오는 호연지기와 지언(知言)을 너무 의식한 것이 아닐까 생각된다. 그런 면에서 볼 때는 조기나 양백준의 해석이 오히려 고자의 말의 실상에 더 가까울 것으로 생각된다. 추측컨대 아마 고자는 이렇게 말한 것이 아닐까? "말에서 얻지 못한 것을(이기지 못한 것을) 마음에서 구하지 말며(마음에 두지 말며), 마음에서 얻지 못한 것을(이기지 못한 것을) 기에서 구하지 말라(화를 내지 마라)." 즉 그런 것 때문에 마음이 동요되지 않게 하는 것, 그것이 부동심이라고 한 것이 아닐까? 그것을 맹자가 호연지기와 지언을 말하기 위해 억지로 단장취의(斷章取義)한 것이 아닐까?

夫志 氣之帥也, 氣 體之充也. 夫志至焉 氣次焉. 故曰 持其志 無暴其氣.
"무릇 지는 기를 통수하는 것이요 기는 몸을 채우는 것이다. 무릇 지가 이르는 곳에 기가 따라 머문다. 따라서 말하길 '그 지를 견지하고 그 기를 난폭하게 하지 말라'고 하는 것이다."

지(志)는 주희에 의하면 마음이 가는 곳(心之所之)이고, 기(氣)는 조기에 의하면 몸에 충만해 희노(喜怒)가 되는 것이다. 따라서 지는 기의 장수가 되고 기는 지의 병졸이 된다. 여기서 맹자가 말하는 기와 성리학에서 말하는 이기(理氣)의 기는 전혀 다른 것이다. 그러나 워낙 『맹자』에 언급된 바가 없어 맹자가 말하는 기가 무엇인지는 단언하기 어렵다. 부지지언 기차언(夫志至焉 氣次焉)에 대해 주희는 지는 지극하고 기는 그다음이라고 해석한다. 이에 대해 모기령은 『일강전(逸講箋)』에서 차(次)를 다음이라는 훈으로 읽지 말고

집, 머무는 곳(舍止)이라는 훈으로 읽어야 한다고 주장한다(초순의 『맹자정의』에서 인용). 그렇게 되면 "지가 이르는 곳에 기가 따라 머문다"는 뜻이 된다. 여기서는 이 설을 따랐다. 지(持)는 지키다, 견지하다는 뜻이다. 폭(暴)에 대해 조기는 난(亂) 즉 '어지럽히다', '난폭하게 하다'로 풀이한다. 주희는 명확하게 밝히지는 않고 정성을 다해 기르지 않으면 안 된다고만 하고 있다. 그러나 다산은 급(急), 질(疾)로 읽어 급박하게 한다는 뜻으로 해석한다.

既曰 志至焉 氣次焉 又曰 持其志無暴其氣者 何也.
曰 志壹則動氣 氣壹則動志也. 今夫蹶者趨者 是氣也 而反動其心.

"아까는 '지가 이르는 곳에 기가 따라 머문다'고 말씀하시고, 또 '그 지를 견지하고 그 기를 난폭하게 하지 말라'고 하신 것은 어째서입니까?"
"지가 하나가 되면 기를 움직이고 기가 하나로 되면 지를 움직인다. 지금 넘어지고 뛰고 하는 것은 기이나 반대로 그 마음을 움직인다."

기왈(既曰)부터 하야(何也)까지는 공손추의 말이다. 공손추는 지가 이르는 곳에 기가 따라 머문다면 지만 견지하면 되지 기를 난폭하게 하지 말라고 한 것은 무슨 까닭인지 궁금해서 물은 것이다. 일(壹)은 주희에 의하면 하나로 오로지하는 것(專一)이다. 지는 기를 통수하므로 지를 하나로 집중하면 기를 움직이는 것은 당연하다. 그러나 기도 비록 지의 병졸이기는 하나, 하나로 집중되면 지를 움직일 수 있다. 조기는 壹을 목이 멜 열(噎)로 읽어 막히는 것이라고 풀이하고 있으나 동의하기 어렵다. 궐(蹶)은 넘어지는 것, 추(趨)는 달리는 것이다. 무릇 넘어지고 달리고 하는 것은 기에 의한 것이나, 기가 그쪽으로 집중되어 있기 때문에 마음도 그쪽으로 집중되는 것이다.

즉 기를 하나로 집중하면 지를 움직일 수 있는 것이다. 그렇기 때문에 기를 난폭하게 하면 안 되는 것이다(無暴其氣). 맹자가 고자의 "마음에서 얻지 못한 것을 기에서 구하지 말라"는 말을 그럭저럭 가(可)할 뿐이라고 한 이유도 여기에 있다. 지가 기를 통수하기 때문에 마음에서 얻지 못한 것을 기에서 구하지 말라는 말이 비록 옳기는 하지만, 기도 하나로 집중되면 지를 움직일 수 있기 때문에 마음에서 얻지 못한 것을 하나로 집중된 기에서 구할 수도 있다는 것이다. 정호(程顥)는 "지가 기를 움직이는 것이 열에 아홉이요, 기가 지를 움직이는 것은 열에 하나다"라고 말한다.

敢問夫子惡乎長.
曰 我知言. 我善養吾浩然之氣.
"감히 묻건대 선생님께서는 무엇을 잘하십니까?"
"나는 말을 알고 호연지기를 잘 기른다."

호연(浩然)은 주희에 의하면 성대하게 흐르는 모양을 나타낸다. 그러니까 성대하게 흘러 온몸을 채우는 기가 호연지기다. 맹자의 이 말은 고자와 자신을 구별하기 위한 말이다. 즉 고자가 "말에서 얻지 못한 것을 마음에서 구하지 말라"고 했기 때문에 "나는 말을 안다(知言)"고 한 것이고, 고자가 "마음에서 얻지 못한 것을 기에서 구하지 말라"고 했기 때문에 "나는 나의 호연지기를 잘 기른다"고 한 것이다. 지언과 호연지기에 대해서는 뒤에 설명이 계속된다.

한편 주희는 여기를 해설하면서 다음과 같이 덧붙이고 있다. "말을 알면 도의에 밝아져 천하의 일에 의심스러운 것이 없게 되고, 기를 기르면 도의에 배합되어 천하의 일에 두려워하는 것이 없게 된다. 이것이 큰 임무를 맡아도 마음이 동요하지 않는 이유다. 고자의 학문은 이와 정반대로, 그의 부동심은 아마 어두워 깨닫는 것이 없고 고집스러워 돌아보지 않는 것일 뿐이리라."

敢問何謂浩然之氣.
曰 難言也. 其爲氣也 至大至剛 以直養而無害 則塞於天地之間.
"감히 묻건대 호연지기는 무엇을 일컫는 것입니까?"
"말하기 어렵다. 그 기는 지극히 크고 지극히 강해서, 이것을 의로써 기르고 해치지 않는다면 천지간을 가득 채울 것이다."

지대(至大)는 주희에 의하면 애당초부터 한량이 없을 정도로 큰 것이고, 지강(至剛)은 굽힐 수도 꺾을 수도 없을 정도로 강한 것이다. 이직양이무해(以直養而無害)는 조기에 의하면 의(義)로써 기르고 사악한 일로써 해치지 않는 것이다. 주희는 스스로 돌이켜보아 의로워야만(惟自反而縮) 기를 수 있으며, 인위적으로 해치지 말아야 한다고 하고 있다. 모두 直을 의(義)로 해석하고 있다. 색어천지지간(塞於天地之間)은 호연지기가 천지간을 가득 채운다는 말이다. 주희는 이 기는 천지의 바른 기(正氣)로 사람이 얻어 태어나는 것이라고 한다. 그러나 이 주장은 성리학의 주장일 뿐이다. 다만 塞於天地之間이라는 표현과 맹자의 성선설 및 기타 주장들을 살펴볼 때 성리학의 주장이 맹자와 전혀 무관하다고는 할 수 없을 것 같다. 한편 이토 진사이는 至大至剛이 호연지기를 형용한 말이 아니라 호연지기를 기르는 법을 설명한 말이라고 해석한다. 즉 호연지기를 기를 때 지극히 큰 데 거하고 지극히 강한 데 처하라는 것이다. 그리고 直을 단지라는 뜻으로 해석해, 以直養而 無害를 "조장하는 바 없이 단지 기르고 해를 끼치지 않으면"으로 해석한다. 그에 의하면 지극히 큰 데 거하고 지극히 강한 데 처하라는 말은 뒤의 「등 문공하」 2에 나오는 "천하의 넓은 거처에 살고, 천하의 바른 위치에 서며, 천하의 큰 도를 행한다"는 뜻이다.

其爲氣也 配義與道. 無是 餒也.
"그 기는 의와 도에 배합해, 의와 도가 없으면 굶주려 허약해질 것이다."

배(配)는 배합하는 것, 뇌(餒)는 굶주려 허약해지는 것이다. 주희는 이렇게 해설한다. "사람이 이 기를 길러 이룰 수 있으면, 그 기가 도의(道義)와 합해 도움이 되며, 용기 있고 결단력 있게 행하는 데 의심하고 꺼리는 바가 없을 것이다. 만약 이 기가 없으면, 그 한때 하는 바가 꼭 도의에서 나오지 않는 다고는 하지 못하나, 그러나 그 몸에 가득 차지 못해 의심하고 꺼리는 것을 면치 못하니 훌륭한 일을 함에 부족할 것이다." 무시(無是)의 是를 기, 뇌(餒) 를 몸이 굶주려 허약해지는 것으로 읽는 것이다(體餒). 이에 대해 다산은 是 를 도의, 餒를 氣餒, 즉 기가 굶주려 허약해지는 것으로 읽는다. 그 이유로 호연지기는 반드시 도의에 의해 생기고, 반드시 도의에 의해 길러지기 때문 에 서로 뗄 수 없는 관계임을 들고 있다. 여기서는 다산의 설을 따랐다.

是集義所生者 非義襲而取之也. 行有不慊於心 則餒矣. 我故曰 告 子未嘗知義 以其外之也.

"이것은 의가 쌓여서 생기는 것이지 의가 갑자기 엄습한다고 얻어지는 것이 아니다. 행동이 마음에 흡족하지 않은 것이 있으면 기가 굶주려 허약해진다. 그러므로 나는 일찍이 고자는 의를 알지 못했다고 했는데, 이는 그가 의를 밖에 있다고 여겼기 때문이다."

습(襲)은 몰래 엄습(掩襲)하는 것이다. 겸(慊)은 마음에 흡족한 것이다. 호연지기는 의를 행한 것이 나날이 쌓여 형성되는 것이지 어느 날 갑자기 의를 몰래 엄습하듯 한 번 행한다고 해서 얻어지는 것이 아니다. 그리고 행동이 마음에 흡족하지 않은 것이 있으면(스스로 돌이켜보아 의롭지 못하면) 기가 굶주려 허약해진다. 외지(外之)의 外는 '바깥으로 여기다'는 동사로, 의를 바깥에 있는 것으로 여긴다는 뜻이다. 일찍이 고자는 인은 사람 안에, 의는 사람 밖에 있다(仁內義外)고 주장한 바 있다. 고자미상지의 이기외지야(告子未嘗知義 以其外之也)는 그 사실을 말한다. 고자는 의가 사람 밖에 있다고 여겼기 때문에 의를 안에 쌓아 호연지기를 형성할 줄을 몰랐다. 맹자가 보기에 고자는 그렇기 때문에 不得於心 勿求於氣라고 한 것이다. 자세한 것은 「고자상」에 나타나 있다.

必有事焉而勿正 心勿忘 勿助長也. 無若宋人然. 宋人有閔其苗之不長而揠之者 芒芒然歸. 謂其人曰 今日病矣 予助苗長矣. 其子趨而往視之 苗則槁矣. 天下之不助苗長者寡矣. 以爲無益而舍之者 不耘苗者也, 助之長者 揠苗者也. 非徒無益 而又害之.

"반드시 의를 쌓는 것을 일로 삼되 그 효과를 미리 기약해서는 안 되며, 마음으로 잊지 말되 조장해서는 안 된다. 송나라 사람처럼 해서는 안 된다. 송나라에 싹이 자라지 않는 것을 근심해 그 싹을 뽑고는 피곤한 몸으로 집으로 돌아간 자가 있었다. 그 집사람에게 말하길 '오늘 피곤하다. 내가 싹이 자라는 것을 도와주었다'고 했다. 그 아들이 달려가 살펴보니 싹들이 모두 말라 죽어 있었다. 천하에 싹이 자라는 것을 도와주지 않는 자가 드물다. 무익하다고 여겨 버려두는 자는 김을 매지 않는 자요, 자라는 것을 도와주는 자는 싹을 뽑는 자다. 무익할 뿐만 아니라 해롭게 하는 것이다."

필유사언이물정(必有事焉而勿正)은 正을 어떻게 해석하느냐에 따라 사람마다 의견이 엇갈린다. 우선 조기는 사(事)를 복(福)으로 읽고 정(正)을 단(但)으로 읽는데, 但은 초순에 의하면 그친다는 뜻의 지(止)다. 즉 "인의의 일을 행하면 반드시 복이 그중에 있다. 복을 이루는 것을 그쳐서는 안 되기 때문에 인의를 행하는 것이다"로 해석한다. 조기의 주장은 事를 왜 福으로 읽는지가 석연치 않다. 초순은 조기의 설에서 正을 止로 읽는 것만을 받아들여 "반드시 의를 쌓는 것을 일로 삼아 그쳐서는 안 된다"로 해석한다. 주희는 正을 예기(預期) 즉 미리 기약하는 것으로 읽는다. 주희에 의하면 "반드시 의를 쌓는 것을 일로 삼되 그 결과를 미리 기약해서는 안 된다"가 된다. 다산도 같은 입장이다. 여기서는 이 주장을 따랐다. 양백준은 正을 적(的) 즉 목적으로 읽는다. 그러면 "의를 쌓는 것을 일로 삼되 그것을 목적으로 해서는 안 된다"가 된다.

민(閔)은 근심하는 것, 알(揠)은 뽑는 것, 망망연(芒芒然)은 피곤한 모양이다. 기인(其人)은 가인(家人)으로 집사람, 병(病)은 피곤한 것, 고(槁)는 말라 죽는 것이다. 비도(非徒)~우(又)는 '~할 뿐만 아니라 ~하다'는 뜻의 구문이다.

의를 쌓는 것을 나날이 하다보면 저절로 호연지기가 생기며 이 호연지기가 온몸에 충만하면 지(志)를 움직일 수 있다. 그러면 마음에서 얻지 못한 것을 기에서 구할 수 있게 된다. 그러나 그렇다고 이 호연지기를 억지로 무리하게 구하려 하면 마치 싹을 조장하는 것과 같아 비단 무익할 뿐만 아니라 해까지 끼치게 된다.

何謂知言.

曰 詖辭知其所蔽, 淫辭知其所陷, 邪辭知其所離, 遁辭知其所窮.
生於其心 害於其政, 發於其政 害於其事. 聖人復起 必從吾言矣.

"말을 안다는 것은 무엇을 일컫는 말입니까?"

"한쪽으로 치우친 말에 대해서는 그 은폐한 바를 알며, 과도한 말에 대해서는 그 빠진 바를 알고, 올바르지 못한 말에 대해서는 그 벗어난 바를 알며, 도망가는 말에 대해서는 그 궁색한 바를 안다. 그 마음에서 생겨 정치에 해를 끼치며, 정치에서 발로되어 그 일을 해친다. 성인이 다시 일어나신다 하더라도 반드시 내 말을 따를 것이다."

피사(詖辭)는 한쪽으로 치우친 말, 음사(淫辭)는 과도한 말, 사사(邪辭)는 올바르지 못한 말, 둔사(遁辭)는 도망가는 말이다. 폐(蔽)는 은폐하는 것, 함(陷)은 빠지는 것, 이(離)는 벗어나는 것, 궁(窮)은 궁색한 것이다. 피사지기소폐 음사지기소함 사사지기소리 둔사지기소궁(詖辭知其所蔽 淫辭知其所陷 邪辭知其所離 遁辭知其所窮)은 상대가 한쪽으로 치우친 말을 하면 그가 무엇을 은폐하기 위해 그런 말을 하는가를 알고, 지나치게 과도한 말을 하면 그가 무엇에 빠져 그런 말을 하는지를 알며, 정도에서 벗어난 말을 하면 그가 어디에서 벗어나서 그런 말을 하는지를 알고, 도망가는 말을 하면 그가 무엇에 막혀 그런 말을 하는가를 아는 것이다. 한편 이토 진사이는 蔽, 陷, 離, 窮이 詖辭, 淫辭, 邪辭, 遁辭를 할 때 나타나는 폐단이라고 해석한다. 그러나 그의 주장은 맹자의 말이 고자의 不得於言 勿求於心을 반박하기 위해서 한 것임을 생각할 때 사리에 맞지 않는다고 생각된다.

생어기심 해어기정 발어기정 해어기사(生於其心 害於其政 發於其政 害於其事)의 주어는 詖辭, 淫辭, 邪辭, 遁辭다. 즉 한쪽으로 치우친 말, 과도한 말,

올바르지 못한 말, 도망가는 말이 모두 마음에서 나와 정치에 해를 끼치며, 정치에서 발로되어 그 일을 해친다는 말이다. 生於로부터 吾言矣까지는 「등문공하」9에서도 나온다. 거기서는 作於其心 害於其事 作於其事 害於其政 聖人復起 不易吾言矣로 되어 있다. 事와 政이 순서가 바뀌었는데, 이토 진사이는 政이 事보다 크기 때문에 「등문공하」9의 말이 맞다고 주장한다.

말은 마음에서 나오므로 그 말의 병폐를 살피면 그 마음의 병폐를 알 수 있다. 그러므로 고자가 말에서 얻지 못한 것을 마음에서 구하지 말라고 한 것은 명백히 잘못된 것이다.

宰我子貢善爲說辭, 冉牛閔子顔淵善言德行. 孔子兼之曰 我於辭命則不能也. 然則夫子旣聖矣乎.

"재아와 자공은 말을 잘했고, 염우와 민자, 안연은 덕행에 대해 잘 말했습니다. 공자께서는 양자를 겸하셨으면서도 '나는 말은 잘 못한다'고 하셨는데, 그러면 선생님께서는 이미 성인이란 말씀이십니까?"

재아(宰我)부터 성의호(聖矣乎)까지는 모두 공손추의 말이다. 재아는 공자의 제자로 성은 재(宰), 이름은 여(子)이며, 말에 뛰어났다고 한다(『논어』「선진」). 자공(子貢)도 공자의 제자로 성은 단목(端木), 이름은 사(賜)이며 공자보다 서른한 살 어리다. 말년의 공자를 시봉했으며 재아와 마찬가지로 말에 뛰어났다고 전해진다. 설사(說辭)는 말이다. 염우(冉牛)는 공자의 제자로 성은 염(冉), 이름은 경(耕)이다. 공자보다 스물아홉 살 어리다. 민자(閔子), 안연(顔淵)도 모두 공자의 제자다. 민자의 성은 민(閔), 이름은 손(損)이며 공자보다 열다섯 살 어리고, 안연의 성은 안(顔), 이름은 회(回), 공자보다 서른 살 어리다. 『논어』「선진」에 의하면 모두 덕행에 뛰어났다고 한다. 선언덕행(善言德行)은 덕행에 대해 잘 말하는 것이다. 염우, 민자, 안연이 모두 덕행에 대해 잘 말하는 것은 덕행에 뛰어났기 때문이다.

겸지(兼之)는 말과 덕행을 모두 갖춘 것이다. 아어사명즉불능야(我於辭命則不能也)는 공자의 말이다. 공자가 말과 덕행을 두루 갖추고도 자신은 말은 잘 못한다고 한 것이다.

夫子는 맹자를 가리킨다. 공손추가 보기에 공자는 말과 덕행을 두루 갖추고서도 자신은 말을 잘 못한다고 겸양을 보였는데, 맹자는 스스로 자신은 말을 알고, 호연지기를 잘 기른다고 했으니, 이는 말과 덕행을 두루 갖춘 것이다. 그러니 어찌 이미 성인이 아니겠는가 하고 물은 것이다. 이상은 주희의 해설이다.

다산의 해설은 이와 다르다. 다산에 의하면 說辭는 빈(賓)과 주(主)가 논설하는 말로 자공이 오나라 태재(太宰) 비(嚭)를 상대한 말과 같은 것이다. 사명(辭命)은 이웃나라에 조빙(朝聘)할 때 쓰는 말로, 대부의 전대(專對, 상대방의 나라에 도착해 상대가 묻는 말에 따라 독자적으로 대답하는 것)를 사(辭)라고 하고, 임금의 치사(致辭, 사신에게 명하는 말)를 명(命)이라고 한다. 즉 說辭와 辭命은 그냥 일반적인 말이 아니라 외교적으로 주고받는 말이다. 이에 비해 善言德行은 사적인 자리에서 덕행(道)에 대해 논하는 말로, 그 중점은 德行에 있는 것이 아니라 善言에 있다. 즉 둘 다 말에 대해 논했다는 것이다. 그렇게 되면 이렇게 해석된다. 재아와 자공은 외교적으로 말을 주고받는 것을 잘했고 염우와 민자, 안연은 사적으로 도를 논하는 말을 잘했는데, 공자는 이것들을 모두 겸비했으면서도 스스로 말하길 "나는 외교적인 말은 잘 못한다"고 했다. 兼之는 말과 덕행을 겸한 것이 아니라 외교적인 말과 사적으로 도를 논하는 말을 겸한 것이 된다. 그런데 맹자가 말을 잘 안다고 했으니, 어찌 맹자가 성인이 아니겠는가 하고 물었다는 것이다.

한편 조기는 宰我부터 不能也까지를 맹자의 말로, 然則 이하를 공손추의 말로 보면서, 특히 我於辭命則不能也를 공자의 말로 보지 않고 맹자가 자신에 대해 한 말로 보고 있는데, 동의하기 어렵다.

曰 惡 是何言也. 昔者子貢問於孔子曰 夫子聖矣乎. 孔子曰 聖則吾不能 我學不厭而敎不倦也. 子貢曰 學不厭智也 敎不倦仁也. 仁且智 夫子旣聖矣. 夫聖 孔子不居 是何言也.

"오, 이 무슨 말인가? 옛날에 자공이 공자에게 '선생님께서는 성인이십니까?'라고 물으니, 공자께서 말씀하시길 '성인은 내가 감당할 수 없다. 나는 배우기를 싫어하지 않고 남을 가르치기를 게을리하지 않는다'고 하셨다. 그랬더니 자공이 말하길 '배우기를 싫어하지 않으시는 것은 지(智)요, 가르치기를 게을리하지 않으시는 것은 인(仁)입니다. 어지시고 지혜로우시니 선생님께서는 이미 성인이십니다'라고 했다. 대저 성인은 공자께서도 아니라고 하셨는데 이 무슨 말이냐?"

오(惡)는 감탄사다. 염(厭)은 만족하다고 느끼어 싫증내는 것, 권(倦)은 게을리하는 것이다. 학불염지(學不厭智)부터 기성의(旣聖矣)까지는 자공의 말이다. 배우는 것을 싫증내지 않으니 지(智)가 갈수록 더욱 밝아지며, 가르치는 것을 게을리하지 않는 것은 남을 사랑하기 때문이다. 따라서 智와 仁이 된다. 부성(夫聖)부터 시하언야(是何言也)까지는 맹자의 말이다. 거(居)는 자처하는 것이다. 是何言也는 聖은 공자도 자처하지 않았는데 어찌 내가 성을 자처하겠느냐고 강하게 부정하는 말이다.

『논어』「술이」편에는 다음과 같은 말이 있다.

공자께서 말씀하시길 "성(聖)과 인(仁)이라면 내가 어찌 바라겠느냐? 다만 그것을 행하기를 싫어하지 않고, 남을 가르치기를 게을리하지 않는 것이라면 그렇다고 할 따름이다." 공서화(公西華)가 말하길 "바로 그것이 제자가 배울 수 없는 것입니다."

昔者竊聞之. 子夏子游子張皆有聖人之一體, 冉牛閔子顔淵則具體而微. 敢問所安.
曰 姑舍是.

"전에 제가 개인적으로 이런 말을 들었습니다. 자하와 자유와 자장은 모두 성인의 지체의 하나를 가졌고, 염우와 민자와 안연은 지체는 모두 갖췄으나 미미했다. 감히 묻건대 선생님께서는 어디에 해당하십니까?"
"잠시 이 이야기는 접어두자."

조기는 석자(昔者)부터 이미(而微)까지는 맹자의 말로, 감문소안(敢問所安)은 공손추의 질문으로, 曰은 맹자의 말로 보고 있다. 그러나 조기의 주장은 동의하기 어렵다. 대부분의 학자들이 주장하듯이 昔者부터 敢問所安까지를 모두 공손추의 말로 보아야 한다. 절(竊)은 겸양의 표현이다. 자유(子游), 자장(子張) 모두 공자의 제자다. 자유의 성은 언(言), 이름은 언(偃)으로 공자보다 마흔다섯 살 어리며, 자장의 성은 전손(顓孫), 이름은 사(師)며 공자보다 마흔여덟 살 어리다. 일체(一體)는 몸의 한 지체(肢體)를 가리킨다. 구체이미(具體而微)는 지체는 모두 갖추었으나 그 규모가 미약하다는 뜻이다. 감문소안(敢問所安)의 安은 거(居), 처(處)로 자처하는 것이다. 맹자가 스스로를 공자와 비교하는 것에 대해 부담스러워하자, 공손추가 그러면 공자의 제자들 중 누구와 비견될 수 있냐고 물은 것이다.

고사시(姑舍是)의 고(姑)는 차(且)로 잠깐, 사(舍)는 사(捨)로 버린다는 뜻이다. 그것은 잠시 놓아두자는 말이다. 맹자가 자신을 공자의 제자들 중 어느 한 명과 비교하려는 공손추의 질문에 대해 그것도 부담스러워 잠시 말을 피한 것이다. 그러나 맹자 전체에 보이는 맹자의 강한 자부심으로 미루어 볼 때 아마 실상은 자신을 공자의 제자들과 비교하는 것이 싫어서 그랬을 것이다. 맹자 전체를 살펴볼 때 맹자는 오직 고래의 성왕들과 공자에 대해서만 자신을 양보하고 있다.

曰 伯夷伊尹何如.
曰 不同道. 非其君不事 非其民不使, 治則進 亂則退 伯夷也. 何事非君 何使非民, 治亦進 亂亦進 伊尹也. 可以仕則仕, 可以止則止, 可以久則久, 可以速則速 孔子也. 皆古聖人也 吾未能有行焉. 乃所願 則學孔子也.

"백이와 이윤은 어떻습니까?"

"도가 다르다. 그 임금이 아니면 섬기지 않고 그 백성이 아니면 부리지 않았다. 다스려지면 나아가고 어지러우면 물러났으니 이 사람이 백이다. 누구를 섬긴들 임금이 아니며 누구를 부린들 백성이 아니랴. 다스려져도 나아가고 어지러워도 나아갔다. 이 사람이 이윤이다. 벼슬을 해야 하면 벼슬하고 물러나야 하면 물러났다. 오래 있어야 하면 오래 있고 빨리 떠나야 하면 빨리 떠났다. 이 사람이 공자다. 모두 옛 성인들로 나는 그렇게 행할 수 없다. 다만 바라는 것이 있다면 공자를 배우는 것이다."

백이(伯夷)는 은나라 말 고죽국(苦竹國)의 왕자다. 아비가 죽으면서 그 자리를 동생인 숙제(叔齊)가 잇기를 바라자 동생인 숙제에게 양보했다. 그러나 동생인 숙제도 형에게 양보해, 형제가 서로 양보하다 마침내 주나라에 몸을 의탁했다. 그런데 마침 주무왕이 은을 정벌하려고 하자, 무왕의 말고삐를 잡고 이를 만류했다. 그러나 끝내 주나라가 은을 멸망시키자, 주나라의 곡식을 먹지 않겠다며 수양산(首陽山)에 들어가 굶어죽었다. 이윤(伊尹)은 유신국(有莘國)의 처사로 나중에 은나라 탕왕에게 등용되었다. 탕왕이 이윤을 하나라의 마지막 임금 걸(桀)에게 천거해 보내기를 다섯 번이나 했으나 걸은 이윤을 등용하지 않았다. 결국 탕왕의 재상이 되어 탕왕을 도와 하나라를 멸망시켰다. 조기에 의하면 기군(其君)은 자신이 좋아하는 임금, 기민(其民)은 정도로써 얻은 백성이다. 사(仕)는 벼슬길에 나아가는 것, 지(止)는 벼슬을 그만두는 것, 구(久)는 오래 머무는 것, 속(速)은 빨리 떠나는 것이다. 백이는 그 성품이 맑아 자신이 좋아하는 임금이 아니면 섬기지 않았고 자기 백성이 아니면 부리지 않았으며, 세상이 다스려지면 벼슬길에 나아갔고 어지러워지면 물러났다. 그러나 이윤은 세상을 구하려는 마음에 임금이 누구든 백성이 누구든, 세상이 다스려지든 어지럽든 상관하지 않고 자신의 도를 행했다. 공자는 모든 것을 시세에 맞게 처신해, 벼슬길에 나아갈 때면 나아갔고 물러나야 할 때면 물러났으며, 오래 있을 만하면 오래 있었고 빨리 떠나야 하면 빨리 떠났다. 「만장하」1에 자세히 보인다.

伯夷伊尹於孔子 若是班乎.

曰 否. 自有生民以來 未有孔子也.

曰 然則有同與.

曰 有. 得百里之地而君之 皆能以朝諸侯有天下. 行一不義 殺一不辜而得天下 皆不爲也. 是則同.

"백이와 이윤이 그처럼 공자와 같습니까?"

"아니다. 사람이 생겨난 이래 공자와 같은 분은 있지 않았다."

"그러면 같은 것이 있습니까?"

"있다. 백리의 땅을 얻어 임금이 된다면, 모두 능히 제후들의 조회를 받고 천하의 주인이 될 것이다. 한 가지 불의한 일을 행하거나 한 사람이라도 무고한 사람을 죽여 천하를 얻는다면, 모두 하지 않을 것이다. 이것은 모두 같다."

반(班)은 같은 모양이다. 생민이래(生民以來)의 民은 여기서는 백성이라는 뜻이 아니라 사람이라는 뜻이다. 군지(君之)의 君은 여기서는 임금이 된다는 뜻의 동사다. 천하를 얻을 수 있다고 하더라도, 한 가지라도 불의를 행하지 않고 한 사람이라도 무고한 사람을 죽이지 않는 것은 인과 의가 지극한 것이다. 백이와 이윤은 비록 고대의 성인이나 시세의 흐름에 맞게 처신할 줄 몰랐다는 점에서는 공자만 못했다. 그렇지만 인과 의가 지극했다는 점에서는 공자와 같다.

曰 敢問其所以異.

曰 宰我子貢有若智足以知聖人. 汙 不至阿其所好. 宰我曰 以予觀於夫子 賢於堯舜遠矣. 子貢曰 見其禮而知其政, 聞其樂而知其德. 由百世之後 等百世之王 莫之能違也. 自生民以來 未有夫子也. 有若曰 豈惟民哉. 麒麟之於走獸, 鳳凰之於飛鳥, 太山之於丘垤, 河海之於行潦 類也. 聖人之於民 亦類也. 出於其類 拔乎其萃 自生民以來 未有盛於孔子也.

"감히 묻건대 그 다른 것은 무엇입니까?"

"재아와 자공과 유약은 그 지혜가 성인을 충분히 알 수 있는 사람들이다. 설사 지혜가 좀 모자라더라도 자기들이 좋아한다고 해서 아부하는 데까지 이르지는 않을 사람들이다. 재아가 말하길 '내가 선생님을 살펴보건대 요순보다도 훨씬 현명하시다'고 했다. 자공은 이렇게 말했다. '그 예를 보면 그 정치를 알며 그 음악을 들으면 그 덕을 안다. 백 대 후에 백 대의 왕을 비교해도 아무도 이것을 어길 수 없다. 사람이 생겨난 이래 선생님 같은 분은 있지 않다.' 유약도 이렇게 말했다. '어찌 사람뿐이겠는가? 기린과 뛰어다니는 짐승, 봉황과 날아다니는 새, 태산과 언덕, 하해와 도랑은 같은 종류다. 성인과 사람도 같은 종류다. 그 같은 종류에서 뛰어나고 그 무리에서 빼어나니, 사람이 생겨난 이래 공자보다 훌륭한 사람은 없다.'"

유약(有若)은 공자의 제자로 성은 有, 이름은 若이며 공자보다 서른세 살 어리다. 와(汙)는 조기에 의하면 하(下)다. 와 부지아기소호(汙 不至阿其所好)는 설사 지혜가 낮더라도 자기가 좋아하는 바에 대해 아부하는 데까지 이르지는 않는다는 말이다. 여(予)는 재아의 이름이고, 요(堯)와 순(舜)은 중국 고대의 전설상의 성군이다. 공자가 요순보다도 훨씬 현명하다는 재아의 말에 대해 정이(程頤)는 다음과 같이 설명하고 있다. "성(聖)에 대해 말하면 서로 다른 것이 없으나, 일의 공(事功)을 말하면 다르다. 공자가 요순보다 현명하다고 한 것은 일의 공을 말한 것이다. 요순은 천하를 다스렸고, 공자는 그 도를 미루어 만세에 가르침을 내렸다. 요순의 도가 공자를 얻지 못했다면 후세에 어디에 의지했겠는가?"

기례(其禮), 기악(其樂)의 其에 대해 조기는 공자를 가리킨다고 하고 있으나 동의하기 어렵다. 각 대의 왕을 가리키는 것으로 보아야 할 것이다. 등(等)은 차등(差等)하는 것, 즉 비교하는 것이다. 그 나라의 예를 보면 그 나라의 정사를 알 수 있고 그 나라의 음악을 들으면 그 임금의 덕을 알 수 있다. 이것은 백 대 후에 그 각각의 왕을 비교해본다 하더라도 누구도 벗어날 수 없는 것이다. 그렇게 볼 때 사람이 생겨난 이래 공자만한 사람은 없다는 것이 자공의 생각이다.

기린(麒麟)은 중국인들 상상 속의 동물로 네 발 달린 짐승들의 왕이며, 봉황(鳳凰) 또한 중국인들 상상 속의 동물로 날개 달린 새들의 왕이다. 태산(太山)은 태산(泰山)으로 오악(五嶽)의 으뜸이다. 구질(丘垤)은 언덕과 개미둑이다. 행료(行潦)는 길가의 웅덩이다. 유(類)는 같은 종류란 말이다. 출(出)은 뛰어난 것, 발(拔)은 우뚝 서는 것, 췌(萃)는 모인 무리다. 공자가 사람이라는 같은 종류 중에서도 뛰어나고, 짐승과 새, 산이나 언덕, 웅덩이나 강과 바다와 같은 것들이 모두 모인 무리 중에서도 우뚝 섰으니, 인간이 생긴 이래 공자와 같이 훌륭한 사람은 없다는 것이다.

조기는 "무릇 성인의 도는 마치 부절을 맞춘 듯이 같아, 전성(前聖)이나 후성(後聖)이나 그 도는 하나로, 서로 벗어날 수 없다. 그런데도 재아와 자공, 유약이 사람이 태어난 이래 없다고 하며 공자를 칭송한 것은 모두 공자의 제자이기 때문이다"라고 하고 있다. 즉 자기 스승이라고 지나치게 올려 세운 것이라는 말이다. 조기의 시대에는 아직 유교의 가르침이 국가의 공인 이데올로기로 확고하게 자리를 잡지 않았기 때문에 이런 주장도 가능했으리라. 그러나 후대에 가면서 공자는 그야말로 사람이 생긴 이래 아무도 없었고 앞으로도 다시없을 성인으로 추앙받았고 이에 대한 어떠한 의문도 허용되지 않았다. 아무튼 맹자는 자신을 공자의 제자들과 비교하려는 공손추의 질문에 끝내 직접 답을 하지 않았다. 그러나 맹자가 마음속에 그리고 있는 것은 오직 공자뿐이었다. 그러기에 맹자는 공자에 대한 찬양의 말로 공손추의 질문에 대한 답을 대신한 것이다.

3

 맹자가 말했다. "힘으로 인(仁)을 가장하는 것은 패도(覇道)로, 패도는 반드시 큰 나라가 필요하다. 덕으로 인을 행하는 것은 왕도(王道)로, 왕도는 큰 나라가 필요 없다. 탕왕은 사방 칠십 리의 땅을 갖고 왕이 되었고, 문왕은 백 리의 땅을 갖고 왕이 되었다. 힘으로 남을 복종시키는 것은 마음으로부터 복종하게 하는 것이 아니라 힘이 부족하기 때문에 복종하게 하는 것이다. 덕으로 남을 복종시키는 것은 마음속에서부터 기뻐 진실로 복종하는 것이니, 칠십 제자들이 공자에게 복종함과 같은 것이다. 시에 말하길 '동서남북으로부터 복종하지 않는 자가 없다'고 했으니 이를 말하는 것이다."

孟子曰 以力假仁者覇 覇必有大國, 以德行仁者王 王不待大. 湯以七十里 文王以百里. 以力服人者 非心服也 力不贍也, 以德服人者 中心悅而誠服也 如七十子之服孔子也. 詩云 自西自東 自南自北 無思不服. 此之謂也.

 가인(假仁)은 본래는 없는데 인의의 도를 빌려 행사하는 것이다. 패(覇)는 패도(覇道)로 제환공이나 진문공 같은 사람을 일컫는다. 왕(王)은 왕도(王道)로 은나라 탕왕이나 주나라 문왕 같은 사람을 일컫는다. 대(待)는 기다리는 것, 갖추는 것으로, 여기서는 필요로 하는 것이다. 탕이칠십리 문왕이백리(湯以

七十里 文王以百里) 뒤에는 각각 이왕(而王)이 생략되어 있다. 섬(贍)은 족(足)이다. 칠십자(七十子)는 공자의 제자들을 가리킨다. 『사기』「공자세가」에 "공자는 시서예악(詩書禮樂)으로 제자들을 가르쳤는데 대략 삼천 명이었다. 그중 몸에 육예(六藝)를 통달한 사람이 일흔두 명이었다"고 되어 있는 데서 유래했다. 시는 『시경』「대아」 문왕유성(文王有聲)편이다. 무사불복(無思不服)의 사는 아무 의미가 없는 발어사다.

남송의 유학자 추호(鄒浩)는 이렇게 말했다. "힘으로 남을 복종시키는 자는 남을 복종시키는 데 뜻을 두어, 아무도 감히 복종하지 않을 수 없다. 덕으로 남을 복종시키는 자는 남을 복종시키는 데 뜻을 두지 않으나, 아무도 복종하지 않을 수가 없다. 예로부터 왕도와 패도에 대해 논한 자가 많으나, 이 장과 같이 깊고 절절하면서 분명히 드러난 것은 없다."(『맹자집주』에서 인용)

4

맹자가 말했다. "어진 정치를 시행하면 번영하고 그렇지 않으면 굴욕을 당한다. 지금 굴욕을 당하는 것을 싫어하면서 인(仁)에 머물지 않는 것은 젖는 것을 싫어하면서 낮은 곳에 머무는 것과 같다. 만일 이를 싫어한다면 덕 있는 선비를 귀하게 대접하고 존중하는 것보다 나은 것이 없으니, 현명한 자와 능력 있는 자를 자리에 앉힌다. 그래서 나라가 태평해지면 그때에 정치와 형벌을 밝힌다. 그러면 큰 나라라 하더라도 반드시 두려워할 것이다.

시에 말하길 '하늘에 구름이 없고 비가 내리지 않을 때, 저 뽕나무 뿌리 껍질을 거둬다가 문짝과 창문을 얽어매자! 저 밑의 인간들 중 누가 감히 나를 모욕할 수 있으랴?'라고 했는데, 공자께서 이렇게 말씀하셨다. '이 시를 지은 사람은 아마 도를 알 것이다. 능히 그 나라와 집안을 다스릴 수 있는데 누가 감히 그를 모욕하겠는가?'

이제 나라와 집안이 태평해졌다고 일은 게을리하고 노는 것만 크게 좋아한다면, 이는 스스로 화(禍)를 구하는 것이다. 시에 말하길 '영원히 천명에 부합되기를 생각하는 것이 스스로 많은 복을 구하는 것이다'라고 했으며, 태갑(太甲)에서는 '하늘이 내리는 재앙은 오히려 피할 수 있지만, 스스로 만든 재앙은 살아날 수 없다'고 했으니, 이를 일컬은 것이다."

孟子曰 仁則榮 不仁則辱. 今惡辱而居不仁 是猶惡溼而居下也. 如惡之 莫如貴德而尊士, 賢者在位 能者在職. 國家閒暇 及是時明其政刑. 雖大國 必畏之矣.

맹자가 말했다. "어진 정치를 시행하면 번영하고 그렇지 않으면 굴욕을 당한다. 지금 굴욕을 당하는 것을 싫어하면서 인에 머물지 않는 것은 젖는 것을 싫어하면서 낮은 곳에 머무는 것과 같다. 만일 이를 싫어한다면 덕 있는 선비를 귀하게 대접하고 존중하는 것보다 나은 것이 없으니, 현명한 자와 능력 있는 자를 자리에 앉힌다. 그래서 나라가 태평해지면 그때에 정치와 형벌을 밝힌다. 그러면 큰 나라라 하더라도 반드시 두려워할 것이다."

인(仁)과 불인(不仁)은 행인정(行仁政), 행불인정(行不仁政)이다. 현자재위 능자재직(賢者在位 能者在職)은 현명하고 능력 있는 자를 관직에 앉히는 것이다. 국가한가(國家閒暇)는 나라에 우환이 없어 태평한 것을 말한다. 나라에 우환이 없어 한가해야만 비로소 정사와 형벌을 밝힐 수 있게 된다.

詩云 迨天之未陰雨 徹彼桑土 綢繆牖戶. 今此下民 或敢侮予. 孔子曰 爲此詩者 其知道乎. 能治其國家 誰敢侮之.

"시에 말하길 '하늘에 구름이 없고 비가 내리지 않을 때, 저 뽕나무 뿌리껍질을 거둬다가 문짝과 창문을 얽어매자! 저 밑의 인간들 중 누가 감히 나를 모욕할 수 있으랴?'라고 했는데, 공자께서 이렇게 말씀하셨다. '이 시를 지은 사람은 아마 도를 알 것이다. 능히 그 나라와 집안을 다스릴 수 있는데 누가 감히 그를 모욕하겠는가?'"

시는 『시경』 「빈풍(豳風)」 치효(鴟鴞)편이다. 태(迨)는 급(及)으로 '~할 때에

(이르러)'의 뜻이다. 철(徹)은 취(取)로 거두는 것이고, 상두(桑土)는 제나라 동쪽 지방 방언으로 뽕나무 뿌리껍질이다. 土는 여기서는 뿌리 두로 읽는다. 주무유호(綢繆牖戶)의 綢繆는 얽는 것, 牖戶는 창문과 문이다. 하민(下民)은 둥지 아래 인간들을 말한다. 이 시는 치효(참새와 비슷한 작은 새)라는 새가 나중에 둥지 아래 인간들로부터 해를 입지 않으려고 비가 오지 않을 때 미리 둥지를 잘 손봐놓는 것을 노래한 시다. 공자는 정치도 이와 같이 미리 환난에 대비해야 한다는 뜻에서 이 시를 지은 사람이 도를 알고 있다고 칭찬했다. 국가(國家)는 제후의 나라(國)와 대부의 집안(家)이다.

今國家閒暇 及是時般樂怠敖 是自求禍也. 禍福無不自己求之者. 詩云 永言配命 自求多福. 太甲曰 天作孽 猶可違, 自作孽 不可活. 此之謂也.

"이제 나라와 집안이 태평해졌다고 일은 게을리하고 노는 것만 크게 좋아한다면, 이는 스스로 화를 구하는 것이다. 시에 말하길 '영원히 천명에 부합되기를 생각하는 것이 스스로 많은 복을 구하는 것이다'라고 했으며, 태갑에서는 '하늘이 내리는 재앙은 오히려 피할 수 있지만, 스스로 만든 재앙은 살아날 수 없다'고 했으니, 이를 일컬은 것이다."

반락태오(般樂怠敖)의 般은 조기에 의하면 대(大)로 '크게'라는 뜻이나, 양백준에 의하면 낙(樂)과 같이 즐긴다는 뜻이다. 怠는 나태한 것, 敖는 노는 것이다. 시는 『시경』 「대아」 문왕편이다. 영언배명(永言配命)의 永은 '영원히', 言은 념(念)으로 생각하는 것, 配는 부합하는 것, 命은 천명이다. 시의 내용은 영원히 천명과 부합할 것을 생각하는 것이 스스로 많은 복을 구하는 것이라는 뜻이다. 태갑(太甲)은 『상서』의 편명이나 지금 전해지는 것은 동진 때의 위작인 『위고문상서(僞古文尙書)』다. 얼(孽)은 화(禍), 위(違)는 피하는 것, 활(活)은 사는 것이다. 모든 화복은 스스로 불러들인 것이다. 하늘이 내린 재앙은 덕을 쌓는 것으로 피해갈 수 있지만, 자신의 부덕으로 불러들인 화로부터는 누구도 도망갈 수 없다.

5

 맹자가 말했다. "현명한 사람을 존중하고 능력 있는 사람을 부려 훌륭한 인재가 벼슬자리에 있다면, 천하의 모든 선비들이 기꺼이 그 조정에 서려고 할 것이다. 시장에서 장소를 내어주되 상품에 세금을 부과하지 않으며 오래된 상품을 법에 따라 수매하고 오래 쌓아두지 않게 한다면, 천하의 모든 상인들이 기꺼이 그 시장에 물건을 보관하려 할 것이다. 관문에서 살피기만 하고 통행세를 걷지 않으면 천하의 모든 여행객들이 기꺼이 그 길로 나아가려고 할 것이다. 농사짓는 사람들에게 십 분의 일 세만 받고 다른 세금을 부과하지 않는다면 천하의 농민들이 모두 기꺼이 그 들판에서 농사지으려 할 것이다. 가구마다 가구세와 인두세를 걷지 않는다면 천하의 모든 백성들이 기꺼이 그 나라의 백성이 되려 할 것이다. 진실로 이 다섯 가지를 행할 수 있다면 이웃 나라 백성들이 그를 부모처럼 바라볼 것이다. 그 자제를 이끌고서 그 부모를 공격하는 일은 사람이 생겨난 이래 그 누구도 이루지 못했다. 이와 같이 된다면 천하에 적이 없을 것이며 천하에 적이 없는 자는 하늘이 내린 벼슬아치다. 그러고서 천하의 왕이 되지 못한 자는 없다."

孟子曰 尊賢使能 俊傑在位 則天下之士皆悅而願立於其朝矣.
맹자가 말했다. "현명한 사람을 존중하고 능력 있는 사람을 부려 훌륭한 인재가 벼슬자리에 있다면, 천하의 모든 선비들이 기꺼이 그 조정에 서려고 할 것이다."

준걸(俊傑)은 주희에 의하면 재주와 덕망이 일반 사람들과 특이한 사람을 가리킨다.

市廛而不征 法而不廛 則天下之商皆悅而願藏於其市矣.
"시장에서 장소를 내어주되 상품에 세금을 부과하지 않으며 오래된 상품을 법에 따라 수매하고 오래 쌓아두지 않게 한다면, 천하의 모든 상인들이 기꺼이 그 시장에 물건을 보관하려 할 것이다."

시(市)는 시장이다. 전이부정 법이부전(廛而不征 法而不廛)에 대해서는 사람마다 해석이 다르다. 우선 조기의 해석은 다음과 같다. 廛은 시장에 있는 집이다(市宅). 廛而不征은 시장에 있는 집에 대해 세금을 걷지 않는 것이다. 法而不廛은 마땅히 십분의 일 법으로 그 땅에 대해 세금을 걷을 뿐, 그 집(廛)에 대해서는 세금을 걷지 않는 것이다. 주희는 다음과 같은 장횡거(張橫渠)의 말로 해설을 대신하고 있다. "어떤 때는 시장의 자리에는 세금을 걷으나 그 화물에는 세금을 걷지 않는다. 또 어떤 때는 시관(市官)의 법으로 다스리기만 하고 그 자릿세를 걷지 않는다. 대개 말(末, 상공업)을 따르는 자가 많으면 자릿세를 걷어 이를 억누르나 적으면 굳이 자릿세를 걷지 않는다." 양백준은 廛이 시장에서 화물을 저장하는 장소라고 한다. 그에 의하면 廛而不征은 시장에 화물을 저장할 장소는 내어주지만 세금을 부과하지 않는 것이고, 法而不廛은 화물이 오래도록 팔리지 않을 경우 관청에서 법에 의거해 수매하는 것이다. 여기서는 양백준을 따랐다.

關譏而不征 則天下之旅皆悅而願出於其路矣. 耕者助而不稅 則天

下之農皆悅而願耕於其野矣.

"관문에서 살피기만 하고 통행세를 걷지 않으면 천하의 모든 여행객들이 기꺼이 그 길로 나아가려고 할 것이다. 농사짓는 사람들에게 십 분의 일 세만 받고 다른 세금을 부과하지 않는다면 천하의 농민들이 모두 기꺼이 그 들판에서 농사지으려 할 것이다."

관(關)은 관문, 기(譏)는 살피는 것이다. 관기이부정(關譏而不征)은 관문에서 사람이나 짐을 조사해 법으로 금한 바가 있는지 없는지만 살피고 통행세나 화물세를 받지 않는 것이다. 조(助)는 조법(助法)으로, 중국 고대 정전제(井田制) 하에서 여덟 가구의 농가가 공동으로 공전(公田)을 경작해 그 수확물을 나라에 세금으로 내는 것이다. 불세(不稅)는 조법에 의한 세금 말고는 다른 세금을 걷지 않는 것이다. 조법에 관해서는 「등문공상」에 자세히 보인다.

廛無夫里之布 則天下之民皆悅而願爲之氓矣.

"가구마다 가구세와 인두세를 걷지 않는다면 천하의 모든 백성들이 기꺼이 그 나라의 백성이 되려 할 것이다."

여기서의 廛은 시장과는 무관한 일반 백성들의 집이다. 부리지포(夫里之布)는 夫布와 里布를 말한다. 夫布는 일종의 인두세로 요역에 나가지 못하는 사람이 내는 세금이며, 里布는 택지에 딸린 밭에 뽕이나 삼베를 심지 않은 사람이 내는 토지세다. 맹(氓)은 다른 나라에서 이주해온 백성을 일컫는 말이다.

信能行此五者 則鄰國之民仰之若父母矣. 率其子弟 攻其父母 自生民以來 未有能濟者也. 如此 則無敵於天下. 無敵於天下者 天吏也. 然而不王者 未之有也.

"진실로 이 다섯 가지를 행할 수 있다면 이웃 나라 백성들이 그를 부모처럼 바라볼 것이다. 그 자제를 이끌고서 그 부모를 공격하는 일은 사람이 생겨난 이래 그 누구도 이루지 못했다. 이와 같이 된다면 천하에 적이 없을 것이며 천하에 적이 없는 자는 하늘이 내린 벼슬아치다. 그러고서 천하의 왕이 되지 못한 자는 없다."

솔기자제 공기부모(率其子弟 攻其父母)는 이웃나라 백성들이 이런 임금을 바라보기를 자신의 부모처럼 바라보기 때문에, 이웃나라 임금이 자기 백성들을 이끌고 이런 임금을 공격하는 것을 비유하기를 그 자제들을 이끌고 그 부모를 공격한다고 표현한 것이다. 제(濟)는 성(成)으로, 이루는 것이다. 천리(天吏)는 백성을 다스리라고 하늘이 내린 관원이라는 말이다.

6

맹자가 말했다. "사람마다 모두 차마 남에게 하지 못하는 마음을 갖고 있다. 선왕들께서는 차마 남에게 하지 못하는 마음을 갖고 있어 차마 남에게 하지 못하는 정치를 베푸셨다. 차마 남에게 하지 못하는 마음으로 차마 남에게 하지 못하는 정치를 베풀면, 천하를 다스리는 일이 손바닥 위에서 움직이는 것같이 쉬울 것이다.

사람마다 모두 차마 남에게 하지 못하는 마음을 갖고 있다고 말하는 까닭은, 지금 만일 어떤 사람이 갑자기 어린아이가 우물에 빠지려고 하는 것을 보았다면 모두 두렵고 측은한 마음이 들 것이기 때문이다. 그것은 어린아이의 부모와 교분을 맺기 위해서도 아니요, 마을 사람들에게 칭찬을 받기 위해서도 아니며, (어린아이를 구해주지 않았다는) 나쁜 소리가 들리는 것을 싫어하기 때문도 아니다.

이로부터 살펴보건대 측은한 마음이 없다면 사람이 아니며, 부끄러워하고 미워하는 마음이 없다면 사람이 아니며, 사양하는 마음이 없다면 사람이 아니며, 옳고 그름을 따지는 마음이 없다면 사람이 아니다. 측은한 마음은 인(仁)의 발단이며, 부끄러워하고 미워하는 마음은 의(義)의 발단이며, 사양하는 마음은 예(禮)의 발단이며, 시비를 가리는 마음은 지(智)의 발단이다.

사람이 이 네 가지 발단을 갖고 있는 것은 마치 사지(四肢)를 갖고 있는 것과 같다. 이 네 가지 발단을 갖고 있으면서도 스스로 일컫기를 할 수 없다고 하는 자는 스스로를 해치는 자이며, 그 임금에 대해 일컫기를 할 수 없다고 하는 자는 그 임금을 해치는 자이다. 무릇 네 가지 발단이 나에게 있는 것을 모두 넓혀 채울 줄 안다면, 마치 불이 막 타기 시작하고 물이 막 흐르기 시작하는 것과 같다. 진실로 능히 채울 수 있다면 족히 사해를 보존할 수 있지만, 채울 수 없다면 부모도 족히 섬기지 못할 것이다."

孟子曰 人皆有不忍人之心. 先王有不忍人之心 斯有不忍人之政矣. 以不忍人之心 行不忍人之政 治天下可運之掌上.

맹자가 말했다. "사람마다 모두 차마 남에게 하지 못하는 마음을 갖고 있다. 선왕들께서는 차마 남에게 하지 못하는 마음을 갖고 있어 차마 남에게 하지 못하는 정치를 베푸셨다. 차마 남에게 하지 못하는 마음으로 차마 남에게 하지 못하는 정치를 베풀면, 천하를 다스리는 일이 손바닥 위에서 움직이는 것 같이 쉬울 것이다."

불인인지심(不忍人之心)은 남에게 차마 해코지하지 못하는 마음이다. 불인인지정(不忍人之政)은 다른 말로 하면 어진 정치(仁政)다.

所以謂人皆有不忍人之心者 今人乍見孺子將入於井 皆有怵惕惻隱之心. 非所以內交於孺子之父母也 非所以要譽於鄕黨朋友也 非惡其聲而然也.

"사람마다 모두 차마 남에게 하지 못하는 마음을 갖고 있다고 말하는 까닭은, 지금 만일 어떤 사람이 갑자기 어린아이가 우물에 빠지려고 하는 것을 보았다면 모두 두렵고 측은한 마음이 들 것이기 때문이다. 그것은 어린아이의 부모와 교분을 맺기 위해서도 아니요, 마을 사람들에게 칭찬을 받기 위해서도 아니며, (어린아이를 구해주지 않았다는) 나쁜 소리가 들리는 것을 싫어하기 때문도 아니다."

사(乍)는 문득, 갑자기다. 유자(孺子)는 어린아이다. 출척(怵惕)은 깜짝 놀라는 것, 측은(惻隱)은 측은해하는 것이다. 납교(內交)는 교분을 맺는 것, 요예(要譽)는 사람을 구했다는 좋은 소리를 들으려고 하는 것, 오기성(惡其聲)은 사람을 구하지 않았다는 나쁜 소리를 듣는 것을 싫어하는 것이다.

由是觀之 無惻隱之心 非人也, 無羞惡之心 非人也, 無辭讓之心 非人也, 無是非之心 非人也.

"이로부터 살펴보건대 측은한 마음이 없다면 사람이 아니며, 부끄러워하고 미워하는 마음이 없다면 사람이 아니며, 사양하는 마음이 없다면 사람이 아니며, 옳고 그름을 따지는 마음이 없다면 사람이 아니다."

측(惻)은 간절히 슬퍼하는 것(傷之切)이고, 은(隱)은 깊이 아파하는 것(痛之深)이다. 수(羞)는 자신이 선하지 못한 것을 부끄러워하는 것(恥己之不善)이요, 오(惡)는 남이 선하지 못한 것을 미워하는 것(憎人之不善)이다. 사(辭)는 풀어서 자기로부터 떠나게 하는 것(解使去己)이고, 양(讓)은 밀어서 남에게 주는 것(推以與人)이다. 시(是)는 그 선함을 알아 옳다고 여기는 것(知其善而以爲是)이요, 비(非)는 그 악함을 알아 그르다고 여기는 것(知其惡而以爲非)이다. 사람이 마음을 삼는 것은 이 네 가지에서 벗어나지 않는다. 따라서 측은지심을 논하는 것에서 시작해 모두 열거함으로써, 사람이 만일 이것들이 없다면 사람이라고 할 수 없다고 말한 것이니, 반드시 갖고 있음을 밝힌 것이다. 이상은 주희에 의거했다.

惻隱之心 仁之端也, 羞惡之心 義之端也, 辭讓之心 禮之端也, 是
非之心 智之端也.

"측은한 마음은 인(仁)의 발단이며, 부끄러워하고 미워하는 마음은 의(義)의 발단이며, 사양하는 마음은 예(禮)의 발단이며, 시비를 가리는 마음은 지(智)의 발단이다."

계속해서 주희의 해설을 인용한다. "측은, 수오, 사양, 시비는 정(情)이다. 인, 의, 예, 지는 성(性)이다. 심(心)은 성과 정을 통합한 것이다. 단(端)은 실마리(緖)다. 그 정이 발(發)함으로 인해 성의 본연을 볼 수 있으니, 물건이 가운데 있으면 실마리가 밖에 보이는 것과 같다." 주희의 말은 성리학의 전형을 보여준다. 즉 인의예지는 사람이 태어날 때 하늘로부터 부여받은 성(性)으로 누구나 다 갖고 있는 것이다. 그러나 측은, 수오, 사양, 시비는 인간의 감정으로, 인간 내면에 인의예지가 있음을 보여주는 단서에 불과할 뿐이라는 것이다.

이러한 주희의 주장에 대해 다산은 『맹자요의』에서 상세히 반박하고 있다. 우선 다산은 측은, 수오, 사양, 시비의 네 가지가 없는 사람은 사람이라고 할 수 없다는 주희의 말에서부터 비판을 시작한다. 다산은 "이 네 가지가 없는 사람은 금수와 같아 사람의 마음이 아니다"라고 해설한 조기의 말은 절대로 삭제해서는 안 된다고 하고 있다. 즉 송원(宋元)대 이후 조기의 금수설이 빠졌는데, 이는 송원대의 유학자들이 사단을 본연의 성이라고 여겨, 본연의 성은 사람과 만물이 모두 함께 받은 바라고 생각했기 때문에, 금수는 이 마음이 없다고 하지 않은 데서 기인했다는 것이다. 즉 금수도 인의예지라는 본연의 성을 하늘로부터 받아 태어났기 때문에 이 마음이 없는 자를 금수라고 할 수는 없다는 성리학의 주장 때문에 조기의 금수설이 슬

며시 빠졌다는 이야기다.

또 다산은 端에 대해서도 조기의 손을 들고 있다. 조기는 "단은 첫머리(首)다. 사람은 모두 인의예지의 첫머리를 가지고 있기 때문에 꺼내 쓸 수 있다"고 해설했다. 다산은 端을 처음(始)이라고 풀이한다. 조기와 입장을 같이한 것이다. 즉 측은지심, 수오지심, 사양지심, 시비지심은 인의예지의 시작이다. 인의예지는 측은지심, 수오지심, 사양지심, 시비지심을 길러 나아가는 데서 얻어지고 확충되는 것이다. 인의예지가 태어날 때부터 하늘에게서 부여받은 본연의 성이라면 눈을 감고 단정히 앉아 그 마음을 바라봄으로써 그 마음을 불러오기만 하면 될 뿐이지, 무엇 때문에 그 덕을 이루려고 힘쓰겠냐는 것이 다산의 생각이다. 다산은 여기에 관한 한 조기의 주석 열일곱 자는 글자마다 금석(金石)이고, 한 점 한 점이 주옥과 같아 참으로 털끝만큼도 유감이 없는데, 머리를 고쳐 꼬리라고 하고 꺼내 쓴다(引用)를 고쳐 발해 밖에 보인다(發見)고 한 것은 본말이 바뀐 것이라고 하며 조기의 주장에 전적인 지지를 보내고 있다.

人之有是四端也 猶其有四體也. 有是四端而自謂不能者 自賊者也, 謂其君不能者 賊其君者也.

"사람이 이 네 가지 발단을 갖고 있는 것은 마치 사지를 갖고 있는 것과 같다. 이 네 가지 발단을 갖고 있으면서도 스스로 일컫기를 할 수 없다고 하는 자는 스스로를 해치는 자이며, 그 임금에 대해 일컫기를 할 수 없다고 하는 자는 그 임금을 해치는 자이다."

사체(四體)는 사지(四肢)다. 적(賊)은 해치는 것이다.

凡有四端於我者 知皆擴而充之矣 若火之始然 泉之始達. 苟能充之 足以保四海, 苟不充之 不足以事父母.

"무릇 네 가지 발단이 나에게 있는 것을 모두 넓혀 채울 줄 안다면, 마치 불이 막 타기 시작하고 물이 막 흐르기 시작하는 것과 같다. 진실로 능히 채울 수 있다면 족히 사해를 보존할 수 있지만, 채울 수 없다면 부모도 족히 섬기지 못할 것이다."

확충(擴充)은 이토 진사이에 의하면 공부하는 것이다. 그에 의하면 성이 선한 것이 중요한 것이 아니라 그것을 확충하는 것이 더욱 중요하다. 그런데도 후세 학자들이 성이 선한 것만을 귀하게 여기고, 그것을 확충하는 공이 더욱 큰 것임을 알지 못한 것은 맹자의 본지를 잘 알지 못했기 때문이라 한다. 연(然)은 연(燃)으로 타는 것, 달(達)은 솟아 흐르는 것이다.

7

맹자가 말했다. "화살을 만드는 사람이 어찌 갑옷을 만드는 사람보다 어질지 못하겠느냐? 다만 화살을 만드는 사람은 (자기가 만든 화살이) 사람을 상하지 못하게 할까봐 두려워하고, 갑옷을 만드는 사람은 (자기가 만든 갑옷이) 사람을 (보호하지 못하고) 상하게 할까봐 두려워한다. (병을 고치는) 무당이나 (관을 만드는) 목수도 그러하니, 먹고사는 직업은 신중하지 않으면 안 된다. 공자께서 말씀하시길 '인(仁)에 머무는 것이 아름다우니, 인을 택해 거기에 머물지 않는다면 어찌 지혜롭다 할 수 있겠는가?'라고 하셨다. 무릇 인은 하늘이 내린 존귀한 작위요, 인간이 살 편안한 집이다. 아무도 막지 않는데 어질지 않다면 이는 지혜롭지 못한 것이다.

　어질지 못하고 지혜롭지 못하면, 예도 없고 의도 없게 되어 남으로부터 부림을 당한다. 남에게 부림을 당하면서 부림당하는 것을 부끄러워하는 것은 활을 만드는 사람이 활을 만드는 것을 부끄럽게 여기고, 화살을 만드는 사람이 화살을 만드는 것을 부끄럽게 여기는 것과 같다. 만일 부끄럽게 여긴다면 인을 행하는 것보다 나은 것은 없다. 인이라는 것은 활을 쏘는 것과 같으니, 활을 쏘는 것은 그 몸을 바로 한 후에 쏘는 것이다. 쏘아 맞지 않으면 나를 이긴 자를 원망하는 것이 아니라 자기 자신을 돌이켜 구할 뿐이다."

孟子曰 矢人豈不仁於函人哉. 矢人唯恐不傷人 函人唯恐傷人. 巫匠亦然 故術不可不愼也.

맹자가 말했다. "화살을 만드는 사람이 어찌 갑옷을 만드는 사람보다 어질지 못하겠느냐? 다만 화살을 만드는 사람은 (자기가 만든 화살이) 사람을 상하지 못하게 할까봐 두려워하고, 갑옷을 만드는 사람은 (자기가 만든 갑옷이) 사람을 (보호하지 못하고) 상하게 할까봐 두려워한다. (병을 고치는) 무당이나 (관을 만드는) 목수도 그러하니, 먹고사는 직업은 신중하지 않으면 안 된다."

시인(矢人)은 화살을 만드는 사람, 함인(函人)은 갑옷을 만드는 사람이다. 무(巫)는 무의(巫醫)로 고대의 무당은 환자를 치료하는 의사도 겸했다. 장(匠)은 목공으로 관을 만든다. 술(術)은 먹고사는 직업이다. 화살을 만드는 사람이나 갑옷을 만드는 사람이나, 병을 치료하는 무당이나 관을 짜는 목수나 다 같은 마음을 갖고 있다. 그러나 먹고사는 직업이 누구는 사람이 죽기를 바라고 누구는 살기를 바라게 만드는 것이다. 그래서 직업은 신중히 선택하지 않으면 안 되는 것이다.

孔子曰 里仁爲美. 擇不處仁 焉得智. 夫仁 天之尊爵也 人之安宅也. 莫之禦而不仁 是不智也.

"공자께서 말씀하시길 '인에 머무는 것이 아름다우니, 인을 택해 거기에 머물지 않는다면 어찌 지혜롭다 할 수 있겠는가?'라고 하셨다. 무릇 인은 하늘이 내린 존귀한 작위요, 인간이 살 편안한 집이다. 아무도 막지 않는데 어질지 않다면 이는 지혜롭지 못한 것이다."

이인위미(里仁爲美)부터 언득지(焉得智)까지는 공자의 말로, 『논어』 「이인」편에도 나오는데, 『논어』에는 智가 知로 되어 있다. 里는 거(居), 처(處)로 거하는 것, 처하는 것이다. 주희는 마을이라고 해석하나 동의하기 어렵다. 또 주희는 "인은 천지가 만물을 낳는 마음으로 가장 먼저 얻고 또 인의예지 넷 모두를 통솔하니, 이른바 '원(元)은 선의 으뜸'이란 것이다. 따라서 천작이라고 한 것이다"라고 했는데, 자신의 성리학적 입장에 맞춰 지나치게 무리하게 해석했다는 느낌을 지울 수 없다. 그냥 하늘이 내린 존귀한 작위라고 해석해도 무방할 것이다. 안택(安宅)은 사람이 편안하게 살 수 있는 집이다. 어(禦)는 못하게 막는 것이다.

不仁不智 無禮無義 人役也. 人役而恥爲役 由弓人而恥爲弓 矢人而恥爲矢也. 如恥之 莫如爲仁. 仁者如射 射者正己而後發. 發而不中 不怨勝己者 反求諸己而已矣.

"어질지 못하고 지혜롭지 못하면, 예도 없고 의도 없게 되어 남으로부터 부림을 당한다. 남에게 부림을 당하면서 부림당하는 것을 부끄러워하는 것은 활을 만드는 사람이 활을 만드는 것을 부끄럽게 여기고, 화살을 만드는 사람이 화살을 만드는 것을 부끄럽게 여기는 것과 같다. 만일 부끄럽게 여긴다면 인을 행하는 것보다 나은 것은 없다. 인이라는 것은 활을 쏘는 것과 같으니, 활을 쏘는 것은 그 몸을 바로 한 후에 쏘는 것이다. 쏘아 맞지 않으면 나를 이긴 자를 원망하는 것이 아니라 자기 자신을 돌이켜 구할 뿐이다."

인역(人役)은 위인소역(爲人所役), 즉 남에게 부림을 당하는 것이다. 유(由)는 유(猶)로 여(如)다.

『논어』「안연」편에서는 다음과 같이 말하고 있다. "인을 행하는 것이 자신으로부터 비롯되지 어찌 남에게서 말미암겠는가?"

8

맹자가 말했다. "자로는 남이 자신의 잘못을 알려주면 기뻐했으며, 우임금은 좋은 말을 들으면 절을 했다. 위대한 순임금은 더 훌륭하셨으니, 착한 일을 남과 더불어 하고 자기를 버리고 남을 따랐으며 남에게서 취해 착한 일을 하기를 좋아하셨다. 농사짓고 그릇을 굽고 고기를 잡는 것에서부터 제왕의 지위에 이르는 것까지 남에게서 취하지 않은 것이 없었다. 남에게서 취해 착한 일을 하는 것은 남과 더불어 착한 일을 하는 것이다. 따라서 군자에게 남과 더불어 착한 일을 하는 것보다 더 큰 일은 없다."

孟子曰 子路 人告之以有過則喜. 禹聞善言則拜. 大舜有大焉 善與人同 舍己從人 樂取於人以爲善. 自耕稼陶漁以至爲帝 無非取於人者.

맹자가 말했다. "자로는 남이 자신의 잘못을 알려주면 기뻐했으며, 우임금은 좋은 말을 들으면 절을 했다. 위대한 순임금은 더 훌륭하셨으니, 착한 일을 남과 더불어 하고 자기를 버리고 남을 따랐으며 남에게서 취해 착한 일을 하기를 좋아하셨다. 농사짓고 그릇을 굽고 고기를 잡는 것에서부터 제왕의 지위에 이르는 것까지 남에게서 취하지 않은 것이 없었다."

우(禹)는 치수를 잘해 순임금으로부터 선양받아 하(夏)나라를 세웠다고 전해지는 전설상의 제왕이다. 대순유대언(大舜有大焉)의 언(焉)은 어시(於是)로 순임금은 이보다 더 큰 것이 있다는 말이다. 선여인동(善與人同)은 착한 일을 남과 공유하는 것이고, 사기종인(舍己從人)은 자기에게 잘못이 있으면 자기의 잘못을 버리고 남의 좋은 것을 따르는 것, 낙취어인이위선(樂取於人以爲善)은 남에게서 취해 좋은 일을 하기를 좋아하는 것이다. 자경가도어이지위제(自耕稼陶漁以至爲帝)는 순임금이 미천했을 때 역산(歷山)에서 밭을 갈고 하빈(河濱)에서 그릇을 굽고 뇌택(雷澤)에서 고기를 잡은 사실을 가리킨다. 순임금은 착한 일을 하는 데 있어 남과 나의 구별이 없었다. 그것이 바로 순임금이 우임금이나 자로보다 위대한 점이다.

取諸人以爲善 是與人爲善者也. 故君子莫大乎與人爲善.

"남에게서 취해 착한 일을 하는 것은 남과 더불어 착한 일을 하는 것이다. 따라서 군자에게 남과 더불어 착한 일을 하는 것보다 더 큰 일은 없다."

여인위선(與人爲善)의 與는 주희에 의하면 조(助)로, 돕는 것이다. 그러나 초순과 양백준은 善與人同의 與와 마찬가지로 '함께하다'는 뜻으로 읽고 있다. 여기서는 이 주장을 따랐다.

9

맹자가 말했다. "백이는 그 임금이 아니면 섬기지 않았으며 그 벗이 아니면 사귀지 않았다. 악한 사람의 조정에 서지 않았으며 악한 사람과 더불어 말하지 않았다. 악한 사람의 조정에 서고 악한 사람과 더불어 말하는 것을 조복(朝服)을 갖춰 입고 진흙구덩이에 앉는 것처럼 여겼다. 악을 미워하는 마음을 밀고 나아가 마을 사람과 함께 서려고 생각하다가 그 관이 바르지 않으면 뒤도 보지 않고 떠나는 것이 마치 자기가 더럽혀지는 것처럼 했다. 이런 까닭에 제후들이 좋은 말로 그를 초빙해도 받지 않았다. 받지 않은 것은 또한 나아가는 것을 달갑게 여기지 않은 것이다.

유하혜(柳下惠)는 더러운 임금을 부끄러워하지 않았고 낮은 관직을 비천하다 여기지 않았다. 벼슬길에 나아가서는 자신의 현명함을 감추지 않고 반드시 올바르게 일했다. 벼슬길에서 쫓겨나도 원망하지 않았으며 곤궁해도 근심하지 않았다. 고로 말하길 '너는 너고 나는 나다. 네가 비록 벌거벗고 내 옆에 선다고 한들 네가 어떻게 나를 더럽힐 수 있겠느냐?'고 했다. 따라서 유유히 그들과 함께하면서도 자신을 잃지 않았으며, 잡아당기며 머물러 있으라고 하면 머물렀다. 잡아당기며 머물러 있으라고 하면 머무른 것은 떠나는 것을 달갑게 여기지 않은 것이다."

맹자가 말했다. "백이는 도량이 좁고 유하혜는 공손하지 못하다. 도량이 좁은 것이나 공손하지 못한 것, 모두 군자는 따르지 않는다."

孟子曰 伯夷 非其君不事 非其友不友. 不立於惡人之朝 不與惡人言. 立於惡人之朝 與惡人言 如以朝衣朝冠坐於塗炭. 推惡惡之心 思與鄉人立 其冠不正 望望然去之 若將浼焉. 是故諸侯雖有善其辭命而至者 不受也. 不受也者 是亦不屑就已.

맹자가 말했다. "백이는 그 임금이 아니면 섬기지 않았으며 그 벗이 아니면 사귀지 않았다. 악한 사람의 조정에 서지 않았으며 악한 사람과 더불어 말하지 않았다. 악한 사람의 조정에 서고 악한 사람과 더불어 말하는 것을 조복을 갖춰 입고 진흙구덩이에 앉는 것처럼 여겼다. 악을 미워하는 마음을 밀고 나아가 마을 사람과 함께 서려고 생각하다가 그 관이 바르지 않으면 뒤도 보지 않고 떠나는 것이 마치 자기가 더럽혀지는 것처럼 했다. 이런 까닭에 제후들이 좋은 말로 그를 초빙해도 받지 않았다. 받지 않은 것은 또한 나아가는 것을 달갑게 여기지 않은 것이다."

조의조관(朝衣朝冠)은 조정에서 조회 때 입는 옷과 관이다. 도탄(塗炭)은 진흙이다. 망망연(望望然)은 주희에 의하면 떠나며 뒤도 돌아보지 않는 모습이다. 매(浼)는 더럽히는 것이다. 불설(不屑)은 깨끗하게 여기지 않는 것, 달갑게 여기지 않는 것이고, 취(就)는 나아가는 것이다.

柳下惠 不羞汙君 不卑小官. 進不隱賢 必以其道. 遺佚而不怨 阨窮而不憫. 故曰 爾爲爾 我爲我 雖袒裼裸裎於我側 爾焉能浼我哉. 故由由然與之偕而不自失焉 援而止之而止. 援而止之而止者 是亦不屑去已.

"유하혜는 더러운 임금을 부끄러워하지 않았고 낮은 관직을 비천하다 여기지 않았다. 벼슬길에 나아가서는 자신의 현명함을 감추지 않고 반드시 올바르게 일했다. 벼슬길에서 쫓겨나도 원망하지 않았으며 곤궁해도 근심하지 않았다. 고로 말하길 '너는 너고 나는 나다. 네가 비록 벌거벗고 내 옆에 선다고 한들 네가 어떻게 나를 더럽힐 수 있겠느냐?'고 했다. 따라서 유유히 그들과 함께 하면서도 자신을 잃지 않았으며, 잡아당기며 머물러 있으라고 하면 머물렀다. 잡아당기며 머물러 있으라고 하면 머무른 것은 떠나는 것을 달갑게 여기지 않은 것이다."

유하혜(柳下惠)는 노나라의 대부로 성은 전(展), 이름은 획(獲), 자는 금(禽)이다. 柳下는 식읍의 지명이요, 惠는 시호다. 진불은현 필이기도(進不隱賢 必以其道)는 벼슬길에 나아갔을 때 자신의 현명한 재주를 숨기려 하지 않고 반드시 그 도를 다하려고 하는 것이다. 유일(遺佚)은 유일(遺逸)로 벼슬길에서 쫓겨나는 것, 민(憫)은 우(憂)로 근심하는 것, 단석(袒裼)은 웃통을 벗는 것, 나정(裸裎)은 벌거벗는 것이다. 유유연(由由然)은 마음으로 기뻐하는 모양이다. 해(偕)는 함께하는 것, 원(援)은 잡아당기는 것, 지(止)는 머무는 것이다. 『논어』「미자」편에는 유하혜에 관해 다음과 같이 실려 있다. "유하혜가 사사(士師) 벼슬을 했으나 세 번이나 쫓겨났다. 어떤 사람이 말하길 '당신은 이래도 이 나라를 떠나지 않습니까?'라고 물었다. 유하혜가 대답하길 '곧게 도를 지켜 남을 섬긴다면 어디에 간들 세 번 쫓겨나지 않겠습니까? 도를 굽혀 남을 섬긴다면 어찌하여 굳이 부모의 나라를 떠나겠습니까?'라고 했다."

孟子曰 伯夷隘 柳下惠不恭. 隘與不恭 君子不由也.
맹자가 말했다. "백이는 도량이 좁고 유하혜는 공손하지 못하다. 도량이 좁은 것이나 공손하지 못한 것, 모두 군자는 따르지 않는다."

애(隘)는 도량이 좁은 것이다. 유(由)는 따르는 것, 행하는 것이다. 백이를 맹자는 성지청자(聖之淸者)라고 했고, 유하혜를 성지화자(聖之和者)라고 했다(만장하,참조). 모두 지극한 경지에 이른 사람들이다. 그러나 한쪽으로 지나치게 치우친 바가 있어 그래서 따를 수 없는 것이다(주희).

공손추장구하

公孫丑章句下

장차 큰일을 할 임금은 반드시 부르지 못하는 신하가 있어, 상의하고 싶은 일이 있으면 찾아갑니다.

1

맹자가 말했다. "천시(天時)는 지리(地利)만 못하고 지리는 인화(人和)만 못하다. 내성(城)의 길이가 삼 리, 외성(郭)의 길이가 칠 리 되는 곳을 포위해 공격해도 이기지 못할 때가 있다. 무릇 포위해서 공격하다보면 반드시 천시를 얻을 때가 있다. 그럼에도 이기지 못하는 것은 천시가 지리만 못하기 때문이다. 성이 높지 않은 것도 아니요, 해자가 깊지 않은 것도 아니며, 갑옷이 두껍고 병기가 예리하지 않은 것도 아니요, 곡식이 많지 않은 것도 아닌데, 버리고 떠나는 것은 지리가 인화만 못하기 때문이다.

따라서 이르기를 '봉해진 강역의 경계로 백성을 살게 하지 않고, 산과 계곡의 험준함으로 나라를 공고히 하지 않으며, 병기의 날카로움으로 천하에 위엄을 보이지 않는다'고 했다. 도를 얻은 사람에게는 도움이 많지만 도를 잃은 사람에게는 도움이 적다. 도움이 적음이 극에 이르면 친척이 배반하며, 도움이 많음이 극에 이르면 천하가 순종한다. 천하가 순종하는 것으로써 친척이 배반하는 것을 공격하니 군자는 싸우지 않는 것은 있으나 싸우면 반드시 이긴다."

孟子曰 天時不如地利 地利不如人和. 三里之城 七里之郭 環而攻之而不勝. 夫環而攻之 必有得天時者矣. 然而不勝者 是天時不如地利也.

맹자가 말했다. "천시는 지리만 못하고 지리는 인화만 못하다. 내성의 길이가 삼 리, 외성의 길이가 칠 리 되는 곳을 포위해 공격해도 이기지 못할 때가 있다. 무릇 포위해서 공격하다보면 반드시 천시를 얻을 때가 있다. 그럼에도 이기지 못하는 것은 천시가 지리만 못하기 때문이다."

천시(天時)에 대해 조기나 주희 모두 시일(時日, 사시와 날짜), 지간(支干, 십이지와 십간), 오행(五行, 음양오행설에서 말하는 金木水火土), 왕상(旺相, 기운이 왕성하고 딴 기운이 도와주는 것), 고허(孤虛, 철이나 일진이 도와주는 것이 없는 것)를 말한다고 하나, 다산도 지적하고 있듯이 이는 후세 참위가(讖緯家)들의 터무니없는 주장일 뿐, 맹자의 본뜻은 아닐 것이다. 아마 전쟁과 관련된 기후적인 요소를 지칭하는 것이라 생각된다. 지리(地利)는 지형의 험준함이나 성곽의 높이와 해자의 깊이 등을 말한다. 인화는 민심의 화합이다. 성(城)은 내성(內城), 곽(郭)은 외성이다. 환(環)은 위(圍)로 포위하는 것이다. 필유득천시자의(必有得天時者矣)는 성을 오래 포위하고 있다보면 반드시 공격하기에 알맞은 기후 조건을 만날 때가 있을 것이란 뜻이다.

城非不高也 池非不深也 兵革非不堅利也 米粟非不多也 委而去之 是地利不如人和也.

"성이 높지 않은 것도 아니요, 해자가 깊지 않은 것도 아니며, 갑옷이 두껍고 병기가 예리하지 않은 것도 아니요, 곡식이 많지 않은 것도 아닌데, 버리고 떠나는 것은 지리가 인화만 못하기 때문이다."

지(池)는 성을 둘러싼 해자다. 병혁(兵革)의 兵은 병기, 革은 갑옷이다. 위(委)는 기(棄)로, 버리는 것이다. 성이 튼튼하고 무기와 식량도 풍족한데 성을 버리고 달아나는 것은 백성들이 지키려고 하지 않기 때문이다.

故曰 域民不以封疆之界 固國不以山谿之險 威天下不以兵革之利. 得道者多助 失道者寡助. 寡助之至 親戚畔之, 多助之至 天下順之. 以天下之所順 攻親戚之所畔. 故君子有不戰 戰必勝矣

"따라서 이르기를 '봉해진 강역의 경계로 백성을 살게 하지 않고, 산과 계곡의 험준함으로 나라를 공고히 하지 않으며, 병기의 날카로움으로 천하에 위엄을 보이지 않는다'고 했다. 도를 얻은 사람에게는 도움이 많지만 도를 잃은 사람에게는 도움이 적다. 도움이 적음이 극에 이르면 친척이 배반하며, 도움이 많음이 극에 이르면 천하가 순종한다. 천하가 순종하는 것으로써 친척이 배반하는 것을 공격하니 군자는 싸우지 않는 것은 있으나 싸우면 반드시 이긴다."

역민불이봉강지계(域民不以封疆之界)의 域은 거(居)로, 봉해진 강역의 경계로 백성을 살게 하지 않는다, 즉 덕으로 백성을 살게 한다는 뜻이다. 마찬가지로 나라를 굳게 지키는 것도, 천하에 위엄을 보이는 것도 모두 덕으로 해야 한다. 득도자(得道者)는 정도로 나라를 다스리는 사람을 말한다. 반(畔)은 반(叛)으로, 배반하는 것이다.

조기는 이 장의 장지(章指)를 이렇게 말했다. "백성의 화합이 귀중하니, 천지보다 귀중하다. 고로 말하길 백성의 마음을 얻는 사람이 천자가 된다고 한다."

2

 맹자가 왕을 만나보려 하는데 왕이 사람을 보내 말했다. "과인이 마땅히 찾아가 뵈어야 하나 감기가 걸려 바람을 쐴 수가 없습니다. 내일 아침에 조회를 볼 텐데 과인이 만나 뵐 수 있을지 모르겠습니다."

 맹자가 대답했다. "불행히도 병에 걸려서 조회에 나갈 수 없습니다."

 다음날 맹자가 동곽씨(東郭氏)에게 조문을 갔다. 공손추가 말했다. "어제는 병이라고 칭해 사양하시더니 오늘은 조문을 가십니다. 아마 그래서는 안 되는 것 아닐까요?"

 "어제는 병에 걸렸으나 오늘은 다 나았는데 어찌하여 조문을 가지 않겠느냐?"

 왕이 병문안을 시켜 의원이 왔다. 맹중자(孟仲子)가 대답했다. "어제 왕명이 있었으나 병이 나 조회에 나아갈 수 없었습니다. 오늘은 병이 조금 차도가 있어 조정에 달려가셨는데 도착하셨는지 모르겠습니다."

 그리고는 몇 사람을 시켜 길목을 지키게 했다가 말했다. "청컨대 돌아오지 마시고 조정으로 가십시오."

 (맹자는) 부득이하여 경추씨(景丑氏) 집에 가 묵었다. 경자(景子)가 말했다. "안에서는 부자가, 밖에서는 군신이 사람의 큰 인륜입니다. 부자는 은(恩)을 주로 하고 군신은 경(敬)을 주로 합니다. 저는 왕이 선생님을 공경하는 것은 보았으나 선생님이 왕을 공경하는 것은 보지 못했습니다."

 "아! 이 무슨 말씀이십니까? 제나라 사람들 중 인의를 가지고 왕과 말을 나누는 사람이 없는 것이 어찌 인의를 아름답지 못하다고 여기기 때문이겠습니까? 그 마음속에서 '이 어찌 족히 더불어 인의를 말할 만하겠는가?' 하고 있는 것이니 불경함이 이보다 큰 것이 없습니다. 나는 요순의 도가 아니면 감히 왕 앞에서 말하지 않았으니, 제나라 사람 중에 나보다 왕을 공경하는 사람은 없습니다."

경자가 말했다. "아닙니다. 그런 것을 말한 것이 아닙니다. 예에 말하길 '아버지가 부르면 빨리 대답하고 일어나며, 임금이 부르면 수레에 말을 매기를 기다리지 않는다'고 했습니다. 정녕 조회에 나가려고 하다가 왕명을 듣고는 결국 가지 않았으니 아마 이 예와는 맞지 않는 듯합니다."

"그것이 어찌 이것을 말한 것이겠습니까? 증자가 말씀하시길 '진(晉)과 초(楚)의 부유함을 나는 따라갈 수 없다. 그러나 그가 부유함으로 나오면 나는 나의 인(仁)으로 맞서고, 그가 작위로 나오면 나는 나의 의(義)로 맞선다. 내가 무엇이 뒤지겠는가?'라고 하셨습니다. 대저 어찌 증자께서 의롭지 못한 것을 말씀하셨겠습니까? 이것도 아마 하나의 도일 것입니다. 천하에 두루 존중받는 것이 셋 있습니다. 작위가 하나요, 나이가 하나, 덕이 하나입니다. 조정에서는 작위만한 것이 없고, 마을에서는 나이만한 것이 없으며, 세상을 돕고 백성을 기르는 데는 덕만한 것이 없습니다. 어찌 그 하나를 갖고서 그 둘을 깔봅니까?

장차 큰일을 할 임금은 반드시 부르지 못하는 신하가 있어, 상의하고 싶은 일이 있으면 찾아갑니다. 그 덕을 존중하고 도를 좋아함이 이 정도가 되지 않으면 족히 큰일을 할 수 없습니다. 그래서 탕왕은 이윤으로부터 먼저 배운 후 그를 신하로 삼아 힘들이지 않고 왕이 되었으며, 환공은 관중으로부터 먼저 배운 후 그를 신하로 삼아 힘들이지 않고 패자가 되었습니다. 지금 천하는 서로 땅도 비슷하고 덕도 비슷해 누구도 더 나을 수 없는데, 그것은 다름 아니라 자기가 가르치는 사람을 신하로 삼기를 좋아하고 자기가 가르침을 받을 사람을 신하로 삼기를 좋아하지 않기 때문입니다. 탕왕은 이윤을, 환공은 관중을 감히 부르지 않았습니다. 관중조차 감히 부를 수 없거늘, 하물며 관중은 되려고도 하지 않는 사람을?"

孟子將朝王 王使人來曰 寡人如就見者也 有寒疾 不可以風. 朝將視朝 不識可使寡人得見乎.
對曰 不幸而有疾 不能造朝.

맹자가 왕을 만나보려 하는데 왕이 사람을 보내 말했다. "과인이 마땅히 찾아가 뵈어야 하나 감기가 걸려 바람을 쐴 수가 없습니다. 내일 아침에 조회를 볼 텐데 과인이 만나 뵐 수 있을지 모르겠습니다."

맹자가 대답했다. "불행히도 병에 걸려서 조회에 나갈 수 없습니다."

조왕(朝王)의 朝는 신하가 조회에 나아가 왕을 보는 것이다. 왕은 제나라 왕이나 누구인지는 명확하지 않다. 과인여취견자야(寡人如就見者也)의 如는 의(宜)로 '마땅히 ~하다', 就는 '가다'로 과인이 마땅히 당신을 찾아가 뵈어야 한다는 뜻이다. 불가이풍(不可以風)은 바람을 쐴 수 없다는 말이다. 조장시조(朝將視朝)는 조기와 주희의 해석이 다르다. 조기는 "조회에 오면 내가 장차 조회를 볼 것이다"로 해석한다. 그러나 주희는 "아침에 장차 조회를 볼 것이다"로 해석한다. 앞의 朝를 조기는 조회에 나온다는 뜻으로 해석하는데 주희는 아침으로 해석하는 것이다. 여기서는 주희를 따랐다. 조(造)는 나아가는 것이다. 조기에 의하면 맹자가 제나라에서 빈사(賓師)의 지위에 있었기 때문에 어떤 때는 병을 칭하고 조회에 나아가지 않아도 되었다고 한다. 즉 왕이 오라 가라 부를 처지는 아니었다는 말이다. 그런데 왕이 사람을 시켜 한 말은 실제로는 오라고 부른 것이었다. 그래서 맹자가 병을 칭하고 가지 않은 것이다.

明日出弔於東郭氏. 公孫丑曰 昔者辭以病 今日弔 或者不可乎.
曰 昔者疾 今日愈 如之何不弔.

다음날 맹자가 동곽씨에게 조문을 갔다. 공손추가 말했다. "어제는 병이라고 칭해 사양하시더니 오늘은 조문을 가십니다. 아마 그래서는 안 되는 것 아닐까요?"
"어제는 병에 걸렸으나 오늘은 다 나았는데 어찌하여 조문을 가지 않겠느냐?"

동곽씨(東郭氏)는 제나라 대부의 집이다. 석자(昔者)는 지금 말하는 시점보다 이전의 시점을 가리킬 때 쓰는 말이다. 여기서는 어제를 말한다. 혹자(或者)는 '아마', '혹시'라는 뜻의 부사다.

王使人問疾 醫來. 孟仲子對曰 昔者有王命 有采薪之憂 不能造朝.
今病小愈 趨造於朝 我不識能至否乎.
使數人要於路曰 請必無歸 而造於朝.

왕이 병문안을 시켜 의원이 왔다. 맹중자가 대답했다. "어제 왕명이 있었으나 병이 나 조회에 나아갈 수 없었습니다. 오늘은 병이 조금 차도가 있어 조정에 달려가셨는데 도착하셨는지 모르겠습니다."
그러고는 몇 사람을 시켜 길목을 지키게 했다가 말했다. "청컨대 돌아오지 마시고 조정으로 가십시오."

문질(問疾)은 병문안하는 것이다. 맹중자(孟仲子)는 조기에 의하면 맹자의 사촌형제로 맹자에게 공부했다고 한다. 채신지우(采薪之憂)는 병이 들어 땔나무를 하지 못하는 것을 근심한다는 뜻으로, 양백준에 의하면 당시 병이 들었을 때 관용적으로 썼던 표현이라고 한다. 요(要)는 요(邀)로, 길목을 막아 지키는 것이다.

不得已而之景丑氏宿焉. 景子曰 內則父子 外則君臣 人之大倫也. 父子主恩 君臣主敬. 丑見王之敬子也 未見所以敬王也.
曰 惡 是何言也. 齊人無以仁義與王言者 豈以仁義爲不美也. 其心曰 是何足與言仁義也云爾 則不敬莫大乎是. 我非堯舜之道 不敢以陳於王前 故齊人莫如我敬王也.

(맹자는) 부득이하여 경추씨 집에 가 묵었다. 경자가 말했다. "안에서는 부자가, 밖에서는 군신이 사람의 큰 인륜입니다. 부자는 은(恩)을 주로 하고 군신은 경(敬)을 주로 합니다. 저는 왕이 선생님을 공경하는 것은 보았으나 선생님이 왕을 공경하는 것은 보지 못했습니다."
"아! 이 무슨 말씀이십니까? 제나라 사람들 중 인의를 가지고 왕과 말을 나누는 사람이 없는 것이 어찌 인의를 아름답지 못하다고 여기기 때문이겠습니까? 그 마음속에서 '이 어찌 족히 더불어 인의를 말할 만하겠는가?' 하고 있는 것이니 불경함이 이보다 큰 것이 없습니다. 나는 요순의 도가 아니면 감히 왕 앞에서 말하지 않았으니, 제나라 사람 중에 나보다 왕을 공경하는 사람은 없습니다."

경추(景丑)씨는 제나라 대부다. 경자(景子)는 경추다. 진(陳)은 진술하는 것이다. 주희에 의하면 경추가 말한 것은 경(敬)의 작은 것이고, 맹자가 말한 것은 경의 큰 것이다.

景子曰 否 非此之謂也. 禮曰 父召無諾, 君命召不俟駕. 固將朝也 聞王命而遂不果 宜與夫禮若不相似然.

경자가 말했다. "아닙니다. 그런 것을 말한 것이 아닙니다. 예에 말하길 '아버지가 부르면 빨리 대답하고 일어나며, 임금이 부르면 수레에 말을 매기를 기다리지 않는다'고 했습니다. 정녕 조회에 나가려고 하다가 왕명을 듣고는 결국 가지 않았으니 아마 이 예와는 맞지 않는 듯합니다."

부소무락(父召無諾)의 諾은 느리게 대답하는 것으로, 아버지가 부르면 느리게 대답하지 않는다, 즉 아버지가 부르면 "예"라고 빨리 대답하고 일어난다는 말이다. 군명소불사가(君命召不俟駕)는 임금이 부르면 수레에 말을 매기를 기다리지 않는다는 말이다. 즉 마부가 말을 끌고 와 수레에 맬 때까지 기다리지 않고 먼저 도보로 출발한 뒤 수레가 준비되는 대로 마부가 뒤따라오면 그때 타고 간다는 뜻으로, 그만큼 임금의 명을 중히 여겨 서두르는 것이다. 불과(不果)는 일이 미리 기대한 대로 되지 않은 것이다. 의(宜)는 왕인지(王引之)의 『경전석사(經傳釋詞)』에 의하면 태(殆)로 '아마'의 뜻이다. 부(夫)는 '이', '이것'이다.

曰 豈謂是與. 曾子曰 晉楚之富 不可及也. 彼以其富 我以吾仁, 彼以其爵 我以吾義 吾何慊乎哉. 夫豈不義而曾子言之. 是或一道也. 天下有達尊三 爵一 齒一 德一. 朝廷莫如爵 鄕黨莫如齒 輔世長民莫如德. 惡得有其一 以慢其二哉.

"그것이 어찌 이것을 말한 것이겠습니까? 증자가 말씀하시길 '진과 초의 부유함을 나는 따라갈 수 없다. 그러나 그가 부유함으로 나오면 나는 나의 인으로 맞서고, 그가 작위로 나오면 나는 나의 의로 맞선다. 내가 무엇이 뒤지겠는가?'라고 하셨습니다. 대저 어찌 증자께서 의롭지 못한 것을 말씀하셨겠습니까? 이것도 아마 하나의 도일 것입니다. 천하에 두루 존중받는 것이 셋 있습니다. 작위가 하나요, 나이가 하나, 덕이 하나입니다. 조정에서는 작위만한 것이 없고, 마을에서는 나이만한 것이 없으며, 세상을 돕고 백성을 기르는 데는 덕만한 것이 없습니다. 어찌 그 하나를 갖고서 그 둘을 깔봅니까?"

겸(慊)은 소(少)로 적다고 여기는 것이다. 부기불의이증자언지(夫豈不義而曾子言之)는 "그것이 불의라면(이치에 맞지 않는다면) 어찌 증자가 그것을 말했겠는가?"라는 뜻이다. 달(達)은 통(通)으로 두루 통하는 것이다. 치(齒)는 나이다. 기일(其一)은 임금이 갖고 있는 작위, 기이(其二)는 맹자가 갖고 있는 나이와 덕이다.

故將大有爲之君 必有所不召之臣. 欲有謀焉 則就之. 其尊德樂道 不如是不足與有爲也. 故湯之於伊尹 學焉而後臣之 故不勞而王, 桓公之於管仲 學焉而後臣之 故不勞而霸. 今天下地醜德齊 莫能相尙. 無他 好臣其所敎 而不好臣其所受敎. 湯之於伊尹 桓公之於管仲 則不敢召. 管仲且猶不可召 而況不爲管仲者乎

"장차 큰일을 할 임금은 반드시 부르지 못하는 신하가 있어, 상의하고 싶은 일이 있으면 찾아갑니다. 그 덕을 존중하고 도를 좋아함이 이 정도가 되지 않으면 족히 큰일을 할 수 없습니다. 그래서 탕왕은 이윤으로부터 먼저 배운 후 그를 신하로 삼아 힘들이지 않고 왕이 되었으며, 환공은 관중으로부터 먼저 배운 후 그를 신하로 삼아 힘들이지 않고 패자가 되었습니다. 지금 천하는 서로 땅도 비슷하고 덕도 비슷해 누구도 더 나을 수 없는데, 그것은 다름 아니라 자기가 가르치는 사람을 신하로 삼기를 좋아하고 자기가 가르침을 받을 사람을 신하로 삼기를 좋아하지 않기 때문입니다.

탕왕은 이윤을, 환공은 관중을 감히 부르지 않았습니다. 관중조차 감히 부를 수 없거늘, 하물며 관중은 되려고도 하지 않는 사람을?"

유위(有爲)는 크고 훌륭한 일을 하는 것이다. 추(醜)는 유(類)로 '비슷하다', 제(齊)는 '같다', 상(尙)은 과(過)로 '지나치다'는 뜻이다. 소교(所敎)는 자기가 가르치는 사람이고, 소수교(所受敎)는 자기가 가르침을 받을 사람이다. 불위관중자(不爲管仲者)는 맹자 자신을 말하며, 「공손추상」 1에서 언급한 바 있다.

3

 진진(陳臻)이 물었다. "지난번에 제나라에서는 왕이 좋은 금 백 일(鎰)을 주었으나 받지 않으셨는데, 이번에 송나라에서는 칠십 일을 주었는데 받으셨고 설(薛)나라에서는 오십 일을 주었는데 받으셨습니다. 지난번에 받지 않으신 것이 옳다면 이번에 받으신 것은 옳지 않을 것이며, 이번에 받으신 것이 옳다면 지난번에 받지 않으신 것은 옳지 않을 것입니다. 선생님께서는 이 중 어느 하나일 것입니다."

 맹자가 말했다. "모두 옳다. 송나라에서는 내가 장차 멀리 갈 일이 있었다. 갈 때 노자가 있어야 하는데, '노자 돈을 드립니다'며 주는데 내가 어찌 안 받을 수 있겠느냐? 설나라에서는 내가 조심해야 할 일이 있었다. 그런데 '조심해야 할 일이 있다고 들었습니다. 병사를 거느리라고 드립니다'고 하는데 내가 어찌 안 받을 수 있겠느냐? 제나라에서는 쓸 일이 없었다. 쓸 일이 없는데도 주는 것은 뇌물을 주는 것이다. 군자가 어찌 뇌물에 매수되겠느냐?"

陳臻問曰 前日於齊 王餽兼金一百而不受, 於宋, 餽七十鎰而受, 於薛 餽五十鎰而受. 前日之不受是 則今日之受非也, 今日之受是 則前日之不受非也. 夫子必居一於此矣.
진진이 물었다. "지난번에 제나라에서는 왕이 좋은 금 백 일을 주었으나 받지 않으셨는데, 이번에

송나라에서는 칠십 일을 주었는데 받으셨고 설나라에서는 오십 일을 주었는데 받으셨습니다. 지난번에 받지 않으신 것이 옳다면 이번에 받으신 것은 옳지 않을 것이며, 이번에 받으신 것이 옳다면 지난번에 받지 않으신 것은 옳지 않을 것입니다. 선생님께서는 이 중 어느 하나일 것입니다."

진진(陳臻)은 맹자의 제자다. 겸금(兼金)은 조기에 의하면 좋은 금으로 가격이 일반 금의 두 배라(兼) 겸금이라고 했다 한다. 고대 중국에서 금이라고 하면 일반적으로 지금의 황금이 아니라 구리(銅)를 가리켰다. 그렇지만 여기서는 그냥 금이라고 번역했다. 일백(一百) 다음에 단위가 빠졌으나 뒤의 문장으로 짐작하건대 아마 일(鎰)일 것이다. 한 일은 이십 냥(兩)이다.

孟子曰 皆是也. 當在宋也 予將有遠行. 行者必以贐 辭曰 餽贐. 予何爲不受. 當在薛也 予有戒心. 辭曰 聞戒 故爲兵餽之. 予何爲不受. 若於齊 則未有處也. 無處而餽之 是貨之也. 焉有君子而可以貨取乎.

맹자가 말했다. "모두 옳다. 송나라에서는 내가 장차 멀리 갈 일이 있었다. 갈 때 노자가 있어야 하는데, '노자 돈을 드립니다'며 주는데 내가 어찌 안 받을 수 있겠느냐? 설나라에서는 내가 조심해야 할 일이 있었다. 그런데 '조심해야 할 일이 있다고 들었습니다. 병사를 거느리라고 드립니다'고 하는데 내가 어찌 안 받을 수 있겠느냐? 제나라에서는 쓸 일이 없었다. 쓸 일이 없는데도 주는 것은 뇌물을 주는 것이다. 군자가 어찌 뇌물에 매수되겠느냐?"

당(當)은 '~할 때를 당하여', '~할 때'의 뜻이다. 신(贐)은 길 떠나는 사람을 전송하며 주는 일종의 노자 돈이다. 계(戒)는 경계하는 것이다. 당시 어떤 자들이 맹자를 해치려고 해서 맹자는 병사를 두어 그것을 경계하고 대비해야만 했다. 처(處)는 돈의 용처(用處)다. 조기는 미유처(未有處)를 "(돈을 받는 것이) 의(義)에 해당되는 바가 없다"로 해석하는데 좀 번잡한 느낌이다. 화(貨)는 뇌물을 주는 것이며, 화취(貨取)는 뇌물로 매수하는 것이다.

4

맹자가 평륙(平陸)에 가서 그곳의 대부에게 말했다. "당신의 병사가 하루에 세 번이나 대오를 이탈했다면 그를 없애버리지 않겠습니까?"

"세 번까지 기다리지 않습니다."

"그러면 당신이 대오를 이탈한 것도 또한 많습니다. 흉년에 굶주려 당신의 백성들 중 늙고 허약한 사람들은 죽어 그 시체가 도랑에 굴러다니고, 건장한 자들은 사방으로 흩어진 것이 수천 명이나 됩니다."

"그것은 거심(距心)이 할 수 있는 일이 아니었습니다."

"지금 여기에 남의 소와 양을 맡아 기르는 자가 있다면 반드시 그를 대신해 방목지와 꼴을 구해야 할 것입니다. 그런데 방목지와 꼴을 구하려고 하다가 못 구했다면 그것들을 그 사람에게 돌려주어야 합니까? 아니면 서서 죽는 것을 지켜보아야 합니까?"

"이는 거심의 죄입니다."

다른 날 맹자가 왕을 만나게 되어 "왕의 도(都)를 다스리는 자들 중 신이 알고 있는 사람이 다섯입니다. 그런데 자기 죄를 아는 사람은 공거심(孔距心)뿐입니다"라며 그 일을 왕에게 말했다.

왕이 말했다. "이는 과인의 죄입니다."

孟子之平陸. 謂其大夫曰 子之持戟之士 一日而三失伍 則去之否乎.
曰 不待三.

맹자가 평륙에 가서 그곳의 대부에게 말했다. "당신의 병사가 하루에 세 번이나 대오를 이탈했다면 그를 없애버리지 않겠습니까?"
"세 번까지 기다리지 않습니다."

평륙(平陸)은 제나라의 읍 이름으로 지금의 산둥성 원산(汶山)현 북쪽에 있었다. 여기서의 대부(大夫)는 그 지역을 다스리는 관원이다. 극(戟)은 창의 끝이 두 가닥으로 갈라져 있는 창으로, 지극지사(持戟之士)는 병사를 가리킨다. 실오(失伍)는 대오를 이탈한 것이다. 거(去)는 없애버리는 것이다.

然則子之失伍也亦多矣. 凶年饑歲 子之民 老羸轉於溝壑 壯者散而之四方者幾千人矣.
曰 此非距心之所得爲也.

"그러면 당신이 대오를 이탈한 것도 또한 많습니다. 흉년에 굶주려 당신의 백성들 중 늙고 허약한 사람들은 죽어 그 시체가 도랑에 굴러다니고, 건장한 자들은 사방으로 흩어진 것이 수천 명이나 됩니다."
"그것은 거심이 할 수 있는 일이 아니었습니다."

자지실오(子之失伍)는 평륙의 대부가 직무를 제대로 수행하지 못한 것을 병사가 대오를 이탈한 것에 비유한 말이다. 이(羸)는 여위다는 뜻으로, 노리

(老嬴)는 노약자를 말한다. 거심(踞心)은 평륙의 대부의 이름이다. 차비거심지소득위야(此非踞心之所得爲也)는 왕이 그렇게 하게 한 것으로 내가 독단할 일이 아니었다는 뜻이다.

曰 今有受人之牛羊而爲之牧之者 則必爲之求牧與芻矣. 求牧與芻而不得 則反諸其人乎. 抑亦立而視其死與.
曰 此則距心之罪也.

"지금 여기에 남의 소와 양을 맡아 기르는 자가 있다면 반드시 그를 대신해 방목지와 꼴을 구해야 할 것입니다. 그런데 방목지와 꼴을 구하려고 하다가 못 구했다면 그것들을 그 사람에게 돌려주어야 합니까? 아니면 서서 죽는 것을 지켜보아야 합니까?"

"이는 거심의 죄입니다."

목지(牧之)의 牧은 기른다는 뜻의 동사고, 구목(求牧)의 牧은 목지(牧地)다. 추(芻)는 꼴이다. 반(反)은 돌려주는 것이고, 억역(抑亦)은 '그렇지 않으면'이다. 맹자가 남의 소나 양을 기르는 자의 이야기를 통해 자신이 처리할 수 없으면 그 일을 돌려주고 떠나는 것이 옳은 것 아니냐고 말하자, 거심은 순순히 자신의 잘못을 인정했다.

他日 見於王曰 王之爲都者 臣知五人焉. 知其罪者 惟孔距心. 爲王誦之.
王曰 此則寡人之罪也.

다른 날 맹자가 왕을 만나게 되어 "왕의 도(都)를 다스리는 자들 중 신이 알고 있는 사람이 다섯입니다. 그런데 자기 죄를 아는 사람은 공거심뿐입니다"라며 그 일을 왕에게 말했다.

왕이 말했다. "이는 과인의 죄입니다."

도(都)에 대해 조기는 선군(先君)의 사당이 있는 읍(邑)을 도라고 한다고 했으나, 전국시대의 도는 읍 중 규모가 크고 중요한 읍을 가리킨다. 위도(爲都)는 도를 다스리는 것이다. 공(孔)은 거심의 성이다. 송(誦)은 외우고 있는 것을 다시 말하는 것이다.

5

맹자가 지와(蚳鼃)에게 말했다. "당신이 영구(靈丘)의 지방관을 사양하고 사사(士師)를 청한 것은 일리가 있는 듯하니, 말을 할 수 있기 때문이었겠지요. 지금 여러 달이나 지났는데 아직 말을 할 수 없었습니까?"

지와가 왕에게 간언했으나 왕이 받아들이지 않아 벼슬을 그만두고 물러났다. 이에 제나라 사람들이 말했다. "지와를 위해서는 잘했지만 (맹자) 자신을 위해서는 알지 못하겠다."

공도자(公都子)가 이 사실을 고했다. (맹자가 이렇게 말했다.) "나는 이렇게 들었다. 관직을 맡은 자는 그 직을 수행할 수 없으면 그만두며, 간언을 맡은 자는 말을 할 수 없으면 그만둔다고. 나는 관직도 없고 간언을 맡지도 않았다. 그러니 내가 나아가고 물러남을 어찌 느긋하고 여유 있게 하지 못하겠느냐?"

孟子謂蚳鼃曰 子之辭靈丘而請士師 似也 爲其可以言也. 今旣數月矣 未可以言與.
蚳鼃諫於王而不用 致爲臣而去. 齊人曰 所以爲蚳鼃 則善矣, 所以自爲 則吾不知也.

맹자가 지와에게 말했다. "당신이 영구의 지방관을 사양하고 사사를 청한 것은 일리가 있는 듯하니, 말을 할 수 있기 때문이었겠지요. 지금 여러 달이나 지났는데 아직 말을 할 수 없었습니까?"

지와가 왕에게 간언했으나 왕이 받아들이지 않아, 벼슬을 그만두고 물러났다. 이에 제나라 사람들이 말했다. "지와를 위해서는 잘했지만 (맹자) 자신을 위해서는 알지 못하겠다."

지와(蚳鼃)는 제나라의 대부다. 영구(靈丘)는 제나라의 읍 이름이나 그 위치는 상고하기 어렵다. 사사(士師)는 형벌을 관장하는 관리다. 사(似)는 '일리가 있는 듯하다'는 뜻이다. 사사는 중앙관이니 임금 곁에서 형벌에 관한 간언을 올릴 수 있다. 제나라 사람의 말은 맹자 자신이 도를 행할 수 없는데도 떠나지 않은 것을 풍자한 말이다.

公都子以告. 曰 吾聞之也 有官守者 不得其職則去, 有言責者 不得其言則去. 我無官守 我無言責也 則吾進退 豈不綽綽然有餘裕哉.

공도자가 이 사실을 고했다. (맹자가 이렇게 말했다.) "나는 이렇게 들었다. 관직을 맡은 자는 그 직을 수행할 수 없으면 그만두며, 간언을 맡은 자는 말을 할 수 없으면 그만둔다고. 나는 관직도 없고 간언을 맡지도 않았다. 그러니 내가 나아가고 물러남을 어찌 느긋하고 여유 있게 하지 못하겠느냐?"

공도자는 맹자의 제자다. 관수(官守)는 관직을 맡는 것, 언책(言責)은 말하는 것을 직책으로 하는 것이다. 작작연(綽綽然)은 느긋한 모양이다.

6

　맹자가 제나라에서 경이 되어 등나라로 조문을 가는데, 왕이 합(蓋)의 대부 왕환(王驩)으로 하여금 부사로 따라가게 했다. 왕환을 아침저녁으로 만났으나, 제나라와 등나라 사이의 길을 갔다 오는 동안에 그와 행사에 대해 한 마디도 말을 나누지 않았다. 공손추가 물었다. "제나라 경의 지위가 작은 것이 아닙니다. 제나라와 등나라 사이의 길이 가깝지도 않습니다. 그런데 돌아올 때까지 행사에 관해 한 마디도 말을 나누지 않은 것은 어찌된 이유입니까?"

　"그가 이미 일을 다 처리하고 있는데 내가 무슨 말을 하겠느냐?"

孟子爲卿於齊 出弔於滕 王使蓋大夫王驩爲輔行. 王驩朝暮見 反齊滕之路 未嘗與之言行事也.

맹자가 제나라에서 경이 되어 등나라로 조문을 가는데, 왕이 합의 대부 왕환으로 하여금 부사로 따라가게 했다. 왕환을 아침저녁으로 만났으나, 제나라와 등나라 사이의 길을 갔다 오는 동안에 그와 행사에 대해 한 마디도 말을 나누지 않았다.

합(蓋)은 제나라의 읍 이름으로 지금의 산둥성 이쉐이(沂水)현 서북쪽에 있다. 왕환(王驩)은 왕이 총애하는 신하다. 보행(輔行)은 부사(副使)다.

公孫丑曰 齊卿之位 不爲小矣, 齊滕之路 不爲近矣. 反之而未嘗與言行事 何也.

曰 夫旣或治之 予何言哉.

공손추가 물었다. "제나라 경의 지위가 작은 것이 아닙니다. 제나라와 등나라 사이의 길이 가깝지도 않습니다. 그런데 돌아올 때까지 행사에 관해 한 마디도 말을 나누지 않은 것은 어찌된 이유입니까?"

"그가 이미 일을 다 처리하고 있는데 내가 무슨 말을 하겠느냐?"

부기혹치지(夫旣或治之)의 夫는 왕환을 가리키고, 혹(或)은 유(有)다. 왕환이 이미 독단적으로 일을 다 처리하고 있다는 말이다.

7

 맹자가 제나라에서 노나라로 장례를 치르러 갔다가 제나라로 돌아와 영(嬴)에서 머물렀다. 충우(充虞)가 청해 말했다. "지난번에는 우(虞)가 불초한지도 모르시고 우로 하여금 목수 일을 주관하도록 하셨습니다. (그때는) 일이 급해 우가 감히 여쭙지 못했습니다. 이제 여쭙고자 하는데 (관곽에 사용했던) 나무가 너무 좋았던 것 같습니다."

 "옛날에는 관곽에 법도가 없었지만, 중고(中古) 시대에 관은 일곱 치, 곽은 그에 알맞게 하도록 했다. 이는 천자로부터 서인에 이르기까지 단지 보기 좋게 하기 위해서만이 아니었다. 그렇게 해야만 사람의 마음을 다했다고 하기 때문이었다. 법에서 금하면 마음이 기쁘지 않았고, (그럴) 재력이 없어도 마음이 기쁘지 않았다. 법이 허용하고 그럴 재력이 있으면 옛사람들이 모두 그렇게 했는데 어찌하여 나만 홀로 그렇게 못하겠느냐? 만일 죽은 사람을 위해 흙이 직접 살에 닿지 않게 하기 위한 것이라면 사람 마음에 그것만으로 흡족할 수 있겠는가? 내가 군자로부터 듣기로 부모의 장례에는 천하의 그 어떤 것도 아끼지 않는다고 했다."

孟子自齊葬於魯 反於齊 止於嬴. 充虞請曰 前日不知虞之不肖 使虞敦匠事. 嚴 虞不敢請. 今願竊有請也 木若以美然.
맹자가 제나라에서 노나라로 장례를 치르러 갔다가 제나라로 돌아와 영에서 머물렀다. 충우가 청

해 말했다. "지난번에는 우가 불초한지도 모르시고 우로 하여금 목수 일을 주관하도록 하셨습니다. (그때는) 일이 급해 우가 감히 여쭙지 못했습니다. 이제 여쭙고자 하는데 (관곽에 사용했던) 나무가 너무 좋았던 것 같습니다."

자제장어로(自齊葬於魯)는 맹자가 제나라에서 벼슬을 하다가 어머니가 돌아가셔서 노나라로 돌아가 장례를 치른 것을 말한다. 영(嬴)은 제나라의 읍 이름으로 지금의 산둥성 라이우(萊蕪)현 서북쪽에 있다. 충우(充虞)는 맹자의 제자다. 퇴(敦)를 조기는 도타울 돈으로 읽는다. 또 조기는 장(匠)에서 구를 끊고 사(事)를 아래에 붙였는데, 그렇게 되면 "우로 하여금 관곽을 두텁게 만들게 했는데, 일이 급해"로 해석된다. 그러나 다산도 지적했듯이 주희처럼 敦은 다스릴 퇴로 읽고 事에서 구를 끊어야 한다. 그러면 "우로 하여금 목수 일(匠事)을 주관하도록 했는데"가 된다. 엄(嚴)은 급(急)이다. 장례일이 급하다는 말이다. 목(木)은 관곽을 만드는 데 들어간 나무다. 이(以)는 이(已)로 '너무'라는 뜻이다.

曰 古者棺槨無度 中古棺七寸 槨稱之. 自天子達於庶人 非直爲觀美也 然後盡於人心. 不得 不可以爲悅, 無財 不可以爲悅. 得之爲有財 古之人皆用之 吾何爲獨不然.

"옛날에는 관곽에 법도가 없었지만, 중고 시대에 관은 일곱 치, 곽은 그에 알맞게 하도록 했다. 이는 천자로부터 서인에 이르기까지 단지 보기 좋게 하기 위해서만이 아니었다. 그렇게 해야만 사람의 마음을 다했다고 하기 때문이었다. 법에서 금하면 마음이 기쁘지 않았고, (그럴) 재력이 없어도 마음이 기쁘지 않았다. 법이 허용하고 그럴 재력이 있으면 옛사람들이 모두 그렇게 했는데 어찌하여 나만 홀로 그렇게 못하겠느냐?"

무도(無度)는 관곽을 만들 때 그 두께를 얼마로 해야 할지 기준이 없었다는 말이다. 중고(中古)는 조기나 주희에 의하면 주공(周公)이 예를 제정한 이후다. 그러나 공광삼(孔廣森)은 『경학치언(經學卮言)』에서 중고는 주공 이전이라고 주장하고 있다(초순의 『맹자정의』에서 인용). 칭(稱)은 어울리게 한다는 뜻이다. 비직(非直)은 '~뿐만 아니라'는 뜻의 구문이다. 관곽을 두텁게 한 것은 그래야만 시신이 금방 썩지 않기 때문이다. 언젠가는 썩겠지만 그래도 관곽을 두텁게 한 것은 자식이 살아 있는 동안만이라도 부모의 시신이 썩지 않기를 바라기 때문이다. 진어인심(盡於人心)은 그것을 말한다. 부득(不得)은 법제로 금해 그렇게 할 수가 없는 것이다. 득지위유재(得之爲有財)의 爲는 이(而)로 '그리고'의 뜻이다.

且比化者 無使土親膚 於人心獨無恔乎. 吾聞之君子 不以天下儉其親.

"만일 죽은 사람을 위해 흙이 직접 살에 닿지 않게 하기 위한 것이라면 사람 마음에 그것만으로 흡족할 수 있겠는가? 내가 군자로부터 듣기로 부모의 장례에는 천하의 그 어떤 것도 아끼지 않는다고 했다."

차(且)는 차여(且如)로 '만일'이다. 비(比)는 위한다는 뜻이다. 화자(化者)는 죽은 사람이다. 죽은 사람은 신체가 변해 흙으로 화하기 때문에 化者라고 한다. 불사토친부(不使土親膚)는 흙이 살에 닿지 않게 하는 것이다. 독(獨)은 '그것만으로'의 뜻이다. 교(恔)는 쾌(快)로 흡족해하는 것이다. 어인심독무교호(於人心獨無恔乎)는 於人心獨恔乎로 "사람 마음에 그것만으로 흡족할 수 있겠느냐?"는 뜻이다. 불이천하검기친(不以天下儉其親)은 천하 때문에 그 어버이에게 검소하게 하지 않는다, 즉 어버이 장례에는 천하의 그 어떤 물건도 아끼지 않는다는 말이다.

8

심동(沈同)이 개인적으로 물었다. "연나라를 정벌해도 되겠습니까?"

맹자가 말했다. "됩니다. 자쾌(子噲)는 남에게 연나라를 주어서는 안 되었고, 자지(子之)도 자쾌로부터 연나라를 받아서는 안 되었습니다. 여기 한 벼슬아치가 있는데, 당신이 좋아한다고 해서 왕에게 알리지도 않고 개인적으로 그에게 당신의 봉록과 작위를 주고, 또 그 벼슬아치도 왕명이 없는데도 사사로이 당신에게서 그것을 받는다면 되겠습니까? 이것과 무엇이 다르겠습니까?"

제나라가 연나라를 정벌했다. 누군가 물었다. "제나라에게 연나라를 정벌하라고 권하셨다는데, 그런 일이 있습니까?"

"아닙니다. 심동이 '연나라를 정벌해도 되겠습니까?' 하고 묻길래 내가 '됩니다'라고 했더니, 그가 그렇게 여기고 정벌한 것입니다. 그가 만일 '누가 정벌할 수 있습니까?'라고 물었다면, 나는 '천리(天吏)여야 정벌할 수 있습니다'라고 대답했을 것입니다. 여기 사람을 죽인 자가 있어, 누가 묻기를 '그자를 죽여도 될까요?'라고 한다면, '됩니다'라고 대답할 것입니다. 만일 그가 '누가 죽일 수 있습니까?'라고 한다면, 장차 '사사(士師)여야 죽일 수 있습니다'라고 대답할 것입니다. 지금 연나라가 연나라를 정벌하는 것을 어떻게 권할 수 있겠습니까?"

沈同以其私問曰 燕可伐與.

孟子曰 可. 子噲不得與人燕 子之不得受燕於子噲. 有仕於此 而子悅之 不告於王而私與之吾子之祿爵, 夫士也 亦無王命而私受之於子 則可乎. 何以異於是.

심동이 개인적으로 물었다. "연나라를 정벌해도 되겠습니까?"

맹자가 말했다. "됩니다. 자쾌는 남에게 연나라를 주어서는 안 되었고, 자지도 자쾌로부터 연나라를 받아서는 안 되었습니다. 여기 한 벼슬아치가 있는데, 당신이 좋아한다고 해서 왕에게 알리지도 않고 개인적으로 그에게 당신의 봉록과 작위를 주고, 또 그 벼슬아치도 왕명이 없는데도 사사로이 당신에게서 그것을 받는다면 되겠습니까? 이것과 무엇이 다르겠습니까?"

심동(沈同)은 제나라의 대신이라는 것 이외에는 아무것도 알려져 있지 않다. 사문(私問)은 주희에 의하면 왕명을 받지 않고 사사로이 묻는 것이다. 자쾌(子噲)는 연나라 왕이다. 자지(子之)는 당시 연나라 재상으로 자쾌로부터 나라를 양도받았다. 그러나 이 일로 인해 연나라는 내란이 발생해 결국 제나라에게 정벌당하는 비극을 겪고 말았다. 「양혜왕하」 10에서 이미 언급한 바 있다. 제후의 토지와 백성은 모두 천자로부터 받아 선조로부터 전해 내려온 것이다. 사적으로 주고받는다면 주는 자나 받는 자 모두 죄가 된다. 이는 벼슬을 사적으로 주고받을 수 없는 것과 같다.

齊人伐燕. 或問曰 勸齊伐燕 有諸.

曰 未也. 沈同問 燕可伐與 吾應之曰 可 彼然而伐之也. 彼如曰 孰可以伐之 則將應之曰 爲天吏 則可以伐之. 今有殺人者 或問之曰

人可殺與 則將應之曰 可. 彼如曰 孰可以殺之 則將應之曰 爲士師 則可以殺之. 今以燕伐燕 何爲勸之哉.

제나라가 연나라를 정벌했다. 누군가 물었다. "제나라에게 연나라를 정벌하라고 권하셨다는데, 그런 일이 있습니까?"

"아닙니다. 심동이 '연나라를 정벌해도 되겠습니까?' 하고 묻길래 내가 '됩니다'라고 했더니, 그가 그렇게 여기고 정벌한 것입니다. 그가 만일 '누가 정벌할 수 있습니까?'라고 물었다면, 나는 '천리(天吏)여야 정벌할 수 있습니다'라고 대답했을 것입니다. 여기 사람을 죽인 자가 있어, 누가 묻기를 '그자를 죽여도 될까요?'라고 한다면, '됩니다'라고 대답할 것입니다. 만일 그가 '누가 죽일 수 있습니까?'라고 한다면, 장차 '사사여야 죽일 수 있습니다'라고 대답할 것입니다. 지금 연나라가 연나라를 정벌하는 것을 어떻게 권할 수 있겠습니까?"

천리(天吏)에 대해서는 「공손추상」 5에서 언급한 바 있다. 연나라의 무도함을 정벌하는 것은 오직 하늘의 부름을 받은 어진 왕(天吏)만이 할 수 있는 것이다. 그런데 제나라는 무도하기가 연나라와 다를 바 없어 제나라가 연나라를 정벌하는 것은 바로 연나라가 연나라를 정벌하는 것과 같다. 이연벌연(以燕伐燕)은 바로 그것을 말하고 있다.

●

『사기』에는 맹자가 연나라를 정벌할 것을 권했다고 쓰여 있다. 아마 이 이야기가 근거가 되었을 것이다. 여기서의 맹자의 말은 자칫하면 변명으로도 들릴 수 있다. 자세한 내막은 현재로서는 알 수 없다.

9

연나라 사람들이 반란을 일으키자 왕이 말했다. "내가 맹자에게 매우 부끄럽구나."

진고(陳賈)가 말했다. "왕께서는 걱정하지 마십시오. 왕께서는 주공하고 누가 더 어질고 지혜롭다고 여기십니까?"

왕이 말했다. "아! 이게 무슨 말이냐?"

"주공이 관숙(管叔)을 시켜 은을 감시하라고 했는데 관숙이 은과 함께 반란을 일으켰습니다. 알고서 시켰다면 이는 어질지 못한 것이고, 모르고서 시켰다면 이는 지혜롭지 못한 것입니다. 어질고 지혜로운 것은 주공도 다하지 못했는데 하물며 왕께서야? 제가 만나 해명하겠습니다."

(진고가) 맹자를 만나 말했다. "주공은 어떤 사람입니까?"

"옛날의 성인입니다."

"관숙을 시켜 은을 감시하라고 시켰는데 관숙이 은과 함께 반란을 일으켰습니다. 그런 일이 있습니까?"

"그렇습니다."

"주공은 장차 반란을 일으킬 줄 알고 시킨 것입니까?"

"몰랐습니다."

"그렇다면 성인도 잘못이 있는 것입니까?"

"주공은 동생이요 관숙은 형인데, 주공의 잘못은 당연한 것 아니겠습니까? 그리고 옛날의 군자는 허물이 있으면 고쳤으나 지금의 군자는 허물이 있는데도 계속합니다. 옛날의 군자는 그 허물이 일식이나 월식과 같아 백성들이 모두 바라보았고, 고치게 되면 백성들이 모두 우러러보았습니다. 그런데 지금의 군자는 어찌 계속하기만 할 뿐이겠습니까? 한층 더 둘러대기까지 합니다."

燕人畔. 王曰 吾甚慚於孟子.
연나라 사람들이 반란을 일으키자 왕이 말했다. "내가 맹자에게 매우 부끄럽구나."

연인반(燕人畔)의 畔은 배반한다는 반(叛)이다. 제나라가 연나라를 정벌한 지 2년 후 연나라 사람들이 태자 평(平)을 세워 왕으로 삼고 제나라에 대항했다. 그런데 제나라가 원래 연나라를 병합하려고 했기 때문에 제나라 입장에서는 연나라 사람들의 대항이 배반으로 생각된 것이다. 제나라 왕이 맹자에게 부끄러워한 것은 빼앗은 보물들을 돌려주고 빨리 철수하라는 맹자의 건의를 거절했기 때문이다(「양혜왕하」 11장 참조).

陳賈曰 王無患焉. 王自以爲與周公 孰仁且智.
王曰 惡 是何言也.
曰 周公使管叔監殷 管叔以殷畔. 知而使之 是不仁也, 不知而使之 是不智也. 仁智 周公未之盡也 而況於王乎. 賈請見而解之.
 진고가 말했다. "왕께서는 걱정하지 마십시오. 왕께서는 주공하고 누가 더 어질고 지혜롭다고 여기십니까?"
왕이 말했다. "아! 이게 무슨 말이냐?"

"주공이 관숙을 시켜 은을 감시하라고 했는데 관숙이 은과 함께 반란을 일으켰습니다. 알고서 시켰다면 이는 어질지 못한 것이고, 모르고서 시켰다면 이는 지혜롭지 못한 것입니다. 어질고 지혜로운 것은 주공도 다하지 못했는데 하물며 왕께서야? 제가 만나 해명하겠습니다."

진고(陳賈)는 제나라의 대부다. 관숙(管叔)은 무왕의 동생으로 이름은 선(鮮)이며 『사기』에 의하면 주공의 형이다. 그러나 『열녀전(列女傳)』「모의(母儀)」편에는 주공이 형으로 나와 있다. 조기도 같은 입장이다. 주공사관숙감은 관숙이은반(周公使管叔監殷 管叔以殷畔)은 주나라 초기의 이른바 삼감(三監)의 난을 말한다. 무왕은 은을 정벌한 후 폭군 주의 아들 무경(武庚)을 세워 은나라의 제사를 잇게 했다. 그러고는 자신의 동생인 관숙, 채숙(蔡叔), 곽숙(霍叔)을 그 주변에 봉해 무경을 감시하고 은나라 유민을 다스리게 했다. 무왕이 죽고 그의 아들 성왕(成王)이 어린 나이에 즉위하자 주공이 그를 섭정해 국정을 전단했다. 관숙과 채숙은 주공이 성왕에게 불리한 일을 꾀하고 있다고 의심해 무경을 끼고 반란을 일으켰다. 이것이 이른바 삼감의 난이다. 이에 주공은 성왕의 명을 받아 무경을 정벌해 주살하고 관숙도 죽였으나 채숙은 추방해 멀리 옮겼다. 진고는 이 사실을 들어 만일 주공이 관숙이 반란을 일으킬 것을 미리 알고 있었으면서도 시켰다면 이는 불인한 것이고, 몰랐다면 지혜롭지 못한 것이다, 성인인 주공마저 그러니 왕이 잘못을 저지를 수도 있는 일이라고 하면서 왕을 옹호하고 나섰다. 해(解)는 해명하는 것이다.

見孟子問曰 周公何人也.
曰 古聖人也.

曰 使管叔監殷 管叔以殷畔也 有諸.
曰 然.
曰 周公知其將畔而使之與.
曰 不知也.
然則聖人且有過與.
曰 周公弟也 管叔兄也. 周公之過 不亦宜乎.

(진고가) 맹자를 만나 말했다. "주공은 어떤 사람입니까?"

"옛날의 성인입니다."

"관숙을 시켜 은을 감시하라고 시켰는데 관숙이 은과 함께 반란을 일으켰습니다. 그런 일이 있습니까?"

"그렇습니다."

"주공은 장차 반란을 일으킬 줄 알고 시킨 것입니까?"

"몰랐습니다."

"그렇다면 성인도 잘못이 있는 것입니까?"

"주공은 동생이요 관숙은 형인데, 주공의 잘못은 당연한 것 아니겠습니까?"

주공은 동생이고 관숙은 형이니 동생 입장에서 형이 반란을 일으킬 것이라고 의심해 유심히 관찰할 수는 없는 노릇이다. 그러니 주공의 허물은 어쩔 수 없다는 것이 맹자의 생각이다. 한편 조기는 주공제야 관숙형야(周公弟也 管叔兄也)를 좀 색다르게 해석한다. 弟, 兄을 동사로 해석한 것이다. 즉 주공은 (관숙을) 동생으로 생각했기 때문에 사랑했고, 관숙은 (주공을) 형으로 생각했기 때문에 우러러보았다는 것이다. 주공과 관숙 중 누가 형인지 상고하기는 쉽지 않으나 문장 해석만큼은 동의하기 어렵다.

且古之君子 過則改之, 今之君子 過則順之. 古之君子 其過也 如日月之食 民皆見之, 及其更也 民皆仰之. 今之君子 豈徒順之 又從爲之辭.

"그리고 옛날의 군자는 허물이 있으면 고쳤으나 지금의 군자는 허물이 있는데도 계속합니다. 옛날의 군자는 그 허물이 일식이나 월식과 같아 백성들이 모두 바라보았고, 고치게 되면 백성들이 모두 우러러보았습니다. 그런데 지금의 군자는 어찌 계속하기만 할 뿐이겠습니까? 한층 더 둘러대기까지 합니다."

순지(順之)의 順은 계속 이어가는 것이다. 일월지식(日月之食)의 食은 식(蝕)으로 일식과 월식을 말한다. 경(更)은 고치는 것이다. 일식이나 월식이 일어나 어두워지면 모두 놀라 바라보지만, 끝나 다시 밝아지면 모두 기뻐 우러러본다. 마찬가지로 군자가 허물이 있으면 모두 그것을 지켜보지만, 그 허물을 고치면 더욱 존경해 우러러본다. 기도순지 우종위지사(豈徒順之 又從爲之辭)의 徒는 '~뿐'이라는 뜻이고, 從은 '한층', '더욱'이며, 辭는 변명하는 것이다. 지금의 군자는 계속할 뿐만 아니라 한층 더 둘러대기까지 한다는 말이다.

『논어』 「자장(子張)」편에는 "군자의 잘못은 일식이나 월식과 같아 잘못을 저지르면 모두가 보게 되고 고치면 모두가 우러러본다"는 자공의 말이 있다.

이토 진사이는 이 장을 해설하면서 『논어』 「이인」편의 "사람의 잘못이 각각 그 무리에 따라 유형이 다르니, 그 잘못을 보면 그 인(仁)을 알 수 있다"는 공자의 말을 인용하고 있다. 즉 주공과 같은 군자는 사람을 너무 믿고 사랑하는 것이 허물이 되고, 진고와 같은 소인은 얄팍한 잔꾀나 부리려 하는 것이 그 허물이란 뜻이다.

한편 주희는 임지기(林之奇)를 인용해 제나라가 연나라를 정벌한 일과 관련된 맹자의 글들이 선후 순서가 없어 뜻이 잘 통하지 않는다고 하면서, 「양혜왕하」편의 10장과 11장을 앞장과 이 장 사이에 놓으면 그 뜻이 논설이 없어도 자명해질 것이라고 하고 있다.

10

  맹자가 벼슬을 그만두고 돌아가고자 했다. 왕이 맹자를 찾아보고 말했다. "전에 뵙기를 원했으나 뵙지를 못했다가 이제 모시고 조정에 함께 있게 되어서 매우 기뻤습니다. 그런데 지금 또 과인을 버리고 돌아가신다고 하니, 이후로 또 뵐 수 있을까 모르겠습니다."

  맹자가 대답했다. "감히 청하지는 못하나 정말 바라는 바입니다."

  다른 날 왕이 시자(時子)에게 말했다. "내가 도성 안에다 맹자에게 집을 마련해주고 만종(萬鍾)의 봉록으로 제자를 기르게 해 대부와 국인(國人)들로 하여금 본받게 하고 싶은데, 그대가 나를 위해 말해주지 않으려는가?"

  시자가 진자(陳子)를 통해 맹자에게 고하려 해, 진자가 시자의 말을 맹자에게 알렸다. 맹자가 말했다. "그래? 무릇 시자가 어찌 그 불가함을 알 수 있겠는가? 만일 내가 부를 원했다면 십만을 사양하고서 만을 받는 것이 부를 원하는 것일까? 계손(季孫)이 말하길 '이상하구나! 자숙의(子叔疑)는. 정치를 하다가 쓰이지 않으면 그만둘 뿐이지 또 그 아들을 경(卿)을 시키는구나. 사람이 누가 부귀를 원하지 않겠는가? 다만 부귀 가운데서 농단하는 자가 있다'고 했다. 옛날에 시장을 둔 것은 그 있는 것과 없는 것을 바꾸기 위해서로, 관리는 (세금을 걷지 않고) 다스리기만 할 뿐이었다. 그런데 한 비천한 사내가 있어, 반드시 높은 언덕을 찾아 올라가 사방을 살펴 시장의 이익을 싹 쓸어갔다. 사람들이 이를 모두 천하게 여겨 이때부터 세금을 징수했다. 장사에 세금을 매기는 것은 이 비천한 사내로부터 비롯된 것이다."

孟子致爲臣而歸. 王就見孟子曰 前日願見而不可得 得侍同朝甚喜.
今又棄寡人而歸 不識可以繼此而得見乎.
對曰 不敢請耳 固所願也.

맹자가 벼슬을 그만두고 돌아가고자 했다. 왕이 맹자를 찾아보고 말했다. "전에 뵙기를 원했으나 뵙지를 못했다가 이제 모시고 조정에 함께 있게 되어서 매우 기뻤습니다. 그런데 지금 또 과인을 버리고 돌아가신다고 하니, 이후로 또 뵐 수 있을까 모르겠습니다."
맹자가 대답했다. "감히 청하지는 못하나 정말 바라는 바입니다."

치(致)는 환(還)으로 되돌려주는 것, 반납하는 것이다. 치위신(致爲臣)은 보통 치사(致仕)라고도 하며, 벼슬을 그만두는 것이다. 맹자는 자신의 주장이 받아들여지지 않자 제나라에서 벼슬을 그만두고 그만 고향으로 돌아가고자 했다. 계차(繼此)는 '이후에도 계속하여'란 뜻이다.

他日 王謂時子曰 我欲中國而授孟子室 養弟子以萬鍾 使諸大夫國人皆有所矜式. 子盍爲我言之.

다른 날 왕이 시자에게 말했다. "내가 도성 안에다 맹자에게 집을 마련해주고 만종의 봉록으로 제자를 기르게 해 대부와 국인들로 하여금 본받게 하고 싶은데, 그대가 나를 위해 말해주지 않으려는가?"

시자(時子)는 제왕의 신하란 것 외에는 알려진 바가 없다. 중국(中國)의 中은 가운데라는 뜻의 개사(介詞)이며, 國은 나라를 의미하는 것이 아니라 제후의 도성을 가리킨다. 만종의 鍾은 6석(石) 4두(斗)로, 만종은 6만 4천 석이다. 국인은 제후의 일족으로 사(士)의 신분에 있는 자를 가리키는 말이다. 궁(矜)은 경(敬)으로 존경하는 것, 식(式)은 법(法)으로 본받는 것이다. 합(盍)은 하불(何不)로 '어찌 ~하지 않느냐이다.

時子因陳子而以告孟子 陳子以時子之言告孟子. 孟子曰 然. 夫時子惡知其不可也. 如使予欲富 辭十萬而受萬 是爲欲富乎.

시자가 진자를 통해 맹자에게 고하려 해, 진자가 시자의 말을 맹자에게 알렸다. 맹자가 말했다. "그래? 무릇 시자가 어찌 그 불가함을 알 수 있겠는가? 만일 내가 부를 원했다면 십만을 사양하고서 만을 받는 것이 부를 원하는 것일까?"

진자(陳子)는 조기에 의하면 맹자의 제자 진진(陳臻)이다. 인(因)은 통하는 것이다. 시자는 맹자에게 직접 말하지 않고 맹자의 제자인 진진을 통해 왕의 말을 전했다. 연(然)은 여기서는 '그래?', '그런가?' 정도로 가볍게 응대하는 말이다. 시자는 만종의 녹으로 맹자를 유혹하려 했다. 그러나 맹자는 제나라에서 객경(客卿)의 지위에 있을 때 이미 십만 종의 녹을 받았다. 이제 그 십만도 사양하고 떠나려 하는 것은 도가 행해지지 않았기 때문이다. 그런데 새삼 만 종의 녹으로 나를 유혹하려 하니, 내가 설사 부를 원한다 하더라도 그런 어리석은 짓을 하겠느냐며 자신의 입장을 밝혔다. 맹자가 보기에 제나라 왕이 맹자를 붙들려면 녹봉으로 유혹하기보다는 도를 행할 뜻을 밝혀야 했다. 맹자는 혹시 그것을 기대하고 불감청이언정 고소원이라고 대답했으나, 제나라 왕은 녹봉으로 맹자를 붙들어두려고 했다. 이것은 말로는 맹자를 존경하는 척하나 실제로는 존경하지 않는 것이다. 그래서 맹자가 거절하고 받지 않은 것이다.

季孫曰 異哉子叔疑. 使己爲政 不用 則亦已矣, 又使其子弟爲卿. 人亦孰不欲富貴. 而獨於富貴之中 有私龍斷焉. 古之爲市也 以其所有易其所無者 有司者治之耳. 有賤丈夫焉 必求龍斷而登之 以左右望而罔市利. 人皆以爲賤 故從而征之. 征商 自此賤丈夫始矣.

"계손이 말하길 '이상하구나! 자숙의는. 정치를 하다가 쓰이지 않으면 그만둘 뿐이지 또 그 아들을 경(卿)을 시키는구나. 사람이 누가 부귀를 원하지 않겠는가? 다만 부귀 가운데서 농단하는 자가 있다'고 했다. 옛날에 시장을 둔 것은 그 있는 것과 없는 것을 바꾸기 위해서로, 관리는 (세금을 걷지 않고) 다스리기만 할 뿐이었다. 그런데 한 비천한 사내가 있어, 반드시 높은 언덕을 찾아 올라가 사방을 살펴 시장의 이익을 싹 쓸어갔다. 사람들이 이를 모두 천하게 여겨 이때부터 세금을 징수했다. 장사에 세금을 매기는 것은 이 비천한 사내로부터 비롯된 것이다."

계손(季孫)과 자숙의(子叔疑)는 누구인지 상고할 수 없다. 조기는 두 사람이 맹자의 제자라고 하며, 季孫曰 異哉. 子叔疑.로 끊어 읽는다. 즉 맹자의 말을 듣고 맹자의 제자인 계손은 "(제가 듣던 바와) 다르군요!"라고 말했고, 자숙은 마음속으로 맹자의 말에 대해 의심을 했다라고 해석하는 것이다. 그러나 조기의 주장에 동의하는 사람은 거의 없다. 농단(龍斷)의 龍은 농(壟)으로 사면이 깎아지른 듯 높이 솟은 언덕을 가리키나, 동사로 쓰여 시장의 이익을 독점하는 것을 의미하기도 한다. 유사자치지이(有司者治之耳)는 관리는 변고가 있나 다스리기만 했지 물건에 세금을 징수하지는 않았다는 말이다. 장부(丈夫)는 성인 남자의 통칭이다. 망(罔)은 망(網)으로 그물로 훑어가듯 싹 훑어가는 것이고, 정(征)은 세금을 매기는 것이다.

11

맹자가 제나라를 떠나 주(晝)에서 머물렀다. 왕을 위해 떠나는 것을 만류하려는 자가 있어 꿇어앉아 말을 했으나 맹자는 상대하지 않고 자리에 기대 누워 있었다. 그 사람이 불쾌해하며 말했다. "제자가 목욕재계한 후에 말씀드리는 것인데, 선생님께서는 누워 듣지 않으시니, 다시는 감히 뵙지 않을까 합니다."

"앉으시오, 내가 당신에게 분명히 말하리다. 옛날에 노나라 목공(繆公)은 자사(子思)의 곁에 사람이 없으면 자사에 대해 안심하지 못했고, 설류(泄柳)와 신상(申詳)은 목공 옆에 사람이 없으면 자기 자신이 안심할 수 없었소. 당신은 나이 든 사람을 위한다고 하나 목공이 자사에게 한 것에도 생각이 미치지 못했소. 그러니 당신이 나이 든 사람을 거절한 것이오? 아니면 나이 든 사람이 당신을 거절한 것이오?"

孟子去齊 宿於晝. 有欲爲王留行者 坐而言. 不應 隱几而臥. 客不悅曰 弟子齊宿而後敢言 夫子臥而不聽 請勿復敢見矣.

맹자가 제나라를 떠나 주에서 머물렀다. 왕을 위해 떠나는 것을 만류하려는 자가 있어 꿇어앉아 말을 했으나 맹자는 상대하지 않고 자리에 기대 누워 있었다. 그 사람이 불쾌해하며 말했다. "제자가 목욕재계한 후에 말씀드리는 것인데, 선생님께서는 누워 듣지 않으시니, 다시는 감히 뵙지 않을까 합니다."

주(晝)는 제나라 도성인 임치(臨淄)의 서남쪽에 있는 읍이다. 은(隱)은 의(倚)로 기대는 것이고, 궤(几)는 안석으로 앉을 때 기대는 물건이다. 객이 앉아 이야기하려는데 안석에 기대 눕는 것은 거절의 뜻을 나타낸 것이다. 재(齊)는 재(齋)로 목욕재계하는 것, 재숙(齊宿)은 목욕재계하고 하룻밤을 보낸 것이다. 그러나 조기는 齊를 경(敬), 宿을 소(素)로 풀어, 齊宿을 평소 존경해 왔다는 뜻으로 해석하고 있다.

曰 坐. 我明語子. 昔者魯繆公無人乎子思之側 則不能安子思, 泄柳申詳 無人乎繆公之側 則不能安其身. 子爲長者慮 而不及子思. 子絶長者乎, 長者絶子乎.

"앉으시오, 내가 당신에게 분명히 말하리다. 옛날에 노나라 목공은 자사의 곁에 사람이 없으면 자사에 대해 안심하지 못했고, 설류와 신상은 목공 옆에 사람이 없으면 자기 자신이 안심할 수 없었소. 당신은 나이 든 사람을 위한다고 하나 목공이 자사에게 한 것에도 생각이 미치지 못했소. 그러니 당신이 나이 든 사람을 거절한 것이오? 아니면 나이 든 사람이 당신을 거절한 것이오?"

명(明)은 '분명히'라는 뜻의 부사다. 노목공(魯繆公)은 노나라의 임금으로 이름은 현(顯)이며 33년간 재위했다. 자사(子思)는 공자의 손자로 이름은 급(伋)이다. 증자에게 배웠으며 『중용(中庸)』의 저자라고 전해진다. 설류(泄柳)는 노나라의 현인으로 「고자하」 6에는 자류(子柳)로 나온다. 신상(申詳)은 공자의 제자인 자장의 아들이라고 한다. 장자(長者)는 여기서는 맹자를 가리킨다. 불급(不及)은 생각이 미치지 못하는 것이다. 노나라 목공은 자사를 존경해, 항상 사람을 시켜 그를 보살펴 자신의 성의를 그에게 전달하는 것으로 그를 편안히 머물게 할 수 있었다. 또 설류와 신상은 목공의 좌우에 어진 자가 있어 목공을 조정하고 보호해야만 자기 자신에 대해 안심할 수 있었다. 그런데 제왕이 시키지도 않았는데 당신이 나서서 그러는 것은, 나를 위한다고는 하나 목공이 자사를 어떻게 대접했는가도 생각하지 못하고 헛된 말로 나를 붙잡으려고 하는 것이다. 이는 내가 당신을 거절한 것이 아니라 당신이 나를 거절한 것이다. 이것이 맹자의 뜻이다.

12

　맹자가 제나라를 떠나자 윤사(尹士)가 사람들에게 말했다. "왕이 탕왕이나 무왕이 될 수 없다는 것을 몰랐다면 이는 밝지 못한 것이요, 알면서도 왔다면 이는 은덕을 구한 것이다. 천 리 길을 와 왕을 만나고는 뜻이 맞지 않는다고 해 떠나면서 주(晝)에서 사흘을 머물렀으니, 이는 왜 이리 지체했나? 나는 이것을 좋아하지 않는다."

　고자(高子)가 알렸다. 맹자가 말했다. "대저 사(士)가 어찌 나를 알겠느냐? 천 리 길을 와 왕을 만난 것은 내가 바란 것이지만, 뜻이 맞지 않아 떠난 것이 어찌 내가 바란 것이겠느냐? 나도 부득이했다. 내가 주에서 사흘이나 머물렀다 떠났지만, 내 마음에는 오히려 빠르다고 여겼다. 왕이 마음을 고치기를 바랐다. 왕이 만일 마음을 고쳤다면 반드시 나를 돌아오게 했을 것이다. 주를 떠났는데도 왕이 나를 쫓아오지 않기에, 나는 그때서야 미련 없이 떠날 생각을 가졌다. 내가 비록 그랬으나 어찌 왕을 버리겠는가? 왕은 아직도 충분히 선을 행할 수 있다. 왕이 만일 나를 쓴다면 어찌 제나라 백성들만 편안하겠는가? 천하의 모든 백성들이 편안할 것이다. 왕이 마음을 고치기를 나는 날마다 바라고 있다. 내가 어찌 그처럼 졸장부이겠는가? 임금에게 간언했다가 받아들여지지 않는다고 노해 얼굴에 화난 기색을 그대로 보이고, 떠날 때는 하루 종일 온 힘을 다해 걸은 다음에야 머무는."

　윤사가 듣고 말했다. "나야말로 정녕 소인이다."

孟子去齊. 尹士語人曰 不識王之不可以爲湯武 則是不明也, 識其不可 然且至 則是干澤也. 千里而見王 不遇故去. 三宿而後出晝 是何濡滯也. 士則茲不悅.

맹자가 제나라를 떠나자 윤사가 사람들에게 말했다. "왕이 탕왕이나 무왕이 될 수 없다는 것을 몰랐다면 이는 밝지 못한 것이요, 알면서도 왔다면 이는 은덕을 구한 것이다. 천 리 길을 와 왕을 만나고는 뜻이 맞지 않는다고 해서 떠나면서 주에서 사흘을 머물렀으니, 이는 왜 이리 지체했나? 나는 이것을 좋아하지 않는다."

윤사(尹士)는 제나라 사람이라고만 알려져 있다. 간(干)은 구(求)로 구하는 것이고, 택(澤)은 은덕이다. 불우(不遇)는 뜻이 맞지 않는 것이고, 유체(濡滯)는 지체하는 것이다. 자불열(茲不悅)은 不悅茲다.

高子以告. 曰 夫尹士惡知予哉. 千里而見王 是予所欲也, 不遇故去 豈予所欲哉. 予不得已也. 予三宿而出晝 於予心猶以爲速. 王庶幾改之. 王如改諸 則必反予. 夫出晝而王不予追也 予然後浩然有歸志. 予雖然 豈舍王哉.

고자가 알렸다. 맹자가 말했다. "대저 사가 어찌 나를 알겠느냐? 천 리 길을 와 왕을 만난 것은 내가 바란 것이지만, 뜻이 맞지 않아 떠난 것이 어찌 내가 바란 것이겠느냐? 나도 부득이했다. 내가 주에서 사흘이나 머물렀다 떠났지만, 내 마음에는 오히려 빠르다고 여겼다. 왕이 마음을 고치기를 바랐다. 왕이 만일 마음을 고쳤다면 반드시 나를 돌아오게 했을 것이다. 주를 떠났는데도 왕이 나를 쫓아오지 않기에, 나는 그때서야 미련 없이 떠날 생각을 가졌다. 내가 비록 그랬으나 어찌 왕을 버리겠는가?"

고자(高子)는 제나라 사람으로 맹자의 제자다. 서기(庶幾)는 바라는 것이다. 개지(改之)의 之에 대해 주희는 반드시 어떤 일을 지칭하는 것이나 지금은 상고할 수 없다고 하고 있다. 즉 왕과 무슨 일이 있어 맹자가 떠났으나 맹자는 왕이 그 일에 대해 마음을 고쳐먹기를 바랐다는 것이다. 그러나 改之를 그냥 마음을 고쳐먹는 것으로 해석해도 무방할 것이다. 호연(浩然)은 주희에 의하면 물이 흘러 멈출 수 없는 것이다.

王由足用爲善. 王如用予 則豈徒齊民安 天下之民擧安. 王庶幾改之 予日望之. 予豈若是小丈夫然哉. 諫於其君而不受 則怒 悻悻然 見於其面 去則窮日之力而後宿哉.
尹士聞之曰 士誠小人也.

"왕은 아직도 충분히 선을 행할 수 있다. 왕이 만일 나를 쓴다면 어찌 제나라 백성들만 편안하겠는가? 천하의 모든 백성들이 편안할 것이다. 왕이 마음을 고치기를 나는 날마다 바라고 있다. 내가 어찌 그처럼 졸장부이겠는가? 임금에게 간언했다가 받아들여지지 않는다고 노해 얼굴에 화난 기색을 그대로 보이고, 떠날 때는 하루 종일 온 힘을 다해 걸은 다음에야 머무는."
윤사가 듣고 말했다. "나야말로 정녕 소인이다."

유(由)는 유(猶)로 '오히려', '아직도'다. 족용(足用)은 족이(足以)다. 用과 以는 서로 통용된다. 맹자가 제왕이 아직도 족히 선을 행할 수 있다고 한 것에 대해 주희는 다음과 같은 양시(楊時)의 말을 인용하고 있다. "제왕은 타고난 자질이 질박하고 성실해, 용맹을 좋아하고 재물을 좋아하며 색을 좋아하고 세속의 음악을 좋아하는 것과 같은 것들을 모두 맹자에게 솔직히 말하고 숨기지 않았다. 그러니 족히 선을 행할 수 있다. 만일 그 마음은 그렇지 않으면서 거짓으로 큰소리를 쳐 사람을 속인다면, 이런 사람은 끝내 함께 요순의 길에 들어설 수 없으니 어찌 선을 행할 수 있겠는가?" 도(徒)는 '단지 ~만', 거(擧)는 '모두'다. 행행연(悻悻然)은 주희에 의하면 노한 뜻(怒意)이다. 그러나 조기는 『논어』「자로」편의 "갱갱연소인재(硜硜然小人哉)"를 '悻悻然小人哉'로 인용하고 있다. 조기를 따르면 悻悻然은 고지식하고 융통성이 없는 것을 나타낸다. 현(見)은 드러내는 것이다. 궁일지력(窮日之力)은 하루 종일 온 힘을 다하는 것으로, 한 걸음이라도 더 멀리 떨어지기 위해 온 힘을 다해 부지런히 걷는 것이다.

13

　맹자가 제나라를 떠나자 충우가 길에서 물었다. "선생님께서는 불쾌한 기색이 있는 듯합니다. 전에 제가 선생님으로부터 듣기로는 '군자는 하늘을 원망하지 않으며 사람을 탓하지도 않는다'고 하셨습니다."
　"그때는 그때고 지금은 지금이다. 오백 년이면 반드시 왕자(王者)가 일어나는데, 그 사이에 반드시 세상에 이름을 떨칠 사람이 있다. 주나라 이래 칠백여 년이 지났다. 그 연수로는 이미 지났으니, 그 시기를 생각하면 나타날 만하다. 대저 하늘은 천하를 태평하게 다스리려고 하지 않는 것 같다. 만일 태평하게 다스리려고 한다면 지금 세상에 나를 빼놓고 누구란 말이냐? 내 어찌하여 불쾌해하겠는가?"

孟子去齊. 充虞路問曰 夫子若有不豫色然. 前日虞聞諸夫子曰 君子不怨天 不尤人.
曰 彼一時 此一時也. 五百年必有王者興 其間必有名世者. 由周而來 七百有餘歲矣. 以其數則過矣 以其時考之則可矣. 夫天 未欲平治天下也, 如欲平治天下 當今之世 舍我其誰也? 吾何爲不豫哉.

　노문(路問)은 길을 가는 중에 묻는 것이다. 예(豫)는 열(悅)로 '기뻐하다', '즐거워하다'의 뜻이다. 불원천불우인(不怨天不尤人)은 공자의 말로 『논어』 「헌문」편에 실려 있다. 아마 맹자가 제자들과 대화하는 도중 인용한 모양이다. 피일시차일시(彼一時此一時)를 조기는 "옛날의 성현이 나타난 그때도 때가 있는 것이요, 지금 이때도 역시 그 한때다"라고 풀이한다. 즉 지금 이때가 바로 성현이 나타나야 할 때라는 말이다. 그러나 대부분은 "그때(不怨天不尤人을 말할 때)는 그때고 지금은 지금이다"는 의미로 해석한다. 명세(名世)는 명세(命世)로 왕자(王者)를 보좌할 신하를 가리킨다. 유주이래(由周而來)의 由는 자(自), 而來는 이래(以來)다. 주나라가 천하를 얻은 문왕, 무왕 때부터 맹자의 시대까지는 대략 칠백 몇 십 년의 세월이다. 수(數)는 연수(年數), 햇수다.

●

맹자의 자긍심이 대단하다. 공자도 不怨天不尤人을 말하면서 "아래로부터 배워 위로 통달했으니, 나를 알아주는 것은 아마 하늘일까?"라고 자기 인생에 대한 강한 긍지를 나타냈지만, 맹자처럼 천하를 태평하게 할 사람은 자기밖에 없다고 할 정도는 아니었다. 맹자의 이렇게 튀는 모습이 후학들에게는 아마 말과 행동에 모가 난 것(圭角)으로 보였던 것 같다. 주희는 『맹자집주』 서설(序說)에서 다음과 같은 정이천(程伊川)의 말로 자신의 이런 생각을 나타내고 있다. "맹자는 영기(英氣)가 있는데, 조금이라도 영기가 있으면 곧 규각(圭角)이 생기니, 영기는 일에 매우 해롭다. 안자(顔子, 안회)는 혼후(渾厚)하여 이와 다르니 성인(공자)과의 차이가 머리카락 하나다. 맹자는 대현(大賢)으로 아성(亞聖, 안회를 가리킴)의 다음이다."

그러나 어찌 생각하면 공자나 안회와 맹자는 시대가 달라 그 처신도 또한 다를 수밖에 없었던 것은 아닌가 하는 생각도 든다. 공자나 안회가 살던 춘추시대와 맹자가 살던 전국시대는 그 삶의 각박함에서 비교가 되지 않는다. '전쟁하는 국가'라는 뜻의 戰國이라는 말에서 느낄 수 있듯이 백성들 삶의 고초는 아마 상상을 극했으리라. 이런 상황은 맹자의 사명감을 부채질했을 것이고, 그 불타는 사명감은 맹자로 하여금 더욱 적극적으로 자신의 입장을 주장하고 홍보하게 만들었을 것이다. 게다가 온갖 사상이 쟁명(爭鳴)하고, 맹자가 생각하기에 이단이고 요설인 학설들이 세상을 주름잡고 있던 당시의 현실 또한 맹자로 하여금 자신의 주장이 받아들여지면 다행이고 아니면 말지 식의 소극적인 자세로 임하게 하지는 못하게 만들었을 것이다. 그런 자세는 바로 패배를 의미하게 되고, 패배는 자신이 틀렸다는 것을 의미하게 되기 때문이다. 맹자가 자기를 따르는 후대 학자들에게서조차 규각(圭角)이라고 불릴 정도로 자만에 가득차고 독선적이며, 때로는 칼날처럼 날카롭고 독설적인 변설을 상대에게 가한 것도 그 시대 사정상 다 그럴 수밖에 없었기 때문이었다.

14

 맹자가 제나라를 떠나 휴(休)에서 머무는데 공손추가 물었다. "벼슬을 하면서도 녹을 받지 않는 것이 옛날의 법도입니까?"
 "아니다. 숭에서 왕을 볼 수 있었다. 그런데 물러나오면서 떠날 생각이 들어, 그 생각을 바꾸고 싶지 않아 녹을 받지 않았다. 계속해서 군대에 동원령이 내려 청할 수 없었다. 제나라에서 오래 머물렀던 것은 내 뜻이 아니었다."

孟子去齊 居休. 公孫丑問曰 仕而不受祿 古之道乎.
曰 非也. 於崇 吾得見王. 退而有去志. 不欲變 故不受也. 繼而有師命 不可以請. 久於齊 非我志也.

 휴(休)는 지명으로 염약거의 『사서석지속(四書釋地續)』에 의하면 맹자의 집에서 백여 리 떨어진 곳이라고 한다(초순의 『맹자정의』에서 인용). 숭(崇) 또한 지명이나 어디인지는 알 수 없다. 불욕변(不欲變)을 조기는 "마음으로는 떠나기로 했으나 바로 떠나려 하지 않은 것은 (바로 떠나면) 괴이하게 여겨 비난을 너무 심하게 받을 것이라, 그래서 오래도록 머물렀다"로 풀이한다. 즉 變을 변궤(變詭), 즉 이상하게 여기는 것으로 해석한 것이다. 그러나 주희를 위시하여 대부분은 그 마음을 바꾸는 것으로 해석한다. 사명(師命)은 군대를 출동시키라는 명령이다.

등문공장구상

滕文公章句上

백성이 살아가는 도는, 일정하게 먹고살 방도가 있어야 떳떳한 마음이 있고 일정하게 먹고살 방도가 없으면 떳떳한 마음도 없는 법입니다.

1

    등문공(滕文公)이 세자가 되어 초나라로 가면서 송나라를 지나가다 맹자를 만났다. 맹자는 성(性)이 선함을 말했는데, 말을 할 때마다 꼭 요순을 언급했다. 세자가 초나라에서 돌아갈 때 다시 맹자를 만났다. 맹자가 말했다. "세자께서는 내 말을 의심하십니까? 무릇 도는 하나일 뿐입니다. 성간(成覵)이 제경공(齊景公)에게 이렇게 말했습니다. '그도 장부요 나도 장부인데 내가 왜 그를 두려워하나?' 안연은 이렇게 말했습니다. '순은 누구이며 나는 누구인가? 뜻있는 일을 하는 사람은 또한 이와 같다.' 공명의(公明儀)도 이렇게 말했습니다. '문왕이 나의 스승인데 주공이 나를 속이겠는가?' 지금 등나라는 긴 곳을 잘라 짧은 곳에 보태면 사방이 오십 리니 아직도 좋은 나라가 될 수 있습니다. 서에 말하길 '만일 약을 먹고 명현(瞑眩)이 일어나지 않으면 그 병은 나을 수 없다'고 했습니다."

滕文公爲世子 將之楚 過宋而見孟子. 孟子道性善 言必稱堯舜.
등문공이 세자가 되어 초나라로 가면서 송나라를 지나가다 맹자를 만났다. 맹자는 성(性)이 선함을 말했는데, 말을 할 때마다 꼭 요순을 언급했다.

당시 송나라가 상구(商邱)에서 팽성(彭城, 지금의 장쑤江蘇성 쉬저우徐州)으로 도읍을 옮겼기 때문에 등문공이 초나라로 가려면 반드시 팽성을 거쳐야만 했다. 도성선(道性善)의 道는 말하는 것이고, 性은 주희에 의하면 사람이 하늘로부터 받아가지고 태어나는 이치다. 이 이치는 혼연(渾然)하고 지극히 선해 일찍이 악(惡)이란 없다. 사람들과 요순도 처음에는 조금도 다르지 않으나, 다만 뭇사람들은 사욕에 빠져 그것을 잃었고, 요순은 사욕에 가려지는 일이 없기 때문에 능히 그것을 충만하게 할 수 있었을 뿐이다. 이상은 주희의 해설로, 性을 理로 보는 성리학 특유의 해설이다. 다산은 性이 인간의 타고난 기호(嗜好)를 주로 말하는 것이라고 하고 있다. 성선설에 관해서는 「고자상」편에 자세히 보인다.

世子自楚反 復見孟子. 孟子曰 世子疑吾言乎. 夫道一而已矣. 成覸謂齊景公曰 彼丈夫也 我丈夫也 吾何畏彼哉. 顔淵曰 舜何人也 予何人也 有爲者亦若是. 公明儀曰 文王我師也 周公豈欺我哉.

세자가 초나라에서 돌아갈 때 다시 맹자를 만났다. 맹자가 말했다. "세자께서는 내 말을 의심하십니까? 무릇 도는 하나일 뿐입니다. 성간이 제경공에게 이렇게 말했습니다. '그도 장부요 나도 장부인데 내가 왜 그를 두려워하나?' 안연은 이렇게 말했습니다. '순은 누구이며 나는 누구인가? 뜻 있는 일을 하는 사람은 또한 이와 같다.' 공명의도 이렇게 말했습니다. '문왕이 나의 스승인데 주공이 나를 속이겠는가?'"

세자가 초나라에서 돌아갈 때 맹자를 다시 찾은 것은 맹자의 말에 미진한 것이 있다고 느꼈기 때문이다. 그것을 눈치 챈 맹자가 무릇 도는 하나뿐이라고 다시 밝힌 것이다. 도가 하나뿐이라는 것은, 주희에 의하면 고금의 성현이나 어리석은 백성이나 모두 같은 성에 근본하고 있다는 말이다. 즉 모두 그 타고난 성이 착하다는 말이다. 그러나 이토 진사이는 도는 인의(仁義)

하나뿐이라는 뜻이라고 하고 있다.

성간(成覸)은 사람 이름이나 그가 누구인지는 알려진 바가 없다. 피장부야 아장부야(彼丈夫也 我丈夫也)의 彼가 누구를 가리키는가에 대해 조기는 제경공을, 주희는 옛 성현들을 가리킨다고 하고 있다. 누가 옳은지는 알 수 없으나, 성간이란 사람은 조기를 따른다면 용감한 사람, 주희를 따른다면 현명한 사람일 것이다. 유위자(有爲者)는 훌륭한 일, 할 만한 일을 하는 자다. 조기는 유위자역약시(有爲者亦若是)를 맹자의 말로 본다. 즉 훌륭한 일을 하는 자는 안연이나 성간과 같을 것이라는 말이다. 그러나 대부분은 위 두 구절과 함께 안연의 말로 본다. 공명의(公明儀)는 중국 고대 노나라의 현인이다. 문왕아사야(文王我師也)를 주희는 주공의 말로 추측하고 있다. 즉 주공이 문왕을 자기의 스승으로 삼은 것처럼 자기도 주공을 따라 문왕을 스승으로 삼아야겠다고 다짐하며, 설마 그 말을 한 주공이 자기를 속이겠냐고 반문한 것으로 보는 것이다. 그러나 조기는 공명의가 문왕은 자기의 스승이요, 주공은 자기가 믿고 본받을 사람이라고 말한 것으로 풀이하고 있다.

맹자는 무릇 도는 하나뿐이라고 한 후, 재차 이 세 사람의 이야기를 예로 들며 순임금이나 문왕 같은 옛 성인들도 모두 우리와 다를 바가 조금도 없으니, 돈독히 믿고 열심히 실행하면 그와 같이 될 수 있음을 밝혔다.

今滕 絶長補短 將五十里也 猶可以爲善國. 書曰 若藥不瞑眩 厥疾不瘳.

"지금 등나라는 긴 곳을 잘라 짧은 곳에 보태면 사방이 오십 리니 아직도 좋은 나라가 될 수 있습니다. 서에 말하길 '만일 약을 먹고 명현이 일어나지 않으면 그 병은 나을 수 없다'고 했습니다."

절장보단(絶長補短)은 긴 곳을 잘라 짧은 곳을 보탠다는 뜻이다. 서(書)의 내용은 지금의 『상서』 「열명상(說命上)」편에 보이나 조기는 전해지지 않는다고 하고 있다. 이미 조기 때인 동한(東漢) 때에 실전된 것을 동진 때 매색(梅賾)이 『위고문상서(僞古文尙書)』를 만들면서 집어넣은 것으로 생각된다. 명현(瞑眩)은 눈앞이 컴컴하고 어질어질한 것이고, 추(瘳)는 병이 낫는 것이다. 중한 병에 약을 쓰면 약이 병을 공격하느라 눈앞이 컴컴하고 어질어질한 증상이 나타나는데, 그렇지 않으면 병이 낫지 않는다고 한다. 명현을 두려워하면 병이 낫지 않듯이 비근함에 안주하면 선을 행할 수 없는 것이다.

2

 등정공(滕定公)이 죽었다. 세자가 연우(然友)에게 말했다. "전에 제가 맹자와 송나라에서 이야기를 나눈 적이 있었는데, 마음에 끝내 잊혀지지 않습니다. 지금 불행히도 큰일을 당하니, 선생님께서 맹자에게 물어보고 온 다음에 일을 치르고 싶습니다."

 연우가 추에 가 맹자에게 물었다. 맹자가 말했다. "또한 좋지 않습니까? 부모의 상에는 원래 자신의 정성을 다하는 것입니다. 증자가 말하길 '살아 계시면 예로 섬기고, 돌아가시면 예로 장사를 치르며, 예로 제사를 지낸다면, 효(孝)라고 할 수 있다'고 했습니다. 제후의 예를 내가 배우지는 못했으나 일찍이 듣기는 했습니다. 삼년상에 자최(齊衰)의 복식을 입고 묽은 죽을 마시는 것은 천자로부터 서인에 이르기까지 삼대(三代)가 다 같이 해왔습니다."

 연우가 돌아와 복명하여 삼년상으로 하기로 결정했다. 그러자 종친과 관리들이 모두 반대해 말했다. "우리의 종국(宗國)인 노나라의 선대 임금 아무도 하지 않았고, 우리 선대 임금 아무도 하지 않았는데, 당신 대에 이르러 이를 뒤집는 것은 안 됩니다. 또 기록에 쓰여 있기를 '상례와 제례는 선조를 따른다'고 되어 있습니다. 우리들도 선조로부터 받은 바가 있습니다."

 (세자가) 연우에게 말했다. "제가 일찍이 학문을 하지 않고 말을 달리고 칼을 쓰기를 좋아했습니다. 이제 종친과 관리들이 나에 대해 흡족해하지 않으니, 큰일을 다할 수 없을까 두렵습니다. 선생님께서 저를 대신해 맹자

께 물어주십시오."

연우가 다시 추로 가 맹자에게 물었다. 맹자가 말했다. "그렇습니다. (이 일은) 다른 사람에게서 구할 수 없는 것입니다. 공자께서는 이렇게 말씀하셨습니다. '임금이 돌아가시면 정사는 재상에게 맡긴다. 죽을 마시고 얼굴이 아주 검은 색이 되어 자리에 나아가 곡을 하면, 모든 벼슬아치들이 감히 슬퍼하지 않을 수 없으니 이는 솔선수범하기 때문이다.' 위에서 좋아하면 아래에는 그보다 더 심한 것이 있습니다. 군자의 덕은 바람이요 소인의 덕은 풀이라, 풀 위로 바람이 불면 눕는 법입니다. 이 일은 세자에게 달려 있습니다."

연우가 돌아와 복명했다. 세자가 말했다. "그렇습니다. 이 일은 정녕 나에게 달려 있습니다."

다섯 달을 여막(廬幕)에서 지내면서 명령이나 훈계를 내리지 않았다. 종친과 관리들이 세자가 삼년상을 치를 수 있음을 이제야 알았다고 말할 수 있었다. 장례를 지내게 되자 사방에서 와서 보았는데, 안색이 슬프고 곡이 애절한 것을 보고는 조문을 하는 사람들이 모두 흡족해했다.

滕定公薨. 世子謂然友曰 昔者孟子嘗與我言於宋 於心終不忘. 今也不幸至於大故 吾欲使子問於孟子 然後行事.
然友之鄒問於孟子. 孟子曰 不亦善乎. 親喪固所自盡也. 曾子曰 生事之以禮, 死 葬之以禮, 祭之以禮 可謂孝矣. 諸侯之禮 吾未之學也. 雖然 吾嘗聞之矣. 三年之喪 齊疏之服 飦粥之食 自天子達於庶人 三代共之.

등정공이 죽었다. 세자가 연우에게 말했다. "전에 제가 맹자와 송나라에서 이야기를 나눈 적이 있었는데, 마음에 끝내 잊혀지지 않습니다. 지금 불행히도 큰일을 당하니, 선생님께서 맹자에게 물어보고 온 다음에 일을 치르고 싶습니다."

연우가 추에 가 맹자에게 물었다. 맹자가 말했다. "또한 좋지 않습니까? 부모의 상에는 원래 자신의 정성을 다하는 것입니다. 증자가 말하길 '살아 계시면 예로 섬기고, 돌아가시면 예로 장사를 치르며, 예로 제사를 지낸다면, 효라고 할 수 있다'고 했습니다. 제후의 예를 내가 배우지는 못했으나 일찍이 듣기는 했습니다. 삼년상에 자최의 복식을 입고 묽은 죽을 마시는 것은 천자로부터 서인에 이르기까지 삼대가 다 같이 해왔습니다."

등정공(滕定公)은 등문공의 아버지다. 훙(薨)은 제후의 죽음을 가리키는 말이다. 참고로 천자의 죽음은 붕(崩)이라고 한다. 연우(然友)는 조기에 의하면 세자의 사부다. 대고(大故)는 '중대한 사고, 변고'란 뜻으로 여기서는 부친상을 말한다. 자진(自盡)은 스스로 정성을 다하는 것이다. 『논어』「자장」편에는 "내가 선생님으로부터 듣기를 '사람이 스스로 진심을 다하는 것은 없다. 그러나 굳이 있다면 부모의 상을 당했을 때일 것이다'"라는 증자의 말이 소개되어 있다. 맹자의 말은 아마 이것과 연관 있을 것이다. 다만 『논어』에는 自盡이 자치(自致)로 쓰여 있다. 생사지이례 사장지이례 제지이례(生事之以禮 死葬之以禮 祭之以禮)는 『논어』「위정」편에는 공자의 말로 기록되어 있다.

자소(齊疏)의 齊는 상복의 아랫단을 꿰매는 것이고, 疏는 거친 베로 만든 상복을 뜻한다. 상복의 아랫단을 꿰매 입는 상복을 자최라고 하며 어머니 상에 입는다. 아랫단을 꿰매지도 않고 입는 상복은 참최(斬衰)라고 하며 아버지상에 입는다. 그러나 여기서는 그냥 상복을 뜻한다. 전(飦)은 된 죽, 죽(粥)은 묽은 죽이다. 부모의 상을 당한 슬픔에 밥이 제대로 먹히지 않아 죽을 먹는 것이다.

然友反命 定爲三年之喪. 父兄百官皆不欲曰 吾宗國魯先君莫之行 吾先君亦莫之行也 至於子之身而反之 不可. 且志曰 喪祭從先祖. 曰 吾有所受之也.

연우가 돌아와 복명하여 삼년상으로 하기로 결정했다. 그러자 종친과 관리들이 모두 반대해 말했다. "우리의 종국인 노나라의 선대 임금 아무도 하지 않았고, 우리 선대 임금 아무도 하지 않았는데, 당신 대에 이르러 이를 뒤집는 것은 안 됩니다. 또 기록에 쓰여 있기를 '상례와 제례는 선조를 따른다'고 되어 있습니다. 우리들도 선조로부터 받은 바가 있습니다."

부형백관(父兄百官)의 父兄은 동성의 신하, 百官은 이성의 신하다. 종국노(宗國魯)는 노나라와 등나라가 모두 문왕의 아들들이 분봉받은 나라이나, 노나라의 시조 주공이 등나라의 시조 숙수(叔繡)보다 연배가 위였기 때문에 등나라가 노나라를 종국으로 받든 것이다. 지(志)는 옛날의 기록이다. 오유소수지야(吾有所受之也)는 부형백관의 말이다. 즉 상례와 제례는 선조의 법을 따른다고 옛 기록에 있는 것처럼 우리들도 선조로부터 전수받은 바가 있다는 뜻이다. 조기의 책에는 이 말을 세자의 말로 보아 "나도 맹자로부터 전수받은 바가 있다"는 뜻으로 해석하는 일설이 소개되어 있는데 따르기 어렵다.

謂然友曰 吾他日未嘗學問 好馳馬試劍. 今也父兄百官不我足也 恐其不能盡於大事 子爲我問孟子.
然友復之鄒問孟子. 孟子曰 然. 不可以他求者也. 孔子曰 君薨 聽於冢宰. 歠粥 面深墨. 卽位而哭 百官有司 莫敢不哀 先之也. 上有

好者 下必有甚焉者矣. 君子之德 風也, 小人之德 草也. 草尙之風 必偃. 是在世子.

(세자가) 연우에게 말했다. "제가 일찍이 학문을 하지 않고 말을 달리고 칼을 쓰기를 좋아했습니다. 이제 종친과 관리들이 나에 대해 흡족해하지 않으니, 큰일을 다할 수 없을까 두렵습니다. 선생님께서 저를 대신해 맹자께 물어주십시오."

연우가 다시 추로 가 맹자에게 물었다. 맹자가 말했다. "그렇습니다. (이 일은) 다른 사람에게서 구할 수 없는 것입니다. 공자께서는 이렇게 말씀하셨습니다. '임금이 돌아가시면 정사는 재상에게 맡긴다. 죽을 마시고 얼굴이 아주 검은 색이 되어 자리에 나아가 곡을 하면, 모든 벼슬아치들이 감히 슬퍼하지 않을 수 없으니 이는 솔선수범하기 때문이다.' 위에서 좋아하면 아래에는 그보다 더 심한 것이 있습니다. 군자의 덕은 바람이요 소인의 덕은 풀이라. 풀 위로 바람이 불면 눕는 법입니다. 이 일은 세자에게 달려 있습니다."

불아족(不我足)은 나에게 만족해하지 않는 것이다. 총재(冢宰)는 백관의 우두머리인 재상이다. 군훙청어총재(君薨聽於冢宰)는 임금이 죽으면 그 뒤를 잇는 임금은 온갖 정사를 재상에게 맡기고 자신은 상례에만 집중한다는 말로, 『논어』「헌문」편에도 비슷한 말이 기록되어 있다. 철(歠)은 음(飮)으로 마시는 것이다. 심묵(深墨)은 심흑(甚黑)으로 죽만 마셔 얼굴색이 시커멓게 변한 것이다. 즉위(卽位)의 卽은 나아가는 것이고, 位는 상주 자리다. 선지(先之)는 솔선수범하는 것이다. 군자지덕풍야 소인지덕초야 초상지풍필언(君子之德風也, 小人之德草也. 草尙之風必偃)은 『논어』「안연」편에도 보인다. 다만 『논어』에는 상(尙)이 상(上)으로 되어 있는데, 모두 가(加)로, 가한다는 뜻이다. 언(偃)은 눕는 것이다. 풀이 바람 따라 눕듯이 소인은 군자가 하는 대로 따라한다는 말이다.

然友反命. 世子曰 然. 是誠在我.

五月居廬 未有命戒. 百官族人可謂曰知. 及至葬 四方來觀之 顔色之戚 哭泣之哀 弔者大悅.

연우가 돌아와 복명했다. 세자가 말했다. "그렇습니다. 이 일은 정녕 나에게 달려 있습니다"

다섯 달을 여막에서 지내면서 명령이나 훈계를 내리지 않았다. 종친과 관리들이 세자가 삼년상을 치를 수 있음을 이제야 알았다고 말할 수 있었다. 장례를 지내게 되자 사방에서 와서 보았는데, 안색이 슬프고 곡이 애절한 것을 보고는 조문을 하는 사람들이 모두 흡족해했다.

오월거려(五月居廬)는 제후가 죽으면 다섯 달이 지난 후 장례를 치르는데, 그동안 상주가 임시로 지은 여막에서 기거하는 것을 일컬은 말이다. 미유명계(未有命戒)는 상을 치르는 동안 말을 하지 않아 명령이나 금령을 내리지 않은 것이다. 가위왈지(可謂曰知)에 대해 주희는 빠진 글자나 잘못된 글자가 있는 것 같다고 하면서도 "모두들 세자가 예를 안다고 말했다"는 혹자의 설을 부연하고 있다. 조기는 "이성과 동성의 신하들이 '세자가 능히 예를 행할 수 있음을 알았다'고 말할 수 있었다"고 해석한다. 여기서는 조기를 따랐다.

●

삼년상에 대해 유가에서는 상고시대부터 전해 내려온 법이라고 하고 있으나 확인하기 어렵다. 여기서도 소위 예의 나라라는 노나라에서조차 삼년상이 제대로 지켜지지 않았음을 확인할 수 있다. 다만 『논어』「양화」편에 공자가 삼년상에 대해 언급한 바가 실려 있다. 거기서 공자는 일년상을 주장하는 자신의 제자 재아(宰我)에게 "자식이 태어난 지 삼 년이 지난 후에야 부모 품에서 벗어난다. 따라서 삼년상은 천하에 공통된 상례다"라고 말하고 있다. 즉 부모 품에서 삼 년 간 보살핌을 받았기 때문에 삼년상을 해야 한다는 것이다. 이후 부모의 상을 삼 년으로 치러야 한다는 것은 누구도 거역할 수 없는 만고의 법이 되었으나 실제 생활에서 제대로 지켜지지는 않았다. 현실생활이 그것을 허용하지 않았기 때문이다. 일상이어야 할 삼년상이 거꾸로 그것을 지키는 사람이 칭찬받는 기이한 일이 되고 만 것이다.

3

등문공이 나라를 다스리는 것에 대해 물었다. 맹자가 말했다. "백성의 일은 늦출 수 없습니다. 시에 말하길 '낮에는 띠풀을 베고 밤에는 새끼를 꼬자. 서둘러 지붕을 올려야 비로소 온갖 곡식을 심을 수 있네'라고 했습니다.

백성이 살아가는 도는, 일정하게 먹고살 방도가 있어야 떳떳한 마음이 있고 일정하게 먹고살 방도가 없으면 떳떳한 마음도 없는 법입니다. 정녕 떳떳한 마음이 없으면 방자하고 편벽되고 사악하고 사치한 일들을 하지 않는 것이 없습니다. 그래서 죄에 빠져들게 되면 따라서 형벌을 가하니 이는 백성을 그물질하는 것입니다. 어찌 어진 사람이 자리에 있으면서 백성을 그물질할 수 있습니까? 이런 까닭에 현명한 임금은 반드시 공손하고 검소해서 아랫사람을 예로 대하고 백성으로부터 거두는 것을 절제했습니다. 양호(陽虎)는 이렇게 말했습니다. '부자가 되려니 어질지 못하게 되고 어질자니 부자가 못 된다.'

하후씨(夏后氏)는 오십 무(畝)에 공(貢)을 실시했고, 은나라는 칠십 무에 조(助)를 실시했으며, 주나라는 백 무에 철(徹)을 실시했는데, 실제로는 모두 십분의 일이었습니다. 철이란 것은 두루 통한다는 뜻이고 조라는 것은 빌린다는 뜻입니다. 용자(龍子)는 이렇게 말했습니다. '토지를 다스리는 데 조보다 좋은 것이 없고 공보다 나쁜 것이 없다.' 공이란 것은 몇 년 동안의 평균을 헤아려 그것을 기준으로 삼는 것입니다. 풍년에는 곡식이 남아돌아, 많이 거둬들여도 토색한다고 하지 않는데도 적게 거둡니다. 흉년에는 밭에 있는 것을 깨끗이 다 쓸어 담아도 부족할 판인데, 기준을 다 채워 거둬갑니다. 백성의 부모가 되어 백성을 쉬지도 못하게 하고 고생시키면서, 일 년 내내 힘들여 일해도 부모를 모실 수 없는 판에 또 빚을 내 세금을 채우게 하니, 노인이나 어린애들의 시체가 도랑에 굴러다니게 한다면, 그 어디에 백성의 부모됨이 있습니까?

무릇 공신에게 대대로 봉록을 주는 것은 등나라가 본래 실행하고 있는 것입니다. 시에 '우리 공전(公田)에 비를 내리고 내 사전(私田)에도 미치도록 하소서'라고 했습니다. 오직 조에만 공전이 있는데, 이로써 보면 주나라도 또한 조입니다.

상서(庠/序)와 학교를 설치해 가르칩니다. 상(庠)은 기른다(養)는 뜻이고, 교(校)란 가르친다(敎)는 뜻이며, 서(序)는 활을 쏜다(射)는 뜻입니다. 하나라에서는 교라고 했고, 은나라에서는 서라고 했으며, 주나라에서는 상이라고 했는데, 학은 삼대가 같이한 것으로 모두 인륜을 밝히기 위한 것입니다. 인륜이 위에서 밝혀지면 백성들이 밑에서 친해집니다.

만일 왕자(王者)가 일어난다고 해도 반드시 와서 배워갈 것이니, 이는 왕자의 스승이 되는 것입니다. 시에서 말하길 '주나라가 비록 오래된 나라이나 그 천명은 새롭다'고 했으니 이는 문왕을 일컬은 것입니다. 당신께서 힘써 행하시면 당신 나라를 또한 새롭게 할 것입니다."

(등문공이) 필전(畢戰)을 시켜 정전제(井田制)에 대해 물었다. 맹자가 말했다. "당신의 임금께서 장차 어진 정치를 베풀고자 당신을 골라 시켰으니 꼭 열심히 해야 합니다. 무릇 어진 정치란 반드시 토지의 경계에서부터 시작해야 합니다. 경계가 바르지 않으면 정전의 토지가 고르지 않게 되고 녹봉이 공평하지 못하게 됩니다. 이런 까닭에 폭군과 탐관오리들이 토지의 경계 문제를 태만히 하는 것입니다. 경계가 정해지고 나면 땅을 나누고 녹봉

을 제정하는 것은 앉아서도 결정할 수 있습니다.

대저 등나라가 땅은 좁지만, 군자도 있을 것이고 야인도 있을 것입니다. 군자가 없다면 야인을 다스릴 수 없고, 야인이 없다면 군자를 봉양할 수 없습니다.

청컨대 야(野)에서는 구분의 일로 조(助)를 시행하고, 국(國)에서는 십분의 일로 공법을 시행해 스스로 납부하게 합니다. 경(卿) 이하에게 반드시 규전(圭田)을 지급하되, 오십 무로 합니다. 여부(餘夫)에게는 이십오 무를 지급합니다. 죽거나 이사를 가더라도 마을을 떠날 수 없습니다. 마을의 농지에서 정(井)을 같이하는 자들끼리 출입할 때 서로 돕고, 망보고 지킬 때 서로 도우며, 병이 났을 때 서로 부조한다면, 백성들이 친목해질 것입니다. 사방 일 리를 정으로 하면 한 정은 구백 무가 되는데, 그 가운데가 공전(公田)입니다. 여덟 집이 각각 사전(私田) 백 무를 경작하며 함께 공전을 경작합니다. 공전의 일이 끝나야 감히 사전의 일을 할 수 있습니다. 이것으로 (군자와) 야인을 구분합니다. 이는 그 대략입니다. 이를 상황에 맞게 잘 조정하는 것은 임금과 당신에게 달려 있습니다."

滕文公問爲國. 孟子曰 民事不可緩也. 詩云 晝爾于茅 宵爾索綯. 亟其乘屋 其始播百穀.

등문공이 나라를 다스리는 것에 대해 물었다. 맹자가 말했다. "백성의 일은 늦출 수 없습니다. 시에 말하길 '낮에는 띠풀을 베고 밤에는 새끼를 꼬자. 서둘러 지붕을 올려야 비로소 온갖 곡식을 심을 수 있네'라고 했습니다."

민사(民事)는 주희에 의하면 농사다. 그러나 그냥 백성에 관한 일이라고 해도 무방할 것이다. 완(緩)은 늦추고 게을리하는 것이다. 시는 『시경』「빈풍(豳風)」칠월(七月)편이다. 이(爾)는 너라는 뜻의 여(汝)로 해석하는 사람도 있고 그냥 의미 없는 어조사로 읽는 사람도 있다. 우모(于茅)의 于는 가서 베다, 茅는 띠풀이다. 소(宵)는 밤, 삭(索)은 꼬는 것, 도(綯)는 새끼줄이다. 극(亟)은 급(急)으로 서두르는 것, 승(乘)은 승(升)으로 올리는 것, 옥(屋)은 지붕이다. 시의 뜻은 농사철이 시작되면 지붕을 올릴 여가가 없으니 지금 서둘러 지붕을 올리자는 것이다.

民之爲道也 有恆産者有恆心 無恆産者無恆心. 苟無恆心 放辟邪侈 無不爲已. 及陷乎罪 然後從而刑之 是罔民也. 焉有仁人在位 罔民而可爲也.

"백성이 살아가는 도는, 일정하게 먹고살 방도가 있어야 떳떳한 마음이 있고 일정하게 먹고살 방도가 없으면 떳떳한 마음도 없는 법입니다. 정녕 떳떳한 마음이 없으면 방자하고 편벽되고 사악하고 사치한 일들을 하지 않는 것이 없습니다. 그래서 죄에 빠져들게 되면 따라서 형벌을 가하니 이는 백성을 그물질하는 것입니다. 어찌 어진 사람이 자리에 있으면서 백성을 그물질할 수 있습니까?"

「양혜왕상」편 7장에 이미 나왔다.

是故賢君必恭儉 禮下 取於民有制. 陽虎曰 爲富不仁矣 爲仁不富矣.

"이런 까닭에 현명한 임금은 반드시 공손하고 검소해서 아랫사람을 예로 대하고 백성으로부터 거두는 것을 절제했습니다. 양호는 이렇게 말했습니다. '부자가 되려니 어질지 못하게 되고 어질자니 부자가 못 된다.'"

취어민유제(取於民有制)는 백성으로부터 거둬들이는 데 절제함이 있는 것이다. 임금이 공손하면 아랫사람을 예로써 대하고 검소하면 백성으로부터 거두는 것을 절제하기 마련이다. 양호(陽虎)는 노나라의 권신(權臣)인 계씨(季氏)의 가신으로 「등문공하」 7과 『논어』 「양화(陽貨)」편에는 陽貨로 되어 있다. 양호의 말은 부와 인이 양립하지 못함을 말하고 있다.

夏后氏五十而貢 殷人七十而助 周人百畝而徹 其實皆什一也. 徹者 徹也, 助者 藉也.
"하후씨는 오십 무에 공을 실시했고, 은나라는 칠십 무에 조를 실시했으며, 주나라는 백 무에 철을 실시했는데, 실제로는 모두 십분의 일이었습니다. 철이란 것은 두루 통한다는 뜻이고 조라는 것은 빌린다는 뜻입니다."

하후씨(夏后氏)는 하나라다. 오십, 칠십 뒤에는 단위를 나타내는 무(畝)가 빠졌다. 하나라는 성인 한 사람에게 오십 무의 농지를, 은나라는 칠십 무를, 주나라는 백 무를 분배해주었다는 뜻이다. 공(貢), 조(助), 철(徹)은 모두 조세제도를 나타내는 말이다. 貢은 현물로 토지세를 내는 현물지대다. 徹은 주희에 의하면 통(通)으로 천하에 두루 통용되는 법이란 뜻이다. 자(藉)는 조기에 의하면 차(借), 즉 남의 힘을 빌리는 것으로, 토지세를 노동력으로 내는 노동지대를 뜻한다. 기실개십일야(其實皆什一也)는 공이나 조, 철이 그 징수 방식은 다 다르나 그 내용에 있어서는 모두 십 분의 일세였다는 말이다.
중국 고대의 토지제도에 관한 맹자의 이 말이 무엇을 근거로 했는지는 명확하지 않다. 또 얼마나 사실에 근거하고 있는지도 불확실하다. 고래로 맹자가 말한 정전제에 관해 학설이 분분했으나 아직도 뚜렷한 정설은 없다. 양백준 같은 사람은 맹자가 고사에 의탁해 자신의 이상을 천술(闡述)한 것일 뿐이라고까지 말하고 있다. 더 이상의 해설은 무의미할 것 같아 생략한다.

龍子曰 治地莫善於助 莫不善於貢. 貢者校數歲之中以爲常. 樂歲粒米狼戾 多取之而不爲虐 則寡取之, 凶年 糞其田而不足 則必取盈焉. 爲民父母 使民盻盻然 將終歲勤動 不得以養其父母 又稱貸而益之. 使老稚轉乎溝壑 惡在其爲民父母也.

"용자는 이렇게 말했습니다. '토지를 다스리는 데 조보다 좋은 것이 없고 공보다 나쁜 것이 없다.' 공이란 것은 몇 년 동안의 평균을 헤아려 그것을 기준으로 삼는 것입니다. 풍년에는 곡식이 남아돌아, 많이 거둬들여도 토색한다고 하지 않는데도 적게 거둡니다. 흉년에는 밭에 있는 것을 깨끗이 다 쓸어 담아도 부족할 판인데, 기준을 다 채워 거둬갑니다. 백성의 부모가 되어 백성을 쉬지도 못하게 하고 고생시키면서, 일 년 내내 힘들여 일해도 부모를 모실 수 없는 판에 또 빚을 내 세금을 채우게 하니, 노인이나 어린애들의 시체가 도랑에 굴러다니게 한다면, 그 어디에 백성의 부모됨이 있습니까?"

용자(龍子)는 조기의 주에 고대의 현인이라고만 되어 있다. 교(校)는 교(挍)로 되어 있는 판본도 있는데, 모두 '비교하다', '헤아리다'는 뜻이다. 낙세(樂歲)는 풍년이다. 입미(粒米)는 조기에 의하면 곡식의 낟알이다. 낭려(狼戾)는 낭자(狼藉)로, 많아 땅에 여기저기 버려져 있는 모양이다. 분(糞)은 조기에 의하면 분치(糞治) 즉 거름을 주는 것이다. 주희도 비슷한 입장이다. 그러나 다산은 소제(掃除)한다는 뜻으로 읽어야 한다고 주장하고 있다. 즉 흉년에는 밭에 있는 것을 소제하듯 깨끗이 다 쓸어 담아도 부족하다는 말이다. 여기서는 다산의 주장을 따랐다. 영(盈)은 규정된 양을 다 채우는 것이다. 혜혜연(盻盻然)은 주희에 의하면 한을 품고 쳐다보는 모양이다. 근동(勤動)은 수고하는 것이다. 칭대이익지(稱貸而益之)의 稱은 거(擧), 貸는 차(借)로 稱貸는 빚을 낸다는 뜻이고, 益之는 세금액수를 채우는 것이다.

夫世祿 滕固行之矣. 詩云 雨我公田 遂及我私. 惟助爲有公田. 由此觀之 雖周亦助也. 設爲庠序學校以敎之. 庠者 養也, 校者 敎也, 序者 射也. 夏曰校 殷曰序 周曰庠 學則三代共之 皆所以明人倫也. 人倫明於上 小民親於下.

"무릇 공신에게 대대로 봉록을 주는 것은 등나라가 본래 실행하고 있는 것입니다. 시에 '우리 공전에 비를 내리고 내 사전에도 미치도록 하소서'라고 했습니다. 오직 조에만 공전이 있는데, 이로써 보면 주나라도 또한 조입니다. 상서(庠序)와 학교를 설치해 가르칩니다. 상(庠)은 기른다는 뜻이고, 교(校)란 가르친다는 뜻이며, 서(序)는 활을 쏜다는 뜻입니다. 하나라에서는 교라고 했고, 은나라에서는 서라고 했으며, 주나라에서는 상이라고 했는데, 학(學)은 삼대가 같이한 것으로 모두 인륜을 밝히기 위한 것입니다. 인륜이 위에서 밝혀지면 백성들이 밑에서 친해집니다."

시는 『시경』 「소아」 대전(大田)편에 보인다. 우(雨)는 비가 내린다는 뜻의 동사다. 유조위유공전(惟助爲有公田)의 爲는 즉(則)이다. 오직 조법에만 공전이 있다는 뜻이다. 따라서 시에 공전이라는 말이 나오는 것으로 보았을 때 주나라도 助를 실행했을 것이라는 말이다. 그러나 자세히 살펴보면 맹자의 이 주장은 문제가 있다. 가장 가까운 주나라의 토지제도에 관한 것조차 겨우 시의 한 구절을 통해 그 실상을 유추하고 있으면서 그보다 훨씬 옛날인 하나라와 은나라의 토지제도에 대해 단언한다는 것 자체가 어불성설인 것이다.

  주희에 의하면, 상(庠)은 노인을 봉양하는 것으로 뜻을 삼았고, 교(校)는 백성을 가르치는 것으로 뜻을 삼았으며, 서(序)는 활쏘기를 익히는 것으로 뜻을 삼았는데, 모두 지방의 학교(鄕學)라고 한다. 학(學)은 국학(國學)이다.

有王者起 必來取法 是爲王者師也. 詩云 周雖舊邦 其命惟新 文王之謂也. 子力行之 亦以新子之國.

"만일 왕자가 일어난다고 해도 반드시 와서 배워갈 것이니, 이는 왕자의 스승이 되는 것입니다. 시에서 말하길 '주나라가 비록 오래된 나라이나 그 천명은 새롭다'고 했으니 이는 문왕을 일컬은 것입니다. 당신께서 힘써 행하시면 당신 나라를 또한 새롭게 할 것입니다."

왕자의 스승이 된다는 말(爲王者師)은 등나라가 작아 비록 어진 정치를 베푼다고 해도 천하의 왕자가 될 수는 없으나, 그 왕자의 스승이 되어 천하에 그 은덕을 베풀 수는 있다는 뜻이다. 시는 『시경』「대아」 문왕편이다. 주나라가 후직(后稷) 이래로 오래된 나라이기는 하나 문왕이 새로이 천명을 받게 되어 새롭다는 뜻이다.

使畢戰問井地. 孟子曰 子之君將行仁政 選擇而使子 子必勉之. 夫仁政 必自經界始. 經界不正 井地不鈞 穀祿不平. 是故暴君汙吏必慢其經界. 經界旣正 分田制祿可坐而定也.

(등문공이) 필전을 시켜 정전제에 대해 물었다. 맹자가 말했다. "당신의 임금께서 장차 어진 정치

를 베풀고자 당신을 골라 시켰으니 꼭 열심히 해야 합니다. 무릇 어진 정치란 반드시 토지의 경계에서부터 시작해야 합니다. 경계가 바르지 않으면 정전의 토지가 고르지 않게 되고 녹봉이 공평하지 못하게 됩니다. 이런 까닭에 폭군과 탐관오리들이 토지의 경계 문제를 태만히 하는 것입니다. 경계가 정해지고 나면 땅을 나누고 녹봉을 제정하는 것은 앉아서도 결정할 수 있습니다."

필전(畢戰)은 등문공의 신하다. 정지(井地)는 정전제다. 경계(經界)는 토지의 경계를 분명히 확정하는 것, 즉 토지 분배다. 균(鈞)은 균(均)으로 고른 것이다. 곡록(穀祿)은 녹봉으로, 옛날에 녹봉을 곡식으로 주기도 했기 때문에 생긴 말이다. 만(慢)은 게을리하는 것이다.

夫滕壤地褊小 將爲君子焉 將爲野人焉. 無君子莫治野人 無野人莫養君子. 請野九一而助 國中什一使自賦. 卿以下必有圭田 圭田五十畝. 餘夫二十五畝. 死徙無出鄕. 鄕田同井 出入相友 守望相助 疾病相扶持 則百姓親睦. 方里而井 井九百畝 其中爲公田. 八家皆私百畝 同養公田. 公事畢 然後敢治私事 所以別野人也. 此其大略也. 若夫潤澤之 則在君與子矣.

"대저 등나라가 땅은 좁지만, 군자도 있을 것이고 야인도 있을 것입니다. 군자가 없다면 야인을 다스릴 수 없고, 야인이 없다면 군자를 봉양할 수 없습니다. 청컨대 야에서는 구분의 일로 조를 시행하고, 국에서는 십분의 일로 공법을 시행해 스스로 납부하게 합니다. 경 이하에게 반드시 규전을 지급하되, 오십 무로 합니다. 여부에게는 이십오 무를 지급합니다. 죽거나 이사를 가더라도 마을을 떠날 수 없습니다. 마을의 농지에서 정을 같이하는 자들끼리 출입할 때 서로 돕고, 망보고 지킬 때 서로 도우며, 병이 났을 때 서로 부조한다면, 백성들이 친목해질 것입니다. 사방 일 리를 정으로 하면 한 정은 구백 무가 되는데, 그 가운데가 공전입니다. 여덟 집이 각각 사전 백 무를 경작하며 함께 공전을 경작합니다. 공전의 일이 끝나야 감히 사전의 일을 할 수 있습니다. 이것으로 (군자와) 야인을 구분합니다. 이는 그 대략입니다. 이를 상황에 맞게 잘 조정하는 것은 임금과 당신에게 달려 있습니다."

장위군자언 장위야인언(將爲君子焉 將爲野人焉)의 爲는 조기에 의하면 있을 유(有)다. 야(野)는 교외의 땅이다. 구일이조(九一而助)는 토지를 우물 정자 모양으로 아홉으로 나누어 조법(助法)을 시행한다는 뜻이다. 국중십일사자부(國中什一使自賦)는 제후의 도성인 국(國) 안에서는 십 분의 일세로 공법(貢法)을 시행해 스스로 세금을 내게 한다는 말이다. 규전(圭田)의 圭는 조기에 의하면 깨끗할 결(潔)로, 규전은 제사를 받들기 위한 토지다. 공영달(孔穎達)에 의하면 "옛날에 선비는 결백함으로 제사를 올리기 때문에 규전을 주어 제사를 받들게 했다"고 한다. 여부(餘夫)는 가장 외에 아직 분가하지 않은 성인 남자를 가리킨다.

사사(死徙)는 죽거나 이사 가는 것이다. 고대의 농민들은 거주이전의 자유가 없어 마을을 떠날 수가 없었다. 국가는 인민을 토지에 붙잡아두려고 온갖 노력을 다했는데, 국가 입장에서 볼 때 국가가 정해준 토지에서 이탈한 인민은 국가의 규제 밖에 있는 유민(流民)이고, 유민은 곧 잠재적인 범법자였다. 소이별야인야(所以別野人也)는 이것이 바로 야인과 관리를 구별하는 방법이란 말이다. 윤택(潤澤)은 시의와 형편에 맞게 조절하는 것이다.

4

　신농씨(神農氏)의 말을 실천하는 허행(許行)이란 사람이 초나라에서 등나라로 와 성문에 이르러 문공에게 말했다. "먼 곳의 사람이 임금께서 어진 정치를 편다는 소리를 들었습니다. 집 한 칸 얻어 백성이 되고 싶습니다." 문공이 거처할 곳을 내어주자 그의 무리 수십 명이 모두 허름한 털옷을 걸치고 신과 자리를 삼아 먹고살았다.
　진량(陳良)의 제자 진상(陳相)과 그의 동생 신(辛)이 쟁기를 메고 송나라에서 등나라로 와 말했다. "임금께서 성인의 정치를 실행한다 하니 이 또한 성인이십니다. 원컨대 성인의 백성이 되고 싶습니다."
　진상이 허행을 보고는 크게 기뻐하여 그동안 배운 것을 모두 버리고 그에게서 배웠다. 진상이 맹자를 보고 허행의 말을 일컬으며 말했다. "등나라 임금이 과연 현명한 임금이기는 하나 아직 도에 대해 듣지는 못했습니다. 현명한 사람은 백성과 함께 농사를 지으면서 밥을 먹으며 아침, 저녁을 손수 하면서 다스립니다. 지금 등나라 임금은 창고를 갖고 있으니 이는 백성을 학대해 자기를 봉양하는 것입니다. 어찌 현명하다 할 수 있습니까?"
　맹자가 말했다. "허자는 반드시 직접 곡식을 심어 밥을 먹습니까?"
　"그렇습니다."
　"허자는 반드시 길쌈을 하여 옷을 입습니까?"
　"아닙니다. 허자는 털옷을 입습니다."
　"허자는 관(冠)을 씁니까?"

"관을 씁니다."

"무슨 관입니까?"

"흰 비단으로 만든 관입니다."

"직접 비단을 짭니까?"

"아닙니다. 곡식과 바꿉니다."

"허자는 어찌하여 직접 짜지 않습니까?"

"농사짓는 데 해롭기 때문입니다."

"허자는 솥과 시루로 밥을 해 먹고 쟁기로 농사를 짓습니까?"

"그렇습니다."

"(그런 것들을) 직접 만듭니까?"

"아닙니다. 곡식과 바꿉니다."

"곡식을 가지고 솥이나 시루, 쟁기 등과 바꾸는 것은 도공이나 대장장이를 해치는 것이 아닙니다. 그러니 도공이나 대장장이가 솥이나 시루, 쟁기를 갖고 곡식과 바꾸는 것이 어찌 농부를 해치는 것이겠습니까? 그런데 허자는 어찌하여 직접 그릇을 굽고 쟁기를 만들어 무엇이든 모두 자기 집에서 만들어 쓰지 않습니까? 어찌하여 분분하게 여러 장인(匠人)들과 교역을 합니까? 어찌하여 허자는 번거로운 일을 꺼려하지 않습니까?"

"원래 농사지으면서 여러 장인들의 일을 같이할 수는 없습니다."

"그렇다면 천하를 다스리는 일만은 유독 농사지으면서 할 수 있단 말입니까? 대인(大人)의 일이 있고 소인(小人)의 일이 있습니다. 또 한 사람의 몸에는 여러 장인들이 하는 모든 것들이 다 갖추어져야 합니다. 만일 꼭 몸소 만들어 써야 한다면 이는 천하의 모든 사람들을 길로 끌어내 분주히 돌아다니게 하는 것입니다. 따라서 말하길 '어떤 사람은 정신을 쓰고 어떤 사람은 육체를 쓴다. 정신을 쓰는 사람은 남을 다스리고 육체를 쓰는 사람은 남으로부터 다스림을 받는다. 남으로부터 다스림을 받는 사람은 남을 먹여 살리고, 남을 다스리는 사람은 남으로부터 얻어먹는다'고 했으니, 이는 천하의 공통된 원칙입니다.

 요임금의 때에 천하가 아직 평정되지 않아 홍수가 멋대로 흘러 천하가 범람했습니다. 초목이 무성하고 금수가 새끼를 쳐 오곡이 자라지 못했고 금수가 사람을 핍박했습니다. 짐승과 새들이 국(國) 안을 가로질러 다녔습니다. 요임금이 홀로 이를 걱정해 순을 발탁해 다스리게 했습니다. 순은 익(益)으로 하여금 불을 관장하게 했는데, 익이 산과 늪지에 불을 지르자 금수들이 도망가거나 숨었습니다. 우(禹)는 황하의 아홉 지류를 소통시켰으며, 제(濟)수와 탑(漯)수를 소통시켜 바다로 흘러들게 했고, 여(汝)수와 한(漢)수의 물길을 트고, 회(淮)수와 사(泗)수에 둑을 쌓아 장강(長江)으로 흘러들게 했습니다. 그런 연후에야 나라 안에서 먹고살 수 있게 되었습니다. 당시에 우는 팔 년을 밖에서 지냈는데, 집 문 앞을 세 번이나 지났으나 들어가지 못했습니다. 그러니 비록 농사를 지으려고 했다 한들 지을 수 있었겠습니까?

 후직(后稷)은 백성들에게 농사짓는 법을 가르쳤습니다. 오곡을 심고 가꾸어, 오곡이 익자 백성들이 살 수 있게 되었습니다. 사람에게는 사람이 되는 도가 있는데, 배불리 먹고, 따뜻하게 입으며, 편안히 지내기만 하면서 가르침이 없으면 금수에 가깝게 됩니다. 성인이 이를 근심해 설(契)로 하여금 사도(司徒)를 맡아 인륜을 가르치게 했으니, 부자유친(父子有親), 군신유의(君臣有義), 부부유별(夫婦有別), 장유유서(長幼有序), 붕우유신(朋友有信)이 그것입니다. 방훈(放勳)은 날마다 백성을 위로하고 바르게 이끌었으며, 도와주고 북돋아주어 스스로 얻게 했고, 또 그들을 진휼하고 은덕을 베풀었습니다. 성인이 백성을 근심하는 것이 이와 같은데 어느 겨를에 농사를 짓겠습니까?

요는 순을 얻지 못하는 것을 근심했고, 순은 우와 고요(皐陶)를 얻지 못하는 것을 근심했습니다. 백 무의 땅에 농사짓지 못하는 것을 근심하는 사람은 농부입니다. 사람에게 재물을 나누어주는 것을 일컬어 혜(惠)라 라고, 사람에게 선(善)을 가르쳐주는 것을 일컬어 충(忠)이라 하며, 천하를 위해 사람을 얻는 것을 일컬어 인(仁)이라 합니다. 이런 까닭에 천하를 남에게 주기는 쉬워도 천하를 위해 사람을 얻는 것은 어렵습니다. 공자께서는 이렇게 말씀하셨습니다. '위대하시도다! 요임금의 임금됨이여! 오직 하늘만이 위대한데, 오직 요임금만이 그를 본받았구나! 넓고 넓어 백성들이 무어라 이름조차 못 붙이는구나! 임금이로구나! 순은! 높고 높도다! 천하를 갖고서도 관여하지 않았으니!' 요임금과 순임금이 천하를 다스릴 때 어찌 마음 쓰는 바가 없었겠습니까? 단지 농사짓는 데 쓰지 않았을 뿐입니다.

나는 중국의 것을 가지고 오랑캐를 변화시켰다는 말은 들었어도 오랑캐에 의해 변화되었다는 말은 듣지 못했습니다. 진량은 초나라 출신으로, 주공과 중니의 도를 좋아해 북으로 중원에 유학을 와 공부했습니다. 북방의 학자들 누구도 그를 앞설 수 없었습니다. 그는 소위 호걸지사(豪傑之士)입니다. 당신네 형제는 그를 섬긴 지 수십 년이나 되는데, 스승이 죽자 그를 배신했습니다.

옛날 공자께서 돌아가시고 삼 년이 지나자 문인들이 짐을 꾸려 돌아가려 할 때, 들어가 자공(子貢)에게 읍을 하고는 서로 바라보며 곡을 했는데, 모두 목이 잠긴 후에야 돌아갔습니다. 자공은 다시 돌아와 공자의 묘 앞에 움막을 짓고는 삼 년을 홀로 있다가 돌아갔습니다. 어느 날 자하와 자장, 자유가 유약이 용모가 성인과 닮았다고 해 그를 공자를 섬기는 것처럼 섬기자고 증자에게 강요했습니다. 증자가 말하길 '아니 되오. (공자께서는) 장강과 한수(漢水)의 물로 씻은 듯, 가을 햇볕으로 말린 듯, 맑고 깨끗해 더 보탤 것이 없소'라고 했습니다.

 지금 때까치처럼 짖어대는 남쪽 오랑캐가 선왕의 도를 비난하는데도 당신은 당신 스승을 배반하고 그에게서 배우고 있으니, 이는 증자와 다른 것입니다. 나는 깊은 골짜기에서 나와 높은 나무로 옮아간다는 말은 들었어도, 높은 나무에서 내려와 깊은 골짜기로 들어간다는 말은 들은 적이 없습니다. 노송(魯頌)에 말하길 '융(戎)과 적(狄)을 치고, 형(荊)과 서(舒)를 징계하자'고 했습니다. 주공도 바야흐로 이들을 응징했는데, 당신은 그로부터 배우니 역시 좋게 바뀐 것이 아닙니다."

 "허자의 도를 따르면, 시장 가격이 둘로 안 되고 나라 안에 거짓이 없게 됩니다. 비록 오 척의 동자를 시장에 보내도 아무도 그를 속이지 않습니다. 베와 비단의 길이가 같으면 가격이 같고, 삼실과 명주솜의 무게가 같으면 가격이 같으며, 오곡의 양이 같으면 가격이 같고, 신의 크기가 같으면 가격이 같게 됩니다."

 "무릇 사물이 똑같지 않은 것은 사물의 속성입니다. 혹은 두 배, 다섯 배, 혹은 열 배, 백 배, 혹은 천 배, 만 배가 됩니다. 당신이 이것을 모두 같다고 하면 이는 천하를 어지럽히는 것입니다. 거칠게 짠 신과 촘촘하게 짠 신이 같은 가격이라면 사람들이 이 일을 하겠습니까? 허자의 도를 따르면 사람들이 서로 끌어가며 거짓을 행할 텐데, 어떻게 나라를 다스릴 수 있겠습니까?"

有爲神農之言者許行 自楚之滕 踵門而告文公曰 遠方之人聞君行仁政 願受一廛而爲氓.
文公與之處 其徒數十人 皆衣褐 捆屨 織席以爲食.

신농씨의 말을 실천하는 허행이란 사람이 초나라에서 등나라로 와 성문에 이르러 문공에게 말했다. "먼 곳의 사람이 임금께서 어진 정치를 편다는 소리를 들었습니다. 집 한 칸 얻어 백성이 되고 싶습니다." 문공이 거처할 곳을 내어주자 그의 무리 수십 명이 모두 허름한 털옷을 걸치고 신과 자리를 삼아 먹고살았다.

신농(神農)은 중국 상고시대 전설상의 인물로 쟁기와 보습 등 농기구를 만들어 인류에게 최초로 농사짓는 법을 가르쳐주었다고 전해진다. 염제(炎帝)라고도 불린다. 신농의 말(神農之言)은 제자백가 가운데 농가(農家)의 가르침을 말한다. 중국 고대 제자백가들은 고대 성인에 의탁해 자신들의 가르침을 전파했는데, 유가는 요순을, 묵가는 우임금을, 도가는 황제(黃帝)를, 농가는 신농을 내세웠다. 허행(許行)은 성이 許, 이름이 行이란 것 외에는 알려진 것이 없다. 종(踵)은 지(至)로 이르는 것이다. 어진 정치(仁政)는, 명시하지는 않았지만, 앞에서 문공이 맹자에게 정전제를 물은 것으로 미루어 보아 아마 정전제를 실시한 것을 가리키는 것으로 짐작된다. 전(廛)은 여기서는 가게가 아니라 집이고, 맹(氓)은 다른 나라에서 온 백성을 가리킨다. 갈(褐)은 조기에 의하면 짐승의 털로 만든 옷으로 가난한 사람들이 입던 옷이라 한다. 곤구(捆屨)의 捆은 두드리는 것, 屨는 짚신이다. 조기에 의하면 짚신을 단단하게 하기 위해 두드렸다고 한다. 허행의 무리들은 몸소 짚신과 자리를 만들어 팔아 먹고사는 문제를 해결했다.

陳良之徒陳相與其弟辛 負耒耜而自宋之滕 曰 聞君行聖人之政 是亦聖人也 願爲聖人氓.
陳相見許行而大悅 盡棄其學而學焉. 陳相見孟子 道許行之言曰 滕

君 則誠賢君也, 雖然 未聞道也. 賢者與民並耕而食 饔飧而治. 今也滕有倉廩府庫 則是厲民而以自養也 惡得賢.

진량의 제자 진상과 그의 동생 신이 쟁기를 메고 송나라에서 등나라로 와 말했다. "임금께서 성인의 정치를 실행한다 하니 이 또한 성인이십니다. 원컨대 성인의 백성이 되고 싶습니다."

진상이 허행을 보고는 크게 기뻐하여 그동안 배운 것을 모두 버리고 그에게서 배웠다. 진상이 맹자를 보고 허행의 말을 일컬으며 말했다. "등나라 임금이 과연 현명한 임금이기는 하나 아직 도에 대해 듣지는 못했습니다. 현명한 사람은 백성과 함께 농사를 지으면서 밥을 먹으며 아침, 저녁을 손수 하면서 다스립니다. 지금 등나라 임금은 창고를 갖고 있으니 이는 백성을 학대해 자기를 봉양하는 것입니다. 어찌 현명하다 할 수 있습니까?"

진량(陳良)은 초(楚)나라 출신의 유가(儒家)라는 것밖에는 알려진 바가 없다. 진상(陳相)은 진량의 문도이며, 신(辛)은 진상의 동생이다. 뇌(耒)는 쟁기의 손잡이, 사(耜)는 쟁기의 날이다. 성인의 정치(聖人之政)는 허행이 말한 어진 정치다. 옹손(饔飧)은 조기에 의하면 익힌 음식으로, 아침밥을 饔이라 하고 저녁밥을 飧이라고 한다. 그러나 여기서는 동사로 사용되어 아침밥, 저녁밥을 직접 짓는다는 뜻이다. 창름부고(倉廩府庫)는 세금을 거두어 쌓아두는 창고다. 여(厲)는 병(病)으로 해치는 것이다. 진상의 말은 등문공이 직접 밥을 지어 먹으면서 정사를 돌보지 않고, 백성들을 해치면서 세금을 거두어 그것으로 먹고사는 것을 비판한 말이다. 그러나 그 속뜻은 맹자가 군자와 야인을 구별하는 것을 비판한 것이다.

孟子曰 許子必種粟而後食乎.
曰 然.

許子必織布而後衣乎.

曰 否. 許子衣褐.

許子冠乎.

曰 冠.

曰 奚冠.

曰 冠素.

曰 自織之與.

曰 否. 以粟易之.

曰 許子奚爲不自織.

曰 害於耕.

曰 許子以釜甑爨 以鐵耕乎.

曰 然.

自爲之與.

曰 否. 以粟易之.

맹자가 말했다. "허자는 반드시 직접 곡식을 심어 밥을 먹습니까?"

"그렇습니다."

"허자는 반드시 길쌈을 하여 옷을 입습니까?"

"아닙니다. 허자는 털옷을 입습니다."

"허자는 관을 씁니까?"

"관을 씁니다."

"무슨 관입니까?"

"흰 비단으로 만든 관입니다."

"직접 비단을 짭니까?"

"아닙니다. 곡식과 바꿉니다."

"허자는 어찌하여 직접 짜지 않습니까?"

"농사짓는 데 해롭기 때문입니다."

"허자는 솥과 시루로 밥을 해 먹고 쟁기로 농사를 짓습니까?"

"그렇습니다."

"(그런 것들을) 직접 만듭니까?"

"아닙니다. 곡식과 바꿉니다."

허자(許子)는 허행이다. 소(素)는 흰 비단이다. 부증(釜甑)은 솥과 시루, 찬(爨)은 불을 때는 것이다. 철(鐵)은 쇠로 만든 농기구, 경(耕)은 농사를 짓는 것이다. 옛날에는 기물을 만든 재료로 그 기물의 이름을 대신하기도 했다. 맹자의 질문에 진상이 답하고 있다. 허행도 모든 일을 몸소 하지는 않고, 농사지어 얻은 곡식으로 바꾸어 생활했다.

以粟易械器者 不爲厲陶冶. 陶冶亦以其械器易粟者 豈爲厲農夫哉. 且許子何不爲陶冶舍皆取諸其宮中而用之. 何爲紛紛然與百工交易. 何許子之不憚煩.
曰 百工之事 固不可耕且爲也.

"곡식을 가지고 솥이나 시루, 쟁기 등과 바꾸는 것은 도공이나 대장장이를 해치는 것이 아닙니다. 그러니 도공이나 대장장이가 솥이나 시루, 쟁기를 갖고 곡식과 바꾸는 것이 어찌 농부를 해치는 것이겠습니까? 그런데 허자는 어찌하여 직접 그릇을 굽고 쟁기를 만들어 무엇이든 모두 자기 집에서 만들어 쓰지 않습니까? 어찌하여 분분하게 여러 장인들과 교역을 합니까? 어찌하여 허자는 번거로운 일을 꺼려하지 않습니까?"

"원래 농사지으면서 여러 장인들의 일을 같이할 수는 없습니다."

계기(械器)는 솥, 시루, 농기구와 같은 기물을 말한다. 도야(陶冶)의 陶는 시루 등을 만드는 도공, 冶는 솥이나 농기구 등을 만드는 대장장이다. 궁(宮)은 집이다. 당(唐)의 육덕명(陸德明)의 『경전석문(經典釋文)』에 의하면 "옛날에는 귀한 자나 천한 자나 모두 궁이라고 칭했으나, 진한(秦漢) 이래로 오직 왕이 거처하는 곳만을 궁이라고 칭했다"고 한다. 하불위도야사개취저기궁중이용지(何不爲陶冶舍皆取諸其宮中而用之)에 대해서는 해석이 엇갈린다. 조기는 何不爲陶冶에서 끊고 舍皆取諸其宮中而用之는 다음의 하위분분연여백공교역(何爲紛紛然與百工交易)과 붙여 읽는다. 그리고 舍는 지(止)로 읽어 '~하려고 하지 않는다'는 뜻의 불긍(不肯)으로 해석한다. 즉 "허자는 어찌하여 직접 그릇을 굽고 쟁기를 만들지 않느냐? 모두 집에서 직접 만들어 쓰려고 하지 않고, 어찌하여 분분하게 여러 장인들과 교역을 하느냐?"로 해석하는 것이다. 그러나 양백준은 何不爲陶冶舍皆取諸其宮中而用之로 붙여 읽으며, 舍는 '무슨 물건'이라는 뜻의 하물(何勿)로 해석한다. 부정사 不은 그 뒤 전체를 부정한다. 여기서는 양백준을 따랐다. 탄(憚)은 꺼리는 것이고, 번(煩)은 번거로운 일이다. 차(且)는 문장 중에 쓰여 '~하면서 ~한다'는 뜻으로 해석된다.

然則治天下獨可耕且爲與. 有大人之事 有小人之事. 且一人之身 而百工之所爲備. 如必自爲而後用之 是率天下而路也. 故曰 或勞心 或勞力, 勞心者治人 勞力者治於人, 治於人者食人 治人者食於人 天下之通義也.

"그렇다면 천하를 다스리는 일만은 유독 농사지으면서 할 수 있단 말입니까? 대인의 일이 있고 소인의 일이 있습니다. 또 한 사람의 몸에는 여러 장인들이 하는 모든 것들이 다 갖추어져야 합니다. 만일 꼭 몸소 만들어 써야 한다면 이는 천하의 모든 사람들을 길로 끌어내 분주히 돌아다니게 하는 것입니다. 따라서 말하길 '어떤 사람은 정신을 쓰고 어떤 사람은 육체를 쓴다. 정신을 쓰는 사람은 남을 다스리고 육체를 쓰는 사람은 남으로부터 다스림을 받는다. 남으로부터 다스림을 받는 사람은 남을 먹여 살리고, 남을 다스리는 사람은 남으로부터 얻어먹는다'고 했으니, 이는 천하의 공통된 원칙입니다."

대인(大人)과 소인(小人)은 군자와 소인을 가리키기도 하고 다스리는 자와 다스림을 받는 자를 가리키기도 하는데, 여기서는 후자다. 차일인지신 이백공지소위비(且一人之身 而百工之所爲備)는 한 사람이 살아가는 데는 여러 장인들이 만드는 모든 것들이 다 구비되어야 한다는 뜻이다. 노(路)는 조기에 의하면 수고롭고 고달프게 하는 것이다(羸路). 양백준도 비슷한 입장으로 路를 '곤궁하다, 고달프다'는 뜻의 노(露)로 읽는다. 그러나 주희는 이 일 저 일을 다 하려고 길 위에서 분주히 돌아다니느라 한시도 쉬지 못하는 것으로 해석한다. 여기서는 주희를 따랐다. 식인(食人)은 남을 먹여 살리는 것, 식어인(食於人)은 남으로부터 얻어먹는 것이다.

當堯之時 天下猶未平 洪水橫流 氾濫於天下. 草木暢茂 禽獸繁殖 五穀不登 禽獸偪人. 獸蹄鳥跡之道 交於中國. 堯獨憂之 擧舜而敷治焉. 舜使益掌火 益烈山澤而焚之 禽獸逃匿. 禹疏九河 瀹濟漯 而注諸海, 決汝漢 排淮泗 而注之江, 然後中國可得而食也. 當是時也 禹八年於外 三過其門而不入 雖欲耕 得乎.

"요임금의 때에 천하가 아직 평정되지 않아 홍수가 멋대로 흘러 천하가 범람했습니다. 초목이 무성하고 금수가 새끼를 쳐 오곡이 자라지 못했고 금수가 사람을 핍박했습니다. 짐승과 새들이 국

(國) 안을 가로질러 다녔습니다. 요임금이 홀로 이를 걱정해 순을 발탁해 다스리게 했습니다. 순은 익으로 하여금 불을 관장하게 했는데, 익이 산과 늪지에 불을 지르자 금수들이 도망가거나 숨었습니다. 우는 황하의 아홉 지류를 소통시켰으며, 제수와 탑수를 소통시켜 바다로 흘러들게 했고, 여수와 한수의 물길을 트고, 회수와 사수에 둑을 쌓아 장강으로 흘러들게 했습니다. 그런 연후에야 나라 안에서 먹고살 수 있게 되었습니다. 당시에 우는 팔 년을 밖에서 지냈는데, 집 문 앞을 세 번이나 지났으나 들어가지 못했습니다. 그러니 비록 농사를 지으려고 했다 한들 지을 수 있었겠습니까?"

횡류(橫流)는 멋대로 흐르는 것이다. 창무(暢茂)는 무성한 것, 오곡(五穀)은 벼(稻), 기장(黍), 조(稷), 보리(麥), 콩(菽)을 가리키며, 등(登)은 승(升)으로 자라는 것, 핍(偪)은 핍(逼)으로 핍박하는 것이다. 수제조적지도 교어중국(獸蹄鳥跡之道 交於中國)의 중국(中國)은 국중(國中)으로, 짐승과 새들이 많아 제후의 도읍인 국(國) 안을 가로질러 다닐 지경이었다는 말이다. 부치(敷治)의 敷는 조기에 의하면 다스릴 治다. 그러나 주희는 펴다는 뜻의 포(布)로 읽었고, 초순은 나누다는 뜻의 분(分)으로 읽었다. 여기서는 조기를 따랐다. 익(益)은 순의 신하의 이름이고, 장화(掌火)는 불을 관장하는 벼슬이다. 열(烈)은 불을 지르는 것이고, 분(焚)은 태우는 것이다. 순이 산과 늪지에 불을 질러 땅에서 짐승들을 쫓아낸 연후에 우가 물을 다스릴 수 있었다. 소(疏)는 소통(疏通)하는 것이다. 구하(九河)는 황하의 아홉 지류다. 약(瀹)은 조기에 의하면 치(治)로 다스리는 것이며, 제(濟)와 탑(漯)은 강의 이름, 주(注)는 흘러들어가는 것이다. 결(決)은 물길을 트는 것, 배(排)는 옹(壅)으로 둑을 쌓아 막는 것이다. 여(汝), 한(漢), 회(淮), 사(泗)는 모두 강 이름이며, 강(江)은 장강이다. 이 네 물줄기를 모두 장강으로 흘러들게 했다는데, 오늘날은 한수만이 장강으로 흘러들고, 여수와 사수는 회수로 유입되며, 회수는 직접 바다로 흘러간다. 옛날의 물줄기와 오늘날의 물줄기가 그렇게 크게 다를 것이라고는 생각되지 않기 때문에, 맹자의 이 말에 우의 치수의 공을 서술하기 위한 것 이상의 의미를 부여해서는 안 될 것 같다. 가득이식(可得而食)은 우가 물을 다스린 연후에 비로소 농사를 져 밥을 먹을 수 있게 되었다는 말이다.

后稷敎民稼穡. 樹藝五穀 五穀熟而民人育. 人之有道也. 飽食煖衣逸居而無敎 則近於禽獸. 聖人有憂之 使契爲司徒 敎以人倫, 父子有親 君臣有義 夫婦有別 長幼有序 朋友有信. 放勳曰勞之來之 匡之直之 輔之翼之 使自得之 又從而振德之. 聖人之憂民如此 而暇耕乎.

"후직은 백성들에게 농사짓는 법을 가르쳤습니다. 오곡을 심고 가꾸어, 오곡이 익자 백성들이 살 수 있게 되었습니다. 사람에게는 사람이 되는 도가 있는데, 배불리 먹고, 따뜻하게 입으며, 편안히 지내기만 하면서 가르침이 없으면 금수에 가깝게 됩니다. 성인이 이를 근심해 설로 하여금 사도를 맡아 인륜을 가르치게 했으니, 부자유친, 군신유의, 부부유별, 장유유서, 붕우유신이 그것입니다. 방훈은 날마다 백성을 위로하고 바르게 이끌었으며, 도와주고 북돋아주어 스스로 얻게 했고, 또 그들을 진휼하고 은덕을 베풀었습니다. 성인이 백성을 근심하는 것이 이와 같은데 어느 겨를에 농사를 짓겠습니까?"

후직(后稷)은 요 임금 때 농사를 담당했던 벼슬 이름으로, 기(棄)가 맡았다고 전해진다. 후에 그 자손들이 대대로 벼슬을 세습하면서 그대로 사람 이름이 되었는데, 주나라의 시조다. 수예(樹藝)의 樹는 조기에 의하면 종(種)으로 심는 것, 藝는 식(殖)으로 늘리는 것이다. 순과 우가 땅과 물을 다스린 연후에 농사를 지을 수 있게 되었고, 후직이 농사를 가르쳐 백성의 먹을 것과 입을 것이 넉넉해진 연후에 비로소 백성을 가르칠 수 있게 되었다. 설(契) 은 순임금의 신하로 은나라의 시조라고 전해진다. 사도(司徒)는 벼슬 이름 이다. 조기에 의하면 사람에 관한 일을 담당했다고 한다. 방훈(放勳)은 요임 금의 호다. 주희에 의하면 원래는 기록을 담당하던 신하들이 요를 찬미해 쓴 이름인데, 맹자가 이것을 요임금의 호로 삼았다고 한다. 왈(曰)은 일(日) 의 잘못으로 '날마다'의 뜻이다. 글자가 비슷해 착각한 것이다. 장림(臧琳)이 『경의잡기(經義雜記)』에서 주장한 바로 초순의 『맹자정의』에 인용되어 있다. 노(勞)와 내(來)는 내(勑)로 위로하는 것이다. 광(匡)과 직(直)은 바로잡는 것 이고, 보(輔)와 익(翼)은 돕는 것, 진(振)은 진휼(賑恤)하는 것, 덕(德)은 은덕 을 베푸는 것이다. 요임금이 날마다 어려움에 처한 백성들을 위로하고 그 들을 바르게 이끌었으며, 그들을 도와 스스로 얻게 하고 그들을 진휼해 은 덕을 베풀었다는 이야기다.

堯以不得舜爲己憂 舜以不得禹皐陶爲己憂. 夫以百畝之不易爲己 憂者 農夫也. 分人以財謂之惠 敎人以善謂之忠 爲天下得人者謂之 仁. 是故以天下與人易 爲天下得人難.

"요는 순을 얻지 못하는 것을 근심했고, 순은 우와 고요를 얻지 못하는 것을 근심했습니다. 백 무의 땅에 농사짓지 못하는 것을 근심하는 사람은 농부입니다. 사람에게 재물을 나누어주는 것을 일컬어 혜라 하고, 사람에게 선을 가르쳐주는 것을 일컬어 충이라 하며, 천하를 위해 사람을 얻는 것을 일컬어 인이라 합니다. 이런 까닭에 천하를 남에게 주기는 쉬워도 천하를 위해 사람을 얻는 것은 어렵습니다."

고요(皐陶)는 순임금의 신하로 사법을 담당했다고 한다. 이(易)는 치(治)로 다스리는 것이다. 요임금과 순임금이 백성들의 일 하나하나마다 근심하지 않은 것은 아니나, 우선적으로 시급히 생각한 것은 천하를 위해 유능한 인재를 구하는 것이었다. 남에게 재물을 나누어주는 것은 작은 은혜일 뿐이다. 남에게 선(善)을 가르치는 것은 비록 백성을 사랑하는 실체(實)가 있다고 하나, 그 미치는 바에 한계가 있고 또 오래가기도 힘들다. 오직 요가 순을 얻고 순이 우와 고요를 얻은 것처럼 해야 이른바 천하를 위해 사람을 얻은 것이 되니, 그 은혜는 광대하고 그 교화는 무궁하다. 이것이 인이 되는 까닭이다. 이상은 주희의 해설이다.

孔子曰 大哉堯之爲君. 惟天爲大 惟堯則之 蕩蕩乎民無能名焉. 君哉舜也. 巍巍乎有天下而不與焉. 堯舜之治天下 豈無所用其心哉. 亦不用於耕耳.

"공자께서는 이렇게 말씀하셨습니다. '위대하시도다! 요임금의 임금됨이여! 오직 하늘만이 위대한데, 오직 요임금만이 그를 본받았구나! 넓고 넓어 백성들이 무어라 이름조차 못 붙이는구나! 임금이로구나! 순은! 높고 높도다! 천하를 갖고서도 관여하지 않았으니!' 요임금과 순임금이 천하를 다스릴 때 어찌 마음 쓰는 바가 없었겠습니까? 단지 농사짓는 데 쓰지 않았을 뿐입니다."

대재(大哉)부터 불여언(不與焉)까지가 공자의 말이다. 『논어』「태백(泰伯)」편에 비슷한 내용이 있다. 칙(則)은 법(法), 효(效)로 본받는 것, 탕탕(蕩蕩)은 넓고 광대한 모양이다. 무능명(無能名)의 명은 무언가 말로 형용하는 것이다. 하늘은 만물을 기르지만 아무도 그것을 알지 못하게 한다. 마찬가지로 요임금도 하늘을 본받았기 때문에 백성들이 무언가 말로 형용하려고 해도 형용할 수가 없었다는 말이다. 군재(君哉)는 임금답다는 말이다. 외외(巍巍)는 높고 큰 모양이다. 불여(不與)의 與는 관여하는 것이다. 순임금이 천하를 가졌음에도 직접 정치에 관여하지 않고 훌륭한 인재에 맡겨 천하를 잘 다스렸다는 말이다. 역(亦)은 지(只)로 단지다.

吾聞用夏變夷者 未聞變於夷者也. 陳良 楚産也. 悅周公仲尼之道 北學於中國. 北方之學者 未能或之先也. 彼所謂豪傑之士也. 子之兄弟事之數十年 師死而遂倍之.

"나는 중국의 것을 가지고 오랑캐를 변화시켰다는 말은 들었어도 오랑캐에 의해 변화되었다는 말은 듣지 못했습니다. 진량은 초나라 출신으로, 주공과 중니의 도를 좋아해 북으로 중원에 유학을 와 공부했습니다. 북방의 학자들 누구도 그를 앞설 수 없었습니다. 그는 소위 호걸지사입니다. 당신네 형제는 그를 섬긴 지 수십 년이나 되는데, 스승이 죽자 그를 배신했습니다."

용하변이(用夏變夷)는 중국의 것으로 오랑캐를 변화시키는 것, 변어이(變於夷)는 거꾸로 오랑캐에게 변화를 당하는 것이다. 초산(楚産)은 초나라 출신이라는 말이다. 주공중니지도(周公仲尼之道)는 유가의 가르침을 가리킨다. 북학(北學)은 초나라가 중국(중원)의 남쪽에 있었기 때문에 북쪽으로 유학을 왔다는 뜻이다. 선(先)은 앞서다, 능가하다는 말이다. 호걸(豪傑)은 여기서는 재능과 덕이 출중한 사람이다. 배(倍)는 배(背)로 배반하는 것이다. 스승을 배반했다는 말은 진상과 진신이 진량을 버리고 농가인 허행에게 간 것을 가리킨다.

昔者孔子沒 三年之外 門人治任將歸 入揖於子貢 相嚮而哭 皆失聲 然後歸. 子貢反 築室於場 獨居三年 然後歸. 他日 子夏子張子游 以有若似聖人 欲以所事孔子事之 彊曾子. 曾子曰 不可. 江漢以濯 之 秋陽以暴之 皓皓乎不可尙已.

"옛날 공자께서 돌아가시고 삼 년이 지나자 문인들이 짐을 꾸려 돌아가려 할 때, 들어가 자공에게 읍을 하고는 서로 바라보며 곡을 했는데, 모두 목이 잠긴 후에야 돌아갔습니다. 자공은 다시 돌아와 공자의 묘 앞에 움막을 짓고는 삼 년을 홀로 있다가 돌아갔습니다. 어느 날 자하와 자장, 자유가 유약이 용모가 성인과 닮았다고 해 그를 공자를 섬기는 것처럼 섬기자고 증자에게 강요했습니다. 증자가 말하길 '아니 되오. (공자께서는) 장강과 한수의 물로 씻은 듯, 가을 햇볕으로 말린 듯, 맑고 깨끗해 더 보탤 것이 없소'라고 했습니다."

삼년지외(三年之外)는 '삼년이 지나다'는 뜻이다. 주희에 의하면 옛날에 스승이 죽으면 심상(心喪) 삼년을 치르는데, 아비를 여읜 듯이 하되 복은 입지 않는다고 한다. 치임(治任)의 任은 짐으로, 짐을 수습한다는 뜻이다. 축실어장(築室於場)의 場은 공자의 무덤 옆의 빈 터이다. 자공은 공자의 무덤 옆에 움막을 짓고 홀로 삼년을 더 있었다. 강(彊)은 강요하는 것이다. 강한이탁지(江漢以濯之)의 江은 장강, 漢은 한수로, 장강과 한수의 물로 씻는다는 말이다. 추양(秋陽)은 가을 햇볕이다. 폭(暴)은 햇볕에 쬐이는 것이다. 호호(皓皓)는 희고 깨끗한 모양이며, 불가상이(不可尙已)는 여기에 무엇을 더 더할 수는 없다는 말이다. "장강과 한수의 물로 씻으니 이보다 더 깨끗할 수는 없으며, 오뉴월의 햇볕으로 건조시키니 이보다 더 흴 수는 없다. 공자의 덕이 이와 같은데 여기에 무엇을 더 더할 것이 있겠는가? 그러니 어찌 유약이 비견될 수 있겠는가?"라는 뜻이다. 한편 초순은 江漢以濯之 秋陽以暴之 皓

皜乎不可尙已에 대해 좀 다른 해석을 내놓고 있다. 초순에 의하면 江漢以
濯之는 공자를 江漢에 비유한 것이고, 秋陽以暴之는 공자를 秋陽에 비유
한 것이다. 皜皜乎不可尙已의 尙은 오른다는 뜻의 상(上)으로, 공자를 하늘
에 비유한 것이다. 초순은 이 문장을 "江漢으로 견주어도 (공자를 나타내기에
는) 오히려 부족하며, 秋陽으로 견주어도 아직 미진하다. (공자는) 희디흰 하
늘과 같아 더 이상 오를 수가 없다"로 해석한다.

今也南蠻鴃舌之人 非先王之道 子倍子之師而學之 亦異於曾子矣.
吾聞出於幽谷遷于喬木者 未聞下喬木而入於幽谷者. 魯頌曰 戎狄
是膺 荊舒是懲. 周公方且膺之 子是之學 亦爲不善變矣.

"지금 때까치처럼 짖어대는 남쪽 오랑캐가 선왕의 도를 비난하는데도 당신은 당신 스승을 배반하고 그에게서 배우고 있으니, 이는 증자와 다른 것입니다. 나는 깊은 골짜기에서 나와 높은 나무로 옮아간다는 말은 들었어도, 높은 나무에서 내려와 깊은 골짜기로 들어간다는 말은 들은 적이 없습니다. 노송에 말하길 '융과 적을 치고, 형과 서를 징계하자'고 했습니다. 주공도 바야흐로 이들을 응징했는데, 당신은 그로부터 배우니 역시 좋게 바뀐 것이 아닙니다."

격설(鴃舌)의 鴃은 때까치로, 때까치 혀를 가진 사람이란 말은 알아들을 수 없는 남만의 사투리를 쓰는 사람이란 말로, 허행을 가리킨다. 교목(喬木)은 높은 나무다. 노송(魯頌)은 『시경』 「노송」 비궁(閟宮)편이다. 융적시응(戎狄是膺)의 膺은 격(擊)으로 친다는 뜻이며, 시(是)는 이 문장이 도치되었음을 나타낸다. 형서(荊舒)의 형(荊)은 초나라를 가리키며, 서(舒)는 초나라 근처의 나라 이름이다. 허행이 초나라에서 왔음을 들어 나타낸 것이다.

從許子之道 則市賈不貳 國中無偽. 雖使五尺之童適市 莫之或欺. 布帛長短同 則賈相若, 麻縷絲絮輕重同 則賈相若, 五穀多寡同 則賈相若, 屨大小同 則賈相若.

"허자의 도를 따르면, 시장 가격이 둘로 안 되고 나라 안에 거짓이 없게 됩니다. 비록 오 척의 동자를 시장에 보내도 아무도 그를 속이지 않습니다. 베와 비단의 길이가 같으면 가격이 같고, 삼실과 명주솜의 무게가 같으면 가격이 같으며, 오곡의 양이 같으면 가격이 같고, 신의 크기가 같으면 가격이 같게 됩니다."

이는 진상의 말이다. 시가(市賈)의 賈는 가(價)로 시장 가격이다. 오척지동(五尺之童)의 五尺은 오늘날의 三尺을 조금 넘는 정도이며, 따라서 삼척동자와 같은 말이다. 허행의 원래 주장은 몸소 농사를 지으며 살면 백성들의 마음이 순박해져 남을 속이려들지 않기 때문에, 장사꾼들조차도 시장에서 가격을 속이지 않게 된다는 것이다. 그러나 진상은 허행의 주장에서 더 나아가 시장에서의 모든 상품 가격이 질과 상관없이 양에 의해서만 결정될 것이라고 주장했다.

曰 夫物之不齊 物之情也. 或相倍蓰 或相什伯 或相千萬. 子比而同之 是亂天下也. 巨屨小屨同賈 人豈爲之哉. 從許子之道 相率而爲僞者也 惡能治國家.

"무릇 사물이 똑같지 않은 것은 사물의 속성입니다. 혹은 두 배, 다섯 배, 혹은 열 배, 백 배, 혹은 천 배, 만 배가 됩니다. 당신이 이것을 모두 같다고 하면 이는 천하를 어지럽히는 것입니다. 거칠게 짠 신과 촘촘하게 짠 신이 같은 가격이라면 사람들이 이 일을 하겠습니까? 허자의 도를 따르면 사람들이 서로 끌어가며 거짓을 행할 텐데, 어떻게 나라를 다스릴 수 있겠습니까?"

그에 대한 맹자의 반론이다. 물지부제(物之不齊)는 만물이 서로 고르지 않다는 뜻이다. 배(倍)는 두 배, 사(蓰)는 다섯 배다. 비(比)는 주희에 의하면 차(次)로 나란히 하는 것이다. 거구소구(巨屨小屨)의 거소(巨小)는 거칠고 고운 것(精粗)으로, 사물에 대소가 있는 것처럼 거칠고 고운 것 또한 있는 것이 자연의 이치다. 그런데 대소에는 가격을 달리하면서 거칠고 고운 것은 가격을 같이한다면 아무도 고운 것을 만들지 않을 것임은 자명하다. 그러면 모두 거친 것을 갖고 곱다고 우겨댈 테니 그래서야 어찌 나라를 다스리겠는가?

5

묵자(墨子)의 학설을 따르는 이지(夷之)가 서벽(徐辟)을 통해 맹자를 만나기를 원했다. 맹자가 말했다. "나도 진정 만나고 싶으나 지금 병에 걸렸습니다. 병이 낫거든 내가 만나러 갈 것이니 이자(夷子)는 오지 마시오."

다른 날 또 만나기를 원했다. 맹자가 말했다. "내가 지금은 만날 수 있소. 있는 그대로 하지 않으면 도가 나타나지 않으니 나도 있는 그대로 말하겠소. 내가 듣기로 이자는 묵자의 무리라고 했소. 묵자의 무리는 상례를 치를 때 검박(儉薄)하게 하는 것을 원칙으로 삼고 있소. 이자는 세상을 바꾸려고 하는데, 아마 이것(薄葬)이 아니면 귀하게 여기지 않을 것이오. 그런데 이자는 아버지의 장례를 후하게 치렀으니 이는 자기가 천하게 여기는 것으로 아버지를 섬긴 것이오."

서자(徐子)가 이자에게 고했다. 이자가 말했다. "유가의 도는 옛사람들이 '갓난아이 돌보듯 한다'는데, 이는 무슨 말이오? 나는 사랑에는 차등이 없으나 베푸는 것은 어버이로부터 시작해야 한다고 생각하오."

서자가 맹자에게 고했다. 맹자가 말했다. "대저 이자는 사람들이 자기 형의 자식을 친애하는 것이 이웃집 갓난아이를 친애하는 것과 같다고 여기오? 그 말은 여기서 나온 것이오. 갓난아이가 기어 다니다가 우물에 빠지려고 할 때 그것은 갓난아이의 죄가 아니란 말이오. 또 하늘이 만물을 낳을 때 그 근본을 하나로 했는데, 이자는 근본이 둘인 때문이오.

아마 상고시대에 일찍이 그 부모를 장례지내지 않았던 사람이 있었던 모양이오. 그 어버이가 죽자 들어 골짜기에 버렸소. 어느 날 그곳을 지나는데, 여우와 너구리가 파먹고 파리와 모기가 핥아먹고 있었소. 그러자 그 이마에 땀이 나며 차마 바로 보지를 못했소. 땀이 나는 것은 남이 보기 때문에 그런 것이 아니라 속마음이 얼굴에 나타난 것이오. 그래 돌아와 삼태기와 삽을 가지고 다시 가 이를 매장했으니 매장한 것은 참으로 옳은 일이었소. 그렇다면 효자나 어진 사람이 그 어버이를 매장하는 것도 반드시 나름의 도리가 있을 것이오."

서자가 이자에게 고했다. 이자가 멍하니 한참 있다가 말했다. "가르침을 잘 받았소."

墨者夷之 因徐辟而求見孟子. 孟子曰 吾固願見 今吾尙病. 病愈我且往見 夷子不來.

묵자의 학설을 따르는 이지가 서벽을 통해 맹자를 만나기를 원했다. 맹자가 말했다. "나도 진정 만나고 싶으나 지금 병에 걸렸습니다. 병이 낫거든 내가 만나러 갈 것이니 이자는 오지 마시오."

묵자(墨者)는 묵적(墨翟)의 학설을 신봉하는 묵가의 사람을 말한다. 이지(夷之)는 성이 夷, 이름이 之라는 것밖에는 알려진 것이 없다. 인(因)은 '~를 통하여'의 뜻이며, 서벽(徐辟)은 맹자의 제자다. 이자불래(夷子不來)의 不은 물(勿)로 '이자는 오지 말라'는 뜻이다. 그러나 조기는 夷子不來를 맹자의 말로 보지 않고 아래와 연결해 읽는다. 즉 맹자의 말을 듣고 (그날) 이자가 오지 않았다는 것이다.

他日又求見孟子. 孟子曰 吾今則可以見矣. 不直 則道不見 我且直之. 吾聞夷子墨者. 墨之治喪也 以薄爲其道也. 夷子思以易天下 豈以爲非是而不貴也. 然而夷子葬其親厚 則是以所賤事親也.

다른 날 또 만나기를 원했다. 맹자가 말했다. "내가 지금은 만날 수 있소. 있는 그대로 하지 않으면 도가 나타나지 않으니 나도 있는 그대로 말하겠소. 내가 듣기로 이자는 묵자의 무리라고 했소. 묵자의 무리는 상례를 치를 때 검박하게 하는 것을 원칙으로 삼고 있소. 이자는 세상을 바꾸려고 하는데, 아마 이것이 아니면 귀하게 여기지 않을 것이오. 그런데 이자는 아버지의 장례를 후하게 치렀으니 이는 자기가 천하게 여기는 것으로 아버지를 섬긴 것이오."

부직(不直)의 直은 곧은 것으로, '곧게 말하지 않으면' 즉 '있는 그대로 말하지 않으면'의 뜻이다. 현(見)은 나타날 현(現)이다. 묵자는 장례를 검소하게 치를 것을 주장했는데, 『묵자(墨子)』「절장(節葬)하」편에 그 내용의 일부가 전해진다. 역천하(易天下)는 묵자의 주장으로 천하의 장례 풍속을 바꾼다는 뜻이다. 기이위비시이불귀야(豈以爲非是而不貴也)의 豈는 '아마'의 뜻으로 "아마 이것(薄葬)이 아니면 귀하게 여기지 않을 것"이라는 뜻이다. 즉 박장(薄葬)을 귀하게 여긴다는 뜻이다. 이지는 묵적의 학설을 따르면서도 자기 부모를 후장(厚葬)했으니 이것은 자기가 천하다고 여기는 것으로 부모를 섬긴 꼴이 된다.

徐子以告夷子. 夷子曰 儒者之道 古之人 若保赤子 此言何謂也. 之則以爲愛無差等 施由親始.

서자가 이자에게 고했다. 이자가 말했다. "유가의 도는 옛사람들이 '갓난아이 돌보듯 한다'는데,

이는 무슨 말이오? 나는 사랑에는 차등이 없으나 베푸는 것은 어버이로부터 시작해야 한다고 생각하오."

약보적자(若保赤子)는 『상서』 「주서(周書)」 강고(康誥)편에 있는 말로, 赤子는 갓난아이다. 백성을 돌보기를 갓난아이 돌보듯 한다는 말이다. 지즉(之則)의 之는 이지다. 애무차등(愛無差等)은 사랑에는 차등(차별)이 없다는 뜻으로, 묵가는 유가의 별애(別愛, 사랑을 베풀되 자기와 가까운 곳으로부터 시작해 점차 멀리 넓혀가야 한다는 주장)와 구별되는 겸애(兼愛, 모든 인간을 똑같이 사랑해야 한다는 주장)를 주장했다. 시유친시(施由親始)는 사랑을 베푸는 것은 가까운 부모로부터 시작한다는 뜻이다. 古之人 若保赤子는 이지가 유가의 주장으로 묵가를 옹호해 맹자의 비난을 막으려고 한 말이요, 之則以爲愛無差等 施由親始는 묵가의 주장에 유가를 덧붙여 자신이 부모를 후장한 것을 변명하고자 한 말이다. 모두 맹자의 이른바 도망가는 말(遁辭)이다.

徐子以告孟子. 孟子曰 夫夷子 信以爲人之親其兄之子爲若親其鄰之赤子乎. 彼有取爾也. 赤子匍匐將入井 非赤子之罪也. 且天之生物也 使之一本 而夷子二本故也.

서자가 맹자에게 고했다. 맹자가 말했다. "대저 이자는 사람들이 자기 형의 자식을 친애하는 것이 이웃집 갓난아이를 친애하는 것과 같다고 여기오? 그 말은 여기서 나온 것이오. 갓난아이가 기어 다니다가 우물에 빠지려고 할 때 그것은 갓난아이 죄가 아니란 말이오. 또 하늘이 만물을 낳을 때 그 근본을 하나로 했는데, 이자는 근본이 둘인 때문이오."

친(親)은 친애(親愛)하는 것이다. 피유취이야(彼有取爾也)는 "그가 취한 것은 바로 이것이다"라는 말이다. 즉 이자가 『상서』에서 인용한 말은 바로 이런 뜻이라는 말이다. 갓난아이가 기어 다니다가 우물에 빠지려 할 때, 그게 갓난아이 죄가 아니기 때문에 누구인가를 불문하고 구해주어야 하는 것처럼, 어리석은 백성이 무지해서 죄에 빠질 때도 그 백성들을 구제해주어야 한다는 것이다. 본(本)은 근본으로 부모를 뜻한다.

蓋上世嘗有不葬其親者. 其親死 則擧而委之於壑. 他日過之 狐狸食之 蠅蚋姑嘬之. 其顙有泚 睨而不視. 夫泚也 非爲人泚 中心達於面目. 蓋歸反虆梩而掩之. 掩之誠是也 則孝子仁人之掩其親 亦必有道矣.

"아마 상고시대에 일찍이 그 부모를 장례지내지 않았던 사람이 있었던 모양이오. 그 어버이가 죽자 들어 골짜기에 버렸소. 어느 날 그곳을 지나는데, 여우와 너구리가 파먹고 파리와 모기가 핥아먹고 있었소. 그러자 그 이마에 땀이 나며 차마 바로 보지를 못했소. 땀이 나는 것은 남이 보기 때문에 그런 것이 아니라 속마음이 얼굴에 나타난 것이오. 그래 돌아와 삼태기와 삽을 가지고 다시 가 이를 매장했으니 매장한 것은 참으로 옳은 일이었소. 그렇다면 효자나 어진 사람이 그 어버이를 매장하는 것도 반드시 나름의 도리가 있을 것이오."

상세(上世)는 먼 옛날을 말한다. 거(擧)는 드는 것이고, 위(委)는 버리는 것, 학(壑)은 골짜기다. 호(狐)는 여우, 이(狸)는 너구리다. 승(蠅)은 파리, 예(蚋)는 모기, 고(姑)는 어조사, 최(嘬)는 무는 것이다. 상(顙)은 이마, 차(泚)는 땀, 예(睨)는 흘겨보는 것, 시(視)는 똑바로 보는 것이다. 귀(歸)는 집으로 돌아오는 것, 반(反)은 다시 가는 것, 유(虆)는 삼태기, 이(梩)는 삽, 엄(掩)은 덮는 것, 매장하는 것이다.

徐子以告夷子. 夷子憮然爲閒曰 命之矣.
서자가 이자에게 고했다. 이자가 멍하니 한참 있다가 말했다. "가르침을 잘 받았소."

무연(憮然)은 망연자실한 모양이고, 위간(爲間)은 한참 있는 것, 명(命)은 가르침을 받는 것, 지(之)는 이지 자신이다.

6

등문공장구하

滕文公章句下

자기를 굽히는 사람은 남을 펼 수 없는 법이다.

1

진대(陳代)가 말했다. "제후를 만나지 않는 것은 아마 작은 데 얽매이는 것 같습니다. 지금 한 번 만나면 크게는 왕이 되고 작게는 패자가 되게 할 수 있습니다. 또한 지(志)에 말하길 '한 척(尺)을 굽혀 한 길(尋)을 편다'고 했습니다. 아마 할 만한 일인 것 같습니다."

맹자가 말했다. "옛날에 제경공이 사냥을 할 때 우인(虞人)을 깃털이 달린 깃발로 불렀더니 오지 않아 죽이려고 했다. 뜻있는 선비는 자기의 시체가 도랑에서 굴러다닐 것을 잊지 않으며, 용감한 선비는 자기 머리를 잃을 것을 잊지 않는다. 공자께서 무엇을 취했겠는가? 올바른 방법으로 부르지 않으면 가지 않는 것을 취했다. 만일 올바른 방법으로 부르지 않는데도 간다면 어찌되겠느냐?

또 한 척을 굽혀 한 길을 편다는 것은 이익을 갖고 말한 것이다. 만일 이익을 갖고 논한다면, 한 길을 굽혀 한 척을 펴는 것이 이익이라면 또한 할 수 있겠는가?

옛날 조간자(趙簡子)가 왕량(王良)을 시켜 총신 해(奚)와 함께 수레를 몰고 사냥을 하게 했는데 하루 종일 한 마리도 잡지 못했다. 총신 해가 복명하기를 '천하에 형편없는 말몰이꾼입니다'라고 했다. 누가 이 사실을 왕량에게 고하자 량이 말하길 '청컨대 다시 하게 해주십시오'라고 해서 떼를 쓴

후에 허락을 받았다. 그래서 하루아침에 열 마리를 잡았다. 총신 해가 복명해 말하길 '천하에 훌륭한 말몰이꾼입니다'라고 하니, 간자가 '내가 그를 시켜 너와 함께 수레를 타게 하겠다'고 하고는 왕량에게 말했다. 량이 안 된다고 하며 말하길 '제가 그를 위해 원칙대로 말을 몰았더니 하루 종일 한 마리도 못 잡았습니다. 그런데 부정한 방법으로 몰았더니 하루아침에 열 마리를 잡았습니다. 시에 말하길, 말 모는 법을 잃지 않으니 활을 쏘면 힘차게 맞네라고 했습니다. 저는 소인과 같이 수레를 타는 데 익숙하지 않습니다. 청컨대 사양하겠습니다'라고 했다.

말 모는 사람조차 활 쏘는 사람과 함께하는 것을 부끄러워해, 함께해서 새와 짐승을 산더미처럼 잡는다 해도 하지 않는다. 그런데 만일 도를 굽혀 그들을 따른다면 어쩌겠느냐? 그리고 너도 틀렸다. 자기를 굽히는 사람은 남을 펼 수 없는 법이다."

陳代曰 不見諸侯 宜若小然. 今一見之 大則以王 小則以霸. 且志曰 枉尺而直尋 宜若可爲也.

진대가 말했다. "제후를 만나지 않는 것은 아마 작은 데 얽매이는 것 같습니다. 지금 한 번 만나면 크게는 왕이 되고 작게는 패자가 되게 할 수 있습니다. 또한 지에 말하길 '한 척을 굽혀 한 길을 편다'고 했습니다. 아마 할 만한 일인 것 같습니다."

진대(陳代)는 맹자의 제자다. 의약소연(宜若小然)의 宜는 의(疑) 또는 태(殆)로 '아마', 小는 작은 절개다. 맹자는 제후들이 예를 갖춰 그를 부르지 않기 때문에 가서 보려 하지 않은 것이다. 그런데 진대는 그것을 작은 절개에 얽매어 그런 것으로 보고 이런 질문을 한 것이다. 왕(枉)은 굽히는 것, 척(尺)

은 한 척, 직(直)은 곧게 펴는 것, 심(尋)은 여덟 척이다.

孟子曰 昔齊景公田 招虞人以旌 不至 將殺之. 志士不忘在溝壑 勇士不忘喪其元. 孔子奚取焉. 取非其招不往也. 如不待其招而往 何哉.

맹자가 말했다. "옛날에 제경공이 사냥을 할 때 우인을 깃털이 달린 깃발로 불렀더니 오지 않아 죽이려고 했다. 뜻있는 선비는 자기의 시체가 도랑에서 굴러다닐 것을 잊지 않으며, 용감한 선비는 자기 머리를 잃을 것을 잊지 않는다. 공자께서 무엇을 취했겠는가? 올바른 방법으로 부르지 않으면 가지 않는 것을 취했다. 만일 올바른 방법으로 부르지 않는데도 간다면 어찌되겠느냐?"

전(田)은 렵(獵)으로 사냥하는 것이다. 우인(虞人)은 조기에 의하면 원유(苑囿)를 지키는 관리, 정(旌)은 새의 깃털을 꽂은 깃발이다. 우인을 부를 때는 피관(皮冠)을 쓰며, 정은 대부를 부를 때 쓴다. 지사불망재구학(志士不忘在溝壑)은 뜻있는 선비는 곤궁해도 도를 굳게 지켜, 죽었을 때 가난해 그 시신이 관곽도 없이 도랑에 버려질 수도 있다는 것을 항상 생각한다는 뜻이다. 용사불망상기원(勇士不忘喪其元)의 元은 수(首)로 머리이며, 용감한 선비는 전장에서 싸우다가 죽어 그 머리를 잃을 수도 있다는 것을 항상 생각한다는 말이다. 우인조차 그 부름이 아니면 가지를 않는데, 하물며 군자가 그 부름도 없는데 제 발로 제후를 보러 갈 수는 없는 노릇이다.

且夫枉尺而直尋者 以利言也. 如以利 則枉尋直尺而利 亦可爲與.

"또 한 척을 굽혀 한 길을 편다는 것은 이익을 갖고 말한 것이다. 만일 이익을 갖고 논한다면, 한 길을 굽혀 한 척을 펴는 것이 이익이라면 또한 할 수 있겠는가?"

작은 것을 굽혀 큰 것을 펴는 것이라면 한다는 것은 이해득실을 따진 것이다. 그러나 한번 이해득실을 따지기 시작하면 큰 것을 굽혀 작은 것을 편다고 하더라도 이득만 된다면 하게 될 것이니, 그렇게 되어서는 안 된다는 것이 맹자의 확고한 생각이다.

昔者趙簡子使王良與嬖奚乘 終日而不獲一禽. 嬖奚反命曰 天下之賤工也. 或以告王良. 良曰 請復之, 彊而後可. 一朝而獲十禽. 嬖奚反命曰 天下之良工也. 簡子曰 我使掌與女乘. 謂王良. 良不可曰 吾爲之範我馳驅 終日不獲一, 爲之詭遇 一朝而獲十. 詩云 不失其馳 舍矢如破. 我不貫與小人乘 請辭.

"옛날 조간자가 왕량을 시켜 총신 해(奚)와 함께 수레를 몰고 사냥을 하게 했는데 하루 종일 한 마리도 잡지 못했다. 총신 해가 복명하기를 '천하에 형편없는 말몰이꾼입니다'라고 했다. 누가 이 사실을 왕량에게 고하자 량이 말하길 '청컨대 다시 하게 해주십시오'라고 해서 떼를 쓴 후에 허락을 받았다. 그래서 하루아침에 열 마리를 잡았다. 총신 해가 복명해 말하길 '천하에 훌륭한 말몰이꾼입니다'라고 하니, 간자가 '내가 그를 시켜 너와 함께 수레를 타게 하겠다'고 하고는 왕량에게 말했다. 량이 안 된다고 하며 말하길 '제가 그를 위해 원칙대로 말을 몰았더니 하루 종일 한 마리도 못 잡았습니다. 그런데 부정한 방법으로 몰았더니 하루아침에 열 마리를 잡았습니다. 시에 말하길, 말 모는 법을 잃지 않으니 활을 쏘면 힘차게 맞네라고 했습니다. 저는 소인과 같이 수레를 타는 데 익숙하지 않습니다. 청컨대 사양하겠습니다'라고 했다."

조간자(趙簡子)는 진(晉)의 대부인 조앙(趙鞅)이다. 왕량(王良)은 진나라의 말을 잘 모는 사람이다. 폐(嬖)는 총애하는 신하를 뜻하며, 해(奚)는 조간자의 총신으로 이름이 奚다. 강(彊)은 '강요하다', '억지를 부리다'고, 장(掌)은 '주관하다', '담당하다'다. 범아치구(範我馳驅)의 範은 법도대로 하는 것으로, 내가 말을 모는 것을 법도대로 한다는 뜻이다. 궤우(詭遇)는 법도대로 하지 않는 것, 즉 비정상적으로 말을 모는 것이다. 시는 『시경』「소아」 거공(車攻)편이다. 말을 모는 자가 법도대로 말을 모니 활을 쏘는 자가 활을 힘 있게 쏘아 맞춘다는 뜻이다. 관(貫)은 습(習)으로 익숙한 것이다.

御者且羞與射者比. 比而得禽獸 雖若丘陵 弗爲也. 如枉道而從彼何也? 且子過矣, 枉己者 未有能直人者也.

"말 모는 사람조차 활 쏘는 사람과 함께하는 것을 부끄러워해, 함께해서 새와 짐승을 산더미처럼 잡는다 해도 하지 않는다. 그런데 만일 도를 굽혀 그들을 따른다면 어쩌겠느냐? 그리고 너도 틀렸다. 자기를 굽히는 사람은 남을 펼 수 없는 법이다."

비(比)는 주희에 의하면 아부하는 것(阿黨)이다. 그러나 양백준은 나란히 하는 것, 같이하는 것(슴)으로 해석한다.

주희는 이 장 말미에 다음과 같은 말로 해설을 대신했다. 어떤 이가 말했다. "지금 세상에서는 출처와 거취를 굳이 일일이 법도에 맞게 할 수는 없다. 일일이 법도에 맞게 하려다가는 도를 행할 수 없게 될 것이다." 양시(楊時)가 말했다. "어찌 그처럼 자중하지 못하는가? 자기 몸을 굽혀 어떻게 남을 곧게 펼 수 있겠는가? 옛사람들은 차라리 도를 행하지 못할지언정 거취를 가볍게 하지 않았다. 그렇기 때문에 공자와 맹자는 비록 춘추전국시대에 살았으면서도 나아갈 때는 반드시 정도로써 해, 끝내 도를 행하지도 못하고 죽음에 이르렀다. 만일 그 거취를 살피지 않고도 도를 행할 수 있다면 공자와 맹자가 먼저 했을 것이다. 공자와 맹자가 어찌 도를 행하기를 바라지 않았겠는가?"

2

경춘(景春)이 말했다. "공손연(公孫衍)과 장의(張儀)가 어찌 진정 대장부가 아니겠습니까? 한번 노하면 제후들이 두려워하고 편안히 쉬니 천하가 잠잠합니다."

맹자가 말했다. "그들이 어찌 대장부일 수 있겠습니까? 당신은 예를 배우지 않았습니까? 장부가 관을 쓸 때는 아버지가 가르침을 주고 여자가 시집을 갈 때는 어머니가 가르침을 줍니다. 문에서 전송할 때 가르쳐 말하길 '시집에 가거든 반드시 공경하고 반드시 조심해 지아비의 뜻을 어기지 마라'고 합니다. 순종을 정도로 삼는 것은 아낙네의 도리입니다.

천하의 넓은 거처에 살고 천하의 바른 위치에 서며 천하의 큰 도를 행합니다. 뜻을 얻으면 백성과 더불어 도를 따르고, 뜻을 얻지 못하면 홀로 그 도를 행합니다. 부귀도 그를 방탕하게 할 수 없고, 빈천도 그의 지조를 바꿀 수 없으며, 무력과 위세도 그를 굴복시킬 수 없습니다. 이를 일컬어 대장부라 합니다."

景春曰 公孫衍 張儀豈不誠大丈夫哉. 一怒而諸侯懼 安居而天下熄.

경춘이 말했다. "공손연과 장의가 어찌 진정 대장부가 아니겠습니까? 한번 노하면 제후들이 두려워하고 편안히 쉬니 천하가 잠잠합니다."

경춘(景春)은 맹자와 같은 시대 사람으로 조기에 의하면 종횡가(縱橫家)를 따랐다고 한다. 공손연(公孫衍)은 위(魏)나라 사람으로 성이 公孫, 이름은 衍이며, 호는 서수(犀首)다. 종횡술(縱橫術)을 연마해 다섯 나라 정승의 인장을 차고 종약(從約)의 장이 되었던 사람이다. 장의(張儀)는 위나라 사람으로 일찍이 소진(蘇秦)과 함께 귀곡(鬼谷)선생으로부터 종횡술을 공부했다고 한다. 소진이 합종(合從)을 주장한 데 반해 연횡(連橫)을 주장했다. 당시는 공손연이나 장의와 같은 종횡가들이 득세하던 시대였다. 종횡가들이 제후들을 설복해 서로 공격하게 했기 때문에 당시 제후들은 그들을 두려워했다. 따라서 그들이 조용히 칩거하면 천하가 조용했다.

孟子曰 是焉得爲大丈夫乎. 子未學禮乎. 丈夫之冠也 父命之, 女子之嫁也 母命之. 往送之門 戒之曰 往之女家 必敬必戒 無違夫子. 以順爲正者 妾婦之道也.

맹자가 말했다. "그들이 어찌 대장부일 수 있겠습니까? 당신은 예를 배우지 않았습니까? 장부가 관을 쓸 때는 아버지가 가르침을 주고 여자가 시집을 갈 때는 어머니가 가르침을 줍니다. 문에서 전송할 때 가르쳐 말하길 '시집에 가거든 반드시 공경하고 반드시 조심해 지아비의 뜻을 어기지 마라'고 합니다. 순종을 정도로 삼는 것은 아낙네의 도리입니다."

관(冠)은 옛날에 남자가 스무 살이 되었을 때 성인이 되었다는 표시로 행한 관을 쓰는 의식(冠禮)이다. 여가(女家)는 여가(汝家)로, 옛날에는 여필종부(女必從夫)라는 봉건적 관념이 지배했기 때문에 남편의 집이 여자의 집이었다.

부자(夫子)는 남편이고, 순(順)은 순종하는 것이다. 맹자는 공손연과 장의가 권세를 얻은 것이 제후에게 아부하고 순종했기 때문이라고 생각해 그것을 아낙네의 도리(妾婦之道)에 비유했다.

居天下之廣居 立天下之正位 行天下之大道. 得志與民由之 不得志獨行其道. 富貴不能淫 貧賤不能移 威武不能屈. 此之謂大丈夫.

"천하의 넓은 거처에 살고 천하의 바른 위치에 서며 천하의 큰 도를 행합니다. 뜻을 얻으면 백성과 더불어 도를 따르고, 뜻을 얻지 못하면 홀로 그 도를 행합니다. 부귀도 그를 방탕하게 할 수 없고, 빈천도 그의 지조를 바꿀 수 없으며, 무력과 위세도 그를 굴복시킬 수 없습니다. 이를 일컬어 대장부라 합니다."

주희는 광거(廣居)를 인(仁), 정위(正位)를 예(禮), 대도(大道)는 의(義)라고 해석했다. 아마 『논어』「태백」의 '예에서 선다(立於禮)'라는 표현과 『맹자』「진심상」의 "머물 곳은 어디에 있는가? 인에 있다. 길은 어디에 있는가? 의에 있다. 인에 머물고 의를 따른다", 「공손추상」의 "무릇 인은 하늘이 내린 존귀한 작위요, 인간이 살 편안한 집이다", 「고자상」의 "인은 사람의 마음이요, 의는 사람의 길이다" 등의 표현을 고려해 그렇게 나타낸 모양인데 참으로 탁월하다고 할 수 있겠다. 음(淫)은 그 마음을 방탕하게 하는 것, 이(移)는 그 지조를 바꾸는 것, 굴(屈)은 그 뜻을 꺾는 것이다.

6. 등문공장구하(滕文公章句下)

3

주소(周霄)가 물었다. "옛날의 군자는 벼슬을 했습니까?"

맹자가 말했다. "벼슬을 했습니다. 전해지는 말에 '공자께서는 삼 개월 동안 섬기는 임금이 없으면 불안해하셨고, 국경을 나설 때 반드시 폐백을 가지고 가셨다'고 했습니다. 공명의(公明儀)도 말하길 '옛사람들은 삼 개월 동안 섬기는 임금이 없으면 조문을 했다'고 했습니다."

"삼 개월 동안 섬기는 임금이 없으면 조문을 했다는 것은 너무 급한 것 아닙니까?"

"선비가 벼슬을 잃는 것은 제후가 나라를 잃는 것과 같습니다. 예에 말하길 '제후는 적전(籍田)을 경작해 제사에 쓸 곡식을 마련하고 부인은 누에를 쳐 제사에 쓸 의복을 만든다. 희생으로 바칠 짐승들이 살찌지 않거나, 곡식이 깨끗하지 않거나, 의복이 갖추어지지 않으면 감히 제사를 지내지 않는다. 선비는 규전(圭田)이 없으면 또한 제사지내지 않는다'고 했습니다. 희생과 그릇과 의복이 구비되지 않으면 감히 제사를 지낼 수 없고, 감히 제사 후의 연회를 치르지 못하니 역시 조문할 만하지 않습니까?"

"국경을 나설 때 반드시 폐백을 가지고 가신 것은 어째서입니까?"

"선비에게 벼슬이란 것은 농부에게 농사와 같습니다. 농부가 국경을 나선다고 어찌 쟁기를 버리고 가겠습니까?"

"진(晉)나라 또한 벼슬을 할 만한 나라인데, 그처럼 급하게 벼슬을 해야 한다는 이야기를 듣지 못했습니다. 그처럼 급하게 벼슬을 해야 한다면서 군자께서 벼슬하기를 어려워하는 것은 어찌된 연유입니까?"

"사나이가 태어나면 그를 위해 아내를 얻어주기를 바라고 여자가 태어나면 그를 위해 시집을 보내기를 원합니다. 부모의 이런 마음은 사람마다 모두 갖고 있습니다. 그런데 부모의 명령이나 중매쟁이의 말을 기다리지 않고 담에 구멍을 뚫거나 틈을 내어 서로 엿보고 담을 뛰어넘어 서로 상종한다면, 부모나 국인(國人)들이 모두 이를 비천하다고 할 것입니다. 옛사람들은 일찍이 벼슬하기를 원하지 않은 것은 아니나 올바르지 못한 방법에 의한 것을 미워했습니다. 올바르지 못한 방법에 의해 (벼슬길에) 나아가는 것은 구멍을 뚫거나 틈을 내는 것과 같습니다."

周霄問曰 古之君子仕乎.
孟子曰 仕. 傳曰 孔子三月無君 則皇皇如也 出疆必載質. 公明儀曰 古之人三月無君則弔.

주소가 물었다. "옛날의 군자는 벼슬을 했습니까?"
맹자가 말했다. "벼슬을 했습니다. 전해지는 말에 '공자께서는 삼 개월 동안 섬기는 임금이 없으면 불안해하셨고, 국경을 나설 때 반드시 폐백을 가지고 가셨다'고 했습니다. 공명의도 말하길 '옛사람들은 삼 개월 동안 섬기는 임금이 없으면 조문을 했다'고 했습니다."

주소(周霄)는 위(魏)나라 사람이라는 것 외에는 알려진 바가 없다. 무군(無君)은 벼슬을 하지 못해 섬길 임금이 없는 것을 말한다. 황황(皇皇)은 근심하는 모양이다. 지(質)는 지(贄)로 신하가 임금을 만날 때 드리는 예물이다. 사의 신분이면 꿩을 썼다. 공자가 국경을 나설 때 폐백을 가지고 간 것은 그 나라의 임금을 만나 벼슬을 하고자 했기 때문이다. 조(弔)는 조문하는 것이다.

三月無君則弔 不以急乎.

曰 士之失位也 猶諸侯之失國家也. 禮曰 諸侯耕助 以供粢盛, 夫人蠶繅 以爲衣服. 犧牲不成 粢盛不潔 衣服不備 不敢以祭. 惟士無田 則亦不祭. 牲殺器皿衣服不備 不敢以祭 則不敢以宴, 亦不足弔乎.

"삼 개월 동안 섬기는 임금이 없으면 조문을 했다는 것은 너무 급한 것 아닙니까?"

"선비가 벼슬을 잃는 것은 제후가 나라를 잃는 것과 같습니다. 예에 말하길 '제후는 적전을 경작해 제사에 쓸 곡식을 마련하고 부인은 누에를 쳐 제사에 쓸 의복을 만든다. 희생으로 바칠 짐승들이 살찌지 않거나, 곡식이 깨끗하지 않거나, 의복이 갖추어지지 않으면 감히 제사를 지내지 않는다. 선비는 규전이 없으면 또한 제사지내지 않는다'고 했습니다. 희생과 그릇과 의복이 구비되지 않으면 감히 제사를 지낼 수 없고, 감히 제사 후의 연회를 치르지 못하니 역시 조문할 만하지 않습니까?"

불이급호(不以急乎)의 以는 이(已)로 '너무', '지나치게'의 뜻이다. 옛날에는 발음이 같아 서로 통용되었다. 국가(國家)는 오늘날의 국가가 아니라 제후의 나라와 집안을 말한다. 경조(耕助)의 助는 적(藉)으로 적전(藉田)이다. 예에 의하면 제후는 적전 백 무를 두어, 매년 봄 신하들을 이끌고 와 몸소 밭을 갈고 거기서 나온 경작물로 종묘에 제사를 지낸다. 물론 제후의 밭갈이는 의례에 지나지 않으며 실제 농사는 백성들이 짓는다. 그렇기 때문에 백성의 힘을 빌린다는 뜻에서 '빌리다'는 뜻의 적(藉)전이라고 했다. 자성(粢盛)의 粢는 주희에 의하면 기장과 피이며, 盛은 그릇에 담겨져 있는 것이다. 부인잠소(夫人蠶繅)의 夫人은 제후의 정실부인이며, 蠶繅는 누에를 길러 고치에서 실을 뽑는 것이다. 물론 제후의 부인이 직접 양잠을 해 제사 때 쓸 의복을 짓는 것은 아니며 제후와 마찬가지로 의례에 불과하다. 희생(犧牲)은 제사 때 도축할 소나 양 같은 제물이며 생살(牲殺)이라고도 한다. 불성(不成)의 成은 살찌는 것이다. 유사무전(惟士無田)의 田은 「등문공상」 3에서 언급한 바 있는 사(士)가 제사에 쓸 규전(圭田)이다. 연(宴)은 제사가 끝난 후 베푸는 연회다.

出疆必載質 何也.
曰 士之仕也 猶農夫之耕也 農夫豈爲出疆舍其耒耜哉.
"국경을 나설 때 반드시 폐백을 가지고 가신 것은 어째서입니까?"
"선비에게 벼슬이란 것은 농부에게 농사와 같습니다. 농부가 국경을 나선다고 어찌 쟁기를 버리고 가겠습니까?"

뢰사(耒耜)는 쟁기다.

曰 晉國亦仕國也 未嘗聞仕如此其急. 仕如此其急也 君子之難仕何也.
曰 丈夫生而願爲之有室 女子生而願爲之有家. 父母之心 人皆有之. 不待父母之命 媒妁之言 鑽穴隙相窺 踰牆相從 則父母國人皆賤之. 古之人未嘗不欲仕也 又惡不由其道. 不由其道而往者 與鑽穴隙之類也.
"진나라 또한 벼슬을 할 만한 나라인데, 그처럼 급하게 벼슬을 해야 한다는 이야기를 듣지 못했습니다. 그처럼 급하게 벼슬을 해야 한다면서 군자께서 벼슬하기를 어려워하는 것은 어찌된 연유입니까?"

"사나이가 태어나면 그를 위해 아내를 얻어주기를 바라고 여자가 태어나면 그를 위해 시집을 보내기를 원합니다. 부모의 이런 마음은 사람마다 모두 갖고 있습니다. 그런데 부모의 명령이나 중매쟁이의 말을 기다리지 않고 담에 구멍을 뚫거나 틈을 내어 서로 엿보고 담을 뛰어넘어 서로 상종한다면, 부모나 국인들이 모두 이를 비천하다고 할 것입니다. 옛사람들은 일찍이 벼슬하기를 원하지 않은 것은 아니나 올바르지 못한 방법에 의한 것을 미워했습니다. 올바르지 못한 방법에 의해 (벼슬길에) 나아가는 것은 구멍을 뚫거나 틈을 내는 것과 같습니다."

진국(晉國)은 위(魏)나라를 말한다. 위나라는 춘추시대 진나라에 속했다. 주소는 맹자가 벼슬이 그렇게 급한 것이라고 하면서도 위나라에서는 벼슬을 하려고 하지 않아 그 이유를 물은 것이다. 실(室)은 남자가 여자를 말하는 것이며, 가(家)는 여자가 남자를 말하는 것이다. 매작(媒妁)은 중매쟁이다. 여찬혈극지류야(與鑽穴隙之類也)의 與는 해석이 안 된다. 어떤 이는 여(歟)로 읽어 위의 문장에 붙여야 한다고도 하며(공광삼의 『경학치언』), 어떤 이는 같을 여(如)로 읽어야 한다고도 한다(유월俞樾의 『맹자평의孟子平義』). 또 어떤 사람은 원래 與鑽穴隙類也로 之가 없었다고도 주장한다(초순의 『맹자정의』).

4

팽경(彭更)이 물었다. "수십 대의 수레를 뒤에 따르게 하고 수백 명의 종자를 거느리면서 제후에게 대접을 받으니 너무 과분한 것 아닙니까?"

맹자가 말했다. "도가 아니라면 밥 한 그릇도 남에게서 받아서는 안 되며, 만일 도라면 순이 요의 천하를 받는다 하더라도 과분한 것이 아니다. 너는 과분하다고 여기는가?"

"아닙니다. 선비가 일 없이 밥을 먹으면 안 된다는 것입니다."

"네가 서로 분업해서 네 노동의 산물을 남의 노동의 산물과 교환함으로써 남는 것을 가지고 부족한 것을 보충하게 하지 않는다면, 농사꾼은 곡식이 남아 버리게 되고 여자는 베가 남아 버리게 될 것이다. 네가 만일 서로 교환하게 한다면 목수나 수레를 만드는 사람도 모두 네 덕분에 밥을 먹을 수 있을 것이다. 여기에 한 사람이 있어, 들어오면 부모에게 효도하고 나가면 윗사람에게 공손하며 선왕의 도를 지킴으로써 뒷날의 공부하는 자들을 기다리는데도 너로부터 밥을 얻어 먹을 수 없다. 그렇다면 너는 어찌하여 목수나 수레를 만드는 사람은 존중하고 인의를 행하는 사람은 경시하는가?"

"목수나 수레를 만드는 사람은 그 뜻이 장차 밥을 구하는 데 있습니다. 군자가 도를 행하는 것도 그 뜻이 장차 밥을 구하는 데 있습니까?"

"너는 어찌하여 그 뜻을 가지고 따지는가? 너에게 공이 있어 먹일 만하면 먹이는 것이다. 그리고 너는 뜻 때문에 먹이느냐 아니면 공 때문에 먹이느냐?"

"뜻 때문에 먹입니다."

"여기에 한 사람이 있는데, 기와를 깨뜨리고 벽에 낙서를 해도 그 뜻이 장차 밥을 구한다면 너는 그를 밥 먹이겠는가?"

"아닙니다."

"그렇다면 너는 뜻 때문에 먹이는 것이 아니라 공 때문에 먹이는 것이다."

彭更問曰 後車數十乘 從者數百人 以傳食於諸侯 不以泰乎.
孟子曰 非其道 則一簞食不可受於人, 如其道 則舜受堯之天下 不以爲泰. 子以爲泰乎.

팽경이 물었다. "수십 대의 수레를 뒤에 따르게 하고 수백 명의 종자를 거느리면서 제후에게 대접을 받으니 너무 과분한 것 아닙니까?"

맹자가 말했다. "도가 아니라면 밥 한 그릇도 남에게서 받아서는 안 되며, 만일 도라면 순이 요의 천하를 받는다 하더라도 과분한 것이 아니다. 너는 과분하다고 여기는가?"

팽경(彭更)은 맹자의 제자다. 전식(傳食)은 전식(轉食)으로, 초순에 의하면 제후의 객관에 머물며 식사를 대접받는 것이다. 이(以)는 이(已)로 '너무', '지나치게'라는 뜻의 부사고, 태(泰)는 지나친 것이다.

曰 否. 士無事而食 不可也.
曰 子不通功易事以羨補不足 則農有餘粟 女有餘布, 子如通之 則梓匠輪輿皆得食於子. 於此有人焉, 入則孝 出則悌 守先王之道 以待後之學者 而不得食於子. 子何尊梓匠輪輿而輕爲仁義者哉.

"아닙니다. 선비가 일 없이 밥을 먹으면 안 된다는 것입니다."

"네가 서로 분업해서 네 노동의 산물을 남의 노동의 산물과 교환함으로써 남는 것을 가지고 부족한 것을 보충하게 하지 않는다면, 농사꾼은 곡식이 남아 버리게 되고 여자는 베가 남아 버리게 될 것이다. 네가 만일 서로 교환하게 한다면 목수나 수레를 만드는 사람도 모두 네 덕분에 밥을 먹을 수 있을 것이다. 여기에 한 사람이 있어, 들어오면 부모에게 효도하고 나가면 윗사람에게 공손하며 선왕의 도를 지킴으로써 뒷날의 공부하는 자들을 기다리는데도 너로부터 밥을 얻어 먹을 수 없다. 그렇다면 너는 어찌하여 목수나 수레를 만드는 사람은 존중하고 인의를 행하는 사람은 경시하는가?"

통공역사(通功易事)의 功은 공로, 공적이니 즉 노동의 산물이고, 事는 일이다. 노동의 산물을 통하게 하고 일을 바꾼다는 말은 다시 말하면 일을 서로 나누어 하면서도(분업) 그 노동의 산물은 서로 교환한다는 말이다. 선(羨)은 여(餘)로 남는 것이다. 유여(有餘)는 다른 것과 바꾸지 못해 쓸 일이 없는데도 쌓아놓는 것이다. 재장(梓匠)은 목수, 윤여(輪輿)는 수레를 만드는 사람이다.

曰 梓匠輪輿 其志將以求食也, 君子之爲道也 其志亦將以求食與.
曰 子何以其志爲哉. 其有功於子 可食而食之矣. 且子食志乎. 食功乎.
曰 食志.
曰 有人於此 毁瓦畫墁 其志將以求食也 則子食之乎.
曰 否.
曰 然則子非食志也 食功也.

"목수나 수레를 만드는 사람은 그 뜻이 장차 밥을 구하는 데 있습니다. 군자가 도를 행하는 것도 그 뜻이 장차 밥을 구하는 데 있습니까?"

"너는 어찌하여 그 뜻을 가지고 따지는가? 너에게 공이 있어 먹일 만하면 먹이는 것이다. 그리고 너는 뜻 때문에 먹이느냐 아니면 공 때문에 먹이느냐?"

"뜻 때문에 먹입니다."

"여기에 한 사람이 있는데, 기와를 깨뜨리고 벽에 낙서를 해도 그 뜻이 장차 밥을 구한다면 너는 그를 밥 먹이겠는가?"

"아닙니다."

"그렇다면 너는 뜻 때문에 먹이는 것이 아니라 공 때문에 먹이는 것이다."

화만(畫墁)은 담에 그림을 그려 지저분하게 만드는 것이다. 기와를 깨뜨리는 것이나 담에 낙서를 하는 것 모두 목적이 어디에 있든 해만 될 뿐이다. 즉 자신은 노동을 했다고 하나 사회적으로는 필요없는, 도리어 해가 되는 노동을 한 것이다. 따라서 그런 노동을 한 자는 자신의 노동의 산물을 갖고 밥을 교환해 먹을 수 없다. 마르크스에 의하면 사회적으로 필요한 노동만이 그 교환가치를 인정받는 것이다.

팽경이 사(士)는 일없이 밥을 먹으면 안 된다고 한 것은 사회적 분업 관계에서 사의 역할(공)을 부정한 것이다. 아마 팽경의 눈에는 육체노동만이 노동으로 보였고, 사는 그저 놀고 먹는 유한계급으로 인식되었을 것이다. 정신노동이 노동으로서의 가치를 인정받기 시작한 것이 현대에 들어와서임을 생각할 때 팽경의 입장이 아마 당시로서는 다수였을 것이다. 그런 면에서 볼 때 지식계급(士)의 정신노동의 가치를 설파한 맹자의 혜안은 실로 놀랄 만하다. 그러나 맹자는 왜 지식계급의 정신노동이 생산계급의 육체노동보다 수십 배도 더 되는 월등한 대우를 받아야 하는가에 대해서는 분명한 설명을 하지 않았다. 뿐만 아니라 왜 육체노동자가 정신노동자에게 지배받아야만 하는가에 대해서도 그저 "정신을 쓰는 사람은 남을 다스리고, 육체를 쓰는 사람은 남으로부터 다스림을 받는다"고만 할 뿐이었다(「등문공상」4). 이것이 맹자의 인식의 한계이지만, 맹자에게 당시 시대를 초월할 것을 요구하는 것은 현대를 사는 우리의 지나친 요구일 수도 있다.

5

 만장(萬章)이 물었다. "송나라는 작은 나라입니다. 지금 장차 왕도정치를 행하려고 하는데, 제나라와 초나라가 이를 미워해 정벌하려고 한다면 어찌해야 합니까?"

 맹자가 말했다. "탕은 박(亳)에 살았고 갈(葛)과 이웃이었는데 갈백(葛伯)이 방종해 제사를 지내지 않았다. 탕이 사람을 시켜 묻기를 '어찌하여 제사를 지내지 않습니까?'라고 하니 '제사에 바칠 희생이 없습니다'라고 했다. 탕이 사람을 시켜 소와 양을 보냈다. 갈백은 이를 받아먹기만 하고 제사를 지내지 않았다. 탕이 또 사람을 시켜 묻기를 '어찌하여 제사를 지내지 않습니까?'라고 하니 '제물로 바칠 곡식이 없습니다'라고 했다. 탕이 박의 사람들을 보내 농사를 짓게 하고 노약자들로 하여금 밥을 지어 나르게 했다. 갈백은 그 백성들을 이끌고 와, 술과 밥과 곡식을 가지고 가는 사람들을 위협해 빼앗고 내주지 않는 사람은 죽였다. 어린아이 하나가 밥과 고기를 가지고 갔는데 그도 죽이고 빼앗았다. 서(書)에 말하길 '갈백은 음식을 나르는 사람을 원수로 여겼다'고 했는데, 이것을 일컬은 것이다.

 이 어린아이를 죽인 것 때문에 갈을 정벌하니, 사해 안이 모두 '천하의 부를 탐내서가 아니라 필부필부(匹夫匹婦)를 위해 복수를 한 것이다'라고 했다. 탕이 갈나라부터 정벌을 시작해 열한 번 정벌하니 천하에 적이 없었다. 동쪽을 바라보고 정벌하면 서쪽 오랑캐가 원망했고, 남쪽을 바라보고 정벌하면 북쪽 오랑캐가 원망해 말하길 '어찌하여 우리를 뒤로 하는가?'라고 했다. 백성들이 바라보기를 큰 가뭄에 비를 보듯 했다. 시장으로 돌아오는 자들이 그치지 않았고 김을 매는 자들도 변함이 없었다. 그 임금을 죽이고 그 백성을 위로하니 마치 때 맞춰 내리는 비와 같아 백성들이 크게 기뻐했다. 서에 말하길 '우리 임금을 기다리니 임금이 오시면 아마 형벌이 없을 것이다'라고 했다.

'신하가 되지 않으려 하는 나라가 있어 동쪽으로 정벌을 가 그 선비와 여인들을 편안하게 해주자, 대광주리에 검고 노란 비단을 담고서는 주(周)왕을 소개받아, 그 아름다움을 보고 큰 도읍인 주에 신하로 복속하기를 바라네'라고 했다. 그 군자들은 대광주리에 검고 노란 비단을 담아 그 군자를 맞이했고, 그 소인들은 밥 한 그릇과 한 주전자의 마실 것을 갖고 그 소인들을 맞이했다. 물과 불 한가운데서 백성들을 구했고 그 잔악한 자들만 취해 없앴을 뿐이었다. 태서(太誓)에 말하길 '우리 무왕의 위엄이 드날려 그 나라로 쳐들어가 그 잔악한 자를 취해 없애 살벌의 무공을 펼치셨으니 탕왕보다도 빛나도다'라고 했다.

왕도의 정치를 하지 않을 뿐이지 진실로 왕도의 정치를 편다면 사해 안이 모두 머리를 들고 바라보며 왕을 삼으려 할 것이다. 제나라와 초나라가 비록 크다고 하나 어찌 두려워하겠는가?"

萬章問曰 宋 小國也. 今將行王政 齊楚惡而伐之 則如之何.
만장이 물었다. "송나라는 작은 나라입니다. 지금 장차 왕도정치를 행하려고 하는데, 제나라와 초나라가 이를 미워해 정벌하려고 한다면 어찌해야 합니까?"

만장(萬章)은 맹자의 제자다. 『사기』 「맹자순경열전」에 의하면 맹자는 말년에 "물러나 만장의 무리와 함께 『맹자』 일곱 편을 저술했다"고 한다. 송나라가 왕정을 행하려고 했던 시점에 대해서는 설명이 분분하다. 주희는 송왕 언(偃)이 일찍이 등나라를 멸망시키고 설나라를 정벌했으며 제, 초, 위나라 군대를 패퇴시켜 천하의 패자가 되려고 한 적이 있었는데, 아마 그때가 아닐까 의심하고 있다. 그러나 『전국책』「송책(宋策)」과 『사기』「송세가」 등에 의하면 송왕 언은 걸주(桀紂)와 같아서 마침내 제, 초, 위나라에게 멸망당했다고 한다. 혹자는 송왕 언의 초기 때라고도 하나 모두 확인하기 어렵다.

孟子曰 湯居亳 與葛爲鄰. 葛伯放而不祀. 湯使人問之曰 何爲不祀. 曰 無以供犧牲也. 湯使遺之牛羊. 葛伯食之 又不以祀. 湯又使人問之曰 何爲不祀. 曰 無以供粢盛也. 湯使亳衆往爲之耕 老弱饋食. 葛伯率其民 要其有酒食黍稻者奪之 不授者殺之. 有童子以黍肉餉 殺而奪之. 書曰 葛伯仇餉. 此之謂也.

맹자가 말했다. "탕은 박에 살았고 갈과 이웃이었는데 갈백이 방종해 제사를 지내지 않았다. 탕이 사람을 시켜 묻기를 '어찌하여 제사를 지내지 않습니까?'라고 하니 '제사에 바칠 희생이 없습니다'라고 했다. 탕이 사람을 시켜 소와 양을 보냈다. 갈백은 이를 받아먹기만 하고 제사를 지내지 않았다. 탕이 또 사람을 시켜 묻기를 '어찌하여 제사를 지내지 않습니까?'라고 하니 '제물로 바칠 곡식이 없습니다'라고 했다. 탕이 박의 사람들을 보내 농사를 짓게 하고 노약자들로 하여금 밥을 지어 나르게 했다. 갈백은 그 백성들을 이끌고 와, 술과 밥과 곡식을 가지고 가는 사람들을 위협해 빼앗고 내주지 않는 사람은 죽였다. 어린아이 하나가 밥과 고기를 가지고 갔는데 그도 죽이고 빼앗았다. 서에 말하길 '갈백은 음식을 나르는 사람을 원수로 여겼다'고 했는데, 이것을 일컬을 것이다."

박(亳)은 지명으로 지금의 허난성 상추(商丘)현 북쪽 일대다. 탕왕이 도읍을 정한 곳이라고 전해진다. 갈(葛)은 나라 이름으로 영(嬴)씨 성을 썼으며 지금의 허난성 닝링(寧陵)현 북쪽에 있었다고 한다. 백(伯)은 작위(爵位)다. 방이불사(放而不祀)는 방종하여 선조에게 제사조차 지내지 않은 것이다. 노약궤사(老弱饋食)는 노약자들로 하여금 밥을 지어 나르게 한 것을 말한다. 요(要)는 협박하는 것이고, 향(餉)은 饋와 마찬가지로 음식을 나르는 것이다. 갈백구향(葛伯仇餉)은 "갈백은 음식을 나르는 사람을 원수로 여겼다"는 말로 지금의 『상서』 「중훼지고(仲虺之誥)」에 보인다. 그러나 조기는 전해지지 않는다고 했다(逸文). 생각하건대 동진 때 매색이 이른바 『위고문상서』를 만들 때 넣은 것으로 생각된다.

爲其殺是童子而征之 四海之內皆曰 非富天下也 爲匹夫匹婦復讎也. 湯始征 自葛載. 十一征而無敵於天下. 東面而征 西夷怨, 南面而征 北狄怨 曰 奚爲後我. 民之望之 若大旱之望雨也. 歸市者弗止 芸者不變. 誅其君 弔其民 如時雨降. 民大悅. 書曰 徯我后 后來其無罰.

"이 어린아이를 죽인 것 때문에 갈을 정벌하니, 사해 안이 모두 '천하의 부를 탐내서가 아니라 필부필부를 위해 복수를 한 것이다'라고 했다. 탕이 갈나라부터 정벌을 시작해 열한 번 정벌하니 천하에 적이 없었다. 동쪽을 바라보고 정벌하면 서쪽 오랑캐가 원망했고, 남쪽을 바라보고 정벌하면 북쪽 오랑캐가 원망해 말하길 '어찌하여 우리를 뒤로 하는가?'라고 했다. 백성들이 바라보기를 큰 가뭄에 비를 보듯 했다. 시장으로 돌아오는 자들이 그치지 않았고 김을 매는 자들도 변함이 없었다. 그 임금을 죽이고 그 백성을 위로하니 마치 때 맞춰 내리는 비와 같아 백성들이 크게 기뻐했다. 서에 말하길 '우리 임금을 기다리니 임금이 오시면 아마 형벌이 없을 것이다'라고 했다."

비부천하(非富天下)는 천하를 부유하다고 여기는 것, 즉 천하의 부를 탐한다는 뜻이다. 자갈재(自葛載)의 載는 시(始)로 시작한다는 뜻이다. 「양혜왕하」 11에 같은 내용이 나와 설명을 생략한다. 다만 "임금이 오시면 아마 형벌이 없을 것이다"라는 내용의 후래기무벌(后來其無罰)이 앞에서는 "임금이 오시면 우리가 살아나리라"는 내용의 후래기소(后來其蘇)로 되어 있을 뿐이다.

有攸不惟臣 東征 綏厥士女 匪厥玄黃 紹我周王見休 惟臣附于大邑周. 其君子實玄黃于匪以迎其君子 其小人簞食壺漿以迎其小人 救民於水火之中 取其殘而已矣. 太誓曰 我武惟揚 侵于之疆 則取于殘 殺伐用張 于湯有光.

"신하가 되지 않으려 하는 나라가 있어 동쪽으로 정벌을 가 그 선비와 여인들을 편안하게 해주자, 대광주리에 검고 노란 비단을 담고서는 주왕을 소개받아, 그 아름다움을 보고 큰 도읍인 주에 신하로 복속하기를 바라네'라고 했다. 그 군자들은 대광주리에 검고 노란 비단을 담아 그 군자를 맞이했고, 그 소인들은 밥 한 그릇과 한 주전자의 마실 것을 갖고 그 소인들을 맞이했다. 물과 불 한가운데서 백성들을 구했고 그 잔악한 자들만 취해 없앴을 뿐이었다. 태서에 말하길 '우리 무왕의 위엄이 드날려 그 나라로 쳐들어가 그 잔악한 자를 취해 없애 살벌의 무공을 펼치셨으니 탕왕보다도 빛나도다'라고 했다."

유유불유신(有攸不惟臣)의 攸는 조기에 의하면 소(所)이다. 惟는 생각한다는 의미로, 조기에 의하면 신하가 되려고 생각하지 않는 자가 있다는 뜻이다. 그러나 양백준은 攸를 갑골문과 금문(金文)에 보이는 유국(攸國)이라는 나라 이름으로 해석한다. 惟는 양백준에 의하면 할 위(爲)다. 즉 유국이 신하로 복속하지 않으려고 했다는 뜻이다. 여기서는 조기의 설을 따랐다. 수(綏)는 편안하게 하는 것이고, 궐(厥)은 기(其)로 '그', '그것'이다. 비(匪)는 비(篚)로 대광주리를 뜻하나, 여기서는 '광주리에 담다'는 뜻의 동사로 쓰였다. 현황(玄黃)은 검고 누런 비단으로 폐백으로 쓰였다. 소아주왕견휴(紹我周王見休)의 紹에 대해서는 조기와 주희의 해석이 엇갈린다. 주희는 紹를 이을 계(繼)로 보아 섬긴다는 뜻의 사(事)로 해석하고, 견(見)은 '입다', '받다'는 뜻의 피동을 나타내는 조동사로, 휴(休)는 착할 선(善)으로 풀이해 "우리 주왕을 섬겨 그 아름다움을 입고"로 해석한다. 이에 반해 조기는 紹를 소개받는다는 뜻으로 해석해 "우리 주왕을 소개받아 그 아름다움을 보고"로 해석한다. 여기서는 조기를 따랐다. 유(惟)는 생각하는 것, 신부(臣附)는 신하로 복속하는 것이다.

有攸에서부터 大邑周까지는 조기에 의하면 『상서』의 일문(逸文)이다. 지금의 『상서』 「무성(武成)」편에 비슷한 문장이 있으나 매색이 위조한 것으로 추측된다. 취기잔(取其殘)의 取는 '잡아 없앤다'는 뜻이다. 태서(太誓)는 현재 전해지는 『상서』에서는 「태서(泰誓)」로 되어 있으나 이것 역시 매색이 위조한 것이다. 조기는 당시에도 「태서」편이 있었으나 이것은 나중에 얻어 『상서』에 보충한 것(마융馬融이 보았다고 하는 것)으로, 옛날의 「태서」와는 그 내용이 같지 않다고 했다. 조기가 의심하는 것으로 보아 이것 역시 누군가가 위조한 것으로 생각되나 그조차 지금은 전해지지 않는다. 아무유양(我武惟揚)은 우리 무왕이 위세를 드날렸다는 뜻이다. 침우지강(侵于之疆)의 于는 허사로 보는 사람도 있고, '그'라는 뜻의 대사(代詞)로 보는 사람도 있다. 허사로 보면 之가 대사로 해석된다. 어떻게 보든 그 나라를 침공한다는 뜻으로, 여기서 그 나라는 주(紂)의 은나라다. 그러나 양백준은 于를 나라 이름으로 해석한다. 살벌(殺伐)은 살벌의 공이고, 용(用)은 이(以), 장(張)은 '베풀다', '펼치다'는 뜻이다. 우탕유광(于湯有光)의 于는 '~보다'라는 뜻의 허사이고, 湯은 은나라의 시조인 탕왕, 有는 우(又), 光은 '빛나다'는 뜻으로 "무왕의 살벌의 공이 탕왕보다 더욱 빛났다"는 말이다.

不行王政云爾 苟行王政 四海之內皆擧首而望之 欲以爲君. 齊楚雖大 何畏焉.

"왕도의 정치를 하지 않을 뿐이지 진실로 왕도의 정치를 편다면 사해 안이 모두 머리를 들고 바라보며 왕을 삼으려 할 것이다. 제나라와 초나라가 비록 크다고 하나 어찌 두려워하겠는가?"

욕이위군(欲以爲君)은 왕으로 삼고자 한다는 뜻이다.

이후 송나라가 왕정을 행했는지 여부는 알려지지 않았다. 다만 얼마 후 송나라는 제나라에게 멸망했고 송왕 언은 패주하다가 죽었다. 이로 미루어 볼 때 아마 왕정을 행하지는 않았을 것 같다. 그렇지만 만일 송나라가 진정 왕정을 행하려고 했는데도 제나라라는 강대국에 멸망당했다면 이것은 어떻게 해석해야 할까? 앞에서 맹자가 이야기한 대로 그저 천명일까?(「양혜왕하」 14 참조)

6

　맹자가 대불승(戴不勝)에게 말했다. "당신은 당신 왕이 착하기를 바라지요? 내가 당신에게 분명히 말씀드립니다. 여기에 초나라 대부가 한 사람 있어 자기 자식이 제나라 말을 하기를 바란다면, 제나라 사람으로 하여금 가르치게 하겠습니까? 아니면 초나라 사람으로 하여금 가르치게 하겠습니까?"

　"제나라 사람으로 하여금 가르치게 합니다."

　"제나라 사람 한 사람이 가르치는데 많은 초나라 사람들이 떠들어댄다면, 비록 매일 종아리를 때리며 제나라 말을 하게 한다 하더라도 제나라 말을 할 수 없을 것입니다. 허나 그를 데려다 제나라 장악(莊嶽) 거리에 몇 년 놓아둔다면, 비록 매일 종아리를 때리며 초나라 말을 하게 한다 하더라도 초나라 말을 할 수 없을 것입니다.

　당신은 설거주(薛居州)가 착한 선비라고 해 그를 왕이 있는 곳에서 지내게 했습니다. 왕이 있는 곳에 있는 사람들이 나이가 많든 적든 지위가 높든 낮든 모두 설거주와 같은 사람들이라면, 왕이 누구와 함께 나쁜 일을 하겠습니까? 왕이 있는 곳에 있는 사람들이 나이가 많든 적든 지위가 높든 낮든 모두 설거주와 같은 사람들이 아니라면, 왕이 누구와 함께 착한 일을 하겠습니까? 설거주 한 사람이 홀로 송나라 왕을 어쩌겠습니까?"

孟子謂戴不勝曰 子欲子之王之善與. 我明告子. 有楚大夫於此 欲其子之齊語也 則使齊人傅諸. 使楚人傅諸.

曰 使齊人傅之.

曰 一齊人傅之 衆楚人咻之 雖日撻而求其齊也 不可得矣. 引而置之莊嶽之間數年 雖日撻而求其楚 亦不可得矣.

맹자가 대불승에게 말했다. "당신은 당신 왕이 착하기를 바라지요? 내가 당신에게 분명히 말씀드립니다. 여기에 초나라 대부가 한 사람 있어 자기 자식이 제나라 말을 하기를 바란다면, 제나라 사람으로 하여금 가르치게 하겠습니까? 아니면 초나라 사람으로 하여금 가르치게 하겠습니까?"

"제나라 사람으로 하여금 가르치게 합니다."

"제나라 사람 한 사람이 가르치는데 많은 초나라 사람들이 떠들어댄다면, 비록 매일 종아리를 때리며 제나라 말을 하게 한다고 하더라도 제나라 말을 할 수 없을 것입니다. 허나 그를 데려다 제나라 장악 거리에 몇 년 놓아둔다면, 비록 매일 종아리를 때리며 초나라 말을 하게 한다고 하더라도 초나라 말을 할 수 없을 것입니다."

대불승(戴不勝)은 조기에 의하면 송나라의 신하다. 부저(傅諸)는 傅之乎로 그를 가르치게 하겠느냐는 뜻이다. 휴(咻)는 환(讙)으로 시끄럽게 떠드는 것이다. 장악은 제나라의 거리와 마을 이름으로 고염무(顧炎武)의 『일지록(日知錄)』에 의하면 莊이 거리 이름, 嶽이 마을 이름이라고 한다(초순의 『맹자정의』에서 인용).

子謂薛居州善士也 使之居於王所. 在於王所者 長幼卑尊 皆薛居州也 王誰與爲不善. 在王所者 長幼卑尊 皆非薛居州也 王誰與爲善.

一薛居州 獨如宋王何.

"당신은 설거주가 착한 선비라고 해 그를 왕이 있는 곳에서 지내게 했습니다. 왕이 있는 곳에 있는 사람들이 나이가 많든 적든 지위가 높든 낮든 모두 설거주와 같은 사람들이라면, 왕이 누구와 함께 나쁜 일을 하겠습니까? 왕이 있는 곳에 있는 사람들이 나이가 많든 적든 지위가 높든 낮든 모두 설거주와 같은 사람들이 아니라면, 왕이 누구와 함께 착한 일을 하겠습니까? 설거주 한 사람이 홀로 송나라 왕을 어쩌겠습니까?"

설거주(薛居州)도 역시 송나라의 신하다. 왕소(王所)는 왕의 거처다. 중과부적이라고 아무리 현명한 사람이라도 혼자서는 뭇 소인들을 어쩔 수 없는 법이다. 조기는 이 장의 장지(章指)로 다음과 같은 속담을 인용하고 있다. "흰 모래라도 진흙 속에 있으면 염색하지 않아도 저절로 검게 되고, 쑥도 삼밭 속에서 자라면 받쳐주지 않아도 저절로 곧게 된다."

7

공손추가 물었다. "제후를 만나지 않는 것은 무슨 뜻입니까?"

맹자가 말했다. "옛날에는 신하가 되지 않으면 만나지 않았다. 단간목(段干木)은 담을 넘어 피했고, 설류(泄柳)는 문을 닫아 들어오지 못하게 했는데, 이는 모두 너무 심한 것이었다. 간절하게 보기를 원한다면 만나볼 수 있다. 양화(陽貨)는 공자가 자기를 만나러 오기를 바랐으나 무례하다는 소리를 들을까 꺼려했다. 대부가 사에게 하사를 할 때 사가 자기 집에서 직접 받을 수 없었으면 대부의 집에 찾아가 인사를 하는 게 예였다. 양화는 공자가 집에 없는 틈을 살펴 공자에게 삶은 돼지를 보냈다. 공자 또한 양화가 집에 없는 틈을 살펴 인사를 갔다. 이때 만일 양화가 먼저 찾아와서 예를 베풀었다면 공자가 어찌 만나보지 않았겠는가? 증자가 말하길 '어깨를 움츠리며 아첨해 웃는 것이 여름에 밭에서 일하는 것보다 더 힘들다'고 했으며, 자로는 '입장이 다른데도 억지로 어울려 말하는데 그 얼굴색을 보니 부끄러워 불그레하다. 이런 일은 내가 알 바 아니다'라고 했다. 이로부터 살펴보면 군자가 기르는 바를 알 수 있다."

公孫丑問曰 不見諸侯何義.
孟子曰 古者不爲臣不見. 段干木踰垣而辟之 泄柳閉門而不內 是皆已甚. 迫 斯可以見矣.

공손추가 물었다. "제후를 만나지 않는 것은 무슨 뜻입니까?"

맹자가 말했다. "옛날에는 신하가 되지 않으면 만나지 않았다. 단간목은 담을 넘어 피했고, 설류는 문을 닫아 들어오지 못하게 했는데, 이는 모두 너무 심한 것이었다. 간절하게 보기를 원한다면 만나볼 수 있다."

단간목(段干木)은 위문후(魏文侯) 때의 선비로 위문후가 찾아오자 자기 집 담을 넘어 피했다고 한다. 설류는 노목공(魯繆公) 때의 사람으로 목공이 찾아오자 문을 닫고 만나주지 않았다고 한다. 內는 여기서는 들일 납(納)으로 읽는다. 박(迫)은 만나고자 하는 뜻이 간절한 것이다. 초순은 迫을 착(窄), 근(近)으로 읽어 '가까이 오면'의 뜻으로 풀이한다.

陽貨欲見孔子而惡無禮 大夫有賜於士 不得受於其家 則往拜其門. 陽貨矙孔子之亡也 而饋孔子蒸豚. 孔子亦矙其亡也 而往拜之. 當是時 陽貨先 豈得不見.

"양화는 공자가 자기를 만나러 오기를 바랐으나 무례하다는 소리를 들을까 꺼려했다. 대부가 사에게 하사를 할 때 사가 자기 집에서 직접 받을 수 없었으면 대부의 집에 찾아가 인사를 하는 게 예였다. 양화는 공자가 집에 없는 틈을 살펴 공자에게 삶은 돼지를 보냈다. 공자 또한 양화가 집에 없는 틈을 살펴 인사를 갔다. 이때 만일 양화가 먼저 찾아와서 예를 베풀었다면 공자가 어찌 만나보지 않았겠는가?"

양화(陽貨)는 공자 당시 노나라의 실권자였던 계씨(季氏)의 가신인 양호(陽虎)다. 『춘추좌전(春秋左傳)』에 의하면 노나라 정공(定公) 5년에 계환자(季桓子)를 구금하고 정권을 잡았으며, 정공 8년에는 노나라를 삼분하고 있던 삼

환(三桓)을 제거하려고 반란을 일으켰다가 실패해 국외로 망명했다고 한다. 양화가 공자에게 돼지를 보낸 이야기는 『논어』「양화」편에도 나와 있다. 이 이야기는 정공 8년 이전의 일로 추정되며, 양화가 앞으로의 일을 위해 명망이 높은 공자를 자기편으로 포섭하려고 한 것이다. 욕현(欲見)의 見은 여기서는 사동사로 공자로 하여금 자기를 만나러 찾아오게 하려고 했다는 뜻이다. 그러나 양화가 아무리 권력을 잡았다고 하더라도 당대 현인인 공자를 오라 가라 부를 경우 무례하다는 소리를 듣게 될 것은 뻔한 이치였다.

대부유사어사(大夫有賜於士)의 대부는 양화를, 사는 공자를 가리킨다. 그러나 공자 역시 대부의 신분이었고 양화 또한 계씨의 가신 신분에 불과했는데 맹자가 무엇을 근거로 이렇게 말했는지는 불분명하다. 아마 당시 공자는 벼슬이 없었고 양화는 권력을 잡고 있어서 그렇게 말한 것이 아닐까 생각된다. 대부가 집으로 선물을 보낼 경우 사는 직접 절을 하고 선물을 받아야 한다. 만약 그렇지 못할 경우 대부의 집에 찾아가 답례를 하는 것이 예였다. 부득수어기가 즉왕배기문(不得受於其家 則往拜其門)은 그것을 말한다. 감(瞰)은 엿보는 것이다. 양화는 예의 규정을 이용해 공자가 자기를 만나러 오게 하려고 일부러 그가 없는 틈을 타 돼지를 보냈다. 그러자 공자도 양화를 만나지 않으려고 또한 그가 없는 틈을 타 답례를 갔다. 『논어』에 의하면 공자는 양화의 집에 갔다 돌아오는 길에 양화를 만났다고 한다. 선(先)은 '먼저 와서 예를 표했더라면'의 뜻이다. 그렇다면 맹자가 보기에 공자가 그를 만나지 않았을 리 없다는 말이다.

曾子曰 脅肩諂笑 病于夏畦. 子路曰 未同而言 觀其色赧赧然 非由之所知也. 由是觀之 則君子之所養可知已矣.

"증자가 말하길 '어깨를 움츠리며 아첨해 웃는 것이 여름에 밭에서 일하는 것보다 더 힘들다'고 했으며, 자로는 '입장이 다른데도 억지로 어울려 말하는데 그 얼굴색을 보니 부끄러워 불그레하다. 이런 일은 내가 알 바 아니다'라고 했다. 이로부터 살펴보면 군자가 기르는 바를 알 수 있다."

협견(脅肩)은 위세에 눌려 몸을 움츠리는 것이고, 첨소(諂笑)는 아첨하며 억지로 웃는 미소다. 병(病)은 힘들다는 뜻이고 하휴(夏畦)는 여름날 뜨거운 햇볕을 맞으며 밭두둑에서 일하는 것이다. 미동이언(未同而言)은 남과 뜻이 맞지 않는데도 억지로 이야기하는 것이고, 난난(赧赧)은 부끄러워 얼굴을 붉히는 것이다. 유(由)는 자로의 이름이다.

주희는 이 장을 요약해 다음과 같이 말했다. "성인은 예의 중정(中正)으로, 이보다 지나치면 간절한 마음을 상하게 하고 넓지 못하며, 이보다 못하면 더럽고 천박한 데 빠져 부끄러울 수 있다."

8

대영지(戴盈之)가 말했다. "십 분의 일세를 시행하는 일과 관문과 시장에서 세금을 걷는 것을 폐지하는 일을 올해는 할 수 없습니다. 청컨대 이를 경감했다가 내년에 폐지하면 어떻겠습니까?"

맹자가 말했다. "지금 여기에 매일 이웃집 닭을 훔치는 사람이 있습니다. 누군가가 그에게 말하길 '이것은 군자의 도가 아닙니다'라고 하자, 그가 말하길 '청컨대 줄여 한 달에 한 마리씩 훔치다가 내년에 그만두겠습니다'라고 합니다. 잘못인 줄 알았으면 빨리 그만두어야지 어찌 내년을 기다립니까?"

戴盈之曰 什一 去關市之征 今茲未能. 請輕之 以待來年 然後已 何如.

대영지가 말했다. "십 분의 일세를 시행하는 일과 관문과 시장에서 세금을 걷는 것을 폐지하는 일을 올해는 할 수 없습니다. 청컨대 이를 경감했다가 내년에 폐지하면 어떻겠습니까?"

대영지(戴盈之)는 송나라의 대부다. 십일(什一)은 십 분의 일세, 관시지정(關市之征)은 관문을 지날 때 통행세를 걷는 것과 시장에서 상품에 세금을 부과하는 것이다. 금자(今茲)의 茲는 년(年)이다. 이(已)는 그만두는 것, 즉 세금을 걷는 것을 그만두는 것이다.

孟子曰 今有人日攘其鄰之雞者 或告之曰 是非君子之道. 曰 請損之 月攘一雞 以待來年 然後已. 如知其非義 斯速已矣 何待來年.

맹자가 말했다. "지금 여기에 매일 이웃집 닭을 훔치는 사람이 있습니다. 누군가가 그에게 말하길 '이것은 군자의 도가 아닙니다'라고 하자, 그가 말하길 '청컨대 줄여 한 달에 한 마리씩 훔치다가 내년에 그만두겠습니다'라고 합니다. 잘못인 줄 알았으면 빨리 그만두어야지 어찌 내년을 기다립니까?"

양(攘)은 훔치는 것, 손지(損之)는 줄이는 것이다.

9

공도자가 말했다. "외부 사람들이 모두 선생님이 논쟁을 벌이기를 좋아한다고 그러는데, 감히 묻습니다만 어째서입니까?"

맹자가 말했다. "내가 어찌 논쟁을 벌이기를 좋아하겠느냐? 어쩔 수가 없어서다. 천하가 생겨난 지 오래되었는데, 한 번 다스려지면 한 번 어지러워진다. 요임금 때 물이 거꾸로 흘러 나라 가운데서 범람해 용과 뱀이 살게 되었다. 백성들은 정착할 데가 없어, 저지대에 있는 사람은 나무에 둥지를 만들고 고지대에 있는 사람은 동굴을 팠다. 서에 말하길 '홍수(洚水)가 나를 경고했다'고 하는데, 홍수는 홍수(洪水)다. 우로 하여금 다스리게 하니, 우는 땅을 파 물을 바다로 빠지게 하고 뱀과 용을 늪지로 몰아냈다. 물이 골짜기로 흐르니 장강, 회하(淮河), 황하, 한수(漢水)가 그것이다. 홍수가 뜸해지자 새와 짐승이 사람을 해치는 것이 사라졌고 그런 연후에 사람들이 평평한 땅을 구해 살 수 있었다.

요와 순임금이 돌아가시고 성인의 도가 쇠퇴했다. 폭군이 다시 일어나 집을 헐어 연못을 만드니 백성들이 편히 쉴 곳이 없었다. 논밭을 원림(園林)으로 만드니 백성들이 먹을 것과 입을 것을 구할 수 없었다. 사악한 학설과 난폭한 행동이 다시 일어났고 원림과 연못, 늪지가 많아져 새와 짐승이 다시 많아졌다. 주(紂)의 대에 이르러 천하는 다시 어지러워졌다.

주공이 무왕을 도와 주를 주살하고 엄(奄)을 정벌해 삼 년 만에 그 임금을 토벌하고 비렴(飛廉)을 바닷가 구석으로 몰아내 죽였다. 나라를 멸망시킨 것이 오십이었으며 호랑이, 표범, 물소, 코끼리를 몰아 멀리 쫓아냈다. 천하가 크게 기뻐했다. 서에서는 이렇게 말했다. '크게 빛나도다 문왕의 계책이여! 크게 계승하셨도다 무왕의 공적이여! 우리 후손들을 돕고 계발하시니 모두 올바르고 어그러짐이 없도다.'

세상이 쇠퇴하고 도가 희미해지자 사악한 학설과 난폭한 행동이 다시 일어나, 신하가 임금을 죽이는 일이 일어나고 자식이 부모를 죽이는 일이 일어났다. 공자께서 이를 두려워해 춘추(春秋)를 지으셨다. 춘추는 천자의 일이다. 그런 까닭에 공자가 말하길 '나를 알아주는 것도 아마 오직 춘추를 통해서일 것이요, 나에게 죄를 묻는 것도 아마 오직 춘추를 통해서일 것이다'라고 했다.

성왕(聖王)이 일어나지 않자, 제후들이 방자해지고 처사들이 함부로 의논을 펴, 양주(楊朱)와 묵적(墨翟)의 말이 천하에 가득 찼다. 천하의 말은 양주에게 돌아가지 않으면 묵적에게 돌아갔다. 양씨는 나만을 위할 것(爲我)을 주장하니 이는 임금이 없는 것이요, 묵씨는 두루 사랑할 것(兼愛)을 주장하니 이는 아버지가 없는 것이다. 아버지가 없고 임금이 없으면 이는 금수(禽獸)다. 공명의가 말하길 '푸줏간에는 기름진 고기가 있고 마구간에는 살찐 말이 있는데, 백성들은 굶주린 기색이 있고 들에는 굶어죽은 시체가 있다면, 이는 짐승을 내몰아 사람을 잡아먹게 하는 것이다'라고 했다. 양주와 묵적의 도가 그치지 않으면 공자의 도가 나타나지 않으니, 이는 사악한 주장이 백성을 속이고 인의를 가로막는 것이다. 인의가 가로막히면 짐승을 내몰아 사람을 잡아먹게 하고 사람들이 장차 서로 잡아먹을 것이다.

나는 이를 두려워해서 옛 성인들의 도를 지키고, 양주와 묵적을 물리쳐 부정한 말을 내치고 부정한 학설을 주장하는 자가 일어서지 못하게 하려는 것이다. (부정한 학설은) 그 마음에서 일어나 그 일을 해치며, 그 일에서 일어나 그 정치를 해친다. 성인이 다시 일어난다 하더라도 내 말을 바꾸지는 못할 것이다.

옛날에 우가 홍수를 막아 천하가 태평해졌고, 주공이 오랑캐를 병합하고 맹수들을 물리쳐 백성들이 편안해졌으며, 공자가 춘추를 짓자 난신적자들이 두려워했다. 시에 말하길 '융(戎)과 적(狄)을 치고 형(荊)과 서(舒)를 징계하니 아무도 감히 나를 당하지 못하리라'고 했으니, 아버지도 없고 임금도 없는 것은 주공도 응징한 바다. 나도 또한 사람의 마음을 바로잡고 사악한 학설을 종식시키며, 편파적인 행동을 물리치고 옳지 않은 말을 내침으로써 세 성인을 계승하려고 한다. 내가 어찌 논쟁을 벌이기를 좋아하겠느냐? 어쩔 수가 없기 때문이다.

양주와 묵적을 물리쳐야 한다고 말할 수 있는 자는 성인의 무리다."

公都子曰 外人皆稱夫子好辯 敢問何也.

공도자가 말했다. "외부 사람들이 모두 선생님이 논쟁을 벌이기를 좋아한다고 그러는데, 감히 묻습니다만 어째서입니까?"

공도자는 맹자의 제자다. 외인(外人)은 맹자의 문하가 아닌 사람들이다. 호변(好辯)은 논쟁을 벌이기를 좋아하는 것이다.

孟子曰 予豈好辯哉. 予不得已也. 天下之生久矣 一治一亂. 當堯之時 水逆行 氾濫於中國. 蛇龍居之 民無所定. 下者爲巢 上者爲營窟. 書曰 洚水警余. 洚水者 洪水也. 使禹治之 禹掘地而注之海 驅

蛇龍而放之菹. 水由地中行 江淮河漢是也. 險阻旣遠 鳥獸之害人
者消 然後人得平土而居之.

맹자가 말했다. "내가 어찌 논쟁을 벌이기를 좋아하겠느냐? 어쩔 수가 없어서다. 천하가 생겨난 지 오래되었는데, 한 번 다스려지면 한 번 어지러워진다. 요임금 때 물이 거꾸로 흘러 나라 가운데서 범람해 용과 뱀이 살게 되었다. 백성들은 정착할 데가 없어, 저지대에 있는 사람은 나무에 둥지를 만들고 고지대에 있는 사람은 동굴을 팠다. 서에 말하길 '홍수가 나를 경고했다'고 하는데, 홍수는 홍수(洪水)다. 우로 하여금 다스리게 하니, 우는 땅을 파 물을 바다로 빠지게 하고 뱀과 용을 늪지로 몰아냈다. 물이 골짜기로 흐르니 장강, 회하, 황하, 한수가 그것이다. 홍수가 뜸해지자 새와 짐승이 사람을 해치는 것이 사라졌고 그런 연후에 사람들이 평평한 땅을 구해 살 수 있었다."

일치일란(一治一亂)은 잘 다스려지는 세상과 어지러운 세상이 번갈아 찾아온다는 말이다. 중국(中國)은 나라 안이라는 뜻이다. 하(下)는 저지대, 상(上)은 고지대며, 소(巢)는 물을 피해 새처럼 나무 위에 둥지를 트는 것, 영굴(營窟)은 물을 피해 높은 언덕 위에 굴을 파는 것이다. 洚水警余는 지금의 『상서』「우서대우모(虞書大禹謨)」에 보인다. 그러나 조기는 일편(逸篇)이라고 하고 있다. 아마 매색의 위작일 것이다. 굴지(掘地)는 땅을 파 물길을 내는 것이다. 저(菹)는 연못가에 풀이 자라는 곳이다. 지중(地中)은 골짜기고, 험조(險阻)는 물이 범람하는 것을 가리킨다. 요임금 때 홍수로 세상이 한 번 어지러워졌으나 우임금의 치수로 다시 잘 다스려졌다.

堯舜旣沒 聖人之道衰. 暴君代作 壞宮室以爲汙池 民無所安息, 棄田以爲園囿 使民不得衣食. 邪說暴行又作 園囿汙池沛澤多而禽獸至. 及紂之身 天下又大亂.

6. 등문공장구하(滕文公章句下)

"요와 순임금이 돌아가시고 성인의 도가 쇠퇴했다. 폭군이 다시 일어나 집을 헐어 연못을 만드니 백성들이 편히 쉴 곳이 없었다. 논밭을 원림으로 만드니 백성들이 먹을 것과 입을 것을 구할 수 없었다. 사악한 학설과 난폭한 행동이 다시 일어났고 원림과 연못, 늪지가 많아져 새와 짐승이 다시 많아졌다. 주의 대에 이르러 천하는 다시 어지러워졌다."

대작(代作)의 代는 경대(更代)로 '번갈아', 作은 흥(興)으로 일어나는 것이다. 궁실(宮室)은 백성이 사는 집, 오지(汙池)는 연못, 패택(沛澤)의 沛는 물가의 풀이 나는 곳이며, 澤은 연못이다. 지(至)는 중(衆)으로 많다는 뜻이다. 요순 이후 폭군 주에 이르기까지 治亂이 한 번만은 아니나 폭군 주 때 세상이 다시 크게 어지러워졌다.

周公相武王 誅紂伐奄 三年討其君 驅飛廉於海隅而戮之. 滅國者五十 驅虎豹犀象而遠之. 天下大悅. 書曰 丕顯哉 文王謨. 丕承哉 武王烈. 佑啓我後人 咸以正無缺.

"주공이 무왕을 도와 주를 주살하고 엄을 정벌해 삼 년 만에 그 임금을 토벌하고 비렴을 바닷가 구석으로 몰아내 죽였다. 나라를 멸망시킨 것이 오십이었으며 호랑이, 표범, 물소, 코끼리를 몰아 멀리 쫓아냈다. 천하가 크게 기뻐했다. 서에서는 이렇게 말했다. '크게 빛나도다 문왕의 계책이여! 크게 계승하셨도다 무왕의 공적이여! 우리 후손들을 돕고 계발하시니 모두 올바르고 어그러짐이 없도다.'"

상(相)은 돕는다는 뜻이고 엄(奄)은 나라 이름이다. 노나라 부근에 있었으며 은나라를 따르고 주나라에 복속하지 않았다. 한편 공광삼(孔廣森)은 『경학치언(經學卮言)』에서 엄나라를 멸망시킨 것은 무왕이 아니라 그 아들 성왕

(成王)이기 때문에 周公相武王誅紂 伐奄三年討其君으로 끊어 읽어야 한다고 주장한다. 비렴(飛廉)은 폭군 주의 총신이다. 사마천의 『사기』「진본기(秦本紀)」에도 비렴에 관한 이야기가 실려 있으나 여기와는 내용이 다르다. 서(書)의 말은 지금의 『상서』「주서(周書)」 군아(君牙)편에 실려 있으나 조기는 일편이라고 하고 있다. 역시 후세 위작일 것이다. 비(丕)는 크다는 뜻이고, 현(顯)은 명(明)으로 밝다, 승(承)은 이어받다, 열(烈)은 공적이다. 우계(佑啓)는 돕고 계발하는 것, 함(咸)은 개(皆)로 '모두'다. 주공이 무왕을 도와 어지러운 세상을 다시 크게 다스렸다.

世衰道微 邪說暴行有作 臣弑其君者有之 子弑其父者有之. 孔子懼作春秋. 春秋 天子之事也. 是故孔子曰 知我者其惟春秋乎. 罪我者其惟春秋乎.

"세상이 쇠퇴하고 도가 희미해지자 사악한 학설과 난폭한 행동이 다시 일어나. 신하가 임금을 죽이는 일이 일어나고 자식이 부모를 죽이는 일이 일어났다. 공자께서 이를 두려워해 춘추를 지으셨다. 춘추는 천자의 일이다. 그런 까닭에 공자가 말하길 '나를 알아주는 것도 아마 오직 춘추를 통해서일 것이요, 나에게 죄를 묻는 것도 아마 오직 춘추를 통해서일 것이다'라고 했다."

유(有)는 우(又)로 '다시', '또'의 뜻이다. 공자가 춘추를 지은 것이 천자의 일이라는 것에 대해 조기는 공자가 춘추에서 소왕(素王, 왕의 자리에 있지 않은 왕을 뜻하는 말로, 덕망으로 보아서는 마땅히 왕이 되어야 하나 하늘의 명을 받지 못해 왕이 되지 못한 사람, 즉 공자를 가리킨다)의 법을 세웠기 때문이라고 하고 있다. 주희는 북송(北宋)의 학자 호안국(胡安國)의 다음 말을 인용하고 있다. "중니께서 『춘추』를 지어 왕법(王法)을 붙이셨으니, 오륜의 법을 두텁게 하셨고 예를 집행하셨으며 덕이 있는 자에게 벼슬을 내리셨고 죄가 있는 자를 토벌하셨다. 그 큰 요지는 모두 천자의 일이다." 조기나 주희나 모두 공자가 춘추를 통해 역사적 사실들을 포폄한 것 자체가 천자의 일이라는 입장이다.

주나라가 서융(西戎)의 침략을 받아 낙양으로 동천하면서(동주시대) 세상은 다시 크게 어지러워졌다. 사악한 주장과 난폭한 행동이 다시 일어났으며 신하가 임금을 시해하고 자식이 아비를 죽이는 패륜이 자행되었다. 공자는 이 어지러운 세상을 바로잡기 위해 『춘추』를 지었다(그럼으로써 세상은 다시 다스려졌다).

맹자는 명시하지는 않았지만 공자가 『춘추』를 지은 것을 일치일란(一治一亂) 중의 一治로 보고 있다. 그러나 실제로 공자 사후 전국시대로 접어들면서 세상은 더욱 어지러워지기만 했다. 그런데도 맹자가 이것을 一治로 본 것은 어찌된 이유일까? 혹시 뒤에 보이듯이 자기의 행위를 또 하나의 一治로 비정하기 위해 그런 것은 아닐까?

聖王不作 諸侯放恣 處士橫議 楊朱墨翟之言盈天下. 天下之言不歸楊 則歸墨. 楊氏爲我 是無君也, 墨氏兼愛 是無父也. 無父無君 是禽獸也. 公明儀曰 庖有肥肉 廐有肥馬 民有飢色 野有餓莩 此率獸而食人也. 楊墨之道不息 孔子之道不著 是邪說誣民 充塞仁義也. 仁義充塞 則率獸食人 人將相食.

"성왕이 일어나지 않자, 제후들이 방자해지고 처사들이 함부로 의논을 펴, 양주와 묵적의 말이 천하에 가득 찼다. 천하의 말은 양주에게 돌아가지 않으면 묵적에게 돌아갔다. 양씨는 나만을 위할 것을 주장하니 이는 임금이 없는 것이요, 묵씨는 두루 사랑할 것을 주장하니 이는 아버지가 없는 것이다. 아버지가 없고 임금이 없으면 이는 금수다. 공명의가 말하길 '푸줏간에는 기름진 고기가 있고 마구간에는 살찐 말이 있는데, 백성들은 굶주린 기색이 있고 들에는 굶어죽은 시체가 있다면, 이는 짐승을 내몰아 사람을 잡아먹게 하는 것이다'라고 했다. 양주와 묵적의 도가 그치지 않으면 공자의 도가 나타나지 않으니, 이는 사악한 주장이 백성을 속이고 인의를 가로막는 것이다. 인의가 가로막히면 짐승을 내몰아 사람을 잡아먹게 하고 사람들이 장차 서로 잡아먹을 것이다."

처사횡의(處士橫議)의 處士는 벼슬을 하지 않은 선비로, 당시 선비들이 너나 할 것 없이 모두 제후에 대한 유세에 나선 것을 말한다. 양주(楊朱)는 맹자보다 약간 앞선 전국시대 사상가로 극단적인 이기주의 학설(爲我)을 주장했다. 묵적(墨翟)은 묵가(墨家)의 시조로 노나라 혹은 송나라 사람이라고 한다. 자세한 생몰연대는 미상이나 대략 그 출생은 공자가 죽기 전후, 사망은 맹자의 출생 전후로 추정된다. 그의 학설은 그의 제자들이 편찬했다고 추정되는 『묵자』에 실려 있다. 그 대강은 인간에 대한 차별 없는 사랑을 주장하는 겸애(兼愛), 전쟁을 부정하는 비공(非攻), 허례를 배격하고 실용을 강조하는 절용(節用) 등이다.

양주의 위아(爲我)에 대해 맹자는 "양자(楊子)는 단지 자기만을 위했으니, 자신의 터럭 한 가닥만 뽑으면 천하를 이롭게 할 수 있다고 해도 하지 않았다"고 말하고 있다(「진심상」 26). 이는 극단적인 이기주의로, 이 세상에 자기만 있고 남은 없다는, 즉 사회는 없다는 주장이다. 이는 결국 사회적 윤리인 의(義)가 없다는 주장으로, 맹자에 의하면 사회의 상징인 임금이 없다는 것(無君)과 같다.

묵적의 겸애는 남과 부모를 차별하지 말고 똑같이 사랑하라는 주장이다. 이는 맹자가 보기에 부모를 지나가는 행인 보듯 하는 것이다. 따라서 부모가 없는 것(無父)이다.

한편 양주와 묵적에 대한 다산의 해석은 조금 색다르다. 다산에 의하면 양주나 묵적 모두 현인이나, 문제는 그들이 치란(治亂)을 고려하지 않고 위아와 겸애를 주장한 데 있다는 것이다. 즉 산천에 은거해 오직 내 한 몸이 과오가 없기만을 바라면 임금은 장차 누구와 더불어 세상을 다스리겠냐는 것이다. 이것이 양주의 위아의 문제점이다. 또 묵적처럼 모두가 온 세상의 이익을 위해 나선다면 부모는 누가 봉양하겠느냐? 이것이 묵적의 겸애의 문제점이라는 것이다.

　공명의의 말은 「양혜왕상」 4에서 설명한 바 있다.

　공자가 죽은 후 양주와 묵적의 학설이 횡행했는데 이것 또한 一亂이다.

吾爲此懼 閑先聖之道 距楊墨 放淫辭 邪說者不得作. 作於其心 害於其事, 作於其事 害於其政. 聖人復起 不易吾言矣.

"나는 이를 두려워해서 옛 성인들의 도를 지키고, 양주와 묵적을 물리쳐 부정한 말을 내치고 부정한 학설을 주장하는 자가 일어서지 못하게 하려는 것이다. (부정한 학설은) 그 마음에서 일어나 그 일을 해치며, 그 일에서 일어나 그 정치를 해친다. 성인이 다시 일어난다 하더라도 내 말을 바꾸지는 못할 것이다."

한(閑)에 대해 조기는 익힌다는 뜻의 습(習)으로 풀이하고 있는데, 주희는 지킨다는 뜻의 위(衛)로 풀이하고 있다. 여기서는 주희의 설을 따랐다. 작어(作於)로부터 오언의(吾言矣)까지는 호연지기를 설명한 「공손추상」 2에서 이미 설명했다. 다만 거기서는 生於其心 害於其政 發於其政 害於其事 聖人復起 必從吾言矣로 되어 있을 뿐이다.

　맹자는 양주와 묵적이 일과 정사를 망치는 것을 두려워해 그들을 물리치고 선성(先聖)의 도를 지켰다. 이것 또한 세상을 다시 다스리기 위한 것이다.

한편 주희는 다음과 같은 정호(程顥)의 말을 인용하고 있다. "양주와 묵적의 폐해는 신불해(申不害, 전국시대 법가 사상가로 黃老사상에 입각해 刑名을 주장했다)와 한비자(韓非子, 전국시대 법가 사상을 대성한 사람으로 훗날 진시황의 재상이 된 이사와 함께 순자에게서 동문수학했다. 저서로『한비자』가 전해진다)보다 심하며, 불씨(佛氏, 불교의 가르침을 송대 성리학자들은 佛氏之學, 佛氏之言이라고 격하해 불렀다)의 폐해는 양주와 묵적보다 심하다. 양씨는 자신만을 위하니 의(義)에 의혹을 일으키며, 묵적은 겸애를 주장하니 인(仁)에 의혹을 일으킨다. 신불해와 한비자는 천박하고 비루해 알기 쉽다. 그런 까닭에 맹자께서 양주와 묵적만을 배척하는 데 그치셨으니, 그것은 세상을 미혹시키는 것이 심하기 때문이다. 불씨의 말은 이치에 가까워 양주나 묵적이 비할 바가 아니다. 그런 까닭에 그 폐해가 더욱 심한 것이다." 정호의 말은 성리학자들이 불교의 가르침을 어떻게 보고 있나를 여실히 보여준다. 불교의 가르침이 이치에 가까워 보이기 때문에 그만큼 더 위험하다는 것이다. 그러나 성리학의 학설 중 많은 것이 사실은 불교로부터 차용한 것이다. 그래서 그만큼 더 성리학자들이 불교를 배척하는 것이다.

昔者禹抑洪水而天下平 周公兼夷狄驅猛獸而百姓寧 孔子成春秋而亂臣賊子懼. 詩云 戎狄是膺 荊舒是懲 則莫我敢承. 無父無君 是周公所膺也. 我亦欲正人心 息邪說 距詖行 放淫辭 以承三聖者. 豈好辯哉. 予不得已也.

"옛날에 우가 홍수를 막아 천하가 태평해졌고, 주공이 오랑캐를 병합하고 맹수들을 물리쳐 백성들이 편안해졌으며, 공자가 춘추를 짓자 난신적자들이 두려워했다. 시에 말하길 '융과 적을 치고 형과 서를 징계하니 아무도 감히 나를 당하지 못하리라'고 했으니, 아버지도 없고 임금도 없는 것은 주공도 응징한 바다. 나도 또한 사람의 마음을 바로잡고 사악한 학설을 종식시키며, 편파적인 행동을 물리치고 옳지 않은 말을 내침으로써 세 성인을 계승하려고 한다. 내가 어찌 논쟁을 벌이기를 좋아하겠느냐? 어쩔 수가 없기 때문이다."

억(抑)은 지(止)로 막는 것, 겸(兼)은 겸병(兼倂)하는 것이다. 막아감승(莫我敢承)의 承은 당(當)으로 '감당하다', '막다'의 뜻이다. 시의 내용은 「등문공상」 4에서 이미 나온 바 있다. 피행(詖行)은 편파적인 행동, 음사(淫辭)는 옳지 않은 말이다.

能言距楊墨者 聖人之徒也.
"양주와 묵적을 물리쳐야 한다고 말할 수 있는 자는 성인의 무리다."

성인의 도를 공부하지 않았다고 하더라도 양묵을 물리칠 것을 말하는 자라면 그 나아가고자 하는 바가 바르기 때문에 성인의 무리라고 할 수 있다. 주희는 다음과 같이 말하고 있다. "부정한 학설이 정도를 해치는 것은 누구라도 공격할 수 있으며, 굳이 성현만이 할 수 있는 것은 아니다. 이는 『춘추』의 법에 난신적자(亂臣賊子)는 누구나 죽일 수 있으며, 꼭 사사(士師, 법을 담당하는 관리)만이 할 수 있는 것이 아님과 같다. 성인이 세상을 구해 법을 세운 뜻이 이와 같이 간절하다. 만일 이 뜻으로 미루어본다면, (부정한 학설을) 공토(攻討)하지도 못하면서 또 굳이 공토할 필요가 없다는 말을 제창하는 자는 바로 사설(邪說), 피행(詖行)의 무리이며, 난신적자의 도당임을 알 수 있다."

10

광장(匡章)이 말했다. "진중자(陳仲子)가 어찌 진정 청렴한 선비가 아니겠습니까? 오릉(於陵)에서 살 때 삼 일을 먹지 못해 귀가 들리지 않았고 눈이 보이지 않았습니다. 우물가에 오얏나무가 있었는데, 굼벵이가 그 열매를 파먹은 것이 반 이상이었지만 진중자는 기어가 그것을 먹었습니다. 세 번을 삼키고 나서야 귀가 들리고 눈이 보였습니다."

맹자가 말했다. "나는 제나라 선비들 가운데서 반드시 진중자를 제일로 칠 것입니다. 그러나 중자를 어찌 청렴하다 할 수 있겠습니까? 중자의 지조대로 하려면 지렁이가 되고 나서야 가능할 것입니다. 대저 지렁이는 위로는 마른 흙을 먹고 아래로는 땅 속의 샘물을 마십니다. 중자가 사는 집은 백이가 지은 것입니까? 아니면 도척(盜跖)이 지은 것입니까? 먹는 쌀은 백이가 심은 것입니까? 아니면 도척이 심은 것입니까? 그것을 알 수 없습니다."

"그게 무슨 상관 있겠습니까? 그는 몸소 신을 삼고 부인이 길쌈을 해 바꿉니다."

"중자는 제나라의 세족(世族)입니다. 형 대(戴)는 합(蓋)에서 봉록이 만종(萬種)입니다. 그런데 그는 형의 녹을 불의의 녹이라 여겨 먹지 않았고, 형의 집을 불의의 집이라 여겨 살지 않았으며, 형을 피해 어머니를 떠나 오릉에서 살았습니다. 어느 날 그가 집에 돌아왔는데 어떤 사람이 그의 형에게 살아 있는 거위를 보냈습니다. 그는 이마를 찡그리며 '이 꽥꽥거리는 놈을 어디에 쓰겠는가?'라고 했습니다. 어느 날 그의 어머니가 이 거위를 잡아 그에게 먹였습니다. 그의 형이 밖에서 돌아와 '이게 꽥꽥거리는 놈의 고기다'라고 하자, 밖에 나가 토했습니다. 어머니가 주면 먹지 않고 부인이 주면 먹으며, 형의 집에서는 살지 않고 오릉에서는 삽니다. 이래도 그 지조대로 할 수 있겠습니까? 중자와 같은 사람은 지렁이가 되고 나서야 그 지조대로 할 수 있는 사람입니다."

匡章曰 陳仲子豈不誠廉士哉. 居於陵 三日不食 耳無聞 目無見也. 井上有李 螬食實者過半矣. 匍匐往將食之 三咽 然後耳有聞 目有見.

광장이 말했다. "진중자가 어찌 진정 청렴한 선비가 아니겠습니까? 오릉에서 살 때 삼 일을 먹지 못해 귀가 들리지 않았고 눈이 보이지 않았습니다. 우물가에 오얏나무가 있었는데, 굼벵이가 그 열매를 파먹은 것이 반 이상이었지만 진중자는 기어가 그것을 먹었습니다. 세 번을 삼키고 나서야 귀가 들리고 눈이 보였습니다."

광장(匡章)은 제나라 사람으로 『전국책』의 「제책(齊策)」과 「연책(燕策)」에는 제나라 장수로 기록되어 있다. 진중자(陳仲子)는 제나라의 절개 있는 선비다. 오릉(於陵)은 지명으로, 염약거(閻若璩)의 『사서석지속(四書釋地續)』에 의하면 제나라의 수도인 임치(臨淄)와는 약 200리 떨어져 있다고 한다(초순의 『맹자정의』에서 인용). 조(螬)는 굼벵이다. 포복(匍匐)은 엎드려 기어가는 것, 연(咽)은 삼키는 것이다.

孟子曰 於齊國之士 吾必以仲子爲巨擘焉. 雖然仲子惡能廉. 充仲子之操 則蚓而後可者也. 夫蚓 上食槁壤 下飮黃泉. 仲子所居之室 伯夷之所築與 抑亦盜跖之所築與. 所食之粟 伯夷之所樹與 抑亦盜跖之所樹與. 是未可知也.

맹자가 말했다. "나는 제나라 선비들 가운데서 반드시 진중자를 제일로 칠 것입니다. 그러나 중자를 어찌 청렴하다 할 수 있겠습니까? 중자의 지조대로 하려면 지렁이가 되고 나서야 가능할 것입니다. 대저 지렁이는 위로는 마른 흙을 먹고 아래로는 땅 속의 샘물을 마십니다. 중자가 사는 집은 백이가 지은 것입니까? 아니면 도척이 지은 것입니까? 먹는 쌀은 백이가 심은 것입니까? 아니면 도척이 심은 것입니까? 그것을 알 수 없습니다."

거벽(巨擘)은 엄지손가락으로 으뜸이라는 말이다. 충중자지조(充仲子之操)의 充은 미루어 채우는 것(推而滿之)으로, '중자의 지조대로 한다면'의 뜻이다. 인(蚓)은 지렁이다. 고양(槁壤)은 마른 흙, 황천(黃泉)은 땅 속의 샘물이다. 지렁이는 다른 것은 일체 필요로 하지 않고 오직 흙과 물만 먹는다. 진중자처럼 인(仁)이나 의(義) 같은 것은 전혀 생각하지 않고 오직 청렴만 생각하려면, 흙과 물 이외에는 아무것도 찾지 않는 지렁이처럼 되어야만 가능할 것이다. 억역(抑亦)은 '아니면', '그렇지 않다면'의 뜻이다. 도척(盜跖)은 춘추시대의 유명한 도적이다. 진중자는 흙과 물만 있으면 되는 지렁이와는 달리 집도 있어야 하고 곡식도 있어야 하는데, 그러면 그 집과 곡식은 어디서 오는 것인가? 그 집과 곡식이 의로운 것인지 불의의 것인지도 모르면서 청렴을 주장할 수는 없다.

曰 是何傷哉. 彼身織屨 妻辟纑 以易之也.
"그게 무슨 상관 있겠습니까? 그는 몸소 신을 삼고 부인이 길쌈을 해 바꿉니다."

구(屨)는 신, 벽(辟)은 삼을 길쌈하는 것, 로(纑)는 삼을 삶거나 빨아 표백하는 것이다. 광장의 말은 진중자와 처가 직접 신을 삼고 길쌈을 해 집과 곡식과 바꾸는데, 그것이 의로운 것인지 아닌지가 무슨 상관이 있겠느냐는 뜻이다.

曰 仲子 齊之世家也. 兄戴 蓋祿萬鍾. 以兄之祿爲不義之祿而不食也 以兄之室爲不義之室而不居也 辟兄離母 處於於陵. 他日歸 則有饋其兄生鵝者 己頻顣曰 惡用是鶃鶃者爲哉. 他日 其母殺是鵝也 與之食之. 其兄自外至 曰 是鶃鶃之肉也. 出而哇之.
"중자는 제나라의 세족입니다. 형 대(戴)는 합에서 봉록이 만종입니다. 그런데 그는 형의 녹을 불의의 녹이라 여겨 먹지 않았고, 형의 집을 불의의 집이라 여겨 살지 않았으며, 형을 피해 어머니를 떠나 오릉에서 살았습니다. 어느 날 그가 집에 돌아왔는데 어떤 사람이 그의 형에게 살아 있는 거위를 보냈습니다. 그는 이마를 찡그리며 '이 꽥꽥거리는 놈을 어디에 쓰겠는가?'라고 했습니다. 어느 날 그의 어머니가 이 거위를 잡아 그에게 먹였습니다. 그의 형이 밖에서 돌아와 '이게 꽥꽥거리는 놈의 고기다'라고 하자, 밖에 나가 토했습니다."

세가(世家)는 대대로 경대부(卿大夫)를 지낸 집안을 일컫는 말이다. 합(蓋)은 지명으로 진중자의 형인 진대(陳戴)의 채읍(采邑)이었다. 피(辟)는 피할 피(避)다. 빈축(頻顣)은 이마를 찡그리는 것이다. 예예(鶃鶃)는 거위의 울음소리, 와(哇)는 토하는 것이다.

以母則不食 以妻則食之, 以兄之室則弗居 以於陵則居之. 是尙爲能充其類也乎. 若仲子者, 蚓而後充其操者也.

"어머니가 주면 먹지 않고 부인이 주면 먹으며, 형의 집에서는 살지 않고 오릉에서는 삽니다. 이래도 그 지조대로 할 수 있겠습니까? 중자와 같은 사람은 지렁이가 되고 나서야 그 지조대로 할 수 있는 사람입니다."

시상위능충기류야호(是尙爲能充其類也乎)는 그런 류의 지조를 끝까지 밀고 갈 수 있겠느냐는 뜻이다. 진중자는 형과 어미의 것은 불의의 것이라 여겨 살지도 않고 먹지도 않으면서, 오릉의 집과 처가 바꿔온 곡식은 의로운 것인지 불의의 것인지 살펴보지도 않고 살고 먹었다. 부모도 없고 형제도 없이 이렇게 해서야 어찌 그 지조대로 산다고 할 수 있겠느냐? 진중자는 흙과 물 이외에는 아무것도 필요로 하지 않는 지렁이가 되고 난 연후에나 자기 지조대로 살 수 있을 것이다.

7

이루장구상

離婁章句上

공자께서 말씀하시길 '길이 둘이니 인과 불인뿐이다'라고 했다.

1

맹자가 말했다. "이루(離婁)의 밝은 눈과 공수자(公輸子)의 기술을 가지고도 규구(規矩)가 없으면 사각형과 원을 그릴 수 없고, 사광(師曠)의 좋은 귀를 가지고도 육률(六律)이 없으면 오음(五音)을 바로잡을 수 없으며, 요순의 도를 가지고도 어진 정치를 하지 않으면 천하를 태평하게 다스릴 수 없다.

지금 어진 마음을 갖고 있고 어질다는 평판이 있어도 백성들이 그 혜택을 입지 못하고 후세에 모범이 되지 못하는 것은 선왕의 도를 실행하지 않기 때문이다. 그러므로 말하길 '한갓 착하기만 해서는 정치를 할 수 없으며, 한갓 법만 갖고는 저절로 행해지지 않는다'고 했다. 시에 말하길 '허물을 짓지도 않고 잊지도 않으며 옛 법을 따른다'고 했으니, 선왕의 법을 지켜서 잘못되는 일은 없다.

성인이 눈으로 잘 본 후 규구(規矩)와 준승(準繩)으로 사각형과 원과 수평과 직선을 그으면 이루 다 쓸 수가 없을 것이고, 귀로 잘 들은 후 육률로 오음을 바로잡으면 이루 다 쓸 수가 없을 것이며, 생각과 마음을 다한 후 이어 차마 남에게 하지 못하는 정치를 펼친다면 인(仁)이 천하를 덮을 것이다. 그러므로 말하길 '높은 데 오르려면 언덕을 따라 올라가야 하고, 낮은 데로 내려가려면 반드시 강과 연못을 따라 내려가야 한다'고 했다. 그런데 정치를 하면서 선왕의 도를 따르지 않는다면 지혜롭다 할 수 있겠느냐?

따라서 오직 어진 사람만이 높은 자리에 앉아야 한다. 어질지 못한 사람이 높은 자리에 앉는 것은 무리에게 악을 뿌리는 것이다. 위에서 도를 헤아리지 않으면 아래서는 법을 지키지 않으며, 조정에서 도를 믿지 않으면 장인(匠人)들이 척도(尺度)를 믿지 않고, 군자가 의를 어기면 소인들은 죄를 지으니, 이러고도 나라가 존재하는 것은 요행이다. 따라서 말하길 '성곽이 완비되지 않고 병사와 무기가 많지 않은 것이 나라의 재앙이 아니요, 논밭이 개간되지 않고 재화가 모이지 않는 것이 나라의 해가 아니다. 위에서 예가 없고 아래서 배우지 않아 도적들이 일어나면 나라를 잃을 날이 며칠 남지 않을 것이다'라고 했다.

시에 말하길 '하늘이 쓰러뜨리려 하니 예예(泄泄)하지 마라'고 했는데, 예예는 답답(沓沓)으로, 임금을 섬기는 데 의롭지 못하고 나아가고 물러서는 데 예의가 없으며 말만 하면 선왕의 도를 비난하는 것이 답답이다. 그러므로 말하길 '임금에게 어려운 일을 요구하는 것을 일컬어 임금에게 공손하다(恭)고 하고, 선을 말하고 사악한 것을 막는 것을 일컬어 임금을 공경한다(敬)고 하며, 우리 임금은 할 수 없다고 하는 것을 일컬어 임금을 해친다(賊)고 한다.'"

孟子曰 離婁之明 公輸子之巧 不以規矩 不能成方員, 師曠之聰 不以六律 不能正五音, 堯舜之道 不以仁政 不能平治天下.

맹자가 말했다. "이루의 밝은 눈과 공수자의 기술을 가지고도 규구가 없으면 사각형과 원을 그릴 수 없고, 사광의 좋은 귀를 가지고도 육률이 없으면 오음을 바로잡을 수 없으며, 요순의 도를 가지고도 어진 정치를 하지 않으면 천하를 태평하게 다스릴 수 없다."

이루(離婁)는 중국 고대의 전설상의 인물로 눈이 아주 밝아 백 보 밖에서 터럭의 끝을 볼 수 있었다고 한다. 공수자(公輸子)는 이름은 반(般, 班으로도 씀), 성은 公輸로 노나라 출신이라 노반이라고도 불린다. 공자와 묵자 사이의 인물로 솜씨가 매우 뛰어난 장인이었다. 『묵자(墨子)』「공수(公輸)」편에 그에 관한 이야기가 전해진다. 규(規)는 원을 그리는 도구, 구(矩)는 사각형을 그리는 도구다. 사광(師曠)은 진평공(晉平公) 때의 악사로 귀가 아주 밝았다고 한다. 육률은 12율 중 양(陽)에 속하는 여섯 가지를 가리키는 말로, 황종(黃鐘), 대주(大簇), 고선(姑洗), 유빈(蕤賓), 이칙(夷則), 무역(無射)이 그것이다. 전하는 바에 의하면 황제(黃帝) 때 영윤(伶倫)이 대나무를 잘라 통을 만들어 그 장단으로 음의 고하를 구분했는데, 양과 음 각각 여섯으로 나누어 양을 육률, 음을 육려(六呂)라고 했다고 한다. 참고로 육려는 대려(大呂), 협종(夾鍾), 중려(仲呂), 임종(林鍾), 남려(南呂), 응종(應鍾)이다. 합해서 십이율이라고도 한다. 오음(五音)은 중국의 다섯 가지 음계로 궁상각치우(宮商角徵羽)다.

今有仁心仁聞而民不被其澤 不可法於後世者 不行先王之道也. 故曰 徒善不足以爲政 徒法不能以自行. 詩云 不愆不忘 率由舊章. 遵先王之法而過者 未之有也.

"지금 어진 마음을 갖고 있고 어질다는 평판이 있어도 백성들이 그 혜택을 입지 못하고 후세에 모범이 되지 못하는 것은 선왕의 도를 실행하지 않기 때문이다. 그러므로 말하길 '한갓 착하기만 해서는 정치를 할 수 없으며, 한갓 법만 갖고는 저절로 행해지지 않는다'고 했다. 시에 말하길 '허물을 짓지도 않고 잊지도 않으며 옛 법을 따른다'고 했으니, 선왕의 법을 지켜서 잘못되는 일은 없다."

인문(仁聞)은 어질다는 소문이다. 도선(徒善), 도법(徒法)의 徒는 단(但)으로,

'한갓 선만 갖고는', '한갓 법만 갖고는'의 뜻이다. 시는 『시경』의 「대아(大雅)」 가악(假樂)편이다. 건(愆)은 허물을 짓는다는 뜻의 동사고, 솔유(率由)는 따르는 것, 구장(舊章)은 옛 법이다.

聖人旣竭目力焉 繼之以規矩準繩 以爲方員平直 不可勝用也, 旣竭耳力焉 繼之以六律 正五音 不可勝用也, 旣竭心思焉 繼之以不忍人之政 而仁覆天下矣. 故曰 爲高必因丘陵 爲下必因川澤. 爲政不因先王之道 可謂智乎.

"성인이 눈으로 잘 본 후 규구와 준승으로 사각형과 원과 수평과 직선을 그으면 이루 다 쓸 수가 없을 것이고, 귀로 잘 들은 후 육률로 오음을 바로잡으면 이루 다 쓸 수가 없을 것이며, 생각과 마음을 다한 후 이어 차마 남에게 하지 못하는 정치를 펼친다면 인(仁)이 천하를 덮을 것이다. 그러므로 말하길 '높은 데 오르려면 언덕을 따라 올라가야 하고, 낮은 데로 내려가려면 반드시 강과 연못을 따라 내려가야 한다'고 했다. 그런데 정치를 하면서 선왕의 도를 따르지 않는다면 지혜롭다 할 수 있겠느냐?"

준(準)은 수평을 잡는 도구이며, 승(繩)은 직선을 긋는 데 사용하는 먹줄이다. 불가승용(不可勝用)은 다 쓸 수 없을 정도로 풍족해진다는 말이다. 위고(爲高), 위하(爲下)는 높은 데로 오르는 것, 낮은 데로 내려가는 것이며, 인(因)은 따르는 것이다.

是以惟仁者宜在高位. 不仁而在高位 是播其惡於衆也. 上無道揆也 下無法守也, 朝不信道 工不信度, 君子犯義 小人犯刑 國之所存者

幸也. 故曰 城郭不完 兵甲不多 非國之災也, 田野不辟 貨財不聚 非國之害也. 上無禮 下無學 賊民興 喪無日矣.

"따라서 오직 어진 사람만이 높은 자리에 앉아야 한다. 어질지 못한 사람이 높은 자리에 앉는 것은 무리에게 악을 뿌리는 것이다. 위에서 도를 헤아리지 않으면 아래서는 법을 지키지 않으며, 조정에서 도를 믿지 않으면 장인들이 척도를 믿지 않고, 군자가 의를 어기면 소인들은 죄를 지으니, 이러고도 나라가 존재하는 것은 요행이다. 따라서 말하길 '성곽이 완비되지 않고 병사와 무기가 많지 않은 것이 나라의 재앙이 아니요, 논밭이 개간되지 않고 재화가 모이지 않는 것이 나라의 해가 아니다. 위에서 예가 없고 아래서 배우지 않아 도적들이 일어나면 나라를 잃을 날이 며칠 남지 않을 것이다'라고 했다."

규(揆)는 헤아리는 것이다. 공불신도(工不信度)는 장인들이 척도(尺度)를 믿지 않는 것이다. 주희는 工은 관(官), 度는 법(法)으로 해석해 "관리들이 법을 믿지 않는다"로 풀이한다. 벽(辟)은 벽(闢)으로 개간하는 것이다. 상무일(喪無日)의 喪은 나라를 잃는 것, 無日은 며칠 남지 않은 것이다.

詩曰 天之方蹶 無然泄泄. 泄泄 猶沓沓也. 事君無義 進退無禮 言則非先王之道者 猶沓沓也. 故曰 責難於君謂之恭 陳善閉邪謂之敬 吾君不能謂之賊.

"시에 말하길 '하늘이 쓰러뜨리려 하니 예예(泄泄)하지 마라'고 했는데, 예예는 답답(沓沓)으로, 임금을 섬기는 데 의롭지 못하고 나아가고 물러서는 데 예의가 없으며 말만 하면 선왕의 도를 비난하는 것이 답답이다. 그러므로 말하길 '임금에게 어려운 일을 요구하는 것을 일컬어 임금에게 공손하다고 하고, 선을 말하고 사악한 것을 막는 것을 일컬어 임금을 공경한다고 하며, 우리 임금은 할 수 없다고 하는 것을 일컬어 임금을 해친다고 한다.'"

시는 『시경』「대아」 판(板)편이다. 궤(蹶)는 뒤집어엎는 것, 예예는 예예(吘吘)로 시끄럽게 떠드는 것을 말한다. 책난(責難)은 어려운 일을 요구하는 것, 진선폐사(陳善閉邪)는 善을 진술하고 사악한 것을 막는 것이다. 주희는 다음과 같은 북송의 학자 범조우(范祖禹)의 말을 인용하고 있다. "신하가 임금에게 어려운 일을 요구해, 그 임금을 요순과 같은 임금으로 만들려는 것은 임금을 존경하는 것이 큰 것이다. 선도(善道)를 진술해서 임금의 사악한 마음을 막는 것은 오직 임금이 허물에 빠질까 두려워하는 것으로 임금을 공경함이 지극한 것이다. 임금이 선도를 행할 수 없다고 해 알리지 않는 것은 임금을 해치는 것이 심한 것이다."

2

맹자가 말했다. "규구는 사각형과 원의 법도요, 성인은 인륜의 법도다. 임금이 되고자 하면 임금의 도리를 다해야 하고 신하가 되려면 신하의 도리를 다해야 한다. 이 두 가지는 모두 요순을 본받을 뿐이다. 순이 요를 섬기는 것처럼 임금을 섬기지 않는 자는 그 임금을 공경하지 않는 자다. 요가 백성을 다스리는 것처럼 백성을 다스리지 않는 자는 그 백성을 해치는 자다. 공자께서 말씀하시길 '길이 둘이니 인과 불인뿐이다'라고 했다. 백성에게 포악하게 굴면 심할 경우에는 생명을 잃고 나라가 망하며, 그렇게 심하지 않은 경우라도 몸이 위태롭고 나라가 줄어든다. '유려(幽厲)'라고 이름이 붙으면 비록 자손들이 효성스럽고 자애롭다고 해도 백 대가 지나도록 고칠 수 없을 것이다. 시에 말하길 '은의 거울이 먼 데 있지 않으니 바로 하나라 시대에 있다'고 했는데, 바로 이를 말한 것이다."

孟子曰 規矩 方員之至也, 聖人 人倫之至也. 欲爲君盡君道 欲爲臣盡臣道 二者皆法堯舜而已矣. 不以舜之所以事堯事君 不敬其君者也, 不以堯之所以治民治民 賊其民者也.

맹자가 말했다. "규구는 사각형과 원의 법도요, 성인은 인륜의 법도다. 임금이 되고자 하면 임금의 도리를 다해야 하고 신하가 되려면 신하의 도리를 다해야 한다. 이 두 가지는 모두 요순을 본받을 뿐이다. 순이 요를 섬기는 것처럼 임금을 섬기지 않는 자는 그 임금을 공경하지 않는 자다.

요가 백성을 다스리는 것처럼 백성을 다스리지 않는 자는 그 백성을 해치는 자다."

지(至)는 주희에 의하면 극(極)으로, 지극한 것이다. 여기서는 법도라고 번역했다.

孔子曰 道二 仁與不仁而已矣. 暴其民 甚 則身弑國亡, 不甚 則身危國削. 名之曰 幽厲 雖孝子慈孫 百世不能改也. 詩云 殷鑒不遠 在夏后之世 此之謂也.

공자께서 말씀하시길 '길이 둘이니 인과 불인뿐이다'라고 했다. 백성에게 포악하게 굴면 심할 경우에는 생명을 잃고 나라가 망하며, 그렇게 심하지 않은 경우라도 몸이 위태롭고 나라가 줄어든다. '유려'라고 이름이 붙으면 비록 자손들이 효성스럽고 자애롭다고 해도 백 대가 지나도록 고칠 수 없을 것이다. 시에 말하길 '은의 거울이 먼 데 있지 않으니 바로 하나라 시대에 있다'고 했는데, 바로 이를 말한 것이다."

심(甚)과 불심(不甚)은, 초순이 인용한 조우(趙佑)의 『온고록(溫故錄)』에 의하면 백성에게 가하는 난폭함의 정도로 말한 것이 아니라 그 이후에 닥치는 화의 정도로 말한 것이다. 유려(幽厲)는 주나라 유왕(幽王)과 여왕(厲王)을 말한다. 유왕은 포사(褒姒)를 총애해 왕비와 태자를 폐하는 등 폭정을 일삼다 결국 BC 770년에 견융(犬戎)의 침범을 받아 여산(驪山) 기슭에서 죽임을 당했다. 이후 주나라는 낙양으로 동천해 그 명맥을 이어갔으나(東周), 이미 천자로서의 권위는 실추된 후였다. 여왕은 유왕의 할아버지로 BC 841년 폭정을 못 견뎌 들고 일어난 백성들에게 쫓겨나 체(彘, 지금의 산시성 훠훠霍현)로 달아났다. 이후 14년 동안 주나라는 임금이 없이 재상들에 의해 다스려졌는데 이것을 공화(共和)라고 한다. 중국 역사에서 유려는 걸주에 버금가는 폭군으로 이름이 높다.

시는 『시경』「대아」 탕(蕩)편이다. 감(鑒)은 거울로, 전대의 허물을 자신의 거울로 삼는다는 뜻이다.

3

    맹자가 말했다. "삼대가 천하를 얻은 것은 인(仁) 때문이요, 천하를 잃은 것은 불인(不仁) 때문이었다. 나라의 흥폐존망도 또한 그렇다. 천자가 어질지 못하면 사해를 보존할 수 없으며, 제후가 어질지 못하면 사직을 보존할 수 없고, 경대부가 어질지 못하면 종묘를 보존할 수 없으며, 사나 서인이 어질지 못하면 사지를 보존할 수 없다. 지금 죽는 것을 싫어하면서 어질지 못한 것을 좋아하는 것은 취하는 것을 싫어하면서 억지로 술을 마시는 것과 같다."

孟子曰 三代之得天下也以仁 其失天下也以不仁. 國之所以廢興存亡者亦然. 天子不仁 不保四海, 諸侯不仁 不保社稷, 卿大夫不仁 不保宗廟, 士庶人不仁 不保四體. 今惡死亡而樂不仁 是猶惡醉而强酒.

사직(社稷)은 원래 제후가 제사지내는 토지신(社)과 곡물신(稷)을 일컫는 말이지만, 여기서는 제후의 나라를 가리킨다. 경대부는 채읍이 생긴 이후에야 종묘를 가질 수 있다. 따라서 종묘를 잃는다는 것은 채읍을 잃는다는 말과 같다. 사체(四體)는 사지(四肢)다. 강주(强酒)는 억지로 술을 마시는 것이다.

4

맹자가 말했다. "남을 사랑하는데도 친해지지 않으면 그 인(仁)을 돌이켜 봐야 하며, 남을 다스리는데도 다스려지지 않으면 그 지(智)를 돌이켜봐야 하고, 남에게 예를 베풀었는데도 답례가 없으면 그 경(敬)을 돌이켜봐야 한다. 행해서 얻지 못하면 모두 자기 자신에게서 돌이켜 구해야 한다. 나 자신이 올바르면 천하가 귀의한다. 시에서는 이렇게 말했다. '영원히 천명에 부합되기를 생각하는 것이 스스로 많은 복을 구하는 것이다.'"

孟子曰 愛人不親反其仁 治人不治反其智 禮人不答反其敬. 行有不得者 皆反求諸己 其身正而天下歸之. 詩云 永言配命 自求多福.

반(反)은 돌이켜보는 것이다. 반구저기(反求諸己)는 내가 기대했던 것처럼 되지 않을 경우 남에게서 그 원인을 찾지 않고 자기 자신에게서 그 원인을 찾는 것을 말한다. 즉 내가 무엇을 잘못해서 그리 되었나 반성하는 것이다. 시는 『시경』 대아 문왕편으로 「공손추상」4에서 이미 나왔다.

5

맹자가 말했다. "사람들이 항상 하는 말이 모두 '천하국가'라고 한다. 천하의 근본은 나라에 있고, 나라의 근본은 집에 있으며, 집의 근본은 내 몸에 있다."

孟子曰 人有恆言 皆曰 天下國家. 天下之本在國 國之本在家 家之本在身.

『대학』에서 말하는 대로 평천하(平天下)의 근본은 치국(治國)에 있고, 치국의 근본은 제가(齊家)에 있으며, 제가의 근본은 수신(修身)에 있을 따름이다.

6

맹자가 말했다. "정치를 하는 것은 어렵지 않으니 명문거족에게 죄를 짓지 않아야 한다. 명문거족이 흠모하는 것은 한 나라가 흠모하며, 한 나라가 흠모하는 것은 천하가 흠모한다. 따라서 덕교(德敎)가 천하에 크게 넘쳐흐른다."

孟子曰 爲政不難 不得罪於巨室. 巨室之所慕 一國慕之, 一國之所慕 天下慕之. 故沛然德敎溢乎四海.

거실(巨室)은 조기에 의하면 현명한 경대부의 집안이다. 그러나 일본의 이토 진사이가 『맹자고의(孟子古義)』에서 밝힌 것처럼 대대로 나라에 공이 있는 훈구대신(累世勳舊之臣) 즉 명문거족을 말하는 것으로 보아야 할 것이다. 주희도 세신대가(世臣大家)로 보고 있다. 명문거족은 나라의 중요한 구성 부분이다. 따라서 그들로부터 신망을 얻으면 나라 전체의 신망을 얻을 수 있으며, 나아가 천하의 신망을 얻을 수 있다. 패연(沛然)은 물이 크게 넘치는 모양을 가리키는 말이며, 일(溢)은 넘치는 것이다. 주희는 이 장의 뜻이 위의 장들과 마찬가지로 수신에 있다고 보고 있다. 즉 내 몸이 바르면 거실과 같이 복속시키기 어려운 것이 먼저 복속해 세상에 한 사람도 복속하지 않는 사람이 없게 됨을 말하고 있다는 것이다.

7

맹자가 말했다. "천하에 도가 있으면 덕이 작은 사람이 덕이 큰 사람에게 부림을 받고, 조금 현명한 사람이 크게 현명한 사람에게 부림을 받는다. 천하에 도가 없으면 작은 것은 큰 것에게 부림을 받고 약한 것은 강한 것에게 부림을 받는다. 이 둘은 하늘의 뜻으로, 하늘의 뜻을 따르는 자는 살아남고 거역하는 자는 멸망한다. 제경공은 '명령을 내리지 못하면서 다른 사람의 명령도 받지 않는다면 이는 세상으로부터 고립되는 것이다'라고 말하면서, 울며 자기 딸을 오(吳)나라에 시집보냈다.

지금 작은 나라가 큰 나라를 스승으로 섬기면서 명령을 받기를 부끄러워하는데, 이는 제자가 스승으로부터 명령을 받기를 부끄러워하는 것과 같다. 만일 부끄러워한다면 문왕을 스승으로 받드는 것보다 나은 것은 없다. 문왕을 스승으로 받들면 큰 나라는 오 년, 작은 나라는 칠 년이면 반드시 천하에 정치를 펼 수 있을 것이다.

시에 말하길 '상(商)의 자손이 그 수가 십만에 그치지 않으나 상제가 이미 명을 내리니 주나라에 복속했다. 주나라에 복속한 것은 천명이 항상 일정치 않음이로다. 은의 선비들이 크게 영민해 주나라 수도에서 제사를 돕도다'라고 했다. 공자는 이렇게 말씀하셨다. '인(仁)은 무리도 당할 수 없다. 대저 나라의 임금이 인을 좋아하면 천하에 적이 없을 것이다.'

지금 천하에 적이 없기를 바라면서 인을 베풀지 않고 있으니, 이는 뜨거운 것을 잡았다가 찬물로 씻어 식히지 않는 것과 같다. 시에서는 이렇게 말했다. '누가 뜨거운 것을 잡았다가 찬물로 씻지 않을 수 있겠는가?'"

孟子曰 天下有道 小德役大德 小賢役大賢, 天下無道 小役大 弱役强. 斯二者天也 順天者存 逆天者亡. 齊景公曰 旣不能令 又不受命 是絕物也. 涕出而女於吳.

맹자가 말했다. "천하에 도가 있으면 덕이 작은 사람이 덕이 큰 사람에게 부림을 받고, 조금 현명한 사람이 크게 현명한 사람에게 부림을 받는다. 천하에 도가 없으면 작은 것은 큰 것에게 부림을 받고 약한 것은 강한 것에게 부림을 받는다. 이 둘은 하늘의 뜻으로, 하늘의 뜻을 따르는 자는 살아남고 거역하는 자는 멸망한다. 제경공은 '명령을 내리지 못하면서 다른 사람의 명령도 받지 않는다면 이는 세상으로부터 고립되는 것이다'라고 말하면서, 울며 자기 딸을 오나라에 시집보냈다."

역(役)은 부림을 당하는 것이다. 천하에 도가 행해질 때는 덕이 크냐 작냐, 더 현명하냐 아니냐에 따라 지위가 결정된다. 따라서 덕이 작거나 조금 덜 현명한 사람이, 덕이 크거나 좀 더 현명한 사람에게 부림을 받는다. 여기서 덕과 현은 인(仁)과 지(智)를 말한다. 그러나 천하에 도가 행해지지 않을 때는 누가 더 힘이 세냐에 따라 지위가 결정된다. 따라서 작거나 약한 것이 크거나 강한 것에게 억지로 부림을 당한다. 이는 어쩔 수 없는 시세의 흐름으로 따르는 자는 살아남고 거역하는 자는 멸망하기 마련이다.

영(令)은 명령을 내리는 것, 수명(受命)은 남의 명령을 받는 것이다. 절물(絕物)은 남과 단절되는 것, 즉 세상으로부터 고립되는 것이다. 여(女)는 딸을 시집보내는 것이다. 『오월춘추(吳越春秋)』「합려내전(闔閭內傳)」에 의하면 오나라 왕 합려가 제나라를 정벌하려 하자 제경공이 눈물을 흘리며 자기 딸을 오나라에 시집보내 인질로 삼았다고 한다.

今也小國師大國而恥受命焉 是猶弟子而恥受命於先師也. 如恥之
莫若師文王. 師文王 大國五年 小國七年 必爲政於天下矣.

"지금 작은 나라가 큰 나라를 스승으로 섬기면서 명령을 받기를 부끄러워하는데, 이는 제자가 스승으로부터 명령을 받기를 부끄러워하는 것과 같다. 만일 부끄러워한다면 문왕을 스승으로 받드는 것보다 나은 것은 없다. 문왕을 스승으로 받들면 큰 나라는 오 년, 작은 나라는 칠 년이면 반드시 천하에 정치를 펼 수 있을 것이다."

작은 나라가 큰 나라를 스승으로 삼는다는 것은 작은 나라가 스스로의 분수도 모르고 큰 나라처럼 교만하고 방자하고 사치한 것을 말한다. 그러면서 큰 나라로부터 명령을 받는 것을 부끄러워하는 것은 하늘을 거스르는 것으로 멸망을 자초하는 짓이다. 만일 정녕 작은 나라가 큰 나라로부터 명령을 받는 것을 부끄러워한다면 문왕을 본받아 어진 정치를 베푸는 것보다 좋은 방법은 없다. 그러면 나라에 따라 사정은 다르겠지만 얼마 안 있어 천하에 정치를 베풀 수 있을 것이다.

詩云 商之孫子 其麗不億. 上帝旣命 侯于周服. 侯服于周 天命靡
常. 殷士膚敏 祼將于京. 孔子曰 仁不可爲衆也. 夫國君好仁 天下
無敵.

"시에 말하길 '상의 자손이 그 수가 십만에 그치지 않으나 상제가 이미 명을 내리니 주나라에 복속했다. 주나라에 복속한 것은 천명이 항상 일정치 않음이로다. 은의 선비들이 크게 영민해 주나라 수도에서 제사를 돕도다'라고 했다. 공자는 이렇게 말씀하셨다. '인은 무리도 당할 수 없다. 대저 나라의 임금이 인을 좋아하면 천하에 적이 없을 것이다.'"

시는 『시경』「대아」문왕편이다. 여(麗)는 수(數), 억(億)은 십만이다. 후(侯)는 어조사로 유(維)다. 오직이라는 뜻의 유(惟)로도 해석할 수 있고, 그냥 의미 없는 글자로 볼 수도 있다. 미(靡)는 부정을 나타내는 말이다. 부(膚)는 대(大)이며, 민(敏)은 달(達)이다. 관(祼)은 종묘 제사 때 검은 기장에 울금향을 넣어 만든 술(鬱鬯酒)을 땅에 부어 강신(降神)하는 의식을 말하며, 장(將)은 조(助)로 돕는 것이다. 은나라의 자손이 그 수가 아무리 많아도 어진 정치를 베풀지 않아 천명이 주에게로 넘어가니 모두 주나라에 복속해서, 은의 후예들 중 크게 영민한 자들이 주나라의 종묘 제사를 돕고 있다는 말이다. 이상은 주희의 해설을 따랐다.

인불가위중(仁不可爲衆)은 조기에 의하면 인을 행하는 자는 천하의 어떤 무리도 당할 수 없다는 말이다. 조기나 주희 모두 天下無敵까지를 공자의 말로 보고 있다. 그러나 일본의 이토 진사이는 仁不可爲衆也만을 공자의 말로 보고 있다.

今也欲無敵於天下而不以仁 是猶執熱而不以濯也. 詩云 誰能執熱 逝不以濯.

"지금 천하에 적이 없기를 바라면서 인을 베풀지 않고 있으니, 이는 뜨거운 것을 잡았다가 찬물로 씻어 식히지 않는 것과 같다. 시에서는 이렇게 말했다. '누가 뜨거운 것을 잡았다가 찬물로 씻지 않을 수 있겠는가?'"

열(熱)은 뜨거운 것, 탁(濯)은 찬물로 씻는 것이다. 천하에 적이 없기를 바라면서 어진 정치를 베풀지 않는 것은 마치 뜨거운 것을 손으로 잡고서도 차가운 물에 손을 담그지 않는 것과 같다. 시는 『시경』「대아」상유(桑柔)편이다. 서(逝)는 어조사로 뜻이 없다.

8

맹자가 말했다. "어질지 못한 자와 함께 말을 나눌 수 있을까? 위태로운 것을 편안하다 여기고 재앙을 이익으로 여기며 그 망하는 것을 즐긴다. 어질지 못한 자와 함께 말을 나눌 수 있다면 나라를 잃고 집안이 망하는 일이 어디에 있겠는가?

한 어린아이가 있어 노래를 불렀다. '창랑(滄浪)의 물이 맑네, 내 갓끈을 씻을 수 있네. 창랑의 물이 흐리네, 내 발을 씻을 수 있네.' 공자께서 이를 듣고 이렇게 말씀하셨다. '너희들은 듣거라! 맑으면 갓끈을 씻고 흐리면 발을 씻는다. (물이) 스스로 얻은 것이다.'

무릇 사람은 반드시 자기가 자신을 모욕한 연후에 남이 모욕을 가하고, 집안은 스스로 무너진 연후에 남이 무너뜨리며, 나라는 스스로 정벌된 이후에 남이 정벌한다. 태갑에 말하길 '하늘이 내리는 재앙은 오히려 피할 수 있지만, 스스로 만든 재앙에서는 살아날 수 없다'고 했다."

孟子曰 不仁者可與言哉. 安其危而利其菑 樂其所以亡者. 不仁而可與言 則何亡國敗家之有.

맹자가 말했다. "어질지 못한 자와 함께 말을 나눌 수 있을까? 위태로운 것을 편안하다 여기고 재앙을 이익으로 여기며 그 망하는 것을 즐긴다. 어질지 못한 자와 함께 말을 나눌 수 있다면 나라를 잃고 집안이 망하는 일이 어디에 있겠는가?"

안기위(安其危)는 위태로운 것을 편안하다고 여기는 것이며, 이기재(利其菑)의 菑는 재(災)로, 재앙을 이롭다고 여기는 것이다. 소이망자(所以亡者)는 주희에 의하면 황음포학(荒淫暴虐)한 것으로, 그것 때문에 패망에 이르는 것이다. 그런 사람은 충언을 해도 듣지를 않으니 더불어 말을 할 수가 없다. 충언을 해 듣는다면 누가 망하겠는가?

有孺子歌曰 滄浪之水淸兮 可以濯我纓, 滄浪之水濁兮 可以濯我足. 孔子曰 小子聽之. 淸斯濯纓 濁斯濯足矣 自取之也.

"한 어린아이가 있어 노래를 불렀다. '창랑의 물이 맑네. 내 갓끈을 씻을 수 있네. 창랑의 물이 흐리네. 내 발을 씻을 수 있네.' 공자께서 이를 듣고 이렇게 말씀하셨다. '너희들은 듣거라! 맑으면 갓끈을 씻고 흐리면 발을 씻는다. (물이) 스스로 얻은 것이다.'"

유자(孺子)는 어린아이다. 창랑(滄浪)은 하천의 이름이다. 어린아이가 불렀다는 이 노래는 유자가(孺子歌)라고도 불리며 굴원(屈原)의 어부사(漁父辭)에도 실려 있다. 소자(小子)는 공자가 제자들을 부르는 말이다. 자취지(自取之)는 자기 탓이란 말이다. 즉 자기가 탁해서 남들이 발을 씻는 것이고 자기가 맑아서 남들이 갓끈을 씻는 것이니, 남을 탓하지 말고 자기를 탓하라는 뜻이다. 그러나 어부사에 실린 이 노래의 뜻은 이와는 다르다. 물이 맑으면 맑은 대로 갓끈을 씻고 탁하면 탁한 대로 발을 씻으란 뜻이다. 즉 어부가 굴원에게, 세상이 탁하면 탁한 대로 맑으면 맑은 대로 맞춰 살 것을 권유하며 부른 노래다. 본래 뜻이 어느 것인지도 모르겠고, 진짜 공자의 말인지 아니면 맹자가 지어낸 말인지도 분명치 않으나 시를 정치적, 도덕적으로만 해석하려 한 유가(儒家)의 단장취의(斷章取義) 냄새가 짙다.

夫人必自侮 然後人侮之, 家必自毀 而後人毀之, 國必自伐 而後人伐之. 太甲曰 天作孽 猶可違, 自作孽 不可活. 此之謂也.

"무릇 사람은 반드시 자기가 자신을 모욕한 연후에 남이 모욕을 가하고, 집안은 스스로 무너진 연후에 남이 무너뜨리며, 나라는 스스로 정벌된 이후에 남이 정벌한다. 태갑에 말하길 '하늘이 내리는 재앙은 오히려 피할 수 있지만 스스로 만든 재앙에서는 살아날 수 없다'고 했다."

화와 복 모두가 자기가 불러들인 것일 뿐이다. 태갑의 내용은 「공손추상」 4에서 이미 설명했다.

9

맹자가 말했다. "걸과 주가 천하를 잃은 것은 그 백성을 잃었기 때문이요, 백성을 잃은 것은 그 마음을 잃었기 때문이다. 천하를 얻는 데는 방법이 있으니 그 백성을 얻으면 천하를 얻는다. 백성을 얻는 데는 방법이 있으니 그 마음을 얻으면 백성을 얻는다. 마음을 얻는 데는 방법이 있으니 그 원하는 것을 모아 주고 그 싫어하는 것을 베풀지 않는 것이다.

백성이 어진 정치에 귀의하는 것은 물이 아래로 내려가고 짐승들이 들판으로 달려가는 것과 같다. 따라서 연못으로 물고기를 몰아오는 것은 수달이요, 숲으로 참새를 몰아오는 것은 새매이며, 탕왕과 무왕에게 백성을 몰아준 것은 걸과 주였다. 지금 천하의 임금 중에 인(仁)을 좋아하는 사람이 있으면 제후들이 그에게로 백성을 몰아줄 것이다. 그러면 비록 왕이 되기를 바라지 않더라도 어쩔 수 없을 것이다.

지금 왕이 되려고 하는 자들은 칠 년이나 된 병에 삼 년 된 쑥을 구하는 것과 같다. 평소에 장만해두지 않으면 끝내 구할 수 없다. 만일 인(仁)에 뜻을 두지 않는다면, 평생 근심하고 모욕을 당하다가 마침내 죽음에 빠질 것이다. 시에 말하길 '어찌 착할 수 있으리오? 곧 서로 함께 (멸망에) 빠질 것이다'라고 했으니, 이를 일컬은 것이다."

7. 이루장구상(離婁章句上)

孟子曰 桀紂之失天下也 失其民也. 失其民者 失其心也. 得天下有
道, 得其民 斯得天下矣. 得其民有道, 得其心 斯得民矣. 得其心有
道, 所欲與之聚之 所惡勿施爾也.

맹자가 말했다. "걸과 주가 천하를 잃은 것은 그 백성을 잃었기 때문이요, 백성을 잃은 것은 그 마음을 잃었기 때문이다. 천하를 얻는 데는 방법이 있으니 그 백성을 얻으면 천하를 얻는다. 백성을 얻는 데는 방법이 있으니 그 마음을 얻으면 백성을 얻는다. 마음을 얻는 데는 방법이 있으니 그 원하는 것을 모아 주고 그 싫어하는 것을 베풀지 않는 것이다."

소욕여지취지(所欲與之聚之)는 조기에 의하면 그 원하는 바를 모아서 주는 것이다. 그러나 왕인지는 『경전석사』에서 與를 위(爲), 즉 '~을 위하여'의 뜻으로 풀이하고 있다(『맹자정의』에서 인용). 소오물시이야(所惡勿施爾也)는 주희에 의하면 백성이 싫어하는 것은 베풀지 않는 것이다. 그러나 조기의 해석은 다르다. 조기는 爾也를 별도로 끊어 읽어 爾는 근(近)이라고 해석한다. 즉 "백성이 싫어하는 것을 베풀지 않아 백성이 가까이 오게 하면 백성의 마음을 얻을 수 있다"로 해석하고 있다. 양백준도 같은 입장이나 爾를 여차(如此)로 해석해서 "그렇게 하기만 하면 된다"로 해석한다.

民之歸仁也 猶水之就下 獸之走壙也. 故爲淵敺魚者 獺也, 爲叢敺
爵者 鸇也, 爲湯武敺民者 桀與紂也. 今天下之君有好仁者 則諸侯
皆爲之敺矣. 雖欲無王 不可得已.

"백성이 어진 정치에 귀의하는 것은 물이 아래로 내려가고 짐승들이 들판으로 달려가는 것과 같다. 따라서 연못으로 물고기를 몰아오는 것은 수달이요, 숲으로 참새를 몰아오는 것은 새매이며,

탕왕과 무왕에게 백성을 몰아준 것은 걸과 주였다. 지금 천하의 임금 중에 인을 좋아하는 사람이 있으면 제후들이 그에게로 백성을 몰아줄 것이다. 그러면 비록 왕이 되기를 바라지 않더라도 어쩔 수 없을 것이다."

광(壙)은 들판이다. 구(敺)는 구(驅)로 모는 것, 달(獺)은 수달, 총(叢)은 숲, 작(爵)은 참새, 전(鸇)는 새매다. 제후개위지구의(諸侯皆爲之敺矣)는 제후들이 가혹한 정치로 백성을 내쫓아 어진 임금에게로 가게 한다는 뜻이다. 조기는 제후들이 어진 정치를 베푸는 자를 좋아해 그에게 백성을 몰아준다는 뜻으로 풀이하고 있으나 전후 문맥상 맞지 않는다.

 백성들이 어진 임금에게 가는 것은 그들이 바라는 바가 거기에 있기 때문이며, 백성들이 폭군을 떠나는 것은 그들이 싫어하는 바가 거기에 있기 때문이다. 정치의 요체는 결국 백성이 원하는 바를 들어주고 싫어하는 바를 하지 않는 것이다.

今之欲王者 猶七年之病求三年之艾也. 苟爲不畜 終身不得. 苟不志於仁 終身憂辱 以陷於死亡. 詩云 其何能淑 載胥及溺. 此之謂也.

"지금 왕이 되려고 하는 자들은 칠 년이나 된 병에 삼 년 된 쑥을 구하는 것과 같다. 평소에 장만해두지 않으면 끝내 구할 수 없다. 만일 인에 뜻을 두지 않는다면, 평생 근심하고 모욕을 당하다가 마침내 죽음에 빠질 것이다. 시에 말하길 '어찌 착할 수 있으리오? 곧 서로 함께 (멸망에) 빠질 것이다'라고 했으니, 이를 일컬은 것이다."

애(艾)는 쑥으로 말려 뜸을 놓는 데 쓰인다. 오래 묵을수록 약효가 뛰어나다고 한다. 축(畜)은 평소에 장만해두는 것이다. 삼 년이나 묵은 쑥을 구하는 길은 평소에 장만해두는 것뿐이다. 그런데 평소에 장만해두지 않고 있다가 아플 때 갑자기 찾는다면 평생토록 구할 수 없어 결국 병만 더 깊어진다. 마찬가지로 백성의 마음을 얻는 길도 평소에 어진 정치를 베푸는 것뿐이다. 그렇지 않으면 백성들이 떠나 결국 나라가 망할 것이다.

한편 이토 진사이는 삼 년 묵은 쑥에 대해 색다른 견해를 보이고 있다. 그에 의하면 칠 년이나 된 병은 그 뿌리가 이미 깊어 삼 년 묵은 쑥으로는 치료할 수 없다고 한다. 그런데 지금 제후들이 하는 것들이 마치 칠 년이나 묵은 병을 삼 년밖에 안 묵은 쑥으로 치료하려고 하는 것과 같다는 것이다.

시는 『시경』 「대아」 상유(桑柔)편이다. 숙(淑)은 선(善), 재(載)는 어조사, 서(胥)는 상(相)이다.

10

맹자가 말했다. "자포(自暴)하는 자와는 함께 말을 나눌 수 없으며 자기(自棄)하는 자와는 함께 일을 할 수 없다. 말만 하면 예와 의를 헐뜯는 자를 일컬어 자포라고 하고, 나는 인(仁)에 머물 수 없고 의(義)를 따를 수 없다고 하는 자를 일컬어 자기라고 한다. 인은 사람이 머물 편안한 집이요 의는 사람이 가야 할 바른 길이다. 편안한 집을 비우고 머물지 않으며 바른 길을 버리고 따르지 않으니, 슬프도다!"

孟子曰 自暴者 不可與有言也, 自棄者 不可與有爲也. 言非禮義 謂之自暴也. 吾身不能居仁由義 謂之自棄也. 仁 人之安宅也, 義 人之正路也. 曠安宅而弗居 舍正路而不由 哀哉.

포(暴)는 해(害)로 해치는 것, 기(棄)는 버리는 것, 비(非)는 비난하는 것이다. 자포하는 자는 인의가 좋은 것임을 알지 못하고 비난만 하니, 비록 말을 나눈다 해도 믿지 않는다. 자기하는 자는 인의가 좋은 것임은 알고 있으나 게으름에 빠져 할 수 없다고 스스로 포기하니, 비록 무슨 일을 함께하려고 해도 노력하지 않는다. 이상은 주희의 해석을 따랐다. 주희는 다음과 같은 정이(程頤)의 말도 덧붙이고 있다. "인간이 진실로 선(善)으로 자신을 다스리려고 하면 변하지 않을 사람이 없어, 비록 지극히 우매한 사람이라 할지라도 조금씩 닦아 앞으로 나아갈 수 있다. 그러나 오직 자포하는 자만이 믿지 못해 거부하고, 자기하는 자만이 할 수 없다고 해 거절하니, 비록 성인과 함께 산다고 해도 그를 교화해 선에 들게 할 수 없다. 이것이 소위 하우불이(下愚不移. 아주 어리석은 자는 변하게 할 수 없다는 공자의 말)의 이유다." 광(曠)은 비우는 것, 사(舍)는 버리는 것이다.

11

맹자가 말했다. "도는 가까운 데 있는데 먼 데서 찾으며, 일은 쉬운 데 있는데 어려운 데서 찾는다. 사람마다 그 부모를 사랑하고 그 어른을 어른으로 모시면 천하가 태평해질 것이다."

―――

孟子曰 道在爾而求諸遠 事在易而求之難. 人人親其親 長其長而天下平.

이(爾)는 이(邇)로 되어 있는 판본도 있으며, 가깝다는 뜻이다. 지(之)는 저(諸)로 되어 있는 판본도 있으며, 지어(之於)다.
 도가 멀리 있는 것이 아니다. 자기 부모를 부모로 사랑하고(仁), 자기 어른을 어른으로 모시는 것(義)이 도다. 다만 거기에만 머무르지 않고, 자기 부모를 미루어 생각해 남의 부모도 있음을 알며 자기 어른을 미루어 생각해 남의 어른도 있음을 알면 온 천하가 다 태평해질 것이다. 그러기에 공자도 이렇게 말한 바 있다. "능히 가까운 데서 얻어 멀리까지 미루어갈 수 있는 것이 인을 행하는 방법이다."

12

맹자가 말했다. "아랫자리에 있으면서 윗사람에게서 신임을 얻지 못하면 백성을 다스릴 수 없다. 윗사람에게서 신임을 얻는 데는 방법이 있으니, 벗으로부터 믿음을 얻지 못하면 윗사람에게서 신임을 얻지 못한다. 벗으로부터 믿음을 얻는 데는 방법이 있으니, 어버이를 섬겨 기쁘게 하지 못하면 벗으로부터 믿음을 얻지 못한다. 어버이를 기쁘게 하는 데는 방법이 있으니, 자기 자신을 돌이켜볼 때 성실하지 못하면 어버이를 기쁘게 하지 못한다. 나 자신을 성실하게 하는 데는 방법이 있으니, 선(善)에 밝지 못하면 나 자신을 성실하게 할 수 없다.

이런 까닭에 성실함은 하늘의 도요, 성실하려고 생각하는 것은 사람의 도다. 지극히 성실해서 움직일 수 없는 것은 없으며, 성실하지 않고서 움직일 수 있는 것은 없다."

孟子曰 居下位而不獲於上 民不可得而治也. 獲於上有道 不信於友 弗獲於上矣, 信於友有道 事親弗悅 弗信於友矣, 悅親有道 反身不誠 不悅於親矣, 誠身有道 不明乎善 不誠其身矣.

맹자가 말했다. "아랫자리에 있으면서 윗사람에게서 신임을 얻지 못하면 백성을 다스릴 수 없다. 윗사람에게서 신임을 얻는 데는 방법이 있으니, 벗으로부터 믿음을 얻지 못하면 윗사람에게서 신임을 얻지 못한다. 벗으로부터 믿음을 얻는 데는 방법이 있으니, 어버이를 섬겨 기쁘게 하지 못하면 벗으로부터 믿음을 얻지 못한다. 어버이를 기쁘게 하는 데는 방법이 있으니, 자기 자신을 돌이켜볼 때 성실하지 못하면 어버이를 기쁘게 하지 못한다. 나 자신을 성실하게 하는 데는 방법이 있으니, 선에 밝지 못하면 나 자신을 성실하게 할 수 없다."

획어상(獲於上)은 윗사람으로부터 신임을 얻는 것이다. 반신불성(反身不誠)은 자기 자신을 돌이켜볼 때 정성을 다하지 않은 것이다. 백성을 다스리는 것도 결국 선을 잘 아는 것으로부터 비롯된다는 맹자의 이 말은 『대학(大學)』의 격물(格物), 치지(致知), 성의(誠意), 정심(正心), 수신(修身), 제가(齊家), 치국(治國), 평천하(平天下)의 팔조목을 연상시킨다. 전해 내려오는 대로 『대학』이 증자가 쓴 것이라고 한다면, 증자에게서 자사로, 자사(또는 자사의 문인)에게서 맹자로 학통이 이어져왔음에 비추어볼 때 이것은 하등 이상한 일이 아닐 것이다. 그러나 『대학』의 저자에 대해서는 아직 정설이 없다. 다만 정치라는 것도 결국은 무엇이 옳고 그른가를 잘 아는 것에서부터 시작한다는 이 말의 당위성만큼은 의심의 여지가 별로 없을 것 같다.

是故誠者 天之道也, 思誠者 人之道也. 至誠而不動者 未之有也, 不誠 未有能動者也.

"이런 까닭에 성실함은 하늘의 도요, 성실하려고 생각하는 것은 사람의 도다. 지극히 성실해서 움직일 수 없는 것은 없으며, 성실하지 않고서 움직일 수 있는 것은 없다."

지(至)는 지극한 것이다.

● 이 장과 유사한 글이 『중용』 20장에도 실려 있다. 내용에 별 차이는 없으나 다만 열친(悅親)이 순호친(順乎親), 사성(思誠)이 성지(誠之)로 되어 있는 것이 눈에 띈다. 또 『중용』에서는 말이 이것만이 아니라 앞뒤로 계속 이어지고 있다. 『중용』이 전해지는 대로 자사가 지은 것이 사실이라면 아마 그것이 원본일 것이다. 그러면 이 말은 맹자 본인의 말이 아니라 공자의 말이 자사를 통해 전해져온 것을 맹자가 자기 것처럼 말한 것이 된다. 『중용』에서는 이 말이 공자가 노나라 애공(哀公)이 정치에 대해 물은 것에 대해 대답한 말의 일부로 기록되어 있다.

13

맹자가 말했다. "백이가 주를 피해 북해(北海) 바닷가에 살다가 문왕이 일어났다는 소리를 듣고 말했다. '어찌 돌아가지 않으리오. 내가 듣기로 서백(西伯)이 늙은이를 잘 봉양한다고 하는데.' 태공(太公)이 주를 피해 동해(東海) 바닷가에 살다가 문왕이 일어났다는 소리를 듣고 말했다. '어찌 돌아가지 않으리오. 내가 듣기로 서백이 늙은이를 잘 봉양한다고 하는데.' 이 두 노인은 천하에서 가장 큰 노인이다. 그런데 귀의했으니, 이는 천하의 아버지가 귀의한 것이다. 천하의 아버지가 귀의했는데 그 자식들이 어디로 가겠는가? 제후가 문왕의 정치를 행한다면 칠 년 안에 반드시 천하에 정치를 펼 수 있을 것이다."

孟子曰 伯夷辟紂 居北海之濱 聞文王作興. 曰 盍歸乎來. 吾聞西伯善養老者. 太公辟紂 居東海之濱 聞文王作興. 曰 盍歸乎來. 吾聞西伯善養老者.

맹자가 말했다. "백이가 주를 피해 북해 바닷가에 살다가 문왕이 일어났다는 소리를 듣고 말했다. '어찌 돌아가지 않으리오. 내가 듣기로 서백이 늙은이를 잘 봉양한다고 하는데.' 태공이 주를 피해 동해 바닷가에 살다가 문왕이 일어났다는 소리를 듣고 말했다. '어찌 돌아가지 않으리오. 내가 듣기로 서백이 늙은이를 잘 봉양한다고 하는데.'"

북해(北海)는 발해만 일대다. 작(作)과 흥(興), 모두 기(起)로 일어선다는 뜻이다. 주희는 作에서 문장을 끊어, 作은 문왕이 일어서는 것, 興은 백이가 일어서는 것으로 풀이하고 있다. 그러나 조기는 作興으로 함께 읽어, 모두 문왕이 일어서는 것으로 해석한다. 여기서는 조기를 따랐다. 다산도 같은 입장이다. 합(盍)은 하불(何不)로 '어찌 ~하지 않느냐'의 뜻이며, 래(來)는 왕인지의 『경전석사』에 의하면 문장 끝에 쓰이는 어조사로 희망이나 반문을 나타낸다. 서백(西伯)은 주문왕으로, 서방 제후들의 우두머리란 뜻이다. 은나라의 마지막 임금 주가 문왕으로 하여금 서방 일대의 제후들을 다스리라고 그렇게 임명했다고 한다. 태공(太公)은 주나라 무왕이 은나라를 정벌하는 데 큰 공을 세운 강태공(姜太公) 여상(呂尙)이다. 후에 제나라에 봉해졌다.

二老者 天下之大老也 而歸之 是天下之父歸之也. 天下之父歸之 其子焉往. 諸侯有行文王之政者 七年之內 必爲政於天下矣.

"이 두 노인은 천하에서 가장 큰 노인이다. 그런데 귀의했으니, 이는 천하의 아버지가 귀의한 것이다. 천하의 아버지가 귀의했는데 그 자식들이 어디로 가겠는가? 제후가 문왕의 정치를 행한다면 칠 년 안에 반드시 천하에 정치를 펼 수 있을 것이다."

천하지대로(天下之大老)는 온 천하 사람들로부터 존경받는 노인이란 뜻이다. 앞의 7장에서 "문왕을 스승으로 받들면 큰 나라는 오 년, 작은 나라는 칠 년이면 반드시 천하에 정치를 펼 수 있을 것이다"라고 하고 있음에 미루어볼 때, 여기서 칠년이라 한 것은 작은 나라를 염두에 둔 것이리라. 그러나 칠이니 오니 하는 숫자에 연연해할 필요는 없을 것이다.

14

맹자가 말했다. "염구(冉求)는 계씨(季氏)의 가신이 되어, 계씨의 덕을 고치지 못하면서, 세금으로 곡식을 걷기를 다른 때보다 배로 했다. 공자가 말했다. '염구는 나의 무리가 아니다. 너희들은 북을 울려 그를 공격해도 된다.'

이것으로 살펴보면 임금이 어진 정치를 행하지 않는데도 그를 부유하게 하는 자들은 모두 공자로부터 버림받는 자들이다. 그런데 하물며 그를 위해 억지로 전쟁을 해서야? 땅을 뺏기 위해 전쟁을 벌여 시체가 들판에 가득하고, 성을 뺏기 위해 전쟁을 벌여 시체가 성에 가득하다면, 이는 소위 땅을 내몰아 사람을 먹게 하는 것이다. 그 죄는 죽음으로도 용서되지 않을 것이다. 따라서 전쟁을 잘하는 자는 제일 중한 형벌로 다스려야 하며, 제후들을 연합시키는 자는 그다음, 황무지를 개척하고 토지를 분배하는 자는 그다음이다."

孟子曰 求也爲季氏宰 無能改於其德 而賦粟倍他日. 孔子曰 求非我徒也 小子鳴鼓而攻之可也.

맹자가 말했다. "염구는 계씨의 가신이 되어, 계씨의 덕을 고치지 못하면서, 세금으로 곡식을 걷기를 다른 때보다 배로 했다. 공자가 말했다. '염구는 나의 무리가 아니다. 너희들은 북을 울려 그를 공격해도 된다.'"

구(求)는 공자의 제자로 성은 염(冉), 이름은 구(求)다. 계씨(季氏)는 공자 당시 노나라의 실권을 쥐고 있던 계손씨(季孫氏)며, 재(宰)는 경대부 집안의 가신을 일컫는 말이다. 부(賦)는 렴(斂)으로 거둬들이는 것이다. 구비아도야(求非我徒也)는 염구가 자신의 제자가 아니라는 말로 염구를 심하게 꾸짖는 말이다. 소자(小子)는 제자들을 부를 때 하는 말이며, 명고이공지(鳴鼓而攻之)는 그의 죄를 밝혀 성토하라는 말이다. 후에 鳴鼓를 실제로 북을 두드리는 것으로 해석해서 성균관 유생들이 죄를 졌을 때 큰 북을 등에 짊어지게 하고서 여러 사람이 북을 두드리는 벌을 가하곤 했는데, 아마 잘못된 해석일 것이다. 다산은 북을 두드리는 것은 군대의 형벌로, 공자가 북을 두드리라고 한 것은 실제로 북을 두드리라는 것이 아니라 염구의 죄를 군대 법에 따라 다스리라고 한 말이라고 해석한다.

공자가 염구를 꾸짖은 이야기는 『논어』「선진」편에도 보인다. 초순은 이 일이『춘추좌전』노나라 애공 11년과 12년 조에 보이는 계씨가 토지에 따라 세금을 부과한 사실과 관련이 있는 것으로 보고 있다.

由此觀之 君不行仁政而富之 皆棄於孔子者也. 況於爲之强戰. 爭地以戰 殺人盈野, 爭城以戰 殺人盈城. 此所謂率土地而食人肉 罪不容於死.

"이것으로 살펴보면 임금이 어진 정치를 행하지 않는데도 그를 부유하게 하는 자들은 모두 공자로부터 버림받는 자들이다. 그런데 하물며 그를 위해 억지로 전쟁을 해서야? 땅을 뺏기 위해 전쟁을 벌여 시체가 들판에 가득하고, 성을 뺏기 위해 전쟁을 벌여 시체가 성에 가득하다면, 이는 소위 땅을 내몰아 사람을 먹게 하는 것이다. 그 죄는 죽음으로도 용서되지 않을 것이다."

황어(況於)는 하물며 '~에 있어서야'의 뜻이다. 강전(强戰)은 전쟁을 할 필요가 없는데도 억지로 전쟁을 일으키는 것이다. 어진 정치를 베풀지 않는 군주를 부유하게 하는 것은 백성을 가렴주구하는 것이다. 염구의 죄가 바로 그것이다. 그러나 그것보다 더 나쁜 것은 백성을 전쟁으로 내몰아 죽게 만드는 것이다. 고래로 전쟁보다 더 비참하고 잔인한 것은 없다. 따라서 전쟁을 일으키는 자는 죽음으로도 용서되지 않는다.

故善戰者服上刑, 連諸侯者次之, 辟草萊 任土地者次之.
"따라서 전쟁을 잘하는 자는 제일 중한 형벌로 다스려야 하며, 제후들을 연합시키는 자는 그다음, 황무지를 개척하고 토지를 분배하는 자는 그다음이다."

복(服)은 초순의 『맹자정의』에 인용된 강성(江聲)의 『상서집주음소(尚書集注音疏)』에 의하면 치(治)로 다스리는 것이다. 상형(上刑)은 중형(重刑)이다. 연제후자(連諸侯者)는 소진이나 장의처럼 제후들 간의 합종, 연횡을 주장하는 자들을 가리킨다. 벽초래(辟草萊)는 풀과 명아주가 가득 찬 땅을 개간하는 것, 즉 황무지를 개간하는 것을 말하며, 임토지(任土地)는 그 토지를 백성들에게 분배하는 것을 말한다. 초순은 황무지를 개간하고 토지를 분배하는 자들을 농가(農家)를 지칭하는 것으로 보고 있다. 그러나 이것은 잘못일 것이다. 주희는 이들을 위문후(魏文侯)를 도와 일종의 농지개혁을 실시한 이회(李悝)나 진효공(秦孝公)을 도와 변법(變法)을 단행한 상앙(商鞅)과 같은 무리를 가리키는 것으로 보고 있는데, 아마 이것이 옳을 것이다. 토지를 개간하고 백성에게 나눠주는 것을 맹자가 미워한 이유는 이것이 구래의 씨족공동체를 해체하고 새로이 군주를 정점으로 한 중앙집권적 지배 체제를 수립하기 위한 변법의 일환이었기 때문이다. 공자를 위시해 맹자에 이르는 유가들은 구래의 씨족공동체를 유지하자는 입장에 서 있었고, 이회를 위시해 상앙, 한비자 같은 법가들은 구래의 씨족공동체를 해체하고 새로운 중앙집권적 지배 체제를 수립하자는 입장(변법)에 서 있었다. 이 두 입장의 대립은 전국시대 사상투쟁의 근저를 이루는 핵심 쟁점이었다.

15

맹자가 말했다. "사람을 살피는 데 눈동자보다 좋은 것은 없다. 눈동자는 그 악함을 숨기지 못한다. 가슴속이 올바르면 눈동자가 맑고 가슴속이 올바르지 못하면 눈동자가 흐리다. 그 말을 듣고 그 눈동자를 살피면 사람이 무엇을 숨길 수 있겠는가?"

孟子曰 存乎人者 莫良於眸子. 眸子不能掩其惡. 胸中正 則眸子瞭焉, 胸中不正 則眸子眊焉. 聽其言也 觀其眸子 人焉廋哉.

존(存)은 『이아(爾雅)』「석고(釋詁)」에 의하면 살핀다는 뜻의 찰(察)이다. 모자(眸子)는 눈동자다. 요(瞭)는 명(明)으로 밝은 것, 모(眊)는 흐린 것, 수(廋)는 익(匿)으로 숨기는 것이다. 말은 거짓이 있을 수 있다. 그러나 그 눈동자까지 남을 속일 수는 없다.

16

맹자가 말했다. "공손한 사람은 남을 깔보지 않으며 검소한 사람은 남의 것을 빼앗지 않는다. 남을 깔보고 남의 것을 빼앗는 임금은 오직 남이 순종하지 않을까 걱정하니, 어찌 공손하고 검소할 수 있겠는가? 공손함과 검소함이 어찌 목소리와 웃는 모습으로 될 수 있겠는가?"

孟子曰 恭者不侮人 儉者不奪人. 侮奪人之君 惟恐不順焉 惡得爲恭儉. 恭儉豈可以聲音笑貌爲哉.

유공불순언(惟恐不順焉)은 남들이 자기에게 순종하지 않을까 걱정하는 것이다. 그러나 이토 진사이는 남들이 자기를, 남을 깔보거나 남의 것을 빼앗는 임금으로 볼까 두려워하는 것으로 해석한다. 그래서 애써 목소리를 꾸미고 웃는 모습을 보여 남에게 순종한다는 뜻을 보이려고 한다는 것이다. 독특한 해석이긴 하나 동의하긴 어렵다.

17

순우곤(淳于髡)이 말했다. "남녀가 주고받기를 직접 하지 않는 것이 예입니까?"

맹자가 말했다. "예입니다."

"형수가 물에 빠지면 손으로 구합니까?"

"형수가 물에 빠졌는데 구하지 않는다면 이는 승냥이나 이리입니다. 남녀가 주고받기를 직접 하지 않는 것이 예이지만, 형수가 물에 빠졌을 때 손으로 구하는 것은 권(權)입니다."

"지금 천하가 물에 빠졌는데 선생께서 구하지 않는 것은 무슨 까닭입니까?"

"천하가 물에 빠지면 도(道)로 구하고 형수가 물에 빠지면 손으로 구합니다. 당신은 손으로 천하를 구하려고 합니까?"

淳于髡曰 男女授受不親 禮與.

孟子曰 禮也.

曰 嫂溺則援之以手乎.

曰 嫂溺不援 是豺狼也. 男女授受不親 禮也, 嫂溺援之以手者 權也.

曰 今天下溺矣 夫子之不援 何也.

曰 天下溺 援之以道, 嫂溺 援之以手. 子欲手援天下乎.

순우곤(淳于髡)은 제나라 사람으로 淳于가 성, 髡이 이름이다. 제나라 선왕(宣王)이 도성인 임치(臨淄)의 직문(稷門) 밖에 건물을 짓고 천하의 선비들을 초치했을 때 일군의 선비들이 모여들었는데, 순우곤이 그들의 좨주(祭酒)를 맡았다고 한다. 권(權)은 두 원칙이 서로 충돌했을 때 일의 경중과 완급을 가려 처리하는 것이다.

   천하를 구하는 것은 도로 하는 것이다. 도를 굽혀 천하를 구하려고 하면 오히려 자신마저 잃기 마련이다.

18

공손추가 말했다. "군자가 자식을 가르치지 않는 것은 어찌 된 이유에서입니까?"

맹자가 말했다. "사정이 그리 되지 않기 때문이다. 가르치는 것은 반드시 올바른 것으로 해야 한다. 올바른 것으로 가르치는데 실행하지 않으면 이어서 화가 나게 되고, 화가 나게 되면 오히려 감정을 상하게 된다. (자식이 생각하기를) '아버지께서는 나에게 올바르라고 가르치시면서 당신께서는 올바르게 행하지 않고 계신다.' 이렇게 되면 부자가 서로 감정이 상하는 것이다. 부자가 서로 감정이 상하는 것은 나쁜 일이다.

옛날에는 자식을 바꿔 가르쳤다. 부자간에는 착한 일을 하도록 서로 책망하지 않는다. 착한 일을 하도록 서로 책망하면 사이가 멀어지고, 사이가 멀어지면 이보다 더 나쁜 것이 없기 때문이다."

公孫丑曰 君子之不敎子 何也.
孟子曰 勢不行也. 敎者必以正. 以正不行 繼之以怒, 繼之以怒 則反夷矣. 夫子敎我以正 夫子未出於正也. 則是父子相夷也. 父子相夷 則惡矣.

공손추가 말했다. "군자가 자식을 가르치지 않는 것은 어찌된 이유에서입니까?"

맹자가 말했다. "사정이 그리 되지 않기 때문이다. 가르치는 것은 반드시 올바른 것으로 해야 한다. 올바른 것으로 가르치는데 실행하지 않으면 이어서 화가 나게 되고, 화가 나게 되면 오히려 감정을 상하게 된다. (자식이 생각하기를) '아버지께서는 나에게 올바르라고 가르치시면서 당신께서는 올바르게 행하지 않고 계신다.' 이렇게 되면 부자가 서로 감정이 상하는 것이다. 부자가 서로 감정이 상하는 것은 나쁜 일이다."

불교자(不敎子)는 불친교자(不親敎子)로 직접 자식을 가르치지 않는 것이다. 이토 진사이는 여기서의 군자가 공자를 가리킨다고 하는데 동의하기 어렵다. 세불행(勢不行)은 일의 사정이 그렇게 되지 않는 것이다. 반이(反夷)의 夷는 상(傷)으로 해치는 것이다. 즉 반대로 자식의 마음을 상하게 한다는 말이다. 부자교아이정 부자미출어정야(夫子敎我以正 夫子未出於正也)는 자식이 마음속으로 생각하는 것으로, 여기서의 夫子는 선생님이 아니라 아버지를 가리킨다.

부자간은 사랑으로 맺어진 관계다. 그런데 오히려 서로 감정을 상하게 하니 그래서 악이 되는 것이다.

古者易子而敎之. 父子之間不責善. 責善則離, 離則不祥莫大焉.
"옛날에는 자식을 바꿔 가르쳤다. 부자간에는 착한 일을 하도록 서로 책망하지 않는다. 착한 일을 하도록 서로 책망하면 사이가 멀어지고, 사이가 멀어지면 이보다 더 나쁜 것이 없기 때문이다."

책선(責善)은 착한 일을 하도록 서로 책망하는 것으로, 친구 사이에 행하는 것이다. 막대언(莫大焉)은 막대어시(莫大於是)로 이보다 큰 것은 없다는 말이다.

부자지간에는 책선하지 않는다면 아비나 자식이 나쁜 일을 할 경우 어떻게 할 것인가? 주희는 왕면(王勉)의 다음과 같은 말을 인용하고 있다. "아비에게는 간쟁하는 자식이 있다는 말은 무슨 말인가? 소위 간쟁한다는 것은 책선하는 것이 아니라 아비가 불의를 행할 때 간쟁할 뿐이라는 것이다. 아비는 자식에게 어떠한가? 자식이 불의를 행할 때 단지 훈계할 뿐이라고 한다."

19

맹자가 말했다. "누구를 섬기는 것이 가장 큰가? 부모를 섬기는 것이 가장 크다. 무엇을 지키는 것이 가장 큰가? 자기 몸을 지키는 것이 가장 크다. 자기 몸을 잃지 않으면서 그 부모를 능히 섬기는 자는 들어보았으나, 자기 몸을 잃고 그 부모를 능히 섬기는 자는 들어본 적이 없다.

무엇이 섬김이 되지 않겠는가마는 부모를 섬기는 것이 섬김의 근본이다. 무엇이 지킴이 되지 않겠는가마는 자기 몸을 지키는 것이 지킴의 근본이다.

증자가 증석(曾晳)을 봉양할 때 반드시 술과 고기를 준비했다. 장차 상을 물릴 때 반드시 남은 음식을 줄 곳을 물었다. 남은 것이 있냐고 물으면 반드시 있다고 대답했다. 증석이 죽자 증원(曾元)이 증자를 봉양했는데 반드시 술과 고기를 준비했다. 장차 상을 물릴 때 줄 곳을 묻지 않았다. 남은 것이 있냐고 물으면 '없습니다만 다시 만들어 올리겠습니다'라고 대답했다. 이는 이른바 입과 몸만을 봉양하는 것이다. 증자처럼 해야만 부모의 뜻을 봉양한다고 할 수 있을 것이다. 부모를 섬기는 것은 증자처럼 해야 가(可)하다고 할 수 있다."

孟子曰 事孰爲大 事親爲大, 守孰爲大 守身爲大. 不失其身而能事其親者 吾聞之矣, 失其身而能事其親者 吾未之聞也. 孰不爲事 事

親 事之本也, 孰不爲守 守身 守之本也.
맹자가 말했다. "누구를 섬기는 것이 가장 큰가? 부모를 섬기는 것이 가장 크다. 무엇을 지키는 것이 가장 큰가? 자기 몸을 지키는 것이 가장 크다. 자기 몸을 잃지 않으면서 그 부모를 능히 섬기는 자는 들어보았으나, 자기 몸을 잃고 그 부모를 능히 섬기는 자는 들어본 적이 없다.
무엇이 섬김이 되지 않겠는가마는 부모를 섬기는 것이 섬김의 근본이다. 무엇이 지킴이 되지 않겠는가마는 자기 몸을 지키는 것이 지킴의 근본이다."

수신(守身)은 자기 몸이 불의에 빠지지 않도록 지키는 것을 말한다. 자기 몸이 불의에 빠져 아비를 욕되게 하면 설사 매 끼마다 고기반찬을 올린다고 해도 효라고 할 수 없을 것이다. 부모를 잘 섬기는 것이 모든 섬김의 근본이며, 자기 몸을 바로 해야 집안도 나라도 바로 할 수 있다.

曾子養曾晳 必有酒肉. 將徹 必請所與. 問有餘 必曰 有. 曾晳死 曾元養曾子 必有酒肉. 將徹 不請所與. 問有餘 曰 亡矣 將以復進也. 此所謂養口體者也. 若曾子 則可謂養志也.
"증자가 증석을 봉양할 때 반드시 술과 고기를 준비했다. 장차 상을 물릴 때 반드시 남은 음식을 줄 곳을 물었다. 남은 것이 있냐고 물으면 반드시 있다고 대답했다. 증석이 죽자 증원이 증자를 봉양했는데 반드시 술과 고기를 준비했다. 장차 상을 물릴 때 줄 곳을 묻지 않았다. 남은 것이 있냐고 물으면 '없습니다만 다시 만들어 올리겠습니다'라고 대답했다. 이는 이른바 입과 몸만을 봉양하는 것이다. 증자처럼 해야만 부모의 뜻을 봉양한다고 할 수 있을 것이다."

증석(曾晳)은 증자의 아비로 이름은 점(點)이다. 철(徹)은 상을 물리는 것이다. 증석이 증자에게 남은 음식이 있냐고 물은 것은 주고 싶은 사람이 있기 때문이다. 그러기에 증자가 증석의 뜻을 헤아려 있다고 대답한 것이다. 음식이 귀했던 옛날에는 윗사람이 자기가 먹다 남은 음식을 아랫사람에게 물려주는 것이 사랑의 표현이었다. 증원(曾元)은 증자의 아들이다. 왈망의 장이복진야(曰亡矣 將以復進也)를 조기나 주희 모두 亡矣까지만 증원의 말로 본다. 즉 증원이 증자에게 없다고 대답했는데, 그 이유가 (남은 음식을) 장차 또 올리려고 했기 때문이라는 것이다. 그러나 청의 공광삼은 『경학치언』에서 復進也까지를 증원의 말로 보고 있다(『맹자정의』에서 인용). 즉 증원이 "없습니다만 다시 만들어 올리겠습니다"라고 대답한 것으로 보는 것이다. 조기나 주희의 해석에 의하면 증원이 너무 초라해 보인다. 따라서 여기서는 공광삼을 따랐다.

事親若曾子者 可也.
"부모를 섬기는 것은 증자처럼 해야 가하다고 할 수 있다."

가야(可也)에 대해 주희는 다음과 같은 정호(程顥)의 말을 인용하고 있다. "자식의 몸으로 할 수 있는 것은 모두 마땅히 해야 할 것이며 과분한 것이란 있을 수 없다. 그런 까닭에 증자와 같이 부모를 섬기면 가히 지극하다고 할 수 있음에도 불구하고 맹자가 겨우 가하다고 하는 데 그친 것이니, 어찌 증자의 효에 남음이 있다고 할 수 있겠는가?" 즉 맹자가 말한 可는 겨우 되었다는 뜻이라는 말이다.

20

　맹자가 말했다. "사람을 허물할 것도 없고 정치를 비난할 것도 없다. 오직 대인(大人)만이 임금의 잘못을 바로잡을 수 있다. 임금이 어진데 누가 어질지 않을 것이며, 임금이 의로운데 누가 의롭지 않을 것이고, 임금이 바른데 누가 바르지 않겠는가? 임금이 한 번 바로 되면 나라가 안정된다."

孟子曰 人不足與適也 政不足間也. 惟大人爲能格君心之非. 君仁莫不仁 君義莫不義 君正莫不正. 一正君而國定矣.

　적(適)은 과(過)로 허물하는 것이며, 간(間)은 비(非)로 비난하는 것, 격(格)은 정(正)으로 바로잡는 것이다. 대인은 큰 덕을 지닌 사람이다. 정치의 근본은 위정자의 잘못된 마음을 바로잡는 데 있다. 위정자의 잘못된 마음을 바로잡지 못하면 소인들이 관직을 독차지하고 하는 일마다 어긋난다. 그렇다고 그 소인들에게 일일이 다 죄를 묻고 그 잘못된 일들을 하나하나 비난할 수는 없다. 그래봤자 그때뿐이다. 오직 위정자의 잘못된 마음을 바로잡는 것만이 나라를 올바로 다스리는 길이며, 위정자의 잘못을 바로잡는 것은 돕는 신하가 큰 덕을 지닌 대인일 때만이 가능하다.

21

　맹자가 말했다. "예기치 못한 명예도 있고, 완전을 추구하다가 오히려 비난을 받을 수도 있다."

孟子曰 有不虞之譽 有求全之毁.

우(虞)는 탁(度)으로 헤아리는 것이며, 구전(求全)은 완전함을 추구하는 것이다. 주희는 이 장을 평해 말하길 "비방과 칭찬의 말이 모두 진실인 것은 아니다. 자신을 닦는 자는 이것 때문에 갑자기 근심하거나 기뻐해서는 안 되며, 남을 관찰하는 자는 이것 때문에 경솔히 올려주거나 내리쳐서는 안 된다"고 하고 있다.

22

맹자가 말했다. "사람이 그 말을 쉽게 하는 것은 책임이 없기 때문이다."

孟子曰 人之易其言也 無責耳矣.

조기나 주희 모두 "사람이 그 말을 쉽게 하는 것은 아직 실언 때문에 비난을 받아보지 않았기 때문이다"로 해석한다. 그러나 그냥 말에 책임을 지지 않기 때문에 말을 쉽게 하는 것이라고 해석하는 편이 더 나을 성싶다. 다산과 양백준은 "말을 쉽게 하는 사람은 꾸짖을 것도 없다"는 뜻으로 해석한다.

23

맹자가 말했다. "사람의 우환은 남의 스승이 되기를 좋아하는 데 있다."

孟子曰　人之患在好爲人師.

『논어』「공야장」편에 "영민하고 배움을 좋아하며 아랫사람에게 묻는 것을 부끄러워하지 않으니, 그런 까닭에 시호를 문(文)이라고 한 것이다"란 말이 있다. 학문은 모르는 것을 묻는 데서부터 시작한다. 그런데 더 이상 배울 것이 없다고 여겨 남의 스승이나 하려고 한다면 오직 퇴보만 있을 뿐이다. 주희는 왕면의 말을 인용해 "학문에 남음이 있고 남들이 자기에게 의지할 때, 부득이하여 (스승이 될 것을) 응하는 것이 옳다"고 하고 있다.

24

악정자가 자오(子敖)를 따라 제나라에 와서 맹자를 만났다. 맹자가 말했다. "자네도 나를 보러 오는가?"

"선생님께서는 어찌하여 그런 말씀을 하십니까?"

"자네는 언제 왔는가?"

"며칠 되었습니다."

"며칠 되었다면 내가 이런 말을 하는 것도 당연한 것 아닌가?"

"여관을 정하지 못했습니다."

"자네는 여관을 정한 후에야 어른을 찾아뵙는다고 들었는가?"

"제가 잘못했습니다."

樂正子從於子敖之齊. 樂正子見孟子. 孟子曰 子亦來見我乎.

曰 先生何爲出此言也.

曰 子來幾日矣.

曰 昔者.

曰 昔者 則我出此言也 不亦宜乎.

曰 舍館未定.

曰 子聞之也 舍館定 然後求見長者乎.

曰 克有罪.

자오(子敖)는 「공손추하」 6에서 나온 왕환(王驩)의 자다. 악정자(樂正子)는 맹자의 제자다. 그런데 부자(夫子)라고 칭하지 않고 선생(先生)이라고 칭하고 있다. 무슨 다른 뜻이 있어 그런 것인지 알 수 없다. 석자(昔者)에 대해 조기는 며칠 전이라고 풀이하나, 주희는 어제로 해석한다. 사관(舍館)은 머물 여관이다. 맹자가 악정자를 꾸짖은 것은 단지 그가 스승을 늦게 찾아와서만이 아니다. 맹자는 그가 왕환과 같은 소인과 어울리는 것이 못마땅했던 것이다. 뒷장을 보면 더욱 분명해진다.

25

　맹자가 악정자에게 말했다. "자네는 자오를 따라와서 단지 먹고 마시기만 하고 있다. 나는 자네가 옛사람의 도를 배워서 단지 먹고 마시기만 할 것이라고는 생각하지 못했다."

孟子謂樂正子曰 子之從於子敖來 徒餔啜也. 我不意子學古之道 而以餔啜也.

도(徒)는 단(但)으로 단지, 포(餔)는 식(食)으로 먹는 것, 철(啜)은 음(飮)으로 마시는 것이다.

26

맹자가 말했다. "불효가 셋 있는데 후손이 없는 것이 가장 크다. 순임금이 부모에게 알리지도 않고 장가를 간 것은 후손 때문이었다. 군자는 이를 알린 것과 같다고 생각한다."

孟子曰 不孝有三 無後爲大. 舜不告而娶 爲無後也 君子以爲猶告也.

조기에 의하면 예에 불효가 셋 있는데, 아부하고 하자는 대로 따라해 부모를 불의에 빠뜨리는 것이 첫 번째 불효요, 집이 가난하고 부모가 늙었는데도 벼슬길에 나아가 녹봉을 받지 않는 것이 두 번째 불효고, 장가를 가지 않아 자식이 없어 선조의 제사를 끊는 것이 세 번째 불효라고 한다. 순임금이 부모에게 알리지도 않고 장가를 간 것은, 알릴 경우 장가를 못 가게 돼 더 큰 불효를 저지르게 되기 때문이다. 순임금이 상황이 여의치 않아 부득이한 상황에서 권도를 행한 것이다.

27

맹자가 말했다. "인(仁)의 실상은 어버이를 섬기는 것이요, 의(義)의 실상은 형을 따르는 것이다. 지(智)의 실상은 이 둘을 알고 떠나지 않는 것이요, 예(禮)의 실상은 이 둘을 절제하고 꾸미는 것이다. 악(樂)의 실상은 이 둘을 즐기는 것이니, 즐기면 생겨난다. 생겨나면 어떻게 그만둘 수 있겠는가? 어떻게도 그만둘 수 없는 상태가 되면 자신도 모르게 발이 뛰고 손이 춤을 추게 된다."

孟子曰 仁之實 事親是也, 義之實 從兄是也.
맹자가 말했다. "인의 실상은 어버이를 섬기는 것이요, 의의 실상은 형을 따르는 것이다."

시야(是也)는 바로 이것이라는 뜻으로 강조를 나타낸다. 인의가 먼 데 있는 것이 아니다. 누구에게나 가장 가깝고 절실한 것, 즉 부모를 섬기고 형을 따르는 것부터가 바로 인의다. 맹자의 말은 이런 뜻이겠으나 한 가지 의문이 든다. 유자(有子)에 의하면 효제가 인의 근본이라고 했는데(『논어』「학이」), 형을 따르는 것은 제(弟)로 인과 관계되는 것이지 의와 관계되는 것이 아니기 때문이다. 주희는 仁은 사랑을 주로 하는데 사랑은 부모를 섬기는 것보다 절실한 것이 없으며, 義는 공경하는 것을 주로 하는데 공경은 형을 따르는 것보다 앞서는 것이 없기 때문이라고 풀이한다. 그런데 敬을 주로 하는 것은 禮이지 義가 아니라는 것이 마음에 걸린다. 한편 다산은 당시 형을 따르는 것이 義라고 생각하는 말이 있었기 때문이라고 풀이하고 있으나 이도 또한 언뜻 수긍하기 어렵다.

智之實 知斯二者弗去是也, 禮之實 節文斯二者是也, 樂之實 樂斯二者. 樂則生矣, 生則惡可已也. 惡可已 則不知足之蹈之 手之舞之.
"지의 실상은 이 둘을 알고 떠나지 않는 것이요, 예의 실상은 이 둘을 절제하고 꾸미는 것이다. 악의 실상은 이 둘을 즐기는 것이니, 즐기면 생겨난다. 생겨나면 어떻게 그만둘 수 있겠는가? 어떻게도 그만둘 수 없는 상태가 되면 자신도 모르게 발이 뛰고 손이 춤을 추게 된다."

절문(節文)은 절제하고 꾸미는 것이다. 樂은 맨 앞의 것은 음악이라는 뜻의 악으로 읽고, 뒤의 둘은 즐긴다는 뜻의 낙으로 읽는다. 낙사이자(樂斯二者) 뒤에는 是也가 생략되었다. 낙즉생의(樂則生矣)에서는 무엇이 생긴다는 것인지 주어가 빠져 있다. 오가이야(惡可已也)의 惡는 의문사로, 어떻게 그만둘 수 있겠느냐는 뜻이다.

28

  맹자가 말했다. "천하의 모든 사람들이 크게 기뻐하며 자신에게 귀의한다. 천하의 모든 사람들이 기뻐하며 자신에게 귀의하는 것을 마치 초개와 같이 바라본 사람은 오직 순만이 그랬을 뿐이다. 어버이의 (마음을) 얻지 못하면 사람이 될 수 없고 어버이에게 순종하지 못하면 자식이 될 수 없다. 순이 어버이를 섬기는 도를 다하자 고수도 기뻐했다. 고수가 기뻐하자 천하가 감화되었고 고수가 기뻐하자 천하의 부자 관계가 안정되었다. 이것을 일컬어 대효(大孝)라고 한다."

孟子曰 天下大悅而將歸己. 視天下悅而歸己 猶草芥也 惟舜爲然. 不得乎親 不可以爲人, 不順乎親 不可以爲子. 舜盡事親之道而瞽瞍底豫 瞽瞍底豫而天下化 瞽瞍底豫而天下之爲父子者定 此之謂大孝.

  부득호친(不得乎親)은 어버이의 환심을 얻지 못하는 것이다. 불순호친(不順乎親)은 어버이와 뜻이 달라 순종하지 못하는 것이다. 고수(瞽瞍)는 순의 아버지 이름이다. 대악인으로 순을 해치려 했었다. 지예(底豫)의 底는 '이르다', '이루다'는 뜻의 치(致), 豫는 기쁠 낙(樂)으로, 기뻐하게 되었다는 말이다. 고수와 같이 완악한 아버지를 기쁘게 해 마침내 천하를 교화시켰으니 이것보다 더 큰 효는 없다. 그래서 맹자가 대효라고 한 것이다.

이루장구하

離婁章句下

대인은 말을 했다고 해서 꼭 지킬 것을 기약하지 않으며, 행동을 했다고 해서 꼭 그 결과를 기약하지 않는다. 오직 의(義)만 따를 뿐이다.

1

맹자가 말했다. "순은 제풍(諸馮)에서 태어나 부하(負夏)로 옮겨가 명조(鳴條)에서 죽었으니 동이(東夷) 사람이다. 문왕은 기주(岐周)에서 태어나 필영(畢郢)에서 죽었으니 서이(西夷) 사람이다. 땅이 서로 떨어지길 천여 리고 시간이 차이 나길 천여 년이지만, 뜻을 얻어 중국에서 행한 것은 마치 부절(符節)을 맞춘 것 같았다. 먼저 성인이나 나중 성인이나 그 생각은 하나였다."

孟子曰 舜生於諸馮 遷於負夏 卒於鳴條 東夷之人也. 文王生於岐周 卒於畢郢 西夷之人也.

맹자가 말했다. "순은 제풍에서 태어나 부하로 옮겨가 명조에서 죽었으니 동이 사람이다. 문왕은 기주에서 태어나 필영에서 죽었으니 서이 사람이다."

제풍(諸馮), 부하(負夏), 명조(鳴條) 모두 지명이나 자세한 위치는 고증할 수 없다. 동이(東夷)는 동방 사람이라는 뜻이다. 기주(岐周)는 지금의 산시(陝西)성 치산(岐山)현 동북 지역으로 주나라의 옛 도읍터다. 필영(畢郢)은 지금의 산시성 셴양(咸陽)현 일대다.

地之相去也 千有餘里, 世之相後也 千有餘歲. 得志行乎中國 若合

符節. 先聖後聖 其揆一也.
"땅이 서로 떨어지길 천여 리고 시간이 차이 나길 천여 년이지만, 뜻을 얻어 중국에서 행한 것은 마치 부절을 맞춘 것 같았다. 먼저 성인이나 나중 성인이나 그 생각은 하나였다."

부절은 고대 중국에서 신표로 쓰던 물건이다. 옥이나 짐승의 뿔, 구리, 대나무 등으로 만든 것에 글자를 새겨 넣고 반으로 잘라 각자 갖고 있다가 일이 있으면 서로 맞춰보아 신표로 삼았다. 규(揆)는 조기에 의하면 탁(度)으로 헤아림, 생각이다.

2

　자산(子産)이 정(鄭)나라의 정치를 담당하고 있었는데, 자기의 수레로 진수(溱水)와 유수(洧水)에서 사람을 건네주었다. 맹자가 말했다. "은혜를 베푸나 정치를 할 줄 모른다. 매년 십일월에 사람이 지나는 다리를 세우고 십이월에 수레가 지나는 다리를 세우면, 백성들이 강을 건너는 것을 걱정하지 않는다. 군자가 정치를 공평하게 하면 길을 갈 때 사람들을 물리치는 것도 괜찮은데, 어찌 사람마다 일일이 건네줄 수 있겠느냐? 정치를 하는 자가 사람마다 일일이 다 기쁘게 하려면 날마다 해도 모자랄 것이다."

子産聽鄭國之政 以其乘輿濟人於溱洧.
자산이 정나라의 정치를 담당하고 있었는데, 자기의 수레로 진수와 유수에서 사람을 건네주었다.

자산(子産)은 춘추시대 정나라의 재상으로 성은 공손(公孫), 이름은 교(僑)다. 공자보다 한 세대 이전 사람으로 일찍이 공자가 『논어』「헌문」편에서 백성에게 은혜를 베푸는 정치가라고 칭송한 바 있다. 진(溱), 유(洧)는 모두 정나라에 있는 하천의 이름이다. 자산이 사람들이 겨울에 찬 강물을 건너지 못하고 있는 것을 보고 자신이 타고 있던 수레에 태워 강을 건네준 것이다.

孟子曰 惠而不知爲政. 歲十一月徒杠成 十二月輿梁成 民未病涉也.

맹자가 말했다. "은혜를 베푸나 정치를 할 줄 모른다. 매년 십일월에 사람이 지나는 다리를 세우고 십이월에 수레가 지나는 다리를 세우면, 백성들이 강을 건너는 것을 걱정하지 않는다."

세십일월(歲十一月), 세십이월(歲十二月)은 모두 주력(周曆)으로 지금의 음력으로 치면 구월, 시월이다. 도강(徒杠)은 사람이 건너는 다리, 여량(輿梁)은 수레가 건널 수 있는 다리다. 훌륭한 정치가라면 구월, 시월이 되어 강물이 차지기 시작하면 미리 다리를 놓아 백성들이 물을 건너는 것을 걱정하지 않도록 해야 한다. 맹자는 자산이 미리 그런 것을 대비하지 못한 것을 보고 은혜를 베푸나 정치는 모른다고 한 것이다.

君子平其政 行辟人可也. 焉得人人而濟之. 故爲政者 每人而悅之 日亦不足矣.

"군자가 정치를 공평하게 하면 길을 갈 때 사람들을 물리치는 것도 괜찮은데, 어찌 사람마다 일일이 건네줄 수 있겠느냐? 정치를 하는 자가 사람마다 일일이 다 기쁘게 하려면 날마다 해도 모자랄 것이다."

벽인(辟人)은 신분이 높은 사람이 길을 갈 때 소리를 쳐 지나가는 사람으로 하여금 길을 비키도록 하는 것이다. 이토 진사이에 의하면 훌륭한 정치란 남에게 차마 하지 못하는 마음으로 남에게 차마 하지 못하는 정치를 행하는 것이다. 그것이 바로 인의의 정치요, 왕도정치다. 그런데 자산은 남에게 차마 하지 못하는 마음은 있었으나 남에게 차마 하지 못하는 정치는 하지 못했다. 강을 건너는 사람 하나하나마다 다 수레로 건네주려면 날마다 한다고 해도 다 할 수 없을 것이다. 주희는 다음과 같은 제갈량(諸葛亮)의 말을 인용하고 있다. "세상을 다스리는 것은 큰 덕으로 하는 것이지 작은 은혜로 하는 것이 아니다."

3

맹자가 제선왕에게 말했다. "임금이 신하를 보기를 수족(手足)과 같이 하면 신하는 임금을 보기를 복심(腹心)과 같이 합니다. 임금이 신하를 보기를 개나 말처럼 하면 신하는 임금을 보기를 길 가는 사람처럼 할 것입니다. 임금이 신하를 보기를 흙이나 풀처럼 하면 신하는 임금을 보기를 원수처럼 할 것입니다."

왕이 말했다. "예에 옛 임금을 위해 상복(喪服)을 입는다고 하는데 어떻게 해야 상복을 입습니까?"

"간언을 하면 행하고 말을 하면 들어, 그 은혜가 백성에게까지 내려갑니다. 일이 있어 떠나게 되면 임금이 사람을 시켜 인도해 국경을 벗어나게 하고는, 그가 가는 나라에 먼저 사람을 보내 그에 대해 좋게 말합니다. 그리고 떠난 지 삼 년이 되어도 돌아오지 않은 연후에 그의 전답과 집을 거둬들입니다. 이것을 일컬어 세 가지 예가 있다고 합니다. 이와 같으면 옛 임금을 위해 상복을 입습니다.

지금은 신하가 되었는데 간언을 하면 행하지 않고 말을 하면 듣지를 않아 은혜가 백성에게까지 내려가지 않습니다. 일이 있어 떠나게 되자 임금이 그 친족을 잡아 가두고, 또 그가 가는 나라에서 곤경에 처하게 만들며, 가는 날 바로 그의 전답과 집을 거둬들입니다. 이것을 일컬어 원수라고 합니다. 원수에게 누가 상복을 입겠습니까?"

孟子告齊宣王曰 君之視臣如手足 則臣視君如腹心, 君之視臣如犬馬 則臣視君如國人, 君之視臣如土芥 則臣視君如寇讎.

맹자가 제선왕에게 말했다. "임금이 신하를 보기를 수족과 같이 하면 신하는 임금을 보기를 복심과 같이 합니다. 임금이 신하를 보기를 개나 말처럼 하면 신하는 임금을 보기를 길 가는 사람처럼 할 것입니다. 임금이 신하를 보기를 흙이나 풀처럼 하면 신하는 임금을 보기를 원수처럼 할 것입니다."

수족과 복심(腹心)은 모두 한 몸처럼 여기는 것이다. 견마(犬馬)는 가볍게 대하나 먹여 기르기는 하는 것이고, 국인(國人)은 지나가는 행인으로 그저 그렇게 대하는 것이다. 토개(土芥)는 밟아 문대는 것이다. 일찍이 맹자는 제선왕이 전날 등용했던 사람이 지금은 떠나고 없는 것조차 모를 정도로 신하를 대한다고 비판한 적이 있다(「양혜왕하」7).

王曰 禮 爲舊君有服 何如斯可爲服矣. 曰 諫行言聽 膏澤下於民. 有故而去 則君使人導之出疆 又先於其所往. 去三年不反 然後收其田里. 此之謂三有禮焉. 如此 則爲之服矣.

왕이 말했다. "예에 옛 임금을 위해 상복을 입는다고 하는데 어떻게 해야 상복을 입습니까?"
"간언을 하면 행하고 말을 하면 들어, 그 은혜가 백성에게까지 내려갑니다. 일이 있어 떠나게 되면 임금이 사람을 시켜 인도해 국경을 벗어나게 하고는, 그가 가는 나라에 먼저 사람을 보내 그에 대해 좋게 말합니다. 그리고 떠난 지 삼 년이 되어도 돌아오지 않은 연후에 그의 전답과 집을 거둬들입니다. 이것을 일컬어 세 가지 예가 있다고 합니다. 이와 같으면 옛 임금을 위해 상복을 입습니다."

선어기소왕(先於其所往)은 그가 가는 나라에 먼저 사람을 보내 그에 대해 좋게 말함으로써 그가 기용되기를 바라는 것이다. 전리(田里)는 녹봉으로 준 전답(田)과 마을에 있는 그의 집(里)이다. 삼년이 지나도록 그의 녹봉을 거둬들이지 않는 것은 그가 다시 돌아오기를 바라기 때문이다.

今也爲臣 諫則不行 言則不聽 膏澤不下於民. 有故而去 則君搏執之 又極之於其所往. 去之日 遂收其田里. 此之謂寇讎. 寇讎何服之有.

"지금은 신하가 되었는데 간언을 하면 행하지 않고 말을 하면 듣지를 않아 은혜가 백성에게까지 내려가지 않습니다. 일이 있어 떠나게 되자 임금이 그 친족을 잡아 가두고, 또 그가 가는 나라에서 곤경에 처하게 만들며, 가는 날 바로 그의 전답과 집을 거둬들입니다. 이것을 일컬어 원수라고 합니다. 원수에게 누가 상복을 입겠습니까?"

박집지(搏執之)는 그의 친족을 잡아 가두는 것이다. 극지어기소왕(極之於其所往)의 極은 조기에 의하면 곤(困)으로 그가 가는 나라에 먼저 사람을 보내 갖은 험담을 함으로써 그를 곤궁에 처하게 만드는 것이다.

주희는 이 장 해설 말미에 주돈이(周敦頤)의 친구인 반흥사(潘興嗣)의 말을 덧붙이고 있다. "맹자가 제선왕에게 고한 말은 공자가 정공에게 대답한 말과 뜻은 같으나 그 말에 앙금이 있어 공자처럼 혼연하지 못하다. 대개 성인과 현인의 차이가 이럴 것이다." 공자가 노나라 정공에게 했다는 말은 『논어』「팔일」편에 보인다. "정공이 물었다 '임금이 신하를 부리고 신하가 임금을 섬기는 것을 어떻게 해야 합니까?' 공자께서 대답했다. '임금이 신하를 부리기를 예로써 하면 신하가 임금을 섬기기를 충성으로 합니다.'" 공자나 맹자나 말의 뜻은 똑같다. 즉 임금이 신하에게 잘해야지 신하도 임금에게 잘한다는 것이다. 다만 공자의 어투는 단정하고 맹자의 어투는 마치 비수처럼 통렬하다. 반흥사가 말한 말의 앙금이란 바로 맹자의 이런 어투를 가리킨다. 반흥사나 주희는 바로 이게 공자와 맹자의 차이, 나아가서는 성인과 현인의 차이라고 보았다. 그러나 그 차이는 두 사람이 살았던 시대의 차이가 아닐까? 공자는 인과 예를 말했으나 맹자는 인과 의를 말했던 것도 바로 그 시대의 차이 때문이었다. 그 시대의 차이가 바로 이런 차이를 낳았을 것이다.

4

맹자가 말했다. "죄가 없는 선비를 죽이면 대부가 떠날 것이고, 죄가 없는 백성을 죽이면 선비가 옮겨갈 것이다."

孟子曰 無罪而殺士 則大夫可以去, 無罪而戮民 則士可以徙.

백성이 죄도 없이 죽임을 당하면 그다음은 사가 죽임을 당할 것이고, 사가 죄도 없이 죽임을 당하면 그다음은 대부가 죽임을 당할 것이다. 그러기에 그 기미를 보고 떠나는 것이다.

5

맹자가 말했다. "임금이 어진데 누가 어질지 않겠으며, 임금이 의로운데 누가 의롭지 않겠는가?"

孟子曰 君仁莫不仁 君義莫不義.

「이루상」 20에 이미 나온 바 있다.

6

맹자가 말했다. "예가 아닌 예와 의가 아닌 의를 대인(大人)은 하지 않는다."

孟子曰 非禮之禮 非義之義 大人弗爲.

비례지례(非禮之禮)는 예인 것 같으나 예가 아닌 것, 비의지의(非義之義)는 의인 것 같으나 의가 아닌 것이다. 조기는 비례지례로 진질(陳質)이 부인을 맞이했는데 부인이 나이가 많자 절을 한 것을 들고, 비의지의로 친구의 도움을 빌려 복수를 하는 것을 들고 있다.

7

　맹자가 말했다. "치우치지 않는 사람이 치우친 사람을 기르고 재주 있는 사람이 그렇지 못한 사람을 기른다. 그러기에 사람들은 현명한 부형(父兄)이 있는 것을 좋아한다. 만일 치우치지 않는 사람이 치우친 사람을 방기하고 재주 있는 사람이 그렇지 못한 사람을 방기한다면, 둘 사이의 거리는 치수로 잴 수도 없을 만큼 작을 것이다."

孟子曰 中也養不中 才也養不才 故人樂有賢父兄也. 如中也棄不中 才也棄不才 則賢不肖之相去 其間不能以寸.

중(中)은 이토 진사이에 의하면 사람의 바탕을 갖고 말한 것으로, 한쪽으로 치우치지 않는 사람, 재(才)는 능력을 갖고 말한 것으로 재주가 영민한 사람을 말한다. 현(賢)은 중과 재를 모두 가리킨다. 기간불능이촌(其間不能以寸)은 그 사이가 촌(寸)으로 잴 수도 없을 만큼 작다는 말로, 차이가 거의 없다는 뜻이다.

8

맹자가 말했다. "사람은 하지 않는 일이 있어야 훌륭한 일을 할 수 있다."

孟子曰 人有不爲也 而後可以有爲.

주희는 다음과 같은 정이의 말로 해설을 대신하고 있다. "하지 않는 일이 있는 것은 가릴 줄 아는 것이다. 오직 하지 않는 일이 있기 때문에 훌륭한 일을 할 수 있다. 하지 않는 일이 없는 자가 어찌 훌륭한 일을 할 수 있겠는가?" 반면 조기는 사람이 구차히 얻는 일을 하지 않아야 능히 천승(千乘)도 양보하는 뜻을 가질 수 있는 것이라고 해설하고 있다.

9

맹자가 말했다. "남의 좋지 않은 것을 말한다면 그 후환을 어찌할 것인가?"

孟子曰 言人之不善 當如後患何

남의 잘못을 떠벌리고 다니면 남으로부터 미움을 받는 법이다. 그러기에 공자도 남의 잘못을 떠들어대는 자를 미워한다고 했다(『논어』「양화」).

10

맹자가 말했다. "중니께서는 너무 지나친 일은 하지 않으셨다."

孟子曰 仲尼不爲已甚者.

중니(仲尼)는 공자다. 이(已)는 태(太)로 너무한 것이다. 조기는 다음과 같이 이 말을 풀이했다. "중니는 사악함을 정도로 물리쳐 바로 잡히면 가하다고 여겼다. 그러므로 너무 지나친 일은 하려고 하지 않았다." 다산의 설명에 의하면 너무 지나친 일이란「등문공」7에 보이는 담을 넘어 피한 단간목(段干木)이나, 문을 닫아 들어오지 못하게 한 설류(泄柳)의 행동 같은 것을 말하는 것이라고 한다.

11

맹자가 말했다. "대인은 말을 했다고 해서 꼭 지킬 것을 기약하지 않으며, 행동을 했다고 해서 꼭 그 결과를 기약하지 않는다. 오직 의(義)만 따를 뿐이다."

孟子曰 大人者 言不必信 行不必果 惟義所在.

언불필신(言不必信)은 말에 꼭 신의를 지키려고 하는 것, 행불필과(行不必果)는 행동에 꼭 결과를 보려고 하는 것이다. 말에 신의를 지키고 행동에 결과를 보는 것은 당연하나, 그것이 의에 어긋날 때는 그렇게 해서는 안 된다. 『논어』「자로」편에는 "말에 신의가 있고, 행동에 결과를 보려고 하는 자는 고지식한 소인이다"라는 표현이 있다.

12

맹자가 말했다. "대인은 어린아이 때의 그 순수한 마음을 잃지 않는 사람이다."

孟子曰 大人者 不失其赤子之心者也.

대인(大人)과 적자(赤子)를 어떻게 보냐에 따라 해석이 두 가지 있을 수 있다. 하나는 대인을 임금으로, 적자를 백성으로 보는 것으로, 조기가 이 입장이다. 그러면 "임금은 백성의 마음을 잃지 말아야 한다"는 뜻이다. 또 하나는 대인을 덕이 높은 사람, 적자를 어린아이로 보는 것으로, 주희나 다산을 위시한 많은 사람이 이 입장이다. 그러면 "대인은 어린아이 때의 그 순수한 마음을 잃지 않는 사람이다"라는 뜻이다.

13

맹자가 말했다. "살아 있는 부모를 봉양하는 것은 큰일이라 여길 수 없다. 오직 부모의 장례를 잘 치르는 것만이 큰일이라 여길 수 있다."

孟子曰 養生者不足以當大事 惟送死可以當大事.

부모가 살아 계실 때 봉양을 잘할 뿐만 아니라 돌아가셨을 때 장례까지 잘 마칠 수 있어야 큰일을 잘 치렀다고 할 수 있다.

14

맹자가 말했다. "군자가 도(道)로써 깊이 나아가는 것은 스스로 얻기를 바라는 것이다. 스스로 얻으면 머무는 데 편안하고, 머무는 데 편안하면 쌓임이 깊어진다. 쌓임이 깊어지면 좌우에서 취해 씀에 그 근원을 만나게 된다. 그러므로 군자는 스스로 얻기를 바라는 것이다."

孟子曰 君子深造之以道 欲其自得之也. 自得之 則居之安, 居之安 則資之深, 資之深 則取之左右逢其原. 故君子欲其自得之也.

조(造)는 조기에 의하면 치(致)로 이르는 것, 주희에 의하면 예(詣)로 나아가는 것이다. 여기서의 도(道)는 올바른 방법을 가리킨다. 군자가 올바른 방법에 입각해 깊이 나아가는 것은 스스로 터득하기 위해서다. 스스로 터득하면 그 터득한 바에 머무는 데 편안함을 느낄 수 있고, 머무는 데 편안함을 느끼면 그 공부의 쌓임이 더욱 깊어간다. 자(資)를 쌓는다는 뜻의 적(積)으로 읽은 것은 양백준에 의거했다. 조기는 資를 얻는다는 뜻의 취(取)로 풀이했고, 주희는 빌려 이용한다는 뜻의 자(藉)로 풀이하고 있다. 봉(逢)은 치(値)로 만난다는 뜻이고, 원(原)은 원(源)으로 근원이다. 공부의 쌓임이 깊어지면 가까운 좌우에서 취해도 항상 그 근원을 만날 수 있다. 그러기에 군자는 항상 스스로 터득하기를 원하는 것이다.

한편 다산은 다른 사람들과 달리 이 장이 공부하는 것에 관한 것이 아니라 사람을 가르치는 것에 관한 것이라고 하고 있다. 다산에 의하면 道는 인도한다는 뜻의 도(導)다. 군자는 사람을 가르치는 데 있어 차례차례 유도해 깊은 곳으로 이르게 하니, 이것이 이른바 도로써 깊이 나아가게 한다는 것이다. 깊이 나아가게 하는 법은 인도는 하되 끌어주지 않음으로써 그로 하여금 스스로 터득하게 하는 것이다. 다산의 주장은 『예기(禮記)』「학기(學記)」편의 "군자의 가르침은 인도는 하되 억지로 끌지 않으며, 북돋아주되 억누르지 않으며, 길을 열어주되 통달하게 하지 않는다"에 근거하고 있다.

15

맹자가 말했다. "널리 배우고 상세히 풀어 밝히는 것은 장차 돌이켜 그 뜻을 요약해 말하려는 것이다."

孟子曰 博學而詳說之 將以反說約也.

설(說)은 풀어 밝히는 것이다. 널리 배우고 상세히 풀어 밝혀도 그것을 요약해 말하지 못한다면 아직 공부가 융회관통(融會貫通)하지 못한 것이다. 그렇지만 널리 배우고 상세히 풀어 밝히지 않고서는 요약은 불가능하다.

16

맹자가 말했다. "선(善)으로써 남을 복속시키려는 자는 남을 복속시킬 수 없다. 선으로써 남을 길러야 능히 천하를 복속시킬 수 있다. 천하의 모든 사람들이 마음으로 복속하지 않는데도 왕이 된 자는 없다."

孟子曰 以善服人者 未有能服人者也, 以善養人 然後能服天下. 天下不心服而王者 未之有也.

주희에 의하면 복인(服人)은 남을 이기려 하는 것이고, 양인(養人)은 함께 선으로 돌아가고자 하는 것이다. 그 마음 씀씀이의 작은 차이가 사람의 향배를 크게 달리한다. 한편 조기는 이선복인(以善服人)을 남을 잘 굴복시키는 사람, 이선양인(以善養人)을 남을 잘 기르는 사람으로 풀이하고 있다.

17

맹자가 말했다. "말에 실상이 없으면 상서롭지 못하다. 상서롭지 못한 실상이란 현명한 사람을 은폐하는 것이 거기에 해당한다."

孟子曰 言無實不祥. 不祥之實 蔽賢者當之.

"천하의 말에 실제로 상서롭지 않은 것은 없으나, 오직 어진 사람을 가리는 것만이 상서롭지 못한 실상이 된다"라는 해석도 가능하다. 주희는 두 가지 해석을 다 소개해놓고 어느 것이 옳은지 알 수 없다고 하면서, 혹시 빠진 글이 있는 것 같다고 의문을 제기하고 있다.

18

서자(徐子)가 말했다. "중니께서 자주 물에 대해 말씀하시며 '물이여! 물이여!' 하셨는데, 물에서 무엇을 취한 것입니까?"

맹자가 말했다. "원천(源泉)의 물은 항상 밤낮을 가리지 않고 용솟음쳐, 웅덩이를 다 채운 후 나아가 사해에 이른다. 근본이 있는 것은 이와 같으니 이것을 취했을 뿐이다. 만일 근본이 없다면 칠팔월에 비가 집중적으로 쏟아지면 도랑을 가득 채우지만, 그 물이 말라버리는 것을 서서 기다릴 수 있을 것이다. 그러므로 군자는 소문이 실제보다 지나친 것을 부끄러워한다."

徐子曰 仲尼亟稱於水 曰 水哉 水哉. 何取於水也.

서자가 말했다. "중니께서 자주 물에 대해 말씀하시며 '물이여! 물이여!' 하셨는데, 물에서 무엇을 취한 것입니까?"

서자는 「등문공상」 5에 나온 바 있는 서벽(徐辟)이다. 기(亟)는 삭(數)으로 '자주', '여러 번'의 뜻이다.

孟子曰 原泉混混 不舍晝夜. 盈科而後進 放乎四海 有本者如是 是之取爾.

맹자가 말했다. "원천의 물은 항상 밤낮을 가리지 않고 용솟음쳐, 웅덩이를 다 채운 후 나아가 사해에 이른다. 근본이 있는 것은 이와 같으니 이것을 취했을 뿐이다."

원천은 근원이 있는 샘물이다. 혼혼(混混)은 물이 솟아오르는 모양을 나타낸 말이다. 불사주야(不舍晝夜)의 사(舍)는 그만두는 것, 그치는 것으로, 밤낮을 쉬지 않는다는 말이다. 영(盈)은 만(滿)으로 가득 채우는 것, 과(科)는 감(坎)으로 웅덩이, 방(放)은 지(至)로 이르는 것이다. 원천이 있는 샘물은 비록 적지만 항상 물이 솟아나므로 결국은 마르는 일 없이 흘러 바다에 이르는 법이다.

苟爲無本 七八月之間雨集 溝澮皆盈, 其涸也 可立而待也. 故聲聞過情 君子恥之.
"만일 근본이 없다면 칠팔월에 비가 집중적으로 쏟아지면 도랑을 가득 채우지만, 그 물이 말라버리는 것을 서서 기다릴 수 있을 것이다. 그러므로 군자는 소문이 실제보다 지나친 것을 부끄러워한다."

칠팔월은 주력(周曆)으로, 지금의 음력 오뉴월 즉 장마철에 해당한다. 구회(溝澮)는 논밭 사이 도랑이고 학(涸)은 물이 마르는 것이다. 성문(聲聞)은 명예, 정(情)은 실제다. 오뉴월 장맛비는 금방 도랑을 채우고 넘치지만 옆에 서서 잠깐 지켜보는 사이에 다 마르고 만다. 명예가 실제보다 지나치면 장맛비와 같이 금방 그 실체가 드러난다. 그러므로 군자는 원천의 물과 같이 꾸준히 쉬지 않고 앞으로 나아갈 뿐이다. 공자는 물에서 이것을 취한 것이다. 『논어』「자한」편에서 공자는 냇가에 서서 "흘러가는 것이 이와 같아서

밤낮으로 쉬지를 않는구나"라고 한탄했는데, 맹자의 말은 아마 이것과 연관이 있는 것 같다.

한편 주희는 임지기(林之奇)와 추호(鄒浩)를 인용해, 서자가 단계를 뛰어넘어 명예를 구하는 병폐가 있어 맹자가 이런 말을 한 것이라고 하고 있으나 말도 안 되는 소리일 뿐이다. 송나라 유학자들의 큰 병폐 가운데 하나는 자기들의 잣대로 선유(先儒)들을 함부로 평가해 등급을 매기는 것이다.

19

    맹자가 말했다. "사람이 새나 짐승과 다른 것이 별로 없으나, 서민들은 그것을 버리고 군자는 그것을 보존한다. 순임금은 여러 사물을 밝히고 인륜을 살펴 인의에 따라 행동했지 의도적으로 인의를 실행한 것은 아니다."

孟子曰 人之所以異於禽獸者幾希 庶民去之 君子存之.
맹자가 말했다. "사람이 새나 짐승과 다른 것이 별로 없으나, 서민들은 그것을 버리고 군자는 그것을 보존한다."

    기희(幾希)는 '근소하다', '얼마 안 된다'는 뜻이다. 사람과 금수의 차이에 대해 조기는 의를 아느냐 모르느냐의 차이일 뿐이라고 하고 있고, 이토 진사이는 인의의 양심이 있고 없고의 차이라고 하고 있다. 이에 대해 주희는 다음과 같이 말한다. "사람과 사물이 생겨날 때 똑같이 천지의 이(理)를 얻어 성(性)으로 삼았고, 똑같이 천지의 기(氣)를 얻어 형체를 삼았으나, 오직 사람만이 형기(形氣)의 올바름을 얻어 성(性)을 온전히 보존할 수 있다는 것이 조금 다를 뿐이다. 비록 조금 다르다고 하나 사람과 사물이 구분되는 바가 실로 여기에 있다." 성리학 특유의 관점이다. 다산은 『순자』 「왕제(王制)」편의 "물과 불은 기(氣)는 있으나 생명이 없고, 초목은 생명은 있으나 지각이 없으며, 금수는 지각은 있으나 의(義)가 없다. 인간만이 기와 생명과 지각과

의를 갖고 있는 까닭에 천하에서 가장 귀하다"라는 말을 인용하면서 인간과 금수의 차이는 바로 도심(道心)의 유무에 있다고 하고 있다.

舜明於庶物 察於人倫 由仁義行 非行仁義也.
"순임금은 여러 사물을 밝히고 인륜을 살펴 인의에 따라 행동했지 의도적으로 인의를 실행한 것은 아니다."

찰(察)은 명(明)보다 더욱 상세히 아는 것이다. 인륜이 사물보다 사람에게 더욱 절실하고 가깝기 때문이다. 유인의행(由仁義行)은 사물을 밝히고 인륜을 살피는 가운데 인의가 마음속에 저절로 생겨나, 억지로 인의를 행하려고 하지 않아도 인의가 그 안에서부터 저절로 행해지는 것이다. 행인의(行仁義)는 인의가 좋다고 여긴 뒤에 힘써 인의를 행하려고 하는 것이다.

20

　맹자가 말했다. "우임금은 좋은 술을 싫어했고 좋은 말을 좋아했다. 탕왕은 중용을 지켰고 현명한 사람을 세우는 데 차별을 두지 않았다. 문왕은 백성을 보기를 마치 환자 보듯 했고 도(道)를 바라보기를 마치 본 적이 없는 듯했다. 무왕은 가깝다고 함부로 대하지 않았고 먼 사람을 잊지 않았다. 주공은 삼대의 성왕을 겸비하고 이 네 가지 일을 베풀 것을 생각했다. 만일 맞지 않는 것이 있으면 우러러 이를 생각하며 밤을 지새웠다. 다행히 이를 터득하면 앉아 날이 밝기를 기다렸다."

孟子曰 禹惡旨酒而好善言.
맹자가 말했다. "우임금은 좋은 술을 싫어했고 좋은 말을 좋아했다."

지주(旨酒)는 미주(美酒)로 좋은 술이다. 『전국책』「위책(魏策)」에 우임금과 술에 관해 다음과 같은 이야기가 전해진다. "옛적에 제녀(帝女)가 의적(儀狄)에게 술을 만들게 했는데 맛이 좋았다. 그래서 우임금에게 바친즉 우임금이 마셔보니 맛이 좋았다. 우임금은 마침내 '후세에 반드시 술 때문에 나라를 망치는 자가 있을 것이다'라고 하면서 의적을 멀리하고 미주를 끊었다."

湯執中 立賢無方.

"탕왕은 중용을 지켰고 현명한 사람을 세우는 데 차별을 두지 않았다."

집(執)은 주희에 의하면 지키고 잃지 않는 것이다(守而不失). 중(中)은 지나치지도 미치지 못하지도 않는 것을 일컫는 말로, 중정(中正), 중용(中庸)의 도다. 입현무방(立賢無方)의 방(方)은 초순에 의하면 상(常)으로, 현명한 사람을 세우는 데 일정한 법도가 없었다, 즉 현명하면 누구나 가리지 않고 세웠다는 뜻이다. 주희는 방(方)을 류(類)로 풀이해 그 부류를 묻지 않았다는 뜻으로 풀이한다.

文王視民如傷 望道而未之見.

"문왕은 백성을 보기를 마치 환자 보듯 했고, 도를 바라보기를 마치 본 적이 없는 듯했다."

시민여상(視民如傷)의 傷은 병(病)으로 문왕이 백성 보기를 마치 환자를 보듯 위로하고 소란스럽게 하지 않았다는 뜻이다. 망도이미지견(望道而未之見)의 而는 여(如)다. 문왕의 도가 이미 지극한데도 아직 도를 보지 못한 듯이 했다는 말이다.

武王不泄邇 不忘遠.

"무왕은 가깝다고 함부로 대하지 않았고 먼 사람을 잊지 않았다."

설(泄)은 압(狎)으로 함부로 대하는 것이고 이(邇)는 근(近)으로 가까운 사람이다. 무왕은 가깝다고 함부로 대하지도 않았으며 멀다고 잊지도 않았다.

周公思兼三王 以施四事, 其有不合者 仰而思之 夜以繼日, 幸而得之 坐以待旦.

"주공은 삼대의 성왕을 겸비하고 이 네 가지 일을 베풀 것을 생각했다. 만일 맞지 않는 것이 있으면 우러러 이를 생각하며 밤을 지새웠다. 다행히 이를 터득하면 앉아 날이 밝기를 기다렸다."

사겸삼왕(思兼三王)의 三王은 우, 탕, 문무이다. 주공이 이들의 덕을 모두 겸비하길 원했다는 말이다. 사사(四事)는 이 네 사람의 일이다. 야이계일(夜以繼日)은 밤으로써 낮을 이었다는 말로, 즉 밤을 지새웠다는 뜻이다. 주공은 이들의 덕을 겸비할 것을 생각하고 이들의 일을 시행하려다가 시대가 달라 당시 상황과 맞지 않는 일이 있으면 밤을 지새우면서까지 그 문제에 대해 골몰했고, 그러다가 왜 그런지 터득하게 되면 그것을 시행하고자 하는 마음에 앉아 빨리 날이 새기만을 기다렸다.

21

맹자가 말했다. "왕자의 자취가 끊기고 시가 사라지니, 시가 사라진 연후에 『춘추(春秋)』가 지어졌다. 진(晉)나라의 『승(乘)』, 초(楚)나라의 『도올(檮杌)』, 노(魯)나라의 『춘추』는 모두 같은 것이다. 거기에 (기록된) 일은 제나라 환공, 진나라 문공의 일이요, 그 문체는 역사다. 공자께서 말씀하셨다. '그 뜻은 내가 남몰래 취한 것이다.'"

孟子曰 王者之迹熄而詩亡 詩亡然後春秋作.
맹자가 말했다. "왕자의 자취가 끊기고 시가 사라지니, 시가 사라진 연후에 『춘추』가 지어졌다."

왕자지적식이시망(王者之迹熄而詩亡)에 관해서는 설이 분분하다. 조기는 태평한 도가 쇠해 왕의 자취가 끊겨 송(頌, 『시경』 육의六義의 하나로 종묘 제사 때 조상의 덕을 기리는 노래)이 만들어지지 않은 것을 시가 망한 것이라고 풀이한다. 그에 반해 주희는 왕의 자취가 끊겼다는 것은 평왕(平王)의 동천 이후 정령(政令)이 천하에 미치지 않은 것, 시가 망했다는 것은 서리(黍離)가 국풍(國風)으로 내려앉아 아(雅, 『시경』 육의의 하나로 조정에서 의식을 진행할 때 쓴다)가 망한 것을 가리킨다고 풀이한다. 다산은 평왕의 동천 이후 비록 시는 끊어지지 않았으나, 풍자와 칭송과 꾸짖음과 칭찬하는 법이 사라진 것을 가리키는 것으로 풀이한다. 양백준은 주나라 때 시중에서 시를 채집하던 제도가 사라진 것이라고 풀이하는데 아마 이 설이 제일 타당할 듯싶다.

晉之乘 楚之檮杌 魯之春秋 一也.
"진나라의 『승』, 초나라의 『도올』, 노나라의 『춘추』는 모두 같은 것이다."

승(乘)은 조기에 의하면 전부승마(田賦乘馬)의 일에서 나왔다고 한다. 도올(檮杌)은 나쁜 짐승의 이름으로, 옛날에는 이것으로 나쁜 사람의 호를 삼아 그 악한 일을 기록해 후대에 경계하도록 했는데, 거기서 유래했다. 춘추는 일을 기록하는 자가 반드시 그 일의 맨 앞에 연대를 기록해놓은 데서 유래했는데, 일 년 사시 중 봄가을로 일 년을 나타낸 것이다. 하나(一)라는 것은 같다는 말로, 모두 역사를 기록한 역사책이라는 말이다.

其事則齊桓晉文 其文則史. 孔子曰 其義則丘竊取之矣.
"거기에 (기록된) 일은 제나라 환공, 진나라 문공의 일이요, 그 문체는 역사다. 공자께서 말씀하셨다. '그 뜻은 내가 남몰래 취한 것이다.'"

제환진문(齊桓晉文)은 제환공, 진문공을 말한다. 춘추시대 오패(五覇)가 있었는데 그중 제환공과 진문공이 가장 위세를 떨쳤다. 기문즉사(其文則史)는 그 문체가 역사 문체라는 말이다. 절(竊)은 '남몰래', '사적으로'의 뜻으로 겸양의 말이다. 조기는 공자가 소왕(素王, 왕의 관을 쓰지 않은 왕이란 뜻으로, 공자가 실제 왕은 아니었으나 옛 성왕의 덕을 가진 것을 나타내는 말이다)이기 때문에 남몰래 취했다고 말한 것이라고 한다. 즉 공자는 남의 신하인데도 임금의 명을 받지 않고 사사로이 춘추를 지었기 때문에 竊이라고 말했다는 것이다. 그러나 공자를 소왕으로 받든 것은 후대의 일로, 공자 스스로 소왕의 의식을 가졌다는 것은 있을 수 없는 일이다. 공자의 말은 『춘추공양전(公羊傳)』에 보이는 "그 말은 내가 책임이 있다(其辭則丘有罪焉爾)"는 말과 같은 것으로 보아야 한다. 즉 옛 『춘추』의 포폄(褒貶)의 대의로 시를 대신해 새로이 『춘추』를 지었다는 뜻이다. 다산과 주희도 같은 입장이다.

앞 장에서 여러 성왕들의 사적을 서술한 데 이어 여기서는 공자의 이야기를 서술하고 있다. 맹자가 보기에 공자는 여러 성왕들과 같은 위치의 사람이었다. 그러기에 여러 성왕의 이야기에 이어 공자를 말하고 있는 것이다. 공자의 여러 행적 중에서 맹자가 보기에 『춘추』를 지은 것만큼 큰일이 없기 때문에 특별히 『춘추』의 일만을 언급했다.

22

맹자가 말했다. "군자의 은택이라도 다섯 세대가 지나면 끊어지고, 소인의 은택도 다섯 세대가 지나면 끊어진다. 나는 공자의 문도가 될 수 없었다. 나는 다른 사람에게서 사숙(私淑)했다."

孟子曰 君子之澤五世而斬 小人之澤五世而斬. 予未得爲孔子徒也 予私淑諸人也.

군자와 소인에 대해 조기는 크게 덕이 있는 사람(大德)과 크게 악한 사람(大凶)으로 해석하는데, 동의하기 어렵다. 아마 지위가 있는 사람과 없는 사람을 가리킨 말일 것이다. 택(澤)은 주희에 의하면 유풍여운(流風餘韻)으로, 남긴 은택(恩澤)을 말한다. 세(世)는 한 세대로 30년이다. 참(斬)은 절(絕)로 끊어지는 것이다. 다섯 세대가 지나면 친족관계도 소멸해 초상이 나더라도 상복을 입지 않는다.

맹자는 공자로부터 직접 배울 수는 없었다. 그러나 공자의 죽음과 맹자의 탄생 사이에는 약 100여 년의 시간이 있다. 따라서 아직 다섯 세대가 지나지 않았기 때문에 공자의 유풍여운이 남아 있었다. 맹자는 그 유풍여운을 받아 스스로를 갈고 닦았다. 사(私)는 독(獨)으로 홀로라는 뜻이고, 숙(淑)은 선(善)으로 선하게 하는 것이다. 조기의 주장이다. 초순은 淑은 숙(叔)으로 습(拾), 즉 취(取)한다는 뜻이라고 하고 있다. 『사기』에 의하면 맹자는 공자의 손자인 자사(子思)의 문인에게서 배웠다고 한다. 즉 공자로부터 따지면 네 세대인 셈이다.

앞의 세 장에서 맹자는 순으로부터 시작해 공자에 이르기까지 여러 성인들의 자취를 말한 뒤 여기서는 마지막으로 자신에 대해 언급하고 있다. 즉 자신이 이 성인들의 계통을 잇고 있다는 것을 강하게 암시하고 있는 것이다. 그 말은 비록 겸손하지만 이면에 보이는 자긍심만은 실로 대단하다 아니할 수 없다.

23

맹자가 말했다. "가져도 되고 갖지 않아도 되는데, 갖는 것은 청렴을 해친다. 주어도 되고 주지 않아도 되는데, 주는 것은 은혜를 해친다. 죽어도 되고 죽지 않아도 되는데, 죽는 것은 용기를 해친다."

孟子曰 可以取 可以無取 取傷廉, 可以與 可以無與 與傷惠, 可以死 可以無死 死傷勇.

가이(可以), 가이무(可以無)는 해도 되고 하지 않아도 되는 것이다. 일본의 이토 진사이는 취상렴(取傷廉) 앞에 불(不)이 있어야 한다고 주장한다. 가져도 되는데 갖지 않는 것이 청렴을 해친다는 것이다. 인정상 있을 수 있는 주장이라고 생각된다.

24

　봉몽(逢蒙)은 예(羿)에게서 활쏘기를 배웠는데, 예로부터 배울 것을 다 배우자 천하에서 오직 예만이 자기보다 낫다고 생각하고 이에 예를 죽였다. 맹자가 말했다. "이것은 예에게도 죄가 있습니다."
　공명의가 말했다. "아마 죄가 없을 것 같습니다."
　"작다고는 할 수 있겠지만 어찌 죄가 없다고야 하겠습니까?
　정(鄭)나라 사람들이 자탁유자(子濯孺子)로 하여금 위(衛)나라를 침략하게 했습니다. 위나라는 유공지사(庾公之斯)로 하여금 그를 추격하게 했습니다. 자탁유자가 말했습니다. '오늘 내가 병이 나서 활을 잡을 수 없으니 죽게 되겠구나!'
　그 마부에게 물었습니다. '나를 쫓는 자가 누구냐?'
　마부가 대답했습니다. '유공지사입니다.'
　'내가 살았도다.'
　마부가 물었습니다. '유공지사는 위나라에서 활을 잘 쏘는 사람입니다. 그런데도 선생님이 말씀하시길 내가 살았다고 하시니 어찌된 일입니까?'
　'유공지사는 활쏘기를 윤공지타(尹公之他)에게서 배웠다. 그리고 윤공지타는 활쏘기를 나에게서 배웠다. 대저 윤공지타는 단정한 사람이다. 그가 사귄 친구도 반드시 단정한 사람일 것이다.'
　유공지사가 이르러 말했습니다. '당신은 왜 활을 잡지 않습니까?'
　'오늘 내가 병이 나서 활을 잡을 수가 없습니다.'

'소인은 활쏘기를 윤공지타에게서 배웠고 윤공지타는 당신에게서 배웠습니다. 나는 차마 당신 솜씨로 당신을 해치지 못하겠습니다. 그러나 오늘의 일은 임금의 일이라 내가 감히 그만두지는 못하겠습니다.'

그러고는 화살을 뽑아 수레바퀴에 두드려 화살촉을 빼고는 네 발을 쏜 뒤에 돌아갔습니다."

逢蒙學射於羿 盡羿之道 思天下惟羿爲愈己 於是殺羿. 孟子曰 是亦羿有罪焉.
公明儀曰 宜若無罪焉.
曰 薄乎云爾 惡得無罪.

봉몽은 예에게서 활쏘기를 배웠는데, 예로부터 배울 것을 다 배우자 천하에서 오직 예만이 자기보다 낫다고 생각하고 이에 예를 죽였다. 맹자가 말했다. "이것은 예에게도 죄가 있습니다."
공명의가 말했다. "아마 죄가 없을 것 같습니다."
"작다고는 할 수 있겠지만 어찌 죄가 없다고야 하겠습니까?"

봉몽(逢蒙)은 예(羿)의 제자다. 예는 하나라 때 유궁(有窮)국의 임금이다. 유(愈)는 승(勝)으로 나온 것이다. 공명의가 「등문공상」 1에 나오는 그 공명의인지는 불확실하다. 의약(宜若)의 宜는 태(殆)로, '아마 ~일 것이다'의 뜻이다. 박호운이(薄乎云爾)는 '(죄가) 작다고는 할 수 있겠지만'의 뜻이다.

鄭人使子濯孺子侵衛 衛使庾公之斯追之. 子濯孺子曰 今日我疾作 不可以執弓 吾死矣夫. 問其僕曰 追我者誰也. 其僕曰 庾公之斯也.

曰 吾生矣. 其僕曰 庾公之斯 衛之善射者也, 夫子曰 吾生 何謂也. 曰 庾公之斯學射於尹公之他 尹公之他學射於我. 夫尹公之他 端人也 其取友必端矣. 庾公之斯至 曰 夫子何爲不執弓. 曰 今日我疾作 不可以執弓. 曰 小人學射於尹公之他 尹公之他學射於夫子. 我不忍以夫子之道反害夫子. 雖然 今日之事 君事也 我不敢廢. 抽矢扣輪 去其金 發乘矢而後反.

"정나라 사람들이 자탁유자로 하여금 위나라를 침략하게 했습니다. 위나라는 유공지사로 하여금 그를 추격하게 했습니다. 자탁유자가 말했습니다. '오늘 내가 병이 나서 활을 잡을 수 없으니, 죽게 되겠구나.' 그 마부에게 물었습니다. '나를 쫓는 자가 누구냐?' 마부가 대답했습니다. '유공지사 입니다.' '내가 살았도다.' 마부가 물었습니다. '유공지사는 위나라에서 활을 잘 쏘는 사람입니다. 그런데도 선생님이 말씀하시길 내가 살았다고 하시니 어찌 된 일입니까?' '유공지사는 활쏘기를 윤공지타에게서 배웠다. 그리고 윤공지타는 활쏘기를 나에게서 배웠다. 대저 윤공지타는 단정한 사람이다. 그가 사귄 친구도 반드시 단정한 사람일 것이다.' 유공지사가 이르러 말했습니다. '당신은 왜 활을 잡지 않습니까?' '오늘 내가 병이 나서 활을 잡을 수가 없습니다.' '소인은 활쏘기를 윤공지타에게서 배웠고 윤공지타는 당신에게서 배웠습니다. 나는 차마 당신 솜씨로 당신을 해치지 못하겠습니다. 그러나 오늘의 일은 임금의 일이라 내가 감히 그만두지는 못하겠습니다.' 그러고는 화살을 뽑아 수레바퀴에 두드려 화살촉을 빼고는 네 발을 쏜 뒤에 돌아갔습니다."

유공지사(庾公之斯), 윤공지타(尹公之他)의 之는 아무 뜻이 없는 어조사다. 복(僕)은 어(御)로 마부다. 단인(端人)은 단정한 사람, 바른 사람이다. 소인(小人)은 유공지사가 자신을 낮춰 부른 말이다. 금(金)은 족(鏃)으로 화살촉이고, 승시(乘矢)의 승(乘)은 넷이다. 옛날 乘을 네 마리의 말이 끌었던 데서 유래했다.

25

　맹자가 말했다. "미인인 서시(西施)라도 더러운 것을 뒤집어쓰면 사람들이 다 코를 막고 지나간다. 비록 못생긴 사람이라도 목욕재계한다면 상제에게 제사를 지낼 수 있다."

―――――――

孟子曰 西子蒙不潔 則人皆掩鼻而過之. 雖有惡人 齊戒沐浴 則可以祀上帝.

서자(西子)는 미인 서시다. 몽(蒙)은 뒤집어쓰는 것이다. 악인(惡人)은 용모가 추한 사람이다.

26

맹자가 말했다. "천하에서 말하는 성(性)이란 이미 그러한 자취일 뿐이며, 이미 그러한 자취는 자연의 흐름을 따르는 것을 근본으로 한다. 지혜로운 사람을 미워하는 것은 천착(穿鑿)하기 때문이다. 만일 지혜로운 사람이 우임금이 물을 흘러가게 하듯 한다면, 지혜로운 사람을 미워하는 일이 없을 것이다. 우임금이 물을 흘러가게 한 것은 그 일거리가 없는 것을 행한 것이다. 만일 지혜로운 사람도 또한 그 일거리가 없는 것을 행한다면, 그 지혜가 역시 크게 될 것이다. 하늘은 높고 별은 멀리 있지만, 이미 그러한 자취를 찾는다면 천 년 후의 동지라 하더라도 앉아서 알 수 있다."

孟子曰 天下之言性也 則故而已矣 故者以利爲本.
맹자가 말했다. "천하에서 말하는 성이란 이미 그러한 자취일 뿐이며, 이미 그러한 자취는 자연의 흐름을 따르는 것을 근본으로 한다."

성(性)은 본성이다. 주희의 성리학적 해석에 의하면 사람과 사물이 하늘로부터 받아서 태어나는 이치다. 고(故)는 이미 그러한 자취(已然之迹)고, 이(利)는 순(順)으로 자연의 세(自然之勢)를 말한다. 사물의 이(理)는 비록 형체가 없어 알기 어려운 것 같으나, 그 발현된 이미 그러한 자취가 있기 때문에 쉽게 알 수 있다. 그러므로 천하에서 성을 말하는 자가 단지 그 고(故)만을 말해도 이(理)가 자명해지니, 마치 이른바 "하늘을 잘 말하는 자는 반드시 사람에게서 징험한 바가 있다(善言天者必有徵於人也)"고 하는 것과 같다. 그러나 그 소위 고(故)라고 하는 것도 또한 그 자연의 세에 근본을 두니, 마치 사람이 선하고 물이 아래로 흐르는 것이 억지로 바로잡고 조작해서 그런 것이 아닌 것과 같다. 이상은 주희의 해석이다. 다산도 理에 관한 것만 빼고는 같은 입장이다.

중국의 모기령은 『사서잉언보(四書賸言補)』에서 "천하에서 성을 말하는 것은 지계(智計)에 불과하다. 지(智)를 생각하는 것이 무슨 해가 되겠느냐, 다만 이(利)를 통하게 하고 천착하지 않는 것을 주로 해야 할 것이다"라고 풀이하고 있다. 즉 故를 지(智)로 해석하고 있는 것이다. 일본의 이토 진사이는 故를 인위적인 기교, 즉 장자가 말한 "인위적인 지식과 기교를 버리고 하늘의 이치를 따르라(去知與故 循天之理)"(『장자』 「각의(刻意)」)에서의 故, 즉 교(巧)로 해석한다. 모기령과 비슷한 입장이라 하겠다.

所惡於智者 爲其鑿也. 如智者若禹之行水也 則無惡於智矣. 禹之行水也 行其所無事也. 如智者亦行其所無事 則智亦大矣.

"지혜로운 사람을 미워하는 것은 천착하기 때문이다. 만일 지혜로운 사람이 우임금이 물을 흘러가게 하듯 한다면 지혜로운 사람을 미워하는 일이 없을 것이다. 우임금이 물을 흘러가게 한 것은 그 일거리가 없는 것을 행한 것이다. 만일 지혜로운 사람도 또한 그 일거리가 없는 것을 행한다면, 그 지혜가 역시 크게 될 것이다."

착(鑿)은 천착부회(穿鑿附會)하는 것이다. 행기소무사(行其所無事)는 일이 될 것이 없는 것을 하는 것, 즉 저절로 그렇게 되어 굳이 인위적으로 일을 만들 것이 없는 것을 하는 것이다. 물이 아래로 흘러가도록 유도하면 될 것을 굳이 가로막아 일거리를 만드는 것처럼, 지혜로운 자들이 미움을 받는 것은 자연의 이치대로 하지 않고 억지로 천착부회하기 때문이다.

天之高也 星辰之遠也. 苟求其故 千歲之日至 可坐而致也.
"하늘은 높고 별은 멀리 있지만, 이미 그러한 자취를 찾는다면 천 년 후의 동지라 하더라도 앉아서 알 수 있다."

일지(日至)는 동지다. 하늘이 멀고 별이 높다지만, 예전에 하늘과 별이 이미 움직여왔던 그 자취를 궁구한다면 비록 천년 후의 동지라도 언제가 될지 알 수 있다. 큰 지혜는 이미 그러한 자취를 좇아 자연의 순리대로 따르는 것이다.

27

　공행자(公行子)가 아들 상을 당하자 우사(右師)가 조문을 왔다. 문에 들어서자 앞으로 나아가 우사와 더불어 말을 나누는 자도 있었고, 우사의 자리에까지 다가가 말을 나누는 자도 있었다. 맹자는 우사와 말을 나누지 않았다. 우사가 불쾌해하며 말했다. "여러 군자들이 모두 나와 말을 나누는데 유독 맹자만 나와 말을 나누지 않으니, 이는 나를 업신여기는 것이오."

　맹자가 이를 듣고 말했다. "예에 조정에서는 남의 자리를 침범해 서로 말을 나누지 않으며, 계단을 넘어 서로 읍하지 않는다고 했소. 나는 예를 행하려고 하는데 자오(子敖)께서는 내가 업신여긴다고 하니 이상하지 않소?"

公行子有子之喪　右師往弔. 入門　有進而與右師言者　有就右師之位而與右師言者. 孟子不與右師言.

공행자가 아들 상을 당하자 우사가 조문을 왔다. 문에 들어서자 앞으로 나아가 우사와 더불어 말을 나누는 자도 있었고, 우사의 자리에까지 다가가 말을 나누는 자도 있었다. 맹자는 우사와 말을 나누지 않았다.

공행자(公行子)는 제나라 대부라는 것밖에는 알려진 것이 없다. 우사(右師)는 「공손추하」 6에 나온 바 있는 왕환(王驩)이다.

右師不悅曰 諸君子皆與驩言 孟子獨不與驩言 是簡驩也.
孟子聞之曰 禮 朝廷不歷位而相與言 不踰階而相揖也. 我欲行禮
子敖以我爲簡 不亦異乎.

우사가 불쾌해하며 말했다. "여러 군자들이 모두 나와 말을 나누는데 유독 맹자만 나와 말을 나누지 않으니, 이는 나를 업신여기는 것이오."

맹자가 이를 듣고 말했다. "예에 조정에서는 남의 자리를 침범해 서로 말을 나누지 않으며, 계단을 넘어 서로 읍하지 않는다고 했소. 나는 예를 행하려고 하는데 자오께서는 내가 업신여긴다고 하니 이상하지 않소?"

간(簡)은 소홀하게 대하는 것이다. 역(歷)은 침범하는 것이다. 자오(子敖)는 왕환의 자다. 공행자 아들의 상은 임금 명령에 따라 제나라의 경대부가 모인 것이기 때문에 신분의 서열이 있었다. 그러기에 맹자가 조정이라고 한 것이다. 우사가 제자리에 가기도 전에 앞으로 나아가 그와 말을 나누었다면 우사가 그의 자리를 침범한 것이 되고, 우사가 제자리에 갔는데 다가가 그와 말을 나누었다면 그가 우사의 자리를 침범한 것이 된다. 모두 왕의 총신인 우사에게 아부한 것이다. 그러나 맹자는 그와 위계가 달랐다. 그래서 말을 나누지 않은 것이다.

28

　맹자가 말했다. "군자가 남들과 다른 것은 그 마음을 보존하기 때문이다. 군자는 인(仁)으로 마음을 보존하며 예(禮)로 마음을 보존한다. 어진 자는 남을 사랑하며 예를 갖춘 사람은 남을 공경한다. 남을 사랑하는 사람은 남들도 그를 항상 사랑하며, 남을 공경하는 사람은 남들도 그를 항상 공경한다.

　여기에 한 사람이 있는데 항상 나를 함부로 대한다면, 군자는 반드시 '내가 반드시 어질지 못한가보다, 내가 반드시 무례한가보다, (그렇지 않다면) 어찌 이런 일이 내게 일어날 수 있겠는가?' 하고 스스로 돌이킬 것이다. 스스로 돌이켜보아도 어질었고 스스로 돌이켜보아도 예를 갖췄는데 함부로 대함이 여전하다면, 군자는 반드시 스스로 돌이키기를 '내가 반드시 성의를 다하지 않았을 거야'라고 할 것이다. 스스로 돌이켜보아도 성의를 다했는데도 함부로 대함이 여전하다면, 군자는 이렇게 말할 것이다. '이 사람은 단지 망령된 사람일 뿐이다. 그렇다면 금수와 무엇이 다르겠는가? 금수에게 또 무엇을 따지겠는가?'

　그러므로 군자에게 평생의 근심은 있어도 하루아침의 걱정은 없다. 만일 근심하는 것이라면 있으니 다음과 같다. 순임금도 사람이요 나도 사람이다. 순임금은 천하에 모범이 되어 후세에 전해졌는데 나는 아직 시골뜨기를 면하지 못하고 있으니, 이것이야말로 근심할 만한 것이다. 근심하면 어떻게 하겠는가? 순임금과 같이 할 뿐이다. 만일 걱정하는 것이라면 없다.

인(仁)이 아니면 하지 않으며 예가 아니면 하지 않는다. 하루아침의 걱정 같은 것은 군자는 하지 않는다."

▰▰▰▰

孟子曰 君子所以異於人者 以其存心也. 君子以仁存心 以禮存心. 仁者愛人 有禮者敬人. 愛人者人恆愛之 敬人者人恆敬之.

맹자가 말했다. "군자가 남들과 다른 것은 그 마음을 보존하기 때문이다. 군자는 인으로 마음을 보존하며 예로 마음을 보존한다. 어진 자는 남을 사랑하며 예를 갖춘 사람은 남을 공경한다. 남을 사랑하는 사람은 남들도 그를 항상 사랑하며, 남을 공경하는 사람은 남들도 그를 항상 공경한다."

이인존심(以仁存心), 이례존심(以禮存心)은 인과 예를 마음에 두어 잊지 않는 것이다.

▰▰▰▰

有人於此 其待我以橫逆 則君子必自反也 我必不仁也 必無禮也 此物奚宜至哉.

"여기에 한 사람이 있는데 항상 나를 함부로 대한다면, 군자는 반드시 '내가 반드시 어질지 못한가보다. 내가 반드시 무례한가보다. (그렇지 않다면) 어찌 이런 일이 내게 일어날 수 있겠는가?' 하고 스스로 돌이킬 것이다."

횡역(橫逆)은 나에게 난폭하게 대하는 것이다. 차물해의지재(此物奚宜至哉)의 物은 사(事), 奚宜는 하위(何爲)로, "이런 일이 어찌 내게 이르는가? 즉 이런 일이 어찌 내게 일어나는가?"의 뜻이다. 초순의 해설이다.

其自反而仁矣 自反而有禮矣 其橫逆由是也 君子必自反也 我必不忠. 自反而忠矣 其橫逆由是也 君子曰 此亦妄人也已矣. 如此則與禽獸奚擇哉. 於禽獸又何難焉.

"스스로 돌이켜보아도 어질었고 스스로 돌이켜보아도 예를 갖췄는데 함부로 대함이 여전하다면, 군자는 반드시 스스로 돌이키기를 '내가 반드시 성의를 다하지 않았을 거야'라고 할 것이다. 스스로 돌이켜보아도 성의를 다했는데도 함부로 대함이 여전하다면, 군자는 이렇게 말할 것이다. '이 사람은 단지 망령된 사람일 뿐이다. 그렇다면 금수와 무엇이 다르겠는가? 금수에게 또 무엇을 따지겠는가?'"

유(由)는 유(猶)로 같다는 뜻이다. 충(忠)은 성의를 다하는 것이다. 망인(妄人)은 망령된 인간이다. 해택(奚擇)은 하이(何異)로 '무엇이 다르겠냐?'는 뜻이고, 하난(何難)은 '무엇을 따지겠냐?'는 뜻이다.

是故君子有終身之憂 無一朝之患也. 乃若所憂則有之. 舜人也 我亦人也. 舜爲法於天下 可傳於後世 我由未免爲鄕人也 是則可憂也. 憂之如何. 如舜而已矣. 若夫君子所患則亡矣. 非仁無爲也 非禮無行也. 如有一朝之患 則君子不患矣.

"그러므로 군자에게 평생의 근심은 있어도 하루아침의 걱정은 없다. 만일 근심하는 것이라면 있으니 다음과 같다. 순임금도 사람이요 나도 사람이다. 순임금은 천하에 모범이 되어 후세에 전해졌는데 나는 아직 시골뜨기를 면하지 못하고 있으니, 이것이야말로 근심할 만한 것이다. 근심하면 어떻게 하겠는가? 순임금과 같이 할 뿐이다. 만일 걱정하는 것이라면 없다. 인이 아니면 하지 않으며 예가 아니면 하지 않는다. 하루아침의 걱정 같은 것은 군자는 하지 않는다."

일조지환(一朝之患)은 하루아침에 갑자기 닥친 환난이란 뜻으로, 자신이 초래한 것이 아닌 갑자기 발생한 재화(災禍)를 말한다. 군자는 자신의 잘못이 아닌데도 갑자기 밀어닥친 재화에 대해서는 명(命)으로 돌려 순응할 뿐, 그에 대해 근심하지 않는 법이다. 군자의 가장 큰 걱정은 똑같은 사람이면서 요와 순 같은 위대한 성인이 되지 못하는 것뿐이다.

29

　우임금과 후직(后稷)은 태평한 세상을 만나 세 번 자기 집 문을 지나면서도 들어가지 못했다. 공자는 그들을 현명하다고 했다. 안자(顏子)는 어지러운 세상을 만나 누추한 골목에서 살면서 밥 한 그릇과 물 한 그릇으로 지냈다. 남들은 그 근심을 감당하지 못했지만 그 즐거움을 고치려 하지 않았다. 공자는 그를 현명하다고 했다.

　맹자가 말했다. "우임금과 후직과 안회는 도가 같다. 우임금은 천하에 물에 빠진 사람이 있으면 자기가 빠뜨린 것처럼 여겼다. 후직은 천하에 굶주린 사람이 있으면 자기가 굶주리게 한 것처럼 여겼다. 그렇기 때문에 그처럼 서두른 것이다. 우임금과 후직, 안회는 처지가 바뀐다고 해도 다 그럴 것이다. 지금 한 집에 사는 사람이 싸운다면, 그를 구하느라 비록 머리를 풀어헤친 채 갓끈만 매고 달려가 구한다 해도 상관없을 것이다. 그러나 마을의 누군가가 싸우는데 머리를 풀어헤친 채 갓끈만 매고 달려가 구한다면 이상할 것이다. 그러니 비록 문을 닫는다 해도 상관없을 것이다."

禹稷當平世 三過其門而不入 孔子賢之. 顏子當亂世 居於陋巷, 一簞食 一瓢飮. 人不堪其憂 顏子不改其樂 孔子賢之.
우임금과 후직은 태평한 세상을 만나 세 번 자기 집 문을 지나면서도 들어가지 못했다. 공자는 그들을 현명하다고 했다. 안자는 어지러운 세상을 만나 누추한 골목에서 살면서 밥 한 그릇과 물 한

그릇으로 지냈다. 남들은 그 근심을 감당하지 못했지만 그 즐거움을 고치려 하지 않았다. 공자는 그를 현명하다고 했다.

평세(平世)와 난세(亂世)는 논어식으로 표현하자면 방유도(邦有道), 방무도(邦無道)로 어진 군주를 만나고 못 만난 차이다. 우와 직은 순과 요라는 성군을 만나 도를 행할 기회를 얻었지만, 안자 즉 안연은 어지러운 세상을 만나 도를 행할 기회를 얻지 못했다. 삼과기문이불입(三過其門而不入)은 원래 우가 치수할 때의 이야기나 우와 직이 그만큼 정사에 힘썼다는 뜻으로 맹자가 같이 말한 것이다. 안연에 관해서는 비슷한 말이 『논어』「옹야」편에도 보인다.

孟子曰 禹稷顔回同道. 禹思天下有溺者 由己溺之也, 稷思天下有飢者 由己飢之也 是以如是其急也. 禹稷顔子易地則皆然.
맹자가 말했다. "우임금과 후직과 안회는 도가 같다. 우임금은 천하에 물에 빠진 사람이 있으면 자기가 빠뜨린 것처럼 여겼다. 후직은 천하에 굶주린 사람이 있으면 자기가 굶주리게 한 것처럼 여겼다. 그렇기 때문에 그처럼 서두른 것이다. 우임금과 후직, 안회는 처지가 바뀐다고 해도 다 그럴 것이다."

유(由)는 유(猶)로 같다는 뜻이다. 『논어』「위령공」편에서 공자는 "나라에 도가 있으면 벼슬길에 나아가고 도가 없으면 거두어 간직한다"고 말했다. 우와 직은 어진 군주를 만나 도를 행할 직책을 맡았기 때문에 그처럼 바쁘게 움직였던 것이고, 안연은 그러지 못해 도를 간직하고 누항에 머물 수밖에 없었다. 도가 달라서 그런 것이 아니라 처한 상황이 달라서 그런 것이다.

그래서 공자가 둘 다 어질다고 한 것이다.

今有同室之人鬪者 救之 雖被髮纓冠而救之 可也. 鄕鄰有鬪者 被髮纓冠而往救之 則惑也 雖閉戶可也.

"지금 한 집에 사는 사람이 싸운다면, 그를 구하느라 비록 머리를 풀어헤친 채 갓끈만 매고 달려가 구한다 해도 상관없을 것이다. 그러나 마을의 누군가가 싸우는데 머리를 풀어헤친 채 갓끈만 매고 달려가 구한다면 이상할 것이다. 그러니 비록 문을 닫는다 해도 상관없을 것이다."

동실지인(同室之人)은 한 집에 같이 사는 사람 즉 가족이고, 향린(鄕鄰)은 그냥 같은 마을에 사는 사람이다. 피발영관(被髮纓冠)의 被는 피(披)로, 머리를 묶을 겨를이 없어 풀어헤친 채로 갓끈만 매는 것이다. 한 집에 같이 사는 사람은 가족으로서 책임이 있기 때문에 서둘러 달려가는 것으로 우와 직을 말하며, 그냥 같은 마을 사람은 그곳 사람이나 관원이 있기 때문에 자기가 서둘러 달려가야 할 책임이 없는 것으로 안연을 말한다. 안연이 누항에서 문을 닫아걸고 안빈낙도한 것은 세상을 구해야 할 책임이 없었기 때문이다.

30

공도자가 말했다. "광장(匡章)은 온 나라 사람들이 불효자라고 합니다. 선생님께서는 그와 교제하시고 또 예를 갖춰 대하시니 무슨 까닭인지 감히 여쭙니다."

맹자가 말했다. "세상에서 소위 불효자라고 하는 것이 다섯 있다. 사지를 움직이기를 게을리해 부모 봉양을 돌보지 않는 것이 첫 번째 불효다. 바둑이나 장기를 두고 술 마시기를 좋아해 부모 봉양을 돌보지 않는 것이 두 번째 불효다. 재물을 좋아하고 처자만 생각해 부모 봉양을 돌보지 않는 것이 세 번째 불효다. 눈과 귀의 즐거움만 밝혀 부모에게 욕이 되는 것이 네 번째 불효다. 용맹을 좋아해 싸우고 사납게 굴어 부모를 위태롭게 하는 것이 다섯 번째 불효다. 장자(章子)가 여기에 하나라도 해당하는가?

대저 장자는 부자간에 서로 착한 일을 강요하다가 뜻이 맞지 않은 것이다. 서로 착한 일을 강요하는 것은 친구 사이의 도리다. 부자간에 착한 일을 강요하는 것은 은혜를 크게 해치는 것이다. 대저 장자가 어찌 처자식을 거느리기를 바라지 않았겠는가? 부친에게 죄를 지어 가까이할 수가 없어 처자식을 내치고 평생 그들의 봉양을 받지 않았다. 그 마음가짐을 이와 같이 하지 않으면 이는 큰 죄라고 여겼으니, 이것이 장자일 뿐이다."

公都子曰 匡章 通國皆稱不孝焉. 夫子與之遊 又從而禮貌之 敢問

何也.

공도자가 말했다. "광장은 온 나라 사람들이 불효자라고 합니다. 선생님께서는 그와 교제하시고 또 예를 갖춰 대하시니 무슨 까닭인지 감히 여쭙니다."

광장(匡章)은 제나라 사람이다. 통국(通國)은 온 나라 사람이다. 예모(禮貌)는 예를 갖춰 대하는 것이다.

孟子曰 世俗所謂不孝者五. 惰其四支 不顧父母之養 一不孝也, 博弈好飮酒 不顧父母之養 二不孝也, 好貨財 私妻子 不顧父母之養 三不孝也, 從耳目之欲 以爲父母戮 四不孝也, 好勇鬪很 以危父母 五不孝也. 章子有一於是乎.

맹자가 말했다. "세상에서 소위 불효자라고 하는 것이 다섯 있다. 사지를 움직이기를 게을리해 부모 봉양을 돌보지 않는 것이 첫 번째 불효다. 바둑이나 장기를 두고 술 마시기를 좋아해 부모 봉양을 돌보지 않는 것이 두 번째 불효다. 재물을 좋아하고 처자만 생각해 부모 봉양을 돌보지 않는 것이 세 번째 불효다. 눈과 귀의 즐거움만 밝혀 부모에게 욕이 되는 것이 네 번째 불효다. 용맹을 좋아해 싸우고 사납게 굴어 부모를 위태롭게 하는 것이 다섯 번째 불효다. 장자가 여기에 하나라도 해당하는가?"

사처자(私妻子)는 처자만 챙기는 것이다. 종이목지욕(從耳目之欲)의 從은 종(縱)으로 이목의 욕구를 따라 방종하게 노는 것이다. 육(戮)은 수욕(羞辱)으로 욕되게 하는 것이다. 흔(很)은 한(狠)으로 사나운 것이다. 장자(章子)는 광장이다.

夫章子 子父責善而不相遇也. 責善 朋友之道也. 父子責善 賊恩之大者.

"대저 장자는 부자간에 서로 착한 일을 강요하다가 뜻이 맞지 않은 것이다. 서로 착한 일을 강요하는 것은 친구 사이의 도리다. 부자간에 착한 일을 강요하는 것은 은혜를 크게 해치는 것이다."

우(遇)는 합(合)으로 맞는 것이다. 장자는 부자지간에 서로 선한 일을 강요하다가 뜻이 맞지 않아 아버지로부터 쫓겨났다. 『전국책』「제책」에는 장자 부자지간의 일에 대해 다음과 같은 제위왕(齊威王)의 말이 실려 있다. "옛날 장자의 생모 계(啓)가 장자 아버지에게 죄를 지어 아버지가 그녀를 죽여 마구간 말구유 밑에 묻어버렸다. 과인이 장자를 장군으로 삼고 그를 격려해 '그대가 용전해 군대를 상하게 하지 않고 개선하면 그대 어머니를 개장해주겠노라'고 했다. 그러자 그가 '신이 어머니를 개장할 수 없는 것이 아닙니다. 그러나 신의 어머니는 아버지에게 죄를 지었고, 아버지는 개장을 허용하지 않고 세상을 떠났습니다. 아버지의 허락도 없이 어머니를 개장하는 것은 돌아가신 아버지를 기만하는 것입니다. 그렇기 때문에 일부러 개장하지 않는 것입니다'라고 말했다. 자식으로서 죽은 아버지를 속이지 않는 사람이 어찌 살아 있는 임금을 속이겠는가?" 이것으로 미루어볼 때 장자의 이른바 책선이란 것은 아마 죽은 어머니와 관계가 있는 일인 것 같다.

夫章子 豈不欲有夫妻子母之屬哉. 爲得罪於父 不得近. 出妻屛子 終身不養焉. 其設心以爲不若是 是則罪之大者 是則章子已矣.

"대저 장자가 어찌 처자식을 거느리기를 바라지 않았겠는가? 부친에게 죄를 지어 가까이할 수가 없어 처자식을 내치고 평생 그들의 봉양을 받지 않았다. 그 마음가짐을 이와 같이 하지 않으면 이는 큰 죄라고 여겼으니, 이것이 장자일 뿐이다."

부처자모지속(夫妻子母之屬)은 처자식을 거느리고 함께 사는 것이다. 출처병자(出妻屛子)는 아내를 내쫓고 자식을 물리치는 것이다.

『논어』「위령공」편에 이런 말이 있다. "공자께서 말씀하셨다. '뭇사람들이 미워하더라도 반드시 살펴보아야 하며, 뭇사람들이 좋아하더라도 반드시 살펴보아야 한다.'" 이토 진사이에 의하면 맹자는 광장에게서 그가 불효자가 아님을 밝혔으니 뭇사람들이 미워하더라도 반드시 살펴본 것이라 할 수 있으며, 진중자에게서 그가 청렴하지 않음을 밝혔으니 뭇사람들이 좋아하더라도 반드시 살펴본 것이라고 할 수 있다.

31

　증자가 무성(武城)에서 지내는데 월(越)나라가 쳐들어왔다. 누군가가 말했다. "도적들이 곧 올 텐데 어찌 피난가지 않으십니까?"
　"내 집에 사람을 들여 땔나무를 없애지 않도록 해라."
　도적들이 물러가자 (증자가) 말했다. "내 집 담장과 지붕을 수리해라, 내가 장차 돌아갈 것이다."
　도적들이 물러가자 증자가 돌아왔다. 주변에서 말했다. "(우리는) 선생을 이처럼 충성으로 공경하며 모시는데, 선생은 도적이 쳐들어오자 먼저 피난을 가 백성들이 보고 따라하게 만들고 도적이 물러가자 돌아오니, 아마 옳지 않은 것 같습니다."
　심유행(沈猶行)이 말했다. "이것은 당신들이 알 수 있는 것이 아닙니다. 전에 내가 부추(負芻)의 화를 당했는데, 선생을 따르는 사람들이 칠십 명이나 되었지만 아무도 함께하지 않았습니다."
　자사가 위나라에서 머무는데 제나라가 쳐들어왔다. 누군가가 말했다. "도적들이 곧 올 텐데 어찌 피난가지 않으십니까?"
　자사가 말했다. "내가 가면 임금께서 누구와 함께 지키겠는가?"
　맹자가 말했다. "증자와 자사는 도가 같다. 증자는 스승이고 부형이었다. 자사는 신하이고 지위가 낮았다. 증자와 자사가 처지가 바뀌었다면 모두 그렇게 했을 것이다."

曾子居武城 有越寇. 或曰 寇至 盍去諸.
曰 無寓人於我室 毀傷其薪木.
寇退 則曰 修我牆屋 我將反.

증자가 무성에서 지내는데 월나라가 쳐들어왔다. 누군가가 말했다. "도적들이 곧 올 텐데 어찌 피난가지 않으십니까?"

"내 집에 사람을 들여 땔나무를 없애지 않도록 해라."

도적들이 물러가자 (증자가) 말했다. "내 집 담장과 지붕을 수리해라. 내가 장차 돌아갈 것이다."

무성(武城)은 노나라의 읍 이름으로, 지금의 산둥성 페이(費)현 서남쪽에 있다. 월구(越寇)는 월나라 군대의 침입을 말한다. 당시 월나라는 오나라를 멸망시킨 후 강역이 확대되어 지금의 산둥성 일대까지 진출했다. 따라서 산둥성 남부인 무성 부근에 월나라 군대가 자주 출몰했을 것으로 추측된다. 합(盍)은 하불(何不)로 '어찌 ~하지 않느냐?'는 뜻이고, 저(諸)는 지호(之乎)를 줄인 것이다. 우(寓)는 기(寄)로 머물게 하는 것, 들이는 것이다.

寇退 曾子反. 左右曰 待先生 如此其忠且敬也. 寇至則先去以爲民望 寇退則反 殆於不可.
沈猶行曰 是非汝所知也. 昔沈猶有負芻之禍 從先生者七十人 未有與焉.

도적들이 물러가자 증자가 돌아왔다. 주변에서 말했다. "(우리는) 선생을 이처럼 충성으로 공경하며 모시는데, 선생은 도적이 쳐들어오자 먼저 피난을 가 백성들이 보고 따라하게 만들고 도적이 물러가자 돌아오니, 아마 옳지 않은 것 같습니다."

심유행이 말했다. "이것은 당신들이 알 수 있는 것이 아닙니다. 전에 내가 부추의 화를 당했는데, 선생을 따르는 사람들이 칠십 명이나 되었지만 아무도 함께하지 않았습니다."

좌우(左右)는 증자 주변 사람들이다. 선거이위민망(先去以爲民望)은 먼저 피난을 가 백성들이 보고 따라하게 만든 것이다. 태(殆)는 아마란 뜻의 부사다. 그러나 양백준은 가깝다는 뜻의 근(近)으로 풀이한다. 증자 주변 사람들은 증자가 환난을 함께하지 않고 먼저 도망간 것에 대해 그렇게 해서는 안 되는 것이라고 생각했다. 심유행(沈猶行)은 증자의 제자다. 부추(負芻)는 조기에 의하면 사람 이름이다. 그러나 주희는 고유명사로 보지 않고 꼴을 등에 진 사람, 즉 나무꾼이란 뜻의 일반명사로 본다. 증자는 일찍이 심유행의 집에 머문 적이 있었는데, 거기서도 환난을 함께하지 않고 제자들을 이끌고 먼저 피난을 갔다.

子思居於衛 有齊寇. 或曰 寇至 盍去諸.
子思曰 如伋去 君誰與守.
孟子曰 曾子子思同道. 曾子 師也 父兄也, 子思 臣也 微也. 曾子子思易地則皆然.

자사가 위나라에서 머무는데 제나라가 쳐들어왔다. 누군가가 말했다. "도적들이 곧 올 텐데 어찌 피난가지 않으십니까?"
자사가 말했다. "내가 가면 임금께서 누구와 함께 지키겠는가?"
맹자가 말했다. "증자와 자사는 도가 같다. 증자는 스승이고 부형이었다. 자사는 신하이고 지위가 낮았다. 증자와 자사가 처지가 바뀌었다면 모두 그렇게 했을 것이다."

급(伋)은 자사의 이름이다. 증자와 달리 자사는 피난을 가지 않고 환난을 함께했다. 그러나 맹자는 증자와 자사의 행동을 모두 같다고 보았다. 다만 당시 증자는 스승의 신분이며 부형의 입장이라 몸가짐을 조심할 필요가 있었고, 자사는 신하의 신분으로 미천한 처지라 임금을 위해 목숨을 각오하고 환난을 함께한 것이라고 한다. 증자와 자사가 입장이 바뀌었다면 모두 같은 행동을 했을 것이라는 것이다. 29장에서 나온 우, 직, 안연의 이야기와 같은 맥락이다.

32

저자(儲子)가 말했다. "왕께서 사람을 시켜 선생을 엿보게 했는데 과연 남들과 다른 것이 있습니까?"

맹자가 말했다. "무엇이 남들과 다르겠는가? 요순도 다른 사람과 같았을 뿐이다."

儲子曰 王使人瞯夫子 果有以異於人乎.
孟子曰 何以異於人哉. 堯舜與人同耳.

저자(儲子)는 제나라 사람이다. 왕은 제나라 왕이다. 감(瞯)은 몰래 엿보는 것이다. 요순이 무슨 별다른 사람이었겠는가? 그저 우리와 똑같은 사람이었을 뿐이다. 도가 별것이겠는가? 인의가 바로 도다.

33

　제나라에 처와 첩 한 사람씩을 한 집에 두고 사는 사람이 있었다. 그 남편은 나가기만 하면 반드시 술과 고기를 실컷 먹고 돌아왔다. 그 처가 음식을 함께 먹은 사람을 물으면 모두 부하고 귀한 사람들이었다. 그 처가 첩에게 말했다. "남편이 나가기만 하면 반드시 술과 고기를 실컷 먹고 돌아오는데, 음식을 함께 먹은 사람을 물으면 모두 부하고 귀한 사람들이다. 그런데 그런 사람들이 우리 집에 온 적이 없으니, 내가 장차 남편이 가는 곳을 엿보고자 한다."

　일찍 일어나 남편이 가는 곳을 샛길로 따라갔다. 국(國) 안을 두루 다녔으나 아무도 그와 함께 서서 말하는 자가 없었다. 마침내 동쪽 성곽 무덤 사이에서 제사지내는 사람에게 가 그에게서 먹고 남은 음식을 얻어먹었다. 부족하면 또 살펴보다 다른 곳으로 갔다. 이것이 그가 실컷 먹고 다니는 방법이었다. 그 처가 돌아와 첩에게 이르기를 "남편이란 게 우러러보며 평생을 함께하는 사람인데, 지금 이 꼴이라니!" 하면서 그 첩과 함께 남편을 원망하며 뜰 가운데서 울었다. 그런데도 그 남편은 으쓱대며 밖에서 돌아와 그 처첩에게 자랑하는 것이었다.

　군자 입장에서 보면, 사람들이 부귀영달을 바라는 방법이 그 처첩을 부끄럽게 하지 않고 또 울리지 않는 것이 드물다.

齊人有一妻一妾而處室者. 其良人出 則必饜酒肉而後反. 其妻問所
與飲食者 則盡富貴也. 其妻告其妾曰 良人出 則必饜酒肉而後反.
問其與飲食者 盡富貴也. 而未嘗有顯者來. 吾將瞯良人之所之也.

제나라에 처와 첩 한 사람씩을 한 집에 두고 사는 사람이 있었다. 그 남편은 나가기만 하면 반드시 술과 고기를 실컷 먹고 돌아왔다. 그 처가 음식을 함께 먹은 사람을 물으면 모두 부하고 귀한 사람들이었다. 그 처가 첩에게 말했다. "남편이 나가기만 하면 반드시 술과 고기를 실컷 먹고 돌아오는데, 음식을 함께 먹은 사람을 물으면 모두 부하고 귀한 사람들이다. 그런데 그런 사람들이 우리 집에 온 적이 없으니, 내가 장차 남편이 가는 곳을 엿보고자 한다."

처실(處室)은 한 집에 같이 사는 것이고, 양인(良人)은 부(夫)로 남편이다. 염(饜)은 포(飽)로 배불리 먹는 것, 현자(顯者)는 영달한 사람으로 부귀한 사람이다.

蚤起 施從良人之所之 徧國中無與立談者. 卒之東郭墦閒 之祭者
乞其餘. 不足 又顧而之他. 此其爲饜足之道也. 其妻歸 告其妾曰
良人者 所仰望而終身也. 今若此. 與其妾訕其良人 而相泣於中庭.
而良人未之知也 施施從外來 驕其妻妾.

일찍 일어나 남편이 가는 곳을 샛길로 따라갔다. 국(國) 안을 두루 다녔으나 아무도 그와 함께 서서 말하는 자가 없었다. 마침내 동쪽 성곽 무덤 사이에서 제사지내는 사람에게 가 그에게서 먹고 남은 음식을 얻어먹었다. 부족하면 또 살펴보다 다른 곳으로 갔다. 이것이 그가 실컷 먹고 다니는 방법이었다. 그 처가 돌아와 첩에게 이르기를 "남편이란 게 우러러보며 평생을 함께하는 사람인데, 지금 이 꼴이라니!" 하면서 그 첩과 함께 남편을 원망하며 뜰 가운데서 울었다. 그런데도 그 남편은 으쓱대며 밖에서 돌아와 그 처첩에게 자랑하는 것이었다.

조(蚤)는 일찍이라는 뜻의 조(早)다. 시(施)는 전대흔(錢大昕)의 『잠연당답문(潛研堂答問)』에 의하면 사(斜)로, 비스듬히 가는 것, 즉 알아채지 못하게 가는 것이다(초순의 『맹자정의』에서 인용). 국(國)은 나라가 아니라 도성을 의미한다. 번(墦)은 무덤이고, 고(雇)는 망(望)으로 바라보는 것이다. 산(訕)은 원망하는 것, 중정(中庭)은 정중(庭中)으로 '마당 가운데에서'라는 뜻이다. 시시(施施)는 으스대며 뻐기는 모양을 나타낸 말이다.

由君子觀之 則人之所以求富貴利達者 其妻妾不羞也 而不相泣者 幾希矣.

군자 입장에서 보면, 사람들이 부귀영달을 바라는 방법이 그 처첩을 부끄럽게 하지 않고 또 울리지 않는 것이 드물다.

기희(幾希)는 작다는 말이다. 조기에 의하면 "지금 부귀를 구하는 자들이 모두 잘못된 방법으로 어두운 밤에는 애걸하며 구하면서 훤한 대낮에는 남들에게 교만을 떠니" 이 남편과 하등 다를 바가 없다고 한다.

9

만장장구상

萬章章句上

성인의 행동이 같지 않아, 어떤 사람은 멀리 하기도 하고 어떤 사람은 가까이 하기도 하며, 어떤 사람은 떠나기도 하고 어떤 사람은 떠나지 않기도 하지만, 모두 그 몸을 깨끗이 하는 것으로 귀결될 뿐이다.

1

만장이 물었다. "순임금이 밭으로 가 하늘에 소리치며 울었다는데, 어찌하여 소리치며 울었습니까?"

맹자가 말했다. "원망하고 사모한 것이다."

만장이 말했다. "부모가 사랑하면 기뻐하며 잊지 않고, 부모가 미워하면 근심스러워도 원망하지 않습니다. 그런데 순임금은 원망했습니까?"

"장식(長息)이 공명고(公明高)에게 물었다. '순이 밭에 갔다는 것은 이미 가르침을 받았습니다. 하늘과 부모에게 소리치며 울었다는 것은 알지 못합니다.' 공명고가 말했다. '이것은 네가 알 수 있는 것이 아니다.' 대저 공명고는 효자의 마음은 '나는 힘을 다해 밭을 갈면서 공손히 자식의 직분만 다할 뿐이다. 부모가 나를 사랑하지 않는 것이 나와 무슨 상관 있겠는가?' 식으로 근심이 없어서는 안 된다고 여겼다.

요임금이 그 아홉 아들과 두 딸로 하여금 백관과 소와 말, 창고를 갖춰 순을 들판 가운데서 섬기게 했다. 천하의 선비들 가운데 많은 사람들이 그에게로 갔다. 요임금은 장차 온 천하를 그에게 주려고 했다. (그러나) 순은 부모에게서 사랑받지 못했기 때문에 마치 궁색한 사람이 돌아갈 곳이 없는 듯했다. 천하의 선비들이 좋아하는 것은 사람들이 원하는 바이나 근심을 해소할 수 없었고, 아름다운 미녀는 사람들이 원하는 바이나 천자의 두 딸을 부인으로 삼고서도 근심을 해소할 수 없었으며, 부는 사람들이 원하는 바이나 부가 천하를 차지했음에도 근심을 해소할 수 없었고, 귀(貴)는 사람들이 원하는 바이나 귀하기가 천자가 되었어도 근심을 해소할 수 없었다. 사람들이 좋아하는 것도, 아름다운 미녀도, 부귀도 근심을 해소할 수 없었으며 오직 부모에게서 사랑받는 것만이 근심을 해소할 수 있었다.

   사람은 나이가 어려서는 부모를 사모하고, 여색을 알게 되어서는 젊고 아름다운 여인을 사모하며, 처자가 생기면 처자를 사모하고, 벼슬을 하면 임금을 사모해 임금의 사랑을 얻지 못하면 속이 탄다. 큰 효도는 평생토록 부모를 사모하는 것이다. 나이가 오십이 되어서도 부모를 사모하는 사람을 나는 위대한 순임금에게서 보았다."

萬章問曰 舜往于田 號泣于旻天 何爲其號泣也.
孟子曰 怨慕也.

만장이 물었다. "순임금이 밭으로 가 하늘에 소리치며 울었다는데, 어찌하여 소리치며 울었습니까?"

맹자가 말했다. "원망하고 사모한 것이다."

순왕우전(舜往于田)은 전설에 의하면 순임금이 역산(歷山)에서 농사지을 때의 이야기다. 호읍(號泣)은 소리를 내면서 우는 것이고, 민천(旻天)은 가을 하늘이다. 『설문해자(說文解字)』에 의하면 인(仁)으로 세상을 덮고 아래에 있는 것들을 불쌍히 여기기(仁覆閔下) 때문에 민천이라고 한다. 참고로 봄 하늘은 창천(蒼天), 여름 하늘은 호천(昊天), 겨울 하늘은 상천(上天)이라고 한다. 원모(怨慕)는 주희에 의하면 자기가 부모의 사랑을 받지 못하는 것을 원망하며 사모한 것이다. 조기도 부모가 자기를 미워하는 액을 당해 스스로를 원망하고 사모한 것이라고 하고 있다. 조기나 주희 모두 순이 자신을 원망한 것으로 보고 있다. 그러나 다산과 이토 진사이는 순이 부모를 원망한 것이라고 본다. 「고자하」 3에서 "어버이의 잘못이 큰데도 원망하지 않는다면, 이는 사이가 더욱 멀어지는 것이다"라고 하면서 "『시경』 소변(小弁)의 원망은 어버이를 친애한 것이다. 어버이를 친애하는 것이 인(仁)이다"라고 했으니, 순이 원망한 것은 자신이 아니라 부모라는 것이다.

萬章曰 父母愛之 喜而不忘, 父母惡之 勞而不怨. 然則舜怨乎.
만장이 말했다. "부모가 사랑하면 기뻐하며 잊지 않고, 부모가 미워하면 근심스러워도 원망하지 않습니다. 그런데 순임금은 원망했습니까?"

노(勞)는 근심하는 것이다. 부모애지(父母愛之) 이하는 『예기(禮記)』 「제의(祭義)」에는 父母愛之 喜而弗忘 父母惡之 懼而無怨으로 되어 있다. 만장은 부모에 대해 원망하지 않아야 하는데도 순이 부모를 원망했다는 것이 이해가 되지 않아 물은 것이다.

曰 長息問於公明高曰 舜往于田 則吾旣得聞命矣. 號泣于旻天 于父母 則吾不知也. 公明高曰 是非爾所知也. 夫公明高以孝子之心 爲不若是恝. 我竭力耕田 共爲子職而已矣 父母之不我愛 於我何哉.
"장식이 공명고에게 물었다. '순이 밭에 갔다는 것은 이미 가르침을 받았습니다. 하늘과 부모에게 소리치며 울었다는 것은 알지 못합니다.' 공명고가 말했다. '이것은 네가 알 수 있는 것이 아니다.' 대저 공명고는 효자의 마음은 '나는 힘을 다해 밭을 갈면서 공손히 자식의 직분만 다할 뿐이다. 부모가 나를 사랑하지 않는 것이 나와 무슨 상관 있겠는가?' 식으로 근심이 없어서는 안 된다고 여겼다."

장식(長息)은 공명고(公明高)의 제자이고 공명고는 증자의 제자다. 문명(聞命)의 命은 말로, 가르침을 들었다는 뜻이다. 개(恝)는 근심이 없는 모양이다. 아갈력경전(我竭力耕田)부터 어아하재(於我何哉)까지는 약시계(若是恝)에 대한 설명이다. 이토 진사이는 恝 다음에 曰이 있어야 한다고 주장한다. 공(共)은 양백준에 의하면 공(恭)이며, 於我何哉는 나에게 무슨 상관 있겠냐는 말이다. 이처럼 해석한 것은 다산과 이토 진사이, 양백준을 따른 것이다. 조기나 주희는 我竭力 이하를 별개의 문장으로 보며, 또 於我何哉를 내게 무슨 죄가 있어서 그런가 하고 자책한 것으로 본다.

帝使其子九男二女 百官牛羊倉廩備 以事舜於畎畝之中. 天下之士多就之者 帝將胥天下而遷之焉. 爲不順於父母 如窮人無所歸.

"요임금이 그 아홉 아들과 두 딸로 하여금 백관과 소와 말, 창고를 갖춰 순을 들판 가운데서 섬기게 했다. 천하의 선비들 가운데 많은 사람들이 그에게로 갔다. 요임금은 장차 온 천하를 그에게 주려고 했다. (그러나) 순은 부모에게서 사랑받지 못했기 때문에 마치 궁색한 사람이 돌아갈 곳이 없는 듯했다."

제(帝)는 요임금이다. 요임금의 두 딸 이름은 전설에 의하면 아황(娥皇)과 여영(女英)이다. 견무(畎畝)는 밭의 도랑과 이랑이다. 『사기』「오제본기(五帝本紀)」에 의하면 "두 딸을 시집보내 그 안을 살피게 하고, 아홉 아들로 하여금 그를 섬겨 그 밖을 살피게 했다"고 한다. 또 말하길 "(순이) 일 년을 머무르면 취락(聚)이 되고, 이 년이면 읍(邑)이 되며, 삼 년이면 도(都)가 된다"고 했는데, 천하지사다취지(天下之士多就之)는 이것을 말한 것이다. 서(胥)는 양백준에 의하면 개(皆)로, 胥天下는 온 천하라는 말이다. 천(遷)은 옮겨주는 것이다. 순(順)은 조기에 의하면 애(愛)로 사랑받는 것이다.

天下之士悅之 人之所欲也 而不足以解憂, 好色 人之所欲 妻帝之二女 而不足以解憂, 富 人之所欲 富有天下 而不足以解憂, 貴 人之所欲 貴爲天子 而不足以解憂. 人悅之 好色 富貴 無足以解憂者, 惟順於父母 可以解憂.
人少 則慕父母, 知好色 則慕少艾, 有妻子 則慕妻子, 仕則慕君 不得於君則熱中. 大孝終身慕父母. 五十而慕者 予於大舜見之矣.

"천하의 선비들이 좋아하는 것은 사람들이 원하는 바이나 근심을 해소할 수 없었고, 아름다운 미녀는 사람들이 원하는 바이나 천자의 두 딸을 부인으로 삼고서도 근심을 해소할 수 없었으며, 부는 사람들이 원하는 바이나 부가 천하를 차지했음에도 근심을 해소할 수 없었고, 귀(貴)는 사람들이 원하는 바이나 귀하기가 천자가 되었어도 근심을 해소할 수 없었다. 사람들이 좋아하는 것도, 아름다운 미녀도, 부귀도 근심을 해소할 수 없었으며 오직 부모에게서 사랑받는 것만이 근심을 해소할 수 있었다.

사람은 나이가 어려서는 부모를 사모하고, 여색을 알게 되어서는 젊고 아름다운 여인을 사모하며, 처자가 생기면 처자를 사모하고, 벼슬을 하면 임금을 사모해 임금의 사랑을 얻지 못하면 속이 탄다. 큰 효도는 평생토록 부모를 사모하는 것이다. 나이가 오십이 되어서도 부모를 사모하는 사람을 나는 위대한 순임금에게서 보았다."

소애(少艾)는 젊고 아름다운 사람이다. 열중(熱中)은 마음에서 열이 나 속이

타는 것이다. 오십이모(五十而慕)는 종신토록 사모했다는 말이다. 순은 인간이 누릴 수 있는 온갖 부귀영화를 누리면서도 근심을 해소할 수 없었다. 오직 부모의 사랑을 받는 것만이 그의 근심을 해소할 수 있었다. 순은 평생토록 부모를 사모했으니 가히 大孝라 할 만하다.

2

만장이 물었다. "시에 말하길 '아내를 얻으려면 어떻게 해야 하나? 반드시 부모에게 알려야 하네'라고 했습니다. 진실로 이 말대로 한다면 마땅히 순과 같이 해서는 안 될 것입니다. 순이 부모에게 알리지도 않고 아내를 얻은 것은 어찌된 영문입니까?"

맹자가 말했다. "알리면 아내를 얻을 수 없었다. 남녀가 함께 사는 것은 사람의 큰 도리다. 만일 알리면 사람의 큰 도리를 지키지 못하게 되어 부모를 원망하게 된다. 이런 까닭에 알리지 않은 것이다."

만장이 말했다. "순이 부모에게 알리지도 않고 아내를 얻은 것에 대해서는 가르침을 받았습니다. 그런데 요임금이 순에게 자기 딸을 시집보내면서 순의 부모에게 알리지 않은 것은 어찌된 영문입니까?"

"요임금 또한 알리면 시집보낼 수 없다는 것을 알았기 때문이다."

만장이 말했다. "부모가 순으로 하여금 창고를 고치게 하고는, 사다리를 치우고 고수가 창고에 불을 질렀습니다. 우물을 치우게 하고는 나오려 하자 흙을 덮었습니다. 상(象)이 말하길 '꾀를 내어 순을 해친 것은 모두 나의 공적이다. 소와 양은 부모에게, 창고도 부모에게 드리고, 방패와 창은 내가, 거문고도 내가, 활도 내가 갖고, 두 형수는 내 잠자리를 맡게 한다'고 했습니다. 상이 순의 집에 들어가 보니 순이 침상 위에서 거문고를 타고 있었습니다. 상이 말하길 '형이 너무 보고 싶었어'라고 했으나 얼굴빛은 부끄러워했습니다. 순이 말했습니다. '이 신하와 백성들을 네가 나를 도와 다스려라.' 상이 장차 자기를 죽이려 하고 있다는 것을 순이 몰랐는지 알지 못하겠습니다."

"어찌 몰랐겠느냐? 상이 근심하면 근심하고 기뻐하면 또한 기뻐했을 뿐이다."

"그러면 순은 거짓으로 기뻐한 것이었습니까?"

"아니다. 옛날에 누가 정나라의 자산(子産)에게 살아 있는 물고기를 보냈다. 자산이 연못관리인에게 연못에서 기르라고 했다. 연못관리인은 그것을 삶아먹고는 복명하기를 '처음 놓아주었을 때는 비실대더니 조금 있자 기운이 나서 멀리 갔습니다'라고 했다. 자산이 말하길 '살 곳을 얻었구나! 살 곳을 얻었구나!'라고 하자 연못관리인이 나와 말하길 '누가 자산이 지혜롭다고 하더냐? 내가 삶아먹었는데도 살 곳을 얻었구나! 살 곳을 얻었구나!라고 하는구나'라고 했다. 그러므로 군자는 말이 되는 것을 가지고 속일 수는 있어도 말이 안 되는 것을 가지고 속이기는 어렵다. 그가 형을 사랑한다는 입장으로 왔기 때문에 진실로 믿고 기뻐한 것인데, 어찌 거짓이었겠는가?"

萬章問曰 詩云 娶妻如之何. 必告父母. 信斯言也 宜莫如舜. 舜之不告而娶 何也.

孟子曰 告則不得娶. 男女居室 人之大倫也. 如告 則廢人之大倫 以懟父母 是以不告也.

만장이 물었다. "시에 말하길 '아내를 얻으려면 어떻게 해야 하나? 반드시 부모에게 알려야 하네'라고 했습니다. 진실로 이 말대로 한다면 마땅히 순과 같이 해서는 안 될 것입니다. 순이 부모에게 알리지도 않고 아내를 얻은 것은 어찌된 영문입니까?"

맹자가 말했다. "알리면 아내를 얻을 수 없었다. 남녀가 함께 사는 것은 사람의 큰 도리다. 만일 알리면 사람의 큰 도리를 지키지 못하게 되어 부모를 원망하게 된다. 이런 까닭에 알리지 않은 것이다."

시는 『시경』「제풍(齊風)」 남산(南山)편에 보인다. 물론 순임금 당시에는 이 시가 없었다. 따라서 신사언야(信斯言也)의 信은 성(誠)으로, '진실로 이 말대로 한다면'으로 해석해야 한다. 조기는 信을 믿는다는 뜻의 동사로 읽어 '순이 이 시의 말을 믿었다면'으로 풀이하고 있는데 이는 잘못된 해석이다. 의막여순(宜莫如舜)의 莫은 금지를 나타내는 무(毋)로 마땅히 순과 같아서는 안 된다는 말이다. 거실(居室)은 한 방에서 같이 사는 것으로 남녀가 결혼해 동거하는 것이다. 대(懟)는 원망한다는 뜻이다. 순임금의 부모가 너무 완악해 부모에게 고할 경우 결혼을 허락하지 않을 것이 분명하고, 그렇게 되면 부모를 원망하게 되기 때문에 알릴 수가 없었던 것이다.

萬章曰 舜之不告而娶 則吾旣得聞命矣, 帝之妻舜而不告 何也.
曰 帝亦知告焉則不得妻也.

만장이 말했다. "순이 부모에게 알리지도 않고 아내를 얻은 것에 대해서는 가르침을 받았습니다. 그런데 요임금이 순에게 자기 딸을 시집보내면서 순의 부모에게 알리지 않은 것은 어찌 된 영문입니까?"
"요임금 또한 알리면 시집보낼 수 없다는 것을 알았기 때문이다."

제(帝)는 요임금이다. 처(妻)는 시집보내는 것으로, 자기 딸을 남의 처로 삼기 때문에 妻라고 한다.

萬章曰 父母使舜完廩 捐階 瞽瞍焚廩. 使浚井 出 從而揜之. 象曰
謨蓋都君咸我績. 牛羊父母 倉廩父母 干戈朕 琴朕 弤朕 二嫂使治
朕棲. 象往入舜宮 舜在床琴. 象曰 鬱陶思君爾. 忸怩. 舜曰 惟茲
臣庶 汝其于予治. 不識舜不知象之將殺己與.
曰 奚而不知也. 象憂亦憂 象喜亦喜.

만장이 말했다. "부모가 순으로 하여금 창고를 고치게 하고는, 사다리를 치우고 고수가 창고에 불을 질렀습니다. 우물을 치우게 하고는 나오려 하자 흙을 덮었습니다. 상이 말하길 '꾀를 내어 순을 해친 것은 모두 나의 공적이다. 소와 양은 부모에게, 창고도 부모에게 드리고, 방패와 창은 내가, 거문고도 내가, 활도 내가 갖고, 두 형수는 내 잠자리를 맡게 한다'고 했습니다. 상이 순의 집에 들어가 보니 순이 침상 위에서 거문고를 타고 있었습니다. 상이 말하길 '형이 너무 보고 싶었어'라고 했으나 얼굴빛은 부끄러워했습니다. 순이 말했습니다. '이 신하와 백성들을 네가 나를 도와 다스려라.' 상이 장차 자기를 죽이려 하고 있다는 것을 순이 몰랐는지 알지 못하겠습니다."

"어찌 몰랐겠느냐? 상이 근심하면 근심하고 기뻐하면 또한 기뻐했을 뿐이다."

완름(完廩)의 完은 치(治)로 창고를 수리하는 것이고, 연계(捐階)의 捐은 거(去)로 치우는 것, 階는 제(梯)로 사다리다. 순의 부모가 순으로 하여금 창고를 수리하라고 창고 지붕 위에 올라가게 한 다음 사다리를 치우고 밑에서 불을 질러 순을 태워 죽이려 한 것이다. 『사기』「오제본기」에 의하면 순은 두 개의 삿갓으로 자신을 보호하며 뛰어내려 살아날 수 있었다고 한다. 준정(浚井)은 우물 바닥을 치는 것이고, 엄(揜)은 엄(掩)으로 덮는 것이다. 순의 부모가 순으로 하여금 우물 바닥을 치라고 밑으로 내려 보낸 다음 흙을 덮어 순을 죽이려고 한 것이다. 그러나 순은 미리 파놓은 비밀 구멍을 통해 밖으로 빠져나올 수 있었다.

상(象)은 순의 배다른 동생이다. 모개(謨蓋)의 謨는 모(謀), 蓋는 해(害)로 해칠 것을 모의하는 것이다. 도군(都君)은 순을 가리킨다. 순이 머물기를 삼 년이면 그곳이 도(都)가 된다고 해 도군이라 했다고 한다. 함(咸)은 개(皆)로 '모두', 적(績)은 공(功)이다. 상은 순이 이미 죽은 줄로만 알고 순을 해칠 것을 모의한 것은 모두 자신의 공이라고 말했다. 蓋를 害로 풀이한 것은 양백준을 따랐다. 조기나 주희는 蓋를 '(우물을) (흙으로) 덮는다'는 뜻으로 해석하고 있다. 그러면 창고에 불을 지른 것이 빠지게 돼 뒤의 모두라는 뜻의 咸이 설명이 안 된다.

간과(干戈)와 금(琴), 저(弤)는 순이 쓰던 방패와 창, 거문고, 활이고, 짐(朕)은 상 자신을 가리킨다. 朕이 황제가 자신을 가리킬 때만 쓰는 말로 된 것은 진시황이 황제를 칭하고 난 뒤의 일이다. 상은 순이 죽은 줄로만 알고 소와 양, 창고는 부모를 주고 방패와 창, 거문고, 활은 자기가 갖겠다고 생각했다. 이수(二嫂)는 순에게 시집온 요의 두 딸이다. 서(棲)는 상(床)으로 침상이다. 두 형수로 하여금 자기 침상을 정리하게 한다는 말은 자기 부인으로 삼겠다는 말이다.

상이 그런 생각을 갖고 순이 살던 집으로 갔는데 순은 침상에 앉아 거문고를 뜯고 있었다. 울도(鬱陶)는 양백준에 의하면 그리워하는 모양을 나타낸 말이다. 육니(忸怩)는 부끄러워하는 것이다. 그러자 상은 "형이 보고 싶어 왔다"고 거짓말을 하면서도 부끄러움을 감출 수 없었다. 신서(臣庶)는 주희에 의하면 백관(百官)이다. 우(于)는 위(爲)로 돕는 것이다. 상의 말에 순은 "이 신하와 백성들을 네가 나를 도와 다스려라"라고 말했다.

여기에서의 순의 이야기는 정황상으로 앞뒤가 맞지 않는다. 순이 이미 천자인 요의 두 딸을 아내로 맞이해 앞 장에서 말한 바에 의하면 온갖 부귀영화를 누리고 있는데, 어찌하여 창고를 고치러 몸소 창고 위에 올라갔으며, 또 어찌하여 몸소 우물 바닥으로 내려갔는지 이해가 되지 않는다. 그러나 순의 이야기는 전설에 불과하므로 여기서 그 진위여부를 따지는 것 자체가 어리석은 것일 수도 있다. 다산은 아마 맹자의 친필이 아닐 것이라고 의심하고 있다. 따라서 자세한 언급은 하지 않는다.

만장은 도대체 순이 상이 자기를 죽이려고 했다는 사실을 알았는지 몰랐는지 그것이 궁금했다. 해이(奚而)는 해위(奚爲)다. 맹자의 대답은 순이 몰랐을 리 없다는 것이었다. 다만 알면서도 동생이 기뻐하면 기뻐하고 슬퍼하면 슬퍼했을 뿐이라는 것이다. 주희에 의하면 그것이 형제의 정이요, 정이(程頤)에 의하면 인정과 천리가 지극한 것이다. 그러나 주희나 정이의 해설은 억지가 많다. 다만 이 장의 이야기는 그저 전설일 뿐이라 더 이상의 언급은 하지 않는다.

曰 然則舜僞喜者與.
曰 否. 昔者有饋生魚於鄭子産 子産使校人畜之池. 校人烹之 反命曰 始舍之圉圉焉 少則洋洋焉 攸然而逝. 子産曰 得其所哉, 得其所哉. 校人出曰 孰謂子産智. 予旣烹而食之 曰 得其所哉, 得其所哉.

"그러면 순은 거짓으로 기뻐한 것이었습니까?"
"아니다. 옛날에 누가 정나라의 자산에게 살아 있는 물고기를 보냈다. 자산이 연못관리인에게 연못에서 기르라고 했다. 연못관리인은 그것을 삶아먹고는 복명하기를 '처음 놓아주었을 때는 비실대더니 조금 있자 기운이 나서 멀리 갔습니다'라고 했다. 자산이 말하길 '살 곳을 얻었구나! 살 곳을 얻었구나!'라고 하자 연못관리인이 나와 말하길 '누가 자산이 지혜롭다고 하더냐? 내가 삶아먹었는데도 살 곳을 얻었구나! 살 곳을 얻었구나!라고 하는구나'라고 했다."

정자산은 「이루하」 2에서 나온 바 있다. 교인(校人)은 조기에 의하면 연못을 담당하는 관리다. 어어(圉圉)는 힘이 없어 비실비실한 모양을 나타내는 말이고, 언(焉)은 어조사로 형용사나 명사 뒤에 붙어 부사구를 만든다. 양양(洋洋)은 조금 기운을 차린 모양을 나타내는 말이고, 유연이서(攸然而逝)는 자유롭게 떠나갔다는 말이다. 득기소재(得其所哉)는 살 곳을 얻었다는 말이다.

故君子可欺以其方 難罔以非其道. 彼以愛兄之道來 故誠信而喜之 奚僞焉.

"그러므로 군자는 말이 되는 것을 가지고 속일 수는 있어도 말이 안 되는 것을 가지고 속이기는 어렵다. 그가 형을 사랑한다는 입장으로 왔기 때문에 진실로 믿고 기뻐한 것인데, 어찌 거짓이었겠는가?"

기(欺)는 이치가 맞는 것으로 속이는 것, 망(罔)은 이치도 안 맞는 것으로 속이는 것이다. 방(方)은 도(道)로 이치가 있는 것이다. 『논어』 「옹야」편에는 "(군자를) 이치가 맞는 것으로 속일 수는 있지만, 이치도 맞지 않는 것으로 속일 수는 없다"는 공자의 말이 있다. 상이 형을 사랑한다고 하면서 왔으니, 이것이 바로 기이기방(欺以其方)으로 순이 속을 수밖에 없는 것이다. 그러니 어찌 거짓으로 기뻐한 것이겠는가? 맹자의 말대로라면 순은 정말 지고무상의 성인임이 틀림없다.

3

만장이 물었다. "상이 날마다 순을 죽이는 것을 일로 삼았는데, 천자가 되어 그를 추방한 것은 무슨 영문입니까?"

맹자가 말했다. "그를 책봉한 것인데 어떤 사람은 추방했다고도 한다."

만장이 말했다. "순은 공공(共工)을 유주(幽州)로 유배 보내고, 환도(驩兜)를 숭산(崇山)으로 추방했으며, 삼묘(三苗)를 삼위(三危)에서 죽였고, 곤(鯀)을 우산(羽山)에서 주살했습니다. 네 사람을 벌을 주니 천하가 모두 복종했습니다. 어질지 못한 자를 처벌했기 때문입니다. 상은 지극히 어질지 못했는데 그를 유비(有庳)에 봉했습니다. 유비 사람들이 무슨 죄가 있습니까? 어진 사람은 진실로 이와 같이 합니까? 다른 사람이면 벌을 주고 동생이면 봉하다니."

"어진 사람은 동생에게 화난 것을 숨기지 않고 원한을 쌓아두지 않는다. 친애할 뿐이다. 친애해 그가 귀하게 되기를 바라고 사랑해 그가 부유해지기를 바란다. 유비에 봉한 것은 그를 부귀하게 한 것이다. 나는 천자이면서 동생은 필부라면 친애한다고 할 수 있겠느냐?"

"어떤 사람은 추방했다고 한다는데 감히 묻자온데 무슨 뜻입니까?"

"상이 그 나라에서 정사를 보지 못하게 하고, 천자가 관리를 시켜 그 나라를 다스리게 했다. 상은 그 세금만 받았으므로 추방이라고 하는 것이다. 그러니 어찌 그 백성들에게 난폭하게 할 수 있었겠느냐? 그러나 항상 보고 싶었으므로 끊임없이 오게 했다. '조공하러 올 시기가 아닌데도 항상 정사를 이유로 유비의 군주를 접했다'는 말은 이것을 일컬은 것이다."

萬章問曰 象日以殺舜爲事 立爲天子 則放之 何也.
孟子曰 封之也 或曰放焉.

만장이 물었다. "상이 날마다 순을 죽이는 것을 일로 삼았는데, 천자가 되어 그를 추방한 것은 무슨 영문입니까?"
맹자가 말했다. "그를 책봉한 것인데 어떤 사람은 추방했다고도 한다."

방(放)은 추방하는 것이다. 만장은 순이 상을 죽이지 않고 추방한 것에 대해 의문을 가졌다. 맹자는 그것은 추방이 아니고 제후로 봉한 것이나, 혹자들이 잘못 알고는 추방이라고도 한다고 대답했다.

萬章曰 舜流共工于幽州 放驩兜于崇山 殺三苗于三危 殛鯀于羽山.
四罪而天下咸服 誅不仁也. 象至不仁 封之有庳. 有庳之人奚罪焉.
仁人固如是乎. 在他人則誅之 在弟則封之.

만장이 말했다. "순은 공공을 유주로 유배 보내고, 환도를 숭산으로 추방했으며, 삼묘를 삼위에서 죽였고, 곤을 우산에서 주살했습니다. 네 사람을 벌을 주니 천하가 모두 복종했습니다. 어질지 못한 자를 처벌했기 때문입니다. 상은 지극히 어질지 못했는데 그를 유비에 봉했습니다. 유비 사람들이 무슨 죄가 있습니까? 어진 사람은 진실로 이와 같이 합니까? 다른 사람이면 벌을 주고 동생이면 봉하다니."

유(流), 방(放)은 추방하는 것, 살(殺)과 극(殛)은 죽이는 것이다. 그러나 양백준은 殺과 殛도 모두 추방한다는 뜻이라고 한다. 공공(共工)은 관직 명, 환도(驩兜)는 사람 이름, 삼묘(三苗)는 나라 이름, 곤(鯀)은 우임금의 아버지다. 유주(幽州), 숭산(崇山), 삼위(三危), 우산(羽山), 유비(有庳)는 모두 지명이다. 순임금은 전설상의 인물이다. 따라서 이들 인명과 지명에 대한 더 이상의 언급은 불필요할 것으로 생각된다. 만장은 순이 상을 유비에 봉해, 죄 없는 유비 백성들이 대악인인 상의 폭정에 시달리게 해서는 안 된다고 생각했다.

曰 仁人之於弟也 不藏怒焉 不宿怨焉 親愛之而已矣. 親之欲其貴也 愛之欲其富也. 封之有庳 富貴之也. 身爲天子 弟爲匹夫 可謂親愛之乎.

"어진 사람은 동생에게 화난 것을 숨기지 않고 원한을 쌓아두지 않는다. 친애할 뿐이다. 친애해 그가 귀하게 되기를 바라고 사랑해 그가 부유해지기를 바란다. 유비에 봉한 것은 그를 부귀하게 한 것이다. 나는 천자이면서 동생은 필부라면 친애한다고 할 수 있겠느냐?"

장노(藏怒)는 분노를 숨기는 것, 숙원(宿怨)은 원한을 쌓아두는 것이다.

敢問或曰放者 何謂也.
曰 象不得有爲於其國 天子使吏治其國 而納其貢稅焉 故謂之放. 豈得暴彼民哉. 雖然 欲常常而見之 故源源而來. 不及貢 以政接于有庳 此之謂也.

"어떤 사람은 추방했다고 한다는데 감히 묻자온데 무슨 뜻입니까?"
"상이 그 나라에서 정사를 보지 못하게 하고, 천자가 관리를 시켜 그 나라를 다스리게 했다. 상은 그 세금만 받았으므로 추방이라고 하는 것이다. 그러니 어찌 그 백성들에게 난폭하게 할 수 있었겠느냐? 그러나 항상 보고 싶었으므로 끊임없이 오게 했다. '조공하러 올 시기가 아닌데도 항상 정사를 이유로 유비의 군주를 접했다'는 말은 이것을 일컬은 것이다."

부득유위어기국(不得有爲於其國)은 부득치기국(不得治其國)이다. 상은 유비의 제후로 봉해졌으나 유비를 다스릴 수는 없었다. 천자가 관리를 보내 대신 다스리게 했고, 상은 거기서 나오는 공세(貢稅)만 받았을 뿐이다. 그런데 이것이 추방된 것과 비슷하게 보여 어떤 사람들은 추방이라고도 했다. 순이 비록 동생을 사랑한다고 하나, 상이 지극히 불인한 사람이기 때문에 이렇게 처리해 유비 백성들의 피해가 없도록 한 것이다. 상상(常常)은 항상(恒常)이고, 원원(源源)은 물이 샘에서 계속 솟아나듯 끊임없다는 말이다. 불급공 이정접우유비(不及貢 以政接于有庳)는 아마 옛 상서의 일문(逸文)인 듯하다. 오늘날에는 전해지지 않는다. 조공할 시기가 아닌데도 순이 정사를 핑계로 유비의 임금인 상을 접견했다는 말로, 순이 상을 사랑하기를 이처럼 했다는 뜻이다.

    주희는 다음과 같은 오역(吳棫)의 말로 이 장의 해설을 마치고 있다. "성인은 공의(公義) 때문에 사은(私恩)을 폐하지 않고, 사은 때문에 공의를 해치지 않는다는 것을 말씀하신 것이다. 순이 상에 대해 한 것은 인이 지극하고 의를 다한 것이다."

4

    함구몽(咸丘蒙)이 물었다. "훌륭한 덕을 지닌 선비는 임금도 신하로 삼을 수 없고 아버지도 자식으로 대할 수 없다'고 합니다. 순이 남면하고 서자 요가 제후들을 이끌고 북면해 조알하고, 고수도 또한 북면해 조알했습니다. 순이 고수를 보자 그 얼굴이 수심에 찼습니다. 공자가 말하길 '이때에 천하가 위태로웠다! 매우 위태로웠다!'고 했다는데, 정말 이런 말이 있었는지 알지 못하겠습니다."

    맹자가 말했다. "아니다. 이것은 군자의 말이 아니라 제나라 농사꾼들의 말이다. 요가 늙자 순이 섭정을 했다. 요전(堯典)에 말하길 '순이 섭정한 지 28년에 요가 죽으니 백성들이 자기 부모를 잃은 듯했다. 삼 년 동안 사해에서 음악 소리가 그쳤다.' 공자가 말했다. '하늘에는 두 해가 없고 백성에게는 두 임금이 없다.' 순이 이미 천자가 되고 나서도 또 천하 제후들을 이끌고 요의 삼년상을 치렀다면, 이는 천자가 둘이 있는 것이다."

    함구몽이 말했다. "순이 요를 신하로 삼지 않은 것에 대해서는 가르침을 받았습니다. 시에 말하길 '두루 하늘 아래 왕의 땅이 아닌 것이 없고, 온 땅 안에 왕의 신하가 아닌 사람이 없다'고 했습니다. 순이 이미 천자가 되었는데도 고수를 신하로 삼지 않은 것은 감히 묻자온데 어찌된 연유입니까?"

    "이 시는 그것을 말한 것이 아니다. 왕의 일 때문에 피로해 부모를 봉양할 수가 없었다. 그래 말하길 '이것은 왕의 일이 아닌 것이 없거늘 나만 혼자 수고하는구나'라고 한 것이다. 그러므로 시를 말할 때는 글자 때문에 말을 해치지 말아야 하고 말 때문에 그 뜻을 해치지 말아야 한다. 나의 뜻을 가지고 작자의 뜻을 거슬러 헤아려야 시를 아는 것이다. 만일 말대로만 한다면 운한(雲漢)의 시에 말하길 '주나라의 백성은 한 사람도 남지 않았다'고 하는데, 이 말대로 한다면 주나라에는 남은 백성이 하나도 없었을 것이다.

부모를 존귀하게 하는 것보다 더 큰 효도는 없고 천하를 가지고 봉양하는 것보다 더 크게 부모를 존귀하게 하는 것은 없다. 천자의 아버지가 되었으니 존귀함이 지극한 것이요, 천하를 가지고 봉양했으니 봉양함이 지극한 것이다. 시에 말하길 '영원히 효도하라, 효도가 법이다'라고 했으니 이것을 일컬은 것이다. 서에 말하길 '삼가 섬겨 고수를 만나면 조심하고 두려워했고 고수 역시 믿고 따랐다'고 했으니, 이것이 아버지가 자식으로 대할 수 없다는 것인가?"

咸丘蒙問曰 語云 盛德之士 君不得而臣 父不得而子. 舜南面而立 堯帥諸侯北面而朝之 瞽瞍亦北面而朝之. 舜見瞽瞍 其容有蹙. 孔子曰 於斯時也 天下殆哉 岌岌乎. 不識此語誠然乎哉.

함구몽이 물었다. "훌륭한 덕을 지닌 선비는 임금도 신하로 삼을 수 없고 아버지도 자식으로 대할 수 없다'고 합니다. 순이 남면하고 서자 요가 제후들을 이끌고 북면해 조알하고, 고수도 또한 북면해 조알했습니다. 순이 고수를 보자 그 얼굴이 수심에 찼습니다. 공자가 말하길 '이때에 천하가 위태로웠다! 매우 위태로웠다!'고 했다는데, 정말 이런 말이 있었는지 알지 못하겠습니다."

함구몽(咸丘蒙)은 맹자의 제자다. 어(語)는 주희에 의하면 예부터 전해오는 말(古語)이다. 천자는 남쪽을 바라보며 있기 때문에 남면(南面)이라 하고, 신하는 북쪽을 바라보며 서기 때문에 북면(北面)이라고 한다. 조(朝)는 신하가 임금을 조알(朝謁)하는 것이다. 축(蹙)은 불안한 모습이다. 옛말에 훌륭한 덕을 지닌 선비는 임금도 신하로 삼을 수 없고 아비도 자식으로 대할 수 없다고 하는데, 순이 천자가 되자 아비인 고수가 신하의 예를 취하니 순이 불안해한 것이다. 급급호(岌岌乎)는 높아 위태로운 모양을 나타낸 말이다. 공자의 말은 아들이 아비를 신하로 삼으니 부자간의 인륜이 무너지게 되어 천하가 위태로워졌다고 한 것이다. 함구몽은 이것을 공자의 말이라고 인용하고 있으나 아마 누군가가 공자를 의탁해 지어낸 말일 것이다.

孟子曰 否. 此非君子之言 齊東野人之語也. 堯老而舜攝也. 堯典曰 二十有八載 放勳乃徂落 百姓如喪考妣 三年 四海遏密八音. 孔子曰 天無二日 民無二王. 舜旣爲天子矣 又帥天下諸侯以爲堯三年喪 是二天子矣.

맹자가 말했다. "아니다. 이것은 군자의 말이 아니라 제나라 농사꾼들의 말이다. 요가 늙자 순이 섭정을 했다. 요전에 말하길 '순이 섭정한 지 28년에 요가 죽으니 백성들이 자기 부모를 잃은 듯했다. 삼 년 동안 사해에서 음악 소리가 그쳤다.' 공자가 말했다. '하늘에는 두 해가 없고 백성에게는 두 임금이 없다.' 순이 이미 천자가 되고 나서도 또 천하 제후들을 이끌고 요의 삼년상을 치렀다면, 이는 천자가 둘이 있는 것이다."

동야(東野)의 東은 방향을 나타내는 말이 아니다. 조기에 의하면 東은 동작(東作)으로서 농사짓는 것을 나타낸 말이라고 한다. 섭(攝)은 대신하는 것이다. 맹자는 순이 천자가 된 것이 아니라 요가 늙어 직접 정사를 볼 수 없게 됨에 따라 섭정을 한 것이라고 말했다. 그러니 요가 북면을 하고 조알했을 리 없다.

요전왈(堯典曰) 이하의 내용은 지금의 『상서』「우서(虞書)순전(舜典)」에 실려 있다. 이에 주희는 「요전」과 「순전」 두 편이 옛날에는 혹시 하나였을지 모른다고 추측하고 있다. 양백준에 의하면 남조의 제(齊)나라 명제(明帝) 건무(建武)년간에 오흥(吳興)의 요방흥(姚方興)이 대항두(大航頭)에서 소위 공(孔)씨 집안에서 전해지는 고문을 얻었다고 하는데, 거기서 처음으로 「요전」을 둘로 나누었다고 한다.

방훈(放勳)은 요임금을 부를 때 쓰는 칭호다. 조락(徂落)은 사(死)로 죽는 것이다. 고비(考妣)의 考는 돌아가신 아버지, 妣는 돌아가신 어머니를 가리킨다. 삼년(三年)은 백성들이 요임금의 죽음을 부모의 죽음처럼 여겨 삼년상을 치렀다는 말이다. 알밀(遏密)의 遏은 지(止)로 막는 것, 密은 소리가 없는 것이다. 팔음(八音)은 금(金, 쇠), 석(石, 돌), 사(絲, 실), 죽(竹, 대나무), 포(匏, 박), 토(土, 흙), 혁(革, 가죽), 목(木, 나무)의 여덟 가지 재료로 만든 악기에서 나오는 소리란 뜻으로, 모든 음악을 나타낸다. 요임금의 죽음을 슬피 여겨 모든 음악을 중지한 것이다.

요임금이 죽을 당시 순은 천자가 아닌 섭정의 신분이었기 때문에 신하들을 이끌고 삼년상을 치렀다. 순이 천자가 된 것은 요가 죽고 난 다음이었다. 요임금이 죽을 당시 순이 천자 신분이었으면서도 신하들을 이끌고 삼년상을 치렀다면, 천자인 순이 요임금을 천자 신분으로 장례를 치른 것이니, 이는 임금이 둘이 있는 셈이 된다.

咸丘蒙曰 舜之不臣堯 則吾旣得聞命矣. 詩云 普天之下 莫非王土, 率土之濱 莫非王臣. 而舜旣爲天子矣 敢問瞽瞍之非臣 如何.

함구몽이 말했다. "순이 요를 신하로 삼지 않은 것에 대해서는 가르침을 받았습니다. 시에 말하길

'두루 하늘 아래 왕의 땅이 아닌 것이 없고, 온 땅 안에 왕의 신하가 아닌 사람이 없다'고 했습니다. 순이 이미 천자가 되었는데도 고수를 신하로 삼지 않은 것은 감히 묻자온데 어찌된 연유입니까?"

시는 『시경』「소아」 북산(北山)편이다. 보(普)는 편(徧)으로 '두루', 솔(率)은 순(循)으로 '~을 따라', 빈(濱)은 '물가'다. 함구몽은 시에서 말하길 모든 사람이 다 왕의 신하라고 하는데 맹자가 고수는 순의 신하가 아니라고 한 말이 의심스러워 물었다.

曰 是詩也 非是之謂也. 勞於王事 而不得養父母也. 曰 此莫非王事 我獨賢勞也. 故說詩者 不以文害辭 不以辭害志. 以意逆志 是爲得之. 如以辭而已矣 雲漢之詩曰 周餘黎民 靡有孑遺. 信斯言也 是周無遺民也.

"이 시는 그것을 말한 것이 아니다. 왕의 일 때문에 피로해 부모를 봉양할 수가 없었다. 그래 말하길 '이것은 왕의 일이 아닌 것이 없거늘 나만 혼자 수고하는구나'라고 한 것이다. 그러므로 시를 말할 때는 글자 때문에 말을 해치지 말아야 하고 말 때문에 그 뜻을 해치지 말아야 한다. 나의 뜻을 가지고 작자의 뜻을 거슬러 헤아려야 시를 아는 것이다. 만일 말대로만 한다면 운한의 시에 말하길 '주나라의 백성은 한 사람도 남지 않았다'고 하는데, 이 말대로 한다면 주나라에는 남은 백성이 하나도 없었을 것이다."

현로(賢勞)의 賢은 초순에 의하면 수고한다는 뜻의 勞로, 같은 뜻의 글자가 겹쳐 쓰인 것이다. 양백준도 같은 입장이다. 조기나 주희는 그냥 글자대로 읽어 아독현로(我獨賢勞)를 "나만 혼자 현명하다고 하여 수고롭게 한다"는 뜻으로 해석한다. 여기서는 초순을 따랐다. 맹자는 함구몽이 시를 잘못 해석했다면서, 그 시의 원래 뜻은 왕의 일에 바빠 부모를 모실 수가 없던 사람이 천하의 모든 사람이 다 왕의 신하인데 왜 나만 혼자 수고롭게 하냐고 원망한 것이라고 했다. 즉 천자라 하더라도 그 아비를 신하로 삼을 수는 없다는 것이다.

문(文)은 주희에 의하면 자(字)로 글자, 사(辭)는 어(語)로 말이다. 역(逆)은 거슬러 헤아리는 것이다. 운한(雲漢)은 『시경』「대아」의 편명이다. 여민(黎民)은 백성이고, 미(靡)는 無, 혈(孑)은 외롭다는 뜻이나 여기서는 한 사람이라는 뜻으로 쓰였다. 시를 해석할 때는 자자구구에 얽매이지 말고 작자가 무엇을 말하고자 하는가를 헤아려야 한다. 자자구구대로 한다면 운한의 시에서 "주나라의 백성은 한 사람도 남지 않았다"고 하는데, 정말 그 말대로라면 주나라의 백성은 한 사람도 남지 않았어야 한다. 이 시의 원래 뜻은 가뭄을 걱정한 것으로, 가뭄의 피해가 커서 그 피해를 입지 않은 사람이 없다는 뜻이다.

孝子之至 莫大乎尊親, 尊親之至 莫大乎以天下養. 爲天子父 尊之至也, 以天下養 養之至也. 詩曰 永言孝思 孝思維則. 此之謂也. 書曰 祗載見瞽瞍 夔夔齊栗 瞽瞍亦允若. 是爲父不得而子也.

"부모를 존귀하게 하는 것보다 더 큰 효도는 없고 천하를 가지고 봉양하는 것보다 더 크게 부모를 존귀하게 하는 것은 없다. 천자의 아버지가 되었으니 존귀함이 지극한 것이요, 천하를 가지고 봉양했으니 봉양함이 지극한 것이다. 시에 말하길 '영원히 효도하라, 효도가 법이다'라고 했으니 이것을 일컬을 것이다. 서에 말하길 '삼가 섬겨 고수를 만나면 조심하고 두려워했고 고수 역시 믿고 따랐다'고 했으니, 이것이 아버지가 자식으로 대할 수 없다는 것인가?"

고수는 천자의 아비로서 온 천하의 봉양을 향유했다. 이는 순이 아비인 고수를 지극히 친애하고 봉양한 것으로, 아비로 하여금 북면해 조알하게 한 것이 아니다. 시는 「대아」 하무(下武)편이다. 언(言), 사(思), 유(維)는 의미가 없는 허사고, 칙(則)은 법이다. 순은 바로 효도가 천하의 모든 사람이 본받을 법임을 보였다. 서(書)의 내용은 지금의 『상서』「대우모(大禹謨)」편에 실려 있다. 그러나 조기는 일편이라고 하고 있다. 아마 매색의 위작일 것이다. 지(祇)는 조기에 의하면 경(敬)으로 삼가고 공경하는 것이고, 재(載)는 사(事)로 섬기는 것이다. 기기제율(夔夔齊栗)은 조심하고 두려워하는 모습이다. 윤(允)은 주희에 의하면 신(信)으로 믿는 것이고, 약(若)은 순(順)으로 따르는 것이다. 순이 고수를 삼가 섬기고 만나면 조심하고 두려워하자 마침내 고수도 순을 믿고 따랐다. 야(也)는 양백준이 인용한 유월의 주장에 의하면 야(邪)로 의문을 나타내는 허사다. 즉 훌륭한 덕을 가진 선비를 아비가 자식으로 대할 수 없다는데, 순의 경우로 보건대 그 말은 잘못되었다는 것이다.

5

만장이 말했다. "요임금이 순에게 천하를 주었다고 하는데 그런 일이 있습니까?"

맹자가 말했다. "아니다. 천자라 하더라도 천하를 남에게 줄 수 없다."

"그러면 순이 천하를 갖게 된 것은 누가 준 것입니까?"

"하늘이 준 것이다."

"하늘이 주었다는 것은 직접 말한 것입니까?"

"아니다. 하늘은 말을 하지 않고 행동과 일로 보일 뿐이다."

"행동과 일로 보인다는 것은 어떤 것입니까?"

"천자는 하늘에 사람을 추천할 수는 있으나 하늘로 하여금 그에게 천하를 주게 할 수는 없다. 제후는 천자에게 사람을 추천할 수는 있으나 천자로 하여금 그에게 제후 자리를 주게 할 수는 없다. 대부는 제후에게 사람을 추천할 수는 있으나 제후로 하여금 그에게 대부 자리를 주게 할 수는 없다. 옛날에 요임금이 순을 하늘에 추천하자 하늘이 그것을 받아들이고 백성에게 보이니 백성이 받아들였다. 따라서 하늘은 말을 하지 않고 행동과 일로 보일 뿐이라고 말하는 것이다."

"감히 묻겠습니다만, 하늘에 추천하니 하늘이 그것을 받아들이고 백성에게 보이니 백성이 받아들였다는 말이 무슨 말입니까?"

"그로 하여금 제사를 주재하게 하자 여러 신들이 그것을 받아들이니, 이것이 하늘이 받아들이는 것이다. 그로 하여금 일을 주관하게 하자 일이 잘 다스려져 백성이 편안해하니, 이것이 백성이 받아들이는 것이다. 하늘이 주고 사람이 준다. 따라서 말하길 천자라 하더라도 천하를 남에게 줄 수 없다고 하는 것이다.

순이 요임금을 돕기를 이십팔 년 동안 했는데, 이는 사람이 능히 할 수 있는 일이 아니라 하늘이 하는 일이다. 요임금이 죽고 삼년상이 끝나자, 순은 요임금의 아들을 피해 남하(南河)의 남쪽으로 가 지냈다. 천하의 제후 중에 조회를 오는 자들은 모두 요임금 아들에게 가지 않고 순에게 갔고, 소송을 청구하는 자들도 요임금 아들에게 가지 않고 순에게 갔으며, 노래를 부르는 자들도 요임금 아들을 노래하지 않고 순을 노래했다. 고로 말하길 하늘이라고 하는 것이다. 그런 연후에 나라 가운데로 가 천자 자리에 올랐다. 만일 요임금의 궁실에 살면서 요임금 아들을 핍박했다면, 이것은 찬역이지 하늘이 준 것이 아니다. 태서(太誓)에 말하길 '하늘은 우리 백성의 눈으로 보며 우리 백성의 귀로 듣는다'고 했으니 바로 이것을 말한 것이다."

萬章曰 堯以天下與舜 有諸.
孟子曰 否. 天子不能以天下與人.
然則舜有天下也 孰與之.
曰 天與之.
天與之者 諄諄然命之乎.
曰 否. 天不言 以行與事示之而已矣.

만장이 말했다. "요임금이 순에게 천하를 주었다고 하는데 그런 일이 있습니까?"
맹자가 말했다. "아니다. 천자라 하더라도 천하를 남에게 줄 수 없다."
"그러면 순이 천하를 갖게 된 것은 누가 준 것입니까?"

"하늘이 준 것이다."

"하늘이 주었다는 것은 직접 말한 것입니까?"

"아니다. 하늘은 말을 하지 않고 행동과 일로 보일 뿐이다."

순순연(諄諄然)은 조기에 의하면 직접 목소리를 내어 말하는 것이다. 주희는 상세히 말하는 모양이라고 풀이한다. 행여사(行與事)는 순의 행실과 일을 말한다. 천하는 천자라 해 함부로 남에게 줄 수 있는 것이 아니다. 오직 하늘만이 줄 수 있다. 하늘은 직접 말을 하지는 않으나 그 사람의 행실과 일에 따라 그 뜻을 천하에 보인다.

曰 以行與事示之者如之何.
曰 天子能薦人於天 不能使天與之天下, 諸侯能薦人於天子 不能使天子與之諸侯, 大夫能薦人於諸侯 不能使諸侯與之大夫. 昔者堯薦舜於天而天受之 暴之於民而民受之. 故曰 天不言 以行與事示之而已矣.

"행동과 일로 보인다는 것은 어떤 것입니까?"

"천자는 하늘에 사람을 추천할 수는 있으나 하늘로 하여금 그에게 천하를 주게 할 수는 없다. 제후는 천자에게 사람을 추천할 수는 있으나 천자로 하여금 그에게 제후 자리를 주게 할 수는 없다. 대부는 제후에게 사람을 추천할 수는 있으나 제후로 하여금 그에게 대부 자리를 주게 할 수는 없다. 옛날에 요임금이 순을 하늘에 추천하자 하늘이 그것을 받아들이고 백성에게 보이니 백성이 받아들였다. 따라서 하늘은 말을 하지 않고 행동과 일로 보일 뿐이라고 말하는 것이다."

폭(暴)은 주희에 의하면 현(顯)으로 보이는 것이다. 아래에서 위에 사람을 천거할 수는 있으나 위로 하여금 그를 쓰게 할 수는 없다. 백성의 뜻은 하늘과 같기 때문에 순의 행실과 일을 보고 하늘과 백성이 그를 받아들여 그 뜻을 보인 것이다.

曰 敢問薦之於天而天受之 暴之於民而民受之 如何.
曰 使之主祭而百神享之 是天受之, 使之主事而事治 百姓安之 是民受之也. 天與之 人與之 故曰 天子不能以天下與人. 舜相堯二十有八載 非人之所能爲也 天也. 堯崩 三年之喪畢 舜避堯之子於南河之南. 天下諸侯朝覲者 不之堯之子而之舜, 訟獄者 不之堯之子而之舜, 謳歌者 不謳歌堯之子而謳歌舜 故曰天也. 夫然後之中國踐天子位焉. 而居堯之宮 逼堯之子 是篡也 非天與也.

"감히 묻겠습니다만, 하늘에 추천하니 하늘이 그것을 받아들이고 백성에게 보이니 백성이 받아들였다는 말이 무슨 말입니까?"

"그로 하여금 제사를 주재하게 하자 여러 신들이 그것을 받아들이니, 이것이 하늘이 받아들이는 것이다. 그로 하여금 일을 주관하게 하자 일이 잘 다스려져 백성이 편안해하니, 이것이 백성이 받아들이는 것이다. 하늘이 주고 사람이 준다. 따라서 말하길 천자라 하더라도 천하를 남에게 줄 수 없다고 하는 것이다. 순이 요임금을 돕기를 이십팔 년 동안 했는데, 이는 사람이 능히 할 수 있는 일이 아니라 하늘이 하는 일이다. 요임금이 죽고 삼년상이 끝나자, 순은 요임금의 아들을 피해 남하의 남쪽으로 가 지냈다. 천하의 제후 중에 조회를 오는 자들은 모두 요임금 아들에게 가지 않고 순에게 갔고, 소송을 청구하는 자들도 요임금 아들에게 가지 않고 순에게 갔으며, 노래를 부르는 자들도 요임금 아들을 노래하지 않고 순을 노래했다. 고로 말하길 하늘이라고 하는 것이다. 그런 연후에 나라 가운데로 가 천자 자리에 올랐다. 만일 요임금의 궁실에 살면서 요임금 아들을 핍박했다면, 이것은 찬역이지 하늘이 준 것이 아니다."

요지자(堯之子)는 요임금의 아들 단주(丹朱)다. 남하지남(南河之南)에 대해 주희는 南河가 기주(冀州)의 남쪽에 있으니까 남하의 남은 예주(豫州) 즉 지금의 허난(河南)성이라고 하고 있다. 그러나 조기는 먼 남이(南夷) 지방이라고 하고 있는데, 어차피 순임금 자체가 전설상의 인물이니 더 이상의 언급은 무의미할 것이다. 조근(朝覲)은 제후가 천자를 알현하는 것을 말한다. 봄에 알현하는 것은 朝, 가을에 알현하는 것을 覲이라고 한다. 송옥(訟獄)은 재판하는 것이고, 구가(謳歌)는 노래를 부르는 것이다. 중국(中國)은 나라 가운데 즉 도읍을 말한다. 이거요지궁(而居堯之宮)의 而는 여(如)로 '만일 ~한다면'의 뜻이다.

순이 요임금의 아들을 피해 멀리 달아났는데도 온 천하가 그를 따른 것이 바로 하늘이 자신의 뜻이 순에게 있음을 보인 것이다. 순은 그런 연후에야 나라 가운데에 가 천자의 지위에 올랐다. 만일 순이 요의 궁전에 머물면서 요의 아들을 핍박했다면 이것은 찬역일 뿐이다.

太誓曰 天視自我民視 天聽自我民聽. 此之謂也.
"태서에 말하길 '하늘은 우리 백성의 눈으로 보며 우리 백성의 귀로 듣는다'고 했으니 바로 이것을 말한 것이다."

자(自)는 종(從)으로 '~로부터 나온다'는 뜻이다. 백성이 보고 듣고 느끼는 것이 바로 하늘이 보고 듣고 느끼는 것이다.

9. 만장장구상(萬章章句上)

6

만장이 물었다. "사람들이 말하길 '우임금에 이르러 덕이 쇠하여 현명한 사람에게 전해지지 않고 아들에게 전해졌다'고 하는데 그런 일이 있습니까?"

맹자가 말했다. "아니다. 그렇지 않다. 하늘이 현명한 사람에게 주고 싶으면 현명한 사람에게 주고 자식에게 주고 싶으면 자식에게 준다. 옛날에 순임금은 우를 하늘에 추천하고 십칠 년 만에 죽었다. 삼년상이 끝나자 우는 순임금의 아들을 피해 양성(陽城)으로 갔다. 천하의 백성들이 따르기를 마치 요임금이 죽었을 때 요임금의 아들을 따르지 않고 순을 따랐던 것같이 했다.

우임금은 익(益)을 하늘에 추천하고 칠 년 만에 죽었다. 삼년상이 끝나자 익은 우임금의 아들을 피해 기산(箕山)의 북쪽으로 갔다. 조회를 오고 소송을 청구하는 자들이 익에게 가지 않고 계(啓)에 가며 말하길 '우리 임금의 아들이다'라고 했다. 노래를 부르는 자들도 익을 노래하지 않고 계를 노래하며 말하길 '우리 임금의 아들이다'라고 했다.

단주(丹朱)가 못났고 순임금의 아들도 못났다. 순이 요임금을 돕고 우가 순임금을 도운 것이 그 햇수가 오래되어 백성에게 은택을 베푼 것이 오래되었다. 계는 현명해 능히 우임금의 도를 삼가 계승할 수 있었다. 익이 우임금을 도운 것은 햇수가 짧아 백성에게 은택을 베푼 것이 오래되지 못했다. 순과 우, 익이 도운 햇수가 오래되고 오래되지 않고, 그 아들이 현명하고 못나고 하는 것은 모두 하늘의 뜻이지 사람이 할 수 있는 것이 아니다. 아무도 하지 않았는데 행해지는 것이 천(天)이고, 아무도 오게 하지 않았는데 오는 것이 명(命)이다.

필부로서 천하를 가지려면 그 덕이 반드시 요순과 같아야 하며 또 천자의 추천이 있어야 한다. 그런 까닭에 공자는 천하를 갖지 못했다. 대를 이어 천하를 차지했으나 하늘이 멸망시키는 것은 반드시 걸(桀)이나 주(紂)와 같은 자다. 이런 까닭에 익과 이윤, 주공은 천하를 갖지 못했다.

이윤은 탕을 도와 천하의 왕이 되게 했다. 탕왕이 죽자 태정(太丁)은 서지 못하고 죽고, 외병(外丙)이 이 년, 중임(仲任)이 사 년 자리에 있었다. 태갑(太甲)이 탕왕의 법제를 뒤집자 이윤이 그를 동(桐)으로 추방했다. 삼 년이 지나 태갑이 잘못을 뉘우치고 스스로 원망하고 스스로 다스려 동에서 인의를 실천해 삼 년이 되었다. 태갑은 이윤이 자기를 훈계한 말을 들었기 때문에 다시 박(亳)으로 돌아와 천자가 되었다.

주공이 천하를 갖지 못한 것은 익이 하나라에서, 이윤이 은나라에서 그랬던 것과 같다. 공자께서 말씀하셨다. '요와 순은 선양했고 하나라와 은나라, 주나라는 세습했지만, 그 뜻은 같다.'"

萬章問曰 人有言 至於禹而德衰 不傳於賢而傳於子. 有諸.
孟子曰 否 不然也. 天與賢 則與賢, 天與子 則與子. 昔者舜薦禹於天 十有七年 舜崩. 三年之喪畢 禹避舜之子於陽城. 天下之民從之若堯崩之後不從堯之子而從舜也. 禹薦益於天 七年 禹崩. 三年之喪畢 益避禹之子於箕山之陰. 朝覲訟獄者不之益而之啓 曰 吾君之子也. 謳歌者不謳歌益而謳歌啓 曰 吾君之子也.

만장이 물었다. "사람들이 말하길 '우임금에 이르러 덕이 쇠하여 현명한 사람에게 전해지지 않고 아들에게 전해졌다'고 하는데 그런 일이 있습니까?"

맹자가 말했다. "아니다. 그렇지 않다. 하늘이 현명한 사람에게 주고 싶으면 현명한 사람에게 주고 자식에게 주고 싶으면 자식에게 준다. 옛날에 순임금은 우를 하늘에 추천하고 십칠 년 만에 죽었다. 삼년상이 끝나자 우는 순임금의 아들을 피해 양성으로 갔다. 천하의 백성들이 따르기를 마치 요임금이 죽었을 때 요임금의 아들을 따르지 않고 순을 따랐던 것같이 했다.

우임금은 익을 하늘에 추천하고 칠 년 만에 죽었다. 삼년상이 끝나자 익은 우임금의 아들을 피해 기산의 북쪽으로 갔다. 조회를 오고 소송을 청구하는 자들이 익에게 가지 않고 계에 가며 말하길 '우리 임금의 아들이다'라고 했다. 노래를 부르는 자들도 익을 노래하지 않고 계를 노래하며 말하길 '우리 임금의 아들이다'라고 했다.

양성(陽城), 기산지음(箕山之陰)은 모두 지명으로 지금의 허난성 덩펑(登封)현 숭산(嵩山) 일대라고 한다. 陰은 산의 북쪽을 말한다. 산의 남쪽은 양(陽)이라고 한다. 계(啓)는 우임금의 아들이다. 여기에서 언급되는 지명과 인명, 그리고 고사는 어디까지가 전설이고 어디까지가 사실인지 상고하기 어렵다. 따라서 더 이상의 언급은 생략한다. 다만 맹자는 선양이든 세습이든 다 하늘의 뜻이라는 것을 분명히 밝히고 있다.

丹朱之不肖 舜之子亦不肖. 舜之相堯 禹之相舜也 歷年多 施澤於民久. 啓賢 能敬承繼禹之道. 益之相禹也 歷年少 施澤於民未久. 舜禹益相去久遠 其子之賢不肖 皆天也 非人之所能爲也. 莫之爲而爲者 天也, 莫之致而至者 命也.

"단주가 못났고 순임금의 아들도 못났다. 순이 요임금을 돕고 우가 순임금을 도운 것이 그 햇수가 오래되어 백성에게 은택을 베푼 것이 오래되었다. 계는 현명해 능히 우임금의 도를 삼가 계승할 수 있었다. 익이 우임금을 도운 것은 햇수가 짧아 백성에게 은택을 베푼 것이 오래되지 못했다. 순과 우, 익이 도운 햇수가 오래되고 오래되지 않고, 그 아들이 현명하고 못나고 하는 것은 모두 하늘의 뜻이지 사람이 할 수 있는 것이 아니다. 아무도 하지 않았는데 행해지는 것이 천(天)이고, 아무도 오게 하지 않았는데 오는 것이 명(命)이다."

단주(丹朱)는 요임금의 아들이다. 순의 아들은 이름을 상균(商均)이라고 한다. 불초(不肖)는 아버지를 닮지 않았다는 말로 못났음을 뜻한다. 순우익상거구원(舜禹益相去久遠)의 久遠은 길고 짧은 것으로 순과 우, 익이 상(相)을 한 기간이 길고 짧은 것을 말한다.

   요와 순의 아들은 모두 못난데다 순과 우가 상을 한 기간도 오래되었다. 바로 그것이 요와 순의 아들이 천하를 얻지 못하고 순과 우가 천하를 얻은 이유다. 그런데 우의 아들은 현명했고 익이 상을 한 기간도 짧았다. 이것이 계가 천하를 얻고 익이 얻지 못한 이유다. 이것은 사람의 힘으로 되는 것이 아니다. 하늘이 그렇게 한 것이다.

匹夫而有天下者 德必若舜禹 而又有天子薦之者. 故仲尼不有天下.
繼世以有天下 天之所廢 必若桀紂者也. 故益伊尹周公不有天下.

"필부로서 천하를 가지려면 그 덕이 반드시 요순과 같아야 하며 또 천자의 추천이 있어야 한다. 그런 까닭에 공자는 천하를 갖지 못했다. 대를 이어 천하를 차지했으나 하늘이 멸망시키는 것은 반드시 걸이나 주와 같은 자다. 이런 까닭에 익과 이윤, 주공은 천하를 갖지 못했다."

공자는 그 덕이 순과 우에 뒤지지 않았으나 천자의 천거를 받지 못했다. 따라서 천하를 얻지 못했다. 대를 이어 천하를 얻은 집안은 반드시 그 선조 중에 백성에게 큰 덕을 베풀어 하늘의 명을 받은 어진 사람이 있기 마련이다. 따라서 걸이나 주 같은 악인이어야만 하늘이 그를 폐한다. 계와 태갑(太甲), 성왕(成王)이 그처럼 나쁜 사람은 아니었기 때문에 익과 이윤, 주공은 훌륭한 덕을 갖고 있었음에도 불구하고 천하를 얻을 수 없었다.

伊尹相湯以王於天下. 湯崩 太丁未立 外丙二年 仲壬四年. 太甲顚覆湯之典刑 伊尹放之於桐. 三年 太甲悔過 自怨自艾 於桐處仁遷義 三年. 以聽伊尹之訓己也 復歸于亳. 周公之不有天下 猶益之於夏 伊尹之於殷也. 孔子曰 唐虞禪 夏后殷周繼 其義一也.

"이윤은 탕을 도와 천하의 왕이 되게 했다. 탕왕이 죽자 태정은 서지 못하고 죽고, 외병이 이 년, 중임이 사 년 자리에 있었다. 태갑이 탕왕의 법제를 뒤집자 이윤이 그를 동(桐)으로 추방했다. 삼 년이 지나 태갑이 잘못을 뉘우치고 스스로 원망하고 스스로 다스려 동에서 인의를 실천해 삼 년이 되었다. 태갑은 이윤이 자기를 훈계한 말을 들었기 때문에 다시 박(亳)으로 돌아와 천자가 되었다.

주공이 천하를 갖지 못한 것은 익이 하나라에서, 이윤이 은나라에서 그랬던 것과 같다. 공자께서 말씀하셨다. '요와 순은 선양했고 하나라와 은나라, 주나라는 세습했지만, 그 뜻은 같다.'"

태정(太丁)은 탕왕의 태자였으나 왕이 되기 전에 죽었다. 외병(外丙), 중임(仲任)은 모두 태정의 동생으로 각각 이 년, 사 년 동안 즉위했다. 태갑(太甲)은 태정의 아들이다. 이상은 조기의 설을 따랐다. 전복(顚覆)은 어지럽히고 무너뜨리는 것이다. 방(放)은 추방하는 것이고, 동(桐)은 지명으로 지금의 허난성 옌스(偃師)현 부근이다. 애(艾)는 치(治)로 다스리는 것이다. 박(亳)은 하나라의 도읍지다. 태갑이 비록 허물이 있어 추방까지 당했으나 능히 그 허물을 고칠 줄 알았기 때문에 이윤은 천하를 얻을 수 없었다. 주공 또한 이윤과 마찬가지였다.

당우(唐虞)는 요임금과 순임금을 말하고, 선(禪)은 선양(禪讓)으로 왕위를 물려주는 것, 하후(夏后)는 하나라, 계(繼)는 세습으로 왕위를 물려주는 것이다. 공자의 말은 "하늘이 현명한 사람에게 주고 싶으면 현명한 사람에게 주고, 자식에게 주고 싶으면 자식에게 준다"는 맹자의 말과 같은 뜻이다. 즉 천명이란 말이다.

7

만장이 물었다. "사람들이 말하길 '이윤은 요리를 통해 탕왕에게 벼슬을 구했다'는데 그런 일이 있습니까?"

맹자가 말했다. "아니다, 그렇지 않다. 이윤은 유신(有莘)의 들에서 농사를 지으며 요순의 도를 즐기고 있었다. 의가 아니고 도가 아니면 천하를 녹으로 주어도 돌아보지 않았고, 말 천 사(駟)를 매어주어도 쳐다보지 않았다. 의가 아니고 도가 아니면 지푸라기 하나라도 남에게 주지 않았고 지푸라기 하나라도 남에게서 받지 않았다. 탕왕이 사람을 시켜 폐백을 보내 초빙하자 태연자약하게 말하길 '내가 이 탕이 보낸 폐백으로 무엇을 하지? 내 어찌 들판에서 농사를 지으며 이처럼 요순의 도를 즐기는 것만 같겠는가?'라고 했다.

탕왕이 세 번 사람을 보내 초빙하자 이윽고 마음을 돌려 말하길 '내가 들판에서 농사를 지으며 이처럼 요순의 도를 즐기느니보다 어찌 이 임금을 요순과 같은 임금으로 만들지 않겠는가? 내 어찌 이 백성을 요순의 백성으로 만들지 않겠는가? 내 어찌 직접 요순의 도를 이 세상에서 보지 않겠는가? 하늘이 이 백성을 낳아 먼저 안 사람으로 하여금 나중에 안 사람을 깨우치게 했고, 먼저 깨달은 사람으로 하여금 나중에 깨달은 사람을 깨우치게 했다. 나는 이 하늘이 낳은 백성(天民) 중에 먼저 깨달은 자이다. 내 장차 이 도로 이 백성들을 깨우치리라. 내가 깨우치지 않으면, 누가 하겠느냐?'

천하의 백성들 중에 요순의 은택을 입지 못하는 필부필부가 있으면 자기가 도랑에 밀어 넣은 것처럼 생각했다. 이처럼 천하라는 무거운 짐을 자임했기 때문에 탕왕에게 나아가 하나라를 정벌해 백성을 구할 것을 유세했다.

나는 자기 몸을 구부려 남을 바르게 하는 자를 보지 못했다. 하물며 자기 몸을 욕되게 해 천하를 바로잡는다고? 성인의 행동이 같지 않아, 어떤 사람은 멀리 하기도 하고 어떤 사람은 가까이 하기도 하며, 어떤 사람은 떠나기도 하고 어떤 사람은 떠나지 않기도 하지만, 모두 그 몸을 깨끗이 하는 것으로 귀결될 뿐이다. 나는 그가 요순의 도로 탕왕에게 벼슬을 구했다는 이야기는 들었어도 요리를 통했다는 이야기는 듣지 못했다. 이훈(伊訓)에서는 이렇게 말했다. '하늘의 벌은 목궁(牧宮)에서 시작되었고 나는 박(亳)에서 시작했다.'"

萬章問曰 人有言 伊尹以割烹要湯 有諸.
만장이 물었다. "사람들이 말하길 '이윤은 요리를 통해 탕왕에게 벼슬을 구했다'는데 그런 일이 있습니까?"

이윤이할팽요탕(伊尹以割烹要湯)의 割烹은 음식을 자르고 삶는 것 즉 요리하는 것을 말하며, 要는 구하는 것으로, 이윤이 요리 솜씨로 탕임금에게 벼슬을 구했다는 말이다. 『사기』 「은본기」에 의하면 이윤의 이름은 아형(阿衡)이었다. 탕임금을 만나고자 했으나 방법이 없자 유신(有莘)씨의 잉신(媵臣, 옛날 귀족 집안의 여자가 시집갈 때 데리고 가는 남자 하인)이 되었다. 그는 솥과 도마를 메고 음식의 맛으로써 탕임금에게 접근해 탕임금을 왕도로 이끌었다고 한다.

孟子曰 否 不然. 伊尹耕於有莘之野 而樂堯舜之道焉. 非其義也 非其道也 祿之以天下 弗顧也, 繫馬千駟 弗視也. 非其義也 非其道也 一介不以與人 一介不以取諸人.

맹자가 말했다. "아니다. 그렇지 않다. 이윤은 유신의 들에서 농사를 지으며 요순의 도를 즐기고 있었다. 의가 아니고 도가 아니면 천하를 녹으로 주어도 돌아보지 않았고, 말 천 사(駟)를 매어주어도 쳐다보지 않았다. 의가 아니고 도가 아니면 지푸라기 하나라도 남에게 주지 않았고 지푸라기 하나라도 남에게서 받지 않았다."

유신(有莘)은 나라 이름으로 지금의 허난성 천류(陳留)현 일대다. 낙요순지도(樂堯舜之道)는 주희에 의하면 요와 순의 시를 읊고 그 책을 읽으며 흠모하고 사랑하고 즐겼다는 말이다. 요순의 도는 조기에 의하면 인의의 도다. 계마천사(繫馬千駟)의 駟는 말 네 마리로, 사천 마리의 말을 묶어준다는 뜻이다. 일개(一介)의 介는 초개(草芥)의 芥와 같다. 이윤은 그 사양하고 받고 취하고 주는 것을 이처럼 오직 도의에 입각해서 했다.

湯使人以幣聘之 囂囂然曰 我何以湯之聘幣爲哉. 我豈若處畎畝之中 由是以樂堯舜之道哉.

"탕왕이 사람을 시켜 폐백을 보내 초빙하자 태연자약하게 말하길 '내가 이 탕이 보낸 폐백으로 무엇을 하지? 내 어찌 들판에서 농사를 지으며 이처럼 요순의 도를 즐기는 것만 같겠는가?'라고 했다."

폐(幣)는 폐백으로, 남을 부르거나 찾아갈 때 가지고 가는 비단으로 된 예물이고, 빙(聘)은 초빙하는 것이다. 효효연(囂囂然)은 욕심이 없어 스스로 만족해하는 모양을 나타낸 말이다. 기약(豈若)은 '與(其)~ 豈若~'의 '與(其)~'가 생략된 구문으로 '(~하는 것이) 어찌 ~하는 것만 같겠는가?'의 뜻이다. 유시(由是)의 由는 유(猶)로 '이처럼'이다.

湯三使往聘之 旣而幡然改曰 與我處畎畝之中 由是以樂堯舜之道 吾豈若使是君爲堯舜之君哉. 吾豈若使是民爲堯舜之民哉. 吾豈若於吾身親見之哉. 天之生此民也 使先知覺後知 使先覺覺後覺也. 予 天民之先覺者也. 予將以斯道覺斯民也. 非予覺之 而誰也.

"탕왕이 세 번 사람을 보내 초빙하자 이윽고 마음을 돌려 말하길 '내가 들판에서 농사를 지으며 이처럼 요순의 도를 즐기느니보다 어찌 이 임금을 요순과 같은 임금으로 만들지 않겠는가? 내 어찌 이 백성을 요순의 백성으로 만들지 않겠는가? 내 어찌 직접 요순의 도를 이 세상에서 보지 않겠는가? 하늘이 이 백성을 낳아 먼저 안 사람으로 하여금 나중에 안 사람을 깨우치게 했고, 먼저 깨달은 사람으로 하여금 나중에 깨달은 사람을 깨우치게 했다. 나는 이 하늘이 낳은 백성 중에 먼저 깨달은 자이다. 내 장차 이 도로 이 백성들을 깨우치리라. 내가 깨우치지 않으면, 누가 하겠느냐?'"

번연(幡然)의 幡은 조기에 의하면 반(反)으로 입장을 바꾼 것이다. '與(其)~ 豈若~' 구문은 '與~ 不若(如)~', '與~ 寧~'으로도 쓰인다. 오신친견지(吾身親見之)는 직접 요순의 도가 행해지는 것을 보는 것이다. 탕임금이 예를 다해 그를 초빙하자 이윤은 마침내 입장을 바꿨다. 그는 요순의 도로 백성을 깨우쳐 이 세상에서 요순의 도를 직접 행하는 것을 자신의 임무로 삼았다.

思天下之民匹夫匹婦有不被堯舜之澤者 若己推而內之溝中. 其自

任以天下之重如此 故就湯而說之以伐夏救民.

"천하의 백성들 중에 요순의 은택을 입지 못하는 필부필부가 있으면 자기가 도랑에 밀어 넣은 것처럼 생각했다. 이처럼 천하라는 무거운 짐을 자임했기 때문에 탕왕에게 나아가 하나라를 정벌해 백성을 구할 것을 유세했다."

추이납(推而內)의 內은 납(納)으로 밀어넣는 것이다. 세(說)는 유세하는 것이다. 구민(救民)은 하나라 걸왕의 폭정에서 백성을 구하는 것을 말한다.

吾未聞枉己而正人者也 況辱己以正天下者乎. 聖人之行不同也 或遠或近 或去或不去 歸潔其身而已矣. 吾聞其以堯舜之道要湯 未聞以割烹也.

"나는 자기 몸을 구부려 남을 바르게 하는 자를 보지 못했다. 하물며 자기 몸을 욕되게 해 천하를 바로잡는다고? 성인의 행동이 같지 않아, 어떤 사람은 멀리 하기도 하고 어떤 사람은 가까이 하기도 하며, 어떤 사람은 떠나기도 하고 어떤 사람은 떠나지 않기도 하지만, 모두 그 몸을 깨끗이 하는 것으로 귀결될 뿐이다. 나는 그가 요순의 도로 탕왕에게 벼슬을 구했다는 이야기는 들었어도 요리를 통했다는 이야기는 듣지 못했다."

욕기(辱己)는 왕기(枉己)보다 그 정도가 심한 것이고, 정천하(正天下)는 정인(正人)보다 어려운 것이다. 이윤이 요리로 탕임금에게 벼슬을 구했다면 이는 심히 자기를 욕되게 하는 것인데, 어찌 천하를 바르게 할 수 있었겠는가? 원(遠)은 멀리 은둔하는 것, 근(近)은 임금에게 벼슬하는 것, 거(去)는 벼슬을 떠나는 것, 불거(不去)는 벼슬에 남아 있는 것이다. 이요순지도요탕(以堯舜之道要湯)은 주희가 인용한 북송의 학자 임지기(林之奇)의 말에 의하면 실제로 벼슬을 구한 것이 아니라 도가 이윤에게 있어 탕임금의 초빙이 저절로 온 것이라고 한다. 즉 『논어』 「학이」편에 나오는 "선생님(공자)이 구하시는 것은 아마 남들이 구하는 것과 다른 것이겠지요"와 같다는 말이다.

성인의 행동이 시세에 따라 다를 수 있다고는 하나 결국은 그 몸을 바르게 하는 데로 귀착되기 마련이다. 그러니 이윤이 요리로 벼슬을 구했다는 것은 있을 수 없는 이야기다.

伊訓曰 天誅造攻自牧宮 朕載自亳.
"이훈에서는 이렇게 말했다. '하늘의 벌은 목궁에서 시작되었고, 나는 박(亳)에서 시작했다.'"

이훈은 조기에 의하면 『상서』의 일편이다. 지금 『서경』 「상서(商書)」 이훈편에 실려 있으나 이는 후세의 위작이다. 천주(天誅)는 하늘의 벌이고, 조(造)는 시(始)로 시작하는 것, 공(攻)은 작(作)으로 일어나는 것, 목궁(牧宮)은 걸왕이 머물던 궁전, 짐(朕)은 이윤 자신을 가리키며, 재(載)도 시(始)로 시작하는 것, 박(亳)은 탕왕의 도읍지다. 하늘이 걸왕을 멸망시킨 벌은 걸왕 자신이 불러들인 것이며, 이윤 자신은 상의 도읍인 박에서 그 일을 시작했다는 말이다.

8

만장이 물었다. "어떤 사람이 말하길 공자께서 위나라에 계실 때 옹저(癰疽)의 집에서 머물렀고, 제나라에서는 내시인 척환(瘠環)의 집에서 머물렀다고 하는데, 그런 일이 있습니까?"

맹자가 말했다. "아니다, 그렇지 않다. 일을 벌이기를 좋아하는 자들이 꾸민 말이다. 위나라에서는 안수유(顔讎由)의 집에 머무셨다. 미자하(彌子瑕)의 처와 자로(子路)의 처는 자매였다. 미자하가 자로에게 말하길 '공자가 우리 집에서 머물면 위나라의 경(卿)이 될 수 있을 것이다'라고 했다. 자로가 이 사실을 고하자 공자께서 말씀하시길 '명(命)이다'라고 하셨다. 공자께서는 예에 따라 나아갔고 의에 따라 물러났으며, 얻고 얻지 못하는 것은 '명이다'라고 말씀하셨다. 그런데 옹저와 내시 척환의 집에 머물렀다면 이는 의도 없고 명(命)도 없는 것이다. 공자께서 노나라와 위나라에 머물기를 좋아하지 않아 (송나라에 가다가) 송(宋)나라의 사마(司馬) 환퇴(桓魋)가 그를 노려 죽이려 하자 미복을 하고 송나라를 지나갔다. 이때 공자는 횡액을 당해 사성정자(司城貞子)의 집에 머물렀다가 진후(陳侯)인 주(周)의 신하가 되었다. 내가 듣기로는 자기 나라 조정의 가까운 신하를 살필 때는 그가 누구를 머물게 했는가를 보고, 다른 나라에서 온 먼 신하를 살필 때는 그가 누구의 집에 머무는가를 본다고 했다. 만일 공자께서 옹저와 내시 척환의 집에 머무셨다면 어떻게 공자라고 하겠는가?"

萬章問曰 或謂孔子於衛主癰疽 於齊主侍人瘠環 有諸乎.
孟子曰 否 不然也. 好事者爲之也.

만장이 물었다. "어떤 사람이 말하길 공자께서 위나라에 계실 때 옹저의 집에서 머물렀고, 제나라에서는 내시인 척환의 집에서 머물렀다고 하는데, 그런 일이 있습니까?"
맹자가 말했다. "아니다, 그렇지 않다. 일을 벌이기를 좋아하는 자들이 꾸민 말이다."

주(主)는 주인으로 한다는 뜻으로, 그 집에 숙소를 정하는 것이다. 옹저(癰疽)는 사람 이름으로 조기나 주희에 의하면 종기를 치료하는 의사라고 한다. 그러나 초순은 『사기』 「공자세가」에 나오는 위령공의 환관인 옹거(雍渠)가 그 사람이라고 주장한다. 시인(侍人)은 주희에 의하면 엄인(奄人)으로 환관이다. 척환(瘠環)은 사람 이름이다. 모두 위나라와 제나라 임금의 총신들이다. 호사(好事)는 말을 만들어 일을 벌이기를 좋아하는 것이다.

於衛主顔讎由. 彌子之妻與子路之妻 兄弟也. 彌子謂子路曰 孔子主我 衛卿可得也. 子路以告. 孔子曰 有命. 孔子 進以禮 退以義 得之不得曰有命. 而主癰疽與侍人瘠環 是無義無命也.

"위나라에서는 안수유의 집에서 머무셨다. 미자하의 처와 자로의 처는 자매였다. 미자하가 자로에게 말하길 '공자가 우리 집에서 머물면 위나라의 경(卿)이 될 수 있을 것이다'라고 했다. 자로가 이 사실을 고하자 공자께서 말씀하시길 '명(命)이다'라고 하셨다. 공자께서는 예에 따라 나아갔고 의에 따라 물러났으며, 얻고 얻지 못하는 것은 '명이다'라고 말씀하셨다. 그런데 옹저와 내시 척환의 집에서 머물렀다면 이는 의도 없고 명(命)도 없는 것이다."

안수유(顔讎由)는 위나라의 어진 대부로 『사기』에는 안탁추(顔濁鄒)로 되어 있다. 미자(彌子)는 위령공의 총신인 미자하(彌子瑕)다. 득지부득(得之不得)의 지(之)는 여(與)로, '~와'의 뜻이다. 이(而)는 여기서는 만일이라는 뜻의 여(如)다. 진이례 퇴이의(進以禮 退以義)는 임금이 예를 갖춰 부르면 나아가고 의롭지 못한 일이 생기면 물러나는 것이다.

孔子不悅於魯衛 遭宋桓司馬將要而殺之 微服而過宋. 是時孔子當阨 主司城貞子 爲陳侯周臣.

"공자께서 노나라와 위나라에 머물기를 좋아하지 않아 (송나라에 가다가) 송나라의 사마 환퇴가 그를 노려 죽이려 하자 미복을 하고 송나라를 지나갔다. 이때 공자는 횡액을 당해 사성정자의 집에서 머물렀다가 진후인 주(周)의 신하가 되었다."

불열(不悅)은 그 나라에서 지내기를 좋아하지 않은 것이다. 환사마(桓司馬)는 송나라 사마인 환퇴(桓魋)다. 요(要)는 길을 막고 노리는 것이다. 환퇴가 공자를 죽이려고 했다는 이야기로는 『사기』 「공자세가」에 "공자가 조(曹)나라를 떠나 송나라로 가는 길에 큰 나무 아래에서 제자들과 예를 연습하는데 환퇴가 공자를 죽이려고 그 나무를 뽑았다"고 하는 믿기 어려운 이야기가 전해진다. 사성정자(司城貞子)는 초순에 의하면 선조가 원래 송나라의 대부였으나, 진(陳)나라로 옮겨가 진의 대부가 된 인물이다. 조기에 의하면 대현인은 아니나 아첨하고 나쁜 일을 저지른 죄가 없어 시호를 貞(곧을 정)子라고 했다고 한다. 진후주(陳侯周)는 조기에 의하면 진회공(陳懷公)의 아들로 이름은 周다. 조기에 의하면 초나라에게 멸망했기 때문에 시호가 없다고 한다. 공자는 사성정자의 집에 머물렀다가 진후의 신하가 된 것이다.

공자는 횡액을 당해 경황이 없을 때조차도 머물 곳을 가렸다. 그런데 위나라와 제나라에서는 별일도 없었는데 어찌 옹저나 척환과 같은 무리의 집에서 머물렀겠는가?

吾聞觀近臣 以其所爲主, 觀遠臣 以其所主. 若孔子主癰疽與侍人瘠環, 何以爲孔子.

"내가 듣기로는 자기 나라 조정의 가까운 신하를 살필 때는 그가 누구를 머무르게 했는가를 보고, 다른 나라에서 온 먼 신하를 살필 때는 그가 누구의 집에 머무르는가를 본다고 했다. 만일 공자께서 옹저와 내시 척환의 집에 머무셨다면 어떻게 공자라고 하겠는가?"

근신(近臣)은 조정에 있는 신하고, 원신(遠臣)은 먼 데서 와 벼슬하는 사람이다. 군자와 소인은 각각 끼리끼리 어울리기 마련이다. 따라서 근신이라면 그가 누구를 머물게 하고, 원신이라면 그가 누구의 집에 머무는가를 보면 그 사람됨을 알 수가 있다. 공자가 옹저나 척환과 같은 사람의 집에 머물렀다면 어찌 성인이라 칭할 수 있었겠는가?

9

 만장이 물었다. "어떤 사람이 말하길 '백리해(百里奚)는 제사 때 쓸 짐승을 기르는 진(秦)나라 사람에게 양가죽 다섯 장에 자신을 팔아 소를 먹이면서 진목공(秦穆公)에게 벼슬을 구했다'고 하는데, 정말입니까?"
 맹자가 말했다. "아니다. 그렇지 않다. 일을 벌이기를 좋아하는 자들이 꾸민 말이다. 백리해는 우(虞)나라 사람이다. 진(晉)나라가 수극(垂棘)의 벽옥(璧玉)과 굴산(屈産)의 말 네 마리를 주고 우나라로부터 길을 빌려 괵(虢)나라를 정벌하려 했다. 그러자 궁지기(宮之奇)는 간언했지만 백리해는 하지 않았다. 우공(虞公)에게 간언할 수 없다는 것을 알고 떠난 것이다. 진나라에 갔을 때 이미 나이 칠십이었다. 일찍이 소를 먹이면서 진목공에게 벼슬을 구하는 것이 오욕인 줄 몰랐다면 지혜로운 사람이라 할 수 있겠는가? 간언할 수 없다는 것을 알고 간언하지 않았으니 지혜롭지 못하다고 할 수 있겠는가? 우공이 장차 망할 것을 알고 먼저 떠났으니 지혜롭지 못하다고는 할 수 없을 것이다. 때마침 진나라에 등용되어 목공이 함께 큰일을 할 수 있음을 알고 그를 도왔으니 지혜롭지 못하다고 할 수 있겠는가? 진나라 재상이 되어 그 임금을 천하에 드날리게 하고 후세에까지 전해질 수 있게 했으니, 현명하지 못하다면 그렇게 할 수 있겠는가?
 자기 몸을 팔아 임금의 공을 이루게 하는 것은 시골의 자기 명예를 아끼는 자들조차 하지 않는 일인데, 하물며 현명하다고 일컬어지는 사람이 그런 일을 하겠는가?"

萬章問曰 或曰 百里奚自鬻於秦養牲者 五羊之皮 食牛 以要秦穆公. 信乎.
孟子曰 否 不然. 好事者爲之也.

만장이 물었다. "어떤 사람이 말하길 '백리해는 제사 때 쓸 짐승을 기르는 진나라 사람에게 양가죽 다섯 장에 자신을 팔아 소를 먹이면서 진목공에게 벼슬을 구했다'고 하는데, 정말입니까?"
맹자가 말했다. "아니다. 그렇지 않다. 일을 벌이기를 좋아하는 자들이 꾸민 말이다."

백리해는 우(虞)나라의 어진 신하다. 당시 사람들은 백리해가 진나라의 짐승 키우는 사람에게 자신을 양가죽 다섯 장에 팔고는 진나라에서 그 사람의 소를 키우면서 진목공에게 벼슬하기를 구했다고 말하고 있었다. 백리해가 구차한 방법으로 벼슬하기를 구했다는 말이다. 만장은 그것이 의심스러워 물었다. 맹자의 대답은 앞에서와 마찬가지로 호사가들이 지어낸 말이라는 것이었다.

　백리해에 관한 설화는 『전국책』, 『한시외전(韓詩外傳)』, 『설원(說苑)』 등에도 보인다. 모두 하나같이 백리해가 양가죽 다섯 장에 자신을 팔았다는 내용이다. 그러나 『사기』「진본기(秦本紀)」의 내용은 이와 다르다. 「진본기」에 의하면 백리해는 우나라가 진(晉)나라에 멸망할 때 포로로 잡혔다가 진목공의 부인이 진(秦)나라로 시집올 때 시종으로 딸려왔다. 백리해는 진에서 도망치다가 초나라 사람에게 붙잡히는 몸이 되었다. 백리해가 어진 사람이라는 소리를 들은 목공은 그를 몸값을 주고 데려오려 했으나 초나라 사람들이 내주지 않을까 걱정했다. 그래서 일부러 검은 숫양 가죽 다섯 장이라는 싼 가격을 제시해 그의 몸값을 치르고 데려왔다. 그래서 그를 오고대부(五羖大夫)라고 했다. 즉 양가죽 다섯 장이 포로의 몸값이었다는 것이다. 어느 것이 옳은지는 알 수 없다.

百里奚虞人也. 晉人以垂棘之璧與屈産之乘 假道於虞以伐虢. 宮之奇諫. 百里奚不諫.

"백리해는 우나라 사람이다. 진나라가 수극의 벽옥과 굴산의 말 네 마리를 주고 우나라로부터 길을 빌려 괵(虢)나라를 정벌하려 했다. 그러자 궁지기는 간언했지만 백리해는 하지 않았다."

우(虞)와 괵(虢)은 모두 나라 이름으로, 우는 지금의 산시(山西)성 핑루(平陸)현 동북 60여 리 일대, 괵은 핑루현 일대에 있었다. 수극지벽(垂棘之璧)은 垂棘에서 나는 옥이고, 굴산지승(屈産之乘)은 屈産에서 나는 네 마리 말이다. 屈만이 지명이라는 주장도 있다. 궁지기(宮之奇)는 우나라의 어진 신하다. 진(晉)나라가 괵을 멸망시키려면 반드시 우를 지나야만 했다. 따라서 귀한 보물로 우를 매수한 것이다. 그러나 그 속셈은 돌아오는 길에 우까지 같이 멸망시키는 것이었다. 궁지기의 간언을 듣지 않은 우나라는 결국 진나라에게 멸망하고 말았다. 가도멸괵(假道滅虢)이라는 성어가 여기서 나왔다.

知虞公之不可諫而去 之秦 年已七十矣. 曾不知以食牛干秦穆公之爲汙也 可謂智乎. 不可諫而不諫 可謂不智乎. 知虞公之將亡而先去之 不可謂不智也. 時擧於秦 知穆公之可與有行也而相之 可謂不智乎. 相秦而顯其君於天下 可傳於後世 不賢而能之乎.

"우공에게 간언할 수 없다는 것을 알고 떠난 것이다. 진나라에 갔을 때 이미 나이 칠십이었다. 일찍이 소를 먹이면서 진목공에게 벼슬을 구하는 것이 오욕인 줄 몰랐다면 지혜로운 사람이라 할 수 있겠는가? 간언할 수 없다는 것을 알고 간언하지 않았으니 지혜롭지 못하다고 할 수 있겠는가? 우공이 장차 망할 것을 알고 먼저 떠났으니 지혜롭지 못하다고는 할 수 없을 것이다. 때마침 진나라에 등용되어 목공이 함께 큰일을 할 수 있음을 알고 그를 도왔으니 지혜롭지 못하다고 할 수 있겠는가? 진나라 재상이 되어 그 임금을 천하에 드날리게 하고 후세에까지 전해질 수 있게 했으니, 현명하지 못하다면 그렇게 할 수 있겠는가?"

우공(虞公)은 우나라의 임금이다. 간(干)은 구하는 것으로 앞의 요(要)와 같다. 유행(有行)은 유위(有爲)로, 뜻있는 일, 훌륭한 일, 큰일을 하는 것을 말한다. 백리해는 우공이 간언해봤자 소용없는 사람임을 알고 간언하지 않았고, 그가 장차 망하리라는 것을 알고는 그 나라를 먼저 떠났으며, 진목공이 큰일을 할 만한 인물임을 알고 그를 도왔으니 그가 지혜로운 사람임은 말할 것조차 없다. 또 진목공을 도와 그를 천하에 널리 드러내 후세에 전해질 수 있게 했으니 그가 현명한 사람이 아니라면 그렇지 못했을 것이다. 그런 그가 남의 소를 먹이면서 진목공에게 벼슬을 구하는 것이 스스로를 욕되게 하는 것임을 몰랐다는 것은 말이 안 된다.

自鬻以成其君 鄕黨自好者不爲 而謂賢者爲之乎.
"자기 몸을 팔아 임금의 공을 이루게 하는 것은 시골의 자기 명예를 아끼는 자들조차 하지 않는 일인데, 하물며 현명하다고 일컬어지는 사람이 그런 일을 하겠는가?"

자호자(自好者)는 주희에 의하면 자기 자신을 아끼는 자, 조기에 의하면 자기에 대해 좋은 이름이 나는 것을 좋아하는 자다. 자기를 팔아 남을 이루는 것은 시골뜨기라도 조그마한 자존심만 있다면 하지 않을 일인데 하물며 현명하다는 백리해가 그런 일을 할 리는 없다. 맹자는 구체적인 증거를 들이대지는 않았으나 누구나 알 수 있는 상식적인 논리로 백리해에 대한 세간의 낭설을 말끔히 불식시켰다. 실로 쾌도난마와 같다고 아니할 수 없다.

10

만장장구하

萬章章句下

공자를 일컬어 집대성했다고 한다. 집대성이란 금성옥진하는 것이다.

1

 맹자가 말했다. "백이는 눈으로는 나쁜 모습을 보지 않았고 귀로는 나쁜 소리를 듣지 않았다. 그 임금이 아니면 섬기지 않았고 그 백성이 아니면 부리지 않았다. 다스려지면 나아가고 어지러우면 물러났다. 횡포한 정치가 나오고 횡포한 백성이 머무는 곳에서는 차마 머물지 않았다. 마을 사람과 함께 있는 것을 생각하기를 조정에서 입는 예복을 갖춰 입은 채 진흙 구덩이에 앉는 것처럼 했다. 주(紂)의 때를 맞아 북해(北海)의 바닷가에 살며 천하가 맑아지기를 기다렸다. 따라서 백이의 풍도(風度)를 들은 사람은 탐욕스런 사람도 청렴해지고 나약한 사람도 뜻을 세웠다.
 이윤이 말했다. '하늘이 이 백성을 낳아 먼저 안 사람으로 하여금 나중에 안 사람을 깨우치게 했고, 먼저 깨달은 사람으로 하여금 나중에 깨달은 사람을 깨우치게 했다. 나는 하늘이 낳은 백성 중에 먼저 깨달은 자다. 내 장차 이 도로 이 백성들을 깨우치리라.' 천하의 백성들 중에 요순의 은택을 입지 못한 필부필부가 있으면 자기가 도랑에 밀어 넣은 것처럼 생각했으니 천하라는 무거운 짐을 자임한 것이다.
 유하혜(柳下惠)는 더러운 임금을 부끄러워하지 않았고 낮은 관직을 비천하다 여기지 않았다. 벼슬길에 나아가서는 자신의 현명함을 감추지 않고 반드시 올바르게 일했다. 벼슬길에서 쫓겨나도 원망하지 않았으며 곤궁해도 근심하지 않았다. 시골 사람들과 함께 살아도 태연자약해 차마 떠나지 않았다. 말하길 '너는 너고 나는 나다. 네가 비록 벌거벗고 내 옆에 있다고 한들 네가 어떻게 나를 더럽힐 수 있겠느냐?'고 했다. 따라서 유하혜의 풍도를 들은 사람은 비루한 사람도 관대해졌고 각박한 사람도 돈후해졌다.

공자가 제나라를 떠날 때 일은 쌀을 건져 가지고 떠났다. 노나라를 떠나면서는 '천천히 가라'고 했으니 이것은 부모의 나라를 떠날 때의 도리다. 빨리 떠나야 하면 빨리 떠났고 오래 있어야 하면 오래 있었다. 은둔해야 하면 은둔했고 벼슬을 해야 하면 벼슬했다. 이것이 공자다."

맹자가 말했다. "백이는 성인 중의 맑은 사람이요, 이윤은 성인 중의 책임을 맡는 사람이고, 유하혜는 성인 중의 화합하는 사람이요, 공자는 성인 중의 때를 아는 사람이다. 공자를 일컬어 집대성(集大成)했다고 한다. 집대성이란 금성옥진(金聲玉振)하는 것이다. 금성(金聲)이란 음악 연주를 시작하는 것이고 옥진(玉振)은 음악 연주를 마치는 것이다. 음악 연주를 시작하는 것은 지(智)의 일이고 음악 연주를 마치는 것은 성(聖)의 일이다. 지(智)는 비유하자면 기교이고 성(聖)은 비유하자면 힘이다. 백 보 밖에서 활을 쏠 때 화살을 거기까지 다다르게 하는 것은 너의 힘이지만 맞추는 것은 너의 힘이 아닌 것과 같은 것이다."

孟子曰 伯夷 目不視惡色 耳不聽惡聲. 非其君不事 非其民不使. 治則進 亂則退. 橫政之所出 橫民之所止 不忍居也. 思與鄕人處 如以朝衣朝冠坐於塗炭也. 當紂之時 居北海之濱 以待天下之淸也. 故聞伯夷之風者 頑夫廉 懦夫有立志.

맹자가 말했다. "백이는 눈으로는 나쁜 모습을 보지 않았고 귀로는 나쁜 소리를 듣지 않았다. 그 임금이 아니면 섬기지 않았고 그 백성이 아니면 부리지 않았다. 다스려지면 나아가고 어지러우면 물러났다. 횡포한 정치가 나오고 횡포한 백성이 머무는 곳에서는 차마 머물지 않았다. 마을 사람과 함께 있는 것을 생각하기를 조정에서 입는 예복을 갖춰 입은 채 진흙 구덩이에 앉는 것처럼 했다. 주의 때를 맞아 북해의 바닷가에 살며 천하가 맑아지기를 기다렸다. 따라서 백이의 풍도를 들은 사람은 탐욕스런 사람도 청렴해지고 나약한 사람도 뜻을 세웠다."

악색(惡色)은 하희(夏姬)와 같이 행실은 부정하면서도 미색이 있는 사람, 악성(惡聲)은 정성(鄭聲)과 같이 음란한 노래다. 조기의 설명이다. 횡(橫)은 횡포한 것이다. 완부(頑夫)는 탐부(貪夫)로 탐욕스러운 사람이고, 염(廉)은 청렴한 것, 나부(懦夫)는 나약한 사람이다. 「공손추상」 2와 9에서 이미 나온 바 있다.

伊尹曰 何事非君. 何使非民. 治亦進 亂亦進. 曰 天之生斯民也 使先知覺後知 使先覺覺後覺. 予天民之先覺者也. 予將以此道覺此民也. 思天下之民匹夫匹婦有不與被堯舜之澤者 若己推而內之溝中 其自任以天下之重也.

"이윤이 말했다. '하늘이 이 백성을 낳아 먼저 안 사람으로 하여금 나중에 안 사람을 깨우치게 했고, 먼저 깨달은 사람으로 하여금 나중에 깨달은 사람을 깨우치게 했다. 나는 하늘이 낳은 백성 중에 먼저 깨달은 자다. 내 장차 이 도로 이 백성들을 깨우치리라.' 천하의 백성들 중에 요순의 은택을 입지 못한 필부필부가 있으면 자기가 도랑에 밀어 넣은 것처럼 생각했으니 천하라는 무거운 짐을 자임한 것이다."

「공손추상」 2와 「만장상」 7에서 이미 나왔다.

柳下惠 不羞汙君 不辭小官. 進不隱賢 必以其道. 遺佚而不怨 阨

窮而不憫. 與鄕人處 由由然不忍去也. 爾爲爾 我爲我 雖袒裼裸裎
於我側 爾焉能浼我哉. 故聞柳下惠之風者 鄙夫寬 薄夫敦.
"유하혜는 더러운 임금을 부끄러워하지 않았고 낮은 관직을 비천하다 여기지 않았다. 벼슬길에 나아가서는 자신의 현명함을 감추지 않고 반드시 올바르게 일했다. 벼슬길에서 쫓겨나도 원망하지 않았으며 곤궁해도 근심하지 않았다. 시골 사람들과 함께 살아도 태연자약해 차마 떠나지 않았다. 말하길 '너는 너고 나는 나다. 네가 비록 벌거벗고 내 옆에 있다고 한들 네가 어떻게 나를 더럽힐 수 있겠느냐?'고 했다. 따라서 유하혜의 풍도를 들은 사람은 비루한 사람도 관대해졌고 각박한 사람도 돈후해졌다."

비부(鄙夫)는 비루한 사람이고, 박부(薄夫)는 각박한 사람, 돈(敦)은 돈후한 것이다. 「공손추상」 9에서 이미 나왔다.

孔子之去齊 接淅而行. 去魯 曰 遲遲吾行也, 去父母國之道也. 可以速而速 可以久而久 可以處而處 可以仕而仕 孔子也.
"공자가 제나라를 떠날 때 일은 쌀을 건져 가지고 떠났다. 노나라를 떠나면서는 '천천히 가라'고 했으니 이것은 부모의 나라를 떠날 때의 도리다. 빨리 떠나야 하면 빨리 떠났고 오래 있어야 하면 오래 있었다. 은둔해야 하면 은둔했고 벼슬을 해야 하면 벼슬했다. 이것이 공자다."

접석(接淅)의 接은 주희에 의하면 승(承)으로 받는 것, 淅은 쌀을 일은 물이다. 공자가 제나라를 떠날 때 밥을 해먹으려고 쌀을 일었으나 급히 떠나고자 하는 마음에 쌀을 일은 물을 받아서는 쌀만 건져 가지고 떠났다. 반면에 노나라를 떠날 때는 부모의 나라를 떠나기 싫어하는 마음에 천천히 가라고 말했다. '可以~ 而~' 네 구절은 「공손추상」 2에는 而가 則으로 되어 있다.

孟子曰 伯夷 聖之淸者也, 伊尹 聖之任者也, 柳下惠 聖之和者也, 孔子 聖之時者也.

맹자가 말했다. "백이는 성인 중의 맑은 사람이요, 이윤은 성인 중의 책임을 맡는 사람이고, 유하혜는 성인 중의 화합하는 사람이요, 공자는 성인 중의 때를 아는 사람이다."

청(淸)은 맑은 것, 임(任)은 책임을 맡는 것, 화(和)는 화합하는 것, 시(時)는 시의에 맞게 행동하는 것이다. 주희가 인용한 장재(張載)의 설명에 의하면 "잡됨이 없는 것이 맑은 것이 지극한 것이요, 달리하는 것이 없는 것이 화합이 지극한 것이다. 억지로 힘써 맑은 것은 성인의 맑음이 아니요, 억지로 힘써 화합하는 것은 성인의 화합이 아니다. 소위 성이라고 하는 것은 억지로 힘쓰거나 생각하지 않고서 이르는 것이다." 주희에 인용된 북송 초의 학자 공문중(孔文仲)에 의하면 "任은 천하를 자기의 책임으로 하는 것이다." 공자는 이 세 성인의 덕을 겸비해 시의에 맞게 그것을 표출했기 때문에 이 세 사람처럼 한 가지 이름으로 그 덕을 나타내지 못하고 時라고 표현했다.

孔子之謂集大成. 集大成也者 金聲而玉振之也. 金聲也者 始條理也, 玉振之也者 終條理也. 始條理者 智之事也, 終條理者 聖之事也.

"공자를 일컬어 집대성했다고 한다. 집대성이란 금성옥진하는 것이다. 금성이란 음악 연주를 시작하는 것이고 옥진은 음악 연주를 마치는 것이다. 음악 연주를 시작하는 것은 지(智)의 일이고 음악 연주를 마치는 것은 성(聖)의 일이다."

성(成)은 음악이 한 번 끝나는 것을 말한다. 금성(金聲)의 金은 종(鐘)을 가리키며, 聲은 선(宣)으로 선포하는 것이다. 옥진(玉振)의 玉은 옥으로 만든 경쇠(磬), 振은 수(收)로 거두어들이는 것이다. 조리(條理)는 맥락(脈絡)으로 여러 음을 가리켜 말한 것이다. 지(智)는 아는 것이 미치는 것이고, 성(聖)은 덕이 성취한 바다. 음악에는 팔음(八音)이 있으니, 금(金), 석(石), 사(絲), 죽(竹), 포(匏), 토(土), 혁(革), 목(木)이 그것이다(팔음에 대해서는 「만장상」 4 해설 참고). 만약 한 가지 음으로만 연주하면, 그 한 가지 음이 스스로 처음과 끝이 되어 하나의 소성(小成)을 이룬다. 이는 마치 세 성인의 아는 바가 하나로 편중되어 그 성취한 바도 하나로 편중된 것과 같은 것이다. 팔음 가운데 금과 석이 중요해 특별히 여러 음의 강기(綱紀)로 삼고, 또 금으로 처음에 울리고 옥으로 마지막에 거둔다. 따라서 팔음을 함께 연주할 때는 시작하기 전에 먼저 종을 쳐서 그 소리를 선포하고, 끝나기를 기다려 특경(特磬, 편경과 달리 홀로 매달린 경쇠)을 쳐서 그 운을 거둔다. 선포해서 시작하고 거두어 마치는 사이에 음악의 맥락이 관통해 갖춰지지 않은 바가 없으니, 즉 여러 소성이 합해 하나의 대성(大成)이 되는 것이다. 이는 공자가 아는 바가 다하지 않은 바가 없고 덕이 온전하지 않은 바가 없는 것과 같다. 이상은 주희의 해설이다.

智 譬則巧也, 聖 譬則力也. 由射於百步之外也 其至 爾力也, 其中 非爾力也.

"지(智)는 비유하자면 기교이고 성(聖)은 비유하자면 힘이다. 백 보 밖에서 활을 쏠 때 화살을 거기까지 다다르게 하는 것은 너의 힘이지만 맞추는 것은 너의 힘이 아닌 것과 같은 것이다."

교(巧)는 기교, 역(力)은 힘이다. 유(由)는 '~와 같다'는 뜻의 유(猶)다. 활쏘기를 예로 들어 智와 聖을 설명하고 있다. 기지(其至)는 화살이 과녁에 도달하는 것, 기중(其中)은 과녁을 맞히는 것이다. 화살을 과녁이 있는 데까지 보내는 것은 힘으로 聖이지만, 과녁을 맞히는 것은 기교로 智다. 주희에 의하면 세 성인은 힘은 있으나 기교가 부족했다. 따라서 한 가지 부분에서는 비록 聖에 이르렀지만 智가 시의에 적절히 맞는 데(時中)까지는 미치지 못했다. 즉 智가 부족해 공자처럼 집대성하는 데까지 이르지 못했다는 말이다.

2

 북궁의(北宮錡)가 물었다. "주나라는 작위와 봉록을 어떻게 나누었습니까?"

 맹자가 말했다. "그 상세한 것은 듣지 못했습니다. 제후들이 그것이 자기들을 해칠까 미워해 그 전적을 모두 없앴습니다. 그러나 제가 일찍이 그 개략을 들은 적이 있습니다.

 (천하를 통틀어서는) 천자가 한 지위, 공(公)이 한 지위, 후(侯)가 한 지위, 백(伯)이 한 지위, 자(子)와 남(男)이 한 지위로 모두 다섯 등급입니다.

 (나라 안에서는) 군(君)이 한 지위, 경(卿)이 한 지위, 대부(大夫)가 한 지위, 상사(上士)가 한 지위, 중사(中士)가 한 지위, 하사(下士)가 한 지위로 모두 여섯 등급입니다.

 천자가 직접 다스리는 토지는 사방 천 리, 공과 후는 사방 백 리, 백은 사방 칠십 리, 자와 남은 사방 오십 리로 모두 네 등급입니다. 오십 리가 되지 못하면 천자에게 직접 통하지 못하고 제후에게 부속되니 이름하여 부용(附庸)이라고 합니다.

 천자의 경이 받는 토지는 후와 비등하고, (천자의) 대부가 받는 토지는 백과 비등하며, (천자의) 원사(元士)가 받는 토지는 자와 남과 비등합니다.

 대국(大國)은 땅이 사방 백 리로, 임금의 봉록은 경의 열 배, 경은 대부의 네 배, 대부는 상사의 두 배, 상사는 중사의 두 배, 중사는 하사의 두 배, 하사와 서인(庶人) 중에 관직에 있는 자의 봉록은 같은데, 그 봉록이 농사를 대신할 수 있습니다.

　차국(次國)은 땅이 사방 칠십 리로, 임금의 봉록은 경의 열 배, 경은 대부의 세 배, 대부는 상사의 두 배, 상사는 중사의 두 배, 중사는 하사의 두 배, 하사와 서인(庶人) 중에 관직에 있는 자의 봉록은 같은데, 그 봉록이 농사를 대신할 수 있습니다.

　소국(小國)은 땅이 사방 오십 리로, 임금의 봉록은 경의 열 배, 경은 대부의 두 배, 대부는 상사의 두 배, 상사는 중사의 두 배, 중사는 하사의 두 배, 하사와 서인(庶人) 중에 관직에 있는 자의 봉록은 같은데, 그 봉록이 농사를 대신할 수 있습니다.

　농사짓는 사람이 거두는 것은 결혼한 남자 한 사람당 땅 백 무(畝)입니다. 백 무의 땅을 경작하면 상등(上等)의 농부는 아홉 사람을 먹일 수 있고, 상차(上次)는 여덟 사람, 중(中)은 일곱 사람, 중차(中次)는 여섯 사람, 하(下)는 다섯 사람을 먹일 수 있습니다. 서인으로 관직에 있는 자는 이것으로 차등을 둡니다."

北宮錡問曰 周室班爵祿也 如之何.
孟子曰 其詳不可得聞也. 諸侯惡其害己也 而皆去其籍. 然而軻也 嘗聞其略也.

　북궁의가 물었다. "주나라는 작위와 봉록을 어떻게 나누었습니까?"
　맹자가 말했다. "그 상세한 것은 듣지 못했습니다. 제후들이 그것이 자기들을 해칠까 미워해 그 전적을 모두 없앴습니다. 그러나 제가 일찍이 그 개략을 들은 적이 있습니다."

　북궁의(北宮錡)는 조기에 의하면 위(衛)나라 사람이라고 한다. 반작록(班爵

祿)의 班은 열(列)로 서열을 짓는 것, 爵은 작위, 祿은 녹봉이다. 즉 작위와 녹봉제도를 말한다. 맹자시대 제후들은 모두 이웃 나라 토지를 겸병하고 왕을 칭하는 등 참례했다. 따라서 주나라 제도가 자기들에게 방해된다고 생각했다.

天子一位 公一位 侯一位 伯一位 子男同一位 凡五等也. 君一位 卿一位 大夫一位 上士一位 中士一位 下士一位 凡六等.

"(천하를 통틀어서는) 천자가 한 지위, 공이 한 지위, 후가 한 지위, 백이 한 지위, 자와 남이 한 지위로 모두 다섯 등급입니다. (나라 안에서는) 군이 한 지위, 경이 한 지위, 대부가 한 지위, 상사가 한 지위, 중사가 한 지위, 하사가 한 지위로 모두 여섯 등급입니다."

모두 작록제도에 관한 설명이다. 천자 이하 자남(子男)까지는 천하에 통용되는 제도고, 군 이하 하사(下士)까지는 제후의 나라 안에서 통용되는 제도다.

天子之制 地方千里 公侯皆方百里 伯七十里 子男五十里 凡四等. 不能五十里 不達於天子 附於諸侯 曰附庸.

"천자가 직접 다스리는 토지는 사방 천 리, 공과 후는 사방 백 리, 백은 사방 칠십 리, 자와 남은 사방 오십 리로 모두 네 등급입니다. 오십 리가 되지 못하면 천자에게 직접 통하지 못하고 제후에게 부속되니 이름하여 부용이라고 합니다."

제(制)는 직접 다스리고 관장하는 것이다. 나라가 작아 토지가 사방 오십 리가 되지 못하면 직접 천자에게 성명을 대지 못하고 인접한 대국을 통해 성명을 댄다. 이런 나라를 가리켜 부용(附庸)이라고 한다.

天子之卿受地視侯 大夫受地視伯 元士受地視子男. 大國地方百里 君十卿祿 卿祿四大夫 大夫倍上士 上士倍中士 中士倍下士 下士與 庶人在官者同祿 祿足以代其耕也.

"천자의 경이 받는 토지는 후와 비등하고, (천자의) 대부가 받는 토지는 백과 비등하며, (천자의) 원사(元士)가 받는 토지는 자와 남과 비등합니다. 대국은 땅이 사방 백 리로, 임금의 봉록은 경의 열 배, 경은 대부의 네 배, 대부는 상사의 두 배, 상사는 중사의 두 배, 중사는 하사의 두 배, 하사와 서인 중에 관직에 있는 자의 봉록은 같은데, 그 봉록이 농사를 대신할 수 있습니다."

시(視)는 비(比)로 비견하는 것이다. 원사(元士)는 주희에 의하면 상사(上士)다. 대국(大國)은 공(公)과 후(侯)의 나라다. 십(十)은 십 배, 사(四)는 네 배, 배(倍)는 두 배다. 서인재관자(庶人在官者)는 서인으로서 관청의 일을 돕는 아전 등을 말한다. 대기경(代其耕)은 농사를 지어서 나오는 수입을 대신할 만하다는 말이다.

次國地方七十里 君十卿祿 卿祿三大夫 大夫倍上士 上士倍中士 中士倍下士 下士與庶人在官者同祿 祿足以代其耕也. 小國地方五十里 君十卿祿 卿祿二大夫 大夫倍上士 上士倍中士 中士倍下士 下士與庶人在官者同祿 祿足以代其耕也.

"차국은 땅이 사방 칠십 리로, 임금의 봉록은 경의 열 배, 경은 대부의 세 배, 대부는 상사의 두 배, 상사는 중사의 두 배, 중사는 하사의 두 배, 하사와 서인 중에 관직에 있는 자의 봉록은 같은

데, 그 봉록이 농사를 대신할 수 있습니다. 소국은 땅이 사방 오십 리로, 임금의 봉록은 경의 열 배, 경은 대부의 두 배, 대부는 상사의 두 배, 상사는 중사의 두 배, 중사는 하사의 두 배, 하사와 서인 중에 관직에 있는 자의 봉록은 같은데, 그 봉록이 농사를 대신할 수 있습니다."

차국은 백(伯)의 나라, 소국은 자(子)와 남(男)의 나라다.

耕者之所獲 一夫百畝. 百畝之糞 上農夫食九人 上次食八人 中食七人 中次食六人 下食五人. 庶人在官者 其祿以是爲差.

"농사짓는 사람이 거두는 것은 결혼한 남자 한 사람당 땅 백 무입니다. 백 무의 땅을 경작하면 상등의 농부는 아홉 사람을 먹일 수 있고, 상차는 여덟 사람, 중은 일곱 사람, 중차는 여섯 사람, 하는 다섯 사람을 먹일 수 있습니다. 서인으로 관직에 있는 자는 이것으로 차등을 둡니다."

획(獲)은 득(得)으로 거두는 것이다. 분(糞)은 거름을 주는 것으로 경작하는 것이다.

이상은 주나라 작록제도에 관한 맹자의 서술이나 맹자 자신도 밝히고 있듯이 자신의 기억에만 의존하고 있다. 더군다나 맹자 당대에 이미 전적이 사라져 상고할 수 없는 상황이므로 지금 그에 대해 왈가왈부하는 것은 의미가 없다고 생각한다.

3

만장이 물었다. "삼가 친구를 사귀는 것에 대해 묻겠습니다."

맹자가 말했다. "나이를 믿고 의지하거나, 부귀를 믿고 의지하거나, 형제를 믿고 의지해 사귀지 마라. 벗은 그 덕을 사귀는 것이니 믿고 의지하는 것이 있어서는 안 된다. 맹헌자(孟獻子)는 백승(百乘)의 집안이었는데 사귀는 벗이 다섯 있었다. 악정구(樂正裘)와 목중(牧仲), 그리고 나머지 세 사람은 내가 이름을 잊어버렸다. 헌자가 이 다섯 사람과 사귄 것은 자기 집안을 의식하지 않은 것이다. 이 다섯 사람이 헌자의 집안을 의식했다면 헌자는 그들과 사귀지 않았을 것이다.

백승의 집안만이 그런 것은 아니다. 비록 작은 나라의 임금일지라도 또한 그랬다. 비(費)나라 혜공(惠公)은 이렇게 말했다. '나는 자사(子思)는 스승으로 섬기고 안반(顔般)은 벗으로 사귀지만, 왕순(王順)과 장식(長息)은 나를 섬기는 자들이다.' 작은 나라의 임금만 그런 것이 아니라 비록 큰 나라의 임금일지라도 또한 그랬다. 진(晉)나라의 평공(平公)은 해당(亥唐)에 대해, 들어오라면 들어가고 앉으라면 앉고 먹으라면 먹었다. 비록 거친 밥에 채소국이라 하더라도 배불리 먹지 않은 적이 없으니 아마 감히 배불리 먹지 않을 수 없었을 것이다. 그러나 끝내 여기서 끝나고 말았을 뿐이다. 그와 함께 작위를 나눠 갖지 않았고 그와 함께 관직을 맡지도 않았으며 그와 함께 봉록을 먹지 않았으니, 이것은 선비가 현명한 사람을 존경하는 것이지 왕공이 현명한 사람을 존경하는 것은 아니었다.

순이 올라가 요임금을 만나보자 요임금이 사위를 별궁에 머물게 하고 또한 향연을 베풀어 번갈아 서로 대접했다. 이것이 천자가 필부와 사귀는 것이다. 아랫사람이 윗사람을 존경하는 것을 일컬어 귀한 사람을 귀하게 대한다고 하고, 윗사람이 아랫사람을 존경하는 것을 일컬어 현명한 사람을 존중한다고 한다. 귀한 사람을 귀하게 대하는 것과 현명한 사람을 존중하는 것은 그 뜻이 하나다."

萬章問曰 敢問友.
孟子曰 不挾長 不挾貴 不挾兄弟而友. 友也者 友其德也 不可以有挾也.

만장이 물었다. "삼가 친구를 사귀는 것에 대해 묻겠습니다."
맹자가 말했다. "나이를 믿고 의지하거나, 부귀를 믿고 의지하거나, 형제를 믿고 의지해 사귀지 마라. 벗은 그 덕을 사귀는 것이니 믿고 의지하는 것이 있어서는 안 된다."

협(挾)은 믿고 의지하는 것이다. 장(長)은 나이가 많은 것, 귀(貴)는 부귀한 것, 형제(兄弟)는 형제 중에 부귀한 자가 있는 것이다. 친구를 사귈 때는 그 사람됨을 보고 사귀어야 한다. 나이나 부귀, 형제를 믿고 의지해 벗을 사귀는 것은 남에게 위세를 부리는 것이지 벗을 사귀는 것이 아니다.

孟獻子 百乘之家也 有友五人焉. 樂正裘, 牧仲, 其三人 則予忘之矣. 獻子之與此五人者友也 無獻子之家者也. 此五人者 亦有獻子之家 則不與之友矣.

"맹헌자는 백승의 집안이었는데 사귀는 벗이 다섯 있었다. 악정구와 목중, 그리고 나머지 세 사람은 내가 이름을 잊어버렸다. 헌자가 이 다섯 사람과 사귄 것은 자기 집안을 의식하지 않은 것이다. 이 다섯 사람이 헌자의 집안을 의식했다면 헌자는 그들과 사귀지 않았을 것이다."

맹헌자(孟獻子)는 주희에 의하면 노나라의 대부 중손멸(仲孫蔑)이다. 악정구(樂正裘), 목중(牧仲)에 대해서는 알려진 바가 없다. 유헌자지가(有獻子之家), 무헌자지가(無獻子之家)는 헌자의 집안이 대부라는 사실을 의식하고 의식하지 않은 것이다. 조기는 有無를 대부의 부귀를 실제로 갖고 있는 것과 갖고 있지 않은 것으로 보고 있으나 따르기 어렵다. 無獻子之家는 헌자 자신이 자기 집안이 대부라는 것을 의식하지 않은 것이고, 有獻子之家는 이 다섯 사람이 헌자 집안이 대부라는 것을 의식한 것이다. 불여지우(不與之友)는 헌자가 그들과 벗하지 않았을 거라는 말이다. 헌자는 벗을 사귈 때 이처럼 부귀를 믿고 의지하지 않았다.

非惟百乘之家爲然也. 雖小國之君亦有之. 費惠公曰 吾於子思 則師之矣, 吾於顔般 則友之矣, 王順, 長息則事我者也.

"백승의 집안만이 그런 것은 아니다. 비록 작은 나라의 임금일지라도 또한 그랬다. 비나라 혜공은 이렇게 말했다. '나는 자사는 스승으로 섬기고 안반은 벗으로 사귀지만, 왕순과 장식은 나를 섬기는 자들이다.'"

비유(非惟)는 비단(非但)으로 '~뿐만은 아니다'라는 뜻이다. 비(費)는 춘추시대 작은 나라 이름이다. 비혜공(費惠公), 안반(顔般), 왕순(王順), 장식(長息)에 대해서는 알려진 바가 없다. 다만 이 글로 미루어 자사와 같은 시대 인물로 추측될 뿐이다.

非惟小國之君爲然也 雖大國之君亦有之. 晉平公之於亥唐也 入云則入 坐云則坐 食云則食. 雖疏食菜羹 未嘗不飽 蓋不敢不飽也. 然終於此而已矣. 弗與共天位也 弗與治天職也 弗與食天祿也. 士之尊賢者也 非王公之尊賢也.

"작은 나라의 임금만 그런 것이 아니라 비록 큰 나라의 임금일지라도 또한 그랬다. 진나라의 평공은 해당에 대해, 들어오라면 들어가고 앉으라면 앉고 먹으라면 먹었다. 비록 거친 밥에 채소국이라 하더라도 배불리 먹지 않은 적이 없으니 아마 감히 배불리 먹지 않을 수 없었을 것이다. 그러나 끝내 여기서 끝나고 말았을 뿐이다. 그와 함께 작위를 나눠 갖지 않았고 그와 함께 관직을 맡지도 않았으며 그와 함께 봉록을 먹지 않았으니, 이것은 선비가 현명한 사람을 존경하는 것이지 왕공이 현명한 사람을 존경하는 것은 아니었다."

진평공(晉平公)은 진나라 임금으로 도공(悼公)의 아들이다. 해당(亥唐)은 진나라의 현인이다. 입운(入云), 좌운(座云), 식운(食云)은 云入, 云座, 云食이 도치된 것으로, "들어오라, 앉으라, 먹으라"고 말하는 것이다. 소사(疏食)는 소사(蔬食)로 거친 밥, 채갱(菜羹)은 채소국이다. 진평공이 거친 밥에 채소국을 감히 배불리 먹지 않을 수 없었던(不敢不飽) 것은 어진 사람의 말을 공경했기 때문이다. 종어차이이의(終於此而已矣)는 여기에서 끝났을 뿐이라는 말이다. 불(弗)은 불(不)이다. 위(位), 직(職), 녹(祿)이라고 하지 않고 천위(天位), 천직(天職), 천록(天祿)이라고 한 것은 주희가 인용한 북송의 학자 범조우(范祖禹)에 의하면 "하늘이 어진 사람을 기다려 하늘의 백성을 다스리게 하기 위한 것으로, 임금이 마음대로 할 수 있는 것이 아니기 때문"이라고 한다.

舜尙見帝 帝館甥于貳室 亦饗舜 迭爲賓主 是天子而友匹夫也. 用下敬上 謂之貴貴, 用上敬下 謂之尊賢. 貴貴 尊賢 其義一也.

"순이 올라가 요임금을 만나보자 요임금이 사위를 별궁에 머물게 하고 또한 향연을 베풀어 번갈아 서로 대접했다. 이것이 천자가 필부와 사귀는 것이다. 아랫사람이 윗사람을 존경하는 것을 일컬어 귀한 사람을 귀하게 대한다고 하고, 윗사람이 아랫사람을 존경하는 것을 일컬어 현명한 사람을 존중한다고 한다. 귀한 사람을 귀하게 대하는 것과 현명한 사람을 존중하는 것은 그 뜻이 하나다."

상(尙)은 상(上)으로 요는 천자이고 순은 당시 필부였기 때문에 上이라고 한 것이다. 관(館)은 사(舍)로 머물게 하는 것이다. 생(甥)은 사위를 가리키는 말이고 이실(貳室)은 부궁(副宮)이다. 향(饗)은 향연을 베풀어 대접하는 것이고 질위빈주(迭爲賓主)는 서로 번갈아 손님과 주인이 되었다는 말로, 서로 번갈아 향연을 열어 대접했다는 뜻이다. 용하경상(用下敬上)의 用은 이(以)다. 귀한 사람을 귀하게 대하는 것과 현명한 사람을 존중하는 것은 그 뜻이 하나라고 했으나, 맹자의 초점은 어진 사람을 존중하는 데 있다.

4

만장이 물었다. "감히 묻겠습니다만 교제는 어떤 마음으로 해야 합니까?"

맹자가 말했다. "공손한 마음이다."

"(예물을) 물리치는 것을 공손하지 못하다고 하는데, 왜 그렇습니까?"

"존귀한 사람이 주는데 '그가 이것을 얻은 것이 의로웠던가 의롭지 못했던가'를 마음속으로 따진 뒤에 받으니 이 때문에 공손하지 못하다고 한다. 따라서 물리쳐서는 안 된다."

"청컨대 말로써 물리치지 않고 마음속으로 물리쳐 '그가 이것을 백성들로부터 취한 것은 불의다'라고 생각해 다른 말로 핑계를 대 받지 않으면 안 되겠습니까?"

"도에 맞게 교제하고 예로써 대접하면 공자도 받았다."

만장이 말했다. "지금 성문 밖에서 강도질하는 자가 있어 도에 맞게 교제하고 예를 갖춰 선물을 보낸다면 그 강도질한 물건을 받을 수 있습니까?"

"안 된다. 강고(康誥)에 말하길 '사람을 죽여 재물을 빼앗으면서 성질은 완고해 죽음을 두려워하지 않는 자들을 백성들이 원망하지 않는 이가 없다'고 했으니, 이들은 지시를 받기를 기다릴 것도 없이 죽여야 할 자들이다. 이 법을 은나라는 하나라로부터 받았고 주나라는 은나라로부터 받았으니 물을 필요조차 없는 것이다. 이 법이 지금은 더욱 명백하니 어찌 받을 수 있겠는가?"

"지금 제후들이 백성들로부터 취하는 것이 강도와 같습니다. 진실로 예를 잘 갖춰 교제를 하면 군자가 그것을 받는다고 하시는데, 감히 묻겠습니다만 이게 무슨 말입니까?"

"그대는 만일 왕자(王者)가 일어난다면 지금의 제후들을 모두 한꺼번에 처벌할 것이라고 여기는가? 아니면 가르치는데도 고치지 않은 연후에 처벌하겠는가? 대저 자기 것이 아닌데도 갖는 것을 일컬어 도적이라고 하나, 이것은 비유를 극단적으로 한 것이다. 공자께서 노나라에서 벼슬을 하실 때 노나라 사람들이 엽각(獵較)을 하자 공자께서도 또한 엽각을 하셨다. 엽각도 할 수 있거늘 하물며 예물을 받는 것쯤이야?"

"그러면 공자께서 벼슬을 하신 것은 도를 행하기 위함이 아니었습니까?"

"도를 행하기 위한 것이다."

"도를 행하기 위해서인데 어찌 엽각을 하셨습니까?"

"공자께서는 먼저 장부(帳簿)로 제기를 바로잡아 사방의 음식으로 제사에 올리지 못하게 하신 것이다."

"어찌하여 떠나지 않으셨습니까?"

"조짐을 본 것이다. 조짐이 족히 행할 만한데도 행하지 않은 연후에 떠나셨으니, 이런 까닭에 일찍이 삼년을 머무르신 적이 없으셨다. 공자께서는 어떤 때는 도를 가히 실행할 수 있다고 보고 벼슬하셨고, 어떤 때는 가히 교제할 만해 벼슬하셨으며, 어떤 때는 임금이 봉양을 해 벼슬하셨다. 계환자(季桓子)에게는 도를 가히 실행할 수 있다고 보아 벼슬하셨고, 위령공(衛靈公)에게는 가히 교제할 만해 벼슬하셨으며, 위효공(衛孝公)에게는 임금이 봉양을 해 벼슬하셨다."

萬章問曰 敢問交際何心也.
孟子曰 恭也.
曰 卻之卻之爲不恭 何哉.
曰 尊者賜之 曰 其所取之者 義乎 不義乎 而後受之. 以是爲不恭 故弗卻也.

만장이 물었다. "감히 묻겠습니다만 교제는 어떤 마음으로 해야 합니까?"

맹자가 말했다. "공손한 마음이다."

"(예물을) 물리치는 것을 공손하지 못하다고 하는데, 왜 그렇습니까?"

"존귀한 사람이 주는데 '그가 이것을 얻은 것이 의로웠던가 의롭지 못했던가'를 마음속으로 따진 뒤에 받으니 이 때문에 공손하지 못하다고 한다. 따라서 물리쳐서는 안 된다."

교제(交際)의 際는 접(接)으로, 사람들이 예의와 폐백을 갖춰 서로 만나는 것이다. 각(卻)은 남이 보낸 예물을 받지 않고 물리치는 것이다. 각지(卻之)를 두 번 연이어 쓴 이유는 분명치 않으나 받지 않으려는 뜻을 강조한 것으로도 볼 수 있다. 만장은 남이 보낸 예물을 받지 않고 물리치는 것이 왜 공손하지 못한 행위가 되는지 그 이유가 궁금했다. 왈기소취지자(曰其所取之者)의 曰은 예물을 받은 자가 마음속으로 생각하는 것이다. 맹자는 존귀한 사람이 보내는 예물을, 이 예물이 의에 합당하게 얻은 것인지 아닌지를 헤아려 의에 합당하다고 판단된 연후에야 받는 것은 공손하지 못한 것이라고 대답했다. 따라서 존귀한 사람이 보내는 예물은 물리쳐서는 안 된다는 것이 맹자의 생각이다.

曰 請無以辭卻之 以心卻之 曰 其取諸民之不義也 而以他辭無受 不可乎.
曰 其交也以道 其接也以禮 斯孔子受之矣.

"청컨대 말로써 물리치지 않고 마음속으로 물리쳐 '그가 이것을 백성들로부터 취한 것은 불의다'라고 생각해 다른 말로 핑계를 대 받지 않으면 안 되겠습니까?"
"도에 맞게 교제하고 예로써 대접하면 공자도 받았다."

만장은 어찌되었건 의롭지 못한 방법으로 취한 예물은 받아서는 안 된다고 생각했다. 그래서 다만 바로 그렇게 말하지 않고 다른 핑계를 대 물리치면 어떠냐고 맹자에게 물은 것이다. 교이도(交以道)는 주희에 의하면 노잣돈을 주거나, 조심해야 할 일이 있어 그 비용을 주는 것, 또는 굶주리는 사람을 도와주는 것 등을 말하는 것이고, 접이례(接以禮)는 말이 예절에 맞게 공경한 것을 말하는 것이다. 맹자의 대답은 똑같았다. 상대방이 도와 예에 맞게 대한다면 공자라 하더라도 받았을 것이라고. 공자라도 받았다는 것은 아마 「등문공하」 7에 보이는 양화가 공자에게 삶은 돼지를 보낸 것과 같은 이야기를 말하는 것이라 생각된다.

萬章曰 今有禦人於國門之外者 其交也以道 其餽也以禮 斯可受禦與.
曰 不可. 康誥曰 殺越人于貨 閔不畏死 凡民罔不譈. 是不待教而誅者也. 殷受夏 周受殷 所不辭也. 於今爲烈 如之何其受之.

만장이 말했다. "지금 성문 밖에서 강도질하는 자가 있어 도에 맞게 교제하고 예를 갖춰 선물을 보낸다면 그 강도질한 물건을 받을 수 있습니까?"

"안 된다. 강고에 말하길 '사람을 죽여 재물을 빼앗으면서 성질은 완고해 죽음을 두려워하지 않는 자들을 백성들이 원망하지 않는 이가 없다'고 했으니, 이들은 지시를 받기를 기다릴 것도 없이 죽여야 할 자들이다. 이 법을 은나라는 하나라로부터 받았고 주나라는 은나라로부터 받았으니 물을 필요조차 없는 것이다. 이 법이 지금은 더욱 명백하니 어찌 받을 수 있겠는가?"

어인(禦人)의 禦는 지(止)다. 흉기로 위협해 사람을 멈추게 하고는 재물을 강제로 빼앗는 사람 즉 강도를 말한다. 국문(國門)의 國은 나라가 아니라 제후의 도성을 가리킨다. 강고(康誥)는 『서경』의 편 이름이다. 살월인우화(殺越人于貨)의 월(越)은 어(於)로 의미가 없는 허사이고, 우(于)는 취(取)로 취하는 것이다. 사람을 죽여 재물을 취한다는 뜻이다. 민불외사(閔不畏死)의 민(閔)은 민(暋), 강(强)으로 강포하다는 뜻이다. 강포해 죽음도 두려워하지 않는 것이다. 민망부대(民罔不譈)의 罔은 무(無), 譈는 원(怨)이다. 백성들이 원망하지 않는 사람이 없다는 말이다. 시부대교이주자야(是不待教而誅者也)는 그런 사람들은 지시받기를 기다릴 것도 없이 죽여야 할 자들이라는 뜻이다. 이상은 양백준의 해설을 따랐다. 주희는 越을 넘어뜨린다는 뜻의 전월(顛越)로, 譈를 죽인다는 뜻의 살(殺)로 풀이한다.

은수하 주수은 소불사야(殷受夏 周受殷 所不辭也)는 조기에 의하면, 이 법은 하에서 은으로, 은에서 주로 삼대에 걸쳐 전해진 것으로서 물을 필요도 없다는 말이다. 어금위열(於今爲烈)은 지금은 더욱 명백한 법이 되었다는 뜻이다. 그러니 어찌 강도가 보낸 것을 받을 수 있겠는가? 한편 주희는 殷受夏부터 於今爲烈까지를 연문(衍文)으로 보고 있다. 무언가 착오가 있으니 억지로 풀이하지 말고 비어두는 것이 옳다고 한다.

曰 今之諸侯取之於民也 猶禦也. 苟善其禮際矣 斯君子受之 敢問何說也.
曰 子以爲有王者作 將比今之諸侯而誅之乎. 其敎之不改而後誅之乎. 夫謂非其有而取之者盜也 充類至義之盡也. 孔子之仕於魯也 魯人獵較 孔子亦獵較. 獵較猶可 而況受其賜乎.

"지금 제후들이 백성들로부터 취하는 것이 강도와 같습니다. 진실로 예를 잘 갖춰 교제를 하면 군자가 그것을 받는다고 하시는데, 감히 묻겠습니다만 이게 무슨 말입니까?"
"그대는 만일 왕자가 일어난다면 지금의 제후들을 모두 한꺼번에 처벌할 것이라고 여기는가? 아니면 가르치는데도 고치지 않은 연후에 처벌하겠는가? 대저 자기 것이 아닌데도 갖는 것을 일컬어 도적이라고 하나, 이것은 비유를 극단적으로 한 것이다. 공자께서 노나라에서 벼슬을 하실 때 노나라 사람들이 엽각을 하자 공자께서도 또한 엽각을 하셨다. 엽각도 할 수 있거늘 하물며 예물을 받는 것쯤이야?"

비(比)는 '모두'라는 뜻의 연(連)이다. 기교지(其敎之)의 其는 억(抑)으로 '아니면'의 뜻이다. 충류지의지진(充類至義之盡)은 주희에 의하면, 그 비슷한 종류를 밀고 가 뜻이 지극히 정밀한 데까지 나아가 극언하는 것이다. 즉 자기 것이 아닌 것을 취하는 자를 도둑이라고 하는 것은 극단적으로 비유해 말한 것이라는 말이다. 엽각(獵較)은 사냥을 해 짐승이나 새를 누가 많이 잡았나 서로 비교한 뒤, 많이 잡은 사람이 모두 가져가 그것으로 제사를 지내는 것이다. 공자가 엽각을 한 것은 세속과 같이하려고 한 것이다. 조기의 설명이다. 공자가 세속과 같이하기 위해 엽각도 하는데 하물며 그 예물을 받는 것을 거절할 리 있겠는가?

曰 然則孔子之仕也 非事道與.

曰 事道也.

事道奚獵較也.

曰 孔子先簿正祭器 不以四方之食供簿正.

曰 奚不去也.

曰 爲之兆也. 兆足以行矣 而不行 而後去 是以未嘗有所終三年淹也.

"그러면 공자께서 벼슬을 하신 것은 도를 행하기 위함이 아니었습니까?"

"도를 행하기 위한 것이다."

"도를 행하기 위해서인데 어찌 엽각을 하셨습니까?"

"공자께서는 먼저 장부로 제기를 바로잡아 사방의 음식으로 제사에 올리지 못하게 하신 것이다."

"어찌하여 떠나지 않으셨습니까?"

"조짐을 본 것이다. 조짐이 족히 행할 만한데도 행하지 않은 연후에 떠나셨으니, 이런 까닭에 일찍이 삼년을 머무르신 적이 없으셨다."

사도(事道)는 도를 행하는 것을 일로 삼는 것이다. 선부정제기 불이사방지식공부정(先簿正祭器 不以四方之食供簿正)에 관해서 주희는 무슨 뜻인지 해석할 수 없다고 하고 있다. 따라서 여기서는 조기의 해설을 그대로 인용한다. "공자는 쇠락한 세상에 벼슬을 했기 때문에 갑자기 고칠 수 없어 점차적으로 바로잡으려 했다. 먼저 부서(簿書)를 만들어 종묘제사에 쓰이는 그릇 수를 바로잡고, 옛날 예로 나아가 나라 안에서 갖출 수 있는 것을 취함으로써 부정(簿正)의 제기에 사방의 진귀한 음식들을 올리지 못하게 했다. 진귀한 음식은 항상 있기 어려운데, 떨어지면 불경이 되기 때문에 엽각으로 제사를 지내게 한 것이다." 다산에 의하면 공자는 사냥에서 잡은 짐승이나 새로 종묘에 제사를 지내는 옛날의 예를 회복해 대체(大體)를 바로잡으려 했기 때문에 작은 절차는 잠시 세속을 따라 엽각을 했다고 한다.

조(兆)는 조기에 의하면 시(始)로 조짐, 시작, 발단이다. 공자는 시험 삼아 한번 해보아 족히 할 만한데도 하지 않으면 그때 벼슬을 그만두고 떠났다는 것이다. 그렇기 때문에 일찍이 한 곳에서 삼 년을 머무른 적이 없었다. 엄(淹)은 머무르는 것이다.

孔子有見行可之仕 有際可之仕 有公養之仕. 於季桓子 見行可之仕也, 於衛靈公 際可之仕也, 於衛孝公 公養之仕也.

"공자께서는 어떤 때는 도를 가히 실행할 수 있다고 보고 벼슬하셨고, 어떤 때는 가히 교제할 만해 벼슬하셨으며, 어떤 때는 임금이 봉양을 해 벼슬하셨다. 계환자에게는 도를 가히 실행할 수 있다고 보아 벼슬하셨고, 위령공에게는 가히 교제할 만해 벼슬하셨으며, 위효공에게는 임금이 봉양을 해 벼슬하셨다."

유(有)는 혹(或)으로 어떤 때라는 뜻이다. 견행가지사(見行可之仕)는 도가 행해질 수 있다고 보고 벼슬에 나아가는 것, 제가지사(際可之仕)는 예로써 접대해 교제가 가능하다고 보고 벼슬하는 것, 공양지사(公養之仕)는 임금이 어진 사람을 봉양하기 때문에 벼슬하는 것이다. 계환자(季桓子)는 노나라의 경(卿)이었던 계손사(季孫斯)이며, 위령공(衛靈公)은 위나라의 임금 원(元)이다. 위효공(衛孝公)은 『춘추』나 『사기』 어디에도 보이지 않는다. 주희는 위출공(衛出公) 첩(輒)이 아닐까 추측하고 있다. 공자가 계환자나 위령공, 위효공에게 벼슬한 자세한 이야기는 현재 전해지지 않는다.

5

맹자가 말했다. "벼슬은 가난 때문에 하는 것은 아니나 때로는 가난 때문에 하는 경우도 있다. 장가를 가는 것은 봉양을 받기 위한 것은 아니지만 때로는 봉양을 받기 위해서 가는 경우도 있다. 가난 때문에 벼슬하는 경우, 높은 자리는 마다하고 낮은 자리에서 지내며 높은 봉록을 사양하고 낮은 봉록으로 지낸다. 높은 자리를 마다하고 낮은 자리에서 지내며 높은 봉록을 사양하고 낮은 봉록으로 지내기에는 어디가 마땅할까? 문지기나 야경꾼이다.

공자께서도 일찍이 창고지기가 된 적이 있었는데 말씀하시길 '회계만 맞게 할 뿐이다'라고 하셨다. 일찍이 짐승을 기르는 일을 맡으셨는데 말씀하시길 '소와 양이 살찌고 잘 자라면 그뿐이다'라고 하셨다. 지위가 낮으면서 말이 높으면 죄가 되고, 조정에 서서 도를 행하지 못하면 수치가 된다."

孟子曰 仕非爲貧也 而有時乎爲貧, 娶妻非爲養也 而有時乎爲養.
맹자가 말했다. "벼슬은 가난 때문에 하는 것은 아니나 때로는 가난 때문에 하는 경우도 있다. 장가를 가는 것은 봉양을 받기 위한 것은 아니지만 때로는 봉양을 받기 위해서 가는 경우도 있다."

유시호(有時乎)는 '어떤 때는 ~한다'는 뜻이다. 벼슬을 하는 것은 도를 행하기 위함이요, 결혼을 하는 것은 후사를 얻기 위함이다. 그러나 어떤 때는 가난 때문에 벼슬길에 나아갈 수도 있으며, 또 직접 밥하고 빨래할 수 없기 때문에 결혼할 수도 있다는 것이 맹자의 생각이다.

爲貧者 辭尊居卑 辭富居貧. 辭尊居卑 辭富居貧 惡乎宜乎. 抱關擊柝.

"가난 때문에 벼슬하는 경우, 높은 자리는 마다하고 낮은 자리에서 지내며 높은 봉록을 사양하고 낮은 봉록으로 지낸다. 높은 자리를 마다하고 낮은 자리에서 지내며 높은 봉록을 사양하고 낮은 봉록으로 지내기에는 어디가 마땅할까? 문지기나 야경꾼이다."

존비(尊卑)는 지위로 말하는 것, 부빈(富貧)은 봉록으로 말하는 것이다. 오(惡)는 '어디', '무엇'이라는 뜻의 의문사 안(安)으로, 오호의호(惡乎宜乎)는 '어디가 마땅하겠느냐'는 뜻이다. 포관(抱關)은 문지기이고, 탁(柝)은 밤에 순라를 돌 때 때리는 딱따기 같은 것으로 격탁(擊柝)은 야경꾼이다. 가난 때문에 벼슬길에 나아갈 때는 마땅히 겨우 먹고살 수 있을 정도의 직책을 얻어야 한다. 따라서 문지기나 야경꾼 같은 것이 알맞다.

孔子嘗爲委吏矣 曰 會計當而已矣. 嘗爲乘田矣 曰 牛羊茁壯長而已矣.

"공자께서도 일찍이 창고지기가 된 적이 있었는데 말씀하시길 '회계만 맞게 할 뿐이다'라고 하셨다. 일찍이 짐승을 기르는 일을 맡으셨는데 말씀하시길 '소와 양이 살찌고 잘 자라면 그뿐이다'라고 하셨다."

위리(委吏)는 창고지기이며, 당(當)은 맞는 것이다. 승전(乘田)은 원유(苑囿)에서 짐승을 기르는 것을 담당하는 관리다. 촬(茁)은 생장하는 모양을 나타낸 말로, 촬장장(茁壯長)은 살찌고 잘 자라는 것이다. 공자도 일찍이 시세가 맞지 않아 가난 때문에 벼슬을 한 적이 있었다. 그때 공자는 창고지기나 짐승 기르는 일을 맡아 했는데 그 일에만 신경을 쓸 뿐이었다. 공자가 창고지기와 짐승 기르는 일을 맡아 한 것에 대해서는 자세한 이야기가 전해지지 않는다.

位卑而言高 罪也, 立乎人之本朝 而道不行 恥也.
"지위가 낮으면서 말이 높으면 죄가 되고, 조정에 서서 도를 행하지 못하면 수치가 된다."

본조(本朝)는 조정이다. 지위가 낮은 자는 조정의 일에 관여해서는 안 되며, 조정의 고관대작이 도를 행하지 않고 봉록만 받아먹는 것은 수치다. 그렇기 때문에 가난 때문에 벼슬길에 나아가는 자는 낮은 자리에서 자기 직책만 수행할 뿐 조정의 일에 관여해서는 안 된다. 이것이 가난 때문에 벼슬길에 나아가는 자의 도리다.

6

만장이 말했다. "사(士)가 제후에게 몸을 의탁하지 않는 것은 어찌된 연유입니까?"

맹자가 말했다. "감히 할 수 없는 것이다. 제후가 나라를 잃었을 때 제후에게 의탁하는 것이 예이고, 사가 제후에게 의탁하는 것은 예가 아니다."

만장이 말했다. "임금이 보내주는 곡식은 받습니까?"

"받는다."

"받는 것은 무슨 뜻입니까?"

"임금은 다른 나라에서 망명 온 백성에 대해서는 원래 구호하는 법이다."

"구호하면 받고 하사하면 받지 않는 것은 어찌된 연유입니까?"

"감히 할 수 없는 것이다."

"감히 묻겠습니다만, 감히 할 수 없는 것은 어찌된 연유입니까?"

"문지기나 야경꾼은 모두 일정한 직무가 있어 위로부터 봉록을 받아먹는다. 일정한 직무가 없으면서 위로부터 하사받는 것은 불공한 짓이다."

"임금이 구호해주는 것은 받는다고 하는데, 계속 받아야 할지 알지 못하겠습니다."

"목공(繆公)이 자사에 대해 자주 안부를 묻고 자주 고기를 보냈지만 자사는 불쾌했다. 끝내는 심부름꾼을 손을 내저어 대문 밖으로 내보내고, 북쪽을 향해 머리를 조아려 재배하고는 받지 않았다. 말하길 '이제야 내가 임금이 나를 개나 말처럼 키운 것을 알았다'고 했다. 대개 이때부터 심부름꾼이 물건을 보내지 않았다. 현명한 사람을 좋아한다고 하면서도 등용하지 못하고 또 봉양조차 하지 못한다면 현명한 사람을 좋아한다고 할 수 있겠는가?"

"감히 묻겠습니다만 임금이 군자를 봉양하려면 어떻게 해야지 봉양한다고 할 수 있겠습니까?"

"임금의 명으로 물건을 보내면 머리를 조아려 재배하고 받는다. 그다음부터는 창고지기가 계속해서 곡식을 보내고 푸줏간쟁이가 계속해서 고기를 보내지만 임금의 명으로 보내지는 않는다. 자사는 삶은 고기가 번거롭게 자기로 하여금 자꾸 절을 하게 한다고 여겼다. 이것은 군자를 봉양하는 도리가 아니다.

요임금은 순에 대하여 그 아들 아홉으로 하여금 섬기게 했고 두 딸을 시집보냈으며, 많은 관리와 소와 양, 창고를 갖추고서 순을 들판 가운데서 봉양했다. 그런 다음에 그를 등용해 높은 자리에 앉혔다. 따라서 말하길 왕공(王公)이 현명한 사람을 존중하는 것이라고 하는 것이다."

萬章曰 士之不託諸侯 何也.
孟子曰 不敢也. 諸侯失國 而後託於諸侯 禮也, 士之託於諸侯 非禮也.
萬章曰 君餽之粟 則受之乎.
曰 受之.
受之何義也.
曰 君之於氓也 固周之.

만장이 말했다. "사가 제후에게 몸을 의탁하지 않는 것은 어찌된 연유입니까?"

맹자가 말했다. "감히 할 수 없는 것이다. 제후가 나라를 잃었을 때 제후에게 의탁하는 것이 예이고, 사가 제후에게 의탁하는 것은 예가 아니다."

만장이 말했다. "임금이 보내주는 곡식은 받습니까?"

"받는다."

"받는 것은 무슨 뜻입니까?"

"임금은 다른 나라에서 망명 온 백성에 대해서는 원래 구호하는 법이다."

탁(託)은 기(寄)로 몸을 의탁하는 것이다. 제후가 나라를 잃고 다른 나라로 망명해 몸을 의탁할 경우 임금은 그를 빈(賓)으로 대우해 봉양한다. 그리고 그런 제후를 일컬어 기공(寄公) 또는 우공(寓公)이라고 한다. 그러나 사는 지위가 낮아 제후의 예를 감당할 수 없다. 맹(氓)은 다른 나라에서 망명해온 백성을 가리키고, 주(周)는 어려운 것을 돕는 것이다. 사는 제후처럼 몸을 의탁할 수는 없으나 다른 나라에서 망명을 와 형편이 어렵기 때문에 임금이 보내주는 곡식은 받는다. 그것은 다른 나라에서 망명을 와 형편이 어려운 사람을 돕는 것이 원래 법도이기 때문이다.

曰 周之則受 賜之則不受 何也.

曰 不敢也.

曰 敢問其不敢何也.

曰 抱關擊柝者 皆有常職以食於上. 無常職而賜於上者 以爲不恭也.

"구호하면 받고 하사하면 받지 않는 것은 어찌된 연유입니까?"

"감히 할 수 없는 것이다."

"감히 묻겠습니다만, 감히 할 수 없는 것은 어찌된 연유입니까?"

"문지기나 야경꾼은 모두 일정한 직무가 있어 위로부터 봉록을 받아먹는다. 일정한 직무가 없으면서 위로부터 하사받는 것은 불공한 짓이다."

사(賜)는 일정한 일의 대가로 임금으로부터 하사받는 것이다. 문지기나 야경꾼은 일정한 직책이 있기 때문에 임금으로부터 봉록을 하사받는다. 그러나 일정한 직책이 없는 사가 임금으로부터 록을 받는 것은 불공한 일이다. 그렇기 때문에 주(周)하는 것은 받아도 사(賜)하는 것은 받지 못한다.

曰 君餽之 則受之 不識可常繼乎.
曰 繆公之於子思也 亟問 亟餽鼎肉. 子思不悅. 於卒也 摽使者出諸大門之外 北面稽首再拜而不受. 曰 今而後知君之犬馬畜伋. 蓋自是臺無餽也. 悅賢不能擧 又不能養也 可謂悅賢乎.

"임금이 구호해주는 것은 받는다고 하는데, 계속 받아야 할지 알지 못하겠습니다."
"목공이 자사에 대해 자주 안부를 묻고 자주 고기를 보냈지만 자사는 불쾌했다. 끝내는 심부름꾼을 손을 내저어 대문 밖으로 내보내고, 북쪽을 향해 머리를 조아려 재배하고는 받지 않았다. 말하길 '이제야 내가 임금이 나를 개나 말처럼 키운 것을 알았다'고 했다. 대개 이때부터 심부름꾼이 물건을 보내지 않았다. 현명한 사람을 좋아한다고 하면서도 등용하지 못하고 또 봉양조차 하지 못한다면 현명한 사람을 좋아한다고 할 수 있겠는가?"

상계(常繼)는 계속해서 받는 것이다. 기(亟)는 자주라는 뜻의 삭(數), 누(屢)다. 정육(鼎肉)은 세발솥(鼎)에 담긴 고기다. 자사가 불쾌해한 것은 고기를 보내올 때마다 절을 하며 예를 갖춰야 했기 때문이다. 표(摽)는 손을 내젓는 것이고, 저(諸)는 지어(之於)를 합친 것이다. 북면(北面)은 북쪽을 향하는 것이고, 계수재배(稽首再拜)는 머리를 조아려 두 번 절하는 것으로 모두 신하가 임금에게 바치는 예다. 견마축급(犬馬畜伋)은 개나 말을 기르는 것처럼 자기(伋)를 봉양했다는 말이다. 자시대무궤(自是臺無餽)의 대(臺)는 심부름을 담당하는 낮은 관리다. 이때부터 심부름꾼이 고기를 갖고 오는 일이 없어졌다는 말이다.

曰 敢問國君欲養君子 如何斯可謂養矣.
曰 以君命將之 再拜稽首而受. 其後廩人繼粟 庖人繼肉 不以君命將之. 子思以爲鼎肉使己僕僕爾亟拜也 非養君子之道也.

"감히 묻겠습니다만 임금이 군자를 봉양하려면 어떻게 해야지 봉양한다고 할 수 있겠습니까?"
"임금의 명으로 물건을 보내면 머리를 조아려 재배하고 받는다. 그다음부터는 창고지기가 계속해서 곡식을 보내고 푸줏간쟁이가 계속해서 고기를 보내지만 임금의 명으로 보내지는 않는다. 자사는 삶은 고기가 번거롭게 자기로 하여금 자꾸 절을 하게 한다고 여겼다. 이것은 군자를 봉양하는 도리가 아니다."

장(將)은 송(送)으로 보내는 것이다. 늠인(廩人)은 창고를 담당하는 관리, 포인(庖人)은 주방을 담당하는 관리다. 임금이 군자를 봉양할 때 처음에는 임금 명으로 물품을 보낸다. 그때 군자도 머리를 조아리며 두 번 절을 하고 받는다. 그러나 그 이후로는 임금 명으로 보내지 않고 담당하는 관리가 각자 알아서 보낸다. 따라서 군자가 절을 할 필요가 없다. 복복이(僕僕爾)는 번거로운 모양을 나타내는 말이다. 자사는 목공이 보내는 정육(鼎肉)이 자기를 번거롭게 자주 절을 하게 만든다고 여겼다. 그래서 군자를 봉양하는 도가 아니었던 것이다.

堯之於舜也 使其子九男事之 二女女焉 百官牛羊倉廩備 以養舜於
畎畝之中 後擧而加諸上位. 故曰 王公之尊賢者也.

"요임금은 순에 대하여 그 아들 아홉으로 하여금 섬기게 했고 두 딸을 시집보냈으며, 많은 관리와 소와 양, 창고를 갖추고서 순을 들판 가운데서 봉양했다. 그런 다음에 그를 등용해 높은 자리에 앉혔다. 따라서 말하길 왕공이 현명한 사람을 존중하는 것이라고 하는 것이다."

가(加)는 거(居)로 올려놓는 것이다. 상위(上位)는 천자의 지위다. 요가 순을 대접한 이야기는 「만장상」 1에서 이미 나온 바 있다.

7

만장이 말했다. "감히 묻겠습니다만 제후를 만나보지 않는 것은 무슨 뜻입니까?"

맹자가 말했다. "도성 안에 있으면 시정(市井)의 신하, 시골에 있으면 초망(草莽)의 신하라고 하는데, 모두 서인을 말하는 것이다. 서인은 폐백을 바쳐 신하가 되지 않으면 감히 제후를 만나지 못하는 것이 예다."

만장이 말했다. "서인을 부역에 부르면 가서 부역을 하는데, 임금이 보고 싶어 부르면 보러 가지 않는 것은 어찌된 연유입니까?"

"부역에 가는 것은 의(義)고, 보러 가는 것은 의가 아니다. 그리고 임금이 보려고 하는 것은 무엇 때문인가?"

"많이 보고 들었기 때문이요 현명하기 때문입니다."

"많이 보고 들었기 때문이라면 천자도 스승을 불러들일 수 없는데 하물며 제후가? 현명하기 때문이라면 나는 아직 현명한 사람을 보고 싶어서 불러들인다는 말을 듣지 못했다. 목공(繆公)이 자주 자사를 보러 갔는데 이렇게 말했다. '옛날에 천승의 나라의 임금이 선비를 벗으로 사귀었다는데 어떻습니까?' 자사가 불쾌해하며 말하길 '옛사람이 말한 것은 섬긴다고 해야지 어찌 벗으로 사귄다고 합니까?'라고 했다. 자사가 불쾌해한 것은 '지위로 따지자면 당신은 임금이고 나는 신하인데 어찌 감히 임금과 벗하겠는가? 덕으로 따지자면 당신은 나를 섬기는 사람인데 어찌 나와 벗할 수 있는가?'라고 하는 것 아니겠는가? 천승의 임금이 벗으로 사귀려 해도 이룰 수 없는데 하물며 불러들일 수 있단 말인가? 제경공(齊景公)이 사냥을 할 때 우인(虞人)을 깃털이 달린 깃발로 불렀더니 오지 않아 죽이려고 했다. 뜻있는 선비는 자기 시체가 도랑에서 굴러다닐 것을 잊지 않으며 용감한 선비는 자기 머리를 잃을 것을 잊지 않는다. 공자께서 무엇을 취했겠는가? 올바른 방법으로 부르지 않으면 가지 않는 것을 취한 것이다."

"감히 묻겠습니다만 우인을 부를 때는 무엇으로 합니까?"

"가죽 모자로 한다. 서인은 비단 깃발로 부르고, 사(士)는 방울이 달린 깃발로 부르며, 대부는 깃털이 달린 깃발로 부른다. 대부를 부르는 것으로 우인을 부르면 우인은 죽어도 감히 갈 수 없다. 사를 부르는 것으로 서인을 부르면 서인이 어찌 감히 가겠느냐? 하물며 현명하지 못한 사람을 부르는 것으로 현명한 사람을 불러서야? 현명한 사람을 만나보려 하면서 정당한 방법으로 하지 않는 것은 들어오기를 바라면서 문을 닫는 것과 같다. 무릇 의(義)는 길이요 예는 문이다. 오직 군자만이 능히 이 길을 따르고 이 문을 출입할 수 있다. 시에 말하길 '큰 길이 숫돌과 같고 곧기가 화살과 같다. 군자가 가는 것을 소인은 본받는다'고 했다."

만장이 말했다. "공자께서는 임금이 부르면 수레가 갖춰지기를 기다리지 않고 서둘러 가셨습니다. 그렇다면 공자께서 잘못한 것입니까?"

"공자께서 벼슬을 해 관직에 있었는데 그 관직으로 부른 것이다."

萬章曰 敢問不見諸侯 何義也.
孟子曰 在國曰市井之臣 在野曰草莽之臣 皆謂庶人. 庶人不傳質爲臣 不敢見於諸侯 禮也.

만장이 말했다. "감히 묻겠습니다만 제후를 만나보지 않는 것은 무슨 뜻입니까?"

맹자가 말했다. "도성 안에 있으면 시정의 신하, 시골에 있으면 초망의 신하라고 하는데, 모두 서인을 말하는 것이다. 서인은 폐백을 바쳐 신하가 되지 않으면 감히 제후를 만나지 못하는 것이 예다."

국(國)은 여기서는 나라가 아니라 제후가 거처하는 도읍이다. 초망지신(草莽之臣)은 초야지신(草野之臣)이라고도 한다. 전질(傳質)의 質은 지(贄)로, 처음 인사를 나눌 때 건네는 예물, 즉 폐백이다. 사는 꿩(雉), 서인은 집오리(鶩)를 쓴다. 초순에 의하면 다른 사람을 통해 전달하기 때문에 傳質이라고 한다. 나라 안에 임금의 신하가 아닌 사람이 없으나, 폐백을 바치고 벼슬을 하고 있는 사람과 벼슬길에 오르지 않은 서인은 예가 다르기 때문에 서인은 임금을 만나볼 수 없다.

萬章曰 庶人 召之役 則往役, 君欲見之 召之 則不往見之 何也.
曰 往役 義也, 往見 不義也. 且君之欲見之也 何爲也哉.
曰 爲其多聞也 爲其賢也.
曰 爲其多聞也 則天子不召師 而況諸侯乎. 爲其賢也 則吾未聞欲見賢而召之也.

만장이 말했다. "서인을 부역에 부르면 가서 부역을 하는데, 임금이 보고 싶어 부르면 보러 가지 않는 것은 어찌된 연유입니까?"

"부역에 가는 것은 의고, 보러 가는 것은 의가 아니다. 그리고 임금이 보려고 하는 것은 무엇 때문인가?"

"많이 보고 들었기 때문이요 현명하기 때문입니다."

"많이 보고 들었기 때문이라면 천자도 스승을 불러들일 수 없는데 하물며 제후가? 현명하기 때문이라면 나는 아직 현명한 사람을 보고 싶어서 불러들인다는 말을 듣지 못했다."

역(役)은 부역(賦役)이다. 서인은 부역에 나아가야 할 의무가 있다. 그러나 임금을 만나보는 것은 예가 아니다. 하위야재(何爲也哉)는 무엇 때문이겠느냐는 말이다.

繆公亟見於子思 曰 古千乘之國以友士 何如. 子思不悅 曰 古之人有言 曰 事之云乎 豈曰友之云乎. 子思之不悅也 豈不曰 以位 則子君也 我臣也. 何敢與君友也. 以德 則子事我者也 奚可以與我友. 千乘之君求與之友 而不可得也 而況可召與.

"목공이 자주 자사를 보러 갔는데 이렇게 말했다. '옛날에 천승의 나라의 임금이 선비를 벗으로 사귀었다는데 어떻습니까?' 자사가 불쾌해하며 말하길 '옛사람이 말한 것은 섬긴다고 해야지 어찌 벗으로 사귄다고 합니까?'라고 했다. 자사가 불쾌해한 것은 '지위로 따지자면 당신은 임금이고 나는 신하인데 어찌 감히 임금과 벗하겠는가? 덕으로 따지자면 당신은 나를 섬기는 사람인데 어찌 나와 벗할 수 있는가?'라고 하는 것 아니겠는가? 천승의 임금이 벗으로 사귀려 해도 이룰 수 없는데 하물며 불러들일 수 있단 말인가?"

견어자사(見於子思)는 피동문으로 자사에 의해 만나지다, 즉 가서 자사를 만난다는 뜻이다. 사지운호 기왈우지운호(事之云乎 豈曰友之云乎)는 "섬긴다고 해야지 어찌 벗으로 사귄다고 하는가"의 뜻이다.

齊景公田 招虞人以旌 不至 將殺之. 志士不忘在溝壑 勇士不忘喪其元. 孔子奚取焉. 取非其招不往也.
曰 敢問招虞人何以.

曰 以皮冠. 庶人以旃 士以旂 大夫以旌. 以大夫之招招虞人 虞人死不
敢往. 以士之招招庶人 庶人豈敢往哉. 況乎以不賢人之招招賢人乎.

"제경공이 사냥을 할 때 우인을 깃털이 달린 깃발로 불렀더니 오지 않아 죽이려고 했다. 뜻있는 선비는 자기 시체가 도랑에서 굴러다닐 것을 잊지 않으며 용감한 선비는 자기 머리를 잃을 것을 잊지 않는다. 공자께서 무엇을 취했겠는가? 올바른 방법으로 부르지 않으면 가지 않는 것을 취한 것이다."

"감히 묻겠습니다만 우인을 부를 때는 무엇으로 합니까?"

"가죽 모자로 한다. 서인은 비단 깃발로 부르고, 사는 방울이 달린 깃발로 부르며, 대부는 깃털이 달린 깃발로 부른다. 대부를 부르는 것으로 우인을 부르면 우인은 죽어도 감히 갈 수 없다. 사를 부르는 것으로 서인을 부르면 서인이 어찌 감히 가겠느냐? 하물며 현명하지 못한 사람을 부르는 것으로 현명한 사람을 불러서야?"

제경공전(齊景公田) 이하의 내용은 「등문공하」 1에서 이미 나온 바 있다. 피관(皮冠)은 초순에 의하면 사냥할 때 먼지와 눈, 비를 막기 위해 관 위에 덮어 쓰는 모자다. 전(旃)은 깃대에 붉은 비단을 단 깃발이며, 기(旂)는 용 두 마리를 그린 방울이 달린 깃발, 정(旌)은 새의 깃털을 꽂은 깃발이다.

欲見賢人而不以其道 猶欲其入而閉之門也. 夫義 路也, 禮 門也.
惟君子能由是路 出入是門也. 詩云 周道如底 其直如矢, 君子所履
小人所視.

"현명한 사람을 만나보려 하면서 정당한 방법으로 하지 않는 것은 들어오기를 바라면서 문을 닫는 것과 같다. 무릇 의는 길이요 예는 문이다. 오직 군자만이 능히 이 길을 따르고 이 문을 출입할 수 있다. 시에 말하길 '큰 길이 숫돌과 같고 곧기가 화살과 같다. 군자가 가는 것을 소인은 본받는다'고 했다."

시는 『시경』「소아」 대동(大東)편이다. 주도(周道)는 양백준에 의하면 주행(周行)으로 큰 길이다. 저(底)는 지(砥)로 숫돌이며 숫돌과 같이 평탄함을 가리키고, 시(矢)는 화살과 같이 곧음을 나타낸다. 시(視)는 효(效)로 본받는 것이다.

萬章曰 孔子 君命召 不俟駕而行. 然則孔子非與.
曰 孔子當仕有官職 而以其官召之也.
만장이 말했다. "공자께서는 임금이 부르면 수레가 갖춰지기를 기다리지 않고 서둘러 가셨습니다. 그렇다면 공자께서 잘못한 것입니까?"
"공자께서 벼슬을 해 관직에 있었는데 그 관직으로 부른 것이다."

군명소불사가이행(君命召不俟駕而行)은 『논어』「향당(鄕黨)」편에 나오는 말로, 임금이 부르면 수레에 말이 매이기를 기다리지 않고 우선 걸어가다가 수레가 준비되어 뒤따라오면 그때 수레를 타고 간다는 말이다. 임금의 부름을 중하게 여겨 서두르는 것을 나타낸다. 당시 공자는 벼슬길에 나아가 관직을 맡고 있었기 때문에 임금이 해당 관직을 찾을 경우 그처럼 서두른 것이다.

8

맹자가 만장에게 말했다. "한 고을의 훌륭한 선비는 한 고을의 훌륭한 선비와 사귀고, 한 나라의 훌륭한 선비는 한 나라의 훌륭한 선비와 사귀며, 천하의 훌륭한 선비는 천하의 훌륭한 선비와 사귄다. 천하의 훌륭한 선비와 사귀는 것도 부족하면 또 위로 거슬러 올라가 옛사람을 논한다. 그 시를 읊조리고 그 책을 읽으면서 그 사람을 모른다는 것이 말이 되겠는가? 이런 까닭에 그 세대를 논하는 것이 위로 올라가 벗하는 것이다."

孟子謂萬章曰 一鄕之善士 斯友一鄕之善士, 一國之善士 斯友一國之善士, 天下之善士 斯友天下之善士.

맹자가 만장에게 말했다. "한 고을의 훌륭한 선비는 한 고을의 훌륭한 선비와 사귀고, 한 나라의 훌륭한 선비는 한 나라의 훌륭한 선비와 사귀며, 천하의 훌륭한 선비는 천하의 훌륭한 선비와 사귄다."

유유상종이라고 각자 자기 덕행에 맞게 벗을 사귀는 법이다.

以友天下之善士爲未足 又尙論古之人. 頌其詩 讀其書 不知其人可乎. 是以論其世也 是尙友也.

"천하의 훌륭한 선비와 사귀는 것도 부족하면 또 위로 거슬러 올라가 옛사람을 논한다. 그 시를 읊조리고 그 책을 읽으면서 그 사람을 모른다는 것이 말이 되겠는가? 이런 까닭에 그 세대를 논하는 것이 위로 올라가 벗하는 것이다."

상(尙)은 상(上)으로 위로 거슬러 올라가는 것이고, 송(頌)은 송(誦)으로 읊조리는 것이다. 논기세(論其世)는 당시 역사를 살펴 그 득실을 논하는 것을 말한다. 그럼으로써 당시 사람을 알게 되니 이것이 위로 거슬러 올라가 옛사람과 벗하는 것이다.

이토 진사이는 이 장이 배우는 자 중 책을 읽을 줄 모르는 자를 위해 한 말이라고 보고 있다.

9

제선왕(齊宣王)이 경(卿)에 대해 물었다.
맹자가 말했다. "왕께서는 어떤 경에 대해 물으시는 겁니까?"
왕이 말했다. "경이 같지 않나요?"
"같지 않습니다. 귀척(貴戚)의 경이 있고 이성(異姓)의 경이 있습니다."
왕이 말했다. "청컨대 귀척의 경에 대해 묻고자 합니다."
"임금이 큰 잘못이 있으면 간언을 드립니다. 반복했는데도 듣지 않으면 임금을 바꿉니다."
왕이 벌겋게 얼굴색이 변했다. "왕께서는 이상하게 생각하지 마십시오. 왕께서 신에게 묻기에 신이 감히 바른대로 대답하지 않을 수 없었던 것입니다."
왕의 얼굴색이 안정된 후에 이성의 경에 대해 물었다. "임금이 잘못이 있으면 간언을 드립니다. 반복했는데도 듣지 않으면 떠납니다."

齊宣王問卿. 孟子曰 王何卿之問也.

王曰 卿不同乎.

曰 不同. 有貴戚之卿 有異姓之卿.

王曰 請問貴戚之卿.

曰 君有大過則諫 反覆之而不聽 則易位.

제선왕이 경(卿)에 대해 물었다.

맹자가 말했다. "왕께서는 어떤 경에 대해 물으시는 겁니까?"

왕이 말했다. "경이 같지 않나요?"

"같지 않습니다. 귀척의 경이 있고 이성의 경이 있습니다."

왕이 말했다. "청컨대 귀척의 경에 대해 묻고자 합니다."

"임금이 큰 잘못이 있으면 간언을 드립니다. 반복했는데도 듣지 않으면 임금을 바꿉니다."

귀척지경(貴戚之卿)은 임금과 성이 같은 일족의 경이다. 대과(大過)는 나라를 잃게 하는 큰 잘못이다. 귀척지경은 임금과 같은 일족으로서 종묘사직이 무너지는 것을 바라만 보고 있을 수가 없기 때문에 간언을 올리다가 안 되면 임금을 바꿀 수밖에 없는 것이다.

王勃然變乎色. 曰 王勿異也. 王問臣 臣不敢不以正對.
王色定 然後請問異姓之卿. 曰 君有過則諫 反覆之而不聽 則去.

왕이 벌겋게 얼굴색이 변했다. "왕께서는 이상하게 생각하지 마십시오. 왕께서 신에게 묻기에, 신이 감히 바른대로 대답하지 않을 수 없었던 것입니다."

왕의 얼굴색이 안정된 후에 이성의 경에 대해 물었다. "임금이 잘못이 있으면 간언을 드립니다. 반복했는데도 듣지 않으면 떠납니다."

발연(勃然)은 얼굴색이 변하는 모습을 나타낸 말이다. 임금과 성이 다른 이성의 경은 종묘사직과 꼭 운명을 같이해야 할 이유가 없다. 따라서 간언을 올리는데도 받아들이지 않으면 떠나는 것이다. 귀척지경과 이성지경은 임금과 친소관계가 서로 다르기 때문에 정도를 지키고 권도를 행함에 있어서 (守經行權) 각자 그 분수의 차이가 있다. 귀척지경이 작은 잘못을 간하지 않는 것은 아니다. 다만 큰 잘못을 간해도 듣지 않아야 임금을 바꿀 수 있는 것이다. 이성지경이 큰 잘못을 간하지 않는 것은 아니다. 그러나 비록 작은 잘못이라도 간해 듣지 않는다면 떠날 수가 있다. 이상은 주희의 해설이다.

11

고자장구상

告子章句上

인은 사람의 마음이요, 의는 사람의 길이다.

1

고자가 말했다. "인간의 본성은 버드나무와 같고 의는 그릇과 같습니다. 인간의 본성으로 인의를 행하는 것은 버드나무로 그릇을 만드는 것과 같습니다."

맹자가 말했다. "당신은 버드나무의 본성을 그대로 따라 그릇을 만듭니까? 아니면 버드나무의 본성을 꺾어 해친 뒤에 그릇을 만듭니까? 만일 버드나무의 본성을 꺾어 해쳐 그릇을 만든다면 또한 사람을 꺾어 해친 뒤에 인의를 행한단 말입니까? 천하의 사람들을 이끌고 인의를 해치는 것은 반드시 당신의 이 말일 것입니다."

告子曰 性猶杞柳也, 義猶桮棬也. 以人性爲仁義 猶以杞柳爲桮棬.
고자가 말했다. "인간의 본성은 버드나무와 같고, 의는 그릇과 같습니다. 인간의 본성으로 인의를 행하는 것은 버드나무로 그릇을 만드는 것과 같습니다."

고자는 조기에 의하면 앞의「공손추상」2에서 이미 나온 바 있는 그 고자다. 그러나 염약거(閻若璩) 같은 사람은『사서석지우속(四書釋地又續)』에서 이는 조기가 착각한 것으로, 여기서의 고자와「공손추상」2의 고자는 서로 다른 사람이라고 주장한다(『맹자정의』에서 인용). 기류(杞柳)는 버드나무고, 배권(桮

棬)은 배소(桮素)로 가공하지 않은 술잔이다. 조기의 설이다. 원래 버드나무 가지는 구부려 엮어서 고리짝이나 소쿠리 같은 것을 만들지 술잔과 같이 액체를 담는 것은 만들지 못한다. 그런데 버드나무로 술잔을 만든다고 하니 버드나무 줄기의 가운데를 파서 만든다는 것인지 알 수 없다. 주희는 술잔이나 주전자와 같은 그릇 종류(桮匜之屬)라고 하고 있다. 여기서는 주희의 설을 따랐다. 아무튼 인간의 본성으로 인의를 행하는 것은 버드나무를 구부려 그릇을 만드는 것과 같다는 고자의 말은 인간의 본성에는 인의가 없고, 다만 버드나무를 구부리는 것과 같은 인위적인 조작을 통해서만 인의를 행할 수 있다는 말이다. 즉 순자의 성위설(性僞說), 성악설(性惡說)과 같은 주장이다.

孟子曰 子能順杞柳之性而以爲桮棬乎. 將戕賊杞柳而後以爲桮棬也. 如將戕賊杞柳而以爲桮棬 則亦將戕賊人以爲仁義與. 率天下之人而禍仁義者 必子之言夫.

맹자가 말했다. "당신은 버드나무의 본성을 그대로 따라 그릇을 만듭니까? 아니면 버드나무의 본성을 꺾어 해친 뒤에 그릇을 만듭니까? 만일 버드나무의 본성을 꺾어 해쳐 그릇을 만든다면 또한 사람을 꺾어 해친 뒤에 인의를 행한단 말입니까? 천하의 사람들을 이끌고 인의를 해치는 것은 반드시 당신의 이 말일 것입니다."

맨 앞의 장(將)은 억(抑)으로 '아니면'의 뜻이고, 뒤의 두 將은 '장차 ~하다'의 뜻이다. 장적(戕賊)은 손상을 가해 해치는 것이다. 버드나무의 본성을 따라 그릇을 만든다면 그릇은 버드나무의 본성에서 비롯된 것이니 인의 또한 인간의 본성에서 비롯된 것이다. 그렇지 않고 버드나무 본성을 해쳐 그릇을 만든다면 마찬가지로 인간의 본성을 해쳐야만 인의를 행할 수 있다. 그렇다면 천하의 모든 사람들이 인의가 인간의 본성에 해가 된다고 생각해 인의를 행하지 않게 될 터이니, 이는 결과적으로 인의를 해치는 셈이 된다. 그런데 버드나무로 그릇을 만드는 것은 잘 굽혀지는 버드나무 본성에서 비롯된 것이며, 따라서 인의 또한 인간 본성에서 비롯된 것이다. 맹자의 말은 결국 타고난 본성을 따르는 것이 바로 선이라는 것이다(順其性爲善).

2

고자가 말했다. "인간의 본성은 여울물과 같아서 동쪽으로 터주면 동쪽으로 흘러가고 서쪽으로 터주면 서쪽으로 흘러갑니다. 인간의 본성이 선하고 선하지 않고의 구분이 없는 것은 물이 동쪽과 서쪽의 구분이 없는 것과 같습니다."

맹자가 말했다. "물은 진실로 동쪽과 서쪽의 구분이 없습니다. 그렇지만 상하의 구분도 없습니까? 인간 본성이 착한 것은 물이 아래로 흐르는 것과 같습니다. 사람은 착하지 않은 사람이 없고 물은 아래로 흐르지 않는 것이 없습니다. 이제 물을 쳐서 튀어오르게 하면 이마를 지나가게 할 수 있으며, 물을 막아 거꾸로 흐르게 하면 산에도 있게 할 수 있습니다. 이것이 어찌 물의 본성이겠습니까? 그 형세가 그렇게 만든 것입니다. 사람이 선하지 않은 일을 하게 할 수도 있으나 그 본성은 역시 이와 같습니다."

告子曰 性猶湍水也 決諸東方則東流 決諸西方則西流. 人性之無分於善不善也 猶水之無分於東西也.

고자가 말했다. "인간의 본성은 여울물과 같아서 동쪽으로 터주면 동쪽으로 흘러가고 서쪽으로 터주면 서쪽으로 흘러갑니다. 인간의 본성이 선하고 선하지 않고의 구분이 없는 것은 물이 동쪽과 서쪽의 구분이 없는 것과 같습니다."

단(湍)은 조기에 의하면 원(圓)으로, 단수(湍水)는 원을 이루며 돌아가는 물 즉 여울물이다. 결(決)은 물길을 트는 것이다. 고자는 앞 장에서 인간이 인의를 행하는 것은 인위적으로 조작한 것이라는 성위설(性僞說)을 주장했다가 맹자로부터 논박을 당했다. 그러자 이번에는 입장을 조금 바꿔 인간의 본성은 선도 아니고 악도 아니라고 주장한다. 인간 본성이 선도 악도 아니라는 것은 서한 말의 학자 양웅(揚雄)도 주장한 바 있다. 양웅은 『법언(法言)』「수신(修身)」편에서 "사람의 성은 선악이 섞여 있다. 선을 닦으면 선한 사람이 되고 악을 닦으면 악한 사람이 된다"고 말했다.

孟子曰 水信無分於東西. 無分於上下乎. 人性之善也 猶水之就下也. 人無有不善 水無有不下. 今夫水 搏而躍之 可使過顙, 激而行之 可使在山. 是豈水之性哉. 其勢則然也. 人之可使爲不善, 其性亦猶是也.

맹자가 말했다. "물은 진실로 동쪽과 서쪽의 구분이 없습니다. 그렇지만 상하의 구분도 없습니까? 인간 본성이 착한 것은 물이 아래로 흐르는 것과 같습니다. 사람은 착하지 않은 사람이 없고 물은 아래로 흐르지 않는 것이 없습니다. 이제 물을 쳐서 튀어오르게 하면 이마를 지나가게 할 수 있으며, 물을 막아 거꾸로 흐르게 하면 산에도 있게 할 수 있습니다. 이것이 어찌 물의 본성이겠습니까? 그 형세가 그렇게 만든 것입니다. 사람이 선하지 않은 일을 하게 할 수도 있으나 그 본성은 역시 이와 같습니다."

박(搏)은 치는 것, 약(躍)은 튀어오르게 하는 것, 상(顙)은 이마, 격(激)은 막아 거꾸로 흐르게 하는 것이다. 물은 물길을 터주는 대로 동서 구분이 없이 흐르지만 상하로는 그렇지 않다. 반드시 위에서 아래로 흐른다. 사람도 마찬가지로 반드시 선하기 마련이다. 어쩌다 물이 위로 튀어 이마를 스치고 지나가기도 하고 산 위에 있기도 하지만, 그것은 물의 본성이 그런 것이 아니라 무언가가 억지로 그렇게 하게끔 만든 것이다. 사람도 그와 같아 악한 일을 하는 것은 무언가가 억지로 그렇게 하게 만든 것이다. 여기서 맹자의 주장은 타고난 본성을 따르지 않는 것이 바로 선하지 않은 것이라는 것이다(不順其性爲不善).

3

고자가 말했다. "타고난 것을 일컬어 성이라고 합니다."

맹자가 말했다. "타고난 것을 일컬어 성이라고 하는 것은 흰 것을 일컬어 희다고 하는 것과 같습니까?"

"그렇습니다."

"흰 깃털이 흰 것이 흰 눈이 흰 것과 같고, 흰 눈이 흰 것이 흰 옥이 흰 것과 같습니까?"

"그렇습니다."

"그러면 개의 성이 소의 성과 같고, 소의 성이 사람의 성과 같다는 것입니까?"

告子曰 生之謂性.

고자가 말했다. "타고난 것을 일컬어 성이라고 합니다."

생(生)은 타고난 것이다. 生과 性은 현대어에서는 'sheng'과 'xing'으로 발음이 다르지만 고어에서는 발음이 같았다. 그리고 글자도 性은 生에 心이 하나 더 붙어 있는 모양이다. 따라서 예로부터 많은 학자들이 性을 生과 연관시켜 풀이하고자 했다. 조기는 "무릇 만물이 태어나면서 류(類)를 같이하는 것은 모두 성(性)을 같이한다(凡物生同類者 皆同性)"고 했으며, 순자는 「정명(正名)」편에서 "태어나면서 저절로 그러한 바를 성이라고 한다(生之所以然者 謂之性)"고 했다. 동중서(董仲舒)는 『춘추번로(春秋繁露)』「심찰명호(深察名號)」편에서 "태어나면서 저절로 그러한 자질과 같은 것을 일컬어 성이라고 한다(如其生之自然之質 謂之性)"고 했고, 반고(班固)의 『백호통(白虎通)』「성정(性情)」편에서는 "성이라는 것은 타고난 것이다(性者 生也)", 왕충(王充)의 『논형(論衡)』「초품(初稟)」편은 "성은 태어나면서 그러한 것이다(性 生而然者也)"라고 했다. 모두 타고난 자질을 일컫는 말이다. 공자가 『논어』「안연」편에서 정치에 대해 묻는 계강자(季康子)에게 "정치란 올바름이다(政者正也)"라고 한 것과 같은 류다. 이렇게 발음이 비슷한 것끼리 서로 의미를 연관시키는 것을 일컬어 해음쌍관(諧音雙關)이라고 한다.

　그러나 주희는 전통적인 해석과 달리 生을 "사람과 만물(동물)이 지각하고 운동하는 것을 가리켜 말한 것"이라고 풀이한다. 주희가 말한 지각운동(知覺運動)이란 대략 사람과 동물이 살아 움직이는 것을 가리켜 말한 것이라고 생각되는데, 주희는 이어 生之謂性이라는 고자의 주장은 "근세 불가(佛家)의 이른바 작용(作用)이 性이다'라는 것과 거의 비슷하다"라고 덧붙이고 있다. 작용이 성이라는 말은 주희 당시 선가(禪家)에서 쓰이던 말로, 눈으로 보고 귀로 듣고 손으로 잡고 발로 걷는 등의 모든 작용이 바로 性이라는 말이다. 물론 고자는 중국에 불교가 들어오기 훨씬 전의 사람이므로 당연히 불교와는 아무 상관이 없다. 그런데도 주희가 性을 이렇게 풀이하고 있다는 것은 주희를 비롯한 송대 성리학자들의 무의식 속에 들어 있는 중국 선종(禪宗)의 영향을 짐작하게 해준다.

孟子曰 生之謂性也 猶白之謂白與.

曰 然.

白羽之白也 猶白雪之白, 白雪之白 猶白玉之白與.

曰 然.

맹자가 말했다. "타고난 것을 일컬어 성이라고 하는 것은 흰 것을 일컬어 희다고 하는 것과 같습니까?"

"그렇습니다."

"흰 깃털이 흰 것이 흰 눈이 흰 것과 같고, 흰 눈이 흰 것이 흰 옥이 흰 것과 같습니까?"

"그렇습니다."

깃털이나 눈, 옥이 흰 것을 모두 무차별적으로 희다고 한다면 타고난 것은 모두 무차별적으로 성이라고 해야 한다. 맹자는 고자에게 거듭 그것을 확인한 것이다.

然則犬之性 猶牛之性, 牛之性 猶人之性與.

"그러면 개의 성이 소의 성과 같고, 소의 성이 사람의 성과 같다는 것입니까?"

맹자의 말은 흰 것을 모두 무차별적으로 희다고 한다면, 개의 성이나 소의 성이나 사람의 성도 모두 타고난 것이니까 무차별적으로 같다는 것이냐고 반문한 것이다. 이에 대한 고자의 답변은 없다. 실제로 답변을 못했는지 아니면 답변이 있었는데 기록이 안 된 것인지는 알 수 없다. 여기 문맥상으로는 고자가 답변을 못한 것으로 봐야 한다. 그렇다면 고자는 왜 답변을 하지 못한 것일까? 그것은 고자 스스로 생각하더라도 개나 소의 성과 사람의 성이 같다고 하는 것이 말이 안 되기 때문일 것이다.

그러면 맹자의 주장은 타당한 것일까? 자세히 분석하면 맹자의 말은 궤변에 불과하다. 흰 깃털, 흰 눈, 흰 옥의 흰 것이 같다고 하는 것은 흰 깃털과 흰 눈, 흰 옥의 흰 성질이 같다는 것이지 깃털과 눈, 옥이 같다는 것은 아니다. 고자가 타고난 것을 일컬어 성이라고 한 것은 성에 대해 개념적 정의를 내린 데 불과하다. 고자는 성이, 즉 타고난 것이 어떻다는 말은 하지 않았다. 그런데 맹자는 타고난 것이 성이라고 한다면 개나 소나 사람의 성이 모두 타고난 것이므로 개와 소와 사람의 성이 같다는 것이냐고 고자를 몰아세운 것이다. 맹자의 말은 마치 지면으로부터 머리끝까지의 높이가 키라고 한다면 갑순이의 키나 갑돌이의 키나 철수의 키나 모두 지면으로부터 머리끝까지의 높이이므로 같다고 하는 것과 같은 말이다. 이는 황당한 말장난일 뿐이다. 고자는 마땅히 다음과 같이 답했어야 했다. 흰 깃털, 흰 눈, 흰 옥의 흰 것이 다 같이 흰 것처럼, 개의 성이나 소의 성이나 사람의 성이 다 같이 타고난 것이나, 흰 깃털과 흰 눈, 흰 옥이 다르듯이 개의 성이나 소의 성이나 사람의 성도 다르다고(논리학적으로 개념의 외연과 내포를 동일시한 것이다).

4

고자가 말했다. "식욕과 성욕이 성입니다. 인은 안에 있지 밖에 있지 않으며, 의는 밖에 있지 안에 있지 않습니다."

맹자가 말했다. "어찌하여 인은 안에 있고 의는 밖에 있다고 하십니까?"

"그가 나이가 많아 내가 어른으로 대접하는 것이니, 나이가 많은 것이 내게 있는 것은 아닙니다. 마치 그가 희기 때문에 내가 희다고 여기는 것과 같습니다. 밖에서 그 흰 것을 따른 것이니, 그렇기 때문에 밖에 있다고 하는 것입니다."

"말이 흰 것을 희다고 하는 것과 사람이 흰 것을 희다고 하는 것은 다르지 않습니다. 그러나 알지 못하겠으나 말이 나이 많은 것을 늙은 말 취급하는 것과 사람이 나이 많은 것을 어른 대접하는 것도 같습니까? 또 나이가 많은 것을 의라고 합니까? 아니면 어른 대접하는 것을 의라고 합니까?"

"내 동생이면 사랑하고 진나라 사람 동생이면 사랑하지 않습니다. 이는 나를 기준으로 따른 것입니다. 그러므로 안에 있다고 하는 것입니다. 초나라 사람이 나이 많은 것을 어른으로 대접하며, 또한 내 어른도 어른으로 대접하니, 이것은 나이 많은 것을 기준으로 따른 것입니다. 그러므로 밖에 있다고 하는 것입니다."

"진나라 불고기를 좋아하는 것과 우리 불고기를 좋아하는 것이 다르지 않으니, 무릇 사물에는 그런 면이 있는 법입니다. 그러면 불고기를 좋아하는 것도 또한 밖에 있다는 것입니까?"

告子曰 食色 性也. 仁 內也 非外也, 義 外也 非內也.
고자가 말했다. "식욕과 성욕이 성입니다. 인은 안에 있지 밖에 있지 않으며, 의는 밖에 있지 안에 있지 않습니다."

식색(食色)은 식욕과 성욕을 가리킨다. 『예기(禮記)』「예운(禮運)」편에 "먹고 마시는 것과 남녀 간에 좋아하는 데 사람들의 큰 욕구가 있다(飮食男女 人之大欲存焉)"는 말이 있다. 즉 식욕과 성욕이 인간의 타고난 본성이란 말이다. 인내의외(仁內義外)는 인은 사람의 본성 안에 있으나 의는 사람의 본성 밖에 있다는 말이다.

孟子曰 何以謂仁內義外也.
曰 彼長而我長之 非有長於我也. 猶彼白而我白之 從其白於外也 故謂之外也.
맹자가 말했다. "어찌하여 인은 안에 있고 의는 밖에 있다고 하십니까?"
"그가 나이가 많아 내가 어른으로 대접하는 것이니, 나이가 많은 것이 내게 있는 것은 아닙니다. 마치 그가 희기 때문에 내가 희다고 여기는 것과 같습니다. 밖에서 그 흰 것을 따른 것이니, 그렇기 때문에 밖에 있다고 하는 것입니다."

피장이아장지(彼長而我長之)의 앞의 長은 나이가 많다는 뜻의 형용사이고, 뒤의 長은 나이 많은 사람으로 대접한다는 뜻의 동사다. 비유장어아야(非有長於我也)의 長은 나이가 많은 것이다. 그가 나이가 많아 내가 그를 어른으로 공경하는 것이니, 나이가 많은 것은 그에게 있는 것이지 내게 있는 것은 아니다. 따라서 어른으로 공경하는 것(義)은 내 안에서 결정되는 것이 아니라 내 밖의 상황(그의 나이)에서 결정된다. 따라서 의가 밖에 있다고 하는 것이다.

曰 異於白馬之白也 無以異於白人之白也, 不識長馬之長也, 無以異於長人之長與. 且謂長者義乎, 長之者義乎.

"말이 흰 것을 희다고 하는 것과 사람이 흰 것을 희다고 하는 것은 다르지 않습니다. 그러나 알지 못하겠으나 말이 나이 많은 것을 늙은 말 취급하는 것과 사람이 나이 많은 것을 어른 대접하는 것도 같습니까? 또 나이가 많은 것을 의라고 합니까? 아니면 어른 대접하는 것을 의라고 합니까?"

이어(異於)는 주희에 의하면 잘못 들어간 연문(衍文)이다. 초순은 異에서 끊고 어백마지백야(於白馬之白也)로 읽는다. 즉 "(長과 白은) 다르다. 말이 흰 것을 희다고 하는 데 있어서는~"으로 읽는 것이다. 뜻은 별 차이가 없으나 부식장마지장야(不識長馬之長也)에서 於가 쓰이지 않은 것으로 볼 때 동의하기 어렵다. 백마지백 백인지백(白馬之白 白人之白)의 앞의 白은 희다고 여긴다는 뜻의 동사고 뒤의 白은 희다는 뜻의 형용사다. 장마지장 장인지장(長馬之長 長人之長)의 長도 앞의 것은 나이가 많다고 대접한다는 뜻의 동사, 뒤의 것은 나이가 많다는 형용사다. 말과 사람이 희다고 여기는 것은 서로 다르지 않지만, 말과 사람이 나이 많다고 대접하는 것은 서로 같지 않다. 바로 그것이 의다. 의는 나이가 많은 데 있는 것이 아니라 나이가 많다고 어른으로 공경하는 데 있다. 따라서 의는 내 밖에 있는 것이 아니다.

曰 吾弟則愛之 秦人之弟則不愛也 是以我爲悅者也 故謂之內. 長楚人之長 亦長吾之長 是以長爲悅者也 故謂之外也.

"내 동생이면 사랑하고 진나라 사람 동생이면 사랑하지 않습니다. 이는 나를 기준으로 따른 것입니다. 그러므로 안에 있다고 하는 것입니다. 초나라 사람이 나이 많은 것을 어른으로 대접하며, 또한 내 어른도 어른으로 대접하니, 이것은 나이 많은 것을 기준으로 따른 것입니다. 그러므로 밖에 있다고 하는 것입니다."

이아위열자야(以我爲悅者也)와 이장위열자야(以長爲悅者也)의 以我와 以長은 각각 나를, 나이를 기준으로 하는 것이고, 悅은 복(服)으로 따르는 것이다. 즉 나를, 나이를 기준으로 따른다는 말이다. 내 동생은 사랑하고 나하고 거리가 먼 남의 동생은 사랑하지 않는다. 이는 나를 기준으로 친소에 따라 사랑하는 것이다. 따라서 사랑(仁)은 내 안에 있다. 초나라의 나이 많은 사람이나 우리 집의 나이 많은 사람이나 모두 나이 많은 어른으로 대접한다. 이는 나이를 기준으로 삼은 것이다. 따라서 어른으로 대접하는 것(義)은 내 밖에 있다.

曰 耆秦人之炙 無以異於耆吾炙. 夫物則亦有然者也. 然則耆炙亦有外與.

"진나라 불고기를 좋아하는 것과 우리 불고기를 좋아하는 것이 다르지 않으니, 무릇 사물에는 그런 면이 있는 법입니다. 그러면 불고기를 좋아하는 것도 또한 밖에 있다는 것입니까?"

기(耆)는 기(嗜)로 좋아하는 것, 자(炙)는 구운 고기다. 진나라 불고기나 우리 불고기나 가리지 않고 좋아하는 것은 진나라 불고기나 우리 불고기나 맛이 좋기 때문이다. 그것은 만물이 갖고 있는 속성이다. 불고기가 맛이 좋기 때문에 불고기를 기준으로 삼아 불고기를 좋아하는 것이 내 밖에 있다고는 할 수 없다. 맹자는 고자가 식욕과 성욕이 성이라고 주장하는 것을 이용해 불고기를 좋아하는 것(식욕=성)이 밖에 있다고 주장할 수는 없지 않느냐고 반문한 것이다. 고자는 아마 자기가 식욕과 성욕이 성이라고 말한 바 있기 때문에 답하기가 곤란했을 것이다. 마찬가지로 나이가 많은 것은 밖에 있지만 그것은 누구나 나이 많은 사람이면 다 그런 것이다. 그러나 그를 나이 많은 어른으로 대접하는 것은 내 안에 있다.

5

맹계자(孟季子)가 공도자에게 물었다. "어찌하여 의(義)가 안에 있다고 합니까?"

공도자가 말했다. "나의 공경심을 실행하는 것이므로 안에 있다고 합니다."

"마을 사람이 나의 큰 형보다 한 살 많다면 누구를 공경해야 합니까?"

"형을 공경해야 합니다."

"술을 따를 때는 누구에게 먼저 따릅니까?"

"마을 사람에게 먼저 따라야 합니다."

"공경하는 것은 여기(형)고, 어른 대접하는 것은 저기(마을 사람)니, 과연 밖에 있는 것이지 안에서 나오는 것이 아니군요."

공도자가 대답할 수 없게 되자 맹자에게 알렸다. 맹자가 말했다. "'숙부를 공경하느냐? 동생을 공경하느냐?'고 물으면 그가 장차 '숙부를 공경한다'고 말할 것이다. '동생이 시동(尸童)이 되면 누구를 공경하느냐?'고 물으면 그가 장차 '동생을 공경한다'고 말할 것이다. 그대가 '숙부에 대한 공경은 어디로 갔느냐?'고 말하면 그가 장차 '지위가 있기 때문이다'라고 말할 것이니 그대 또한 이렇게 말하거라. '지위가 있기 때문이다. 평소의 공경은 형에게 있지만 잠시의 공경은 마을 사람에게 있다'고."

계자가 듣고 말했다. "숙부를 공경해야 해서 공경하고, 동생을 공경해야 해서 공경하니, 과연 밖에 있지 안에서 나오는 것이 아니군요."

공도자가 말했다. "겨울에는 뜨거운 물을 마시고 여름에는 찬물을 마십니다, 그러면 먹고 마시는 것도 또한 밖에 있단 말입니까?"

孟季子問公都子曰 何以謂義內也.
曰 行吾敬 故謂之內也.

맹계자가 공도자에게 물었다. "어찌하여 의가 안에 있다고 합니까?"
공도자가 말했다. "나의 공경심을 실행하는 것이므로 안에 있다고 합니다."

맹계자(孟季子)가 누구인지는 알려져 있지 않다. 주희는 「공손추하」 2에 나오는 맹중자의 동생이 아닐까 생각하고 있으나 확인하기 어렵다. 공경의 대상은 비록 밖에 있지만 그를 공경해야 한다고 생각해 내가 공경하는 것이니까 義(공경을 행하는 것)는 내게 있는 것이다.

鄕人長於伯兄一歲 則誰敬.
曰 敬兄.
酌則誰先.
曰 先酌鄕人.
所敬在此 所長在彼 果在外 非由內也.

"마을 사람이 나의 큰 형보다 한 살 많다면 누구를 공경해야 합니까?"
"형을 공경해야 합니다."
"술을 따를 때는 누구에게 먼저 따릅니까?"
"마을 사람에게 먼저 따라야 합니다."

"공경하는 것은 여기(형)고, 어른 대접하는 것은 저기(마을 사람)니, 과연 밖에 있는 것이지 안에서 나오는 것이 아니군요."

맹계자가 묻고 그에 대해 공도자가 답하고 있다. 맹계자 생각에 사람에 따라 누구에게는 공경(敬)하고 누구에게는 어른 대접하니(長), 義는 내 밖의 대상에 따라 달라지는 것이다. 따라서 밖에 있는 것이다.

公都子不能答 以告孟子. 孟子曰 敬叔父乎, 敬弟乎. 彼將曰 敬叔父. 曰 弟爲尸 則誰敬. 彼將曰 敬弟. 子曰 惡在其敬叔父也? 彼將曰 在位故也. 子亦曰 在位故也. 庸敬在兄 斯須之敬在鄕人.

공도자가 대답할 수 없게 되자 맹자에게 알렸다. 맹자가 말했다. "'숙부를 공경하느냐? 동생을 공경하느냐?'고 물으면 그가 장차 '숙부를 공경한다'고 말할 것이다. '동생이 시동이 되면 누구를 공경하느냐?'고 물으면 그가 장차 '동생을 공경한다'고 말할 것이다. 그대가 '숙부에 대한 공경은 어디로 갔느냐?'고 말하면 그가 장차 '지위가 있기 때문이다'라고 말할 것이니 그대 또한 이렇게 말하거라. '지위가 있기 때문이다. 평소의 공경은 형에게 있지만 잠시의 공경은 마을 사람에게 있다'고."

시(尸)는 제사 때 신주(神主)를 대신하는 시동(尸童)이다. 고대 중국에서는 조상에 대한 제사를 지낼 때 친척 중에서 나이가 어린 사람을 골라 돌아가신 조상으로 분장시켜 그를 신주로 모셨다. 후에 점차 화상(畵像)이나 신위(神位)로 바뀌어갔다. 비록 동생이지만 시동으로 있을 때는 돌아가신 조상을 대신하므로 마땅히 조상을 대하듯 공경해야 한다. 그 지위 때문에 그런 것이다. 앞의 마을 사람과 형의 경우도 마찬가지다. 평상시에는 형을 공경하나 마을 사람이 손님의 지위에 있을 때는 그를 공경하는 것이다. 모두 상황에 맞춰 그렇게 하는 것이나 그 공경하는 마음은 모두 내 안에서 나온다. 용(庸)은 상(常)으로 평상시이고, 사수(斯須)는 잠시다.

季子聞之曰 敬叔父則敬 敬弟則敬 果在外 非由內也.
公都子曰 冬日則飮湯 夏日則飮水 然則飮食亦在外也.

계자가 듣고 말했다. "숙부를 공경해야 해서 공경하고, 동생을 공경해야 해서 공경하니, 과연 밖에 있지 안에서 나오는 것이 아니군요."
공도자가 말했다. "겨울에는 뜨거운 물을 마시고 여름에는 찬물을 마십니다. 그러면 먹고 마시는 것도 또한 밖에 있단 말입니까?"

맹계자는 모두 상황에 따라 달리 공경하니, 義는 상황에, 다시 말하면 내 밖에 있다고 계속해 주장한다. 그러자 공도자가 마지막 반격을 가한다. 겨울에 뜨거운 물을 마시고 여름에 찬물을 마신다고 해 물을 마시는 것이 내 밖에 있는 것이냐고. 탕(湯)은 뜨거운 물이고 수(水)는 찬물이다. 앞 장과 마찬가지로 식욕이 성인데 어떻게 밖에 있다고 주장할 수 있느냐는 말이다.

의가 내 안에 있느냐, 내 밖에 있느냐에 대해 동중서는 『춘추번로』「인의법(仁義法)」에서 다음과 같이 말하고 있다. "의라는 것은 마땅함(宜)이 나에게 있는 것을 일컫는다. 마땅함이 나에게 있은 이후에야 의라고 칭할 수 있으니, 의라고 말하는 것은 나와 마땅함(宜)을 합해 한 마디 말로 한 것이다. 이로써 보면 의라는 말은 나(我)다." 의는 내 안에 있다는 맹자의 말을 보완하는 말이다.

6

　공도자가 말했다. "고자는 '인간의 성은 착한 것도 없고 착하지 않은 것도 없다'고 했습니다. 어떤 사람은 '성은 착할 수도 있고 착하지 않을 수도 있다. 따라서 문왕이나 무왕이 일어서면 백성들이 착한 것을 좋아하고, 유왕(幽王)이나 여왕(厲王)이 일어서면 백성들이 포악한 것을 좋아한다'고 했습니다. 또 어떤 사람은 말하길 '성이 착한 사람도 있고 성이 착하지 않은 사람도 있다. 따라서 요가 임금이었는데도 상(象)과 같은 백성이 있었고, 고수가 아비였는데도 순과 같은 아들이 있었으며, 주(紂)가 형의 아들이어서 임금으로 삼았지만 미자계(微子啓)와 왕자 비간(比干)과 같은 사람이 있었다'고 했습니다. 지금 말씀하시길 '인간의 성이 착하다'고 하셨는데, 그러면 이 사람들은 모두 틀린 것입니까?"

　맹자가 말했다. "그 성정(性情)인즉 착하다고 할 수 있기 때문에 착하다고 하는 것이다. 만약 착하지 않다고 하면 그것은 재질의 잘못이 아니다. 사람은 누구나 측은한 마음을 다 갖고 있고, 부끄러워하고 미워하는 마음을 갖고 있으며, 공경하는 마음을 갖고 있고, 옳고 그름을 따지는 마음을 갖고 있다. 측은한 마음은 인이요, 부끄러워하고 미워하는 마음은 의요, 공경하는 마음은 예요, 옳고 그름을 따지는 마음은 지다. 인의예지는 밖에서 와서 나를 녹이는 것이 아니다. 내가 원래 갖고 있는 것인데 생각을 안 할 뿐이다. 고로 말하길 '구하면 얻지만 버리면 잃는다'고 하는 것이다. 서로 차이가 두 배, 다섯 배 혹은 헤아릴 수도 없는 것은 그 재질을 다 발휘할 수 없기 때문이다. 시에 말하길 '하늘이 이 백성을 낳았으니 사물이 있으면 법칙도 있다. 백성들은 떳떳한 법을 지켜 이 아름다운 덕을 좋아하는구나'라고 했다. 공자께서는 말씀하시길 '이 시를 지은 사람은 도를 아는구나! 사물이 있으면 반드시 법칙이 있으니, 백성이 떳떳한 법을 지키는 까닭에 이 아름다운 덕을 좋아하는구나'라고 하셨다."

公都子曰 告子曰 性無善無不善也.
공도자가 말했다. "고자는 '인간의 성은 착한 것도 없고 착하지 않은 것도 없다'고 했습니다."

앞에서 나온 고자의 타고난 것을 일컬어 성이라고 한다는 주장과(生之謂性), 식욕과 성욕이 성이라는 주장이(食色性也) 이에 해당한다.

或曰 性可以爲善 可以爲不善. 是故文武興 則民好善, 幽厲興 則民好暴.
"어떤 사람은 '성은 착할 수도 있고 착하지 않을 수도 있다. 따라서 문왕이나 무왕이 일어서면 백성들이 착한 것을 좋아하고, 유왕이나 여왕이 일어서면 백성들이 포악한 것을 좋아한다'고 했습니다."

고자의 성은 여울물과 같다는 말이(性猶湍水) 바로 이 뜻이다. 일찍이 서한 말에 양웅도 주장한 바 있으며, 왕충의 『논형』「본성(本性)」편에도 "주(周)나라 사람 세석(世碩)은 성은 착한 것도 있고 악한 것도 있어, 사람의 착한 성을 들어 기르면 착함이 자라고 악한 성을 기르면 악함이 자란다고 여겨 『양서(養書)」한 편을 지었다"라는 기록이 실려 있다.

或曰 有性善 有性不善. 是故以堯爲君而有象 以瞽瞍爲父而有舜. 以紂爲兄之子且以爲君 而有微子啓 王子比干. 今曰 性善 然則彼皆非與.

"또 어떤 사람은 말하길 '성이 착한 사람도 있고 성이 착하지 않은 사람도 있다. 따라서 요가 임금이었는데도 상(象)과 같은 백성이 있었고, 고수가 아비였는데도 순과 같은 아들이 있었으며, 주(紂)가 형의 아들이어서 임금으로 삼았지만 미자계와 왕자 비간과 같은 사람이 있었다'고 했습니다. 지금 말씀하시길 '인간의 성이 착하다'고 하셨는데, 그러면 이 사람들은 모두 틀린 것입니까?"

성이 착한 사람도 있고 착하지 않은 사람도 있다는 주장은 『한서(漢書)』「고금인표(古今人表)」에 보이며, 당대의 유학자 한유(韓愈)도 인간의 성은 상중하 세 가지가 있다는 주장을 폈다. 일찍이 공자가 "오직 가장 지혜로운 자(上知)와 가장 어리석은 자(下愚)만이 변하게 할 수 없다"(『논어』「양화」)고 말한 바 있는데, 『한서』에 의하면 요순과 같이 "더불어 선을 행할 수는 있으나 더불어 악을 행할 수는 없는 사람이 상지(上智)"이며, 걸주와 같이 "더불어 악을 행할 수는 있으나 더불어 선을 행할 수는 없는 사람이 하우(下愚)"라고 한다. 상(象)은 순을 죽이려고 했던 순의 이복동생이다. 미자계(微子啓)는 『논어』에는 微子로 나와 있다. 여기에 의하면 주의 숙부인데, 『사기』「송세가(宋世家)」에는 주의 배다른 형으로 나와 있다. 어느 것이 옳은지 상고하기 어렵다. 미자는 주의 폭정에 간언을 올렸으나 받아들여지지 않자 조상의 제사를 보존하기 위해 나라를 버리고 떠났다. 후에 주나라 무왕에 의해 송나라에 봉해져 조상의 제사를 이어갈 수 있었다. 비간(比干)은 주의 아저

씨뻘 되는 친척으로 주의 폭정에 간언을 올리다 주에 의해 죽임을 당했다.

孟子曰 乃若其情 則可以爲善矣 乃所謂善也. 若夫爲不善 非才之罪也.

맹자가 말했다. "그 성정인즉 착하다고 할 수 있기 때문에 착하다고 하는 것이다. 만약 착하지 않다고 하면 그것은 재질의 잘못이 아니다."

내약(乃若)은 주희에 의하면 발어사다. 양백준은 말을 바꾸는 말이라고 하고 있고, 조기는 若을 순(順)으로 풀이한다. 정(情)은 성이 움직이는 것 즉 성정이고, 재(才)는 사람의 능력 즉 재질이다. 주희의 설명이다. 사람이 착하지 않다면 무언가가 그렇게 만든 것이지 그 타고난 재질 때문에 그런 것은 아니라는 말이다.

惻隱之心 人皆有之, 羞惡之心 人皆有之, 恭敬之心 人皆有之, 是非之心 人皆有之. 惻隱之心 仁也, 羞惡之心 義也, 恭敬之心 禮也, 是非之心 智也. 仁義禮智 非由外鑠我也 我固有之也 弗思耳矣. 故曰 求則得之 舍則失之. 或相倍蓰而無算者 不能盡其才者也.

"사람은 누구나 측은한 마음을 다 갖고 있고, 부끄러워하고 미워하는 마음을 갖고 있으며, 공경하는 마음을 갖고 있고, 옳고 그름을 따지는 마음을 갖고 있다. 측은한 마음은 인이요, 부끄러워하고 미워하는 마음은 의요, 공경하는 마음은 예요, 옳고 그름을 따지는 마음은 지다. 인의예지는 밖에서 와서 나를 녹이는 것이 아니다. 내가 원래 갖고 있는 것인데 생각을 안할 뿐이다. 고로 말하길 '구하면 얻지만 버리면 잃는다'고 하는 것이다. 서로 차이가 두 배, 다섯 배 혹은 헤아릴 수도 없는 것은 그 재질을 다 발휘할 수 없기 때문이다."

공(恭)은 주희에 의하면 경(敬)이 밖으로 나타난 것이요, 경은 공이 안에서 주(主)가 되는 것이다. 惻隱之心, 羞惡之心, 恭敬之心, 是非之心은「공손추상」6에서 이미 나온 바 있다. 다만 거기에서는 恭敬之心이 辭讓之心으로 나타나 있다. 또 바로 仁, 義, 禮, 智로 되어 있지 않고 仁之端, 義之端, 禮之端, 智之端으로 되어 있는 것이 다르다. 측은지심, 수오지심, 공경지심, 시비지심을 확충하면 인의예지를 이룰 수가 있기 때문에 강조하는 의미에서 바로 인의예지라고 표현한 것으로 생각된다. 삭(鑠)은 쇠를 불로 녹인다는 뜻으로 밖에서부터 안으로 이르는 것이다. 인의예지는 원래부터 내가 갖고 있는 것으로 다만 사람들이 생각을 안할 뿐이다. 그러므로 생각을 해 구하면 얻게 되고 생각을 안해 놓아버리면 잃게 된다. 사람마다 서로 큰 차이가 나는 것은 타고난 재질을 다 발휘하지 않았기 때문이지 타고난 재질이 달라서가 아니다. 배(倍)는 두 배, 사(蓰)는 다섯 배, 무산(無算)은 헤아릴 수 없는 것이다.

詩曰 天生蒸民 有物有則. 民之秉夷 好是懿德. 孔子曰 爲此詩者 其知道乎. 故有物必有則 民之秉夷也 故好是懿德.

"시에 말하길 '하늘이 이 백성을 낳았으니 사물이 있으면 법칙도 있다. 백성들은 떳떳한 법을 지켜 이 아름다운 덕을 좋아하는구나'라고 했다. 공자께서는 말씀하시길 '이 시를 지은 사람은 도를 아는구나! 사물이 있으면 반드시 법칙이 있으니, 백성이 떳떳한 법을 지키는 까닭에 이 아름다운 덕을 좋아하는구나'라고 하셨다."

시는 『시경』 「대아(大雅)」 증민(烝民)편이다. 증(蒸)은 『시경』에서는 증(烝)으로 되어 있는데, 중(衆)으로 많다는 뜻이다. 칙(則)은 법(法)이고, 병(秉)은 집(執)으로 잡는 것이다. 이(夷)는 『시경』에는 이(彝)로 되어 있는데, 상(常)으로 떳떳한 법이란 뜻이고, 의(懿)는 미(美)로 아름다운 것이다. 사물이 있으면 그에 따른 법칙이 있는 법이니 사람이 생겨났으면 그에 따른 떳떳한 법도 생겨나는 게 당연하다. 이로써 살펴본다면 인간의 성이 선하다는 것은 자명하다.

7

    맹자가 말했다. "풍년에는 자제들이 많이 게으르고 흉년에는 많이 난폭하니, 하늘이 내린 재질이 이렇게 다른 것이 아니라 그들 마음이 빠진 것이 그러한 것이다. 지금 보리를 심어 흙을 덮어주면 그 땅이 같고, 또 그 심은 때가 같다면 발연히 자라 하지 때가 되면 모두 익을 것이다. 같지 않은 것이 있다면 땅의 비옥함과 척박함, 비의 양, 사람의 손길이 같지 않았기 때문일 것이다.

    고로 무릇 종류를 같이하는 것은 모두 비슷하다. 그런데 오직 사람에 대해서만은 이것을 의심하는가? 성인도 나와 종류를 같이하는 사람이다. 따라서 용자(龍子)가 말하길 '발을 모르고서 신발을 만든다고 해도 나는 그가 삼태기를 만들지는 않을 것임을 알고 있다'고 했으니, 신발이 서로 비슷한 것은 천하의 발이 모두 같기 때문이다.

    입은 맛에 대해 같이 좋아하는 것이 있다. 역아(易牙)는 내 입이 좋아하는 것을 먼저 알았다. 만일 입맛이 개와 말이 나와 종류를 달리하듯 사람마다 다르다면 어찌하여 천하의 사람들이 모두 역아의 맛을 따르겠는가? 맛에 대해 천하가 역아에게 기대하는 것은 천하의 입이 서로 비슷하기 때문이다. 귀 또한 그렇다. 소리에 대해 천하가 사광(師曠)에게 기대하는 것은 천하의 귀가 모두 비슷하기 때문이다. 눈도 또한 그렇다. 자도(子都)에 대해 천하의 누구도 그의 아름다움을 모르는 사람은 없다. 자도의 아름다움을 모르는 자는 눈이 없는 자다.

고로 입은 맛에 대해 같이 즐기는 것이 있고, 귀는 소리에 대해 같이 듣는 것이 있으며, 눈은 색에 대해 같이 아름답게 여기는 것이 있다. 그런데 마음에 대해서만은 유독 그렇게 같이하는 바가 없느냐? 마음이 같이하는 바가 무엇이냐? 이(理)라고 하고 의(義)라고 하는 것이다. 성인은 내 마음이 같이하는 바를 먼저 터득한 사람이다. 그러므로 이나 의가 내 마음을 즐겁게 하는 것은 소나 돼지의 고기가 내 입을 즐겁게 하는 것과 같다."

孟子曰 富歲 子弟多賴 凶歲 子弟多暴 非天之降才爾殊也 其所以陷溺其心者然也.

맹자가 말했다. "풍년에는 자제들이 많이 게으르고 흉년에는 많이 난폭하니, 하늘이 내린 재질이 이렇게 다른 것이 아니라 그들 마음이 빠진 것이 그러한 것이다."

뢰(賴)는 라(懶)로 게으른 것이다. 완원(阮元)의 설로 초순과 양백준도 지지하고 있다. 여기서는 이 설을 따랐다. 참고로 조기는 선(善)으로 풀이하고 있는데 다산도 조기와 같은 입장이다. 주자는 의뢰한다는 뜻의 자(藉)로 해석한다. 이수(爾殊)의 爾는 여차(如此)로 '이처럼 다르다'는 말이다.

今夫麰麥 播種而耰之 其地同 樹之時又同 浡然而生 至於日至之時 皆熟矣. 雖有不同 則地有肥磽 雨露之養 人事之不齊也.

"지금 보리를 심어 흙을 덮어주면 그 땅이 같고, 또 그 심은 때가 같다면 발연히 자라 하지 때가 되면 모두 익을 것이다. 같지 않은 것이 있다면 땅의 비옥함과 척박함, 비의 양, 사람 손길이 같지 않았기 때문일 것이다."

모맥(麰麥)은 보리다. 우(耰)는 뿌린 씨앗을 흙으로 덮는 것이다. 일지(日至)는 하지로 보리는 가을에 심어 하지 무렵에 거두어들인다. 교(磽)는 땅이 척박한 것이고 제(齊)는 같은 것이다.

故凡同類者 擧相似也 何獨至於人而疑之. 聖人與我同類者. 故龍子曰 不知足而爲屨 我知其不爲蕢也. 屨之相似 天下之足同也.
"고로 무릇 종류를 같이하는 것은 모두 비슷하다. 그런데 오직 사람에 대해서만은 이것을 의심하는가? 성인도 나와 종류를 같이하는 사람이다. 따라서 용자가 말하길 '발을 모르고서 신발을 만든다고 해도 나는 그가 삼태기를 만들지는 않을 것임을 알고 있다'고 했으니, 신발이 서로 비슷한 것은 천하의 발이 모두 같기 때문이다."

거(擧)는 개(皆)로 '모두'의 뜻이다. 류(類)를 같이하는 것은 본성이 같기 마련이다. 성인도 나와 같은 사람이니 나와 다를 바 없다. 용자(龍子)가 누구인지는 알려지지 않았다. 구(屨)는 신발이고 궤(蕢)는 짚으로 만든 삼태기다. 발을 보지 않고서 신을 만든다고 하더라도 신은 신이지 삼태기가 되지는 않는다. 다만 맞지가 않을 뿐이지.

口之於味 有同耆也. 易牙先得我口之所耆者也. 如使口之於味也 其性與人殊 若犬馬之與我不同類也 則天下何耆皆從易牙之於味也. 至於味 天下期於易牙 是天下之口相似也.
"입은 맛에 대해 같이 좋아하는 것이 있다. 역아는 내 입이 좋아하는 것을 먼저 알았다. 만일 입맛이 개와 말이 나와 종류를 달리하듯 사람마다 다르다면 어찌하여 천하의 사람들이 모두 역아의 맛을

따르겠는가? 맛에 대해 천하가 역아에게 기대하는 것은 천하의 입이 서로 비슷하기 때문이다."

기(耆)는 기(嗜)로 좋아하는 것이다. 역아(易牙)는 제나라 환공 시대에 살았던 뛰어난 요리사다. 여인수(與人殊)는 사람마다 다르다는 뜻으로 양백준에 의하면 원래는 人與人殊로 써야 하는데 人이 생략된 것이라고 한다.

惟耳亦然. 至於聲 天下期於師曠 是天下之耳相似也. 惟目亦然. 至於子都 天下莫不知其姣也. 不知子都之姣者 無目者也.
"귀 또한 그렇다. 소리에 대해 천하가 사광에게 기대하는 것은 천하의 귀가 모두 비슷하기 때문이다. 눈도 또한 그렇다. 자도에 대해 천하의 누구도 그의 아름다움을 모르는 사람은 없다. 자도의 아름다움을 모르는 자는 눈이 없는 자다."

유(惟)는 뜻이 없는 발어사다. 사광은 「이루상」1 에서 나온 바 있다. 자도(子都)가 누구인지는 불분명하다. 초순은 『춘추』「좌전(左傳)」은공(隱公) 11년에 나오는 공손알(公孫閼)이라는 주장을 펴고 있다. 교(姣)는 려(麗)로 아름다운 것이다.

故曰 口之於味也 有同耆焉, 耳之於聲也 有同聽焉, 目之於色也 有同美焉. 至於心 獨無所同然乎. 心之所同然者何也. 謂理也, 義也. 聖人先得我心之所同然耳. 故理義之悅我心 猶芻豢之悅我口.
"고로 입은 맛에 대해 같이 즐기는 것이 있고, 귀는 소리에 대해 같이 듣는 것이 있으며, 눈은 색에 대해 같이 아름답게 여기는 것이 있다. 그런데 마음에 대해서만은 유독 그렇게 같이하는 바가

없느냐? 마음이 같이하는 바가 무엇이냐? 이(理)라고 하고 의(義)라고 하는 것이다. 성인은 내 마음이 같이하는 바를 먼저 터득한 사람이다. 그러므로 이나 의가 내 마음을 즐겁게 하는 것은 소나 돼지의 고기가 내 입을 즐겁게 하는 것과 같다."

이(理)는 조기에 의하면 道의 이치를 얻는 것이다. 주희의 『집주』에서 정이는 "사물에 있는 것이 理요, 사물에 處하는 것이 義로, 체용(體用)을 일컫는 것"이라고 하고 있다. 다산은 理란 본래 옥이나 돌의 결(脈絡)을 일컫는 말로, 옥을 다듬는 자는 그 결을 살피기 때문에 거기에서 가차(假借)해 다스리는 것(治)을 理라고 하게 되었다고 한다. 다산에 의하면 여기에서의 理義는 천리(天理)요 도의(道義)다. 천리에 부합하면 선하지 않은 일이 없고 도의를 이루면 선하지 않은 행동이 없으니 선한 일, 선한 행동은 사람 마음에 즐겨 하는 바다. 그래서 理義가 내 마음을 즐겁게 한다고 한다. 理義가 내 마음을 즐겁게 하니 나 또한 성인과 다를 바 없다. 추환(芻豢)의 芻는 소나 양같이 풀을 먹는 가축이고, 豢은 개나 돼지같이 곡식을 먹는 가축이다.

8

맹자가 말했다. "우산(牛山)의 나무가 전에는 무성했었다. 그런데 큰 도읍의 교외에 있어 사람들이 도끼로 벌목을 해대니 어떻게 무성할 수 있겠는가? 밤낮으로 자라고 비와 이슬이 적셔주기 때문에 그루터기에서 싹이 움트지 않는 것은 아니나, 소와 양이 들어와 또 뜯어먹어서 이처럼 민둥산이 된 것이다. 사람들은 그 민둥산을 보고 일찍이 나무가 없었다고 생각하나 이것이 어찌 산의 본성이겠는가?

사람에게 있는 것에 어찌 인의의 마음이 없겠는가? 그 양심을 방치하는 것이 나무에 도끼질을 하는 것과 같다. 매일 베어대니 어떻게 무성할 수 있겠는가? (그렇지만) 밤낮으로 자라고 새벽의 기운을 받으면 그 좋아함과 싫어함이 남들과 서로 가까워져 큰 차이가 없게 된다. 그런데 다음날 하는 바가 또 그것을 잡아 조이고 없애버린다. 잡아 조이기를 반복하면 밤 동안 쌓인 기(氣)가 충분히 보존되지 못하고, 밤 동안 쌓인 기가 충분히 보존되지 못하면 금수와 별반 차이가 없게 된다. 사람들은 그 금수와 같은 것을 보고 일찍이 재질이 없었다고 여길 것이나 어찌 이것이 사람의 정이겠는가?

그러므로 진실로 기르면 자라지 않는 것이 없고, 진실로 기르지 않으면 소멸하지 않는 것이 없다. 공자께서 말씀하시길 '잡으면 있고, 놓으면 사라진다. 출입에 때가 없으니 아무도 그 있는 곳을 모른다'고 하셨으니 바로 사람의 마음을 두고 하신 말씀인가?"

孟子曰 牛山之木嘗美矣 以其郊於大國也 斧斤伐之 可以爲美乎.
是其日夜之所息 雨露之所潤 非無萌蘖之生焉 牛羊又從而牧之 是
以若彼濯濯也. 人見其濯濯也 以爲未嘗有材焉 此豈山之性也哉.

맹자가 말했다. "우산의 나무가 전에는 무성했었다. 그런데 큰 도읍의 교외에 있어 사람들이 도끼로 벌목을 해대니 어떻게 무성할 수 있겠는가? 밤낮으로 자라고 비와 이슬이 적셔주기 때문에 그루터기에서 싹이 움트지 않는 것은 아니나, 소와 양이 들어와 또 뜯어먹어서 이처럼 민둥산이 된 것이다. 사람들은 그 민둥산을 보고 일찍이 나무가 없었다고 생각하나 이것이 어찌 산의 본성이겠는가?"

우산(牛山)은 염약거에 의하면 지금의 산둥성 쯔보(淄博)시 린쯔(臨淄)구 남쪽 십 리 지점에 있는 산이다. 미(美)는 초목이 무성한 것이다. 교(郊)는 읍(邑) 바깥의 지역을 일컫는 말이나 여기서는 '郊에 있다'는 뜻의 동사로 쓰였고, 국(國)은 나라가 아니라 제후의 도읍을 가리킨다. 당시 제의 수도 임치(臨淄, 지금의 쯔보시)는 호구 수 칠만의 대도시로 "거리에서 수레바퀴가 부딪치고, 사람의 어깨가 스치며, 옷깃을 나란히 합치면 휘장이 되고, 옷자락을 올리면 장막이 되며, 땀을 흘리면 비가 될" 정도로 붐볐다(『전국책』「제책(齊策)」). 그 많은 사람들이 들어와 도끼질을 해대니 우산의 나무가 남아날 수 없었던 것이다.

　식(息)은 생장하는 것이다. 맹(萌)은 싹, 얼(蘖)은 싹이 그루터기 옆에서 돋아나는 것, 탁탁(濯濯)은 풀과 나무가 없어 반들반들한 모양을 나타내는 말, 재(材)는 나무다. 우산의 나무가 모두 베어졌다 하더라도 그 뿌리는 남아 있다. 따라서 곧 다시 생장하기 시작해 적당한 조건만 갖춰지면 그루터기에서 새싹이 돋아난다. 그러나 사람들이 소나 양을 풀어놓아 소와 양이 그 싹마저 뜯어먹으니, 그런 까닭에 우산이 저처럼 민둥산이 된 것이다.

雖存乎人者 豈無仁義之心哉. 其所以放其良心者 亦猶斧斤之於木也. 旦旦而伐之 可以爲美乎. 其日夜之所息 平旦之氣 其好惡與人相近也者幾希. 則其旦晝之所爲 有梏亡之矣. 梏之反覆 則其夜氣不足以存, 夜氣不足以存 則其違禽獸不遠矣. 人見其禽獸也 而以爲未嘗有才焉者 是豈人之情也哉.

"사람에게 있는 것에 어찌 인의의 마음이 없겠는가? 그 양심을 방치하는 것이 나무에 도끼질을 하는 것과 같다. 매일 베어대니 어떻게 무성할 수 있겠는가? (그렇지만) 밤낮으로 자라고 새벽의 기운을 받으면 그 좋아함과 싫어함이 남들과 서로 가까워져 큰 차이가 없게 된다. 그런데 다음날 하는 바가 또 그것을 잡아 조이고 없애버린다. 잡아 조이기를 반복하면 밤 동안 쌓인 기(氣)가 충분히 보존되지 못하고, 밤 동안 쌓인 기가 충분히 보존되지 못하면 금수와 별반 차이가 없게 된다. 사람들은 그 금수와 같은 것을 보고 일찍이 재질이 없었다고 여길 것이나 어찌 이것이 사람의 정이겠는가?"

수(雖)는 유(惟)로 뜻이 없는 발어사이고, 존(存)은 재(在)로 있는 것이다. 양심(良心)은 주희에 의하면 사람이 타고난 본래의 선한 마음이다. 단단(旦旦)은 매일이다. 평단지기(平旦之氣)의 平旦은 새벽으로, 주희에 의하면 새벽에 사물과 접촉하지 않을 때의 청명한 기운이 平旦之氣다. 여인상근(與人相近)의 人은 조기에 의하면 현인으로 현인과 비슷하다는 말이며, 기희(幾希)는 멀지 않은 것이다. 양심을 방치하면 양심이 없어져버리나 원래 타고난 것이라 곧 다시 생장하기 시작하니, 여기에 새벽의 청명한 기운이 더해지면 양심의 싹이 또 돋아나기 시작한다. 그렇게 되면 그 좋아하고 싫어하는 마음이 현인과 별 차이가 없게 된다.

단주(旦晝)는 초순에 의하면 명일(明日)로 다음날이다. 유곡망(有梏亡)의

有는 우(又)로 '다시', '또'의 뜻이며(양백준), 곡(梏)은 형틀로 잡아 조이는 것, 망(亡)은 없애는 것이다. 새벽의 기운을 받아 양심의 싹이 다시 돋아나지만 다음날 하는 나쁜 행동이 그 양심의 싹을 잡아 조이고 없애버린다. 이런 일이 반복된다면 마치 그루터기에서 싹이 움트는 것을 소와 양이 모두 뜯어먹어 없애는 것처럼 밤사이에 돋아나기 시작한 양심의 싹이 충분히 자라나지 못하게 되어 결국은 죽게 된다. 그러면 결국 금수와 같게 된다.

故苟得其養 無物不長, 苟失其養 無物不消. 孔子曰 操則存 舍則亡. 出入無時 莫知其鄉. 惟心之謂與.

"그러므로 진실로 기르면 자라지 않는 것이 없고, 진실로 기르지 않으면 소멸하지 않는 것이 없다. 공자께서 말씀하시길 '잡으면 있고, 놓으면 사라진다. 출입에 때가 없으니 아무도 그 있는 곳을 모른다'고 하셨으니 바로 사람의 마음을 두고 하신 말씀인가?"

조(操)는 잡는 것, 사(舍)는 사(捨)로 버리는 것, 놓는 것이다. 향(鄉)은 조기에 의하면 리(里)로 있는 곳이다. 주희도 정해진 곳(定處)이라고 풀이한다. 그러나 다산이나 이토 진사이는 향(嚮) 즉 방향이라고 해석한다. 출입은 들어가고 나가는 것이니 있는 곳, 정해진 곳이라고 풀이하는 것이 나을 것 같다. 이토 진사이는 구득기양 무물부장(苟得其養 無物不長)은 학문의 공을 없애서는 안 되는 것을 보여주는 말이며, 구실기양 무물불소(苟失其養 無物不消)는 성이 선하다는 것만을 믿어서는 안 된다는 것을 보여주는 말이라고 한다. 그에 의하면 맹자의 가르침은 성(性)과 교(敎)를 겸비한 것으로서, 둘 중 어느 한쪽으로 치우치는 폐단이 있어서는 안 된다고 한다.

이 장에 대해 이토 진사이는 다음과 같이 총평을 하고 있다. 성리학에 대한 그의 견해를 선명히 보여주는 것 같아 좀 길더라도 소개한다.

"이 장은 잡아 있게 하는 뜻(操存之義)을 논한 것으로, 그 요점은 오로지 기른다는 양(養), 한 글자에 있다. 그런데도 후세 유자들은 성을 회복한다는 설(復性之說)을 펴, 사람의 기질을 변화시키려면 물욕을 제거함으로써 그 본래 성을 회복해야 한다고 주장한다. 이것은 노장(老莊)에 근본을 둔 것으로 맹자의 말과 앞으로 나아가고 뒤로 돌아가는 것, 살고 죽는 것만큼의 차이(進反生死之異)가 있다. 대개 노씨(老氏, 노자)의 도는 무(無)를 주로 하는데, 정욕을 멸절함으로써 그 근본을 회복하려고 한다. 그런 까닭에 성을 회복하고 처음을 회복하고자(復性復初) 한다. 그러나 맹자의 뜻은 그렇지 않아 선한 마음을 확충함으로써 인의예지의 덕을 이루고자 한다. 마치 졸졸 흐르는 샘물을 인도해 사해에 이르게 하고, 새싹이 돋아나는 것을 길러 한 아름 나무가 되게 하는 것과 같다. 그래서 보존하고 기르는 방법은 있어도 처음을 회복하자는 설은 없는 것이다. 기른다는 것(養)은 자라 크기를 바라는 것이고, 회복한다는 것(復)은 근본으로 돌아가는 것을 바라는 것이다. 養은 나아가는 것(進)을 일컫는 것이고, 復은 되돌아가는 것(反)을 공으로 삼는 것이니, 그 효과는 하늘과 땅만큼 차이가 나는 것만이 아니다. 대저 성문(聖門)에서 復이라고 하는 것은 반복해 실천한다는 뜻이고(反復踐行之意), 反은 자신에게 돌이켜 스스로 수양하는 일이다(反躬自修之事). 모두 처음을 회복하는 것을 일컫는 말이 아니다."

성을 회복한다는 주장은 노장 사상보다는 불교 사상에 가깝다. 이토 진사이가 혹시 착각한 것이 아닐까 생각된다.

9

　맹자가 말했다. "왕이 지혜롭지 못하다고 이상하게 생각하지 마라. 비록 천하에 쉽게 자라는 생물이 있다 하더라도, 하루 햇볕을 쪼이고 열흘 동안 추위에 떨게 한다면 자랄 수 있는 생물이 없다. 내가 만나는 것은 드문데다 내가 물러난 후에는 추위에 떨게 하는 자가 이르니, 그 싹이 있다 한들 내가 어쩌겠느냐? 지금 바둑이라는 기예가 작은 기예지만 마음을 오로지하고 뜻을 다하지 않으면 터득할 수가 없다. 혁추(奕秋)는 나라 안에서 제일 바둑을 잘 두는 자다. 그 혁추로 하여금 두 사람에게 바둑을 가르치게 하자. 한 사람은 마음을 오로지하고 뜻을 다해 오직 혁추의 말만을 듣는다. 다른 한 사람은 비록 듣기는 하나, 한 마음으로는 장차 기러기가 날아올 것이라고 여겨 활에 주살을 달아 쏠 것을 생각하고 있다면, 비록 함께 배운다고 하나 그만 못할 것이다. 이것을 그의 지혜가 그만 못해서라고 하겠는가? 말하건대 그렇지는 않다."

孟子曰 無或乎王之不智也. 雖有天下易生之物也 一日暴之 十日寒之 未有能生者也. 吾見亦罕矣 吾退而寒之者至矣 吾如有萌焉何哉.
맹자가 말했다. "왕이 지혜롭지 못하다고 이상하게 생각하지 마라. 비록 천하에 쉽게 자라는 생물이 있다 하더라도, 하루 햇볕을 쪼이고 열흘 동안 추위에 떨게 한다면 자랄 수 있는 생물이 없다. 내가 만나는 것은 드문데다 내가 물러난 후에는 추위에 떨게 하는 자가 이르니, 그 싹이 있다 한

들 내가 어쩌겠느냐?"

왕이 누구인지는 알 수 없다. 조기는 제나라 왕이라고 주장하는데 근거는 없다. 혹(或)은 혹(惑)으로 의혹을 갖는 것, 이상하게 생각하는 것이다. 폭(暴)은 햇볕을 쬐어 따뜻하게 하는 것이다. 오여유맹언하재(吾如有萌焉何哉)는 如~何 구문이다. '내가 싹이 있는 것을 어찌하겠느냐'는 뜻이다. 당시 사람들이 맹자 같은 현인이 왕을 보필하고 있는데도 왕이 지혜롭지 못한 것을 이상하게 여겼다. 왕이 맹자와 만나는 시간은 짧고 소인배와 만나는 시간은 훨씬 기니 왕이 지혜롭지 못한 것은 당연한 일이라 할 수밖에 없다.

今夫弈之爲數 小數也, 不專心致志 則不得也. 弈秋 通國之善弈者也. 使弈秋誨二人弈 其一人專心致志 惟弈秋之爲聽. 一人雖聽之 一心以爲有鴻鵠將至 思援弓繳而射之 雖與之俱學 弗若之矣. 爲是其智弗若與. 曰 非然也.

"지금 바둑이라는 기예가 작은 기예지만 마음을 오로지하고 뜻을 다하지 않으면 터득할 수가 없다. 혁추는 나라 안에서 제일 바둑을 잘 두는 자다. 그 혁추로 하여금 두 사람에게 바둑을 가르치게 하자. 한 사람은 마음을 오로지하고 뜻을 다해 오직 혁추의 말만을 듣는다. 다른 한 사람은 비록 듣기는 하나, 한 마음으로는 장차 기러기가 날아올 것이라고 여겨 활에 주살을 달아 쏠 것을 생각하고 있다면, 비록 함께 배운다고 하나 그만 못할 것이다. 이것을 그의 지혜가 그만 못해서라고 하겠는가? 말하건대 그렇지는 않다."

혁(弈)은 바둑이고, 수(數)는 기(技)로 기예다. 혁추는 바둑을 잘 두는 秋라는 이름의 사람을 나타내나 여기서는 그냥 혁추라고 번역했다. 작(繳)은 실을 매단 화살 즉 주살이다. 위시기지불약여(爲是其智弗若與)의 爲는 왕인지의 『경전석사』에 의하면 위(謂)로 일컫는 것이고, 與는 여(歟)로 의문을 나타내는 어조사다. 그에 의하면 왈비연야(曰非然也)의 曰은 한 사람이 자문자답할 때 대답하는 말 앞에 붙여 구별하는 것이라고 한다.

●

주희는 다음과 같은 범조우의 말로 이 장 해설을 마치고 있다. "임금의 마음은 오직 그 기르는 바에 달렸다. 군자가 선으로 그를 기르면 지혜로운 사람이 되고, 소인이 악으로 기르면 어리석은 사람이 된다. 그러나 현인은 소홀히 하기 쉽고 소인은 친하기 쉬우니, 이런 까닭에 적은 것이 많은 것을 이길 수 없으며 정의가 사악함을 이길 수 없다. 예로부터 나라와 집안에 잘 다스려지는 날은 항상 적고 어지러운 날은 항상 많은 것은 대개 이 때문이다."

10

맹자가 말했다. "물고기도 내가 좋아하는 것이고 곰 발바닥도 또한 내가 좋아하는 것이다. 그러나 두 개 모두 가질 수 없다면 물고기를 버리고 곰 발바닥을 가질 것이다. 삶도 내가 바라는 것이고 의(義)도 내가 바라는 것이다. 그러나 둘 다 모두 바랄 수 없다면 삶을 버리고 의를 취할 것이다.

삶 또한 내가 바라는 것이지만 삶보다 더 심하게 바라는 것이 있기 때문에 구차하게 얻으려 하지 않는다. 죽음 또한 내가 싫어하는 것이지만 죽음보다 더 심하게 싫어하는 것이 있기 때문에 환난에도 피하지 않는 것이 있다. 만일 사람이 바라는 것이 삶보다 더 심한 것이 없다면 무릇 살 수 있는 것을 어찌 하지 않겠느냐? 만일 사람이 싫어하는 것이 죽음보다 더 심한 것이 없다면 무릇 환난을 피할 수 있는 것을 어찌 하지 않겠느냐?

이와 같이 하면 살 수 있는데도 하지 않는 것이 있고, 이와 같이 하면 환난을 피할 수 있는데도 하지 않는 것이 있다. 이렇기 때문에 바라는 바가 삶보다 더 심한 것이 있고, 미워하는 바가 죽음보다 더 심한 것이 있으니, 오직 현명한 자만 이런 마음을 갖고 있는 것이 아니라 모든 사람들이 다 갖고 있다. 다만 현명한 자는 이 마음을 잃지 않는다.

밥 한 그릇, 국 한 대접을 얻으면 살고, 못 얻으면 죽는다 하더라도 호통을 치면서 주면 길을 가는 사람이라 해도 받지 않을 것이며, 걷어차면서 주면 거지라 하더라도 달갑게 여기지 않을 것이다. 만 종(鍾)이라면 예의를 따지지 않고 받는데 만 종이 내게 무슨 보탬이 되겠는가? 좋은 집 때문인가?

처첩 때문인가? 아니면 내가 아는 궁핍한 사람들이 내가 주는 것을 은덕으로 여기기 때문인가?

　전에는 죽는다 해도 받지 않더니 지금은 좋은 집 때문에 받고, 전에는 죽는다 해도 받지 않더니 지금은 처첩 때문에 받으며, 전에는 죽는다 해도 받지 않더니 지금은 내가 아는 궁핍한 사람들이 내가 주는 것을 은덕으로 여기기 때문에 받는다니, 이것을 또한 그만둘 수 없을까? 이런 것을 일컬어 그 본심을 잃었다고 하는 것이다."

孟子曰 魚 我所欲也, 熊掌 亦我所欲也. 二者不可得兼 舍魚而取熊掌者也. 生 亦我所欲也, 義 亦我所欲也. 二者不可得兼 舍生而取義者也.

맹자가 말했다. "물고기도 내가 좋아하는 것이고 곰 발바닥도 또한 내가 좋아하는 것이다. 그러나 두 개 모두 가질 수 없다면 물고기를 버리고 곰 발바닥을 가질 것이다. 삶도 내가 바라는 것이고 의도 내가 바라는 것이다. 그러나 둘 다 모두 바랄 수 없다면 삶을 버리고 의를 취할 것이다."

웅장(熊掌)은 곰 발바닥으로 맛이 매우 좋다고 한다. 물고기와 곰 발바닥 둘 다 가질 수 없으면 서로 비교해 내게 더 귀중한 것을 택할 수밖에 없다. 삶과 의도 마찬가지다.

生亦我所欲 所欲有甚於生者 故不爲苟得也, 死亦我所惡 所惡有甚於死者 故患有所不辟也. 如使人之所欲莫甚於生 則凡可以得生者 何不用也. 使人之所惡莫甚於死者 則凡可以辟患者 何不爲也.

"삶 또한 내가 바라는 것이지만 삶보다 더 심하게 바라는 것이 있기 때문에 구차하게 얻으려 하지 않는다. 죽음 또한 내가 싫어하는 것이지만 죽음보다 더 심하게 싫어하는 것이 있기 때문에 환난에도 피하지 않는 것이 있다. 만일 사람이 바라는 것이 삶보다 더 심한 것이 없다면 무릇 살 수 있는 것을 어찌 하지 않겠느냐? 만일 사람이 싫어하는 것이 죽음보다 더 심한 것이 없다면 무릇 환난을 피할 수 있는 것을 어찌 하지 않겠느냐?"

사생취의(舍生取義)의 이유를 설명하고 있다. 불위구득(不爲苟得)의 得은 得生으로, 삶을 구차하게 구하는 것이다. 조기는 得의 대상을 義로 보아 의는 구차하게 얻을 수 없는 것이라고 풀이하고 있으나 동의하기 어렵다. 유소불피(有所不辟)의 辟는 辟患으로, 환난을 피하지 않는 것이다. 如使와 使는 가정을 나타내고, 하불용(何不用)의 用은 爲다.

由是則生而有不用也 由是則可以辟患而有不爲也. 是故所欲有甚於生者 所惡有甚於死者 非獨賢者有是心也. 人皆有之 賢者能勿喪耳.
"이와 같이 하면 살 수 있는데도 하지 않는 것이 있고, 이와 같이 하면 환난을 피할 수 있는데도 하지 않는 것이 있다. 이렇기 때문에 바라는 바가 삶보다 더 심한 것이 있고, 미워하는 바가 죽음보다 더 심한 것이 있으니, 오직 현명한 자만 이런 마음을 갖고 있는 것이 아니라 모든 사람들이 다 갖고 있다. 다만 현명한 자는 이 마음을 잃지 않는다."

유시(由是)는 다산에 의하면 여시(如是)다. 주희는 由是를 '이 때문에'로 해석해 "반드시 떳떳한 양심이 있기 때문에 그 사생취의하는 것이 이와 같다"로 풀이하나 따르기 어렵다. 비독(非獨)은 '~뿐만 아니다'는 뜻의 구문이다. 마음은 사람이라면 누구나 갖고 태어나는 양심이다.

一簞食 一豆羹 得之則生 弗得則死 嘑爾而與之 行道之人弗受, 蹴
爾而與之 乞人不屑也.

"밥 한 그릇, 국 한 대접을 얻으면 살고, 못 얻으면 죽는다 하더라도 호통을 치면서 주면 길을 가는 사람이라 해도 받지 않을 것이며, 걷어차면서 주면 거지라 하더라도 달갑게 여기지 않을 것이다."

호이(嘑爾)는 호통을 치며 꾸짖는 모양을 나타낸 말이다. 축이(蹴爾)는 발로 걷어차는 것이다. 불설(不屑)은 달갑게 여기지 않는 것이다.

萬鍾則不辨禮義而受之. 萬鍾於我何加焉. 爲宮室之美 妻妾之奉 所識窮乏者得我與.

"만 종(鍾)이라면 예의를 따지지 않고 받는데 만 종이 내게 무슨 보탬이 되겠는가? 좋은 집 때문인가? 처첩 때문인가? 아니면 내가 아는 궁핍한 사람들이 내가 주는 것을 은덕으로 여기기 때문인가?"

가(加)는 보탬이 되는 것이다. 소식궁핍자(所識窮乏者)의 識은 知로 내가 아는 궁핍한 자라는 말이다. 득아여(得我與)의 得은 초순에 의하면 德으로 은덕으로 여기는 것, 與는 그냥 어조사다. 초순에 의하면 "나를 은덕으로 여겨서인가?"의 뜻이 된다. 주희도 같은 입장이다. 그러나 조기는 得은 얻는다는 뜻으로, 與는 준다는 뜻의 동사로 읽는다. 즉 '내가 주는 것을 얻다'로 풀이하는 것이다. 여기서는 초순을 따랐다.

鄕爲身死而不受 今爲宮室之美爲之, 鄕爲身死而不受 今爲妻妾之奉爲之, 鄕爲身死而不受 今爲所識窮乏者得我而爲之, 是亦不可以已乎. 此之謂失其本心.

"전에는 죽는다 해도 받지 않더니 지금은 좋은 집 때문에 받고, 전에는 죽는다 해도 받지 않더니 지금은 처첩 때문에 받으며, 전에는 죽는다 해도 받지 않더니 지금은 내가 아는 궁핍한 사람들이 내가 주는 것을 은덕으로 여기기 때문에 받는다니, 이것을 또한 그만둘 수 없을까? 이런 것을 일컬어 그 본심을 잃었다고 하는 것이다."

鄕은 부사로 '전에는', '아까는'의 뜻이다. 만종의 재물이라 할지라도 살고 죽는 것보다 큰 것은 아니다. 그런데도 만종의 재물에 눈이 멀어 본래 양심마저 잃으니 사람의 의혹이 이보다 더 심할 수는 없을 것이다.

11

맹자가 말했다. "인(仁)은 사람의 마음이요 의(義)는 사람의 길이다. 그 길을 버리고 따르지 않으며 그 마음을 버리고 찾을 줄 모르니, 슬프도다! 사람이 닭이나 개가 없어지면 찾을 줄 알면서도 마음을 버리고는 찾을 줄 모른다. 학문의 도는 다른 것이 아니라 바로 그 버린 마음을 찾는 것이다."

孟子曰 仁 人心也, 義 人路也. 舍其路而弗由 放其心而不知求 哀哉.
맹자가 말했다. "인은 사람의 마음이요 의는 사람의 길이다. 그 길을 버리고 따르지 않으며 그 마음을 버리고 찾을 줄 모르니, 슬프도다!"

인(仁)이 사람의 마음이란 말은 어진 마음이 바로 사람이 원래 갖고 있는 마음(良心)이란 뜻이고, 의가 사람의 길이란 말은 의가 바로 사람이 걸어가야 할 길이란 뜻이다. 방기심(放其心)의 心은 양심이다.

人有雞犬放 則知求之, 有放心 而不知求. 學問之道無他 求其放心而已矣.
"사람이 닭이나 개가 없어지면 찾을 줄 알면서도 마음을 버리고는 찾을 줄 모른다. 학문의 도는 다른 것이 아니라 바로 그 버린 마음을 찾는 것이다."

닭이나 개가 없어지면 찾으려 하면서도 훨씬 귀중한 양심이 없어졌는데도 찾으려 하지 않는 것은 크게 미혹된 것이다.

12

　맹자가 말했다. "지금 무명지가 구부러져 펴지지 않는다면, 비록 아프거나 일에 방해가 되지 않는다 하더라도 그것을 펼 수 있는 사람이 있다고 하면 진나라나 초나라도 멀다 하지 않고 갈 것이니, 이는 손가락이 남과 같지 않기 때문이다. 손가락이 남과 같지 않은 것은 싫어할 줄 알면서도 마음이 남과 같지 않은 것은 싫어할 줄 모르니, 이것을 일컬어 그 경중(輕重)을 모른다고 하는 것이다."

孟子曰 今有無名之指 屈而不信 非疾痛害事也 如有能信之者 則不遠秦楚之路 爲指之不若人也. 指不若人 則知惡之, 心不若人 則不知惡. 此之謂不知類也.

무명지지(無名之指)는 넷째손가락이다. 신(信)은 伸으로 펴지는 것이다. 유(類)는 사물의 경중이다.

13

맹자가 말했다. "한 줌이나 두 줌의 오동나무나 가래나무라 하더라도 사람이 정말 살리고자 한다면 모두 그 기르는 방법을 알고 있다. 내 몸에 이르러 그 기르는 방법을 모르고 있는 것이 어찌 내 몸을 사랑하는 것이 오동나무나 가래나무만 못해서 그러겠는가? 생각하지 않는 것이 심한 것이다."

孟子曰 拱把之桐梓 人苟欲生之 皆知所以養之者. 至於身 而不知所以養之者 豈愛身不若桐梓哉. 弗思甚也.

공파(拱把)의 拱은 두 손으로 맞잡는 것으로 두 줌, 把는 한 손으로 맞잡는 것으로 한 줌이다. 동재(桐梓)의 桐은 오동나무, 梓는 가래나무로 모두 좋은 목재로 이용된다.

14

맹자가 말했다. "사람은 자기 몸에 대해 똑같이 사랑한다. 똑같이 사랑하면 똑같이 기른다. 한 치나 한 촌의 피부라도 사랑하지 않는 것이 없으면 한 치나 한 촌의 피부라도 기르지 않는 것이 없다. 그 잘 기르고 못 기르는 것을 생각하는 것이 어찌 다른 데 있으랴? 내 몸에서 취할 뿐이다. 몸에는 귀한 것이 있고 천한 것이 있으며, 큰 것이 있고 작은 것이 있다. 작은 것 때문에 큰 것을 해치지 말 것이며 천한 것 때문에 귀한 것을 해쳐서는 안 된다. 그 작은 것을 기르면 소인이 되고 그 큰 것을 기르면 대인이 된다.

지금 원예사가 오동나무와 가래나무를 버리고 대추나무나 가시나무를 기른다면 못난 원예사가 될 것이다. 손가락 하나를 기른다고 어깨나 등을 잃고서도 모른다면 정신 나간 사람일 것이다. 음식만 따지는 사람을 모두 천하게 여기는데 그것은 작은 것을 기른다고 큰 것을 잃기 때문이다. 음식만 따지는 사람이 잃는 것이 없다면 입이나 배가 어찌 한 치나 한 촌의 피부만 위할 뿐이겠는가?"

孟子曰 人之於身也 兼所愛. 兼所愛 則兼所養也. 無尺寸之膚不愛焉 則無尺寸之膚不養也. 所以考其善不善者 豈有他哉? 於己取之而已矣.

맹자가 말했다. "사람은 자기 몸에 대해 똑같이 사랑한다. 똑같이 사랑하면 똑같이 기른다. 한 치나 한 촌의 피부라도 사랑하지 않는 것이 없으면 한 치나 한 촌의 피부라도 기르지 않는 것이 없다. 그 잘 기르고 못 기르는 것을 생각하는 것이 어찌 다른 데 있으랴? 내 몸에서 취할 뿐이다."

어기취지이이의(於己取之而已矣)는 주희에 의하면 "자기 몸에 돌이켜 그 경중을 헤아리는 데 달려 있다"는 뜻이다.

體有貴賤 有小大. 無以小害大 無以賤害貴. 養其小者爲小人 養其大者爲大人.

"몸에는 귀한 것이 있고 천한 것이 있으며, 큰 것이 있고 작은 것이 있다. 작은 것 때문에 큰 것을 해치지 말 것이며 천한 것 때문에 귀한 것을 해쳐서는 안 된다. 그 작은 것을 기르면 소인이 되고 그 큰 것을 기르면 대인이 된다."

주희에 의하면 천하고 작은 것은 입과 배(口腹), 귀하고 큰 것은 마음과 뜻(心志)을 가리킨다.

今有場師 舍其梧檟 養其樲棘 則爲賤場師焉. 養其一指而失其肩背而不知也 則爲狼疾人也.

"지금 원예사가 오동나무나 가래나무를 버리고 대추나무나 가시나무를 기른다면 못난 원예사가 될 것이다. 손가락 하나를 기른다고 어깨나 등을 잃고서도 모른다면 정신 나간 사람일 것이다."

장사(場師)는 정원을 가꾸는 원예사다. 오가(梧檟)의 梧는 오동나무, 檟는 가래나무로 귀한 목재로 이용되며, 이극(樲棘)의 樲는 대추나무, 棘은 가시

나무로 목재의 질이 좋지 않다. 낭질(狼疾)은 조기에 의하면 낭자(狼藉)로 '어지럽다', '정신없다'는 뜻이다.

飮食之人 則人賤之矣 爲其養小以失大也. 飮食之人無有失也 則口腹豈適爲尺寸之膚哉.
"음식만 따지는 사람을 모두 천하게 여기는데 그것은 작은 것을 기른다고 큰 것을 잃었기 때문이다. 음식만 따지는 사람이 잃는 것이 없다면 입이나 배가 어찌 한 치나 한 촌의 피부만 위할 뿐이겠는가?"

음식지인(飮食之人)은 먹고 마시는 것만 신경 쓰는 사람, 즉 입과 배만 기르는 사람을 가리킨다. 적(適)은 시(啻)로 '다만', '단지'의 뜻이다. 입과 배만을 기르면서도 그 큰 몸(大體)을 잃지 않을 수 있다면, 입과 배를 기르는 것은 사람 몸의 생명과 연관되는 것이니, 다만 한 자나 한 치의 피부가 될 뿐만이 아니다. 그러나 작은 것을 기르는 사람이 그 큰 것을 잃지 않는 적이 없다. 그러므로 입과 배 또한 마땅히 길러야 할 것이나, 끝내 작은 것이 큰 것을 해치거나 천한 것이 귀한 것을 해쳐서는 안 된다. 이상은 주희의 해설이다.

15

공도자가 물었다. "똑같이 사람인데 어떤 사람은 대인이 되고 어떤 사람은 소인이 되는 것은 어찌된 것입니까?"

맹자가 말했다. "큰 몸(大體)을 따르면 대인이 되고 작은 몸(小體)을 따르면 소인이 된다."

"똑같이 사람인데 어떤 사람은 큰 몸을 따르고 어떤 사람은 작은 몸을 따르는 것은 어찌된 것입니까?"

"눈과 귀 같은 기관은 생각을 못해 사물에 가려지니, 사물과 사물이 만날 때 끌려갈 뿐이다. 마음이라는 기관은 생각을 하면 얻고 생각을 하지 못하면 얻지 못한다. 이것들은 하늘이 내게 준 것이다. 그 큰 것을 먼저 세운다면 작은 것이 빼앗을 수 없다. 이 때문에 대인이 될 뿐이다."

公都子問曰 鈞是人也 或爲大人 或爲小人 何也.
孟子曰 從其大體爲大人 從其小體爲小人.

공도자가 물었다. "똑같이 사람인데 어떤 사람은 대인이 되고 어떤 사람은 소인이 되는 것은 어찌된 것입니까?"

맹자가 말했다. "큰 몸을 따르면 대인이 되고 작은 몸을 따르면 소인이 된다."

균(鈞)은 均으로 '모두', '다같이'의 뜻이다. 주희에 의하면 대체(大體)는 마음, 소체(小體)는 눈과 귀 같은 종류를 가리킨다. 다산에 의하면 인간의 마음속에는 도심(道心)과 인심(人心)이 서로 갈등을 일으키는데, 도심은 항상 대체를 함양(涵養)하려 하고 인심은 항상 소체를 함양하려 한다고 한다.

曰 鈞是人也 或從其大體 或從其小體 何也.
曰 耳目之官不思 而蔽於物 物交物 則引之而已矣. 心之官則思 思則得之 不思則不得也. 此天之所與我者 先立乎其大者 則其小者弗能奪也. 此爲大人而已矣.

"똑같이 사람인데, 어떤 사람은 큰 몸을 따르고 어떤 사람은 작은 몸을 따르는 것은 어찌된 것입니까?"

"눈과 귀 같은 기관은 생각을 못해 사물에 가려지니, 사물과 사물이 만날 때 끌려갈 뿐이다. 마음이라는 기관은 생각을 하면 얻고 생각을 하지 못하면 얻지 못한다. 이것들은 하늘이 내게 준 것이다. 그 큰 것을 먼저 세운다면 작은 것이 빼앗을 수 없다. 이 때문에 대인이 될 뿐이다."

이목지관(耳目之官)의 官은 기관으로 눈과 귀 같은 기관이란 뜻이다. 눈과 귀는 생각하는 능력이 없어 외부 대상에 가려지니 이것 또한 하나의 물건(物)에 불과할 뿐이다. 따라서 이 눈과 귀라는 물건은 외부 물건과 만나면 끌려가는 것이 어렵지 않다. 이상은 주희의 해설을 따랐다.

사즉득지(思則得之)의 之가 무엇을 가리키는지는 명확하지 않다. 주희는 사물의 이치(理)라고 했는데 그것은 성리학자의 입장일 뿐이다. 이토 진사이는 인의, 양백준은 인의예지의 재질(才質)이라고 하고 있다. 인간이 원래 타고난 양심이라고 생각해도 무방할 것이다. 마음이란 기관은 눈과 귀와는 달리 생각하는 능력이 있다. 따라서 생각만 하면 원래 양심을 얻을 수 있다.

차천지소여아자(此天之所與我者)에 대해서는 고래로 논란이 많다. 조기에 의하면 此가 아니라 比로 써야 한다. 주희도 옛날 판본에는 대부분 比로 쓰여 있다고 한다. 조기는 이 문장을 "하늘이 사람에게 준 정성을 비교해(比方天所與人情性)"로 해석한다. 왕인지는 比로 쓰는 것이 맞다고 주장하면서도 해석은 조기와 다르다. 왕인지는 比를 비교한다는 뜻(比方)으로 해석하지 않고 모두라는 뜻의 皆로 풀이한다. 즉 "모두 하늘이 나에게 준 것이다"로 해석하는 것이다. 그러나 주희는 당시 판본에는 대부분 此로 쓰여 있다고 하면서 此가 눈과 귀, 마음, 이 셋을 가리킨다고 하고 있다. 여기서는 주희를 따랐다.

16

맹자가 말했다. "하늘이 내리는 작위가 있고 사람이 주는 작위가 있다. 인의충신(仁義忠信)을 행하고 선을 즐겨 게을리하지 않는 것은 하늘이 내리는 작위다. 공(公), 경(卿), 대부(大夫)는 사람이 주는 작위다. 옛사람들은 하늘이 내리는 작위를 닦았는데, 그러면 사람이 주는 작위가 뒤따라왔다. 지금 사람들은 하늘이 내리는 작위를 닦아 사람이 주는 작위를 구한다. 그래서 사람이 주는 작위를 얻으면 하늘이 내린 작위를 버리니 이는 매우 미혹한 짓으로 끝내 사람이 준 작위마저 반드시 잃을 것이다."

孟子曰 有天爵者 有人爵者. 仁義忠信 樂善不倦 此天爵也, 公卿大夫 此人爵也.
맹자가 말했다. "하늘이 내리는 작위가 있고 사람이 주는 작위가 있다. 인의충신을 행하고 선을 즐겨 게을리하지 않는 것은 하늘이 내리는 작위다. 공, 경, 대부는 사람이 주는 작위다."

樂은 즐길 낙으로 읽는다. 하늘이 내리는 작위는 덕이고, 사람이 주는 작위는 녹이다.

古之人修其天爵 而人爵從之. 今之人修其天爵 以要人爵. 旣得人

爵 而棄其天爵 則惑之甚者也 終亦必亡而已矣.

"옛사람들은 하늘이 내리는 작위를 닦았는데, 그러면 사람이 주는 작위가 뒤따라왔다. 지금 사람들은 하늘이 내리는 작위를 닦아 사람이 주는 작위를 구한다. 그래서 사람이 주는 작위를 얻으면 하늘이 내린 작위를 버리니 이는 매우 미혹한 짓으로 끝내 사람이 준 작위마저 반드시 잃을 것이다."

사람이 주는 작위가 따라온다는 것은 구하지 않아도 저절로 이른다는 뜻이다. 요(要)는 구(求)로 구하는 것이다. 천작(天爵)을 닦으면서 인작(人爵)을 구하는 것 자체가 이미 미혹된 것이다. 그런데 인작을 얻고는 천작은 버리니 이는 미혹됨이 더욱 심한 것이다. 필경은 인작마저 잃고 말 것이다.

17

맹자가 말했다. "귀하게 되기를 바라는 것은 사람들의 똑같은 마음이다. 사람마다 자기 몸에 귀한 것을 갖고 있지만 생각을 하지 않는다. 남들이 귀하게 여기는 것은 정말 귀한 것이 아니다. 조맹(趙孟)이 귀하게 만든 것은 조맹이 천하게 할 수 있다. 시에 말하길 '이미 술에 취했고 덕에 배불렀다'고 했다. 이는 인의(仁義)에 배불러서 다른 사람의 고량진미를 바라지 않으며 좋은 소문과 영예가 내 몸에 베풀어졌기 때문에 남의 좋은 옷을 바라지 않는다는 말이다."

孟子曰 欲貴者 人之同心也. 人人有貴於己者 弗思耳. 人之所貴者 非良貴也. 趙孟之所貴 趙孟能賤之.

맹자가 말했다. "귀하게 되기를 바라는 것은 사람들의 똑같은 마음이다. 사람마다 자기 몸에 귀한 것을 갖고 있지만 생각을 하지 않는다. 남들이 귀하게 여기는 것은 정말 귀한 것이 아니다. 조맹이 귀하게 만든 것은 조맹이 천하게 할 수 있다."

사람마다 자기 몸에 갖고 있는 귀한 것이란 앞 장에서 말한 천작이다. 양(良)은 본연의 선(本然之善)이다. 조맹(趙孟)은 춘추시대 진(晉)의 재상이었던 사람이다. 재상이었으니까 남에게 벼슬을 내려 귀하게 할 수도 있었고 거두어 천하게 할 수도 있었을 것이다.

詩云 旣醉以酒 旣飽以德. 言飽乎仁義也 所以不願人之膏粱之味也, 令聞廣譽施於身 所以不願人之文繡也.

"시에 말하길 '이미 술에 취했고 덕에 배불렀다'고 했다. 이는 인의에 배불러서 다른 사람의 고량진미를 바라지 않으며 좋은 소문과 영예가 내 몸에 베풀어졌기 때문에 남의 좋은 옷을 바라지 않는다는 말이다."

시는 『시경』 「대아(大雅)」 기취(旣醉)편이다. 고량(膏粱)은 맛있는 음식을 가리키는 말이다. 영문(令聞)의 令은 착하다, 아름답다는 뜻이다. 문수(文繡)는 수를 놓은 아름다운 옷이다. 천작을 이미 얻었는데 한갓 외물(外物)에 어찌 마음을 쓰겠는가?

18

맹자가 말했다. "인(仁)이 불인(不仁)을 이기는 것은 물이 불을 이기는 것과 같다. 지금 인을 행하는 자들은 한 잔의 물로 한 수레의 장작불을 끄려는 것과 같다. 불이 꺼지지 않으면 물이 불을 이기지 못한다고 말하니 이는 불인을 돕는 것이 심한 것이다. 끝내는 또한 망할 것이다."

孟子曰 仁之勝不仁也 猶水勝火. 今之爲仁者 猶以一杯水 救一車薪之火也. 不熄 則謂之水不勝火 此又與於不仁之甚者也. 亦終必亡而已矣.

차우여어불인지심자야(此又與於不仁之甚者也)의 與를 조기는 '함께하다', '같이하다'는 뜻의 兼이나 同으로 풀이한다. 그러나 주희는 돕는다는 뜻의 助로 풀이한다. 여기서는 주희를 따랐다. 인을 힘써 행해보지도 않았으면서 인이 불인을 못 이긴다고 하는 것은 결국 불인을 돕는 것과 같기 때문이다.

19

맹자가 말했다. "오곡이라는 것은 곡식 중에 종자가 좋은 것이나 익지 않으면 피만도 못하다. 무릇 인(仁) 또한 익는 데 있을 뿐이다."

孟子曰 五穀者 種之美者也. 苟爲不熟 不如荑稗. 夫仁亦在乎熟之而已矣.

이패(荑稗)는 피다. 벼와 비슷하고 억지로 먹는다면 먹을 수도 있으나 쌀만 같지 못하다. 주희는 다음과 같은 윤돈(尹焞)의 말을 인용하고 있다. "날마다 새로워지기를 그치지 않는다면 익을 것이다(日新而不已則熟)."

20

　맹자가 말했다. "예가 사람에게 활을 가르칠 때 반드시 활을 가득 당기는데 뜻을 두니, 배우는 자도 또한 반드시 활을 가득 당기는데 뜻을 두어야 한다. 목수가 남을 가르칠 때 반드시 규구(規矩)로써 하니, 배우는 자도 또한 반드시 규구로써 해야 한다."

孟子曰 羿之敎人射 必志於彀 學者亦必志於彀. 大匠誨人 必以規矩 學者亦必以規矩.

예(羿)는 「이루하」 24에서 나온 바 있는 활을 잘 쏘는 사람이다. 구(彀)는 활을 가득 잡아당기는 것이다. 규구(規矩)는 목수가 갖고 다니는 도구로 規는 원을 그리는 데, 矩는 사각형을 그리는 데 사용한다. 성인의 도를 배우려고 하는 자는 마땅히 인의로써 할 뿐이다.

12

고자장구하

告子章句下

하늘이 사람에게 큰일을 맡기려고 하면, 반드시 먼저 그 심지를 괴롭히고 그 근골을 수고롭게 하며 그 몸을 굶주리게 하고 궁핍하게 하며 나아가 그 하고자 하는 바를 어긋나게 한다.

1

임(任)나라 사람이 옥려자(屋廬子)에게 물었다. "예(禮)와 음식 중 어느 것이 중요합니까?"

"예가 중요합니다."

"예와 여색 중 어느 것이 중요합니까?"

"예가 중요합니다."

"예를 차려 먹으면 굶어죽고 예를 차리지 않고 먹으면 살 수 있어도 꼭 예를 차려야 합니까? 친영(親迎)을 하게 되면 결혼을 하지 못하고 친영을 하지 않으면 결혼을 할 수 있어도 꼭 친영을 해야 합니까?"

옥려자가 대답할 수 없어 다음날 추(鄒)로 가서 맹자에게 고했다. 맹자가 말했다. "이것을 대답하는 데 무슨 어려움이 있겠느냐? 그 근본을 헤아리지 않고 끝만 가지고 따진다면 작은 나무토막 갖고도 높은 누각보다 더 높게 만들 수 있다. 쇠가 깃털보다 무겁다고 하는 것이 어찌 혁대 고리 한 개의 쇠와 한 수레의 깃털을 가지고 말하는 것이겠는가? 먹는 것 중에서 무거운 것과 예 중에서 가벼운 것을 갖고 비교한다면 어찌 먹는 것만이 중할 뿐이겠으며, 여색 중의 무거운 것과 예 중에서 가벼운 것을 갖고 비교한다면 어찌 여색만이 중할 뿐이겠는가? 가서 이렇게 대답하거라. '형의 팔을 비틀어 먹을 것을 뺏으면 먹을 수 있고 그렇지 않으면 먹을 수 없다고 하면 장차 팔을 비틀겠는가? 동쪽 집의 담장을 넘어 그 처자를 끌어오면 결혼을 하고 그렇지 않으면 결혼을 못한다고 하면 장차 끌어오겠는가?"

任人有問屋廬子曰 禮與食孰重.

曰 禮重.

色與禮孰重.

曰 禮重.

曰 以禮食 則飢而死, 不以禮食 則得食, 必以禮乎. 親迎 則不得妻, 不親迎 則得妻, 必親迎乎.

임나라 사람이 옥려자에게 물었다. "예와 음식 중 어느 것이 중요합니까?"

"예가 중요합니다."

"예와 여색 중 어느 것이 중요합니까?"

"예가 중요합니다."

"예를 차려 먹으면 굶어죽고 예를 차리지 않고 먹으면 살 수 있어도 꼭 예를 차려야 합니까? 친영을 하게 되면 결혼을 하지 못하고 친영을 하지 않으면 결혼을 할 수 있어도 꼭 친영을 해야 합니까?"

임(任)은 나라 이름으로서 지금의 산둥성 지닝(濟寧)시 지역에 있었다고 한다. 옥려자(屋廬子)는 맹자의 제자로 이름은 연(連)이다. 친영(親迎)은 옛날 결혼할 때 행하는 육례(六禮)의 하나로 신랑이 신부 집에 가서 예를 행하고 신부를 맞아오는 것이다. 참고로 육례는 납채(納采), 문명(問名), 연길(涓吉), 납징(納徵), 고기(告期), 친영이다.

屋廬子不能對. 明日之鄒以告孟子. 孟子曰 於答是也何有.

옥려자가 대답할 수 없어 다음날 추로 가서 맹자에게 고했다. 맹자가 말했다. "이것을 대답하는

데 무슨 어려움이 있겠느냐?"

명일(明日)이라 한 것은 옥려자가 있던 임과 맹자가 있던 추 사이의 거리가 얼마 되지 않았기 때문이다. 어답시야하유(於答是也何有)의 於答是也는 '이것을 대답하는 것'이란 말이고, 何有는 하난지유(何難之有)로 '무슨 어려움이 있겠느냐'는 뜻이다. 주희의 해설이다. 조기는 於를 감탄사 오(烏), 何有를 대답할 수 없다는 불가답(不可答)으로 풀이하고 있다. 그러면 "오! 이것은 대답할 수 없다"가 되는데 무슨 뜻인지 이해하기 어렵다. 여기서는 주희를 따랐다.

不揣其本而齊其末 方寸之木可使高於岑樓. 金重於羽者 豈謂一鉤金與一輿羽之謂哉. 取食之重者 與禮之輕者而比之 奚翅食重. 取色之重者 與禮之輕者而比之 奚翅色重.

"그 근본을 헤아리지 않고 끝만 가지고 따진다면 작은 나무토막 갖고도 높은 누각보다 더 높게 만들 수 있다. 쇠가 깃털보다 무겁다고 하는 것이 어찌 혁대 고리 한 개의 쇠와 한 수레의 깃털을 가지고 말하는 것이겠는가? 먹는 것 중에서 무거운 것과 예 중에서 가벼운 것을 갖고 비교한다면 어찌 먹는 것만이 중할 뿐이겠으며, 여색 중의 무거운 것과 예 중에서 가벼운 것을 갖고 비교한다면 어찌 여색만이 중할 뿐이겠는가?"

불췌기본이제기말(不揣其本而齊其末)의 揣는 헤아리는 것, 재는 것이고, 齊는 비교하는 것이다. 不揣其本에 대해서는 조기와 주희의 해석이 엇갈린다. 조기는 그 수를 같게 하지 않는 것으로 풀이해 작은 나무토막이라도 많이 쌓으면 잠루(岑樓)보다도 높게 할 수 있다는 뜻으로 해석한다. 그러나 주희는 그 바닥을 서로 같게 하지 않는 것으로 해석한다. 그 바닥을 같게 하지 않고 작은 나무토막을 岑樓 위에 올려놓으면 岑樓보다 높게 할 수 있다는 뜻이다. 岑樓는 주희에 의하면 높은 누각, 조기에 의하면 뾰족한 산봉우리다. 일구금(一鉤金)의 鉤는 혁대 고리로, 혁대 고리만큼의 쇠를 뜻한다. 해시(奚翅)의 翅는 시(啻)로, 奚翅는 하단(何但) 즉 '어찌 ~뿐이겠는가'의 뜻이다.

혁대 고리 한 개만큼의 쇠와 한 수레의 깃털을 갖고 쇠와 깃털의 무게를 비교할 수는 없다. 사물의 경중을 헤아릴 때는 마땅히 그 기준을 같게 해서 헤아려야 한다. 예를 갖춰 먹는 것과 친영은 예 중에서 사소한 것들이다. 그것과 굶어죽는 것, 결혼하지 못하는 것을 같은 차원에 놓고 비교할 수는 없다.

往應之曰 紾兄之臂而奪之食 則得食, 不紾 則不得食, 則將紾之乎. 踰東家牆而摟其處子 則得妻, 不摟 則不得妻, 則將摟之乎.

"가서 이렇게 대답하거라. '형의 팔을 비틀어 먹을 것을 뺏으면 먹을 수 있고 그렇지 않으면 먹을 수 없다고 하면 장차 팔을 비틀겠는가? 동쪽 집의 담장을 넘어 그 처자를 끌어오면 결혼을 하고 그렇지 않으면 결혼을 못한다고 하면 장차 끌어오겠는가?'"

진(紾)은 조기에 의하면 여(戾)로 비트는 것, 누(摟)는 견(牽)으로 끌어오는 것이다. 서로 기준을 같게 해서 비교한다면 당연히 예가 먹는 것이나 여색보다 더 중한 것이다. 「고자상」 10에서 맹자는 "호통을 치면서 주면 길을 가는 사람이라 해도 받지 않을 것이며, 걷어차면서 주면 거지라 하더라도 달갑게 여기지 않을 것이다"라고 하고 있다. 또 「등문공하」 3에서는 "부모의 명령이나 중매쟁이의 말을 기다리지 않고, 담에 구멍을 뚫거나 틈을 내어 서로 엿보고 담을 뛰어넘어 서로 상종한다면, 부모나 국인(國人)들이 모두 이를 비천하다고 할 것이다"라고 하고 있다. 예가 중함을 알 수 있다.

2

　조교(曹交)가 물었다. "사람은 모두 요순이 될 수 있다고 하는데 그럴 수 있습니까?"
　맹자가 말했다. "그렇습니다."
　"교(交)는 문왕은 키가 십 척이고 탕왕은 구 척이라고 들었습니다. 지금 저는 구 척 사 촌이지만 밥만 축내고 있을 뿐입니다. 어찌해야 되겠습니까?"
　"거기에 무슨 어려움이 있겠습니까? 또한 그것을 할 뿐입니다. 여기에 한 사람이 있는데 그 힘이 병아리 한 마리도 감당하지 못한다면 무력한 사람일 것입니다. 이제 백 균(鈞)을 든다면 힘이 센 사람일 것입니다. 그렇다면 오획(烏獲)의 짐을 든다면 오획이 될 뿐입니다. 대저 사람이 어찌 감당하지 못함을 걱정하겠습니까? 하지 않을 뿐입니다. 천천히 걸어 나이 많은 사람 뒤에서 가는 것을 공손하다고 하고, 빨리 걸어 나이 많은 사람보다 앞서는 것을 불손하다고 합니다. 무릇 천천히 걷는 것을 사람이 어찌 하지 못하겠습니까? 하지 않는 것입니다. 요순의 도는 효제(孝弟)일 뿐입니다. 당신이 요의 옷을 입고 요의 말을 하며 요의 행동을 하면 요일 뿐이요, 걸의 옷을 입고 걸의 말을 하며 걸의 행동을 하면 걸일 뿐입니다."
　"교가 추나라 임금을 만나면 관사를 빌릴 수 있을 것이니, 원컨대 머물러 가르침을 받고자 합니다."
　"도라는 것이 큰 길과 같은데 어찌 알기가 어렵겠습니까? 사람들이 구하지 않는 것이 병입니다. 당신께서 돌아가서 찾는다면 많은 선생들이 있을 것입니다."

曹交問曰 人皆可以爲堯舜 有諸.
孟子曰 然.
交聞文王十尺 湯九尺 今交九尺四寸以長 食粟而已 如何則可.

조교가 물었다. "사람은 모두 요순이 될 수 있다고 하는데 그럴 수 있습니까?"

맹자가 말했다. "그렇습니다."

"교(交)는 문왕은 키가 십 척이고 탕왕은 구 척이라고 들었습니다. 지금 저는 구 척 사 촌이지만 밥만 축내고 있을 뿐입니다. 어찌해야 되겠습니까?"

조교(曹交)에 대해 조기는 曹나라 임금의 동생으로 이름은 交라고 하고 있다. 그러나 『춘추좌전』에 의하면 노나라 애공(哀公) 8년(BC487)에 조나라는 송나라에게 멸망당했다. 맹자시대와는 너무 시간적 차이가 나 조기의 말에 무언가 착오가 있는 듯하다. 유저(有諸)는 有之乎의 준말이다. 식속이이(食粟而已)는 밥만 먹고 있다, 즉 밥만 축내고 있다는 말이다.

曰 奚有於是. 亦爲之而已矣. 有人於此 力不能勝一匹雛 則爲無力人矣. 今日擧百鈞 則爲有力人矣. 然則擧烏獲之任 是亦爲烏獲而已矣. 夫人豈以不勝爲患哉. 弗爲耳.

"거기에 무슨 어려움이 있겠습니까? 또한 그것을 할 뿐입니다. 여기에 한 사람이 있는데, 그 힘이 병아리 한 마리도 감당하지 못한다면 무력한 사람일 것입니다. 이제 백 균을 든다면 힘이 센 사람일 것입니다. 그렇다면 오획의 짐을 든다면 오획이 될 뿐입니다. 대저 사람이 어찌 감당하지 못함을 걱정하겠습니까? 하지 않을 뿐입니다."

해유어시(奚有於是)는 何有於是로 여기에 무엇이 있겠느냐, 즉 무슨 어려움이 있겠느냐는 말이다. 일필추(一匹雛)에 대해서는 고래로 설이 분분하다. 그 발단은 『예기』「곡례(曲禮)」에 있는 "庶人之摯匹(서인의 폐물은 匹이다)"이란 말을 주(注)에서 풀이하기를 "匹은 오리(鶩)다"라고 한 데서 기인한다. 그래서 주희도 匹은 원래 집오리 필(鴄)로 써야 한다고 주장하고 있다. 一匹雛가 오리 새끼 한 마리라는 것이다. 그러나 이는 초순이 주장하듯 잘못된 것으로 匹은 수량 단위를 나타내는 양사로 읽어야 한다. 다만 그 뜻을 놓고 초순은 한 쌍, 양백준은 한 마리라고 서로 엇갈리고 있는데 여기서는 양백준을 따랐다. 균(鈞)은 삼십 근이다. 오획(烏獲)은 옛날의 힘센 사람이다.

오획의 힘이라면 누구도 감당하기 쉽지 않을 것이다. 그러나 병아리 한 마리 들지 못할 사람은 없다. 사람들이 하지 않을 뿐이지.

徐行後長者謂之弟 疾行先長者謂之不弟. 夫徐行者 豈人所不能哉. 所不爲也. 堯舜之道 孝弟而已矣. 子服堯之服 誦堯之言 行堯之行 是堯而已矣, 子服桀之服 誦桀之言 行桀之行 是桀而已矣.

"천천히 걸어 나이 많은 사람 뒤에서 가는 것을 공손하다고 하고, 빨리 걸어 나이 많은 사람보다 앞서는 것을 불손하다고 합니다. 무릇 천천히 걷는 것을 사람이 어찌 하지 못하겠습니까? 하지 않는 것입니다. 요순의 도는 효제일 뿐입니다. 당신이 요의 옷을 입고 요의 말을 하며 요의 행동을 하면 요일 뿐이요, 걸의 옷을 입고 걸의 말을 하며 걸의 행동을 하면 걸일 뿐입니다."

부모에게 효도하고 윗사람에게 공손한 것을 하지 못할 사람은 없다. 하지 않을 뿐이지. 그러나 효제는 인의 근본이다(『논어』「학이」). 요순의 도도 결국은 효제일 뿐이다.

曰 交得見於鄒君 可以假館 願留而受業於門.
曰 夫道 若大路然 豈難知哉. 人病不求耳. 子歸而求之 有餘師.

"교가 추나라 임금을 만나면 관사를 빌릴 수 있을 것이니, 원컨대 머물러 가르침을 받고자 합니다."

"도라는 것이 큰 길과 같은데 어찌 알기가 어렵겠습니까? 사람들이 구하지 않는 것이 병입니다. 당신께서 돌아가서 찾는다면 많은 선생들이 있을 것입니다."

많은 선생들이 있다는 말은 다른 선생을 찾으라는 말이다. 완곡한 거절의 말이다. 맹자가 왜 조교의 청을 거절했는지는 분명치 않다. 주희는 관사를 구한 연후에 가르침을 받겠다고 한 것 자체가 이미 도를 구하려는 자세가 돈독하지 못함을 보이는 것이기 때문이라고 한다. 그래서 맹자가 거절했다는 것이다. 주희는 맹자의 거절이 바로 이 편 마지막에 나오는 가르치는 것을 달가워하지 않는 가르침(不屑之敎誨)이라고까지 하고 있다.

3

공손추가 물었다. "고자(高子)가 '소반(小弁)은 소인의 시다'라고 했습니다."

맹자가 말했다. "무엇을 가지고 말한 것인가?"

"원망 때문입니다."

"고루하구나, 고수(高叟)가 시를 이해하는 것이. 여기에 어떤 사람이 있는데 월나라 사람이 활을 당겨 자신을 쏜다면 웃으면서 이를 말할 것이다. 다름 아니라 멀기 때문이다. 그런데 형이 활을 당겨 쏜다면 눈물을 흘리면서 이를 말할 것이다. 다름 아니라 가깝기 때문이다. 소반의 원망은 어버이를 친애한 것이다. 어버이를 친애하는 것이 인(仁)이다. 고루하구나, 고수가 시를 이해하는 것이."

"개풍(凱風)은 어찌하여 원망하지 않습니까?"

"개풍은 어버이의 잘못이 작은 것이고, 소반은 어버이의 잘못이 큰 것이다. 어버이의 잘못이 큰데도 원망하지 않는다면 이는 사이가 더욱 멀어지는 것이다. 어버이의 잘못이 작은데도 원망한다면 이는 쉽게 건드리지 못하는 것이다. 더욱 멀어지는 것도 불효고 쉽게 건드리지 못하는 것도 또한 불효다. 공자께서 말씀하셨다. '순은 지극한 효자시니 나이가 오십이 되어서도 어버이를 사모하셨다.'"

公孫丑問曰 高子曰 小弁 小人之詩也.

孟子曰 何以言之.

曰 怨.

공손추가 물었다. "고자가 '소반은 소인의 시다'라고 했습니다."

맹자가 말했다. "무엇을 가지고 말한 것인가?"

"원망 때문입니다."

여기의 고자(高子)는 「공손추하」 12에서 나온 맹자의 제자와 다른 사람이다. 왜냐하면 뒤에 맹자가 그를 고씨 늙은이라는 뜻의 고수(高叟)라고 부른 것으로 보아 맹자보다 나이가 많은 것으로 추정되기 때문이다. 소반(小弁)은 『시경』 「소아」의 편 이름이다. 소반의 시에 대해서는 두 가지 설이 대립한다. 주희에 의하면 주나라 유왕(幽王)이 신후(申后)를 얻어 태자 의구(宜臼)를 낳았는데 후에 포사(褒姒)를 총애해 그녀가 백복(伯服)을 낳자 신후를 축출하고 의구를 폐했다. 이에 의구의 스승이 그 애통하고 절박한 심정을 대신 노래한 것이라고 한다. 그러나 조기는 백기(伯奇)의 시라고 주장한다. 주나라 선왕(宣王) 때 윤길보(尹吉甫)라는 신하가 있었는데 백기는 그의 아들이었다. 그런데 백기의 생모가 죽자 윤길보가 후처를 얻어 그녀로부터 백방(伯邦)이라는 아들을 얻었다. 그러자 백기의 계모가 그를 모함해 결국 백기는 집에서 쫓겨나게 되었다. 이에 백기가 자신의 원통함을 노래한 시라고 한다.

曰 固哉 高叟之爲詩也. 有人於此 越人關弓而射之 則己談笑而道之, 無他 疏之也. 其兄關弓而射之 則己垂涕泣而道之, 無他 戚之也. 小弁之怨 親親也. 親親 仁也. 固矣夫 高叟之爲詩也.

"고루하구나, 고수가 시를 이해하는 것이. 여기에 어떤 사람이 있는데 월나라 사람이 활을 당겨 자신을 쏜다면 웃으면서 이를 말할 것이다. 다름 아니라 멀기 때문이다. 그런데 형이 활을 당겨 쏜다면 눈물을 흘리면서 이를 말할 것이다. 다름 아니라 가깝기 때문이다. 소반의 원망은 어버이를 친애한 것이다. 어버이를 친애하는 것이 인이다. 고루하구나, 고수가 시를 이해하는 것이."

고(固)는 고루한 것이다. 고수는 고씨 늙은이라는 말이다. 월(越)은 장강 남쪽 지금의 저장(浙江)성 사오싱(紹興) 부근에 있던 나라로 맹자의 고향인 산동지방과는 매우 멀리 떨어져 있다. 완궁(關弓)의 關은 만(彎)으로 활을 당기는 것이고, 도(道)는 말하는 것이다. 소(疏)는 사이가 먼 것이고, 척(戚)은 친(親)으로 사이가 가까운 것이다.

曰 凱風何以不怨.
曰 凱風 親之過小者也, 小弁 親之過大者也. 親之過大而不怨 是愈疏也, 親之過小而怨 是不可磯也. 愈疏 不孝也, 不可磯 亦不孝也. 孔子曰 舜其至孝矣 五十而慕.

"개풍은 어찌하여 원망하지 않습니까?"

"개풍은 어버이의 잘못이 작은 것이고 소반은 어버이의 잘못이 큰 것이다. 어버이의 잘못이 큰데도 원망하지 않는다면 이는 사이가 더욱 멀어지는 것이다. 어버이의 잘못이 작은데도 원망한다면 이는 쉽게 건드리지 못하는 것이다. 더욱 멀어지는 것도 불효고 쉽게 건드리지 못하는 것도 또한 불효다. 공자께서 말씀하셨다. '순은 지극한 효자시니 나이가 오십이 되어서도 어버이를 사모하셨다.'"

개풍은 『시경』「국풍(國風)」 패풍(邶風)의 시 이름이다. 위(衛)나라에 일곱 명의 자식을 둔 어머니가 있었는데, 당시 풍속이 자유분방해 자식들이 어머니에 대해 마음을 놓지 못하게 되자 이 시를 지어 자책했다고 한다. 유(愈)는 익(益)으로 '더욱'이라는 뜻의 부사다. 불가기(不可磯)의 磯는 격(激)으로 부딪치는 것이다. 조금만 부딪쳐도 성을 내어 부딪칠 수 없다는 말이다. 순이 나이 오십이 되어서도 어버이를 사모한 것에 대해는 「만장상」 1에서 이미 나온 바 있다.

4

송경(宋牼)이 초나라로 가려다가 석구(石丘)에서 맹자를 만났다. "선생께서는 어디를 가시려 합니까?"

"진과 초가 전쟁을 하려 한다는 소식을 듣고 내가 초왕을 만나 유세해 그만두게 하려 합니다. 초왕이 듣지 않으면 진왕을 만나 유세해 그만두게 하려 합니다. 이 두 왕 중 나와 뜻이 맞는 사람이 있을 것입니다."

"제가 그 상세한 것은 묻지 않겠으니 요지만 말씀해주십시오. 어떻게 유세하실 것입니까?"

"나는 그 불리함을 말할 것입니다."

"선생의 뜻은 좋습니다만 그 명분은 옳지 않습니다. 선생께서 이(利)로써 진나라와 초나라의 왕을 설복해, 진나라와 초나라 왕이 그 이를 좋아해 전쟁을 그만둔다면, 삼군의 장병들은 전쟁의 중단을 즐거워하면서 이를 좋아하게 됩니다. 신하 된 자는 이를 속으로 생각하면서 그 임금을 섬기고, 자식 된 자는 이를 속으로 생각하면서 그 아버지를 섬기며, 동생 된 자는 이를 속으로 생각하면서 그 형을 섬깁니다. 이렇게 되면 군신, 부자, 형제가 마침내 인의를 저버리고 이를 속으로 생각하면서 서로 만나게 됩니다. 그러면서 망하지 않는 자는 없습니다. 선생께서 인의로써 진나라와 초나라의 왕을 설복해, 진나라와 초나라의 왕이 그 인의를 좋아해 전쟁을 그만둔다면, 삼군의 장병들은 전쟁의 중단을 즐거워하면서 인의를 좋아하게 됩니다. 신하 된 자는 인의를 속으로 생각하면서 그 임금을 섬기고, 자식 된 자는 인의를 속으로 생각하면서 그 아버지를 섬기며, 동생 된 자는 인의를 속으로 생각하면서 그 형을 섬깁니다. 이렇게 되면 군신, 부자, 형제가 마침내 이를 저버리고 인의를 속으로 생각하면서 서로 만나게 됩니다. 그러면서 왕이 되지 못한 자는 없습니다. 하필이면 이를 말씀하십니까?"

宋牼將之楚 孟子遇於石丘. 曰 先生將何之.
曰 吾聞秦楚構兵. 我將見楚王說而罷之. 楚王不悅 我將見秦王說而罷之. 二王我將有所遇焉.

송경이 초나라로 가려다가 석구에서 맹자를 만났다. "선생께서는 어디를 가시려 합니까?"
"진과 초가 전쟁을 하려 한다는 소식을 듣고 내가 초왕을 만나 유세해 그만두게 하려 합니다. 초왕이 듣지 않으면 진왕을 만나 유세해 그만두게 하려 합니다. 이 두 왕 중 나와 뜻이 맞는 사람이 있을 것입니다."

송경(宋牼)에 대해 주희는 『장자』「천하(天下)」편이나 『순자』「비십이자(非十二子)」편에 나오는 송견(宋鈃)이 아닐까 추측하고 있다. 송견은 제선왕 때 사람으로 전쟁에 반대했다고 전해진다. 석구(石丘)는 지명이나 그 자세한 위치는 현재 상고하기 어렵다. 선생은 송경이 맹자보다 나이가 많아 존대해서 부른 칭호다. 구병(構兵)은 초순에 의하면 교병(交兵)으로 교전하는 것이다. 說은 여기서는 유세한다는 뜻의 세로 읽는다. 유소우(有所遇)의 遇는 합(合)으로 뜻이 맞는 것이다.

曰 軻也請無問其詳 願聞其指. 說之將何如.

12. 고자장구하(告子章句下) **663**

曰 我將言其不利也.

"제가 그 상세한 것은 묻지 않겠으니, 요지만 말씀해주십시오. 어떻게 유세하실 것입니까?"
"나는 그 불리함을 말할 것입니다."

가(軻)는 맹자가 송경을 존대하는 뜻에서 자기 이름을 부른 것이다. 지(指)는 지(旨)로 대략의 요지다.

曰 先生之志則大矣 先生之號則不可. 先生以利說秦楚之王 秦楚之王悅於利 以罷三軍之師 是三軍之士樂罷而悅於利也. 爲人臣者懷利以事其君, 爲人子者懷利以事其父, 爲人弟者懷利以事其兄. 是君臣父子兄弟終去仁義 懷利以相接. 然而不亡者 未之有也.

"선생의 뜻은 좋습니다만 그 명분은 옳지 않습니다. 선생께서 이(利)로써 진나라와 초나라의 왕을 설복해, 진나라와 초나라 왕이 그 이를 좋아해 전쟁을 그만둔다면, 삼군의 장병들은 전쟁의 중단을 즐거워하면서 이를 좋아하게 됩니다. 신하 된 자는 이를 속으로 생각하면서 그 임금을 섬기고, 자식 된 자는 이를 속으로 생각하면서 그 아버지를 섬기며, 동생 된 자는 이를 속으로 생각하면서 그 형을 섬깁니다. 이렇게 되면 군신, 부자, 형제가 마침내 인의를 저버리고 이를 속으로 생각하면서 서로 만나게 됩니다. 그러면서 망하지 않는 자는 없습니다."

대(大)는 선(善)으로 좋은 것이고, 호(號)는 문제를 제기하는 방법, 명분이다.

先生以仁義說秦楚之王 秦楚之王悅於仁義 而罷三軍之師 是三軍之士樂罷而悅於仁義也. 爲人臣者懷仁義以事其君, 爲人子者懷仁

義以事其父, 爲人弟者懷仁義以事其兄. 是君臣父子兄弟去利 懷仁義以相接也. 然而不王者 未之有也. 何必曰利.

"선생께서 인의로써 진나라와 초나라의 왕을 설복해, 진나라와 초나라의 왕이 그 인의를 좋아해 전쟁을 그만둔다면, 삼군의 장병들은 전쟁의 중단을 즐거워하면서 인의를 좋아하게 됩니다. 신하된 자는 인의를 속으로 생각하면서 그 임금을 섬기고, 자식 된 자는 인의를 속으로 생각하면서 그 아버지를 섬기며, 동생 된 자는 인의를 속으로 생각하면서 그 형을 섬깁니다. 이렇게 되면 군신, 부자, 형제가 마침내 이를 저버리고 인의를 속으로 생각하면서 서로 만나게 됩니다. 그러면서 왕이 되지 못한 자는 없습니다. 하필이면 이를 말씀하십니까?"

제일 첫 장에 나오는 맹자와 양혜왕과의 대화와 비슷한 내용이다. 거기서도 맹자는 "왕께서는 하필이면 이(利)를 말씀하십니까? 단지 인의(仁義)가 있을 뿐입니다"라고 하고 있다.

5

맹자가 추에 있을 때 계임(季任)이 임(任)의 처수(處守)였는데, 폐백을 보내 인사했지만 받고 답례하지 않았다. 평륙(平陸)에 있을 때 저자(儲子)가 재상이었는데, 폐백을 보내 인사했지만 받고 답례하지 않았다. 후일 추에서 임으로 갈 때 계자(季子)를 만났지만, 평륙에서 제(齊)로 갈 때는 저자를 만나지 않았다. 옥려자(屋廬子)가 기뻐하며 말하길 "내가 틈을 얻었다"고 하더니 물었다. "선생님께서 임에 가실 때는 계자를 만나고 제에 가실 때는 저자를 만나지 않으셨는데, (저자가) 재상이기 때문에 그랬습니까?"

"아니다. 서에 말하길 '향(享)은 예의를 중시하는데 예의가 물건에 미치지 못하면 향(享)하지 않았다고 한다. 향에 마음을 쓰지 않았기 때문이다'라고 했으니 향이 되지 않았기 때문이다."

옥려자가 기뻐했다. 어떤 사람이 그에 대해 묻자 옥려자가 말했다. "계자는 추에 갈 수 없었고 저자는 평륙에 갈 수 있었기 때문이다."

孟子居鄒 季任爲任處守 以幣交 受之而不報. 處於平陸 儲子爲相 以幣交 受之而不報.

맹자가 추에 있을 때 계임이 임의 처수였는데, 폐백을 보내 인사했지만 받고 답례하지 않았다. 평륙에 있을 때 저자가 재상이었는데, 폐백을 보내 인사했지만 받고 답례하지 않았다.

계임(季任)은 조기에 의하면 임(任)나라 임금의 동생이다. 초순은 전대흔의 『양신록(養新錄)』을 인용해 계임이 임나라 임금의 동생이라면 전례에 따라 마땅히 任季라고 써야 한다고 주장한다. 처수(處守)는 유수(留守)로, 임나라 임금이 어떤 일로 자리를 비우게 되어 계임이 대신 그 자리를 지킨 것이다. 폐교(幣交)는 폐백을 보내 인사를 청한 것이다. 저자(儲子)는 제나라 재상이다. 폐백을 받기만 하고 답례하지 않은 것은 직접 보러 왔으면 답례를 했겠지만 단지 폐백만 보내왔기에 답례하지 않은 것이라고 주희는 설명한다.

他日由鄒之任 見季子, 由平陸之齊 不見儲子. 屋廬子喜曰 連得閒矣. 問曰 夫子之任見季子 之齊不見儲子 爲其爲相與.
曰 非也. 書曰 享多儀 儀不及物曰不享 惟不役志于享. 爲其不成享也.

후일 추에서 임으로 갈 때 계자를 만났지만, 평륙에서 제로 갈 때는 저자를 만나지 않았다. 옥려자가 기뻐하며 말하길 "내가 틈을 얻었다"고 하더니 물었다. "선생님께서 임에 가실 때는 계자를 만나고 제에 가실 때는 저자를 만나지 않으셨는데, (저자가) 재상이기 때문에 그랬습니까?"
"아니다. 서에 말하길 '향은 예의를 중시하는데 예의가 물건에 미치지 못하면 향(享)하지 않았다고 한다. 향에 마음을 쓰지 않았기 때문이다'라고 했으니 향이 되지 않았기 때문이다."

연(連)은 옥려자의 이름이다. 득간(得閒)은 질문할 틈을 얻었다는 말이다. 지임(之任), 지제(之齊)의 之는 간다는 뜻의 동사다. 옥려자의 질문은 "계임은 임금 자리를 대신하고 있기 때문에 그를 중시해 만난 것이고, 저자는 재상에 불과하기 때문에 경시해 만나지 않은 것 아니냐"라는 뜻이다. 書曰 이하의 내용은 『상서』「낙고(洛誥)」편에 실려 있다. 향(享)은 봉상(奉上)으로 윗사람에게 예물을 헌상하는 것이다. 다(多)는 중시하는 것이고, 의(儀)는 예의, 물(物)은 폐백으로 바친 예물이다. 역지(役志)는 용심(用心)으로 마음을 쓰는 것이다. 윗사람에게 예물을 헌상할 때는 반드시 예를 갖춰야 한다. 예가 예물에 못 미치는 것은 마음을 쓰지 않았기 때문으로 이는 헌상하지 않은 것과 같다. 맹자가 저자를 만나지 않은 것은 그가 예의를 다하지 않았다고 여겼기 때문이다.

屋廬子悅. 或問之. 屋廬子曰 季子不得之鄒 儲子得之平陸.
옥려자가 기뻐했다. 어떤 사람이 그에 대해 묻자 옥려자가 말했다. "계자는 추에 갈 수 없었고 저자는 평륙에 갈 수 있었기 때문이다."

계임은 임금 자리를 대신하고 있어서 나라를 비울 수가 없었기 때문에 맹자를 보러 올 수가 없었다. 따라서 폐백만으로도 예를 다했다고 인정한 것이다. 그러나 저자는 재상 신분이었고 또 평륙이 제나라 경내였기 때문에 올 수가 있었다. 그런데도 오지 않았기 때문에 맹자는 그가 예를 갖추지 않았다고 여긴 것이다.

6

순우곤이 말했다. "명예와 공적을 우선시하는 사람은 남을 위하고, 명예와 공적을 뒤로 하는 사람은 자기를 위합니다. 선생님께서는 삼경(三卿)의 한 사람이시면서도 명예와 공적을 위아래에 세우지 않고 떠나시니 어진 사람은 정녕 이와 같습니까?"

맹자가 말했다. "낮은 지위에 있으면서 현명한 사람으로서 불초한 사람을 섬기지 않은 사람은 백이(伯夷)고, 다섯 번 탕왕에게 가고 다섯 번 걸에게 간 사람은 이윤(伊尹)이며, 더러운 임금을 미워하지 않고 작은 벼슬을 마다하지 않은 사람은 유하혜(柳下惠)입니다. 세 사람이 모두 도는 다르나 그 나아가는 곳은 하나였습니다. 그 하나가 무엇이냐면 바로 인(仁)입니다. 군자는 역시 인(仁)일 뿐이니 꼭 같아야 할 필요가 있습니까?"

"노나라 목공(繆公) 때에 공의자(公儀子)가 정치를 맡고 자류(子柳), 자사(子思)가 신하였지만 노나라 땅은 더욱 줄어들었습니다. 현명하다고 하는 사람들이 나라에 무익함이 이와 같았습니다."

"우(虞)나라는 백리해(百里奚)를 쓰지 않아 멸망했고, 진목공(秦穆公)은 써서 패자가 되었습니다. 현명한 사람을 쓰지 않으면 망하는데 어찌 줄어들기만 할 수 있었겠습니까?"

"옛날에 왕표(王豹)가 기수(淇水) 가에 살자 하서(河西) 사람들이 노래를 잘 불렀고, 면구(緜駒)가 고당(高唐)에 살자 제나라 서쪽 사람들이 노래를 잘 불렀으며, 화주(華周)와 기량(杞梁)의 처가 죽은 지아비를 위해 곡을 잘하자

나라 풍속이 바뀌었습니다. 안에 있는 것은 반드시 밖으로 그 형체가 나타납니다. 일을 하고서도 공이 없는 사람을 나는 아직 보지 못했습니다. 이런 까닭에 현명한 자가 없는 것이니, 있다면 내가 알았을 것입니다."

"공자가 노나라 사구(司寇)가 되었지만 쓰이지 않았습니다. 나라에 제사가 있었는데 그 제육이 오지 않자 관도 벗지 않고 떠났습니다. 알지 못하는 자들은 고기 때문이라고 했고, 안다는 자들은 무례하기 때문이라고 했습니다. 그러나 공자는 작은 죄를 핑계 삼아 떠나기를 원했던 것이지 구차하게 떠나는 것은 바라지 않았던 것입니다. 군자가 하는 바를 뭇사람들은 정녕 알지 못하는 것입니다."

淳于髡曰 先名實者 爲人也, 後名實者 自爲也. 夫子在三卿之中 名實未加於上下而去之 仁者固如此乎.

순우곤이 말했다. "명예와 공적을 우선시하는 사람은 남을 위하고, 명예와 공적을 뒤로 하는 사람은 자기를 위합니다. 선생님께서는 삼경의 한 사람이시면서도 명예와 공적을 위아래에 세우지 않고 떠나시니 어진 사람은 정녕 이와 같습니까?"

명실(名實)의 名은 성예(聲譽) 즉 명예이고, 實은 사공(事功) 즉 일의 공적이다(주희). 명예와 공적을 우선시하는 사람은 백성을 구하는 데 뜻을 두고, 뒤로 하는 사람은 홀로 자기 몸을 선하게 하기를 바란다. 삼경은 초순이 인용한 전조망(全祖望)의 『경사문답(經史問答)』에 의하면 상경(上卿), 아경(亞卿), 하경(下卿) 또는 상(相), 장(將), 객경(客卿)을 가리킨다. 명실미가어상하(名實未加於上下)는 위로는 그 임금을 바로하지 못하고 아래로는 그 백성을 구하지 못했다는 말이다.

孟子曰 居下位 不以賢事不肖者 伯夷也. 五就湯 五就桀者 伊尹也. 不惡汙君 不辭小官者 柳下惠也. 三子者不同道 其趨一也. 一者何也. 曰 仁也. 君子亦仁而已矣 何必同.

맹자가 말했다. "낮은 지위에 있으면서 현명한 사람으로서 불초한 사람을 섬기지 않은 사람은 백이고, 다섯 번 탕왕에게 가고 다섯 번 걸에게 간 사람은 이윤이며, 더러운 임금을 미워하지 않고 작은 벼슬을 마다하지 않은 사람은 유하혜입니다. 세 사람이 모두 도는 다르나 그 나아가는 곳은 하나였습니다. 그 하나가 무엇이냐면 바로 인(仁)입니다. 군자는 역시 인일 뿐이니 꼭 같아야 할 필요가 있습니까?"

이윤이 걸에게 나아간 것은 탕이 시켜서였다. 탕은 걸이 개과천선하기를 바라는 마음으로 이윤을 걸에게 보냈으나 걸이 받아들이지 않자 마침내 이윤과 함께 걸을 정벌할 마음을 굳혔다고 한다. 다섯 번이라고 한 것이 정말 다섯 번인지 아닌지를 따지는 것은 무의미할 것이다. 상고할 방법도 없고 전해지는 과정에 전설이 많이 가미되었기 때문이다.

曰 魯繆公之時 公儀子爲政 子柳子思爲臣, 魯之削也滋甚. 若是乎賢者之無益於國也.
曰 虞不用百里奚而亡 秦穆公用之而霸. 不用賢則亡 削何可得與.

"노나라 목공 때에 공의자가 정치를 맡고 자류, 자사가 신하였지만 노나라 땅은 더욱 줄어들었습니다. 현명하다고 하는 사람들이 나라에 무익함이 이와 같았습니다."

"우나라는 백리해를 쓰지 않아 멸망했고, 진목공은 써서 패자가 되었습니다. 현명한 사람을 쓰지 않으면 망하는데 어찌 줄어들기만 할 수 있었겠습니까?"

공의자(公儀子)는 공의휴(公儀休)로 당시 노나라 재상이었다. 자류(子柳)는 「공손추하」 11에서 나온 바 있는 설류(泄柳)다. 삭(削)은 영토가 줄어드는 것이고, 자(滋)는 익(益)으로 '더욱'이라는 뜻의 부사다. 우나라와 백리해, 진목공은 「만장상」 9에서 이미 언급했다. 삭하가득여(削何可得與)는 "어찌 줄어들기만 할 수 있었겠느냐?" 즉 그러지 않았으면 망할 뻔했었다는 말이다.

曰 昔者王豹處於淇 而河西善謳, 綿駒處於高唐 而齊右善歌, 華周杞梁之妻善哭其夫 而變國俗. 有諸內必形諸外. 爲其事而無其功者 髡未嘗覩之也. 是故無賢者也 有則髡必識之.

"옛날에 왕표가 기수 가에 살자 하서 사람들이 노래를 잘 불렀고, 면구가 고당에 살자 제나라 서쪽 사람들이 노래를 잘 불렀으며, 화주와 기량의 처가 죽은 지아비를 위해 곡을 잘하자 나라 풍속이 바뀌었습니다. 안에 있는 것은 반드시 밖으로 그 형체가 나타납니다. 일을 하고서도 공이 없는 사람을 나는 아직 보지 못했습니다. 이런 까닭에 현명한 자가 없는 것이니, 있다면 내가 알았을 것입니다."

왕표(王豹)는 조기에 의하면 위(衛)나라 사람으로 노래를 잘 불렀다고 한다. 기(淇)는 강의 이름이다. 하서(河西)는 황하 서쪽 지방이다. 면구(綿駒)는 제나라의 노래를 잘 부르는 사람이다. 고당(高唐)은 제나라 서쪽의 읍 이름이다. 제우(齊右)는 제나라의 서쪽을 가리킨다. 화주(華周)는 화선(華旋), 기량(杞梁)은 기식(杞殖)이라고도 하며 모두 제나라 대부로 거(莒)나라와의 전쟁에서 전사했다. 그런데 그 아내가 이를 애통해하며 곡을 하자 그 소리에 성벽이 무너졌다고 한다.

曰 孔子爲魯司寇 不用 從而祭 燔肉不至 不稅冕而行. 不知者以爲爲肉也 其知者以爲爲無禮也. 乃孔子則欲以微罪行 不欲爲苟去. 君子之所爲 衆人固不識也.

"공자가 노나라 사구가 되었지만 쓰이지 않았습니다. 나라에 제사가 있었는데 그 제육이 오지 않자 관도 벗지 않고 떠났습니다. 알지 못하는 자들은 고기 때문이라고 했고, 안다는 자들은 무례하기 때문이라고 했습니다. 그러나 공자는 작은 죄를 핑계 삼아 떠나기를 원했던 것이지 구차하게 떠나는 것은 바라지 않았던 것입니다. 군자가 하는 바를 뭇사람들은 정녕 알지 못하는 것입니다."

사구(司寇)는 벼슬 이름으로 형벌을 관장한다. 공자가 노나라의 사구를 했다는 기록은 논어에는 보이지 않고, 선진(先秦) 시대 문헌 중에는 『묵자』와 『춘추좌전』 등에 보일 뿐이다. 따라서 공자가 노나라 사구를 했다는 사실을 의심하는 사람들도 많다. 번육(燔肉)은 제사 때 바치는 구운 고기다. 예법에 종묘나 사직에서 제사를 지내면 그 제육을 관계된 모든 사람에게 나누어주는데 이것을 복록을 함께한다는 뜻에서 동복록(同福祿)이라고 불렀다 한다. 稅는 벗는다는 뜻의 탈(脫)이다. 내(乃)는 역접 관계를 나타내는 연사(連詞)다.

  공자가 노나라를 떠난 것에 대해 제육 때문이라고 하는 자는 족히 말할 것도 없지만, 임금이 제육을 나누어주지 않는 무례함을 보였기 때문이라고 하는 자들도 또한 공자의 본마음을 안다고 할 수는 없다. 원래 군자가 나라를 떠날 때는 그 허물을 임금에게 돌리지 않고 자기가 덮어쓰고 가는 법이다. 그런데 대부에게 제육을 보내지 않은 것은 임금의 허물도 되지만 옆에서 제사를 돕는 자들의 불찰도 되는 것이다. 공자는 대부로서 옆에서 제사를 돕는 위치에 있었다. 따라서 공자는 자신이 그 죄를 뒤집어쓰고(微罪) 떠나려 한 것이다. 이상은 초순의 해설에 의거했다.

이토 진사이는 맹자가 공자의 일을 인용한 것은 맹자가 제나라를 떠날 때 무슨 사정이 있었으나 그것을 드러내 말하고 싶지 않았기 때문이라고 하고 있다. 이 장의 문답에서 맹자 특유의 날카로움이 보이지 않고 그저 도망가기에 급급한 느낌을 주는 것도 그것 때문이 아닌가 모르겠다.

7

맹자가 말했다. "오패(五覇)는 삼왕(三王)의 죄인이고, 지금의 제후는 오패의 죄인이며, 지금의 대부는 지금 제후의 죄인이다.

천자가 제후에게 가는 것을 순수(巡狩)라고 하고, 제후가 천자를 조회하는 것을 술직(述職)이라고 한다. 봄에 농사짓는 것을 살펴 부족한 것을 보충하고, 가을에 추수하는 것을 살펴 부족한 것을 돕는다. 그 강역에 들어가, 토지가 개간되어 있고 들판이 잘 정리되어 있으며 노인을 봉양하고 현명한 사람을 존중하며 훌륭한 인재가 벼슬자리에 있으면 포상을 하는데, 포상은 토지로 한다. 그 강역에 들어가, 토지가 황폐하고 노인을 저버리고 현명한 사람을 내치며 토색질하는 자가 벼슬자리에 있으면 징계한다. 한 번 조회를 하러 오지 않으면 그 작위를 깎고, 두 번 조회를 하러 오지 않으면 토지를 깎으며, 세 번 조회를 하러 오지 않으면 육사(六師)를 출동시켜 그를 다른 곳으로 옮긴다. 이런 까닭에 천자는 죄를 성토하되 정벌하지 않으며, 제후는 정벌은 하되 죄를 성토하지 않는다. 오패는 제후를 끌어 모아 제후를 정벌했기 때문에 '오패는 삼왕의 죄인이다'라고 하는 것이다.

오패 중에 환공(桓公)이 가장 성대했다. 규구(葵丘)에서 열린 제후들의 회맹에서 제사에 바칠 희생을 묶어놓고 맹약의 글을 작성했으나 피를 마시지는 않았다. 제일 조는 '불효한 자를 주살하고, 이미 세운 자식을 바꾸지 말며, 첩을 처로 삼지 말라'였으며, 제이 조는 '현명한 자를 존중하고, 인재를 육성하며, 덕 있는 사람을 표창하라', 제삼 조는 '노인을 공경하고, 어린아이를 사랑하며, 손님과 나그네를 잊지 말라', 제사 조는 '사(士)는 관직을 세습시키지 않으며, 관가의 일을 겸직시키지 말고, 선비를 얻을 때는 그 자리에 맞는 인재를 구하고, 대부를 함부로 죽이지 말라', 제오 조는 '함부로 제방을 쌓지 말며, 양식을 사들이는 것을 막지 말고, 봉상(封賞)을 하고 보고하지 않는 일이 없도록 하라'였는데, '무릇 우리 동맹인들은 동맹을 한 후 우호적으로 지낸다'고 했다. 지금의 제후들은 모두 이 다섯 가지 조항을 어기고 있으니, 고로 말하길 '지금의 제후는 오패의 죄인이다'라고 하는 것이다.

임금의 잘못을 조장하는 것은 그 죄가 작지만 임금의 잘못에 영합하는 것은 그 죄가 크다. 지금의 대부들은 모두 임금의 잘못에 영합하기 때문에 '지금의 대부는 지금 제후의 죄인이다'라고 하는 것이다."

孟子曰 五霸者 三王之罪人也, 今之諸侯 五霸之罪人也, 今之大夫 今之諸侯之罪人也.
맹자가 말했다. "오패는 삼왕의 죄인이고, 지금의 제후는 오패의 죄인이며, 지금의 대부는 지금 제후의 죄인이다."

오패는 춘추오패를 말한다. 보통은 제환공(齊桓公), 진문공(晉文公), 진목공(秦穆公), 송양공(宋襄公), 초장왕(楚莊王)을 가리키나 송양공 대신 오왕(吳王) 합려(闔閭)를 넣는 경우도 있다. 삼왕은 하나라 우왕, 은나라 탕왕, 주나라 문왕, 무왕이다.

天子適諸侯曰巡狩 諸侯朝於天子曰述職. 春省耕而補不足 秋省斂

而助不給. 入其疆 土地辟 田野治 養老尊賢 俊傑在位 則有慶 慶以地. 入其疆 土地荒蕪 遺老失賢 掊克在位 則有讓. 一不朝 則貶其爵, 再不朝 則削其地, 三不朝 則六師移之. 是故天子討而不伐 諸侯伐而不討. 五霸者 摟諸侯以伐諸侯者也. 故曰 五霸者 三王之罪人也.

"천자가 제후에게 가는 것을 순수라고 하고, 제후가 천자를 조회하는 것을 술직이라고 한다. 봄에 농사짓는 것을 살펴 부족한 것을 보충하고, 가을에 추수하는 것을 살펴 부족한 것을 돕는다. 그 강역에 들어가, 토지가 개간되어 있고 들판이 잘 정리되어 있으며 노인을 봉양하고 현명한 사람을 존중하며 훌륭한 인재가 벼슬자리에 있으면 포상을 하는데, 포상은 토지로 한다. 그 강역에 들어가, 토지가 황폐하고 노인을 저버리고 현명한 사람을 내치며 토색질하는 자가 벼슬자리에 있으면 징계한다. 한 번 조회를 하러 오지 않으면 그 작위를 깎고, 두 번 조회를 하러 오지 않으면 토지를 깎으며, 세 번 조회를 하러 오지 않으면 육사를 출동시켜 그를 다른 곳으로 옮긴다. 이런 까닭에 천자는 죄를 성토하되 정벌하지 않으며, 제후는 정벌은 하되 죄를 성토하지 않는다. 오패는 제후를 끌어 모아 제후를 정벌했기 때문에 '오패는 삼왕의 죄인이다'라고 하는 것이다."

순수(巡狩)는 천자가 제후의 나라를 돌아다니며 그 실정을 살피는 것이고, 술직(述職)은 제후가 자신의 업무를 천자에게 보고하는 것으로 모두 백성을 돕기 위함이다. 급(給)은 넉넉한 것이고, 벽(辟)은 개간하는 것, 경(慶)은 상(賞)이다. 부극(掊克)은 취렴(聚斂)으로 백성으로부터 재물을 긁어모으는 것을 뜻한다. 양(讓)은 책(責)으로 잘못을 꾸짖는 것이다. 입기강 토지벽(入其疆 土地辟)부터 유양(有讓)까지는 천자의 순수에 대해 말하고 있다. 천자가 순수할 때 제후가 나라를 잘 다스리고 있으면 상을 내려 토지를 늘려주지만, 잘못 다스리면 책망한다는 것이다. 폄기작(貶其爵)은 그 작위를 낮추는 것이고, 삭기지(削其地)는 그 영지를 삭감하는 것이다. 육사(六師)는 천자의 군대로, 일사(一師)는 1만 2,500명이다. 참고로 제후는 삼사(三師)를 갖는다. 이지(移之)는 제후를 다른 곳으로 옮기는 것을 말한다. 일부조(一不朝)부터 移之까지는 제후의 술직에 대해 말하고 있다. 제후가 술직을 위해 조회를 오지 않으면 마침내는 군대를 출동시켜 제후를 다른 곳으로 옮긴다는 것이다. 토(討)와 벌(伐)에 대해 조기는 討는 윗사람이 아랫사람에게 죄를 묻는 것, 伐은 적대국끼리 서로 정벌하는 것이라고 설명한다. 그러나 이토 진사이는 죄가 있어 영을 내려 말로 그 죄를 묻는 것이 討이고, 죄가 있어 군대를 동원해 치는 것을 伐이라고 한다고 하고 있다. 누(摟)는 견(牽)으로 억지로 끌어 모으는 것이다. 오패는 천자의 명을 받지 않고 억지로 제후를 끌어 모아 제후를 정벌했다. 따라서 삼왕의 죄인인 것이다.

五霸 桓公爲盛. 葵丘之會諸侯 束牲 載書而不歃血. 初命曰 誅不孝 無易樹子 無以妾爲妻. 再命曰 尊賢育才 以彰有德. 三命曰 敬老慈幼 無忘賓旅. 四命曰 士無世官 官事無攝 取士必得 無專殺大夫. 五命曰 無曲防 無遏糴 無有封而不告. 曰 凡我同盟之人 旣盟之後 言歸于好. 今之諸侯 皆犯此五禁 故曰 今之諸侯 五霸之罪人也.

"오패 중에 환공이 가장 성대했다. 규구에서 열린 제후들의 회맹에서 제사에 바칠 희생을 묶어 놓고 맹약의 글을 작성했으나 피를 마시지는 않았다. 제일 조는 '불효한 자를 주살하고, 이미 세운 자식을 바꾸지 말며, 첩을 처로 삼지 말라'였으며, 제이 조는 '현명한 자를 존중하고, 인재를 육성하며, 덕 있는 사람을 표창하라', 제삼 조는 '노인을 공경하고, 어린아이를 사랑하며, 손님과 나그네를 잊지 말라', 제사 조는 '사(士)는 관직을 세습시키지 않으며, 관가의 일을 겸직시키지 말고, 선비를 얻을 때는 그 자리에 맞는 인재를 구하고, 대부를 함부로 죽이지 말라', 제오 조는 '함부로 제방을 쌓지 말며, 양식을 사들이는 것을 막지 말고, 봉상을 하고 보고하지 않는 일이 없도록 하라'였는데, '무릇 우리 동맹인들은 동맹을 한 후 우호적으로 지낸다'고 했다. 지금의 제후들은 모두 이 다섯 가지 조항을 어기고 있으니, 고로 말하길 '지금의 제후는 오패의 죄인이다'라고 하는 것이다."

규구(葵丘)는 지금의 허난성 카오청(考城)현 경내다. 속생(束牲)은 제사 때 바칠 희생 짐승을 묶어놓는 것, 재서(載書)의 載는 가(加), 書는 맹약서(盟約書)로 맹약서를 희생 제물 위에 올려놓는 것, 불삽혈(不歃血)은 희생 제물의 피를 마시는 것이다. 보통 제후들끼리 맹약을 맺을 때는 희생 제물을 죽여 그 피를 제후들끼리 서로 나누어 마시거나 입에 발랐는데 규구의 맹약에서는 그렇게 하지 않았다는 말이다. 제환공의 위신이 높아 그럴 필요가 없었다고 한다. 이것이 환공이 오패 중에서 가장 성대했던 원인이다. 초명(初命), 재명(再命)은 맹약의 일조, 이조라는 말이다. 무역수자(無易樹子)의 樹는 입(立)으로 세우는 것이다. 이미 세운 자식(태자)을 바꾸지 말라는 뜻이다. 무망빈려(無忘賓旅)의 賓은 손님, 旅는 여행객으로 손님과 여행객을 잊지 말고 잘 대접하라는 말이다. 사무세관(士無世官)은 사에게 대대로 녹봉은 주되 관직은 세습시키지 말라는 것이다. 꼭 현명하리란 법이 없기 때문이다. 관사무섭(官事無攝)은 관직을 겸직시키지 말라는 말로, 널리 인재를 구해 충당해야지 사람이 없다고 그 직책을 없애서는 안 된다는 말이다. 취사필득(取士必得)은 반드시 그 자리에 맞는 사람을 구하라는 뜻이다. 무전살대부(無專殺大夫)의 전(專)은 '함부로', '멋대로'로, 대부를 함부로 죽이지 말라는 말이다. 무곡방(無曲防)은 조기에 의하면 왕법에 어긋나게 함부로 금령(禁令)을 내리지 말라는 말이다. 그러나 주희나 초순에 의하면 함부로 제방을 쌓아 이웃나라에 피해를 주지 말라는 뜻이라 한다. 무알적(無遏糴)은 이웃나라에 흉년이 들었을 때 쌀을 사고파는 것을 금지하지 말라는 말이다. 무유봉이불고(無有封而不告)는 봉상을 하고 보고하지 않는 일이 없도록 하라는 말이다. 언귀우호(言歸于好)의 言은 뜻이 없는 어조사다. 우호관계로 돌아가자는 뜻이다.

지금 제후들은 규구의 맹약 이 다섯 가지 조항조차 지키지 않고 있다. 그러니 오패의 죄인이 될 수밖에 없다.

長君之惡其罪小 逢君之惡其罪大. 今之大夫 皆逢君之惡. 故曰 今之大夫 今之諸侯之罪人也.
"임금의 잘못을 조장하는 것은 그 죄가 작지만 임금의 잘못에 영합하는 것은 그 죄가 크다. 지금의 대부들은 모두 임금의 잘못에 영합하기 때문에 '지금의 대부는 지금 제후의 죄인이다'라고 하는 것이다."

장군지악(長君之惡)의 長은 조장하는 것으로, 임금이 잘못을 범했는데도 간언하지 않고 조장하는 것이다. 봉군지악(逢君之惡)의 逢은 영(迎)으로 맞이하는 것이다. 임금의 잘못이 아직 싹도 트지 않았는데도 미리 짐작하고 맞이해 이끌어내는 것을 일컫는다. 그러니 그 잘못이 더 크며 당연히 제후의 죄인이 될 수밖에 없다.

8

노나라가 신자(愼子)를 장군으로 삼으려고 했다. 맹자가 말했다. "백성을 가르치지도 않고 (전쟁에) 쓰는 것을 일컬어 백성을 재앙에 빠뜨린다고 합니다. 백성을 재앙에 빠뜨리는 자는 요순시대에도 용서받지 못했습니다. 한 번 싸워 제나라를 이겨 마침내 남양(南陽)을 얻는다 해도 안 될 일입니다."

신자가 버럭 화를 내며 말했다. "이는 나 활리(滑釐)가 알지 못하는 일입니다."

"내가 당신에게 분명히 알려드립니다. 천자의 땅은 사방 천 리입니다. 천 리가 안 되면 제후들을 대하지 못합니다. 제후의 땅은 사방 백 리로, 백 리가 안 되면 종묘의 전적(典籍)을 지킬 수 없습니다. 주공이 노나라에 봉해졌을 때 땅이 사방 백 리였는데, 땅이 부족하지 않았는데도 백 리로 제한했습니다. 태공(太公)이 제나라에 봉해졌을 때 또한 땅이 사방 백 리였는데, 땅이 부족하지 않았는데도 백 리로 제한했습니다. 지금 노나라는 사방 백 리의 토지가 다섯이나 됩니다. 당신 생각에, 만일 왕자가 일어난다면 노나라의 땅을 줄이겠습니까 아니면 늘리겠습니까? 공연히 저기서 얻어다 여기다 주는 일을 어진 사람은 하지 않는 바인데, 하물며 사람을 죽이면서까지 그것을 구합니까? 군자는 임금을 섬김에 도에 합당하고 인에 뜻을 두도록 임금을 이끄는 데 힘쓸 뿐입니다."

魯欲使愼子爲將軍. 孟子曰 不敎民而用之 謂之殃民. 殃民者 不容
於堯舜之世. 一戰勝齊 遂有南陽 然且不可.

노나라가 신자를 장군으로 삼으려고 했다. 맹자가 말했다. "백성을 가르치지도 않고 (전쟁에) 쓰는 것을 일컬어 백성을 재앙에 빠뜨린다고 합니다. 백성을 재앙에 빠뜨리는 자는 요순시대에도 용서받지 못했습니다. 한 번 싸워 제나라를 이겨 마침내 남양을 얻는다 해도 안 될 일입니다."

신자(愼子)에 대해 조기는 그저 용병을 잘하는 자라고만 하고 있다. 초순은 『순자』「해폐(解蔽)」편이나 「천론(天論)」, 『장자』「천하」편 등에 나오는 신도(愼到)가 아닐까 의심한다. 『사기』「맹자순경열전」에 의하면 신도는 조(趙)나라 사람으로 황로(黃老)술을 공부했으며 열두 편의 저술을 남겼다고 한다. 신자가 그 신도인지는 지금 확인하기 어렵다. 불교민이용지 위지앙민(不敎民而用之 謂之殃民)은 『논어』「자로」편에는 공자의 말로 "백성을 가르치지 않고 전쟁에 내보내는 것을 일컬어 백성을 버린다고 한다"로 되어 있다. 남양(南陽)의 陽은 산의 남쪽을 가리키는 말로 대산(岱山, 泰山)의 남쪽에 있어 남양이라고 한다(조기). 초순에 의하면 문양(汶陽) 지역으로 춘추전국시대 제와 노가 서로 다투던 지역이었다.

愼子勃然不悅曰 此則滑釐所不識也.

신자가 버럭 화를 내며 말했다. "이는 나 활리가 알지 못하는 일입니다."

발연(勃然)은 화를 내는 모습을 나타낸 말이다. 활리(滑釐)는 신자의 이름이다. 차즉활리소부식야(此則滑釐所不識也)는 "이 말이 무슨 말인지 나 활리는 알지 못하겠다"는 뜻이다.

曰 吾明告子. 天子之地方千里, 不千里 不足以待諸侯. 諸侯之地方百里, 不百里 不足以守宗廟之典籍. 周公之封於魯 爲方百里也. 地非不足 而儉於百里. 太公之封於齊也 亦爲方百里也. 地非不足也 而儉於百里.

"내가 당신에게 분명히 알려드립니다. 천자의 땅은 사방 천 리입니다. 천 리가 안 되면 제후들을 대하지 못합니다. 제후의 땅은 사방 백 리로, 백 리가 안 되면 종묘의 전적을 지킬 수 없습니다. 주공이 노나라에 봉해졌을 때 땅이 사방 백 리였는데, 땅이 부족하지 않았는데도 백 리로 제한했습니다. 태공이 제나라에 봉해졌을 때 또한 땅이 사방 백 리였는데, 땅이 부족하지 않았는데도 백 리로 제한했습니다."

천자지지(天子之地)는 천자가 직접 다스리는 경기(京畿) 지방이다. 대제후(待諸侯)는 제후가 조빙(朝聘)하러 오는 것을 대접하는 것이고, 수종묘지전적(守宗廟之典籍)은 종묘의 제사와 제후끼리의 회동을 지켜가는 것이다. 검(儉)은 초순에 의하면 소(少)로 적다는 뜻이나, 주희는 그치고 넘지 않는다는 뜻의 지(止)로 풀이했다.

今魯方百里者五 子以爲有王者作 則魯在所損乎, 在所益乎. 徒取諸彼以與此 然且仁者不爲 況於殺人以求之乎. 君子之事君也 務引其君以當道 志於仁而已.

"지금 노나라는 사방 백 리의 토지가 다섯이나 됩니다. 당신 생각에, 만일 왕자가 일어난다면 노나라의 땅을 줄이겠습니까 아니면 늘리겠습니까? 공연히 저기서 얻어다 여기다 주는 일을 어진 사람은 하지 않는 바인데, 하물며 사람을 죽이면서까지 그것을 구합니까? 군자는 임금을 섬김에 도에 합당하고 인에 뜻을 두도록 임금을 이끄는 데 힘쓸 뿐입니다."

금로방백리자오(今魯方百里者五)는 노나라가 봉국 이후 주변 약소국들을 병합해 토지가 다섯 배로 늘어난 사실을 가리킨다. 그러니 만일 왕자가 다시 일어난다면 노나라 영토를 삭감할 것은 분명한 이치다. 도(徒)는 공(空)으로 '헛되이', '공연히'란 뜻의 부사다. 맹자의 주장은 시종일관하다. 오직 인의의 정치만이 있을 뿐이다.

9

맹자가 말했다. "지금 임금을 섬기는 자들은 '나는 임금을 위해 토지를 늘리고 창고를 채울 수 있다'고 말한다. 지금의 소위 좋은 신하는 옛사람들이 말하는 소위 백성을 해치는 도적이다. 임금이 도를 향해 나아가지 않고 인(仁)에 뜻을 두지 않는데도 그 임금을 부유하게 하려고 하는 것은 걸을 부유하게 하는 것이다.

'나는 임금을 위해 다른 나라와 동맹을 맺어 우리 편으로 만들고, 싸우면 반드시 이길 수 있다'고 말한다. 지금의 소위 좋은 신하는 옛사람들이 말하는 소위 백성을 해치는 도적이다. 임금이 도를 향해 나아가지 않고 인(仁)에 뜻을 두지 않는데도 그 임금을 위해 억지로 전쟁을 하려고 하는 것은 걸을 돕는 것이다.

지금의 이런 방법을 따르면서, 또 지금의 이런 풍속을 고치지 않고서는, 비록 천하를 준다고 해도 하루아침도 머물 수 없을 것이다."

孟子曰 今之事君者曰 我能爲君辟土地 充府庫. 今之所謂良臣 古之所謂民賊也. 君不鄕道 不志於仁 而求富之 是富桀也.

맹자가 말했다. "지금 임금을 섬기는 자들은 '나는 임금을 위해 토지를 늘리고 창고를 채울 수 있다'고 말한다. 지금의 소위 좋은 신하는 옛사람들이 말하는 소위 백성을 해치는 도적이다. 임금이 도를 향해 나아가지 않고 인에 뜻을 두지 않는데도 그 임금을 부유하게 하려고 하는 것은 걸을 부유하게 하는 것이다."

벽토지(辟土地)의 辟은 주희에 의하면 벽(闢)으로 토지를 개척하는 것이다. 향(鄕)은 향(嚮)으로 향(向)하는 것이다. 전국시대의 이른바 부국책(富國策)을 말하고 있다. 그러나 전국시대의 부국책은 사실은 맹자의 말대로 군주의 배만 불리는 것이었다.

我能爲君約與國 戰必克. 今之所謂良臣 古之所謂民賊也. 君不鄕道 不志於仁 而求爲之强戰 是輔桀也.
"'나는 임금을 위해 다른 나라와 동맹을 맺어 우리 편으로 만들고, 싸우면 반드시 이길 수 있다'고 말한다. 지금의 소위 좋은 신하는 옛사람들이 말하는 소위 백성을 해치는 도적이다. 임금이 도를 향해 나아가지 않고 인에 뜻을 두지 않는데도 그 임금을 위해 억지로 전쟁을 하려고 하는 것은 걸을 돕는 것이다."

약여국(約與國)의 約은 맹약을 맺는 것으로 다른 나라와 동맹을 맺는 것을 말한다. 극(克)은 이기는 것이다. 이른바 강병책(强兵策)이다. 강병책으로 나라의 영토가 늘어나면 늘어날수록 들판에는 백성들의 시신만 쌓일 뿐이다.

由今之道 無變今之俗 雖與之天下 不能一朝居也.
"지금의 이런 방법을 따르면서, 또 지금의 이런 풍속을 고치지 않고서는, 비록 천하를 준다고 해도 하루아침도 머물 수 없을 것이다."

맹자 당시 열국은 모두 부국강병에 혈안이 되어 있었고, 유세객들은 앞 다투어 부국강병책을 설파하고 있었다. 그러나 맹자의 눈에 부국강병책은 비록 그것을 통해 천하를 얻는다고 해도 하루도 보전할 수 없는 것이었다. 과연 맹자 말대로 진나라는 부국강병책을 통해 천하를 통일했으나 불과 15년 만에 멸망하고 말았다.

10

백규(白圭)가 말했다. "나는 이십 분의 일로 세금을 거두려고 하는데 어떻습니까?"

맹자가 말했다. "당신의 방법은 오랑캐인 맥(貉)의 방법입니다. 가구 수가 만이나 되는 나라에서 도공이 한 사람뿐이라면 되겠습니까?"

"안 됩니다. 그릇이 쓰기에 부족할 것입니다."

"대저 맥의 땅에서는 오곡이 나지 않고 오직 기장만 자랍니다. 성곽과 궁궐과 종묘와 제사의 예도 없으며, 제후가 폐백을 보내거나 연회를 베푸는 일도 없고, 백관(百官)과 유사(有司)도 없기 때문에 이십 분의 일로도 충분합니다.

지금 중국에서 살면서 인륜을 버리고 군자를 없앤다면 그것이 어떻게 되겠습니까? 도공이 적어도 나라를 다스릴 수 없는데 하물며 군자가 없어서야 되겠습니까? 요순의 방법보다 가볍게 하려는 것은 큰 맥(貉)이나 작은 맥이며, 요순의 방법보다 무겁게 하려는 것은 큰 걸(桀)이나 작은 걸입니다."

白圭曰 吾欲二十而取一 何如.
孟子曰 子之道 貉道也. 萬室之國 一人陶 則可乎.
曰 不可 器不足用也.

백규가 말했다. "나는 이십 분의 일로 세금을 거두려고 하는데 어떻습니까?"

맹자가 말했다. "당신의 방법은 오랑캐인 맥의 방법입니다. 가구 수가 만이나 되는 나라에서 도공이 한 사람뿐이라면 되겠습니까?"

"안 됩니다. 그릇이 쓰기에 부족할 것입니다."

백규(白圭)가 누구인가에 대해서는 설이 엇갈린다. 조기는 주나라 사람이라고만 하고 있다. 다만 그 뒤에 절약해 재물을 모았다고 기술하고 있는 점으로 미루어 주희는 『사기』「화식열전(貨殖列傳)」에 나오는 白圭일 것으로 추정하고 있다. 사마천에 의하면 백규는 위나라 문후 때 사람으로 "시세의 변동을 살피기를 좋아해 남들이 버릴 때는 거둬들이고, 남들이 거둬들이면 팔아넘겼다. ……거친 음식을 달게 먹고, 하고 싶은 것을 참으며, 의복을 검소하게 입고, 일을 하는데 노복들과 고락을 함께했다. 때를 살펴 나아갈 때는 마치 사나운 짐승이나 새처럼 빨랐다." 그래서 "대체로 천하에서 생업을 도모하는 사람들은 그를 원조로 말했다"고 한다. 그러나 염약거와 모기령은 『사기』에 나오는 백규는 이름이 圭이나 『맹자』에 나오는 백규는 바로 뒷장에서 알 수 있듯이 이름이 단(丹)이고, 圭는 자로 서로 다른 사람이라고 하고 있다. 맥(貉)은 북방 오랑캐의 나라 이름이다.

曰 夫貉 五穀不生 惟黍生之. 無城郭 宮室 宗廟 祭祀之禮 無諸侯 幣帛饔飧 無百官有司 故二十取一而足也.

"대저 맥의 땅에서는 오곡이 나지 않고 오직 기장만 자랍니다. 성곽과 궁궐과 종묘와 제사의 예도 없으며, 제후가 폐백을 보내거나 연회를 베푸는 일도 없고, 백관과 유사도 없기 때문에 이십 분의 일로도 충분합니다."

서(黍)는 기장이다. 맥의 땅은 북방이라 춥고 건조해 기장밖에 자라지 않는다. 따라서 세금을 많이 거둘 수도 없다. 옹손(饔飧)은 아침밥과 저녁밥인데, 여기서는 음식으로 손님을 접대하는 것을 가리킨다. 유사有司는 하위직 관리다. 맥은 문명이 발달하지 못한 야만국으로 문물제도가 갖추어져 있지 않아 나라 재정이 크게 필요치 않다. 따라서 이십분의 일만 세금으로 걷어도 충분하다.

今居中國 去人倫 無君子 如之何其可也. 陶以寡 且不可以爲國 況無君子乎. 欲輕之於堯舜之道者 大貉小貉也, 欲重之於堯舜之道者 大桀小桀也.
"지금 중국에서 살면서 인륜을 버리고 군자를 없앤다면 그것이 어떻게 되겠습니까? 도공이 적어도 나라를 다스릴 수 없는데 하물며 군자가 없어서야 되겠습니까? 요순의 방법보다 가볍게 하려는 것은 큰 맥이나 작은 맥이며, 요순의 방법보다 무겁게 하려는 것은 큰 걸이나 작은 걸입니다."

인륜(人倫)은 문명을, 군자(君子)는 문물제도를 담당할 사람을 가리킨다. 십분의 일세는 요순 이래의 법도다. 이보다 많이 거두면 걸과 같은 포악한 임금이 되는 것이고, 적게 거두면 맥과 같은 야만국이 되는 것이다.

11

백규가 말했다. "내 치수가 우(禹)보다 낫습니다."

맹자가 말했다. "당신은 틀렸습니다. 우의 치수는 물의 본성을 따라한 것입니다. 이런 까닭에 우는 사해(四海)를 (물이 모이는) 골짜기로 삼았습니다. 지금 당신은 이웃 나라를 골짜기로 삼으려 합니다. 물이 거꾸로 흐르는 것을 홍수라고 합니다. 홍수라는 것은 큰물로, 어진 사람들이 미워하는 것입니다. 당신이 틀렸습니다."

白圭曰 丹之治水也愈於禹.
孟子曰 子過矣. 禹之治水 水之道也. 是故禹以四海爲壑 今吾子以鄰國爲壑. 水逆行 謂之洚水. 洚水者 洪水也 仁人之所惡也. 吾子過矣.

단(丹)은 백규의 이름이다. 백규의 치수에 대해서는 『한비자』「유로(喩老)」편에 "백규는 제방을 쌓을 때 그 (물이 새는) 구멍을 막았다. ……그렇게 해서 백규는 물난리를 없앴다"고 되어 있다. 이사해위학(以四海爲壑)은 사해를 물이 빠지는 골짜기로 삼았다, 즉 사해로 물을 뺐다는 말이다. 이린국위학(以鄰國爲壑)은 이웃나라로 물을 뺐다는 뜻이다.

천하를 위해 해를 제거하는 것을 인(仁)이라고 하며, 자기 한 몸의 이득만을 오로지하는 것을 불인(不仁)이라고 한다. 인이면 모두가 이루고, 불인이면 모두가 망한다. 이토 진사이의 말이다.

12

맹자가 말했다. "군자가 믿음직하지 않다면 무엇을 할 수 있으리오?"

孟子曰 君子不亮 惡乎執.

양(亮)은 양(諒)으로 신(信)이다. 오호집(惡乎執)은 모든 일이 구차해져 잡고 지킬 것이 없다는 말이다. 주희의 해설이다. 전혀 다른 해설도 있다. 이토 진사이는 亮을 諒으로 읽으나 그 뜻은 고지식하다는 것으로 풀이한다. 『논어』「위령공」편에 나오는 "군자는 곧지만 고지식하지는 않다(君子貞而不諒)"의 諒으로 읽는 것이다. 惡는 미워한다는 뜻의 동사이고, 執은 고집하는 것이다. 그렇게 보면 "군자가 고지식하지 않은 것은 하나를 고집하는 것을 미워하기 때문이다"가 된다.

13

노나라에서 악정자에게 정치를 맡기려 했다. 맹자가 말했다. "내가 그 소리를 듣고는 좋아서 잠을 자지 못했다."

공손추가 말했다. "악정자는 강합니까?"

"아니다."

"지려(智慮)가 있습니까?"

"아니다."

"많이 들어 알고 있습니까?"

"아니다."

"그러면 어찌하여 좋아서 잠을 자지 못하셨습니까?"

"그 사람됨이 선(善)을 좋아하기 때문이다."

"선을 좋아하면 충분합니까?"

"선을 좋아하면 천하를 다스리는 데도 충분한데 하물며 노나라야? 만일 진실로 선을 좋아한다면 사해 안의 사람들이 모두 천 리를 가볍게 여기고 찾아와 선을 알릴 것이다. 대저 진실로 선을 좋아하지 않는다면 사람들이 장차 말하길 '으쓱대더니 내가 벌써 알고 있었지'라고 한다. 그 으쓱대는 목소리와 안색은 사람들을 천 리 밖으로 물리칠 것이다. 선비들은 천 리 밖에서 멈추고, 참소하고 아첨하는 자들이 이를 것이다. 참소하고 아첨하는 자들과 함께 있으면서 나라가 다스려지기를 바란다면 가능하겠느냐?"

魯欲使樂正子爲政. 孟子曰 吾聞之 喜而不寐.

公孫丑曰 樂正子强乎.

曰 否.

有知慮乎.

曰 否.

多聞識乎.

曰 否.

然則奚爲喜而不寐.

曰 其爲人也好善.

노나라에서 악정자에게 정치를 맡기려 했다. 맹자가 말했다. "내가 그 소리를 듣고는 좋아서 잠을 자지 못했다."

공손추가 말했다. "악정자는 강합니까?"

"아니다."

"지려가 있습니까?"

"아니다."

"많이 들어 알고 있습니까?"

"아니다."

"그러면 어찌하여 좋아서 잠을 자지 못하셨습니까?"

"그 사람됨이 선을 좋아하기 때문이다."

초순에 의하면 강(强)은 과(果)로 과단성 있는 것, 유지려(有知慮)는 달(達)로 사물에 두루 정통한 것, 다문식(多聞識)은 예(藝)로 재주가 있는 것이다. 일찍이 공자는 이 세 가지 중 하나를 갖추고 있으면 정치에 종사하는 데 어려움이 없다고 한 바 있다(『논어』「옹야」).

好善足乎.
曰 好善優於天下 而況魯國乎. 夫苟好善 則四海之內 皆將輕千里而來告之以善.

"선을 좋아하면 충분합니까?"
"선을 좋아하면 천하를 다스리는 데도 충분한데 하물며 노나라야? 만일 진실로 선을 좋아한다면 사해 안의 사람들이 모두 천 리를 가볍게 여기고 찾아와 선을 알릴 것이다."

우어천하(優於天下)는 천하를 다스리는 데 남음이 있다는 말이다. 경(輕)은 이(易)로 가볍게 여기는 것이다.

夫苟不好善 則人將曰 訑訑 予旣已知之矣. 訑訑之聲音顏色 距人於千里之外. 士止於千里之外 則讒諂面諛之人至矣. 與讒諂面諛之人居 國欲治 可得乎.

"대저 진실로 선을 좋아하지 않는다면 사람들이 장차 말하길 '으쓱대더니 내가 벌써 알고 있었지'라고 한다. 그 으쓱대는 목소리와 안색은 사람들을 천 리 밖으로 물리칠 것이다. 선비들은 천 리 밖에서 멈추고, 참소하고 아첨하는 자들이 이를 것이다. 참소하고 아첨하는 자들과 함께 있으면서 나라가 다스려지기를 바란다면 가능하겠느냐?"

이이(訑訑)는 자기의 지혜에 만족해 남의 좋은 말을 듣기를 좋아하지 않는 모습을 나타내는 말이다. 거(距)는 거(拒)로 물리치는 것이다. 참첨면유(讒諂

面諛)는 참소하고 아첨하며 얼굴빛으로 알랑거리는 것을 가리킨다.

군자와 소인은 서로 교대한다. 선을 좋아하면 군자가 모여들고 선을 좋아하지 않으면 소인이 모여든다. 군자가 모여들면 천하라 하더라도 잘 다스릴 수 있지만 소인이 모여들면 작은 나라라 하더라도 다스리기 힘들다.

14

진자(陳子)가 말했다. "옛날 군자는 어떤 상황에서 벼슬을 했습니까?"

맹자가 말했다. "나아가는 것이 셋이요, 물러나는 것이 셋이다. 예의를 갖춰 공경을 다해 맞이하며 말을 하면 장차 그 말을 실행한다고 할 때 벼슬에 나아가는데, 예의는 줄어들지 않았으나 그 말을 실행하지 않으면 물러난다. 그다음은 비록 그 말은 실행하지 않으나 예의를 갖춰 공경을 다해 맞이하면 나아가는데, 예의가 줄어들면 물러난다. 그 밑으로는 아침도 먹지 못하고 저녁도 먹지 못해 굶주려 문 밖을 못 나간다. 임금이 그 소리를 듣고는 말하길 '내가 크게는 그 도를 행하지 못하고 또 그 말을 따르지도 못한다. 그러나 내 땅에서 굶주리게 한다는 것은 내 수치다'라고 하면서 도와주면 또한 받아들일 수 있다. 그러나 죽음만을 면할 뿐이다."

陳子曰 古之君子何如則仕.
孟子曰 所就三 所去三. 迎之致敬以有禮 言將行其言也 則就之,
禮貌未衰 言弗行也 則去之.

진자가 말했다. "옛날 군자는 어떤 상황에서 벼슬을 했습니까?"

맹자가 말했다. "나아가는 것이 셋이요, 물러나는 것이 셋이다. 예의를 갖춰 공경을 다해 맞이하며 말을 하면 장차 그 말을 실행한다고 할 때 벼슬에 나아가는데, 예의는 줄어들지 않았으나 그 말을 실행하지 않으면 물러난다."

진자는「공손추하」3에 나온 바 있는 진진이다. 지금 여기에서 말하고 있는 것은 주희에 의하면「만장하」4에 나오는 도를 가히 실행할 수 있다고 보고 벼슬하는 것이다(見行可之仕). 공자는 계환자가 제나라에서 보낸 여악(女樂)을 받고 조회를 보지 않아 떠났다.

其次 雖未行其言也 迎之致敬以有禮 則就之, 禮貌衰 則去之.

"그다음은 비록 그 말은 실행하지 않으나 예의를 갖춰 공경을 다해 맞이하면 나아가는데, 예의가 줄어들면 물러난다."

가히 교제할 만해 벼슬하는 것이다(祭可之仕). 공자는 위령공과 동산에서 노닐 때 위령공이 공자와 이야기하다가 날아가는 기러기만 바라보고 귀를 기울이지 않자 떠났다.

其下 朝不食 夕不食 飢餓不能出門戶. 君聞之曰 吾大者不能行其道 又不能從其言也 使飢餓於我土地 吾恥之. 周之 亦可受也 免死而已矣.

"그 밑으로는 아침도 먹지 못하고 저녁도 먹지 못해 굶주려 문 밖을 못 나간다. 임금이 그 소리를 듣고 말하길 '내가 크게는 그 도를 행하지 못하고, 또 그 말을 따르지도 못한다. 그러나 내 땅에서 굶주리게 한다는 것은 내 수치다'라고 하면서 도와주면 또한 받아들일 수 있다. 그러나 죽음만을 면할 뿐이다."

주(周)는 주(賙)로 구휼하는 것이다. 소위 말하는 임금이 봉양을 해 벼슬하는 것(公養之仕)이다. 이런 벼슬은 굶주려 죽을 지경이 아니면 하지 않으며, 굶주림만 면할 정도의 낮은 관직에 머무를 뿐이다.

15

　맹자가 말했다. "순임금은 들판 가운데서 몸을 일으켰고, 부열(傅說)은 담을 쌓던 중에 발탁되었으며, 교격(膠鬲)은 생선과 소금을 팔다가 등용되었고, 관이오(管夷吾)는 감옥에서 천거되었으며, 손숙오(孫叔敖)는 바닷가에서 발탁되었고, 백리해는 시장에서 등용되었다. 고로 하늘이 사람에게 큰일을 맡기려고 하면, 반드시 먼저 그 심지(心志)를 괴롭히고 그 근골을 수고롭게 하며 그 몸을 굶주리게 하고 궁핍하게 하며 나아가 그 하고자 하는 바를 어긋나게 하니, 그 마음을 격동시키고 성질을 참게 해 그 하지 못하던 것에 보탬이 되게 하려는 것이다.

　사람은 항상 잘못을 저지르고 난 후에야 고칠 수 있으며, 마음에 곤란을 겪고 생각이 막힌 뒤에야 떨쳐 일어날 수 있으며, 얼굴에 나타나고 말소리로 표현된 후에야 깨닫는다.

　안으로는 법도 있는 집안과 보필하는 신하가 없고 밖으로는 적국과 외환이 없는 나라는 항상 망하는 법이다. 그런 연후에야 우환 속에서 살아나고 안락 속에서 죽는다는 것을 알게 될 것이다."

孟子曰 舜發於畎畝之中 傅說擧於版築之間 膠鬲擧於魚鹽之中 管夷吾擧於士 孫叔敖擧於海 百里奚擧於市.

맹자가 말했다. "순임금은 들판 가운데서 몸을 일으켰고, 부열은 담을 쌓던 중에 발탁되었으며,

12. 고자장구하(告子章句下)　**701**

교격은 생선과 소금을 팔다가 등용되었고, 관이오는 감옥에서 천거되었으며, 손숙오는 바닷가에서 발탁되었고, 백리해는 시장에서 등용되었다."

발(發)은 발신(發身)으로 몸을 일으키는 것이다. 순임금은 역산(歷山)에서 농사를 짓다가 요임금에게 발탁돼 천자 지위에 올랐다. 부열(傅說)은 은나라 고종(高宗)인 무정(武丁)의 재상으로 그에 대해서는 『사기』「은본기」에 다음과 같은 이야기가 전해진다.
"무정 임금이 꿈속에서 성인을 만났는데 그 이름이 열(說)이라고 했다. 무정은 꿈속에서 본 모습을 대신과 관리들 사이에서 찾았으나 모두 아니었다. 이에 백관들에게 재야에서 찾아보게 했는데 마침내 부암(傅巖)에서 그를 찾아냈다. 이때 열은 죄를 지어 부암에서 담을 쌓고 있던 중이었다. 무정에게 알현시키니 무정이 '맞다'고 했다. 무정이 그와 말을 나눠보니 과연 성인이었다. 이에 그를 발탁해 재상으로 삼으니 은나라가 크게 다스려졌다. 무정은 부암에서 성을 따와 그를 부열이라고 불렀다."
판축(版築)은 널빤지를 양쪽에 대고 그 사이에 흙을 넣어 담장을 쌓는 것이다. 교격(膠鬲)에 대해서는 알려진 바가 없다. 조기는 은나라의 현명한 신하로 폭군 주(紂)의 난을 만나 은둔해 상인이 되었는데 문왕이 그를 생선과 소금 장수 사이에서 찾아내 신하로 삼았다고 하고 있으나 확인할 길은 없다. 관이오(管夷吾)는 관중으로 夷吾는 관중의 자이며, 사(士)는 감옥을 담당하는 관리로 여기서는 감옥을 뜻한다. 관중은 공자 규(糾)를 도와 제환공과 다투었으나 패해 감옥에 갇히는 신세가 되었다. 그러나 친구인 포숙(鮑叔)의 추천으로 제나라의 재상이 되었다. 손숙오(孫叔敖)는 초(楚)나라 장왕(莊王)의 영윤(令尹, 재상)이다. 조기에 의하면 은거해 바닷가에서 농사를 짓고 있다가 장왕에게 발탁되어 영윤이 되었다고 한다. 백리해는 「만장상」 9에서 이미 나온 바 있다. 부열 이하 모두 천거한다는 뜻의 擧를 사용했는데 유독 순만 몸을 일으킨다는 뜻으로 發을 쓴 것은 이토 진사이에 의하면 순이 임금이었기 때문이라고 한다.

故天將降大任於是人也 必先苦其心志 勞其筋骨 餓其體膚 空乏其身 行拂亂其所爲. 所以動心忍性 曾益其所不能.

"고로 하늘이 사람에게 큰일을 맡기려고 하면, 반드시 먼저 그 심지(心志)를 괴롭히고 그 근골을 수고롭게 하며 그 몸을 굶주리게 하고 궁핍하게 하며 나아가 그 하고자 하는 바를 어긋나게 하니, 그 마음을 격동시키고 성질을 참게 해 그 하지 못하던 것에 보탬이 되게 하려는 것이다."

강대임(降大任)은 하늘이 사람에게 큰 임무를 맡기는 것을 말한다. 공핍(空乏)은 궁핍하게 하는 것이다. 행(行)은 차(且)나 우(又)로 '또', '나아가'의 뜻이다. 불란(拂亂)은 여란(戾亂)으로 어긋나고 어지럽게 하는 것이다. 동심인성(動心忍性)은 마음을 격동시켜 성질을 참을성 있고 굳게 하는 것을 뜻한다. 증익기소불능(曾益其所不能)의 曾益은 보탬이 되게 한다는 증익(增益)으로 평소에 할 수 없었던 것들에 보탬이 되게 한다는 말이다.

人恒過 然後能改, 困於心 衡於慮 而後作, 徵於色 發於聲 而後喩.

"사람은 항상 잘못을 저지르고 난 후에야 고칠 수 있으며, 마음에 곤란을 겪고 생각이 막힌 뒤에야 떨쳐 일어날 수 있으며, 얼굴에 나타나고 말소리로 표현된 후에야 깨닫는다."

형(衡)은 횡(橫)으로 막히는 것(塞)이다. 작(作)은 주희에 의하면 떨쳐 일어나는 것(奮起)이다. 그러나 조기는 作을 기묘한 계책을 만들어내는 것이라고 풀이한다. 즉 마음에 곤란을 겪고 생각이 막힌 연후에야 기묘한 계책이 생각난다로 해석하는 것이나 동의하기 어렵다. 징(徵)은 징험(徵驗)하는 것이다. 여기서의 사람은 보통사람을 가리킨다. 보통사람은 잘못을 저지르고 나서야 고치려고 하고, 평소에 열심히 하지 못하다가 일이 궁지에 몰린 연후에야 분발해 떨쳐 일어나며, 작은 기미를 살피지 못하다가 남의 얼굴이나 목소리에 그것이 뚜렷이 나타난 연후에야 깨닫게 된다.

入則無法家拂士 出則無敵國外患者 國恒亡. 然後知生於憂患而死於安樂也.

"안으로는 법도 있는 집안과 보필하는 신하가 없고 밖으로는 적국과 외환이 없는 나라는 항상 망하는 법이다. 그런 연후에야 우환 속에서 살아나고 안락 속에서 죽는다는 것을 알게 될 것이다."

법가(法家)는 법도 있는 가문이고, 불사(拂士)의 拂은 필(弼)로 보필(輔弼)하는 어진 선비다. 지생어우환이사어안락(知生於憂患而死於安樂)은 사람은 어려운 우환 속에서 오히려 살아가는 법을 배우며 안락한 생활 속에서는 도리어 나태함에 빠져 죽게 된다는 것을 알게 된다는 말이다. 조기는 知를 안다는 뜻의 동사로 읽지 않고 지혜나 지능을 뜻하는 명사 지(智)로 읽는다. 즉 "지능은 우환 속에서 생겨나고 안락 속에서 없어진다"로 해석하는 것이나 찬성하기 어렵다.

●

주희는 다음과 같은 윤돈의 말로 이 장 해설을 마치고 있다. "곤궁하고 어긋나며 막힌 처지는 능히 사람의 심지를 굳게 하고 사람의 인(仁)을 무르익게 하나, 안락으로 인해 잃는 자가 많음을 말한 것이다."

16

맹자가 말했다. "가르치는 데는 여러 가지 방법이 있다. 내가 그를 가르치는 것을 달가워하지 않는 것, 이것 또한 그를 가르치는 것일 뿐이다."

孟子曰 教亦多術矣 予不屑之教誨也者 是亦教誨之而已矣.

다술(多術)은 한 가지만 있는 것이 아니란 말이다. 설(屑)은 결(潔)로 깨끗하게 여기는 것, 달갑게 여기는 것이다. 자기를 달갑게 여기지 않는 것을 깨닫고 물러나 스스로를 갈고 닦게 된다면 이것 또한 가르치는 것이다.

13

진심장구상

盡心章句上

그 마음을 다하는 사람은 그 타고난 본성을 안다. 그 본성을 알면 하늘을 안다.

1

맹자가 말했다. "그 마음을 다하는 사람은 그 타고난 본성을 안다. 그 본성을 알면 하늘을 안다. 그 마음을 보존하고 그 본성을 기르는 것이 하늘을 섬기는 것이다. 요절하는 것과 장수하는 것이 둘이 아니니, 몸을 닦으면서 죽음을 기다리는 것이 명을 세우는 것이다."

孟子曰 盡其心者 知其性也. 知其性 則知天矣.
맹자가 말했다. "그 마음을 다하는 사람은 그 타고난 본성을 안다. 그 본성을 알면 하늘을 안다."

진기심자 지기성야 지기성 즉지천의(盡其心者 知其性也 知其性 則知天矣)는 사람에 따라 해석이 다르다. 먼저 주희는 성리학 입장에서 다음과 같이 풀이한다. "마음(心)은 사람의 신명(神明)으로 모든 이(理)를 갖추고 만사에 응하는 것이다. 성(性)은 마음이 갖추고 있는 理며, 하늘(天)은 또 理가 거기서 나오는 것이다. 사람이 갖고 있는 이 마음이 온전한 몸(全體)이 아닌 것이 없으나, 理를 궁구하지 않으면 가려지는 바가 있어 이 마음의 도량(量)을 다하지 못한다. 그러므로 이 마음의 온전한 몸을 지극히 해 끝까지 다하는 자는 반드시 理를 궁구해 알지 못하는 것이 없게 된다. 이미 그 理를 알게 되면 그것이 나오는 바(天)는 여기에서 벗어나지 않는다. 『대학』의 순서로 말하면 知性은 사물의 이치를 궁구하는 것이요(物格), 진심(盡心)은 앎이 지극해지는 것이다(知至)." 다산의 말에 의하면 주희는 理를 性이라 하고, 理를 궁구하는 것을 知性, 理가 나온 곳을 아는 것을 知天으로 여겨, 마침내 理가 나온 것을 아는 것을 盡心으로 해석하고 있다. 그렇게 되면 사람의 일생의 사업은 理를 궁구하는 것(窮理) 하나만 있게 될 뿐이다. 따라서 다산은 盡心은 심력을 다해 본성을 따르는 것, 知性은 선을 좋아하고 악을 미워하는 것이 나의 본성임을 아는 것, 知天은 선악을 살펴 따르고 닦아 천덕(天德)에 이르는 것으로 해석한다. 다산은 心을 「고자상」 15에서 말하는 大體를 가차(假借)한 이름, 性을 心이 기호(嗜好)하는 바라고 풀이하고 있다.

한편 이토 진사이는 사단의 마음(측은지심, 수오지심, 사양지심, 시비지심)을 확충해 그 극에 이르는 것을 盡心, 자기의 性이 선하고 악하지 않음을 아는 것을 知性이라고 풀이하면서, 性은 하늘이 명한 바이기 때문에 性을 알면 天도 알게 된다고 한다.

存其心 養其性 所以事天也.
"그 마음을 보존하고 그 본성을 기르는 것이 하늘을 섬기는 것이다."

존(存)은 잡고 놓지 않는 것, 양(養)은 따르고 해치지 않는 것, 사(事)는 받들고 어기지 않는 것이다. 주희의 해설이다. 이토 진사이에 의하면 사단의 마음을 보존해 잃지 않는 것이 存心이고, 그 性의 선함을 길러 확충하는 것이 養性이며, 그럼으로써 하늘을 받들고 어기지 않는 것이 事天이다.

殀壽不貳 修身以俟之 所以立命也.

"요절하는 것과 장수하는 것이 둘이 아니니, 몸을 닦으면서 죽음을 기다리는 것이 명을 세우는 것이다."

요수불이(殀壽不貳)의 殀壽는 명이 짧고 긴 것이고, 貳는 조기에 의하면 이(二)로 두 마음을 갖는 것, 주희에 의하면 의(疑)로 의심하는 것이다. 조기를 따라 풀이하면 명이 길고 짧음에 따라 마음을 둘로 해 그 길을 바꾸려 하지 않는 것이고, 주희에 의하면 명이 짧든 길든 하늘을 의심하지 않는 것이다. 어쨌든 하늘을 아는 것이 지극한 것이다. 수신이사지(修身以俟之)의 之는 죽음으로, 하늘을 섬겨 몸을 닦으면서 죽음을 맞이하는 것이다. 입명(立命)은 하늘로부터 받은 명을 보전해 잃지 않는 것이다(이토 진사이). 명이 짧든 길든 도를 추구하며 자신을 닦아가는 것이 바로 이 세상을 살아가는 바람직한 자세다.

한편 주희는 다음과 같은 정이와 장재의 말을 해설에 추가하고 있다. "마음(心)과 성(性)과 하늘(天)은 하나의 理다. 理의 입장에서 말하면 하늘이라 하고, 받은 바로부터 말하면 성이라 하며, 사람에게 있는 것으로부터 말하면 마음이라 한다."(정이) "태허(太虛)로부터 말미암아 하늘이란 이름이 생겼고, 기화(氣化)로부터 말미암아 도(道)라는 이름이 생겼으며, 허(虛)와 기(氣)를 합해 성(性)이란 이름이 생겼고, 성과 지각(知覺)을 합해 마음(心)이란 이름이 생겼다."(장재) 모두 성리학의 관점이다.

그러나 다산은 心과 性과 天이 모두 하나의 理라는 정이의 주장대로 한다면, 盡其心者 知其性也 知其性 則知天矣는 "그 理를 다하는 자는 그 理를 알며 그 理를 아는 자는 理를 안다"고 해야 한다고 비판하고 있다. 또 더 나아가 하나의 理에서 만 가지 사물이 나왔다는 주희의 이일분수(理一分殊) 사상이 유명한 선승 조주(趙州)의 만법귀일(萬法歸一)과 조금도 차이가 없다며 이는 수사(洙泗, 공자가 살던 지역에 있던 강들의 이름)의 옛 관점이 아니라고 하고 있다. 다산에 의하면 송유(宋儒)들이 대부분 초년에 선학(禪學)에 빠졌다가 다시 되돌아온 후에도 性理說만큼은 그대로 답습하는 폐단이 있다고 한다. 다산은 또 장재의 주장에 대해서도 무릇 무형(無形)의 사물이 천하를 주재할 수는 없다며, 하물며 태허의 일리(一理)가 천지만물의 주재와 근본이 된다면 천지 사이의 일이 성취될 수 있겠냐고 반문하고 있다. 또 『중용』에서 말하길 "도는 사람과 멀지 않다(道不遠人)"고 했는데, 장재가 氣化를 道라고 했으니, 음양의 조화, 오행(五行)의 변동이 나로부터 말미암는 것이 아니라면 어떻게 나의 도가 될 수 있겠냐고 비판한다. 다산의 성리학에 대한 날카로운 비판의식을 엿볼 수 있다.

2

맹자가 말했다. "명이 아닌 것이 없으니 그 올바른 것을 순순히 받아들인다. 그러므로 명을 아는 사람은 위험한 담장 밑에 서지 않는다. 그 도를 다하다가 죽는 것이 올바른 명이다. 질곡(桎梏)으로 죽는 것은 올바른 명이 아니다."

孟子曰 莫非命也 順受其正. 是故知命者 不立乎巖牆之下.
맹자가 말했다. "명이 아닌 것이 없으니 그 올바른 것을 순순히 받아들인다. 그러므로 명을 아는 사람은 위험한 담장 밑에 서지 않는다."

인간과 만물이 태어나 맞는 길흉화복이 모두 하늘이 명한 것이다. 그러나 아무도 이르게 하지 않았는데도 이르는 것이 바로 정명(正命)이다. 이상은 주희의 해설이다. 아무도 이르게 하지 않았는데도 이른다는 것은(莫之致而至者) 아무도 야기하지 않았는데도 어떤 일이 일어나는 것이다. 순수기정(順受其正)은 바로 이 正命을 순종하고 받아들이는 것을 말한다. 지명(知命)은 正命을 아는 것이고, 암장(巖牆)은 곧 넘어질 것같이 위험한 담장이다. 위험한 담장 밑에 있다가 사고를 당하는 것은 다름 아닌 내가 불러들인 것으로, 이는 正命이 아니다. 따라서 正命을 아는 자는 위험한 곳을 가까이하지 않는다.

한편 막비명야(莫非命也)를 초순은 다르게 해석하고 있다. 그에 의하면 莫은 無, 毋로 금지의 뜻을 나타내며, 非命은 바른 命이 아닌 것이다. 조기에 의하면 인간의 命에는 세 가지가 있다. 선을 행해 선한 결과를 얻는 것을 수명(受命), 선을 행했는데 악한 결과를 얻는 것을 조명(遭命), 악을 행해 악한 결과를 얻는 것을 수명(隨命)이라 하는데, 非命은 바로 이 受命이 아닌 것을 말한다. 초순을 따라 해석하면 非命(受命이 아닌 것)에 죽지 말라는 뜻이 된다.

盡其道而死者 正命也. 桎梏死者 非正命也.
"그 도를 다하다가 죽는 것이 올바른 명이다. 질곡으로 죽는 것은 올바른 명이 아니다."

진기도(盡其道)는 주희에 의하면 만나는 바의 길흉이 모두 아무도 이르게 하지 않았는데도 이르는 것이다. 이토 진사이는 증자처럼 전전긍긍하며 깊은 연못가에 이른 듯, 얇은 얼음을 밟은 듯(『논어』「태백」) 조심하는 것을 가리킨다고 하고 있다. 그러나 조기처럼 그냥 죽을 때까지 수신의 도를 다하는 것을 가리킨다고 보는 것이 가장 무난할 것 같다. 질곡사(桎梏死)는 주희에 의하면 죄를 지어 죽는 것으로, 이는 자기가 불러들인 것이지 하늘이 한 바가 아니다. 따라서 正命이 아니다. 한편 이토 진사이는 桎梏死가 불행하게 억울한 누명을 쓰고 자기 죄가 아닌데도 죽는 것을 말한다고 하며, 그 도를 다하는 자는 그런 일이 없다고 한다. 따라서 正命이 아니라는 것이다.

3

맹자가 말했다. "구하면 얻을 수 있고 버리면 잃는다. 이런 것을 구하는 것은 얻는 데 유익하니, 구하는 것이 내게 있기 때문이다. 구하는 데 법도가 있고 얻는 것은 명에 달렸다. 이런 것을 구하는 것은 얻는 데 무익하니, 구하는 것이 내 밖에 있기 때문이다."

孟子曰 求則得之 舍則失之 是求有益於得也 求在我者也.
맹자가 말했다. "구하면 얻을 수 있고, 버리면 잃는다. 이런 것을 구하는 것은 얻는 데 유익하니, 구하는 것이 내게 있기 때문이다."

求則得之 舍則失之는 「고자상」 6에서 이미 나온 바 있다. 인의예지는 그 단서가 내 안에 있기 때문에 내가 구하려고만 하면 얻을 수 있다.

求之有道 得之有命. 是求無益於得也 求在外者也.
"구하는 데 법도가 있고 얻는 것은 명에 달렸다. 이런 것을 구하는 것은 얻는 데 무익하니, 구하는 것이 내 밖에 있기 때문이다."

유도(有道)는 지켜야 할 법도가 있어 함부로 구해서는 안 되는 것이고, 유명(有命)은 내 밖의 다른 요소에 의해 결정되는 바가 있어 꼭 얻는다고 할 수 없는 것이다. 부귀영달 같은 것은 법도에 어긋나며 구해서도 안 되지만, 또 구한다고 해서 꼭 얻어지는 것도 아니다. 나로부터 말미암지 않기 때문이다.

4

맹자가 말했다. "만물이 모두 내게 구비되어 있다. 내 몸에 돌이켜 성실하면 즐거움이 이보다 큰 것이 없다. 힘써 서(恕)를 행하면, 인(仁)을 구하는 것이 이보다 가까운 것은 없다."

孟子曰 萬物皆備於我矣.
맹자가 말했다. "만물이 모두 내게 구비되어 있다."

만물이 모두 내게 구비되어 있다는 말은 주희에 의하면 理의 본연을 말한 것으로, 크게는 군신부자(君臣父子)로부터 작게는 사물의 미세한 데 이르기까지 그 당연한 이치가 모두 성분(性分) 안에 구비되어 있지 않은 것이 없다는 뜻이다. 즉 내 몸 안에 만물의 이치가 다 구비되어 있다는 말이다. 성리학의 입장에서는 당연한 주장일지 모르나 맹자의 본뜻이 그럴 것이라고는 상상하기 어렵다. 다산은 이 말이 『논어』「이인」에 나오는 "나의 도는 하나로 일관되어 있다(一以貫之)"는 공자의 말의 일관(一貫)에 관한 것이라고 풀이한다. 일상에서 만사만물에 관한 욕구가 모두 나에게 갖춰져 있기 때문에 내가 서(恕)라는 한 글자로 이를 관통한다는 뜻이다. 즉 내 입장으로 미루어 짐작하면 천하 만물을 이해하지 못할 것이 없다는 말이다. 초순도 비슷한 입장이다.

反身而誠 樂莫大焉. 强恕而行 求仁莫近焉.

"내 몸에 돌이켜 성실하면 즐거움이 이보다 큰 것이 없다. 힘써 서(恕)를 행하면, 인(仁)을 구하는 것이 이보다 가까운 것은 없다."

반신이성(反身而誠)은 다산에 의하면 『논어』「이인」에서 증자가 공자의 一以貫之를 설명하며 말한 "선생님의 도는 충과 서일 뿐입니다"의 충(忠)이다. 자기 자신에게 돌이켜 정성을 다하면 덕이 나날이 높아져 성현의 길에 나아갈 수 있으니 이보다 더 큰 즐거움은 없다. 강서(强恕)의 强은 힘써 노력하는 것이고, 恕는 남이 나에게 가하는 것을 원치 않는 것을 나도 남에게 가하지 않는 것으로, 자기 입장을 미루어 남의 입장을 헤아리는 것이다. 공자는 말하길 "대저 어진 자는 내가 서고 싶으면 남도 세워주며, 내가 두루 통달하고 싶으면 남도 두루 통달하게 한다. 능히 가까운 것에서부터 남에게 비유해 가는 것이야말로 인을 행하는 방법이라고 할 수 있을 것이다"(『논어』「옹야」)라고 했다. 恕야말로 인을 구하는 방법이다.

5

 맹자가 말했다. "행하고 있으면서도 잘 알지 못하고, 익히고 있으면서도 잘 살피지 못하며, 평생토록 따르면서도 그 도를 알지 못하는 사람이 많다."

孟子曰 行之而不著焉 習矣而不察焉 終身由之而不知其道者 衆也.

행(行)은 이토 진사이에 의하면 뜻이 있어 행하는 것이고, 습(習)은 뜻이 없이 행하는 것으로, 習이 行보다 가볍고 由가 習보다 가볍다. 저(著)와 찰(察), 지(知)는 모두 아는 것으로, 察이 著보다 깊이 아는 것이고 知는 察을 끝까지 하는 것(察之極)이다(초순). 중(衆)은 주희처럼 많다는 뜻으로 해석할 수도 있고, 초순처럼 서인(庶人)이라고 해석할 수도 있다.

6

맹자가 말했다. "사람은 누구나 부끄러움이 없을 수 없다. 부끄러움을 모르는 부끄러움이 정말 부끄러움을 모르는 것이다."

孟子曰 人不可以無恥. 無恥之恥 無恥矣.

무치지치 무치의(無恥之恥 無恥矣)를 초순과 같은 사람은 "부끄러워할 줄 모르는 것을 바꿔 부끄러워하는 마음을 갖는다면 부끄러움이 없어질 것이다"로 해석한다. 즉 之를 '가다'는 뜻에서 '변해가다'는 뜻으로 확대해석해 無恥에서 恥로 가다, 즉 '無恥에서 恥로 변해가다'로 해석하는 것인데 양백준의 지적처럼 어법상 무리가 있는 해석이다. 조기는 "사람이 능히 자기가 부끄러워할 줄 모르는 것을 부끄러워해, 이것을 고쳐 선한 사람을 따른다면 종신토록 다시는 치욕에 연루되는 일이 없을 것이다"로 풀이하고 있는데, 초순의 해석은 이것을 확대한 것이다. 주자는 조기를 그대로 인용하고 있다. 여기서는 양백준과 이토 진사이의 주장을 따랐다. 즉 부끄러움을 모르는 것이야말로 정말 부끄러운 일인데, 부끄러워하는 마음이 없다면 금수와 마찬가지라는 뜻이다.

7

맹자가 말했다. "부끄러워하는 마음은 사람에게 중대한 것이다. 교묘하게 임기응변만 하는 자들은 부끄러워하는 마음을 쓸 데가 없다. 남과 같지 못함을 부끄러워하지 않고서야 어찌 남과 같은 것이 있겠느냐?"

孟子曰 恥之於人大矣. 爲機變之巧者 無所用恥焉. 不恥不若人 何若人有.

부끄러워하는 마음은 사람이 원래 갖고 있는 수오지심(羞惡之心)으로, 자신의 허물을 부끄러워하는 순간 개과천선할 수 있다. 따라서 사람에게 없어서는 안 된다. 기변지교(機變之巧)는 그 순간만을 모면하려고 하는 잔꾀다. 그 순간만을 모면하려고 하면 부끄러워하는 마음이 들어설 여지가 없다. 남과 같지 못함을 부끄러워하지 않는 사람은 자포자기하는 사람으로 끝내 악에 빠지고 말 뿐이다. 불치불약인 하약인유(不恥不若人 何若人有)를 주희는 "단지 부끄러움이 없는 것 하나의 일이라도 남과 같지 못하다면 모든 일마다 다 남과 같지 못할 것이다"라고 풀이하고 있는데, 동의하기 어렵다.

8

맹자가 말했다. "옛날의 현명한 왕들은 선을 좋아하고 권세를 잊었다. 옛날의 현명한 선비들이 어찌 홀로 그렇지 않았겠는가? 도를 좋아하고 남의 권세를 잊었다. 고로 왕공(王公)이라 하더라도 경의를 다하고 예를 극진히 하지 않으면 그들을 자주 볼 수 없었다. 보는 것도 오히려 자주 할 수 없었거늘 하물며 그들을 신하로 삼는 것이야?"

孟子曰 古之賢王好善而忘勢 古之賢士何獨不然. 樂其道而忘人之勢. 故王公不致敬盡禮 則不得亟見之. 見且由不得亟 而況得而臣之乎.

망세(忘勢)의 勢는 자신의 권세다. 기(亟)는 자주 하는 것이고, 차(且)는 야(也)로 '~도'의 뜻이며, 유(由)는 유(猶)로 '오히려'다. 어진 왕은 자기를 낮춰 어진 선비를 존중하고, 어진 선비는 뜻을 굽혀 이익을 구하지 않는다. 이 둘은 서로 대치되는 것 같으나 실은 서로 보완되는 관계이며 모두 각자의 도리를 다할 뿐이다. 주희의 해설이다.

9

맹자가 송구천(宋句踐)에게 말했다. "당신은 유세하는 것을 좋아하십니까? 내가 당신에게 유세하는 것에 대해 말해주리다. 남이 알아주어도 여유만만해야 하고 남이 알아주지 않더라도 여유만만해야 합니다."

"어떻게 하면 여유만만할 수 있습니까?"

"덕을 존중하고 의를 즐기면 여유만만할 수 있습니다. 따라서 선비는 곤궁해도 의를 잃지 않으며 영달해도 도를 떠나지 않습니다. 곤궁해도 의를 잃지 않기 때문에 선비는 자신을 얻을 수 있으며, 영달해도 도를 떠나지 않기 때문에 백성들이 실망하지 않습니다. 옛사람들은 뜻을 얻으면 백성에게 은택을 베풀었고, 뜻을 얻지 못하면 자신의 몸을 닦아 세상에 보였습니다. 곤궁하면 자신의 몸을 선하게 했고, 영달하면 천하를 두루 선하게 했습니다."

孟子謂宋句踐曰 子好遊乎. 吾語子遊. 人知之 亦囂囂, 人不知 亦囂囂.

曰 何如斯可以囂囂矣.

맹자가 송구천에게 말했다. "당신은 유세하는 것을 좋아하십니까? 내가 당신에게 유세하는 것에 대해 말해주리다. 남이 알아주어도 여유만만해야 하고 남이 알아주지 않더라도 여유만만해야 합니다."

"어떻게 하면 여유만만할 수 있습니까?"

송구천(宋句踐)은 성이 宋, 이름이 句踐이란 것밖에 알려진 것이 없다. 유(遊)는 유세(遊說)다. 효효(囂囂)는 조기에 의하면 스스로 만족해 욕심이 없는 모습이다.

曰 尊德樂義 則可以囂囂矣. 故士窮不失義 達不離道. 窮不失義 故士得己焉, 達不離道 故民不失望焉. 古之人 得志 澤加於民, 不得志 脩身見於世. 窮則獨善其身 達則兼善天下.

"덕을 존중하고 의를 즐기면 여유만만할 수 있습니다. 따라서 선비는 곤궁해도 의를 잃지 않으며 영달해도 도를 떠나지 않습니다. 곤궁해도 의를 잃지 않기 때문에 선비는 자신을 얻을 수 있으며, 영달해도 도를 떠나지 않기 때문에 백성들이 실망하지 않습니다. 옛사람들은 뜻을 얻으면 백성에게 은택을 베풀었고, 뜻을 얻지 못하면 자신의 몸을 닦아 세상에 보였습니다. 곤궁하면 자신의 몸을 선하게 했고, 영달하면 천하를 두루 선하게 했습니다."

덕을 존중하면(尊德) 남의 부귀영화를 부러워하지 않게 되고, 의를 즐기면(樂義) 외물(外物)의 유혹에 굴하지 않게 되어 여유만만할 수 있게 된다. 빈천하다고 해서 그 지키는 바를 옮기게 할 수 없으니(貧賤不能移) 궁해도 의를 잃지 않으며(窮不失義), 부귀하다고 해 방탕하게 할 수 없으니(富貴不能淫) 영달했다고 해서 도를 떠나지 않는다(達不離道). 궁해도 의를 잃지 않으니 도를 지킬 수 있어 득의할 수 있고(得己), 영달해도 도를 떠나지 않으니 백성들이 그에 대해 실망하지 않는다(民不失望). 뜻을 얻으면(得志) 벼슬길에 나아가 어진 정치로 백성들에게 은덕을 베풀고(澤加於民), 뜻을 얻지 못하면(不得志) 초야에 칩거해 자신을 닦아 세상에 보인다(脩身見於世). 궁하면 홀로 그 몸을 선하게 하고(窮則獨善其身) 영달하면 천하 만민을 평안하게 한다(達則兼善天下). 한편 조기는 脩身見於世의 見을 '보인다'의 뜻으로 읽지 않고 '서다'는 뜻의 입(立)으로 읽고 있으나 뜻에는 큰 차이 없다.

10

맹자가 말했다. "문왕이 있어야만 떨쳐 일어나는 사람은 보통사람들이다. 만약 호걸지사(豪傑之士)라면 비록 문왕이 없다 하더라도 떨쳐 일어날 수 있을 것이다."

孟子曰 待文王而後興者 凡民也. 若夫豪傑之士 雖無文王猶興.

흥(興)은 감동해 떨쳐 일어나는 것이고, 범민(凡民)은 보통사람들이다. 호걸지사(豪傑之士)는 재질이 남보다 뛰어난 사람이다. 재질이 뛰어난 사람은 남의 인도를 받지 않아도 능히 홀로 떨쳐 일어날 수 있지만, 범용한 사람들은 그렇지 못해 항상 훌륭한 사람의 인도를 받아야만 떨쳐 일어날 수 있다.

11

맹자가 말했다. "한(韓)씨나 위(魏)씨 집안을 붙여준다고 해도 불만스럽게 여긴다면 보통사람을 한참 넘는 사람이다."

孟子曰 附之以韓魏之家 如其自視欿然 則過人遠矣.

부(附)는 익(益)으로 더해주는 것, 붙여주는 것이고, 한위(韓魏)는 춘추시대 진(晉)나라를 사실상 삼분했던 韓씨, 魏씨 집안을 가리킨다. 감연(欿然)은 스스로 만족해하지 않는 것이다. 바라보는 것이 높아 부귀가 마음에 차지 않는 것이다.

12

　맹자가 말했다. "사람을 편안하게 한다는 원칙으로 사람을 부리면 비록 수고롭다 하더라도 원망하지 않을 것이며, 사람을 살린다는 원칙으로 사람을 죽이면 비록 죽더라도 죽인 자를 원망하지 않을 것이다."

孟子曰 以佚道使民 雖勞不怨, 以生道殺民 雖死不怨殺者.

이일도사민(以佚道使民)은 백성을 편안하게 하기 위해 일을 시키는 것이다. 백성의 생업에 도움이 되게 하기 위해 관개수로를 정비하고 도로를 닦는 것 등이 그런 것이다. 이생도살민(以生道殺民)은 백성을 살리기 위해 어쩔 수 없이 사람을 처형하는 것으로, 사회질서를 유지하기 위해 흉악범을 처형하는 것 등이다.

13

　맹자가 말했다. "패자의 백성은 기뻐하고 왕자의 백성은 여유롭고 느긋하다. (왕자의 백성은) 죽여도 원망하지 않으며 이롭게 해도 공덕으로 여기지 않는다. 백성들은 날마다 착해지면서도 그렇게 하는 사람을 알지 못한다. 무릇 군자가 지나가면 교화되고 머물면 그 교화가 신(神)처럼 된다. 위와 아래가 천지와 함께 흐르니 이를 어찌 소소한 도움이라고 할 수 있겠는가?"

孟子曰 霸者之民 驩虞如也, 王者之民 皥皥如也.
맹자가 말했다. "패자의 백성은 기뻐하고 왕자의 백성은 여유롭고 느긋하다."

　환우(驩虞)는 환오(歡娛)로 기뻐하는 것이다. 패자는 힘으로 공(功)을 추구하기 때문에 그 공이 쉽게 보인다. 그래서 백성들이 기뻐한다. 호호(皥皥)는 주희에 의하면 넓고 자득(自得)해하는 모습이고, 조기에 의하면 넓어 그 덕이 잘 보이지 않는 것이다. 여기서는 '여유롭고 느긋하다'로 번역했다. 왕자는 덕으로 교화를 추구하기 때문에 그 덕이 하늘처럼 넓어 잘 보이지 않는다. 따라서 백성들이 여유롭고 느긋하다.

殺之而不怨 利之而不庸 民日遷善而不知爲之者.

"(왕자의 백성은) 죽여도 원망하지 않으며 이롭게 해도 공덕으로 여기지 않는다. 백성들은 날마다 착해지면서도 그렇게 하는 사람을 알지 못한다."

여기서는 왕자의 백성이 여유롭고 느긋한 것을 설명하고 있다. 용(庸)은 공(功)으로 공덕으로 여기는 것이다.

"백성이 미워하는 바를 따라 제거하고, 죽이는 데 마음이 있지 않으니 무슨 원망이 있겠는가? 백성이 이롭게 여기는 바를 따라 이롭게 하고, 이롭게 하는 데 마음이 있지 않으니 무슨 공덕이 있겠는가? 그 자연의 본성을 도와 스스로 얻도록 한다. 그러니 백성들이 날마다 착해지면서도 그렇게 하는 사람을 알지 못하는 것이다."

이상은 주희가 인용한 북송의 학자 풍직(豊稷)의 말이다.

夫君子所過者化 所存者神 上下與天地同流 豈曰小補之哉.
"무릇 군자가 지나가면 교화되고 머물면 그 교화가 신(神)처럼 된다. 위와 아래가 천지와 함께 흐르니 이를 어찌 소소한 도움이라고 할 수 있겠는가?"

왕자의 정치가 큰 이유를 설명하고 있다. 여기서의 군자는 성인을 가리킨다. 「진심하」 25에 "크며 조화를 부리는 것을 일컬어 성스럽다(聖)고 하고, 성스러우면서 알 수 없는 것을 일컬어 신령스럽다(神)고 한다"는 맹자의 말이 있다. 성인이 지나가니 교화가 되고(君子所過者化), 그 교화를 받은 백성들이 날마다 착해지면서도 그렇게 하는 사람을 알지 못하니, 머물면 그 교화가 신처럼 되는 것이다(所存者神). 천지의 조화를 날마다 입으면서도 사람이 알지 못하듯, 성인의 공덕을 날마다 입으면서도 사람이 알지 못한다. 따라서 상하가 천지와 같이 흐른다고 하는 것이다. 그러니 어찌 이것을 소소한 도움이라고 할 수 있겠는가? 이상은 초순에 의거했다.

14

맹자가 말했다. "어진 말(仁言)은 어진 음악이 사람들에게 깊이 파고 들어가는 것만 못하다. 선한 정치는 선한 가르침이 백성을 얻는 것만 못하다. 선한 정치는 백성들이 두려워하지만 선한 가르침은 백성들이 사랑한다. 선한 정치는 백성들의 재산을 얻지만 선한 가르침은 백성들의 마음을 얻는다."

孟子曰 仁言 不如仁聲之入人深也.
맹자가 말했다. "어진 말은 어진 음악이 사람들에게 깊이 파고 들어가는 것만 못하다."

인성(仁聲)은 두 가지 해석이 가능하다. 하나는 聲을 음(音) 또는 악(樂)으로 해석하는 것으로, 조기는 아송(雅頌)과 같은 어진 음악을 가리킨다고 하고 있다. 양백준도 같은 입장이다. 다른 하나는 주희의 입장으로 聲을 문(聞)으로 해석해 어질다는 소문, 어질다는 평판으로 보는 것이다. 여기서는 전자를 따랐다. 음악이 일상적인 말보다는 훨씬 인간 감성을 파고 들어가는 힘이 강하기 때문이다.

善政 不如善敎之得民也.

"선한 정치는 선한 가르침이 백성을 얻는 것만 못하다."

정(政)은 법도(法度)와 금령(禁令)으로 그 밖을 제어한다. 교(敎)는 덕으로 이끌고 예로 다스리는 것으로 그 마음을 바로잡는다. 주희의 해설이다. 따라서 선한 정치는 법령으로 백성이 법을 어기지 않게 하는 데 그치지만, 선한 가르침은 교화로써 백성으로 하여금 법을 어기는 것이 부끄러운 일이라는 것을 알게 해준다.

善政民畏之 善敎民愛之, 善政得民財 善敎得民心.
"선한 정치는 백성들이 두려워하지만 선한 가르침은 백성들이 사랑한다. 선한 정치는 백성들의 재산을 얻지만 선한 가르침은 백성들의 마음을 얻는다."

법령으로 하는 선한 정치는 백성이 두려워해 감히 게을리하지 않으니 재물이 모이고, 교화로 하는 선한 가르침은 백성이 사랑해 인의의 마음이 갖춰진다.

15

맹자가 말했다. "사람이 배우지 않고도 할 수 있는 것이 양능(良能)이요, 생각하지 않고도 아는 것이 양지(良知)다. 두세 살 먹은 어린아이라 하더라도 그 부모를 사랑할 줄 모르는 아이가 없으며, 커서는 그 형을 공경할 줄 모르는 아이가 없다. 어버이를 친애하는 것이 인(仁)이요, 어른을 공경하는 것이 의(義)다. 인의는 다름 아니라 어버이를 친애하고 어른을 공경하는 마음을 천하에 두루 미치게 하는 것이다."

孟子曰 人之所不學而能者 其良能也, 所不慮而知者 其良知也.
맹자가 말했다. "사람이 배우지 않고도 할 수 있는 것이 양능이요, 생각하지 않고도 아는 것이 양지다."

양(良)에 대해 조기는 심(甚)이라고 풀이하고 있다. 초순은 甚을 최(最)라고 다시 풀어 '가장', '제일'이라는 뜻의 부사로 읽고 있다. 그러나 이들의 주장은 주희처럼 본연의 선(本然之善)이라고 풀이하는 것만 못하다. 타고났기 때문에 배우지 않고도 할 수 있는 것이고 생각하지 않고도 알 수 있는 것이다.

孩提之童 無不知愛其親者, 及其長也 無不知敬其兄也. 親親 仁也, 敬長 義也. 無他 達之天下也.

"두세 살 먹은 어린아이라 하더라도 그 부모를 사랑할 줄 모르는 아이가 없으며, 커서는 그 형을 공경할 줄 모르는 아이가 없다. 어버이를 친애하는 것이 인이요, 어른을 공경하는 것이 의다. 인의는 다름 아니라 어버이를 친애하고 어른을 공경하는 마음을 천하에 두루 미치게 하는 것이다."

해제지동(孩提之童)의 孩는 해(咳)로, 어린아이가 웃는 것이고, 提는 포(抱)로 안는 것이다. 두세 살 먹어 웃을 줄 알기 때문에 안아주고 싶은 마음이 드는 어린아이다. 무타(無他)는 '다름 아니라'의 뜻이다. 즉 인의라는 것은 다름 아니라 親親敬長의 마음을 온 천하에 두루 미치게 하는 것이라는 말이다.

16

　맹자가 말했다. "순임금이 깊은 산중에서 살 때, 나무나 돌과 함께 살았고 사슴이나 멧돼지와 함께 놀았으니, 깊은 산중의 야인들과 다른 것이 거의 없었다. 그러나 그가 한 마디 좋은 말을 듣고 한 가지 좋은 행동을 보게 되자, 마치 황하나 장강의 물이 터지듯 도도해 아무도 그를 막을 수 없었다."

孟子曰 舜之居深山之中 與木石居 與鹿豕遊 其所以異於深山之野人者幾希. 及其聞一善言 見一善行 若決江河 沛然莫之能禦也.

기희(幾希)는 거의 없다는 뜻이다. 결(決)은 물길을 트는 것이고, 패연(沛然)은 물이 도도하게 흐르는 모양을 나타낸 말이다. 순과 같은 성인도 그냥 일상에서는 우리와 별로 다를 것이 없다. 다만 있다면 선을 듣고 결연히 따르는 것, 그것이 성인과 우리를 가르는 구분이다.

17

맹자가 말했다. "해서는 안 될 것을 하지 말며 바라서는 안 될 것을 바라지 말라. 이와 같이만 할 뿐이다."

孟子曰 無爲其所不爲 無欲其所不欲 如此而已矣.

조기는 기(其)를 기(己)로 풀이한다. 조기의 해석은 다음과 같다. "남으로 하여금 내가 하고자 하지 않는 것을 하게 하지 말며, 남으로 하여금 내가 원하지 않는 것을 원하게 하지 마라. 매번 내 몸으로 이와 같이 유추하면 사람의 도리가 족할 것이다." 즉 이 장의 주제를 내가 원하지 않는 것을 남에게 가하지 말라는 서(恕)로 보고 있는 것이다. 그렇지만 조기의 입장은 무엇을 근거로 其를 己로 풀이하는지가 불분명해 동의하기 어렵다.

다음은 다산의 해설이다. "사람에게는 항상 두 가지 의지가 상반되면서 일시에 일어나는 것이 있으니, 이것이 바로 사람과 귀신의 관문이요, 선과 악의 기미요, 인심(人心)과 도심(道心)의 교전(交戰)이요, 의(義)가 이기느냐 욕심이 이기느냐의 결판이다. 사람이 능히 여기에서 맹렬히 살펴 힘써 극복한다면 도(道)에 가까울 것이다. 하지 않는 바(所不爲)와 바라지 않는 바는(所不欲) 도심에서 나온 바로 천리(天理)이며, 하려 하고(爲之) 바라는 것은(欲之) 인심에서 나온 바로 사욕(私欲)이다. 하지 않고(無爲) 바라지 않는 것은(無欲)

인심을 극복해 도심의 명(命)을 따르는 것으로 이른바 극기복례(克己復禮)다. 이 장은 공자, 안연, 증자, 자사가 서로 은밀히 전수해준 요지다. 그러므로 이와 같이만 할 뿐이다(如此而已矣)라고 말을 맺은 것이다. 이미 '이와 같이만 할 뿐이다'라고 한다면 도는 여기에서 벗어나지 않는다. 아아! 지극하도다!" 인심과 도심의 대립으로 해설하는 것이 다산 특유의 관점이다.

18

맹자가 말했다. "사람이 덕행과 지혜와 기술과 지식이 생기는 것은 항상 재난에 처하면서이다. 특히 외로운 신하와 서자는 마음가짐을 조심스럽게 갖고 환난을 생각함이 깊다. 그렇기 때문에 세상에 통달한다."

孟子曰 人之有德慧術知者 恒存乎疢疾.
맹자가 말했다. "사람이 덕행과 지혜와 기술과 지식이 생기는 것은 항상 재난에 처하면서이다."

덕혜술지(德慧術知)는 조기에 의하면 덕행과 지혜, 도술(道術), 재지(才智)이고, 주희에 의하면 덕의 지혜, 기술의 지식이다. 진질(疢疾)은 재난이다. 다산은 다음과 같이 해설하고 있다. "사람이 만나는 것이 모두 명(命)이 아닌 것이 없다. 그러나 어질고 지혜로운 사람이 대다수 기구하고 험난한 시련을 만나는 것은 하늘이 이것으로 그의 덕을 단련시켜 더욱 능하게 하려는 것이다." 즉 다산은 다음과 같이 해석하고 있는 것이다. "德慧術知를 지닌 사람은 항상 재난 속에 있다"로. 그러나 이것은 재난을 당하지 않은 사람은 德慧術知가 없는 사람이라는 식으로 비약할 수 있다. 여기서는 양백준과 이토 진사이의 설을 따랐다.

獨孤臣孼子 其操心也危 其慮患也深 故達.

"특히 외로운 신하와 서자는 마음가짐을 조심스럽게 갖고 환난을 생각함이 깊다. 그렇기 때문에 세상에 통달한다."

고신(孤臣)은 임금의 신임을 얻지 못한 신하, 얼자(孼子)는 첩의 자식이다. 모두 어려운 처지에 있기 때문에 그 마음가짐이 조심스럽고 생각이 깊을 수밖에 없다. 그렇기 때문에 세상일에 통달할 수 있다.

19

    맹자가 말했다. "그 임금만을 섬기는 사람이 있으니, 그 임금을 섬기면 기뻐하는 사람이다. 사직을 안정시키는 신하가 있으니, 사직을 안정시키는 것으로 기뻐하는 사람이다. 하늘의 백성(天民)인 사람이 있으니, 통달해 천하에 행할 수 있은 연후에 행하는 사람이다. 대인(大人)이 있으니, 자신을 바로 해서 사물을 바르게 하는 사람이다."

孟子曰 有事君人者 事是君則爲容悅者也.
맹자가 말했다. "그 임금만을 섬기는 사람이 있으니, 그 임금을 섬기면 기뻐하는 사람이다."

용열(容悅)을 주희는 용납되는 것(容)과 기뻐하는 것(悅)의 둘로 보고 있으나, 초순은 쌍성동의자(雙聲同意字)로 보아 모두 기쁘다는 뜻의 열(悅)로 풀이한다. 여기서는 초순을 따랐다.

有安社稷臣者 以安社稷爲悅者也.
"사직을 안정시키는 신하가 있으니, 사직을 안정시키는 것으로 기뻐하는 사람이다."

有天民者 達可行於天下而後行之者也.
"하늘의 백성인 사람이 있으니, 통달해 천하에 행할 수 있은 연후에 행하는 사람이다."

천민(天民)은 조기에 의하면 도를 아는 자, 주희에 의하면 하늘의 이치를 모두 온전히 한 자다. 이토 진사이에 의하면 사람이 낳은 것이 아니고 하늘이 낳았기 때문에 天民이라 한다고 한다. 달(達)은 도에 통달한 것이다.

有大人者 正己而物正者也.
"대인이 있으니, 자신을 바로 해서 사물을 바르게 하는 사람이다."

대인을 조기는 이해에 움직이지 않는 대장부라고 풀이한다. 주희는 덕이 융성해 상하가 교화되니, 소위 『주역』 건괘(乾卦)의 "나타난 용이 밭에 있으니 천하가 문명해졌다(見龍在田 天下文明)"고 하는 것이 바로 그것이라고 하고 있다. 다시 말하면 초순이 말하는 대로 성인이 자리에 있는 것이다(聖人在位).

20

맹자가 말했다. "군자에게 세 가지 즐거움이 있으나 천하에 왕이 되는 것은 여기에 없다. 부모가 모두 살아 계시고 형제가 무고한 것이 첫 번째 즐거움이다. 하늘을 우러러 부끄럽지 않고 땅을 굽어보아 남에게 부끄럽지 않은 것이 두 번째 즐거움이다. 천하의 영재를 얻어 가르치는 것이 세 번째 즐거움이다. 군자에게 세 가지 즐거움이 있으나 천하에 왕이 되는 것은 여기에 없다."

孟子曰 君子有三樂 而王天下不與存焉. 父母俱存 兄弟無故 一樂也. 仰不愧於天 俯不怍於人 二樂也. 得天下英才而敎育之 三樂也. 君子有三樂 而王天下不與存焉.

불여존언(不與存焉)의 焉은 어시(於是)로 여기에 있지 않다는 뜻이다. 앙(仰)은 위로 쳐다보는 것, 부(俯)는 굽어보는 것, 괴(愧)와 작(怍)은 부끄러워하는 것이다. 군자는 이 중 한 가지 즐거움만 있어도 천하의 왕이 되는 즐거움과 바꾸지 않는다(이토 진사이). 『집주』에 인용된 글에서 임지기는 다음과 같이 말하고 있다. "이 세 가지 즐거움 중에서 하나는 하늘에, 하나는 사람에 달려 있다. 스스로 이르게 할 수 있는 것은 오직 하늘과 남에 부끄럽지 않은 것뿐이니 배우는 자가 힘쓰지 않을 수 있겠는가?"

21

　맹자가 말했다. "너른 토지와 많은 백성을 군자가 바라나 즐기는 바는 여기에 있지 않다. 천하 가운데에 서서 사해의 백성을 안정시키는 것을 군자가 즐기나 그 성(性)은 여기에 있지 않다. 군자의 성은 비록 크게 행해진다고 하더라도 여기에 더 보탤 것이 없고, 곤궁하게 산다고 하더라도 여기서 더 덜어낼 것이 없으니, 그 본분을 (스스로) 정하기 때문이다. 군자의 성은 인의예지(仁義禮智)가 마음에 뿌리를 내려, 그 색이 나타나는 것이 얼굴에 윤기가 돌고 등에 가득하며, 사지에 베풀어지면 말을 안해도 사지가 깨닫는 것이다."

孟子曰 廣土衆民 君子欲之 所樂不存焉. 中天下而立 定四海之民 君子樂之 所性不存焉.

맹자가 말했다. "너른 토지와 많은 백성을 군자가 바라나 즐기는 바는 여기에 있지 않다. 천하 가운데에 서서 사해의 백성을 안정시키는 것을 군자가 즐기나 그 성(性)은 여기에 있지 않다."

소성(所性)은 굳이 번역하면 '그 性으로 하는 바'로 할 수 있으나 이는 앞에서 소락(所樂)이라고 한 것과 맞추기 위해 그렇게 쓴 것일 뿐으로, 그냥 성, 본성이라고 해도 무방하다.

君子所性 雖大行不加焉 雖窮居不損焉 分定故也.
"군자의 성은 비록 크게 행해진다고 하더라도 여기에 더 보탤 것이 없고, 곤궁하게 산다고 하더라도 여기서 더 덜어낼 것이 없으니, 그 본분을 (스스로) 정하기 때문이다."

대행(大行)은 도가 크게 행해지는 것이고, 가(加)는 더 보태는 것, 손(損)은 더 덜어내는 것이다. 분정(分定)에 대해 주희는 "分은 하늘로부터 얻은 바의 전체이기 때문에 궁하거나 영달한다거나 해서 다름이 있지 않다"고 풀이하고 있다. 초순은 도(道)로부터 받은 명(命)이라고 한다. 주희나 초순의 풀이는 다산의 말대로 한다면 태어날 때부터 정해진 것이라는 이야기다. 그렇다면 숙명론에 빠져 군자는 군자고 소인은 소인일 뿐, 아무리 공부하고 노력한다고 해서 바꿔지지 않게 될 것이다. 따라서 다산은 分定을 풀이하길 "자신의 마음속에서 의리를 헤아려 스스로 그 분수를 정하는 것"이라 하고 있다. 여기서는 다산을 따랐다.

君子所性 仁義禮智根於心, 其生色也 睟然見於面 盎於背, 施於四體 四體不言而喻.
"군자의 성은 인의예지가 마음에 뿌리를 내려, 그 색이 나타나는 것이 얼굴에 윤기가 돌고 등에 가득하며, 사지에 베풀어지면 말을 안해도 사지가 깨닫는 것이다."

수연(睟然)은 조기에 의하면 윤택한 모습이다. 주희는 수연견어면 앙어배(睟然見於面 盎於背)로 끊어 읽는다. 盎은 주희에 의하면 풍부하고 두터워 가득 넘친다는 뜻이다. 그렇게 되면 "얼굴에 윤기가 돌고 등에 가득하다"는 말이 된다. 그러나 초순과 양백준은 睟然을 위 구절인 기생색야(其生色也)에 붙여 읽는다. "그 색이 나타나는 것이 윤택함이, 얼굴에 보이고 등에 나타난다"로 읽는 것이다. 盎은 초순에 의하면 현(顯)으로 나타나는 것이다. 여기서는 주희를 따랐다. 사체불언이유(四體不言而喩)를 주희는 "사체가 내 말을 기다리지 않고도 저절로 내 뜻을 깨닫는다"로, 조기는 "입으로 말을 안 해도 남들이 깨닫고 안다"로 해석하고 있다.

22

맹자가 말했다. "백이가 주를 피해 북해(北海) 바닷가에서 살다가 문왕이 일어났다는 소리를 듣고는 일어나 말했다. '어찌 돌아가지 않으리오. 내가 듣기로 서백(西伯)이 늙은이를 잘 봉양한다고 하는데.' 태공(太公)이 주를 피해 동해(東海) 바닷가에서 살다가 문왕이 일어났다는 소리를 듣고는 일어나 말했다. '어찌 돌아가지 않으리오. 내가 듣기로 서백이 늙은이를 잘 봉양한다고 하는데.' 천하에 노인을 잘 봉양하는 사람이 있다면 어진 사람들이 자기가 돌아갈 곳으로 여긴다.

오 무(畝)의 택지에 담장 밑에 뽕나무를 심어 아녀자로 하여금 누에를 치게 하면 늙은 사람들이 비단옷을 입을 수 있다. 다섯 마리 암탉과 두 마리 암퇘지를 그 때를 놓치지 않고 기르면 늙은 사람들이 고기 먹는 것을 거르지 않을 것이다. 백 무의 밭을 지아비가 농사 지으면 여덟 가구가 굶주리지 않을 것이다. 소위 서백이 늙은이를 잘 봉양한다고 하는 것은 그 토지제도를 만들고, 뽕을 심고 가축을 기르는 것을 가르치며, 그 처자를 잘 인도해 늙은이를 봉양하게 한다는 것이다. 나이가 오십이 되면 비단옷을 입지 않으면 따뜻하지 않고, 칠십이 되면 고기가 아니면 배부르지 않다. 따뜻하지 않고 배부르지 않은 것을 일컬어 춥고 굶주린다고 한다. 문왕의 백성에는 춥고 굶주린 늙은이가 없다는 것은 이것을 말한 것이다."

孟子曰 伯夷辟紂 居北海之濱 聞文王作興 曰 盍歸乎來 吾聞西伯善養老者. 太公辟紂 居東海之濱 聞文王作興 曰 盍歸乎來 吾聞西伯善養老者. 天下有善養老 則仁人以爲己歸矣.

맹자가 말했다. "백이가 주를 피해 북해 바닷가에서 살다가 문왕이 일어났다는 소리를 듣고는 일어나 말했다. '어찌 돌아가지 않으리오. 내가 듣기로 서백이 늙은이를 잘 봉양한다고 하는데.' 태공이 주를 피해 동해 바닷가에서 살다가 문왕이 일어났다는 소리를 듣고는 일어나 말했다. '어찌 돌아가지 않으리오. 내가 듣기로 서백이 늙은이를 잘 봉양한다고 하는데.' 천하에 노인을 잘 봉양하는 사람이 있다면 어진 사람들이 자기가 돌아갈 곳으로 여긴다."

「이루상」 13에서 이미 나왔다.

五畝之宅 樹牆下以桑 匹婦蠶之 則老者足以衣帛矣. 五母雞 二母彘 無失其時 老者足以無失肉矣. 百畝之田 匹夫耕之 八口之家足以無飢矣.

"오 무의 택지에 담장 밑에 뽕나무를 심어 아녀자로 하여금 누에를 치게 하면 늙은 사람들이 비단옷을 입을 수 있다. 다섯 마리 암탉과 두 마리 암퇘지를 그 때를 놓치지 않고 기르면 늙은 사람들이 고기 먹는 것을 거르지 않을 것이다. 백 무의 밭을 지아비가 농사 지으면 여덟 가구가 굶주리지 않을 것이다."

모계(母雞)는 암탉, 모체(母彘)는 암퇘지다. 「양혜왕상」 3에 비슷한 내용이 이미 나온 바 있다.

所謂西伯善養老者 制其田里 敎之樹畜 導其妻子 使養其老. 五十非帛不煖 七十非肉不飽. 不煖不飽 謂之凍餒. 文王之民 無凍餒之老者 此之謂也.

"소위 서백이 늙은이를 잘 봉양한다고 하는 것은 그 토지제도를 만들고, 뽕을 심고 가축을 기르는 것을 가르치며, 그 처자를 잘 인도해 늙은이를 봉양하게 한다는 것이다. 나이가 오십이 되면 비단 옷을 입지 않으면 따뜻하지 않고, 칠십이 되면 고기가 아니면 배부르지 않다. 따뜻하지 않고 배부르지 않은 것을 일컬어 춥고 굶주린다고 한다. 문왕의 백성에는 춥고 굶주린 늙은이가 없다는 것은 이것을 말한 것이다."

제기전리(制其田里)의 田은 주희에 의하면 앞에서 언급한 백 무의 밭, 里는 오 무의 택지로, 토지제도를 제정하는 것을 말한다.

23

맹자가 말했다. "농토를 잘 다스리고 세금을 적게 거두면 백성들을 부유하게 할 수 있다. 때 맞춰 먹고 예에 맞춰 쓰면 재물을 다 쓸 수 없을 것이다. 백성들은 물과 불이 없으면 살 수 없지만, 어두운 저녁에 남의 집 문을 두드려 물과 불을 달라고 해도 주지 않는 사람이 없는 것은 지극히 풍족하기 때문이다. 성인이 천하를 다스리면 곡식을 물과 불처럼 풍족하게 갖게 한다. 곡식이 물과 불처럼 풍족한데 백성 중에 어찌 어질지 못한 사람이 있겠는가?"

孟子曰 易其田疇 薄其稅斂 民可使富也. 食之以時 用之以禮 財不可勝用也.

맹자가 말했다. "농토를 잘 다스리고 세금을 적게 거두면 백성들을 부유하게 할 수 있다. 때 맞춰 먹고 예에 맞춰 쓰면 재물을 다 쓸 수 없을 것이다."

이기전주(易其田疇)의 易는 치(治)로 다스리는 것, 田疇는 경작하는 농토다. 식지이시 용지이례(食之以時 用之以禮)는 백성을 가르쳐 재물을 용도에 맞게 쓰게 함으로써 절약하게 하는 것을 가리킨다.

民非水火不生活 昏暮叩人之門戶 求水火 無弗與者 至足矣. 聖人治天下 使有菽粟如水火. 菽粟如水火 而民焉有不仁者乎.

"백성들은 물과 불이 없으면 살 수 없지만, 어두운 저녁에 남의 집 문을 두드려 물과 불을 달라고 해도 주지 않는 사람이 없는 것은 지극히 풍족하기 때문이다. 성인이 천하를 다스리면 곡식을 물과 불처럼 풍족하게 갖게 한다. 곡식이 물과 불처럼 풍족한데 백성 중에 어찌 어질지 못한 사람이 있겠는가?"

『관자(管子)』「목민(牧民)」편에 "창고가 차야 예절을 안다"는 말이 있다. 정치의 근본은 다름 아니라 우선 백성의 삶을 안정시키는 것이다.

24

맹자가 말했다. "공자께서 동산(東山)에 오르시고는 노나라를 작다고 여기셨고, 태산(泰山)에 오르시고는 천하를 작다고 여기셨다. 따라서 바다를 본 사람은 (다른 물을) 물이라 여기기 어렵고, 성인의 문하에서 노닌 사람은 (다른 사람의 말을) 말이라 여기기 어렵다. 물을 보는 데는 방법이 있으니 반드시 그 큰 물결을 보아야 한다. 해와 달은 밝은 빛이 있어 빛이 들어갈 틈이 있으면 반드시 비춘다. 흐르는 물이라도 웅덩이를 다 채우지 않으면 흘러가지 않으며, 군자가 도에 뜻을 두어도 문장을 이루지 못하면 통달하지 못한다."

孟子曰 孔子登東山而小魯 登太山而小天下. 故觀於海者難爲水 遊於聖人之門者難爲言.

맹자가 말했다. "공자께서 동산에 오르시고는 노나라를 작다고 여기셨고, 태산에 오르시고는 천하를 작다고 여기셨다. 따라서 바다를 본 사람은 (다른 물을) 물이라 여기기 어렵고, 성인의 문하에서 노닌 사람은 (다른 사람의 말을) 말이라 여기기 어렵다."

동산(東山)은 초순과 양백준에 의하면 지금의 산동성 멍인(蒙陰)현 남쪽에 있는 몽산(蒙山)이다. 난위수(難爲水)는 바다 이외의 다른 물을 물이라고 여기기 힘들다는 말이고, 난위언(難爲言)은 성인의 말 이외의 다른 말을 말이라 여기기 힘들다는 말이다. 높이 올라갈수록 아래에 있는 것이 작게 보이며, 큰 것을 보면 작은 것은 눈에 들어오지 않는 법이다.

觀水有術 必觀其瀾. 日月有明 容光必照焉. 流水之爲物也 不盈科不行, 君子之志於道也 不成章不達.
"물을 보는 데는 방법이 있으니 반드시 그 큰 물결을 보아야 한다. 해와 달은 밝은 빛이 있어 빛이 들어갈 틈이 있으면 반드시 비춘다. 흐르는 물이라도 웅덩이를 다 채우지 않으면 흘러가지 않으며, 군자가 도에 뜻을 두어도 문장을 이루지 못하면 통달하지 못한다."

난(瀾)은 큰 물결이고, 용광(容光)은 빛이 들어갈 수 있는 틈이다. 성장(成章)은 주희에 의하면 그 쌓인 것이 두터워 그 문장이 밖으로 드러나는 것이다. 다시 말하면 덕이 쌓여 어느 단계에 이름에 따라 저절로 그 문채가 밖으로 드러나는 것이다. 주희에 의하면 이 장의 뜻이 "성인의 도는 크고 근본이 있어 그것을 배우는 자는 반드시 점진적으로 해야만 능히 이를 수 있다"는 것이라고 한다.

25

　맹자가 말했다. "닭이 울 때 일어나 부지런히 착한 일을 하는 사람들은 순임금의 무리다. 닭이 울 때 일어나 부지런히 자기 이익을 추구하는 사람은 도척(盜蹠)의 무리다. 순임금과 도척의 차이를 알려고 하면 다른 것은 없다. 이(利)와 선(善)의 사이다."

孟子曰 雞鳴而起 孶孶爲善者 舜之徒也. 雞鳴而起 孶孶爲利者 蹠之徒也. 欲知舜與蹠之分 無他 利與善之閒也.

　자자(孶孶)는 부지런한 것이다. 척(蹠)은 유하혜의 동생이라고 전해지는 춘추시대의 큰 도적 도척이다. 주희는 다음과 같은 정호의 말로 이 장 해설을 대신하고 있다. "사이라고 한 것은 서로 차이가 크지 않아 털끝을 놓고 다투고 있음을 말한 것이다. 선과 이는 공과 사일 뿐이다. 조금이라도 선에서 벗어나면 곧 이라고 말할 수 있다."

26

맹자가 말했다. "양자(楊子)는 단지 자기를 위할 뿐이었으니, 자신의 터럭 한 가닥만 뽑으면 천하를 이롭게 할 수 있다고 해도 하지 않았다. 묵자(墨子)는 두루 사랑해서 이마에서부터 발꿈치까지 터럭이 다 닳아 없어져도 천하를 이롭게 한다면 했다. 자막(子莫)은 그 중간 입장을 취했으니, 중간이 도에 가까우나 중간을 취하고도 변통함이 없으면 하나를 취한 것과 다름이 없다. 하나를 취한 것을 미워하는 것은 그것이 도를 해치고 하나를 들어 백(百)을 없애기 때문이다."

孟子曰 楊子取爲我 拔一毛而利天下 不爲也.

맹자가 말했다. "양자는 단지 자기를 위할 뿐이었으니, 자신의 터럭 한 가닥만 뽑으면 천하를 이롭게 할 수 있다고 해도 하지 않았다."

양자(楊子)는 양주(楊朱)로 그와 그의 위아설(爲我說)에 대해서는 「등문공하」 9에서 이미 언급한 바 있다. 취(取)는 지(只)로 '단지', '~만'의 뜻이다.

墨子兼愛 摩頂放踵利天下 爲之.

"묵자는 두루 사랑해서 이마에서부터 발꿈치까지 터럭이 다 닳아 없어져도 천하를 이롭게 한다면 했다."

묵자와 그의 겸애설에 대해서도「등문공하」9에서 이미 언급했다. 마정방종(摩頂放踵)은 조기에 의하면 정수리를 갈아 아래로 발꿈치에까지 이르는 것이라 하는데(摩突其頂 下至於踵), 무슨 뜻인지 이해하기 힘들다. 그런데 『장자』「천하」편에 묵자가 자기의 도에 관해 말하면서 우임금이 물을 다스리느라 장딴지 털이 다 없어지고 종아리 털도 다 없어졌다고 하는 대목이 있다. 여기서는 그것을 취해 이마에서 발꿈치까지 터럭이 다 닳아 없어진 것으로 번역했다.

子莫執中 執中爲近之, 執中無權 猶執一也. 所惡執一者 爲其賊道也 擧一而廢百也.
"자막은 그 중간 입장을 취했으니, 중간이 도에 가까우나 중간을 취하고도 변통함이 없으면 하나를 취한 것과 다름이 없다. 하나를 취한 것을 미워하는 것은 그것이 도를 해치고 하나를 들어 백을 없애기 때문이다."

자막(子莫)에 대해 조기는 단지 노나라의 현인이라고만 하고 있다. 양백준은 『설원(說苑)』「수문(修文)」편에 나오는 전손자막(顓孫子莫)이 아닐까 추측하고 있으나 확인할 길은 없다. 집중(執中)은 양주와 묵적이 한쪽으로 치우친 것을 알고 두 사람의 중간을 헤아려 취하는 것이고, 근지(近之)는 도에 가까운 것이다. 무권(無權)은 사물의 경중을 헤아려 시세에 맞게 변통하는 것이고, 집일(執一)은 양주와 묵적의 중간이라는 또 하나의 입장만을 고집하는 것이다. 자막은 단지 양주와 묵적의 중간적 입장만을 취하려 했지 시세 변화에 맞게 융통성 있게 대처할 줄을 몰랐다. 그것은 결국 또 하나의 입장만을 고집하는 것으로, 그 하나 때문에 다른 모든 것이 없어진다. 그래서 도를 해친다고 하는 것이다.

27

맹자가 말했다. "굶주린 사람은 달게 먹고 목마른 사람은 달게 마신다. 이것은 음식의 올바른 맛을 알지 못하는 것이니, 굶주림과 목마름이 해친 것이다. 어찌 입과 배만이 굶주림과 목마름의 해를 입겠는가? 사람의 마음 또한 이런 해가 있다. 사람이 능히 굶주림과 목마름 때문에 마음의 해를 입지 않는다면, 남에게 미치지 못함을 근심하지 않을 것이다."

孟子曰 飢者甘食 渴者甘飮 是未得飮食之正也 飢渴害之也. 豈惟口腹有飢渴之害. 人心亦皆有害. 人能無以飢渴之害爲心害 則不及人不爲憂矣.

불급인불위우(不及人不爲憂)는 남에게 미치지 못하는 것을 근심하지 않는다는 말로 남보다 뛰어난 사람이라는 뜻이다. 조기는 부귀가 남보다 못해도 이미 군자여서 선인들의 우환이 되지 않는다고 풀이하고 있는데, 동의하기 어렵다. 너무 굶주리거나 목마르면 음식을 가릴 여유가 없어 맛을 알지 못한다. 마찬가지로 너무 빈천하면 부귀를 가릴 여유가 없어 의리를 살필 수 없게 된다. 그런데 빈천해도 능히 마음이 기갈과 같은 해를 입지 않는다면 이미 남보다 한참 뛰어난 사람이다.

28

맹자가 말했다. "유하혜는 삼공(三公) 때문에 자신의 절개를 바꾸지 않았다."

孟子曰 柳下惠不以三公易其介.

삼공(三公)은 주나라의 최고 벼슬로 태사(太師), 태부(太傅), 태보(太保)를 가리킨다. 개(介)를 조기는 대(大), 큰 도량이라고 풀이했고, 주희는 분변(分辨)이라고 보았으나, 초순은 조(操) 즉 지조, 절개라고 풀이했다. 여기서는 초순을 따랐다.

29

맹자가 말했다. "(뜻있는) 일을 하는 것은 우물을 파는 것과 같다. 우물을 아홉 길이나 팠다 하더라도 샘에 이르지 못했다면 우물을 버린 것이나 마찬가지다."

孟子曰 有爲者辟若掘井 掘井九軔而不及泉 猶爲棄井也.

유위(有爲)는 뜻있는 일, 훌륭한 일을 하는 것이다. 인(軔)은 인(仞)으로 여덟 척(尺)이다. 아무리 좋은 일이라 하더라도 하다가 중도에 그만두면 아니한 것과 같다.

30

　맹자가 말했다. "요와 순은 본성대로 한 것이요, 탕과 무는 몸으로 한 것이요, 오패는 빌린 것이다. 오랫동안 빌려 돌려주지 않으니, 원래 갖고 있지 않았음을 어찌 알겠는가?"

孟子曰 堯舜 性之也, 湯武 身之也, 五霸 假之也.
맹자가 말했다. "요와 순은 본성대로 한 것이요, 탕과 무는 몸으로 한 것이요, 오패는 빌린 것이다."

　성지(性之)는 타고난 본성을 따라 인의를 행하는 것이고, 신지(身之)는 자기 몸을 닦아 인의를 행하는 것이다. 요순탕무 모두 자기 것을 행했지 남으로부터 빌려 행하지 않았다. 그러나 오패는 자기 것이 아니라 남으로부터 빌려 인의를 행했다.

久假而不歸 惡知其非有也.
"오랫동안 빌려 돌려주지 않으니, 원래 갖고 있지 않았음을 어찌 알겠는가?"

　오지기비유(惡知其非有)에 대해서는 해석이 엇갈린다. 손석(孫奭)의 『맹자주소(孟子注疏)』는 비록 빌렸지만 오래도록 힘써 행했기 때문에 진짜 갖고 있

13. 진심장구상(盡心章句上) **761**

는 것이 된다는 뜻으로 해석한다. 그러나 이 해석은 주희도 언급했듯이 무리가 있는 해석이다. 맹자는 오패를 긍정적으로 서술한 적이 없다. 주희는 "원래 갖고 있지 않았음을 자신도 알지 못하게 된다"로 해석하고 있으나 "그 거짓을 세상 사람들 중 아무도 깨닫지 못함을 탄식한 것이다"라는 혹자의 설도 역시 뜻이 통한다며 소개하고 있다.

31

공손추가 말했다. "이윤이 말하길 '나는 순종하지 않는 데 익숙하지 않다'고 하면서 태갑(太甲)을 동(桐)에 추방하니 백성들이 크게 기뻐했다. 태갑이 어질게 되자 다시 데려오니 백성들이 크게 기뻐했다. 현명한 자가 남의 신하가 되었을 때 그 임금이 어질지 못하면 정녕 추방할 수 있습니까?"

맹자가 말했다. "만일 이윤과 같은 뜻이 있다면 괜찮지만 이윤과 같은 뜻이 없다면 그것은 찬탈이다."

公孫丑曰 伊尹曰 予不狎于不順. 放太甲于桐 民大悅. 太甲賢. 又反之 民大悅. 賢者之爲人臣也 其君不賢 則固可放與.

공손추가 말했다. "이윤이 말하길 '나는 순종하지 않는 데 익숙하지 않다'고 하면서 태갑을 동에 추방하니 백성들이 크게 기뻐했다. 태갑이 어질게 되자 다시 데려오니 백성들이 크게 기뻐했다. 현명한 자가 남의 신하가 되었을 때 그 임금이 어질지 못하면 정녕 추방할 수 있습니까?"

압(狎)은 익숙한 것이고, 불순(不順)은 주희에 의하면 의리를 따르지 않는 것이다. 이윤과 태갑에 관한 이야기는 「만장상」6에서 이미 나온 바 있다.

孟子曰 有伊尹之志 則可, 無伊尹之志 則簒也.

맹자가 말했다. "만일 이윤과 같은 뜻이 있다면 괜찮지만, 이윤과 같은 뜻이 없다면 그것은 찬탈이다."

천하를 위한 공명정대한 마음이라면 모를까 조금이라도 그렇지 않다면 찬탈일 뿐이다.

32

공손추가 말했다. "시에 말하길 '하는 일 없이 밥 먹지 않는다'고 했는데, 군자가 농사를 짓지 않고도 밥을 먹는 것은 어째서입니까?"

맹자가 말했다. "군자가 어느 나라에 있든지 그 임금이 기용하면, 나라가 편안하고 부유해지며 높아지고 번영한다. 그 자제들이 따르면, 효성스럽고 공손하며 충성스럽고 믿음직해진다. '하는 일 없이 밥 먹지 않는다'고 하는데, 누가 이보다 더 크겠는가?"

公孫丑曰 詩曰 不素餐兮. 君子之不耕而食 何也.

공손추가 말했다. "시에 말하길 '하는 일 없이 밥 먹지 않는다'고 했는데, 군자가 농사를 짓지 않고도 밥을 먹는 것은 어째서입니까?"

시는 『시경』「위풍(魏風)」 벌단(伐檀) 편이다. 소(素)는 공(空)으로 '아무 일 없이'라는 뜻이다. 당시 지식인(君子)의 사회적 역할에 관해 꽤나 말이 많았던 모양이다. 얼핏 보기에는 아무 하는 일 없이 밥이나 축내는 것 같았을 것이다. 그래서 공손추가 말한 것이리라.

孟子曰 君子居是國也 其君用之 則安富尊榮, 其子弟從之 則孝弟

13. 진심장구상(盡心章句上) 765

忠信. 不素餐兮 孰大於是.

맹자가 말했다. "군자가 어느 나라에 있든지 그 임금이 기용하면, 나라가 편안하고 부유해지며 높아지고 번영한다. 그 자제들이 따르면, 효성스럽고 공손하며 충성스럽고 믿음직해진다. '하는 일 없이 밥 먹지 않는다'고 하는데, 누가 이보다 더 크겠는가?"

시국(是國)의 是는 영어로는 'any'다. 군자는 비록 육체노동은 하지 않지만, 나라를 평안케 하고 백성을 교화시키니 이보다 큰 사회적 효용성은 없다.
「등문공상」 4와 「등문공하」 4에도 지식인의 사회적 효용성에 관한 논의가 실려 있다.

33

왕자 점(墊)이 물었다. "선비는 무엇을 일로 삼습니까?"

맹자가 말했다. "뜻을 높게 가집니다."

"뜻을 높게 가진다는 것이 무슨 뜻입니까?"

"인과 의일 뿐입니다. 한 사람이라도 죄 없는 사람을 죽이면 인이 아닙니다. 자기 것이 아닌데도 갖는다면 의가 아닙니다. 머물 곳은 어디에 있을까요? 인입니다. 길은 어디에 있을까요? 의입니다. 인에 머물고 의를 따른다면 대인(大人)의 일이 갖추어집니다."

王子墊問曰 士何事.

孟子曰 尙志.

왕자 점이 물었다. "선비는 무엇을 일로 삼습니까?"

맹자가 말했다. "뜻을 높게 가집니다."

왕자 점(墊)은 조기에 의하면 제나라의 왕자다. 사(士)의 위로는 공경대부(公卿大夫)가 있어 정사를 담당하고, 아래로는 농공상고(農工商賈)가 있어 생업을 맡아 하는데, 유독 士만이 특별한 사회적 역할이 없다. 왕자 점의 질문은 바로 앞장 공손추의 질문과 대략 같은 내용이다. 다만 앞에서는 군자라고 해 지식인 일반을 언급했는데, 여기서는 士라고 하는 특정 계층만을 지칭하고 있다. 춘추시대 국(國)의 최말단 지배계층으로서 전사 역할을 담당하고 있었던 사 계층이 맹자시대에 이르러 전쟁 양상이 전차전에서 보병전, 공성전(攻城戰)으로 바뀌면서 전사로서의 기능을 상실함에 따라 그 사회적 위치가 흔들리고 있었던 것이 아마 그 배경이 아닐까 싶다. 그에 대한 맹자의 대답은 사는 농공상고의 생업을 영위할 수는 없으므로 뜻을 높게 가져 공경대부가 될 준비를 하라는 것이었다.

曰 何謂尙志.
曰 仁義而已矣. 殺一無罪 非仁也, 非其有而取之 非義也. 居惡在 仁是也, 路惡在 義是也. 居仁由義 大人之事備矣.

"뜻을 높게 가진다는 것이 무슨 뜻입니까?"
"인과 의일 뿐입니다. 한 사람이라도 죄 없는 사람을 죽이면 인이 아닙니다. 자기 것이 아닌데도 갖는다면 의가 아닙니다. 머물 곳은 어디에 있을까요? 인입니다. 길은 어디에 있을까요? 의입니다. 인에 머물고 의를 따른다면 대인의 일이 갖추어집니다."

여기서의 大人은 주희에 의하면 공경대부다. 사는 아직 공경대부의 지위를 얻지는 못했지만 인에 머물고 의를 따르면서(居仁由義) 공경대부로서 할 일을 몸에 갖추는 것이 바로 그 할 일이라는 것이다.

34

맹자가 말했다. "진중자(陳仲子)는 의롭지 않으면 제나라를 준다고 해도 받지 않는다는 것을 사람들이 모두 믿지만, 이것은 밥 한 그릇과 국 한 대접을 버리는 것 같은 작은 의(義)다. 사람에게는 친척과 군신, 상하가 없는 것보다 큰 것은 없다. 작은 것을 갖고 큰 것을 믿으라니 어찌 그럴 수 있겠는가?"

孟子曰 仲子 不義與之齊國而弗受 人皆信之 是舍簞食豆羹之義也.
맹자가 말했다. "진중자는 의롭지 않으면 제나라를 준다고 해도 받지 않는다는 것을 사람들이 모두 믿지만, 이것은 밥 한 그릇과 국 한 대접을 버리는 것 같은 작은 의다."

중자는 「등문공하」 10에 나온 바 있는 오릉(於陵)의 진중자다. 사(舍)는 사(捨)로 버리는 것이다.

人莫大焉亡親戚君臣上下. 以其小者信其大者 奚可哉.
"사람에게는 친척과 군신, 상하가 없는 것보다 큰 것은 없다. 작은 것을 갖고 큰 것을 믿으라니 어찌 그럴 수 있겠는가?"

인막대언(人莫大焉)의 焉은 어(於)로, '莫~焉'은 최상급 비교를 나타낼 때 관용적으로 쓰는 표현이다. 중자는 형의 녹봉이 의롭지 못하다고 해 그 형을 피하고 어머니를 떠났으니, 이는 바로 친척이 없는 것으로 인륜을 어긴 것이 이보다 더 큰 것은 없다. 그런데 어찌 그 작은 청렴 때문에 큰 절개를 믿을 수 있겠는가?

35

도응(桃應)이 물었다. "순이 천자가 되고 고요(皐陶)가 사법을 맡았을 때, 고수가 살인을 했다면 어떻게 했을까요?"

맹자가 말했다.

"그를 잡을 뿐이다."

"그러면 순이 막지 않을까요?"

"대저 순이 어찌 그것을 막을 수 있겠는가? 옛날부터 받은 법이 있는데."

"그러면 순은 어떻게 할까요?"

"순은 천하를 버리는 것을 헌 신을 버리는 것처럼 여길 것이다. 몰래 (고수를) 업고 도망가 바닷가에 머물러 살면서 평생토록 기뻐하며 기꺼이 천하를 잊었을 것이다."

桃應問曰 舜爲天子 皐陶爲士 瞽瞍殺人 則如之何.

孟子曰 執之而已矣.

然則舜不禁與.

曰 夫舜惡得而禁之. 夫有所受之也.

도응이 물었다. "순이 천자가 되고 고요가 사법을 맡았을 때, 고수가 살인을 했다면 어떻게 했을까요?"

맹자가 말했다.

"그를 잡을 뿐이다."

"그러면 순이 막지 않을까요?"

"대저 순이 어찌 그것을 막을 수 있겠는가? 옛날부터 받은 법이 있는데."

도응(桃應)은 맹자의 제자다. 사(士)는 사법을 관장하는 직책이다. 부유소수지야(夫有所受之也)에 대해서는 조기와 주자의 해설이 다르다. 조기는 순의 천하는 요로부터 받은 것이라는 뜻으로 해석한다. 그에 반해 주희는 고요가 집행하는 법이 위로부터 전수받아 온 것이라는 뜻으로 풀이한다. 여기서는 주희를 따랐다.

도응의 질문은 순의 아버지가 살인을 했다는 극단적인 가정 하에 성현이 이 문제를 어떻게 처리할까를 물은 것이다. 맹자의 대답은 단순명료하다. 고요는 비록 살인자가 순의 아버지라 하더라도 법을 집행할 뿐이요, 이는 천자인 순조차도 어쩔 수 없는 것이라고.

然則舜如之何.
曰 舜視棄天下 猶棄敝蹝也. 竊負而逃 遵海濱而處 終身訢然 樂而忘天下.

"그러면 순은 어떻게 할까요?"

"순은 천하를 버리는 것을 헌 신을 버리는 것처럼 여길 것이다. 몰래 (고수를) 업고 도망가 바닷가에 머물러 살면서 평생토록 기뻐하며 기꺼이 천하를 잊었을 것이다."

폐사(敝蹝)는 헌 짚신이다. 흔(訢)은 흔(欣)으로 기뻐하는 것이다. 순은 천자로서 고요가 법을 집행하는 것을 막을 수는 없지만, 그렇다고 아버지가 잡혀가는 것을 바라만 볼 수는 없다. 따라서 천하를 버리고 아버지와 함께 숨는 것을 택할 것이다. 순에게는 아버지에 비하면 천하는 헌신짝에 불과하다. 할 수 있는 질문이라고는 생각되지만 너무 극단적이고 터무니없다. 따라서 다산은 이 장이 맹자의 자필이 아닐 것으로 보고 있다.

36

　맹자가 범(范)에서 제나라로 가다가 제나라 왕의 아들을 멀리서 보고는 길게 탄식하며 말했다. "처한 지위에 따라 기상이 달라지고 봉양에 따라 몸이 바뀐다고 하더니, 처한 지위라는 것이 정말 중요하구나! 무릇 모두 사람의 자식이 아니더냐?"
　맹자가 말했다. "왕자의 집과 수레와 말과 의복이 대부분 남들과 같은데, 왕자가 저런 것은 그 처한 지위가 그렇게 만든 것이다. 그런데 하물며 천하의 넓은 거처(仁)에 사는 사람이야? 노나라 임금이 송나라에 가 질택(垤澤)의 문에서 소리를 지르자 문지기가 말하길 '이 사람이 우리 임금은 아닌데 어찌 그 목소리가 우리 임금과 비슷한가?'라고 했다. 이는 다름 아니라 그 처한 지위가 비슷하기 때문이다."

孟子自范之齊 望見齊王之子. 喟然歎曰 居移氣 養移體 大哉居乎. 夫非盡人之子與.

맹자가 범에서 제나라로 가다가 제나라 왕의 아들을 멀리서 보고는 길게 탄식하며 말했다. "처한 지위에 따라 기상이 달라지고 봉양에 따라 몸이 바뀐다고 하더니, 처한 지위라는 것이 정말 중요하구나! 무릇 모두 사람의 자식이 아니더냐?"

범(范)은 제나라 왕의 서자의 식읍으로 지금의 산둥성 판(范)현 동남 20리

지역이다(양백준). 거이기(居移氣)의 居는 처한 지위로, 처한 지위에 따라 기상이 달라지는 것을 말하며, 양이체(養移體)의 養은 봉양하는 것으로, 봉양에 따라 몸이 바뀌는 것을 말한다. 대(大)는 중대하다는 뜻이다.

孟子曰 王子宮室 車馬 衣服多與人同 而王子若彼者 其居使之然也. 況居天下之廣居者乎. 魯君之宋 呼於垤澤之門. 守者曰 此非吾君也 何其聲之似我君也. 此無他 居相似也.

맹자가 말했다. "왕자의 집과 수레와 말과 의복이 대부분 남들과 같은데, 왕자가 저런 것은 그 처한 지위가 그렇게 만든 것이다. 그런데 하물며 천하의 넓은 거처에 사는 사람이야? 노나라 임금이 송나라에 가 질택의 문에서 소리를 지르자 문지기가 말하길 '이 사람이 우리 임금은 아닌데 어찌 그 목소리가 우리 임금과 비슷한가?'라고 했다. 이는 다름 아니라 그 처한 지위가 비슷하기 때문이다."

孟子曰은 주희에 의하면 쓸데없이 들어간 연문이다. 그러나 조기는 연문으로 보지 않고 별도의 장으로 나누고 있다. 여기서는 주희를 따랐다. 천하지광거(天下之廣居)라는 표현은 「등문공하」 2에도 나오며, 仁을 말한다. 질택(垤澤)은 송나라 성문의 이름이다. 주희가 인용한 윤돈의 말에 의하면 천하의 넓은 거처(仁)에 사는 사람은 "그 색이 나타나는 것이 얼굴에 윤기가 돌고 등에 가득하다(其生色也 睟然見於面 盎於背)"고 한다.

37

맹자가 말했다. "먹이기만 하고 사랑하지 않는 것은 돼지처럼 대접하는 것이요, 사랑만 하고 공경하지 않는 것은 가축처럼 기르는 것이다. 공경이란 것은 아직 폐백을 보내지 않을 때부터다. 공경하면서도 실질 내용이 없다면 군자는 헛되이 여기에 구애받지 않는다."

孟子曰 食而弗愛 豕交之也. 愛而不敬 獸畜之也. 恭敬者 幣之未將者也. 恭敬而無實 君子不可虛拘.

공경자 폐지미장자야(恭敬者 幣之未將者也)에 대해 주희는 다음과 같은 정이의 해설을 인용하고 있다. "공경은 비록 위의(威儀)와 폐백으로 인해 나타나지만, 아직 폐백을 올리기 전에 이미 이 공경의 마음이 있는 것이지 폐백으로 인해 생기는 것이 아니다." 즉 공경의 마음은 아직 폐백을 올리기 전에 이미 있는 것이라는 말이다. 공경이무실(恭敬而無實)은 다산에 의하면 겉으로만 공경하는 척하며 간해도 실행하지 않고 말해도 듣지 않으며 선왕의 도를 권해도 시행하지 않는 것을 말한다. 그런 경우 군자는 헛되이 거기에 머물러서는 안 된다.

38

맹자가 말했다. "사람의 형체와 용모는 천성으로 타고난 것이다. 그러나 오직 성인만이 그 형체와 용모를 다 실현할 수 있다."

孟子曰 形色 天性也, 惟聖人 然後可以踐形.

형색(形色)은 형체와 용모다. 천(踐)은 실천한다는 뜻으로, 천형(踐形)은 타고난 형체와 용모의 모든 능력과 가능성을 다 실현하는 것이다. 그것은 오직 성인만이 가능하다. 조기는 形은 군자의 체모가 존엄한 것을 말하고, 色은 부인의 용모가 요염하고 아름다운 것을 일컫는다고 하고 있다. 踐은 머무는 것이다(履居之). 그는 이어 성인은 안팎으로 문명(文明)하게 된 연후에 정도로써 이 아름다운 形에 머물 수 있다고 하며, 形만 언급하고 色을 언급하지 않은 것은 양을 높이고(尊陽) 음을 억누르기(抑陰) 위한 뜻이라고 한다. 물론 음양설은 맹자의 학설이 아니다. 터무니없는 말이지만 한나라 학자들의 독특한 경향을 보여주는 것 같아 소개한다.

39

제선왕이 상기(喪期)를 줄이려고 했다. 공손추가 말했다. "일년상을 하는 것이 그래도 안하는 것보다는 낫지 않을까요?"

맹자가 말했다. "이것은 어떤 사람이 형의 팔을 비틀자, 자네가 그에게 좀 천천히 비틀라고 하는 것과 같다. 다만 효제를 가르칠 뿐이다."

왕자 중에 그 어머니가 죽은 사람이 있어 그 스승이 그를 위해 몇 개월의 상을 요청했다. 공손추가 말했다. "이와 같은 경우는 어떻습니까?"

"이는 상기를 다 마치기를 원하나 그렇지 못한 경우다. 비록 하루라도 더 하는 것이 그만두는 것보다 낫다. 아까는 아무도 못하게 하지 않았는데도 하지 않은 것을 말한 것이다."

齊宣王欲短喪. 公孫丑曰 爲朞之喪 猶愈於已乎.
孟子曰 是猶或紾其兄之臂 子謂之姑徐徐云爾 亦敎之孝弟而已矣.

제선왕이 상기를 줄이려고 했다. 공손추가 말했다. "일년상을 하는 것이 그래도 안하는 것보다는 낫지 않을까요?"

맹자가 말했다. "이것은 어떤 사람이 형의 팔을 비틀자, 자네가 그에게 좀 천천히 비틀라고 하는 것과 같다. 다만 효제를 가르칠 뿐이다."

단상(短喪)은 삼년상을 일년상으로 줄이려고 한 것이다. 기(朞)는 일 년이다.

진(紾)은 여(戾)로 비트는 것이다. 고(姑)는 잠시, 서서(徐徐)는 천천히, 운이(云爾)는 어기사로, 姑徐徐云爾는 좀 천천히 하라는 말이다. 역(亦)은 단(但)이나 지(只)로 '다만', '단지'의 뜻이다. 삼년상이 너무 길다고 생각한 사람은 제선왕이나 공손추만이 아니다. 『논어』「양화」편에도 공자의 제자인 재아(宰我)가 "삼년상은 일 년이면 충분할 것 같습니다. 군자가 삼 년 동안 예(禮)를 행하지 않으면 예가 반드시 무너집니다. 삼 년 동안 악(樂)을 행하지 않으면 악 또한 무너집니다. (일 년이면) 묵은 곡식이 다 떨어지고 햇곡식이 나옵니다. 불씨도 새것으로 바꿉니다. 일 년이면 족할 것입니다"라고 묻는 대목이 있다. 맹자가 효제만이 있다고 했듯이 공자도 다음과 같이 답하고 있다. "재아는 어질지 못하구나! 자식이 태어난 지 삼 년이 지난 후에야 부모 품에서 벗어나는 것이다. 무릇 삼년상은 천하에 공통된 상례다. 재아도 부모로부터 삼 년의 사랑을 받았을 터인데."

王子有其母死者 其傳爲之請數月之喪. 公孫丑曰 若此者 何如也.
曰 是欲終之而不可得也. 雖加一日愈於已 謂夫莫之禁而弗爲者也.
왕자 중에 그 어머니가 죽은 사람이 있어, 그 스승이 그를 위해 몇 개월의 상을 요청했다. 공손추가 말했다. "이와 같은 경우는 어떻습니까?"
"이는 상기를 다 마치기를 원하나 그렇지 못한 경우다. 비록 하루라도 더 하는 것이 그만두는 것보다 낫다. 아까는 아무도 못하게 하지 않았는데도 하지 않은 것을 말한 것이다."

왕자유기모사자(王子有其母死者)에 대해 조기는 왕의 첩실이 죽었는데 정실에 눌려 그 자식이 어머니 상을 제대로 치를 수 없었던 것이라고 풀이하고 있다. 그래서 왕자의 스승이 비록 몇 개월 상이라도 치를 수 있게 해달라고 왕에게 요청했다는 것이다. 그러나 초순은 염약거와 전대흔 등을 인용해 조기의 주장이 잘못되었다고 하고 있다. 어머니가 돌아가시면 원래 자최(齊衰)로 삼년상을 해야 하나, 아버지가 살아 계시면 아버지에게 눌려 기년(朞年)으로 일년상을 치르는 것은 있어도 첩실이 정실에게 눌리는 일은 없다고 한다. 위부막지금이불위자야(謂夫莫之禁而弗爲者也)는 아까 "다만 효제를 가르칠 뿐이다"라고 말한 것에 대한 부연이다.

40

맹자가 말했다. "군자가 가르치는 방법이 다섯 가지 있다. 때 맞춰 내리는 비처럼 교화시키는 것이 있고, 덕을 이루게 하는 것이 있으며, 재주를 달성케 하는 것이 있다. 또 물음에 답하는 것이 있고, 혼자 사숙(私淑)하는 것이 있다. 이 다섯 가지가 군자가 가르치는 방법이다."

孟子曰 君子之所以敎者五. 有如時雨化之者 有成德者 有達財者 有答問者 有私淑艾者. 此五者 君子之所以敎也.

주희에 의하면 이 다섯은 그 인품의 고하 또는 그 거리나 시간상의 차이로 인해 갈리는 것이라고 한다. 여시우화지자(如時雨化之者)는 초목이 때 맞춰 내리는 비를 맞으면 하루가 다르게 쑥쑥 자라듯이 자신의 노력 위에 마치 때 맞춰 내리는 비처럼 스승의 도움이 가해져 학문이 일취월장하는 것을 가리킨다. 유성덕자(有成德者)는 각자 자기의 덕을 이루게 하는 것이다. 재(財)는 재(材)로, 유달재자(有達財者)는 각자 자기 재주에 맞게 가르쳐 한 분야의 재주를 익히게 하는 것이다. 유답문자(有答問者)는 묻는 질문에 답을 하는 정도로 가르치는 것을 뜻한다. 사(私)는 조기에 의하면 독(獨)으로 '홀로', 주희에 의하면 절(竊)로 '몰래'라는 뜻이다. 숙(淑)과 애(艾)에 대해서는 주장이 엇갈린다. 조기와 주희는 淑은 선(善), 艾는 치(治)라고 풀이하고 있다. 그러나 초순은 淑은 숙(叔)으로 줍다는 뜻의 습(拾)이라 하고, 艾는 예(刈)로 취한다는 뜻의 취(取)라고 한다. 어느 쪽 설을 취하든 유사숙애자(有私淑艾者)는 스승으로부터 직접 배우지 못하고 다른 사람이나 책을 통해 간접적으로 배운 사람을 가리킨다.

한편 이토 진사이는 전혀 다른 주장을 하고 있다. 그에 의하면 有如時雨化之者는 때 맞춰 내리는 비가 초목에 두루 미치듯 군자의 교화가 널리 천하를 덮는 것이라고 한다. 예를 들면 주공이 예악을 제정해 천하를 교화한 것과 같은 것이다. 有成德者와 有達財者는 스승이 직접 문하에 두고 가르치는 것으로, 成德은 타고난 본성에 따라 仁이나 智를 이루게 하는 것이고, 達財는 타고난 재질에 따라 정치에 종사하게 하거나 군사를 담당하게 하는 것이다. 有答問者는 직접 문하에 있지는 않으나 간혹 물으러 오면 답해주는 것으로, 공자가 맹의자(孟懿子)나 맹무백(孟武伯)에게, 그리고 맹자가 조교나 왕자점에게 한 것과 같은 것을 말한다. 有私淑艾者에 대해서는 다른 사람들의 주장과 차이가 없다. 독특하면서도 일리가 있다고 생각된다.

41

공손추가 말했다. "(선생님의) 도는 높고 아름답습니다. 그러나 마치 하늘을 오르는 것과 같아 미치지 못할 것 같습니다. 어찌하여 저들로 하여금 거의 미칠 수 있다고 여기게 해 날마다 부지런히 힘쓰게 하지 않으십니까?"

맹자가 말했다. "큰 목수는 보잘것없는 목공 때문에 먹줄을 고치거나 없애지 않으며, (활을 잘 쏘는) 예(羿)는 보잘것없는 사수 때문에 활을 당기는 비율을 바꾸지 않는다. 군자는 (활을) 당기고 쏘지는 않으나 막 화살이 나갈 듯한 모습을 취한다. 도에 맞게 서 있으니 능력 있는 자는 이를 따를 것이다."

公孫丑曰 道則高矣 美矣 宜若登天然 似不可及也. 何不使彼爲可幾及而日孶孶也.

공손추가 말했다. "(선생님의) 도는 높고 아름답습니다. 그러나 마치 하늘을 오르는 것과 같아 미치지 못할 것 같습니다. 어찌하여 저들로 하여금 거의 미칠 수 있다고 여기게 해 날마다 부지런히 힘쓰게 하지 않으십니까?"

의(宜)는 의(疑), 태(殆)로 '아마'의 뜻이다. 기급(幾及)은 거의 미치는 것, 자자(孶孶)는 부지런히 힘쓰는 것이다.

孟子曰 大匠不爲拙工改廢繩墨 羿不爲拙射變其彀率. 君子引而不
發 躍如也. 中道而立 能者從之.

맹자가 말했다. "큰 목수는 보잘것없는 목공 때문에 먹줄을 고치거나 없애지 않으며, (활을 잘 쏘는) 예는 보잘것없는 사수 때문에 활을 당기는 비율을 바꾸지 않는다. 군자는 (활을) 당기고 쏘지는 않으나 막 화살이 나갈 듯한 모습을 취한다. 도에 맞게 서 있으니 능력 있는 자는 이를 따를 것이다."

인(引)은 활을 당기는 것이고, 발(發)은 화살을 쏘는 것이다. 약여(躍如)은 뛰쳐나갈 것 같은 모양이다. 중도이립(中道而立)은 너무 지나치지도 부족하지도 않게 서 있다는 말로 너무 어렵거나 쉽지도 않다는 뜻이다. 주희는 이 장이 "도에는 일정한 몸체가 있고 가르치는 데도 이루어진 법이 있다. 낮다고 높여서도 안 되며 높다고 낮춰서도 안 된다. 말해도 드러낼 수 없고 침묵해도 감출 수 없다"는 것을 말한 것이라고 한다. 여기서는 주희를 따랐다.

  이토 진사이의 해설은 이와 다르다. 그에 의하면 躍如는 힘이 다 빠져 저절로 흔들리는 것이라고 한다. 즉 군자가 온몸의 힘을 다해 활을 당기는 시범을 보여주느라 활을 당긴 팔에 힘이 다 빠져 팔이 저절로 부들부들 떨리는 것을 가리킨 말이라는 것이다. 그에 의하면 이 장의 뜻은 『논어』에서 공자가 "나는 숨기는 것이 없다. 내가 무엇을 행하고 너희에게 알려주지 않은 것이 없으니, 이것이 바로 나다"고 말한 것이나(「술이」), "하찮은 사람이라도 내게 물어온다면, 비록 그 질문이 어리석다 하더라도 나는 그 양 끝을 두드려 다 밝혀준다"고 말한 것과(「자한」) 같다고 한다.

42

맹자가 말했다. "천하에 도가 있으면 도가 몸을 따르고, 천하에 도가 없으면 몸이 도를 따른다. 도를 갖고 다른 사람을 따른다는 말은 아직 듣지 못했다."

孟子曰 天下有道 以道殉身, 天下無道 以身殉道. 未聞以道殉乎人者也.

순(殉)은 종(從)으로 따르는 것이다. 천하에 도가 있으면 도가 내 몸을 따라 공실(功實)을 베풀고, 천하에 도가 없으면 내 몸이 도를 따라 도를 지키고 은거한다. 정도(正道)를 갖고 속인을 따른다는 말은 듣지 못했다. 조기의 해설이다.

43

    공도자(公都子)가 말했다. "등경(滕更)이 문하에 와 예를 차린 듯합니다. 그런데도 답을 하지 않으시는 것은 어찌된 연유입니까?"
    맹자가 말했다. "귀하다는 것을 믿고 묻거나, 현명하다는 것을 믿고 묻거나, 나이가 많다는 것을 믿고 묻거나, 공로를 믿고 묻거나, 연고를 믿고 물으면 모두 대답하지 않는다. 등경에겐 그 중 둘이 있다."

公都子曰 滕更之在門也 若在所禮. 而不答 何也.
孟子曰 挾貴而問 挾賢而問 挾長而問 挾有勳勞而問 挾故而問 皆所不答也. 滕更有二焉.

등경(滕更)은 조기에 의하면 등나라 임금의 동생으로 맹자에게 공부를 하러 왔다고 한다. 약재소례(若在所禮)는 예의를 따른 바에 있는 것 같다, 즉 예의를 차린 것 같다는 말이다. 협(挾)은 지(持) 또는 시(恃)로 믿고 의지하는 것이다. 협고(挾故)는 지난날의 연고를 믿고 의지하는 것이다. 등경유이언(滕更有二焉)은 조기에 의하면 挾貴와 挾賢, 둘을 가리킨다고 한다. 배우려는 자는 반드시 정성을 근본으로 할 뿐이다.

44

맹자가 말했다. "그만두어서는 안 될 데서 그만두는 자는 그만두지 않는 것이 없으며, 두텁게 해야 할 데서 각박하게 하는 자는 각박하게 하지 않는 것이 없다. 그 나아가는 것이 빠른 자는 그 물러가는 것도 빠르다."

孟子曰 於不可已而已者 無所不已, 於所厚者薄 無所不薄也. 其進銳者 其退速.

이(已)는 지(止)로 그만두는 것이다. 소후(所厚)는 소당후(所當厚)로 마땅히 두텁게 해야 할 것을 말한다. 나아가는 것이 빠른 자는 나아가는 데 너무 힘을 써 기운이 쉽게 빠지므로 물러나는 것 또한 빠르게 된다. 이 세 가지 폐단은 이치와 형세의 필연으로, 비록 그 지나치거나 못 미치는 것은 서로 다르지만 결국 그만두고 해이해지는 쪽으로 똑같이 돌아가고 만다. 주희의 말이다.

한편 조기는 이 장을 사람에게 형벌이나 상을 주며 쓰는 데(刑賞用人) 관한 것으로 본다. 그에 의하면 已는 기(棄)로 사람을 버리는 것, 후(厚)와 박(薄)은 형벌이 후하고 박한 것, 진퇴는 사람을 나아가게 하고 물러가게 하는 것이다.

45

맹자가 말했다. "군자는 사물에 대해 아끼기는 하지만 인(仁)을 베풀지 않으며, 백성에 대해서는 인을 베풀지만 친애하지 않는다. 어버이에게 친애하면 백성에게 인을 베풀며, 백성에게 인을 베풀면 사물을 아낀다."

孟子曰 君子之於物也 愛之而弗仁, 於民也 仁之而弗親. 親親而仁民 仁民而愛物.

물(物)은 초목과 금수(禽獸)를 가리킨다. 애(愛)는 아껴 함부로 쓰지 않는 것이고, 불인(弗仁)은 마땅히 써야 할 때는 쓰는 것이다. 불친(弗親)은 마땅히 처벌해야 할 때는 처벌하는 것이다. 다산에 의하면 仁은 두 사람이 함께하는 것이다. 따라서 사람과 사람이 서로 접촉한 후에야 仁이라는 이름이 있게 되며, 사물에는 仁이 해당되지 않는다. 불교에서 살생을 금한 것은 物에 대한 仁이며, 묵자의 겸애는 남에 대한 親이다.

46

맹자가 말했다. "지혜로운 사람은 알지 못하는 것이 없으나, 마땅히 힘써야 할 것을 서두른다. 어진 사람은 사랑하지 않는 사람이 없으나, 어버이와 현명한 사람을 사랑하는 것을 서둘러 힘쓴다. 요와 순의 지혜로도 만물에 두루 미치지 못한 것은 먼저 힘써야 할 일을 서둘렀기 때문이다. 요와 순의 어짊으로도 사람을 두루 사랑하지 못한 것은 어버이와 현명한 사람을 사랑하는 것을 서둘렀기 때문이다. 삼년상을 하지도 못하면서 삼개월상인 시마(緦麻)와 오개월상인 소공(小功)은 살피고, 함부로 돌아다니며 먹고 마시면서도 마른 고기를 이빨로 끊어 먹지 않는다고 따진다면, 이런 것을 일컬어 힘써야 할 것을 알지 못하는 것이라고 한다."

孟子曰 知者無不知也 當務之爲急, 仁者無不愛也 急親賢之爲務. 堯舜之知而不徧物 急先務也, 堯舜之仁不徧愛人 急親賢也.

맹자가 말했다. "지혜로운 사람은 알지 못하는 것이 없으나, 마땅히 힘써야 할 것을 서두른다. 어진 사람은 사랑하지 않는 사람이 없으나, 어버이와 현명한 사람을 사랑하는 것을 서둘러 힘쓴다. 요와 순의 지혜로도 만물에 두루 미치지 못한 것은 먼저 힘써야 할 일을 서둘렀기 때문이다. 요와 순의 어짊으로도 사람을 두루 사랑하지 못한 것은 어버이와 현명한 사람을 사랑하는 것을 서둘렀기 때문이다."

급친현(急親賢)은 어버이와 현명한 사람을 사랑하는 것을 서두르는 것이다. 주희는 현명한 사람을 가까이하는 것을 서두른다는 뜻으로 풀이하고 있으나, 현명한 사람보다 어버이가 먼저임을 비추어볼 때 동의하기 어렵다. 知와 仁에도 순서가 있으니 가깝고 절실한 것부터 시작하는 것이다.

不能三年之喪 而緦小功之察, 放飯流歠 而問無齒決 是之謂不知務.
"삼년상을 하지도 못하면서 삼개월상인 시마와 오개월상인 소공은 살피고, 함부로 돌아다니며 먹고 마시면서도 마른 고기를 이빨로 끊어 먹지 않는다고 따진다면, 이런 것을 일컬어 힘써야 할 것을 알지 못하는 것이라고 한다."

삼년지상(三年之喪)은 상 중에서 제일 중한 상으로 부모가 돌아가셨을 때 치르는 상이다. 시(緦)는 삼개월상, 소공(小功)은 오개월상으로 상 중에서 가벼운 상이다. 시소공지찰(緦小功之察)은 원래 察緦小功인데 강조의 뜻을 나타내기 위해 목적어를 앞에 썼다. 방(放)은 조기에 의하면 대(大)로 방반(放飯)은 밥술을 크게 떠먹는 것이고, 유(流)는 장(長)으로 유철(流歠)은 훌훌 길게 마시는 것이다. 초순은 放을 방종(放縱), 流를 유리(流離)로 풀어 放飯流歠을 함부로 돌아다니며 먹고 마시는 것이라고 하고 있다. 여기서는 초순을 따랐다. 어쨌든 식사예절에 크게 어긋난 것이다. 문(問)은 따지는 것(責問), 치결(齒決)은 고기를 이빨로 끊어 먹는 것이다. 『예기』「곡례」에 "젖은 고기는 이빨로 끊고, 마른 고기는 이빨로 끊지 않는다"고 되어 있다. 따라서 마른 고기를 이빨로 끊어 먹는 것은 결례다. 그러나 그것은 작은 결례일 뿐이다. 크고 중요한 것은 덮어두고 작고 사소한 것을 따진다면 일의 경중과 순서를 모르는 것이다.

14

진심장구하

盡心章句下

인(仁)이라고 하는 것은 인(人)이다. 합해 말하면 도다.

1

맹자가 말했다. "어질지 못하구나, 양혜왕은! 어진 사람은 자기가 사랑하는 바를 사랑하지 않는 것에까지 미치게 하나, 어질지 못한 자는 자기가 사랑하지 않는 바를 사랑하는 것에까지 미치게 한다."

공손추가 말했다. "무슨 말씀입니까?"

"양혜왕은 토지 때문에 백성을 죽게 하면서 전쟁을 벌였으나 대패했다. 장차 다시 싸우려고 했으나, 이기지 못할까 두려워 그 사랑하는 자제를 전쟁에 내몰아 죽게 만들었다. 이런 것을 일컬어 자기가 사랑하지 않는 바를 사랑하는 것에까지 미치게 한다고 하는 것이다."

孟子曰 不仁哉 梁惠王也. 仁者以其所愛及其所不愛 不仁者以其所不愛及其所愛.

맹자가 말했다. "어질지 못하구나, 양혜왕은! 어진 사람은 자기가 사랑하는 바를 사랑하지 않는 것에까지 미치게 하나, 어질지 못한 자는 자기가 사랑하지 않는 바를 사랑하는 것에까지 미치게 한다."

주희에 의하면 앞의 「진심상」 45에서 나온 "어버이에게 친애하면 백성에게 인을 베풀며, 백성에게 인을 베풀면 사물을 아낀다"는 말이 소위 인자이기소애급기소부애(仁者以其所愛及其所不愛)라고 한다.

公孫丑曰 何謂也.
梁惠王以土地之故 糜爛其民而戰之 大敗. 將復之 恐不能勝 故驅其所愛子弟以殉之. 是之謂以其所不愛及其所愛也.

공손추가 말했다. "무슨 말씀입니까?"
"양혜왕은 토지 때문에 백성을 죽게 하면서 전쟁을 벌였으나 대패했다. 장차 다시 싸우려고 했으나, 이기지 못할까 두려워 그 사랑하는 자제를 전쟁에 내몰아 죽게 만들었다. 이런 것을 일컬어 자기가 사랑하지 않는 바를 사랑하는 것에까지 미치게 한다고 하는 것이다."

미란(糜爛)은 썩어 문드러지는 것으로 백성이 죽어 그 혈육이 썩어 문드러지는 것이고, 복지(復之)는 복전(復戰)으로 다시 싸우고자 하는 것이다. 기소애자제(其所愛子弟)는 양혜왕 30년(BC 340)에 일어난 마릉(馬陵) 전투에서 패해 제나라에 포로로 잡혀갔다 죽은 태자 신(申)을 가리킨다. 이에 관한 자세한 이야기는 「양혜왕상」 5에서 이미 언급한 바 있다. 양혜왕은 토지 때문에 백성을 죽음으로 내몰았고, 마침내는 사랑하는 태자까지 잃고 말았다. 이것이 바로 불인자이기소불애급기소애(不仁者以其所不愛及其所愛)다.

2

맹자가 말했다. "『춘추』에는 의로운 전쟁이란 없다. 저쪽이 이쪽보다 선하다는 것이라면 있다. 정벌(征伐)이란 위에서 아래를 토벌하는 것이다. 대등한 나라끼리는 정벌하지 못한다."

孟子曰 春秋無義戰. 彼善於此 則有之矣. 征者上伐下也 敵國不相征也.

상벌하(上伐下)는 제후가 잘못을 범했을 때 천자가 제후에게 명해 토벌하는 것이다. 『춘추』에 제후들 간의 전쟁에 관한 기사가 많이 실려 있으나, 그 중 천자의 명을 받아 토벌을 행한 것은 하나도 없다. 따라서 의로운 전쟁이 없는 것이다. 다만 제후들 간의 전쟁에서 한쪽이 다른 한쪽보다 좀 더 선한 것이라면 간혹 있다.

3

맹자가 말했다. "『서(書)』를 모두 믿는다면 『서』가 없는 것만 못하다. 나는 「무성(武成)」에서 두세 쪽만 취할 뿐이다. 어진 사람은 천하에 적이 없다. 그 지극한 인(仁)으로 그 지극한 불인(不仁)을 정벌하는데, 어찌 그 피가 방패를 떠다니게 할 수 있겠는가?"

孟子曰 盡信書 則不如無書. 吾於武成 取二三策而已矣.
맹자가 말했다. "『서』를 모두 믿는다면 『서』가 없는 것만 못하다. 나는 「무성」에서 두세 쪽만 취할 뿐이다."

서(書)는 조기에 의하면 『상서』다. 『상서』의 신빙성에 대해서는 고래로 많은 말들이 있었다. 지금 우리가 보는 『상서』가 전해지는 과정은 다음과 같다. 진시황의 분서갱유 이후 상서가 전해지지 않았는데 한문제(漢文帝) 때 제남(濟南)지방의 학자 복생(伏生)이 『상서』에 정통하다고 해 조정에서 조착(晁錯)을 보내 배워오게 했다. 조착이 복생으로부터 전수받은 『상서』는 당시 글자인 예서(隸書)로 쓰여 있어 『금문상서(今文尙書)』라고 불렸다. 그 후 한경제(漢景帝) 때 공자의 옛집에서 많은 책들이 발견되었는데 그 중에는 『상서』도 있었다. 이 『상서』는 옛글자인 과두문자(蝌蚪文字)로 쓰여 있어 『고문상서(古文尙書)』라고 불렸는데 한말에 이르러 이미 산실되었다. 그러다가 동진 때 다시

『고문상서』가 세상에 나타났는데 주희를 비롯한 많은 학자들이 그 진위에 대해 의심했다. 이 『고문상서』는 청대 학자들의 집중적인 연구를 통해 마침내 동진 때 매색(梅賾)이 지은 위작임이 판명되어 세칭 『위고문상서(僞古文尙書)』라고 불린다. 이는 물론 맹자보다 한참 뒤의 이야기다. 맹자 당시의 『상서』가 어떤 내용이었는지는 지금 알 수가 없다. 다만 이 장의 말로 보아 맹자 또한 당시 그가 보았던 『상서』에 대해 그 내용을 의심하고 있었던 것 같다.

「무성」은 『상서』의 편명으로 지금은 소위 『위고문상서』에 실려 있다. 주나라 무왕이 은나라 주왕을 토벌하고 돌아와 그 사실을 기재한 것인데, 조기 또한 일서(逸書)라고 하고 있는 것으로 미루어보아 조기 당시에 이미 전해지지 않고 있었음을 알 수 있다. 책(策)은 목간(木簡)이다.

仁人無敵於天下. 以至仁伐至不仁, 而何其血之流杵也.
"어진 사람은 천하에 적이 없다. 그 지극한 인으로 그 지극한 불인을 정벌하는데, 어찌 그 피가 방패를 떠다니게 할 수 있겠는가?"

지인(至仁)은 주나라 무왕, 지불인(至不仁)은 은나라 주왕을 가리킨다. 저(杵)는 방패다. 지금의 『상서』「무성」에 다음과 같은 말이 쓰여 있다. "(주왕 군대의) 앞에 있던 무리들이 과(戈)를 거꾸로 한 채 뒤를 공격해 패배시켜 그 피가 흘러 방패가 떠다녔다." 기혈지류저(其血之流杵)는 바로 그 사실을 가리킨다. 다만 맹자는 무왕이 주왕의 군대를 공격한 것으로 말하고 있어 「무성」의 말과 차이가 난다. 맹자의 말은 무왕과 같이 어진 사람이 주왕과 같은 지극히 불인한 사람의 군대를 공격하는데 어찌 그리 많은 살상이 일어났겠느냐는 의문이다.

4

맹자가 말했다. "어떤 사람이 말하길 '나는 진(陣)을 잘 친다, 나는 전쟁을 잘한다'고 한다면 이는 큰 죄다. 나라의 임금이 인(仁)을 좋아하면 천하에 적이 없다. 남쪽을 향해 정벌하면 북쪽 오랑캐가 원망하고 동쪽을 향해 정벌하면 서쪽 오랑캐가 원망해 말하길 '왜 우리를 뒤로 하는가?'라고 한다. 무왕이 은나라를 정벌할 때 병거가 삼백 량이었고 병사가 삼천 명이었다. 왕이 말하길 '두려워하지 마라! 너희를 평안하게 하려는 것이지 백성을 적대하려는 것이 아니다'라고 하니 마치 산이 무너지듯 머리를 조아렸다. 정벌한다 할 때의 정(征)은 정(正)을 말한 것이다. 각자 자기 나라를 바로잡아 줄 것을 바라는데 어찌 전쟁을 하겠는가?"

孟子曰 有人曰 我善爲陳 我善爲戰. 大罪也. 國君好仁 天下無敵焉. 南面而征北狄怨 東面而征西夷怨. 曰 奚爲後我.

맹자가 말했다. "어떤 사람이 말하길 '나는 진을 잘 친다, 나는 전쟁을 잘한다'고 한다면 이는 큰 죄다. 나라의 임금이 인을 좋아하면 천하에 적이 없다. 남쪽을 향해 정벌하면 북쪽 오랑캐가 원망하고 동쪽을 향해 정벌하면 서쪽 오랑캐가 원망해 말하길 '왜 우리를 뒤로 하는가?'라고 한다."

진(陳)은 진(陣)으로 전쟁 때 병사들이 대오를 갖춰서 벌이는 진이다. 남면이정(南面而征) 이하는 탕왕에 관한 이야기로 「양혜왕하」 11에서 이미 나온 바 있다.

武王之伐殷也 革車三百兩 虎賁三千人. 王曰 無畏. 寧爾也 非敵百姓也. 若崩厥角稽首. 征之爲言正也 各欲正己也 焉用戰.

"무왕이 은나라를 정벌할 때 병거가 삼백 량이었고 병사가 삼천 명이었다. 왕이 말하길 '두려워하지 마라! 너희를 평안하게 하려는 것이지 백성을 적대하려는 것이 아니다'라고 하니 마치 산이 무너지듯 머리를 조아렸다. 정벌한다 할 때의 정(征)은 정(正)을 말한 것이다. 각자 자기 나라를 바로잡아줄 것을 바라는데 어찌 전쟁을 하겠는가?"

혁거(革車)는 병거(兵車)로 전투에 사용하는 수레이며, 수레 한 대를 한 량(兩)이라 했다. 호분(虎賁)은 병사들을 가리키며, 호랑이처럼 달린다고 해서 붙여진 이름이다. 붕(崩)은 산이 무너지는 것이다. 궐(厥)은 초순에 의하면 궐(蹶)로 엎드리는 것, 각(角)은 액각(額角)으로 이마의 튀어나온 부분을 가리킨다. 따라서 厥角은 엎드려 이마를 땅에 대는 것, 즉 계수(稽首)와 마찬가지로 머리를 조아리는 것이다. 정지위언정야(征之爲言正也)는 征과 正이 발음이 같은 것을 이용한 해음쌍관(諧音雙關)이다. 정기(正己)의 己는 자기 나라다.

5

　맹자가 말했다. "목수나 수레 만드는 사람이 다른 사람에게 규구(規矩)를 가르쳐줄 수는 있지만, 그 사람으로 하여금 숙달하게 할 수는 없다."

孟子曰 梓匠輪輿能與人規矩 不能使人巧.

재장(梓匠)은 목수, 윤여(輪輿)는 수레를 만드는 사람이다. 스승이 공부를 가르쳐줄 수는 있으나 터득하는 것은 배우는 자의 몫이다.

6

맹자가 말했다. "순이 말린 밥과 풀을 먹을 때는 그렇게 세상을 마칠 것 같았다. 천자가 되어 아름다운 옷을 입고 거문고를 타며 두 여자가 시중을 들자, 마치 원래부터 그랬던 것 같았다."

孟子曰 舜之飯糗茹草也 若將終身焉. 及其爲天子也 被袗衣 鼓琴 二女果 若固有之.

반(飯)은 식(食)으로 먹는다는 뜻의 동사이고, 구(糗)는 건비(乾糒)로 말린 밥이다. 여(茹)는 食으로 먹는 것이다. 장(將)은 차(此)로 약장(若將)은 '이렇게', '그렇게'의 뜻이다. 진의(袗衣)는 조기나 주희에 의하면 그림이 그려져 있는 옷(畫衣)이다. 그러나 초순은 공광삼의 『경학치언』을 인용해 袗衣가 치의(絺衣) 즉 갈베로 만든 홑옷이라고 주장하며, 단옥재(段玉裁)는 『설문해자주(說文解字注)』에서 성복(盛服)이라고 하고 있다. 여기서는 단옥재를 따랐다. 고금(鼓琴)은 거문고를 타는 것이다. 이녀(二女)는 순에게 시집온 요임금의 두 딸을 가리키며, 과(果)는 시중을 드는 것이다. 순이 빈천과 부귀에도 마음이 흔들리지 않고 처한 상황에 편안해했음을 말하고 있다.

7

맹자가 말했다. "나는 이제야 남의 부모를 죽이는 것이 엄중하다는 것을 알았다. 남의 아버지를 죽이면 남도 또한 그의 아버지를 죽일 것이다. 남의 형을 죽이면 남도 또한 그의 형을 죽일 것이다. 그렇다면 비록 자기가 (자신의 아버지나 형을) 죽인 것은 아니라 하지만 그 차이는 한 사람에 불과하다."

孟子曰 吾今而後知殺人親之重也. 殺人之父 人亦殺其父, 殺人之兄 人亦殺其兄. 然則非自殺之也 一閒耳.

일간(一閒)은 간일인(間一人), 격일인(隔一人)으로 한 사람 차이라는 말이다. 주희는 다음과 같은 범조우의 말로 해설을 마치고 있다. "이것을 알면 남의 어버이를 사랑하고 공경할 것이니, 남도 또한 나의 어버이를 사랑하고 공경할 것이다."

8

맹자가 말했다. "옛날에 관문을 설치한 것은 난폭한 짓을 막기 위한 것이었다. 하지만 지금 관문을 설치한 것은 장차 난폭한 짓을 하려는 것이다."

孟子曰 古之爲關也 將以禦暴. 今之爲關也 將以爲暴.

장이어폭(將以禦暴)은 장차 난폭한 일이 일어날까 살피는 것이고, 장이위폭(將以爲暴)은 출입할 때마다 세금을 거두려는 것이다.

9

맹자가 말했다. "몸소 도를 행하지 않으면 도가 처자에게 행해지지 않으며, 남을 부리기를 도로써 하지 않으면 영(令)이 처자에게 행해지지 않는다."

孟子曰 身不行道 不行於妻子, 使人不以道 不能行於妻子.

불행어처자(不行於妻子)는 도가 처자에게 행해지지 않는 것이고, 불능행어처자(不能行於妻子)는 영(令)이 행해지지 않는 것이다.

10

맹자가 말했다. "이(利)를 두루 쌓으면 흉년도 그를 죽일 수 없으며, 덕을 두루 쌓으면 사악한 세상도 그를 어지럽게 할 수 없다."

孟子曰 周于利者 凶年不能殺, 周于德者 邪世不能亂.

주(周)는 조기에 의하면 달(達)로 통달하는 것이고, 주희에 의하면 족(足)으로 넉넉한 것이다. 다산은 밀(密)로 주도면밀한 것으로 읽고 있으며, 초순은 편잡(徧帀) 즉 쌓여 부족함이 없는 것으로 풀이하고 있다. 여기서는 초순을 따랐다.

11

맹자가 말했다. "명예를 좋아하는 사람은 능히 천승의 나라를 사양할 수 있지만, 진실로 그런 사람이 아니라면 밥 한 그릇, 국 한 대접에 얼굴빛이 변한다."

孟子曰 好名之人 能讓千乘之國, 苟非其人 簞食豆羹見於色.

호명지인(好名之人)은 실정을 속이고 명예를 구하는 사람이다. 그렇기 때문에 천승의 나라도 사양할 수 있다. 비기인(非其人)의 其人은 부귀를 가볍게 여기는 사람이다. 그러나 진실로 부귀를 가볍게 여기는 사람이 아니라면 밥 한 그릇, 국 한 대접 같은 사소한 것에서 자기도 모르게 그 본모습이 드러날 수 있다. 사람을 관찰할 때는 그가 애쓰는 곳에서 살피지 말고 그가 소홀히 하는 곳에서 살피라는 말이다. 이상은 주희의 해설이다.

조기의 해설은 이와 다르다. 조기에 의하면 名은 불후의 이름이고, 非其人은 진심으로 불후의 이름을 좋아하지 않는 사람이다. 불후의 이름을 좋아하는 사람은 천승의 나라도 사양할 수 있지만, 진심으로 그런 사람이 아니라면 사소한 것에서 그 본모습이 드러난다는 뜻이다.

12

　맹자가 말했다. "어진 사람과 현명한 사람을 믿지 않으면 나라가 공허해진다. 예의가 없으면 상하가 어지러워진다. 정사가 없으면 쓸 것이 부족해진다."

孟子曰 不信仁賢 則國空虛. 無禮義 則上下亂. 無政事 則財用不足.

무정사(無政事)는 생산하고, 거두어들이며, 쓰는 데 법도와 절제가 없는 것이다.

13

맹자가 말했다. "어질지 못하면서 나라를 얻은 자는 있어도 어질지 못하면서 천하를 얻은 자는 없다."

孟子曰 不仁而得國者 有之矣, 不仁而得天下 未之有也.

유지의(有之矣)는 어쩌다 간혹 있는 것이고, 미지유(未之有)는 전혀 없는 것이다. 주희의 『맹자집주』에는 다음과 같은 남송 학자 추호의 말이 인용되어 있다. "진나라 이후로 어질지 못하면서 천하를 얻은 자가 있었다. 그러나 모두 한두 대를 전하고는 잃고 말았으니, 얻지 못한 것과 같다. 소위 천하를 얻는 것은 반드시 삼대(三代)와 같은 후에야 가능하다." 그러나 추호나 주희의 생각과는 달리 몽고족은 잔인하기 이를 데 없었으나 천하를 얻어 중원 땅에서만 100년 가까이 지배했다. 맹자는 이를 어떻게 생각할지 의문이다.

14

맹자가 말했다. "백성이 귀하고 사직은 다음이며 임금은 가볍다. 이런 까닭에 백성의 마음을 얻으면 천자가 되고 천자의 마음을 얻으면 제후가 되며 제후의 마음을 얻으면 대부가 된다. 제후가 사직을 위태롭게 하면 바꾸어 세운다. 희생으로 바칠 동물은 살쪘고 제기에 담을 곡식도 깨끗해 때에 맞춰 제사를 지내는데도 가뭄이나 홍수가 난다면 사직을 바꾼다."

孟子曰 民爲貴 社稷次之 君爲輕. 是故得乎丘民而爲天子 得乎天子爲諸侯 得乎諸侯爲大夫.

맹자가 말했다. "백성이 귀하고 사직은 다음이며 임금은 가볍다. 이런 까닭에 백성의 마음을 얻으면 천자가 되고 천자의 마음을 얻으면 제후가 되며 제후의 마음을 얻으면 대부가 된다."

사직(社稷)의 社는 토지신, 稷은 곡물신이다. 나라를 세우면 단을 세우고 담을 쌓아 사직에 제사를 지내는데, 고래로 나라를 나타내는 상징으로 여겨졌다. 구민(丘民)의 丘는 조기에 의하면 16정(井)으로, 丘民은 井에서 농사를 짓는 사람 즉 일반 백성을 가리킨다. 임금이 존귀하다고 하나 나라가 있고 난 뒤의 일이다. 백성이 없으면 나라가 없다. 따라서 백성이 제일 귀하고, 그다음은 나라를 상징하는 사직이며, 임금이 제일 가벼운 것이다. 가장 미천한 백성의 마음을 얻은 자는 천자가 되지만, 가장 존귀하다는 천자의 마음을 얻은 자는 제후밖에 못 되고, 제후의 마음을 얻은 자는 고작 대부밖에 될 수 없다.

諸侯危社稷 則變置. 犧牲旣成 粢盛旣潔 祭祀以時 然而旱乾水溢 則變置社稷.

"제후가 사직을 위태롭게 하면 바꾸어 세운다. 희생으로 바칠 동물은 살쪘고 제기에 담을 곡식도 깨끗해 때에 맞춰 제사를 지내는데도 가뭄이나 홍수가 난다면 사직을 바꾼다."

희생(犧牲)은 제사 때 바치는 짐승이고, 성(成)은 살찐 것이며, 자성(粢盛)은 제물로 제기에 담은 곡식, 결(潔)은 깨끗한 것이다. 제후가 무도해 나라를 위태롭게 하면 나라의 보존을 위해 임금을 바꿀 수밖에 없다. 따라서 사직이 임금보다 귀한 것이다. 살찐 동물과 정갈한 곡식으로 때 맞춰 제사를 지내는데도 가뭄과 홍수가 끊이지 않아 백성을 괴롭힌다면 사직을 바꾸는 수밖에 없다. 따라서 백성이 사직보다 귀한 것이다.

15

맹자가 말했다. "성인은 백대의 스승이다. 백이와 유하혜가 그렇다. 따라서 백이의 풍도를 들은 사람은 탐욕한 사람도 청렴해지고 나약한 사람도 뜻을 세운다. 유하혜의 풍도를 들은 사람은 각박한 사람도 돈후해지고 비루한 사람도 관대해진다. 백대 이전에 분발한 것을 백대 이후에 듣고 떨쳐 일어서지 않은 자가 없다. 성인이 아니고서야 능히 이와 같겠는가? 그런데 하물며 직접 들은 사람이야?"

孟子曰 聖人 百世之師也. 伯夷 柳下惠是也. 故聞伯夷之風者 頑夫廉 懦夫有立志, 聞柳下惠之風者 薄夫敦 鄙夫寬. 奮乎百世之上 百世之下 聞者莫不興起也. 非聖人 而能若是乎. 而況於親炙之者乎.

분(奮)은 분발하는 것, 흥기(興起)는 감동해 떨쳐 일어나는 것이다. 친자(親炙)는 직접 가르침을 받는 것을 말한다. 백이와 유하혜에 관해서는 「만장하」 1에서 이미 언급했다.

16

맹자가 말했다. "인(仁)이라고 하는 것은 인(人)이다. 합해 말하면 도(道)다."

孟子曰 仁也者 人也. 合而言之 道也.

仁이란 人과 人이 중첩된 글자다. 따라서 仁은 사람(人)이며 사람으로서 仁을 행하는 것이 바로 道다. 다산의 해설이다.

17

맹자가 말했다. "공자가 노나라를 떠날 때 '천천히 가자'고 하셨는데, 부모의 나라를 떠날 때의 도리다. 제나라를 떠날 때는 일은 쌀을 건져 가지고 갔는데, 남의 나라를 떠날 때의 도리다."

孟子曰 孔子之去魯 曰 遲遲吾行也, 去父母國之道也. 去齊 接淅而行 去他國之道也.

「만장하」 1에서 이미 나온 바 있다. 다만 거기서는 去他國之道也가 빠졌다.

18

　맹자가 말했다. "군자가 진(陳)나라와 채(蔡)나라 사이에서 횡액을 당하신 것은 상하와 교제가 없었기 때문이다."

孟子曰 君子之戹於陳蔡之間 無上下之交也.

군자는 공자를 가리킨다. 공자가 진나라와 채나라 사이에서 횡액을 당한 것에 대해서는 『사기』「공자세가」에 자세한 이야기가 실려 있다. 그에 의하면 초(楚)나라에서 공자를 초빙했는데 진(陳)나라와 채(蔡)나라의 대부들이 공자가 초나라에서 등용될 경우 자기들이 위험해질까봐 두려워해 들판에서 공자 일행을 포위 공격했다. 그 때문에 공자 일행은 굶고 병들어 잘 일어서지도 못할 형편이었다가 초나라 소왕(昭王)이 군대를 보내주는 바람에 겨우 곤궁에서 벗어날 수 있었다고 한다. 무상하지교(無上下之交)는 진나라와 채나라의 군신(君臣)들과 교제가 없었다는 말이다.

19

맥계가 말했다. "저는 다른 사람의 비방으로 매우 불리합니다."

맹자가 말했다. "상심할 것 없소. 선비는 더욱 비방을 많이 받습니다. 시에 말하길 '근심스런 마음에 괴로워하고 여러 소인배들로부터 미움받네'라고 했으니 공자의 일이요, '그 노여움을 없애지는 못했으나 그 명성을 떨어뜨리지도 않았다'라고 했으니 문왕의 일이었소."

貉稽曰 稽大不理於口.
맥계가 말했다. "저는 다른 사람의 비방으로 매우 불리합니다."

맥계(貉稽)는 성이 貉, 이름이 稽라는 것밖에 알려진 바가 없다. 이(理)는 조기에 의하면 뢰(賴), 초순에 의하면 이(利)로, 모두 이롭다는 뜻이다. 따라서 불리어구(不理於口)는 남의 비방으로 크게 불리하다는 말이다.

孟子曰 無傷也. 士憎玆多口.
맹자가 말했다. "상심할 것 없소. 선비는 더욱 비방을 많이 받습니다."

증(憎)은 조기와 주희에 의하면 '더욱'이라는 뜻의 증(增)으로, 사증자다구(士

憎茲多口)는 선비는 남들로부터 더욱 비방을 많이 받는다는 말이다. 그러나 초순이 인용한 적호(翟灝)의 『고이(攷異)』에 의하면 憎은 글자 그대로 미워하는 것이고, 多口는 말재주다. 적호는 不理於口의 理를 닦는다는 뜻의 수치(脩治)로 읽어야 한다고까지 주장한다. 그를 따라 해석하면 다음과 같다. 맥계가 말했다. "저는 말재주가 크게 없습니다." 맹자가 말했다. "상심할 것 없소. 선비는 말재주가 많은 것을 미워합니다." 여기까지만 보면 적호의 주장이 훨씬 더 일리가 있어 보이나 뒤의 문장과의 연계가 문제가 된다. 따라서 여기서는 조기를 따랐다.

詩云 憂心悄悄 慍于羣小. 孔子也. 肆不殄厥慍 亦不隕厥問. 文王也.
"시에 말하길 '근심스런 마음에 괴로워하고 여러 소인배들로부터 미움받네'라고 했으니 공자의 일이요, '그 노여움을 없애지는 못했으나 그 명성을 떨어뜨리지도 않았다'라고 했으니 문왕의 일이었소."

시는 『시경』 「패풍(邶風)」 백주(柏舟)와 「대아(大雅)」 면(緜)편이다. 초초(悄悄)는 근심하는 모양이고, 온우군소(慍于羣小)는 여러 소인배들로부터 미움을 받는다는 말이다. 공자 또한 소인배들로부터 미움을 받아 괴로워했다는 이야기다. 사부진궐온(肆不殄厥慍)의 肆는 뜻이 없는 발어사, 殄은 절(絶)로 다 없애는 것이다. 불운궐문(不隕厥問)의 隕은 실(失)로 떨어뜨리는 것, 잃는 것이고, 問은 성문(聲問)으로 명예다. 문왕이 오랑캐들의 노여움을 다 없애지는 못했지만 자신의 아름다운 명성을 떨어뜨리지는 않았다는 뜻이다. 공자와 문왕 같은 성인도 소인배의 입방아에 괴로워했으니 남의 입방아에 너무 상심하지 말라고 맹자가 맥계를 달랜 것이다.

20

맹자가 말했다. "현명한 사람은 자신의 밝음으로 남을 밝게 해주지만, 지금은 자신의 어두움으로 남을 밝게 하려고 한다."

孟子曰 賢者以其昭昭 使人昭昭. 今以其昏昏 使人昭昭.

소소(昭昭)는 밝은 것이고 혼혼(昏昏)은 어두운 것이다. 자신이 밝아야 남도 밝게 할 수 있는 법인데 자신이 어두우면서 어떻게 남을 밝게 할 수 있겠는가?

21

    맹자가 고자(高子)에게 말했다. "산비탈의 작은 샛길을 줄곧 사용하면 길이 되지만, 잠깐만 사용하지 않으면 풀이 길을 막는다. 지금 풀이 그대의 마음을 막았다."

孟子謂高子曰 山徑之蹊 閒介然用之而成路. 爲閒不用 則茅塞之矣. 今茅塞子之心矣.

고자는 「공손추하」 12에서 나온 바 있는 그 고자다. 산경(山徑)은 산판(山坂)으로 산비탈이고, 혜(蹊)는 혜(徯)로 좁은 샛길이다. 간개연(閒介然)은 뜻을 오로지해서 다른 데로 가지 않는 것이다. 성로(成路)는 제대로 된 길이 된다는 말이고, 위간(爲閒)은 유간(有閒)으로 '잠깐 동안'을 의미한다. 이상은 양백준의 해설을 따랐다. 주희는 徑을 작은 샛길, 蹊를 사람이 다니는 곳이라고 풀이하고 있다. 또 山徑之蹊閒 介然用之而成路로 끊어 읽으면서 介然을 잠깐이라고 해설하고 있다. 그러나 뜻에는 별 차이가 없다. 한편 조기는 山徑之蹊閒介然 用之而成路로 끊어 읽으나 介然의 뜻에 대해서는 별다른 설명을 하고 있지 않다. 그러나 조기의 해석도 도를 향하는 마음에 잠깐이라도 중단이 있어서는 안 된다고 하는 것은 같다.

22

고자가 말했다. "우임금의 음악이 문왕의 음악보다 낫습니다."

맹자가 말했다. "무엇을 갖고 하는 말인가?"

"종의 끈이 끊어질 것 같아서입니다."

"어찌 그것으로 족히 알 수 있겠는가? 성문의 수레 자국이 말 두 마리의 힘 때문인가?"

高子曰 禹之聲 尙文王之聲.

孟子曰 何以言之.

曰 以追蠡.

고자가 말했다. "우임금의 음악이 문왕의 음악보다 낫습니다."

맹자가 말했다. "무엇을 갖고 하는 말인가?"

"종의 끈이 끊어질 것 같아서입니다."

성(聲)은 음악이고, 상(尙)은 더 나은 것이다. 퇴려(追蠡)의 追는 종의 끈이고, 蠡는 나무를 좀먹는 벌레로, 追蠡는 종을 오래 사용해 종의 끈이 끊어지려고 하는 것이 마치 벌레가 파먹은 것 같은 모양인 것을 형용한 말이다. 고자는 우임금 때의 종의 끈이 막 끊어지려고 하는 것이 많이 사용해서 그런 것인 줄 알고, 그것으로 우임금의 음악이 문왕의 음악보다 낫다고 판단한 것이다.

曰 是奚足哉. 城門之軌 兩馬之力與.
"어찌 그것으로 족히 알 수 있겠는가? 성문의 수레 자국이 말 두 마리의 힘 때문인가?"

시해족재(是奚足哉)는 이것으로 어찌 충분히 알 수 있겠느냐는 말이다. 궤(軌)는 수레바퀴 자국이다. 성중의 길은 넓어 여러 대의 수레가 흩어져 다니기 때문에 바퀴 자국이 깊지 않으나, 성문은 오직 한 대의 수레만이 다닐 수 있으니 바퀴 자국이 깊다. 이것은 날짜가 오래되고 수레가 많아 그렇게 된 것이지, 수레에 매여 있는 두 마리 말의 힘이 그렇게 만든 것이 아니다. 우임금은 문왕보다 천여 년 전의 사람이기 때문에 종이 오래되어 끈이 끊어지려 한 것이다. 그러니 이것으로 우임금과 문왕의 음악의 우열을 논해서는 안 된다. 이상은 주희가 인용한 남송의 학자 풍직(豊稷)의 글을 요약한 것이다. 주희는 본래 이 장의 뜻이 분명하지 않은데, 옛 해설이 이어져오는 것이 이와 같고, 그중 풍직의 글이 다소 명백해 이를 인용했다고 하면서, 그러나 이것이 옳은지는 알 수 없다고 하고 있다.

23

제나라에 기근이 들었다. 진진(陳臻)이 말했다. "국인(國人)들이 모두 선생님께서 다시 당(棠)의 곡식 창고를 열게 할 것이라고 기대하는데, 아마 다시 열 수 없을 것 같습니다."

맹자가 말했다. "이것은 나를 풍부(馮婦)로 만들려는 것이다. 진(晉)나라에 풍부라는 사람이 있어 호랑이를 잘 잡았으나, 마침내 착한 선비가 되었다. 그가 들로 나갔을 때 한 무리의 사람들이 호랑이를 쫓고 있었다. 호랑이가 산모퉁이를 등지고 있자 아무도 감히 다가서지 못했다. 그러다가 멀리서 풍부를 보자 달려와 그를 맞이했다. 풍부는 양팔을 걷어 올리고 수레에서 내렸다. 무리들이 모두 기뻐했으나 선비들은 이를 비웃었다."

齊饑. 陳臻曰 國人皆以夫子將復爲發棠 殆不可復.

제나라에 기근이 들었다. 진진이 말했다. "국인들이 모두 선생님께서 다시 당의 곡식 창고를 열 것이라고 기대하는데, 아마 다시 열 수 없을 것 같습니다."

당(棠)은 지명으로 양백준에 의하면 지금의 산동성 지무(卽墨)현 남쪽 80리 지점에 있는 감당사(甘棠社)가 바로 이곳이라고 한다. 옛날 이곳에 제나라의 큰 창고가 있었는데 발당(發棠)은 그 창고를 열어 백성들을 구휼하는 것을 말한다. 일찍이 맹자가 왕에게 권해 당읍의 창고를 열어 백성들을 구휼

한 적이 있었기 때문에 백성들이 이번에도 또 맹자에게 기대한 것이다.

孟子曰 是爲馮婦也. 晉人有馮婦者 善搏虎 卒爲善士. 則之野 有衆逐虎. 虎負嵎 莫之敢攖. 望見馮婦 趨而迎之. 馮婦攘臂下車. 衆皆悅之 其爲士者笑之.

맹자가 말했다. "이것은 나를 풍부로 만들려는 것이다. 진나라에 풍부라는 사람이 있어 호랑이를 잘 잡았으나, 마침내 착한 선비가 되었다. 그가 들로 나갔을 때 한 무리 사람들이 호랑이를 쫓고 있었다. 호랑이가 산모퉁이를 등지고 있자 아무도 감히 다가서지 못했다. 그러다가 멀리서 풍부를 보자 달려와 그를 맞이했다. 풍부는 양팔을 걷어 올리고 수레에서 내렸다. 무리들이 모두 기뻐했으나 선비들은 이를 비웃었다."

박호(搏虎)는 호랑이를 맨손으로 잡는 것이다. 지야(之野)의 之는 간다는 뜻의 동사다. 호부우(虎負嵎)의 負는 의(依)로 의지하는 것이고, 우(嵎)는 산모퉁이다. 영(攖)은 박(迫) 또는 촉(觸)으로 다가서는 것 또는 달려드는 것이고, 양비(攘臂)는 팔을 걷어 올리는 것이다. 선비들이 풍부를 비웃은 것은 그가 예전 행동을 그만둘 줄 몰랐기 때문이다. 주희에 의하면 당시 제왕이 맹자를 중용하지 않아 맹자 또한 장차 떠나려고 하고 있었기 때문에 이런 말을 한 것이라고 한다. 즉 이미 창고를 열라고 권할 처지가 아니었는데도 왕에게 또 창고를 열라고 권한다면 그것은 풍부와 다를 것이 없다는 말이다. 한편 조기는 望見馮婦 趨而迎之를 望見 馮婦趨而迎之로 끊어 읽고 있으나 뜻에 큰 차이는 없다.

24

맹자가 말했다. "입은 맛에 대해, 눈은 색에 대해, 귀는 소리에 대해, 코는 냄새에 대해, 사지는 편안한 것에 대해 성(性)이나, 명(命)이 있으므로 군자는 이를 성이라고 부르지 않는다. 인(仁)은 아버지와 자식에 대해, 의(義)는 임금과 신하에 대해, 예(禮)는 손님과 주인에 대해, 지(智)는 현명한 자에 대해, 성인(聖人)은 천도에 대해 명이지만, 성이 있으므로 군자는 이를 명이라고 부르지 않는다."

孟子曰 口之於味也 目之於色也 耳之於聲也 鼻之於臭也 四肢之於安佚也 性也. 有命焉 君子不謂性也.

맹자가 말했다. "입은 맛에 대해, 눈은 색에 대해, 귀는 소리에 대해, 코는 냄새에 대해, 사지는 편안한 것에 대해 성(性)이나, 명(命)이 있으므로 군자는 이를 성이라고 부르지 않는다."

입과 눈, 귀, 코, 사지의 욕구는 타고난 본성이나, 빈부는 운명이기 때문에 바라는 대로 모두 이룰 수는 없다. 따라서 군자는 이것을 본성으로 여겨 무조건 따르지 않고, 자기가 처한 바에 안주해 망령되이 구하지 않는다. 이토 진사이의 해설을 따랐다.

仁之於父子也 義之於君臣也 禮之於賓主也 智之於賢者也 聖人之
於天道也 命也. 有性焉 君子不謂命也.

"인은 아버지와 자식에 대해, 의는 임금과 신하에 대해, 예는 손님과 주인에 대해, 지는 현명한 자에 대해, 성인은 천도에 대해 명이지만, 성이 있으므로 군자는 이를 명이라고 부르지 않는다."

사람은 누구나 부자 사이에서 인을, 군신 사이에서 의를, 빈주 사이에서 예를 다하고 싶어 하며, 현자를 알아보는 지혜를 얻고 싶어 하고, 천도를 행하는 성인이 되고 싶어 한다. 그러나 순임금의 아버지가 고수였고 비간(比干)의 임금이 폭군 주(紂)였듯이 그것에는 마음대로 할 수 없는 운명이 있다. 그러나 순이 지극한 효성으로 고수를 감동시켰고 비간이 군신의 의를 다해 마침내 목숨까지 바쳤듯이 모두 타고난 본성을 극진히 다하면 이룰 수 있다. 따라서 명이라고 하지 않는 것이다. 이상은 다산의 해설을 요약했다.

주희는 다음과 같은 스승 이연평(李延平)의 글로 이 장의 결론을 대신하고 있다. "이 두 가지 조항은 모두 본성에 있는 것이면서 하늘로부터 命받은 것이다. 그러나 세상 사람들은 앞의 다섯 가지는 본성으로 여겨 얻지 못하면 반드시 구하려고 하나, 뒤의 다섯 가지는 명으로 여겨 조금도 이르지 못해도 다시는 힘을 다하지 않는다. 그러므로 맹자께서 각각 그 중요한 곳에 나아가 이것을 펴고 저것을 억누르려고 하신 것이다. 장자(張子, 북송의 유학자 張載를 말함)의 이른바 '봉양은 하늘에 명을 맡기고, 도는 자기에게 이룰 책임을 묻는다'는 말은 아주 잘 요약되고 극진한 말이다."

25

호생불해(浩生不害)가 물었다. "악정자(樂正子)는 어떤 사람입니까?"

맹자가 말했다. "착한 사람이고 믿음직한 사람이다."

"무엇을 착하다고 하고 무엇을 믿음직하다고 합니까?"

"도가 바랄 만한 것임을 아는 것을 일컬어 착하다(善)고 하고, 그 도를 자기 몸에 가지고 있는 것을 일컬어 믿음직하다(信)고 하며, 그 도를 충실하게 갖춘 것을 일컬어 아름답다(美)고 하고, 충실하게 갖춰 광채가 나는 것을 일컬어 크다(大)고 하며, 크며 조화(造化)를 부리는 것을 일컬어 성스럽다(聖)고 하고, 성스러우면서 알 수 없는 것을 일컬어 신령스럽다(神)고 한다. 악정자는 앞의 두 가지 중간에 있고 뒤의 네 가지 아래에 있다."

浩生不害問曰 樂正子 何人也.

孟子曰 善人也 信人也.

何謂善 何謂信.

호생불해가 물었다. "악정자는 어떤 사람입니까?"

맹자가 말했다. "착한 사람이고 믿음직한 사람이다."

"무엇을 착하다고 하고 무엇을 믿음직하다고 합니까?"

호생불해(浩生不害)는 조기에 의하면 제나라 사람으로 浩生이 성, 不害가 이름이라고 한다.

曰 可欲之謂善 有諸己之謂信 充實之謂美 充實而有光輝之謂大 大而化之之謂聖 聖而不可知之之謂神. 樂正子 二之中 四之下也.

"도가 바랄 만한 것임을 아는 것을 일컬어 착하다고 하고, 그 도를 자기 몸에 가지고 있는 것을 일컬어 믿음직하다고 하며, 그 도를 충실하게 갖춘 것을 일컬어 아름답다고 하고, 충실하게 갖춰 광채가 나는 것을 일컬어 크다고 하며, 크며 조화를 부리는 것을 일컬어 성스럽다고 하고, 성스러우면서 알 수 없는 것을 일컬어 신령스럽다고 한다. 악정자는 앞의 두 가지 중간에 있고 뒤의 네 가지 아래에 있다."

가욕(可欲)은 다산에 의하면 도가 바랄 만한 것임을 아는 것이다. 유저기(有諸己)는 그 도를 자기 몸에 가지고 있는 것, 충실(充實)은 그것을 몸에 충실하게 하는 것, 유광휘(有光輝)는 안에 충실하게 쌓여 밖으로 표출되어 나오는 것, 화지(化之)는 조화(造化)를 부리는 것이다. 악정자는 善, 信, 美, 大, 聖, 神의 여섯 가지 단계 중에 善과 信의 중간에 해당해 美, 大. 聖, 神의 아래에 있다.

26

맹자가 말했다. "묵적을 버리면 반드시 양주에게로 돌아가고, 양주를 버리면 반드시 유가(儒家)로 돌아온다. 돌아오면 받아들일 뿐이다. 지금 양주나 묵적과 논변하는 자들은 마치 도망간 돼지를 쫓듯이 한다. 이미 우리에 들어왔는데도 또 붙잡아 묶는다."

孟子曰 逃墨必歸於楊 逃楊必歸於儒. 歸 斯受之而已矣.
맹자가 말했다. "묵적을 버리면 반드시 양주에게로 돌아가고, 양주를 버리면 반드시 유가로 돌아온다. 돌아오면 받아들일 뿐이다."

묵(墨)은 묵가의 창시자인 묵적(墨翟), 양(楊)은 극단적인 이기주의를 주창한 양주(楊朱)다. 「등문공상」 5와 「등문공하」 9에서 이미 나온 바 있다. 묵적의 도는 겸애(兼愛)로 친소(親疎)의 구별이 없어 가장 크게 예에 어긋난다. 양주의 도는 자기를 위하고 사랑하는 것으로 비록 예에는 어긋나나 아직 (신체를) 감히 훼상하지 않는 의는 갖고 있다. 도(逃)는 거(去)로 버리는 것이고, 사도(邪道)를 버리고 정도(正道)로 돌아오는 것이기 때문에 귀(歸)라고 했다. 묵적을 버리고 양주로 돌아가고, 양주를 버리고 유가로 돌아오면 마땅히 받아들여 편안케 해야 한다. 이상은 조기의 해설이다. 즉 정도로 돌아오는 것이 묵적에서 양주로, 양주에서 유가로 이렇게 점진적으로 이루어진다는 것이다. 주희도 같은 견해다.

그러나 이 주장은 받아들이기 어렵다. 초순은 조우의 『온고록』에서 다음과 같이 인용하고 있다. "양주의 말은 유가의 자기를 위하고 사랑하라는 주장과 비슷하나, 실제로는 자기가 있는 것만을 아는 데 그치고 남이 있는 것을 알지 못한다. 따라서 천하를 모두 막막하고 자기와는 아무 상관 없는 것으로 보아 각박하고 은혜를 베풀지 않는 잘못에 이른다. 묵적의 말은 유가의 백성을 어질게 대하고 물건을 아끼라는 주장과 비슷하나, 단지 모든 것을 하나로 같게 취급해 변별하는 것을 알지 못한다. 따라서 내 몸을 조금도 아끼고 돌아보지 않아 우물 속에 따라 들어가 사람을 구하려고 하는 어리석음에 이른다. 그러니 둘 다 실정에 맞지 않음은 같다." 즉 묵적의 극단적인 이타주의나 양주의 극단적인 이기주의나 서로 똑같은 것으로 양자 사이의 우열은 없다는 이야기다. 그렇기 때문에 묵적을 버리면 양주로 돌아가고, 거기에서 또 양주를 버리면 유가로 돌아오게 되지만, 반대로 양주를 버려 묵적으로 돌아가고, 거기에서 또 묵적을 버려 유가로 돌아오는 것도 가능하다고 한다. 극단적인 이타주의에 대한 반(反)은 극단적인 이기주의로 나타나고, 또 극단적인 이기주의에 대한 반(反)은 극단적인 이타주의로 나타나지만, 여기에서 한 번 더 반(反)이 이루어져야 양자의 모순이 극복된 합(合, 유가의 중용)이 된다는 것이다. 변증법의 논리로, 이 주장이 훨씬 사리에 맞다고 생각된다.

今之與楊墨辯者 如追放豚. 旣入其苙 又從而招之.
"지금 양주나 묵적과 논변하는 자들은 마치 도망간 돼지를 쫓듯이 한다. 이미 우리에 들어왔는데도 또 붙잡아 묶는다."

입(笠)은 짐승을 가두는 우리고, 우종이(又從而)는 '게다가', '또'의 뜻이며, 초(招)는 견(罥)으로 얽어 묶는 것이다. 잘못을 뉘우치고 돌아오면 받아들일 뿐이지 기왕의 허물은 논하지 않는 것이 군자의 도량이다.

27

맹자가 말했다. "(세금을) 피륙으로 거두어들이는 것이 있고, 곡식으로 거두어들이는 것이 있으며, 부역으로 거두어들이는 것이 있다. 군자는 그 하나를 쓰면 나머지 둘은 늦춘다. 그 둘을 같이 쓰면 백성들 중에 굶어죽는 사람이 생기고, 셋을 같이 쓰면 아버지와 자식이 흩어진다."

孟子曰 有布縷之征 粟米之征 力役之征. 君子用其一 緩其二. 用其二而民有殍 用其三而父子離.

정(征)은 부(賦)로 세금을 걷는 것이다. 포루지정(布縷之征)은 피륙으로 거둬들이는 세금, 속미지정(粟米之征)은 곡식으로 거둬들이는 세금이고, 역역지정(力役之征)은 백성을 징용해 일을 시키는 것이다. 주희는 布縷는 여름에, 粟米는 가을에, 力役은 겨울에 거둬들인다고 하고 있으나 조기의 주장은 다르다. 조기는 이는 나라에 병란이 발발했을 때 거둬들이는 것으로, 布縷는 군복이나 갑옷을 만들기 위한 것이고, 粟米는 군량에 충당하기 위한 것이며, 力役은 군수품을 나르는 등 잡역에 동원하기 위한 것이라고 한다. 따라서 군자는 나라에 병란이 발생하면 그 민력(民力)을 고려해서 이 셋을 각기 시기를 달리해 거둬들여야 한다고 해설하고 있다. 다산도 같은 견해다.

28

맹자가 말했다. "제후의 보물이 셋 있는데, 토지와 백성과 정사(政事)다. 주옥(珠玉)을 보배로 여기는 자는 반드시 재앙이 몸에 닥칠 것이다."

孟子曰 諸侯之寶三. 土地 人民 政事. 寶珠玉者 殃必及身.

29

　분성괄(盆成括)이 제나라에서 벼슬을 했다. 맹자가 말했다. "분성괄이 이제 죽겠구나!"
　분성괄이 살해되었다. 문인들이 물었다. "선생님께서는 어떻게 그가 장차 죽게 될 것임을 알았습니까?"
　"그 사람됨이 재주는 조금 있으나 군자의 큰 도리를 듣지 못했으니 족히 자기 몸을 죽일 뿐이다."

盆成括仕於齊. 孟子曰 死矣盆成括.
盆成括見殺. 門人問曰 夫子何以知其將見殺.
曰 其爲人也小有才 未聞君子之大道也 則足以殺其軀而已矣.

　분성괄(盆成括)은 성이 盆成, 이름이 括로, 조기에 의하면 일찍이 맹자에게 배우려 했으나 도에 통달하지 못해 떠났다고 한다. 큰 도의를 모르면서 조그만 재주를 믿고 망령되이 굴었으면 몸에 재앙이 닥치는 것도 당연하다.

30

맹자가 등나라에 가서 상궁(上宮)에 머물렀다. 창 위에 만들다 만 신이 있었는데 여관 주인이 찾았으나 찾지 못했다. 어떤 사람이 맹자에게 물었다.
"그렇다면 당신을 따라온 사람들이 숨긴 것이겠지요."
"당신은 그들이 신을 훔치러 여기 왔다고 생각합니까?"
"아마 아니겠지요. 선생님은 교과를 개설하시면서, 가는 사람을 쫓지 않고 오는 사람을 거절하지 않았습니다. 만일 진실로 배우려는 마음을 갖고 온다면 받아들일 뿐이겠지요."

孟子之滕 館於上宮. 有業屨於牖上 館人求之弗得. 或問之曰 若是乎從者之廋也.
曰 子以是爲竊屨來與.

맹자가 등나라에 가서 상궁에 머물렀다. 창 위에 만들다 만 신이 있었는데 여관 주인이 찾았으나 찾지 못했다. 어떤 사람이 맹자에게 물었다. "그렇다면 당신을 따라온 사람들이 숨긴 것이겠지요."
"당신은 그들이 신을 훔치러 여기 왔다고 생각합니까?"

상궁(上宮)이 무엇인지는 불분명하다. 조기는 누각, 주희는 별궁, 초순은 고급 여관이라고 하고 있다. 업구(業屨)는 조기에 의하면 만들다가 다른 일이 있어 아직 다 만들지 못한 신이라고 한다. 수(廋)는 익(匿)으로 숨기는 것이다. 여관 주인이 만들다 만 신을 잃어버리자 맹자를 따라온 사람들이 그런 것인 줄 알고 혹자가 물은 것이다. 자이시위절구래여(子以是爲竊屨來與)의 是는 맹자를 따라온 사람들을 가리킨다. 그러자 맹자가 반문했다. "당신은 그들이 신을 훔치러 여기에 왔다고 생각하느냐?"고.

曰 殆非也. 夫子之設科也 往者不追 來者不距. 苟以是心至 斯受之而已矣.

"아마 아니겠지요. 선생님은 교과를 개설하시면서, 가는 사람을 쫓지 않고 오는 사람을 거절하지 않았습니다. 만일 진실로 배우려는 마음을 갖고 온다면 받아들일 뿐이겠지요."

曰 이하는 모두 혹자의 말이다. 부자(夫子)는 맹자를 가리킨다. 시심(是心)은 도를 배우려는 마음이다. 맹자가 교과를 개설해 학생들을 받아들일 때 중요하게 생각한 것은 배우고자 하는 마음이었다. 따라서 진실로 배우고자 하는 마음을 갖고 온다면 받아들일 뿐이지 기왕의 일은 묻지 않았다. 혹자는 맹자의 그런 입장을 잘 알고 있었다. 따라서 그러니 당신을 따라온 사람들 중에 어떤 사람이 있는지는 당신도 장담하지 못하는 것 아니겠냐고 은연중에 힐문한 것이다. 한편 조기는 夫子之設科也를 부여지설과야(夫子之設科也)로 쓴다. 즉 여기서부터 다시 맹자의 말로 보고 있는 것이다. 그렇게 보면 맹자가 자신의 입장을 해명하는 것이 된다.

31

맹자가 말했다. "사람은 모두 차마 하지 못하는 바가 있는데, 이것을 차마 하는 데까지 미치게 하는 것이 인(仁)이다. 사람은 모두 하지 않는 바가 있는데, 이것을 하는 데까지 미치게 하는 것이 의(義)다. 사람이 남을 해치고 싶어 하지 않는 마음을 확충할 수 있다면 그 인(仁)을 다 쓸 수 없을 것이다. 사람이 담에 구멍을 뚫거나 뛰어넘어 도둑질하려 하지 않는 마음을 확충할 수 있다면 그 의(義)를 다 쓸 수 없을 것이다. 사람이 자기를 멸시하는 말을 듣고 싶어 하지 않는 실제 마음을 확충할 수 있다면 가는 곳마다 의를 행하지 않는 곳이 없을 것이다. 선비가 말을 해서는 안 되는데 말을 하면 이것은 말로 핥아먹는 것이요, 말을 해야 하는데도 말을 하지 않으면 이것은 말을 하지 않는 것으로 핥아먹는 것이다. 이것들은 모두 담에 구멍을 뚫거나 뛰어넘어 도둑질하는 것과 같은 종류다."

孟子曰 人皆有所不忍 達之於其所忍 仁也, 人皆有所不爲 達之於其所爲 義也.

맹자가 말했다. "사람은 모두 차마 하지 못하는 바가 있는데, 이것을 차마 하는 데까지 미치게 하는 것이 인이다. 사람은 모두 하지 않는 바가 있는데, 이것을 하는 데까지 미치게 하는 것이 의다."

유소불인(有所不忍)은 이토 진사이에 의하면 측은지심(惻隱之心)이고, 유소불위(有所不爲)는 수오지심(羞惡之心)이다. 달(達)은 확충해서 이르게 하는 것이다. 「진심하」 1에서 "어진 사람은 자기가 사랑하는 바를 사랑하지 않는 것에까지 미치게 한다"고 했으니, 측은지심과 수오지심을 확충해 미치지 않는 곳이 없는 것이 바로 인의다.

人能充無欲害人之心 而仁不可勝用也, 人能充無穿踰之心 而義不可勝用也. 人能充無受爾汝之實 無所往而不爲義也.

"사람이 남을 해치고 싶어 하지 않는 마음을 확충할 수 있다면 그 인을 다 쓸 수 없을 것이다. 사람이 담에 구멍을 뚫거나 뛰어넘어 도둑질하려 하지 않는 마음을 확충할 수 있다면 그 의를 다 쓸 수 없을 것이다. 사람이 자기를 멸시하는 말을 듣고 싶어 하지 않는 실제 마음을 확충할 수 있다면 가는 곳마다 의를 행하지 않는 곳이 없을 것이다."

무욕해인지심(無欲害人之心)은 有所不忍이고 무천유지심(無穿踰之心)은 有所不爲다. 이여(爾汝)는 상대를 경멸하거나 천시할 때 부르는 말이다. 양백준에 의하면 원래는 지위가 높거나 나이가 많은 사람이 지위가 낮거나 나이가 어린 사람을 부르는 칭호였으나 동년배끼리 사용하면 경멸의 뜻이 된다고 한다. 무수이여지실(無受爾汝之實)은 남으로부터 멸시의 말을 듣고 싶어 하지 않는 실제 마음으로, 羞惡之心이 그것이다.

士未可以言而言 是以言餂之也, 可以言而不言 是以不言餂之也. 是皆穿踰之類也.

"선비가 말을 해서는 안 되는데 말을 하면 이것은 말로 핥아먹는 것이요, 말을 해야 하는데도 말을 하지 않으면 이것은 말을 하지 않는 것으로 핥아먹는 것이다. 이것들은 모두 담에 구멍을 뚫거나 뛰어넘어 도둑질하는 것과 같은 종류다."

첨(餂)은 조기에 의하면 취(取)로 취하는 것이나, 주희는 덧붙이기를 특별히 혀로 핥아 취하는 것이라고 한다. 말을 해서는 안 될 때 말을 하는 것이나 말을 해야 할 때 말을 하지 않는 것은 모두 남으로부터 무언가를 얻으려 하기 때문이다. 따라서 도둑과 크게 다를 바가 없다.

32

　맹자가 말했다. "말이 가까우면서도 가리키는 뜻이 먼 것이 좋은 말이고, 지키는 것이 간략하면서도 그 베푸는 것이 넓은 것이 좋은 도(道)다. 군자의 말은 허리띠 아래로 내려가지 않으면서도 도가 거기에 있다. 군자의 지킴은 자신의 몸을 닦는데도 천하가 태평해진다. 사람은 자신의 밭은 내팽개치고 남의 밭에 김을 매는 것이 병이니, 남에게서 요구하는 것은 무겁고 스스로 책임지는 것은 가볍다."

孟子曰 言近而指遠者 善言也, 守約而施博者 善道也. 君子之言也, 不下帶而道存焉. 君子之守 修其身而天下平.

맹자가 말했다. "말이 가까우면서도 가리키는 뜻이 먼 것이 좋은 말이고, 지키는 것이 간략하면서도 그 베푸는 것이 넓은 것이 좋은 도(道)다. 군자의 말은 허리띠 아래로 내려가지 않으면서도 도가 거기에 있다. 군자의 지킴은 자신의 몸을 닦는데도 천하가 태평해진다."

　주희에 의하면 옛사람들은 바라볼 때 그 시선이 허리띠 아래로 내려가지 않았다고 한다. 따라서 불하대(不下帶)는 허리띠 위, 즉 항상 바라보는 지극히 가까운 곳이라 한다. 군자의 말이 허리띠 아래로 내려가지 않으면서도 도가 거기에 있는 것은 바로 말이 가까우면서도 가리키는 뜻이 멀기 때문이다. 군자의 지킴이 자신의 몸을 닦는데도 천하가 태평해지는 것은 바로 지키는 것이 간략하면서도 그 베푸는 것이 넓기 때문이다.

한편 조기는 마음을 바로 하고 인을 지키는 것은 모두 흉중에 있고, 입으로 토해 말을 하는 것은 사체가 관여하지 않기 때문에 不下帶라고 한다고 하고 있는데, 주희의 해설만큼 깔끔한 맛이 없다.

人病舍其田而芸人之田 所求於人者重 而所以自任者輕.
"사람은 자신의 밭은 내팽개치고 남의 밭에 김을 매는 것이 병이니, 남에게서 요구하는 것은 무겁고 스스로 책임지는 것은 가볍다."

주희에 의하면 지키는 것이 간략하지 않으면서 널리 베푸는 데 힘을 쓰는 병이 이런 병이라고 한다.

33

　맹자가 말했다. "요임금과 순임금은 본성대로 한 사람이요, 탕왕과 무왕은 본성을 돌이켜 회복한 사람이다. 그 동작과 용모와 몸가짐이 예에 합당한 것은 성대한 덕이 지극한 것이다. 죽은 사람에 대해 통곡하고 비통해하는 것은 산 사람을 위해서가 아니요, 항상 덕을 지켜 간사하지 않은 것은 녹을 구해서가 아니며, 말을 하면 꼭 신의를 지키는 것은 올바로 행동하기 위해서가 아니다. 군자는 법도를 행하면서 명을 기다릴 뿐이다."

孟子曰 堯舜 性者也, 湯武 反之也.
맹자가 말했다. "요임금과 순임금은 본성대로 한 사람이요, 탕왕과 무왕은 본성을 돌이켜 회복한 사람이다."

　성자(性者)는 性之者에서 之를 뺀 것이고, 반지(反之)는 反之者에서 者를 뺀 것으로, 본성대로 한 사람, 본성을 돌이켜 회복한 사람이라는 뜻이다. 주희는 북송의 학자 여대림(呂大臨)을 인용해 다음과 같이 말하고 있다. "의도하는 바 없이 편안히 행하는 것이 본성대로 하는 것이고, 의도하는 바가 있어 이롭게 여겨서 행해 의도하는 바가 없는 데 이르는 것이 본성을 회복하는 것이다. 요와 순은 그 본성을 잃지 않았고, 탕과 무는 그 본성을 잘 돌이켜 회복했으나, 그 공을 이룬 데 이르러서는 똑같다."

動容周旋中禮者 盛德之至也. 哭死而哀 非爲生者也, 經德不回 非以干祿也, 言語必信 非以正行也.

"그 동작과 용모와 몸가짐이 예에 합당한 것은 성대한 덕이 지극한 것이다. 죽은 사람에 대해 통곡하고 비통해하는 것은 산 사람을 위해서가 아니요, 항상 덕을 지켜 간사하지 않은 것은 녹을 구해서가 아니며, 말을 하면 꼭 신의를 지키는 것은 올바로 행동하기 위해서가 아니다."

동용주선(動容周旋)은 동작과 용모와 몸가짐이다. 경덕불회(經德不回)의 經은 조기에 의하면 행(行)으로 행하는 것, 주희에 의하면 상(常)으로 '항상'이라는 뜻이며, 回는 사(邪)나 곡(曲)으로 마음이 바르지 않은 것이다. 이 세 가지는 성대한 덕이 지극한 것으로, 무엇을 의도해서 그런 것이 아니라 저절로 그렇게 된 것이다. 본성대로 해서 그렇게 되었든 아니면 본성을 돌이켜 회복해 그렇게 되었든 성인만이 할 수 있다.

君子行法 以俟命而已矣.

"군자는 법도를 행하면서 명을 기다릴 뿐이다."

군자는 성인처럼 저절로 그렇게 되는 경지에는 이르지 못했으나, 법도대로 행할 뿐 그 결과를 생각하지 않는다. 다만 명을 기다릴 뿐이다. 주희가 인용한 동중서의 말대로 "그 의를 바르게 하고 이익을 도모하지 않으며, 그 도를 밝히고 공을 계산하지 않는다"는 것이 바로 이것이다.

34

맹자가 말했다. "대인에게 유세를 하려면 그를 가볍게 여기고 그 위풍당당한 모습을 보지 말아야 한다. 당(堂)의 높이가 몇 길이나 되고 서까래의 머리가 몇 척이나 되지만 나는 뜻을 얻는다 하더라도 그렇게 하지 않을 것이며, 음식을 차린 것이 사방 한 장(丈)이나 되고 시중드는 첩이 수백 명이나 되지만 나는 뜻을 얻는다 하더라도 그렇게 하지 않을 것이며, 술을 마시며 크게 즐기고 말을 달려 사냥을 하며 뒤에 따르는 수레가 천 대나 되지만 나는 뜻을 얻는다 하더라도 그렇게 하지 않을 것이다. 그에게 있는 것은 모두 내가 하지 않는 것들이고 내게 있는 것은 모두 옛날의 법도이니 내가 어찌 그를 두려워하겠는가?"

孟子曰 說大人 則藐之 勿視其巍巍然.
맹자가 말했다. "대인에게 유세를 하려면 그를 가볍게 여기고 그 위풍당당한 모습을 보지 말아야 한다."

세(說)는 유세하는 것이고, 대인(大人)은 여기서는 존귀한 자를 가리킨다. 묘(藐)는 경(輕)으로 가볍게 여기는 것이고, 외외(巍巍)는 높고 큰 모양을 나타내는 말이다.

堂高數仞 榱題數尺 我得志弗爲也, 食前方丈 侍妾數百人 我得志弗爲也, 般樂飮酒 驅騁田獵 後車千乘 我得志弗爲也. 在彼者 皆我所不爲也, 在我者 皆古之制也 吾何畏彼哉.

"당의 높이가 몇 길이나 되고 서까래의 머리가 몇 척이나 되지만 나는 뜻을 얻는다 하더라도 그렇게 하지 않을 것이며, 음식을 차린 것이 사방 한 장이나 되고 시중드는 첩이 수백 명이나 되지만 나는 뜻을 얻는다 하더라도 그렇게 하지 않을 것이며, 술을 마시며 크게 즐기고 말을 달려 사냥을 하며 뒤에 따르는 수레가 천 대나 되지만 나는 뜻을 얻는다 하더라도 그렇게 하지 않을 것이다. 그에게 있는 것은 모두 내가 하지 않는 것들이고 내게 있는 것은 모두 옛날의 법도이니 내가 어찌 그를 두려워하겠는가?"

최제(榱題)의 榱는 각(桷)으로 서까래이고, 題는 머리다. 식전방장(食前方丈)은 앞에 진열된 음식이 사방 일 장(丈)이나 된다는 말이다. 반락(般樂)은 크게 즐기는 것이고, 구빙(驅騁)은 말을 달리는 것, 전렵(田獵)은 사냥이다. 주희는 다음과 같은 양시의 말을 인용하고 있다. "맹자의 이 장은 자신의 장점으로 남의 단점을 비교한 것으로, 맹자에게는 아직 이러한 기상이 있으나 공자에게는 이러한 것이 없다." 정이가 맹자는 규각(圭角)이 있다고 한 말과 같은 것으로, 다시 말하면 맹자가 모가 나고 좀 뛴다는 말이다. 송유(宋儒)들은 이러한 것을 가지고 맹자가 아직 공자의 경지에 이르지 못했다고 비판하고 있는데, 물론 그런 면이 없다고는 할 수 없지만 둘의 차이는 춘추시대와 전국시대라는 시대 차이로 보아야 할 것이다.

35

    맹자가 말했다. "마음을 기르는 데는 욕심을 적게 하는 것보다 더 좋은 것이 없다. 그 사람됨이 욕심이 적으면 비록 마음을 보존하지 못한 것이 있더라도 적을 것이며, 그 사람됨이 욕심이 많으면 비록 보존하고 있는 것이 있더라도 적을 것이다."

孟子曰 養心莫善於寡欲. 其爲人也寡欲 雖有不存焉者 寡矣. 其爲人也多欲 雖有存焉者 寡矣.

욕(欲)은 욕심(慾心)이다. 부존언(不存焉), 존언(存焉)의 焉은 이, 이것이라는 뜻의 대명사로 여기서는 마음, 또는 다산에 의하면 도심(道心)을 가리킨다. 한편 조기는 不存은 망(亡)으로 사람이 죽는 것, 存은 불망(不亡)으로 사람이 죽지 않는 것이라고 풀이하고 있으나 동의하기 어렵다.

36

증석(曾晳)이 고욤을 좋아해서 증자는 차마 고욤을 먹지 못했다. 공손추가 물었다. "불고기와 고욤 중 어느 것이 더 맛있습니까?"

맹자가 말했다. "불고기다."

공손추가 말했다. "그런데 증자는 왜 불고기는 먹으면서 고욤은 먹지 않았습니까?"

"불고기는 누구나 다 좋아하지만 고욤은 혼자만 좋아하기 때문이다. 이름은 기휘(忌諱)하지만 성은 기휘하지 않는 것은, 성은 누구나 다 같지만 이름은 혼자만 갖고 있기 때문이다."

曾晳嗜羊棗 而曾子不忍食羊棗. 公孫丑問曰 膾炙與羊棗孰美. 孟子曰 膾炙哉.

증석이 고욤을 좋아해서 증자는 차마 고욤을 먹지 못했다. 공손추가 물었다. "불고기와 고욤 중 어느 것이 더 맛있습니까?"

맹자가 말했다. "불고기다."

양조(羊棗)는 조기에 의하면 대추의 한 종류이나 초순은 고욤이라고 해설하고 있다. 증자는 고욤을 볼 때마다 돌아가신 아버지가 생각나 차마 먹지를 못했다. 회(膾)는 고기를 저며 썬 것이고, 자(炙)는 불고기이나, 상세한 것을

14. 진심장구하(盡心章句下) **845**

알지 못해 그냥 불고기라고 번역했다.

公孫丑曰 然則曾子何爲食膾炙而不食羊棗.
曰 膾炙所同也 羊棗所獨也. 諱名不諱姓 姓所同也 名所獨也.
공손추가 말했다. "그런데 증자는 왜 불고기는 먹으면서 고욤은 먹지 않았습니까?"
"불고기는 누구나 다 좋아하지만 고욤은 혼자만 좋아하기 때문이다. 이름은 기휘하지만 성은 기휘하지 않는 것은, 성은 누구나 다 같지만 이름은 혼자만 갖고 있기 때문이다."

휘(諱)는 부모나 임금의 이름을 입에 담거나 글로 쓰는 것을 꺼려하는 것이다. 성은 일족이 모두 같지만 이름은 각자 다 다르다. 따라서 부모의 이름은 기휘하지만 성은 기휘하지 않는 다. 남들도 다 좋아하는 것은 돌아가신 아버지를 연상케 하지 않지만, 아버지만 유독 좋아하신 것은 돌아가신 아버지를 연상케 한다. 따라서 차마 먹을 수가 없는 것이다.

37

만장이 물었다. "공자께서 진(陳)나라에 계실 때 말씀하시길 '어찌 돌아가지 않으리! 우리 마을의 선비들이 뜻은 높으나 일에는 소략하고, 진취적이나 그 처음을 잊지 못하는구나'라고 하셨다는데, 공자께서는 진나라에 계시면서 어찌하여 노나라의 뜻이 높은 선비들을 생각하셨습니까?"

맹자가 말했다. "공자께서는 이렇게 말씀하셨다. '중도(中道)의 선비를 얻어 함께할 수 없으니, 굳이 찾는다면 반드시 뜻이 높거나 고집이 센 사람과 함께할 것이다. 뜻이 높은 사람은 진취적이고 고집이 센 사람은 하지 않는 바가 있다.' 공자께서 어찌 중도의 선비를 원하지 않았으랴? 그러나 꼭 얻을 수가 없었기 때문에 그다음을 생각하신 것이다."

"감히 묻겠습니다만, 어떻게 하면 뜻이 높다고 할 수 있겠습니까?"

"금장(琴張)이나 증석, 목피(牧皮)와 같은 사람이 공자께서 말씀하시는 뜻이 높은 사람이다."

"무엇을 일컬어 뜻이 높다고 합니까?"

"그 뜻이 커서 말하길 '옛사람, 옛사람' 하나, 평소에 그 행동을 살펴보면 그 말을 실천하지 못한다. 뜻이 높은 자도 얻을 수 없으면, 깨끗하지 않은 것을 깨끗하지 않다고 여기는 선비를 얻어 함께하기를 바라니, 이것이 고집이 센 사람으로, 또한 그다음이다. 공자께서 말씀하시길 '내 집 문을 지나 내 방에 들어오지 않더라도 내가 유감으로 여기지 않을 사람은 아마 오직 향원(鄉原)일 것이다. 향원은 덕을 해치는 자다'라고 하셨다."

"어떻게 하면 향원이라고 할 수 있겠습니까?"

"(향원이 뜻이 높은 사람에 대해 말하길) '어찌하여 그처럼 뜻이 높으냐? 말은 행동을 고려하지 않고 행동은 말을 고려하지 않으면서 옛사람, 옛사람 하고 말한다', (고집이 센 사람에 대해 말하길) '행동은 왜 그리 외롭고 쓸쓸하냐?', '이 세상에 태어났으면 이 세상을 위해 남들이 좋다고 하면 되는 것이지'라고 하면서 내시처럼 세상에 아첨하는 자가 바로 향원이다."

만자(萬子)가 말했다. "고을 전체가 모두 근후한 사람이라고 칭하면, 가는 곳마다 근후한 사람으로 여겨지지 않는 바가 없을 텐데, 공자께서 덕을 해치는 자라고 한 것은 무슨 연유에서입니까?"

"비난하려 해도 들춰낼 것이 없고 꾸짖으려 해도 꾸짖을 것이 없다. 세속의 유행에 같이하고 더러운 세상에 영합한다. 평소에 거처할 때는 충성스럽고 믿음직스러운 듯하고 행동할 때는 청렴하고 깨끗한 것 같다. 무리들이 모두 좋아하고 스스로도 그렇다고 여기나 함께 요순의 도에 들어갈 수 없다. 그래서 말하길 덕을 해치는 자라고 한다. 공자께서 말씀하셨다. '비슷하면서도 아닌 것을 미워하니, 가라지가 벼이삭을 어지럽힐까 두려워 미워하고, 말재주가 의(義)를 어지럽힐까 두려워 미워하며, 말 잘하는 입으로 신의를 어지럽힐까 두려워 미워하고, 정(鄭)나라 음악이 음악을 어지럽힐까 두려워 미워하며, 자주색이 붉은 색을 어지럽힐까 두려워 미워하고, 향원이 덕을 어지럽힐까 두려워 미워한다.' 군자는 떳떳한 도로 돌아갈 뿐이다. 떳떳한 도가 올바로 되면 서민이 일어나고, 서민이 일어나면 사악하고 간특한 것이 없어질 것이다."

萬章問曰 孔子在陳曰 盍歸乎來. 吾黨之士狂簡 進取 不忘其初.
孔子在陳 何思魯之狂士.

만장이 물었다. "공자께서 진나라에 계실 때 말씀하시길 '어찌 돌아가지 않으리! 우리 마을의 선비들이 뜻은 높으나 일에는 소략하고, 진취적이나 그 처음을 잊지 못하는구나'라고 하셨다는데, 공자께서는 진나라에 계시면서 어찌하여 노나라의 뜻이 높은 선비들을 생각하셨습니까?"

합(盍)은 하불(何不)로 '어찌 ~하지 않느냐'란 뜻이고, 래(來)는 희망이나 반문을 나타내는 어조사다. 광간(狂簡)은 뜻은 크나(狂) 일에는 소략(疏略)한 것(簡)이다. 진취(進取)는 높고 먼 것을 구하고 바라는 것이고, 불망기초(不忘其初)는 옛날 잘못을 고치지 못하는 것이다. 이상은 주희의 해설에 의거했다. 만장이 이야기하고 있는 것은 공자가 13년간의 주유 생활을 마치고 고향으로 돌아가 제자들을 가르치기로 결심한 대목이다. 이 대목이 『논어』「공야장」편에는 다음과 같이 기록되어 있다. "공자께서 진나라에 계실 때 말씀하셨다. '돌아가자, 돌아가! 우리 마을의 젊은 무리들이 뜻은 높으나 일에는 소략하고, 문장은 찬란하지만 바르게 마름질할 줄을 모르는구나.'"

孟子曰 孔子 不得中道而與之 必也狂獧乎. 狂者進取 獧者有所不爲也. 孔子豈不欲中道哉. 不可必得 故思其次也.

맹자가 말했다. "공자께서는 이렇게 말씀하셨다. '중도의 선비를 얻어 함께할 수 없으니, 굳이 찾는다면 반드시 뜻이 높거나 고집이 센 사람과 함께할 것이다. 뜻이 높은 사람은 진취적이고 고집이 센 사람은 하지 않는 바가 있다.' 공자께서 어찌 중도의 선비를 원하지 않았으랴? 그러나 꼭 얻을 수가 없었기 때문에 그다음을 생각하신 것이다."

부득중도(不得中道)에서부터 유소불위야(有所不爲也)까지는 공자의 말이다. 따라서 孔子 다음에 曰자가 붙어야 한다. 공자의 말은 『논어』 「자로」편에도 기록되어 있다. 다만 거기에서는 中道가 中行으로, 견(獧)이 견(狷)으로 되어 있다. 中道는 어느 한쪽으로 기울거나 치우치지 않는 중용의 덕을 간직한 사람이다. 뜻이 높은 자는 그 높은 뜻을 향해 나아가므로 진취적이다. 獧은 고집이 세어 아닌 것은 아니라고 하는 사람이다. 따라서 하지 않는 바가 있다. 狂者와 獧者는 진취적이고 하지 않는 바가 있기 때문에 중도의 선비 다음이 될 수 있는 것이다.

敢問何如斯可謂狂矣.
曰 如琴張, 曾晳, 牧皮者 孔子之所謂狂矣.
"감히 묻겠습니다만, 어떻게 하면 뜻이 높다고 할 수 있겠습니까?"
"금장이나 증석, 목피와 같은 사람이 공자께서 말씀하시는 뜻이 높은 사람이다."

금장(琴張)에 대해 조기는 공자의 제자인 전손사(顓孫師) 즉 자장(子張)이라고 주장하고, 주희는 『장자』「대종사(大宗師)」편에 나오는 자상호(子桑戶)가 죽었을 때 노래를 불렀다는 자금장(子琴張)이라고 주장하고 있으나, 누가 옳은지 확인하기 어렵다. 증석(曾晳)은 증자의 아버지로 『논어』「선진」편에 그에 관한 이야기가 전해진다. 거기에서 증석은 각자 자기의 포부를 말해 보라는 공자의 질문에, 다른 제자들이 모두 벼슬길에 올라 자기의 장기를 발휘하는 것을 이야기하고 있는 데 반해, 자신은 봄날 냇가에서 목욕하고 바람 쐰 뒤 노래를 부르며 돌아오겠다고 말함으로써 공자의 탄식을 자아낸 바 있다. 목피(牧皮)에 대해서는 알려진 바가 없다.

何以謂之狂也.

曰 其志嘐嘐然 曰 古之人 古之人. 夷考其行而不掩焉者也. 狂者
又不可得 欲得不屑不潔之士而與之 是獧也 是又其次也.

"무엇을 일컬어 뜻이 높다고 합니까?"

"그 뜻이 커서 말하길 '옛사람, 옛사람' 하나, 평소에 그 행동을 살펴보면 그 말을 실천하지 못한다. 뜻이 높은 자도 얻을 수 없으면, 깨끗하지 않은 것을 깨끗하지 않다고 여기는 선비를 얻어 함께하기를 바라니, 이것이 고집이 센 사람으로, 또한 그다음이다."

효효(嘐嘐)는 뜻이 크고 말에 허풍이 센 것이다. 이(夷)는 조기에 의하면 평(平)으로 평소이나, 초순은 이고(夷考)로 같이 읽어 고찰(考察)이라고 하고 있다. 엄(掩)은 복(覆)으로 실천하는 것이다. 광자는 뜻이 커 진취적이나 그 행동이 뒤따르지 못하는 단점이 있다. 불설불결(不屑不潔)은 깨끗하지 않은 것은 깨끗하지 않다고 하는 것, 즉 옳지 않은 것은 옳지 않다고 하는 것이다. 이것은 고집이 센 자(獧者)의 특성이다.

孔子曰 過我門而不入我室 我不憾焉者 其惟鄕原乎. 鄕原 德之賊也.
曰 何如斯可謂之鄕原矣.

"공자께서 말씀하시길 '내 집 문을 지나 내 방에 들어오지 않더라도 내가 유감으로 여기지 않을 사람은 아마 오직 향원일 것이다. 향원은 덕을 해치는 자다'라고 하셨다."

"어떻게 하면 향원이라고 할 수 있겠습니까?"

과아문(過我門)부터 덕지적야(德之賊也)까지가 공자의 말이다. 향원은 향원

(鄕愿)으로 시골에서(鄕) 근엄한 척함으로써(愿) 사람들의 신망을 얻고 있는 자다. 공자는 그가 겉으로는 덕이 있는 척하지만 실제로는 덕이 없기 때문에 덕을 해치는 자라고 한 것이다. 내 집 문을 지나 내 방으로 들어오지 않더라도 유감으로 여기지 않는다는 말은, 그가 친히 다가오지 않은 것을 다행으로 여긴다는 뜻으로, 매우 심하게 배척하는 말이다. 하여(何如) 이하는 만장의 질문이다.

曰 何以是嘐嘐也. 言不顧行 行不顧言 則曰 古之人 古之人. 行何爲踽踽涼涼. 生斯世也 爲斯世也 善斯可矣. 閹然媚於世也者 是鄕原也.

"(향원이 뜻이 높은 사람에 대해 말하길) '어찌하여 그처럼 뜻이 높으냐? 말은 행동을 고려하지 않고 행동은 말을 고려하지 않으면서 옛사람, 옛사람 하고 말한다', (고집이 센 사람에 대해 말하길) '행동은 왜 그리 외롭고 쓸쓸하냐?', '이 세상에 태어났으면 이 세상을 위해 남들이 좋다고 하면 되는 것이지'라고 하면서 내시처럼 세상에 아첨하는 자가 바로 향원이다."

하이(何以)부터 고지인 고지인(古之人 古之人)까지는 향원이 狂者에 대해 비판하는 말이고, 행하위우우량량(行何爲踽踽涼涼)은 향원이 獧者에 대해 비판하는 말, 생사세야(生斯世也)부터 선사가의(善斯可矣)는 향원이 자신의 뜻을 밝힌 말이다. 우우(踽踽)는 홀로 가며 나아가지 못하는 모습이고, 량량(涼涼)은 박(薄)으로 남으로부터 친절과 후대를 받지 못하는 것이다. 엄(閹)은 내시로 닫고 감춘다는 뜻이고, 미(媚)는 남에게 잘 보이려고 하는 것이다. 향원은 자신의 실상은 내시처럼 굳게 감추고서 남에게 잘 보이는 것만 구하는 자다. 이상은 주희의 해설에 의거했다.

조기의 해설은 이와 크게 다르다. 조기에 의하면 何以부터 曰古之人까지는 맹자의 말로, 맹자가 향원이 말만 크게 떠들면서 언행이 일치하지 못하고 옛사람만 들먹거린다고 비판한 말이다. 또 古之人行何爲踽踽凉凉은 향원의 말로, 향원이 옛사람들의 위의(威儀)가 베풀 데가 없는 모양을 하고 있다고 비판한 것이다. 그 이후는 주희와 별 차이가 없으나, 다만 주희가 生斯世也 爲斯世也 善斯可矣로 끊어 읽고 있는 데 반해 生斯世也 爲斯世也善 斯可矣로 끊어 읽는 것이 다르다.

萬子曰 一鄕皆稱原人焉 無所往而不爲原人 孔子以爲德之賊 何哉.
만자가 말했다. "고을 전체가 모두 근후한 사람이라고 칭하면, 가는 곳마다 근후한 사람으로 여겨지지 않는 바가 없을 텐데, 공자께서 덕을 해치는 자라고 한 것은 무슨 연유에서입니까?"

만자는 만장이다. 조기는 만장이 성인의 뜻을 이해하지 못해서 맹자가 그렇게 표기했다고 하는데 동의하기 어렵다. 전해오는 과정에 무슨 착오가 있지 않았나 싶다. 원인(原人)은 근후한 사람이다.

曰 非之無擧也 刺之無刺也. 同乎流俗 合乎汙世. 居之似忠信 行之似廉潔. 衆皆悅之 自以爲是 而不可與入堯舜之道. 故曰德之賊也.
"비난하려 해도 들춰낼 것이 없고 꾸짖으려 해도 꾸짖을 것이 없다. 세속의 유행에 같이하고 더러운 세상에 영합한다. 평소에 거처할 때는 충성스럽고 믿음직스러운 듯하고 행동할 때는 청렴하고 깨끗한 것 같다. 무리들이 모두 좋아하고 스스로도 그렇다고 여기나 함께 요순의 도에 들어갈 수 없다. 그래서 말하길 덕을 해치는 자라고 한다."

비(非)는 비난하는 것, 거(擧)는 거론하는 것, 들춰내는 것, 자(刺)는 공격하는 것, 꾸짖는 것이다. 동(同)은 동화하는 것, 같이하는 것이고, 유속(流俗)은 풍속이 무너지는 것이 물이 아래로 흐르는 것과 같이 모든 사람이 그렇지 않음이 없는 것이다. 오(汙)는 탁(濁)으로 더러운 것이다. 향원은 忠信이 아닌데도 忠信처럼 보이고 廉潔이 아닌데도 廉潔처럼 보이니 덕을 해치는 자인 것이다.

孔子曰 惡似而非者, 惡莠 恐其亂苗也, 惡佞 恐其亂義也, 惡利口 恐其亂信也, 惡鄭聲 恐其亂樂也, 惡紫 恐其亂朱也, 惡鄕原 恐其亂德也.

"공자께서 말씀하셨다. '비슷하면서도 아닌 것을 미워하니, 가라지가 벼이삭을 어지럽힐까 두려워 미워하고, 말재주가 의를 어지럽힐까 두려워 미워하며, 말 잘하는 입으로 신의를 어지럽힐까 두려워 미워하고, 정나라 음악이 음악을 어지럽힐까 두려워 미워하며, 자주색이 붉은 색을 어지럽힐까 두려워 미워하고, 향원이 덕을 어지럽힐까 두려워 미워한다.'"

유(莠)는 가라지로 벼 이삭과 비슷하게 생겼다. 이구(利口)는 말을 잘하는 것이다. 정성(鄭聲)은 정나라의 음악으로 음탕하다고 한다. 자(紫)는 자주색으로 간색(間色)이고, 주(朱)는 붉은 색으로 정색(正色)이다. 향원은 狂者나 獧者처럼 모가 나지 않아 얼핏 보기에 중도인 것처럼 보이나 사실은 아니기 때문에 덕을 어지럽힌다. 이토 진사이는 다음과 같이 말하고 있다. "대개 진실로 옳은 것은 진정 더 이상 더할 것이 없다. 진실로 잘못된 것은 사람을 헷갈리게 할 수 없다. 오직 옳은 것처럼 보이나 잘못된 것만이 사람들을 헷갈리게 하기 쉽다. 그렇기 때문에 성인이 심히 미워한 것이다." 또 『논어』

「양화」편에는 다음과 같은 말이 있다. "공자께서 말씀하셨다. '나는 자주색이 붉은 색을 빼앗는 것을 미워하고, 정나라 음악이 아악을 어지럽히는 것을 미워하며, 말재주로 나라와 집안을 뒤엎는 것을 미워한다.'"

君子反經而已矣. 經正 則庶民興, 庶民興 斯無邪慝矣.
"군자는 떳떳한 도로 돌아갈 뿐이다. 떳떳한 도가 올바로 되면 서민이 일어나고, 서민이 일어나면 사악하고 간특한 것이 없어질 것이다."

반(反)은 돌아가는 것이고, 경(經)은 영원히 변하지 않는 떳떳한 도(萬歲不易之常道)다. 특(慝)은 간특한 것이다.

주희는 윤돈의 말로 이 장 해설을 마치고 있다. "군자가 광자(狂者)와 견자(獧者)를 취하는 것은 狂者는 뜻이 커서 함께 도에 나아갈 수 있고, 獧者는 하지 않는 바가 있어 함께할 수 있는 일이 있기 때문이다. 향원을 미워하고 통렬히 끊고자 하는 것은 옳은 것 같으나 틀려서 사람을 헷갈리게 하는 바가 깊기 때문이다. 그것을 끊는 방법은 다른 것이 아니다. 다만 經으로 돌아갈 뿐이다."

38

　맹자가 말했다. "요순으로부터 탕왕에 이르기까지 오백여 년인데, 우왕과 고요(皐陶) 같은 사람은 보고 알았을 것이고, 탕왕과 같은 사람은 듣고 알았을 것이다. 탕왕으로부터 문왕에 이르기까지 오백여 년인데, 이윤과 내주(萊朱) 같은 사람은 보고 알았을 것이고, 문왕과 같은 사람은 듣고 알았을 것이다. 문왕으로부터 공자에 이르기까지 오백여 년인데, 태공망(太公望)과 산의생(散宜生) 같은 사람은 보고 알았을 것이고, 공자 같은 사람은 듣고 알았을 것이다. 공자로부터 지금에 이르기까지 백여 년이다. 성인의 세상으로부터 떨어지기가 이처럼 멀지 않고, 성인이 거처하던 곳과 가깝기가 이처럼 심하다. 그런데 아무도 없으니 또한 아무도 없겠구나."

孟子曰 由堯舜至於湯 五百有餘歲. 若禹皐陶 則見而知之, 若湯則聞而知之.

맹자가 말했다. "요순으로부터 탕왕에 이르기까지 오백여 년인데, 우왕과 고요 같은 사람은 보고 알았을 것이고, 탕왕과 같은 사람은 듣고 알았을 것이다."

오백 년이라 한 것은 조기에 의하면 오백 년마다 성인이 나오는 것이 천도의 상규이기 때문이다. 유여(有餘)라고 한 것은 약간의 변동이 있을 수 있다는 말이다. 우(禹)와 고요(皐陶)는 요순의 신하였기 때문에 직접 볼 수 있었고, 탕(湯)은 후대 사람이라 직접 볼 수는 없었으나 들어서 그 도를 알 수는 있었다.

由湯至於文王 五百有餘歲. 若伊尹萊朱 則見而知之, 若文王 則聞而知之.

"탕왕으로부터 문왕에 이르기까지 오백여 년인데, 이윤과 내주 같은 사람은 보고 알았을 것이고, 문왕과 같은 사람은 듣고 알았을 것이다."

내주(萊朱)는 조기에 의하면 탕왕의 현명한 신하라고 한다.

由文王至於孔子 五百有餘歲. 若太公望散宜生 則見而知之, 若孔子 則聞而知之.

"문왕으로부터 공자에 이르기까지 오백여 년인데, 태공망과 산의생 같은 사람은 보고 알았을 것이고, 공자 같은 사람은 듣고 알았을 것이다."

산의생(散宜生)은 성은 散, 이름은 宜生으로 문왕의 현명한 신하다. 『논어』「자장」편에서 자공이 말하길 "문왕과 무왕의 도가 아직 땅에 떨어지지 않아 사람에게 있습니다. 현명한 자는 그 큰 것을 기억하고 있으며, 그렇지 못한 자는 그 작은 것을 알고 있습니다. 문왕과 무왕의 도가 없는 곳이 없습니다. 선생님(공자)께서 어디선들 배우지 않은 곳이 있겠으며, 또한 어찌 정해진 스승이 있겠습니까?"라고 하고 있는데, 바로 이것을 말하는 것이다.

由孔子而來至於今 百有餘歲. 去聖人之世 若此其未遠也, 近聖人之居 若此其甚也. 然而無有乎爾 則亦無有乎爾.

"공자로부터 지금에 이르기까지 백여 년이다. 성인의 세상으로부터 떨어지기가 이처럼 멀지 않고, 성인이 거처하던 곳과 가깝기가 이처럼 심하다. 그런데 아무도 없으니 또한 아무도 없겠구나."

공자로부터 맹자에 이르기까지는 약 백여 년으로 이전 성인들의 오백 년에 비하면 매우 짧다. 또 공자의 고향인 노(魯)와 맹자의 고향인 추(鄒)는 가까운 인근 지방이다. 그런데도 이미 보고 아는 자가 없으니 오백 년 후에 어찌 다시 듣고 아는 자가 있겠느냐? 이상은 주희가 인용한 임지기의 해설이다. 조기의 해설은 다음과 같다. 맹자가 이미 공자의 도를 알고 있는데도 세상에서는 공자의 도를 아는 사람이 없다고 하니, 이는 하늘이 맹자로 하여금 도를 행하지 못하게 하려는 것이다. 따라서 맹자는 무유호이(無有乎爾)를 거듭 말해 하늘의 뜻을 살펴 알려고 했다. 則亦이라고 한 것은 "실제로 없는 것이 아니나 그렇다면 또한 마땅히 없는 것으로 해야겠다"는 뜻이다. 조기는 "그러나 아무도 없다고 하니 그렇다면 또한 아무도 없다고 해야겠구나!"로 번역하고 있는 것이다.

한편 주희는 임지기의 말에 이어 다음과 같이 자신의 의견을 더하고 있다. "내가 보건대 이 말은 감히 자신이 도를 전수받았다고 스스로 말할 수 없어 마침내 후세에 실전될까 근심해 한 말인 듯하다. 그러나 바로 사양할 수 없는 것이 있음을 스스로 보여서, 천리(天理)와 인간의 법도(民彝)가 사라질 수가 없어, 백세(百世) 후에 장차 정신으로 이해하고 마음으로 터득하는 자가 나타날 것임을 또 보인 것이다. 고로 이 편 끝에 역대 성인의 도통을 서술하고 이 말로 마치면서, 도가 전해진 바가 있음을 밝히고 무궁한 뒤에 후대의 성인을 기다린 것이니, 그 뜻이 깊다." 주희에 의하면 맹자는 자신이 대놓고 공자의 도를 계승했다고 말할 수 없어 이같이 말했을 뿐이나, 실제로는 자신이 그 도의 계승자라고 자부하면서 후대에 듣고 알 자(聞而知之者)를 기다렸다는 것이다. 그리고 마침내 북송의 정호(程顥), 정이(程頤) 형제에 이르러 그 도가 다시 이어졌는데, 정호의 호를 명도(明道)라고 한 것은 그 때문이라고 한다. 물론 송대 성리학자들 이외에는 아무도 인정하지 않는 말이나, 그들 의식의 면면을 알 수 있어 소개한다. 그리고 공자와 맹자의 사상은 맹자의 걱정대로 끊어지지는 않고, 시대에 따라 부침을 거듭하면서 오늘날도 여전히 사람들 뇌리 속에서 살아 숨 쉬고 있다.

찾아보기 | 고유명사

각소(角招)　양혜왕하4
갈(葛, 葛伯)　양혜왕하3, 양혜왕하11, 등문공하5
강(江)　등문공상4, 등문공하9
강고(康誥)　만장하4
강녀(姜女)　양혜왕하5
개풍(凱風)　고자하3
걸(桀)　양혜왕하8, 이루상9, 만장상6, 고자하2, 고자하6, 고자하8, 고자하10
경추씨(景丑氏, 景子)　공손추하2
경춘(景春)　등문공하2
계(啓)　만장상6
계씨(季氏)　이루상14
계임(季任, 季子)　고자하5
계환자(季桓子)　만장하4
고공단보(古公亶甫)　양혜왕하5
고당(高唐)　고자하6
고수(瞽瞍)　이루상28, 만장상2, 만장상4, 고자상6, 진심상35
고요(皐陶)　등문공상4, 진심상35, 진심하38
고자(告子)　공손추상2, 고자상1, 고자상2, 고자상3, 고자상4, 고자상6
고자(高子, 高叟)　공손추하12, 고자하3, 진심하21, 진심하22
곤(鯀)　만장상3
곤이(昆夷)　양혜왕하3

공거심(孔距心, 距心)　공손추하4
공공(共工)　만장상3
공도자(公都子)　공손추하5, 등문공하9, 이루하30, 고자상5, 고자상6, 고자상15, 진심상43
공명고(公明高)　만장상1
공명의(公明儀)　등문공상1, 등문공하3, 등문공하9, 이루하24
공손연(公孫衍)　등문공하2
공손추(公孫丑)　공손추상1, 공손추상2, 공손추하2, 공손추하6, 공손추하14, 등문공하7, 이루상18, 고자하3, 고자하13, 진심상31, 진심상32, 진심상39, 진심상41, 진심하1, 진심하36
공수자(公輸子)　이루상1
공의자(公儀子)　고자하6
공자(孔子, 仲尼)　양혜왕상4, 양혜왕상7, 공손추상1, 공손추상2, 공손추상3, 공손추상4, 공손추상7, 등문공상2, 등문공상4, 등문공하1, 등문공하3, 등문공하7, 등문공하9, 이루상2, 이루상7, 이루상8, 이루상14, 이루하10, 이루하18, 이루하21, 이루하22, 이루하29, 만장상4, 만장상6, 만장상8, 만장하1, 만장하4, 만장하5, 만장하7, 고자상6, 고자상8, 고자하3, 고자하6, 진심상24, 진심하17, 진심하19, 진심하37, 진심하38

공행자(公行子)　이루하27
관숙(管叔)　공손추하9
관중(管仲, 管夷吾)　공손추상1, 공손추하2, 고자하15
광장(匡章, 章子)　등문공하10, 이루하30
괵(虢)　만장상9
교격(膠鬲)　공손추상1, 고자하15
구천(句踐)　양혜왕하3
굴(屈, 屈産)　만장상9
궁지기(宮之奇)　만장상9
규구(葵丘)　고자하7
금장(琴張)　진심하37
기(淇)　고자하6
기(岐, 岐山, 岐周)　양혜왕하5, 양혜왕하14, 양혜왕하15, 이루하1
기량(杞梁)　고자하6
기산(箕山)　만장상6
기자(箕子)　공손추상1
남양(南陽)　고자하8
남하(南河)　만장상5
낭야(琅邪)　양혜왕하4
내주(萊朱)　진심하38
노(魯, 魯君)　양혜왕하12, 공손추하7, 등문공상2, 이루하21, 만장하1, 만장하4, 고자하6, 고자하8, 진심상36, 진심하17
노평공(魯平公)　양혜왕하16
단(丹)　고자하11
단간목(段干木)　등문공하7
단주(丹朱)　만장상6
당우(唐虞)　만장상6
대불승(戴不勝)　등문공하6
대영지(戴盈之)　등문공하8
도군(都君)　만장상2
도올(檮杌)　이루하21

도응(桃應)　진심상35
도척(盜跖, 蹠)　등문공하10, 진심상25
동(桐)　만장하6, 진심상31
동산(東山)　진심상24
동이(東夷)　이루하1
동해(東海)　이루상13, 진심상22
등(滕)　양혜왕하13, , 공손추하6, 등문공상1, 등문공상3, 등문공상4, 진심하30
등경(滕更)　진심상43
등문공(滕文公, 文公)　양혜왕하13, 양혜왕하14, 양혜왕하15, 등문공상1, 등문공상3
등정공(滕定公)　등문공상2
만장(萬章, 萬子)　등문공하5, 만장상1, 만장상2, 만장상3, 만장상5, 만장상6, 만장상7, 만장상8, 만장상9, 만장하3, 만장하4, 만장하6, 만장하7, 만장하8, 진심하37
맥(貊)　고자하10
맥계(貉稽)　진심하19
맹계자(孟季子)　고자상5
맹분(孟賁)　공손추상2
맹시사(孟施舍)　공손추상2
맹중자(孟仲子)　공손추하2
맹헌자(孟獻子)　만장하3
면구(縣駒)　고자하6
명당(明堂)　양혜왕하5
명조(鳴條)　이루하1
목공(穆公)　양혜왕하12
목공(繆公, 魯繆公)　공손추하11, 만장하6, 만장하7, 고자하6, 고자하13
목중(牧仲)　만장하3
목피(牧皮)　진심하37
무성(武城)　이루하31
무성(武成)　진심하3
무왕(武王, 武)　양혜왕하3, 양혜왕하8, 양

혜왕하10, 공손추상1, 공손추하12, 등문
공하5, 등문공하9, 이루상9, 이루하20, 고
자상6, 진심상30, 진심하4, 진심하19, 진
심하33, 진심하38
무정(武丁) 공손추상1
묵적(墨翟, 墨者, 墨氏, 墨子, 墨) 등문공상
5, 등문공하9, 진심상26, 진심하25
문왕(文王, 文) 양혜왕상2, 양혜왕하2, 양
혜왕하3, 양혜왕하5, 양혜왕하10, 공손추
상1, 공손추상3, 등문공상1, 등문공상3,
등문공하9, 이루상7, 이루상13, 이루하1,
이루하20, 고자상6, 고자하2, 진심상10,
진심상22, 진심하22
미자(彌子) 만장상8
미자(微子, 微子啓) 공손추상1, 고자상6
미중(微仲) 공손추상1
민자(閔子) 공손추상2
박(亳) 등문공하5, 만장상6
방훈(放勳) 등문공상4, 만장상4
백규(白圭, 丹) 고자하10, 고자하11
백리해(百里奚) 만장상9, 고자하6, 고자하
15
백이(伯夷) 공손추상2, 공손추상9, 등문공
하10, 이루상13, 만장하1, 고자하6, 진심
상22, 진심하15
범(范) 진심상36
봉몽(逢蒙) 이루하24
부열(傅說) 고자하15
부추(負芻) 이루하31
부하(負夏) 이루하1
북궁유(北宮黝) 공손추상2
북궁의(北宮錡) 만장하2
북해(北海) 이루상13, 만장하1, 진심상22
분성괄(盆成括) 진심하29

비간(比干) 고자상6
비렴(飛廉) 등문공하9
비혜공(費惠公) 만장하3
빈(邠, 邠人) 양혜왕하14, 양혜왕하15
사(泗) 등문공상4
사광(師曠) 이루상1, 고자상7
사구(司寇) 고자하6
사성정자(司城貞子) 만장상8
산의생(散宜生) 진심하38
삼대(三代) 등문공상3, 이루상3
삼묘(三苗) 만장상3
삼왕(三王) 이루하20, 고자하7
삼위(三危) 만장상3
상(象) 만장상2, 만장상3, 고자상6
상(商) 이루상7
서백(西伯) 이루상13, 진심상22
서벽(徐辟, 徐子) 등문공상5, 이루하18
서이(西夷) 이루하1
서자(西子) 이루하25
석구(石丘) 고자하4
설(契) 등문공상4
설(薛) 양혜왕하14, 공손추하3
설거주(薛居州) 등문공하6
설궁(雪宮) 양혜왕하4
설류(泄柳) 공손추하11, 등문공하7
성간(成覸) 등문공상1
소반(小弁) 고자하3
손숙오(孫叔敖) 고자하15
송(宋, 宋人, 宋王) 공손추상2, 공손추하3,
등문공상1, 등문공상2, 등문공상4, 등문
공하5, 등문공하6, 만장상8, 진심상36
송경(宋牼) 고자하4
송구천(宋句踐) 진심상9
송환사마(宋桓司馬) 만장상8

수극(垂棘)　만장상9

순(舜)　공손추상8, 공손추하2, 등문공상1, 등문공상4, 등문공하4, 등문공하9, 이루상1, 이루상2, 이루상28, 이루하1, 이루하28, 이루하32, 만장상1, 만장상2, 만장상3, 만장상4, 만장상5, 만장상6, 만장상7, 만장하1, 만장하3, 만장하6, 고자상6, 고자하2, 고자하3, 고자하8, 고자하10, 고자하15, 진심상16, 진심상25, 진심상30, 진심상35, 진심상46, 진심하6, 진심하33, 진심하38

순우곤(淳于髡)　이루상17, 고자하6

숭(崇)　공손추하14

숭산(崇山)　만장상3

승(乘)　이루하21

시자(時子)　공손추하10

신농(神農)　등문공상4

신상(申詳)　공손추하11

신자(慎子, 滑釐)　고자하8

심동(沈同)　공손추하8

심유행(沈猶行)　이루하31

악정구(樂正裘)　만장하3

악정자(樂正子, 克)　양혜왕하16, 이루상24, 이루상25, 고자하13, 진심하25

안반(顔般)　만장하3

안수유(安孺由)　만장상8

안연(顔淵, 顔子, 顔回)　공손추상2, 등문공상1, 이루하29

안자(晏子)　양혜왕하4, 공손추상1

양산(梁山)　양혜왕하15

양성(陽城)　만장상6

양양왕(梁襄王)　양혜왕상6

양주(楊朱, 楊氏, 楊子, 楊)　등문공하9, 진심상26, 진심하26

양혜왕(梁惠王)　양혜왕상1, 양혜왕상2, 양혜왕상3, 양혜왕4, 양혜왕상5, 진심하1

양호(陽虎, 陽貨)　등문공상3, 등문공하7

엄(奄)　등문공하9

여厲)　이루상2, 고자상6

여(汝)　등문공상4

역아(易牙)　고자상7

연(燕)　양혜왕하10, 양혜왕하11, 공손추하8, 공손추하9

연우(然友)　등문공상2

염구(冉求, 求)　이루상14

염우(冉牛)　공손추상2

영(嬴)　공손추하7

영구(靈丘)　공손추하5

영대(靈臺)　양혜왕상2,

영소(靈沼)　양혜왕상2

영유(靈囿)　양혜왕상2

예(羿)　이루하24, 고자상20, 진심상41

오(吳)　양혜왕상3, 이루상7

오릉(於陵)　등문공하10

오패(五霸)　고자하7, 진심상30

오획(烏獲)　고자하2

옥려자(屋廬子)　고자하1, 고자하5

옹저(癰疽)　만장상8

왕량(王良)　등문공하1

왕순(王順)　만장하3

왕표(王豹)　고자하6

왕환(王驩, 驩, 子敖)　공손추하6, 이루상24, 이루상25, 이루상27

외병(外丙)　만장상6

요(堯)　공손추상2, 등문공상1, 등문공상4, 등문공하4, 등문공하9, 이루상1, 이루상2, 이루하32, 만장상4, 만장상5, 만장상6, 만장상7, 만장하1, 만장하6, 고자상6,

고자하2, 고자하10, 진심상30, 진심상46, 진심하33, 진심하38
용자(龍子) 등문공상3, 고자상7
우(禹) 공손추상8, 등문공상4, 등문공하9, 이루하20, 이루하29, 만장상6, 고자하11, 진심하22, 진심하38
우(虞, 虞公) 만장상9, 고자하6
우사(右師) 이루하27
우산(牛山) 고자상8
우산(羽山) 만장상3
월구(越寇, 越人) 이루하31, 고자하3
위(衛) 이루하24, 이루하31, 만장상8
위(魏) 진심상11
위령공(衛靈公) 만장하4
위효공(衛孝公) 만장하4
유(幽) 이루상2, 고자상6
유공지사(庾公之斯) 이루하24
유비(有庳) 만장상3
유신(有莘) 만장상7
유약(有若) 공손추상2, 등문공상4
유자(孺子) 이루상8
유주(幽州) 만장상3
유하혜(柳下惠) 공손추상9, 만장하1, 고자하6, 진심상28, 진심하15
윤공지타(尹公之他) 이루하24
윤사(尹士) 공손추하12
융적(戎狄) 등문공상4, 등문공하9
은(殷) 공손추상1, 공손추하9, 등문공상3, 이루상2, 이루상7, 만장상6, 만장하4
이루(離婁) 이루상1
이윤(伊尹) 공손추상2, 공손추하2, 만장상6, 만장상7, 만장하1, 고자하6, 진심상31, 진심하38
이지(夷之, 夷子) 등문공상5

익(益) 등문공상4, 만장상6
임인(任人, 任) 고자하1, 고자하5
자공(子貢) 공손추상2, 등문공상4
자도(子都) 고자상7
자로(子路) 공손추상1, 공손추상8, 등문공하7, 만장상8
자류(子柳) 고자하6
자막(子莫) 진심상26
자사(子思, 伋) 공손추하11, 이루하31, 만장하3, 만장하6, 만장하7, 고자하6
자산(子産, 鄭子産) 이루하2, 만장상2
자양(子襄) 공손추상2
자오(子敖) 이루상24, 이루상25
자유(子游) 공손추상2, 등문공상4
자장(子張) 공손추상2, 등문공상4
자지(子之) 공손추하8
자쾌(子噲) 공손추하8
자탁유자(子濯孺子) 이루하24
자하(子夏) 공손추상2, 등문공상4
장식(長息) 만장상1, 만장하3
장악(莊嶽) 등문공하6
장의(張儀) 등문공하2
장창(臧倉) 양혜왕하16
장포(莊暴, 莊子) 양혜왕하1
재아(宰我) 공손추상2
저자(儲子) 이루하32, 고자하5
적인(狄人) 양혜왕하14, 양혜왕하15
전부(轉附) 양혜왕하4
점(墊, 王子墊) 진심상33
정(鄭) 이루하24
정국(鄭國) 이루하2
정성(鄭聲) 진심하37
제(濟) 등문공상4
제(齊, 齊寇, 齊國, 齊人) 양혜왕상5, 양혜

왕상7, 양혜왕하10, 양혜왕하11, 양혜왕하13, 양혜왕하14, 공손추상1, 공손추상2, 공손추하2, 공손추하3, 공손추하6, 공손추하7, 공손추하8, 공손추하11, 공손추하12, 공손추하13, 공손추하14, 등문공하5, 등문공하6, 등문공하10, 이루하33, 만장상8, 만장하1, 고자하5, 고자하6, 고자하8, 진심상36, 진심하17, 진심하23, 진심하29

제경공(齊景公)　양혜왕하4, 등문공상1, 등문공하1, 이루상7, 만장하7

제선왕(齊宣王)　양혜왕상7, 양혜왕하2, 양혜왕하3, 양혜왕하4, 양혜왕하5, 양혜왕하6, 양혜왕하7, 양혜왕하8, 양혜왕하9, 양혜왕하10, 양혜왕하11, 이루하3, 만장하9, 진심상39

제풍(諸馮)　이루하1

조간자(趙簡子)　등문공하1

조교(曹交)　고자하2

조맹(趙孟)　고자상17

조무(朝儛)　양혜왕하4

주(周)　공손추상1, 등문공상3, 이루상7, 만장상4, 만장상6, 만장하2, 만장하4

주(晝)　공손추하11, 공손추하12

주(紂)　양혜왕하8, 공손추상1, 등문공하9, 이루상9, 이루상13, 만장상6, 만장하1, 고자상6, 진심상22

주공(周公)　공손추상1, 공손추하9, 등문공상1, 등문공상4, 등문공하9, 이루하20, 만장상6, 고자하8

주소(周霄)　등문공하3

중임(仲任)　만장상6

증서(曾西)　공손추상1

증석(曾晳)　이루상19, 진심하36, 진심하37

증원(曾元)　이루상19

증자(曾子)　양혜왕하12, 공손추상2, 공손추하2, 등문공상2, 등문공상4, 등문공하7, 이루상19, 이루하31, 진심하36

지와(蚳䵷)　공손추하5

진(陳)　진심하37

진(晉, 晉國)　양혜왕상5, 공손추하2, 등문공하3, 이루하21, 만장상9

진(秦, 秦人)　양혜왕상5, 만장상9, 고자상4, 고자상12, 고자하4

진고(陳賈)　공손추하9

진대(陳代)　등문공하1

진대(陳戴)　등문공하10

진량(陳良)　등문공상4

진목공(秦穆公)　만장상9, 고자하6

진문(晉文, 文公)　양혜왕상7, 이루상21

진상(陳相)　등문공상4

진자(陳子)　공손추하10, 고자하14

진중자(陳仲子, 仲子)　등문공하10, 진심상34

진진(陳臻)　공손추하3, 진심하23

진채(陳蔡)　진심하18

진평공(晉平公)　만장하3

진후주(陳侯周)　만장상8

질택(垤澤)　진심상36

척환(瘠環)　만장상8

초(楚, 楚人)　양혜왕상5, 양혜왕하6, 양혜왕하13, 공손추하2, 등문공상1, 등문공상4, 등문공하5, 등문공하6, 이루하21, 고자상4, 고자상12, 고자하4

추(鄒, 鄒君)　양혜왕하12, 등문공상2, 고자하1, 고자하2, 고자하5

춘추(春秋)　등문공하9, 이루하21, 진심하2

충우(充虞)　공손추하7, 공손추하13

치소(徵招)　양혜왕하4
탑(漯)　등문공상4
탕(湯)　양혜왕하3, 양혜왕하8, 양혜왕하11, 공손추상1, 공손추상3, 공손추하2, 공손추하12, 등문공하5, 이루하9, 이루하20, 만장상6, 만장상7, 고자하2, 고자하6, 진심상30, 진심하33, 진심하38
태갑(太甲)　공손추상4, 이루상8, 만장상6, 진심상31
태공(太公, 太公望)　이루상13, 고자하8, 진심상22, 진심하38
태산(太山)　양혜왕7, 진심상24
태서(太誓)　등문공하5
태왕(大王)　양혜왕하3, 양혜왕하5, 양혜왕하14, 양혜왕하15
태정(太丁)　만장상6
팽경(彭更)　등문공하4
평륙(平陸)　공손추하4, 고자하5
폐해(嬖奚)　등문공하1
풍부(馮婦)　진심하23
필녕(畢郢)　이루하1
필전(畢戰)　등문공상3
하(河)　등문공하9
하(夏, 夏諺, 夏后)　양혜왕하4, 공손추상1,

등문공상3, 이루상2, 만장상6, 만장상7, 만장하4
하내(河內)　양혜왕상3
하동(河東)　양혜왕상3
하서(河西)　고자하6
한(漢)　등문공상4, 등문공하9
한(韓)　진심상11
함구몽(咸丘蒙)　만장상4
합(盍)　등문공하10
해당(亥唐)　만장하3
허행(許行, 許子)　등문공상4
혁추(弈秋)　고자상9
형서(荊舒)　등문공상4, 등문공하9
호생불해(浩生不害)　진심하25
호흘(胡齕)　양혜왕상7
화주(華周)　고자하6
환공(桓公, 齊桓)　양혜왕상7, 공손추하2, 이루하21, 고자하7
환도(驩兜)　만장상3
활리(滑釐)　고자하8
회(淮)　등문공상4, 등문공하9
후직(后稷, 稷)　등문공상4, 이루하29
훈육(獯鬻)　양혜왕하3
휴(休)　공손추하14

찾아보기 | 어구

가욕지위선 유저기지위신 충실지위미 충실
이유광휘지위대 대이화지지위성 성이불가
지지지위신(可欲之謂善 有諸己之謂信 充
實之謂美 充實而有光輝之謂大 大而化之之
謂聖 聖而不可知之之謂神)   진심하25
가이사 가이무사 사상용(可以死 可以無死 死
傷勇)   이루하23
가이사즉사 가이지즉지 가이구즉구 가이속
즉속 공자야(可以仕則仕 可以止則止 可以
久則久 可以速則速 孔子也)   공손추상2
가이속이속 가이구이구 가이처이처 가이사
이사 공자야(可以速而速 可以久而久 可以
處而處 可以仕而仕 孔子也)   만장하1
가이여 가이무여 여상혜(可以與 可以無與 與
傷惠)   이루하23
가이취 가이무취 취상렴(可以取 可以無取 取
傷廉)   이루하23
강한이탁지 추양이폭지 호호호불가상이(江
漢以濯之 秋陽以暴之 皜皜乎不可尙已)
등문공상4
거오재 인시야 노오재 의시야 거인유의 대인
지사비의(居惡在 仁是也 路惡在 義是也 居
仁由義 大人之事備矣)   진심상33
거이기 양이체 대재거호(居移氣 養移體 大哉
居乎)   진심상36
거천하지광거 입천하지정위 행천하지대도
(居天下之廣居 立天下之正位 行天下之大

道)   등문공하2
거하위 불이현사불초자 백이야(居下位 不以
賢事不肖者 伯夷也)   고자하6
거하위이불획어상 민불가득이치야(居下位而
不獲於上 民不可得而治也)   이루상12
걸주지실천하야 실기민야 실기민자 실기심
야(桀紂之失天下也 失其民也 失其民者 失
其心也)   이루상9
견기례이지기정 문기악이지기덕 유백세지후
등백세지왕 막지능위야(見其禮而知其政
聞其樂而知其德 由百世之後 等百世之王
莫之能違也)   공손추상2
경로자유 무망빈려(敬老慈幼 無忘賓旅)   고
자하7
경자구일 사자세록 관시기이부정 택량무금
죄인불노(耕者九一 仕者世祿 關市譏而不
征 澤梁無禁 罪人孥)   양혜왕하5
계세이유천하 천지소폐 필약걸주자야 고익
이윤 주공불유천하(繼世以有天下 天之所
廢 必若桀紂者也 故益 伊尹 周公不有天下)
만장상6
계지계지 출호이자 반호이자야(戒之戒之 出
乎爾者 反乎爾者也)   양혜왕하12
고자역자이교지(古者易子而敎之)   이루상
18
고지군자 과즉개지 금지군자 과즉순지(古之
君子 過則改之 今之君子 過則順之)   공손

추하9

고지군자 기과야 여일월지식 민개견지 급기경야 민개앙지 금지군자 기도순지 우종위지사(古之君子 其過也 如日月之食 民皆見之 及其更也 民皆仰之 今之君子 豈徒順之 又從爲之辭)　공손추하9

고지위관야 장이어폭 금지위관야 장이위폭(古之爲關也 將以禦暴 今之爲關也 將以爲暴)　진심하8

고지인 득지 택가어민 부득지 수신현어세 궁즉독선기신 달즉겸선천하(古之人 得志 澤加於民 不得志 脩身見於世 窮則獨善其身 達則兼善天下)　진심상9

고지인미상불욕사야 우오불유기도(古之人未嘗不欲仕也 又惡不由其道)　등문공하3

고지인삼월무군즉조(古之人三月無君則弔)　등문공하3

고지인소이대과인자무타언 선추기소위이의(古之人所以大過人者無他焉 善推其所爲而已矣)　양혜왕상7

고지인수기천작 이인작종지 금지인수기천작 이요인작 기득인작 이기기천작 즉혹지심자야 종역필망이이의(古之人修其天爵 而人爵從之 今之人修其天爵 以要人爵 旣得人爵 而棄其天爵 則惑之甚者也 終亦必亡而已矣)　고자상16

고지인여민해락 고능락야(古之人與民偕樂 故能樂也)　양혜왕상2

공경자 폐지미장자야 공경이무실 군자불가허구(恭敬者 幣之未將者也 恭敬而無實 君子不可虛拘)　진심상37

공자 성지시자야(孔子 聖之時者也)　만장하1

공자등동산이소로 등태산이소천하(孔子登東山而小魯 登太山而小天下)　진심상24

공자왈 조즉존 사즉망 출입무시 막지기향 유심지위여(孔子曰 操則存 舍則亡 出入無時 莫知其鄕 惟心之謂與)　고자상8

공자유견행가지사 유제가지사 유공양지사 어계환자 견행가지사야 어위령공 제가지사야 어위효공 공양지사야(孔子有見行可之仕 有際可之仕 有公養之仕 於季桓子 見行可之仕也 於衛靈公 際可之仕也 於衛孝公 公養之仕也)　만장하4

공자지위집대성 집대성야자 금성이옥진지야 금성야자 시조리야 옥진지야자 종조리야 시조리자 지지사야 종조리자 성지사야 지 비즉교야 성 비즉력야 유사어백보지외야 기지 이력야 기중 비이력야(孔子之謂集大成 集大成也者 金聲而玉振之也 金聲也者 始條理也 玉振之也者 終條理也 始條理者 智之事也 終條理者 聖之事也 智 譬則巧也 聖 譬則力也 由射於百步之外也 其至 爾力也 其中 非爾力也)　만장하1

공자진이례 퇴이의 득지부득왈유명(孔子進以禮 退以義 得之不得曰有命)　만장상8

과아문이불입아실 아불감언자 기유향원호(過我門而不入我室 我不憾焉者 其惟鄕原乎)　진심하37

관수유술 필관기란(觀水有術 必觀其瀾)　진심상24

관어해자난위수 유어성인지문자난위언(觀於海者難爲水 遊於聖人之門者難爲言)　진심상24

교역다술의 여불설지교회야자 시역교회지이이의(敎亦多術矣 子不屑之敎誨也者 是亦敎誨之而已矣)　고자하16

구득기양 무물부장 구실기양 무물불소(苟得

其養 無物不長 苟失其養 無物不消) 고자상8

구무항심 방벽사치 무불위이 급함호죄 연후종이형지 시망민야(苟無恆心 放辟邪侈 無不爲已 及陷乎罪 然後從而刑之 是罔民也) 양혜왕상7, 등문공상3

구즉득지 사즉실지 시구유익어득야 구재아자야 구지유도 득지유명 시구무익어득야 구재외자야(求則得之 舍則失之 是求有益於得也 求在我者也 求之有道 得之有命 是求無益於得也 求在外者也) 진심상3

구즉득지 사즉실지(求則得之 舍則失之) 고자상6

구지어미야 목지어색야 이지어성야 비지어취야 사지지어안일야 성야 유명언 군자불위성야(口之於味也 目之於色也 耳之於聲也 鼻之於臭也 四肢之於安佚也 性也 有命焉 君子不謂性也) 진심하24

국군호인 천하무적언(國君好仁 天下無敵焉) 진심하4

군명소 불사가이행(君命召 不俟駕而行) 만장하7

군인막불인 군의막불의 군정막부정 일정군이국정의(君仁莫不仁 君義莫不義 君正莫不正 一正君而國定矣) 이루상20

군인막불인 군의막불의(君仁莫不仁 君義莫不義) 이루하5

군자가기이기방 난망이비기도(君子可欺以其方 難罔以非其道) 만장상2

군자반경이이의 경정 즉서민흥 서민흥 사무사특의(君子反經而已矣 經正 則庶民興 庶民興 斯無邪慝矣) 진심하37

군자불량 오호집(君子不亮 惡乎執) 고자하12

군자불원천 불우인(君子不怨天 不尤人) 공손추하13

군자불이기소이양인자해인(君子不以其所以養人者害人) 양혜왕하15

군자소성 수대행불가언 수궁거불손언 분정고야(君子所性 雖大行不加焉 雖窮居不損焉 分定故也) 진심상21

군자소성 인의예지근어심 기생색야 수연현어면 앙어배 시어사체 사체불언이유(君子所性 仁義禮智根於心 其生色也 睟然見於面 盎於背 施於四體 四體不言而喻) 진심상21

군자소이이어인자 이기존심야 군자이인존심 이례존심(君子所以異於人者 以其存心也 君子以仁存心 以禮存心) 이루하28

군자심조지이도 욕기자득지야 자득지 즉거지안 거지안 즉자지심 자지심 즉취지좌우봉기원 고군자욕기자득지야(君子深造之以道 欲其自得之也 自得之 則居之安 居之安 則資之深 資之深 則取之左右逢其原 故君子欲其自得之也) 이루하14

군자역인이이의(君子亦仁而已矣) 고자하6

군자유부전 전필승의(君子有不戰 戰必勝矣) 공손추하1

군자유삼락 이왕천하불여존언 부모구존 형제무고 일락야 앙불괴어천 부부작어인 이락야 득천하영재이교육지 삼락야 군자유삼락 이왕천하불여존언(君子有三樂 而王天下不與存焉 父母俱存 兄弟無故 一樂也 仰不愧於天 俯不怍於人 二樂也 得天下英才而教育之 三樂也 君子有三樂 而王天下不與存焉) 진심상20

군자유종신지우 무일조지환야(君子有終身之憂, 無一朝之患也) 이루하28

군자인이불발 약여야 중도이립 능자종지(君子引而不發 躍如也 中道而立 能者從之) 진심상41

군자지덕 풍야 소인지덕 초야 초상지풍필언(君子之德 風也 小人之德 草也 草尙之風必偃) 등문공상2

군자지사군야 무인기군이당도 지어인이이(君子之事君也 務引其君以當道 志於仁而已) 고자하8

군자지소위 중인고불식야(君子之所爲 衆人固不識也) 고자하6

군자지소이교자오 유여시우화지자 유성덕자 유달재자 유답문자 유사숙애자(君子之所以敎者五 有如時雨化之者 有成德者 有達財者 有答問者 有私淑艾者) 진심상40

군자지수 수기신이천하평(君子之守 修其身而天下平) 진심하32

군자지어금수야 견기생 불인견기사 문기성 불인식기육 시이군자원포주야(君子之於禽獸也 見其生 不忍見其死 聞其聲 不忍食其肉 是以君子遠庖廚也) 양혜왕상7

군자지어물야 애지이불인 어민야 인지이불친 친친이인민 인민이애물(君子之於物也 愛之而弗仁 於民也 仁之而弗親 親親而仁民 仁民而愛物) 진심상45

군자지언야 불하대이도존언(君子之言也 不下帶而道存焉) 진심하32

군자지택오세이참 소인지택오세이참(君子之澤五世而斬 小人之澤五世而斬) 이루하22

군자행법 이사명이이의(君子行法 以俟命而已矣) 진심하33

군훙 청어총재(君薨 聽於冢宰) 등문공상2

규구방원지지야 성인인륜지지야(規矩方員之至也 聖人人倫之至也) 이루상2

금부궐자추자 시기야 이반동기심(今夫蹶者趨者 是氣也 而反動其心) 공손추상2

금오사망이락불인 시유오취이강주(今惡死亡而樂不仁 是猶惡醉而强酒) 이루상3

기불능령 우불수명 시절물야(旣不能令 又不受命 是絶物也) 이루상7

기위기야 배의여도 무시 뇌야 시집의소생자 비의습이취지야 행유불겸어심 즉뇌의(其爲氣也 配義與道 無是 餒也 是集義所生者 非義襲而取之也 行有不慊於心 則餒矣) 공손추상2

기위기야 지대지강 이직양이무해 즉색우천지지간(其爲氣也 至大至剛 以直養而無害 則塞于天地之間) 공손추상2

기자감식 갈자감음 시미득음식지정야 기갈해지야(飢者甘食 渴者甘飮 是未得飮食之正也 飢渴害之也) 진심상27

기자이위식 갈자이위음(飢者易爲食 渴者易爲飮) 공손추상1

기진예자 기퇴속(其進銳者 其退速) 진심상44

낙민지락자 민역락기락(樂民之樂者 民亦樂其樂) 양혜왕하4

낙이천하 우이천하 연이불왕자 미지유야(樂以天下 憂以天下 然而不王者 未之有也) 양혜왕하4

낙천자보천하(樂天者保天下) 양혜왕하3

남녀거실 인지대륜야(男女居室 人之大倫也) 만장상2

남녀수수불친 예야 수익원지이수자 권야(男女授受不親 禮也 嫂溺援之以手者 權也) 이루상17

내즉부자 외즉군신 인지대륜야 부자주은 군

신주경(內則父子 外則君臣 人之大倫也 父子主恩 君臣主敬)　공손추하2

노오로 이급인지로 유오유 이급인지유 천하가운어장(老吾老 以及人之老 幼吾幼 以及人之幼 天下可運於掌)　양혜왕상7

노이무처왈환 노이무부왈과 노이무자왈독 유이무부왈고 차사자천하지궁민이무고자(老而無妻曰鰥 老而無夫曰寡 老而無子曰獨 幼而無父曰孤 此四者 天下之窮民而無告者)　양혜왕하5

노자의백식육 여민불기불한 연이불왕자미지유야(老者衣帛食肉 黎民不飢不寒 然而不王者未之有也)　양혜왕상7

능언거양묵자 성인지도야(能言距楊墨者 聖人之徒也)　등문공하9

당우선 하후은주계 기의일야(唐虞禪 夏后殷周繼 其義一也)　만장상6

대부유사어사 부득수어기가 즉왕배기문(大夫有賜於士 不得受於其家 則往拜其門)　등문공하7

대인자 부실기적자지심자야(大人者 不失其赤子之心者也)　이루하12

대인자 언불필신 행불필과 유의소재(大人者 言不必信 行不必果 惟義所在)　이루하11

대장불위졸공개폐승묵 예불위졸사변기구율(大匠不爲拙工改廢繩墨 羿不爲拙射變其彀率)　진심상41

덕지유행 속어치우이전명(德之流行 速於置郵而傳命)　공손추상1

도선부족이위정 도법불능이자행(徒善不足以爲政 徒法不能以自行)　이루상1

도이 인여불인이이의(道二 仁與不仁而已矣)　이루상2

도재이이구저원 사재이이구지난(道在爾而求諸遠 事在易而求之難)　이루상11

득도자다조 실도자과조 과조지지 친척반지 다조지지 천하순지(得道者多助 失道者寡助 寡助之至 親戚畔之 多助之至 天下順之)　공손추하1

득지여민유지 부득지독행기도(得志與民由之 不得志獨行其道)　등문공하2

득천하유도 득기민 사득천하의 득기민유도 득기심 사득민의 득기심유도 소욕여지취지 소오물시이야(得天下有道 得其民 斯得天下矣 得其民有道 得其心 斯得民矣 得其心有道 所欲與之聚之 所惡勿施爾也)　이루상9

막비명야 순수기정 시고지명자 불립호암장지하 진기도이사자 정명야 질곡사자 비정명야(莫非命也 順受其正 是故知命者 不立乎巖牆之下 盡其道而死者 正命也 桎梏死者 非正命也)　진심상2

막지위이위자 천야(莫之爲而爲者 天也)　만장상6

막지치이지자 명야(莫之致而至者 命也)　만장상6

만물개비어아의 반신이성 낙막대언 강서이행 구인막근언(萬物皆備於我矣 反身而誠 樂莫大焉 强恕而行 求仁莫近焉)　진심상4

명지왈유려 수효자자손 백세불능개야(名之曰幽厲 雖孝子慈孫 百世不能改也)　이루상2

무곡방 무알적 무유봉이불고(無曲防 無遏糴 無有封而不告)　고자하7

무군자막치야인 무야인막양군자(無君子莫治野人 無野人莫養君子)　등문공상3

무사양지심 비인야(無辭讓之心 非人也)　공

손추상6
무수오지심 비인야(無羞惡之心 非人也) 공손추상6
무시비지심 비인야(無是非之心 非人也) 공손추상6
무위기소불위 무욕기소불욕 여차이이의(無爲其所不爲 無欲其所不欲 如此而已矣) 진심상17
무죄이살사 즉대부가이거 무죄이륙민 즉사가이사(無罪而殺士 則大夫可以去 無罪而戮民 則士可以徙) 이루하4
무측은지심 비인야(無惻隱之心 非人也) 공손추상6
무항산이유항심자 유사위능(無恆産而有恆心者 惟士爲能) 양혜왕상7
묵자겸애 마정방종이천하 위지(墨子兼愛 摩頂放踵利天下 爲之) 진심상26
묵지치상야 이박위기도야(墨之治喪也 以薄爲其道也) 등문공상5
문백이지풍자 완부렴 나부유입지(聞伯夷之風者 頑夫廉 懦夫有立志) 만장하1, 진심하15
문유하혜지풍자 박부돈 비부관(聞柳下惠之風者 薄夫敦 鄙夫寬) 진심하15
문유하혜지풍자 비부관 박부돈(聞柳下惠之風者 鄙夫寬 薄夫敦) 만장하1
미동이언 관기색난난연 비유지소지야(未同而言 觀其色赧赧然 非由之所知也) 등문공하7
미유인이유기친자야 미유의이후기군자야(未有仁而遺其親者也 未有義而後其君者也) 양혜왕상1
민위귀 사직차지 군위경(民爲貴 社稷次之 君爲輕) 진심하14
민지위도야 유항산자유항심 무항산자무항심(民之爲道也 有恆産者有恆心 無恆産者無恆心) 등문공상3
박학이상설지 장이반설약야(博學而詳說之 將以反說約也) 이루하15
백이 목불시악색 이불청악성 비기군불사 비기민불사 치즉진 난즉퇴 횡정지소출 횡민지소지 불인거야 사여향인처 여이조의조관좌어도탄야 당주지시 거북해지빈 이대천하지청야(伯夷 目不視惡色 耳不聽惡聲 非其君不事 非其民不使 治則進 亂則退 橫政之所出 橫民之所止 不忍居也 思與鄕人處 如以朝衣朝冠坐於塗炭也 當紂之時 居北海之濱 以待天下之淸也) 만장하1
백이 성지청자야(伯夷 聖之淸者也) 만장하1
백이애 유하혜불공 애여불공 군자불유야(伯夷隘 柳下惠不恭 隘與不恭 君子不由也) 공손추상9
보민이왕 막지능어야(保民而王 莫之能禦也) 양혜왕상7
보천지하 막비왕토 솔토지빈 막비왕신(普天之下 莫非王土 率土之濱 莫非王臣) 만장상4
부군자소과자화 소존자신 상하여천지동류(夫君子所過者化 所存者神 上下與天地同流) 진심상13
부귀불능음 빈천불능이 위무불능굴(富貴不能淫 貧賤不能移 威武不能屈) 등문공하2
부득어심 물구어기 가 부득어언 물구어심 불가(不得於心 勿求於氣 可 不得於言 勿求於心 不可) 공손추상2
부득어언 물구어심 부득어심 물구어기(不得

於言 勿求於心 不得於心 勿求於氣) 공손
추상2
부득중도이여지 필야광견호 광자진취 견자
유소불위야(不得中道而與之 必也狂獧乎
狂者進取 獧者有所不爲也) 진심하37
부모애지 희이불망 부모오지 노이불원(父母
愛之 喜而不忘 父母惡之 勞而不怨) 만장
상1
부물지부제 물지정야(夫物之不齊 物之情也)
등문공상4
부소 무락 군명소 불사가(父召 無諾 君命召
不俟駕) 공손추하2
부실기신이능사기친자 오문지의 실기신이능
사기친자 오미지문야(不失其身而能事其親
者 吾聞之矣 失其身而能事其親者 吾未之
聞也) 이루상19
부실기치 사시여파(不失其馳 舍矢如破) 등
문공하1
부위비기유이취지자도야 충류지의지진야(夫
謂非其有而取之者盜也 充類至義之盡也)
만장하4
부의로야 예문야 유군자능유시로 출입시문
야(夫義路也 禮門也 惟君子能由是路 出入
是門也) 만장하7
부이백무지불이위기우자 농부야(夫以百畝之
不易爲己憂者 農夫也) 등문공상4
부인 천지존작야 인지안택야 막지어이불인
시부지야(夫仁 天之尊爵也 人之安宅也 莫
之禦而不仁 是不智也) 공손추상7
부인정 필자경계시 경계부정 정지불균 곡록
불평(夫仁政 必自經界始 經界不正 井地不
鈞 穀祿不平) 등문공상3
부인필자모 연후인모지 가필자훼 이후인훼
지 국필자벌 이후인벌지(夫人必自侮 然後

人侮之 家必自毀 而後人毀之 國必自伐 而
後人伐之) 이루상8
부자유친 군신유의 부부유별 장유유서 붕우
유신(父子有親 君臣有義 夫婦有別 長幼有
序 朋友有信) 등문공상4
부자지간불책선 책선즉리 이즉불상막대언
(父子之間不責善 責善則離 離則不祥莫大
焉) 이루상18
부자지설과야 왕자불추 내자불거 구이시심
지 사수지이이의(夫子之設科也 往者不追
來者不距 苟以是心至 斯受之而已矣) 진
심하30
부지기지수야 기체지충야 부지지언 기차언
(夫志氣之帥也 氣體之充也 夫志至焉 氣次
焉) 공손추상2
부지족이위구 아지기불위궤야(不知足而爲屨
我知其不爲蕢也) 고자상7
분인이재위지혜 교인이선위지충 위천하득인
자위지인(分人以財謂之惠 敎人以善謂之忠
爲天下得人者謂之仁) 등문공상4
불건불망 솔유구장(不愆不忘 率由舊章) 이
루상1
불교민이용지 위지앙민 앙민자 불용어요순
지세(不敎民而用之 謂之殃民 殃民者 不容
於堯舜之世) 고자하8
불신인현 즉국공허 무예의 즉상하란 무정사
즉재용부족(不信仁賢 則國空虛 無禮義 則
上下亂 無政事 則財用不足) 진심하12
불오오군 불사소관자 유하혜야(不惡汙君 不
辭小官者 柳下惠也) 고자하6
불이순지소이사요사군 불경기군자야 불이요
지소이치민치민 적기민자야(不以舜之所以
事堯事君 不敬其君者也 不以堯之所以治民
治民 賊其民者也) 이루상2

불인이득국자 유지의 불인이득천하자 미지유야(不仁而得國者 有之矣 不仁而得天下者 未之有也) 진심하13

불인이재고위 시파기악어중야(不仁而在高位 是播其惡於衆也) 이루상1

불인자가여언재 안기위이리기재 낙기소이망자 불인이가여언 즉하망국패가지유(不仁者可與言哉 安其危而利其菑 樂其所以亡者 不仁而可與言 則何亡國敗家之有) 이루상8

불협장 불협귀 불협형제이우 우야자 우기덕야 불가이유협야(不挾長 不挾貴 不挾兄弟而友 友也者 友其德也 不可以有挾也) 만장하3

불효유삼 무후위대(不孝有三 無後爲大) 이루상26

비기군불사 비기민불사 치즉진 난즉퇴 백이야(非其君不事 非其民不使 治則進 亂則退 伯夷也) 공손추상2

비례지례 비의지의 대인불위(非禮之禮 非義之義 大人弗爲) 이루하6

비지무거야 자지무자야 동호유속 합호오세 거지사충신 행지사염결 중개열지 자이위시 이불가여입요순지도 고왈덕지적야(非之無擧也 刺之無刺也 同乎流俗 合乎汚世 居之似忠信 行之似廉潔 衆皆悅之 自以爲是 而不可與入堯舜之道 故曰德之賊也) 진심하37

사광지총 불이육률 불능정오음(師曠之聰 不以六律 不能正五音) 이루상1

사궁불실의 달불이도 궁불실의 고사득기언 달불이도 고민불실망언(士窮不失義 達不離道 窮不失義 故士得己焉 達不離道 故民不失望焉) 진심상9

사무세관 관사무섭 취사필득 무전살대부(士無世官 官事無攝 取士必得 無專殺大夫) 고자하7

사미가이언이언 시이언첨지야 가이언이불언 시이불언첨지야 시개천유지류야(士未可以言而言 是以言餂之也 可以言而不言 是以不言餂之也 是皆穿踰之類也) 진심하31

사비위빈야 이유시호위빈 취처비위양야 이유시호위양 위빈자 사존거비 사부거빈 사존거비 사부거빈 오호의호 포관격탁(仕非爲貧也 而有時乎爲貧 娶妻非爲養也 而有時乎爲養 爲貧者 辭尊居卑 辭富居貧 辭尊居卑 辭富居貧 惡乎宜乎 抱關擊柝) 만장하5

사숙위대 사친위대 수숙위대 수신위대(事孰爲大 事親爲大 守孰爲大 守身爲大) 이루상19

사양지심 예지단야(辭讓之心 禮之端也) 공손추상6

삼년지상 자소지복 전죽지식 자천자달어서인 삼대공지(三年之喪 齊疏之服 饘粥之食 自天子達於庶人 三代共之) 등문공상2

삼대지득천하야이인 기실천하야이불인(三代之得天下也以仁 其失天下也以不仁) 이루상3

상무도규야 하무법수야 조불신도 공불신도 군자범의 소인범형 국지소존자행야(上無道揆也 下無法守也 朝不信道 工不信度 君子犯義 小人犯刑 國之所存者幸也) 이루상1

상무례 하무학 적민흥 상무일의(上無禮 下無學 賊民興 喪無日矣) 이루상1

상유호자 하필유심언자의(上有好者 下必有甚焉者矣) 등문공상2

상제종선조(喪祭從先祖)　등문공상2
생 사지이례 사 장지이례 제지이례 가위효의 (生 事之以禮 死 葬之以禮 祭之以禮 可謂 孝矣)　등문공상2
생어기심 해어기정 발어기정 해어기사(生於 其心 害於其政 發於其政 害於其事)　공손 추상2
생역아소욕 소욕유심어생자 고불위구득야 사역아소오 소오유심어사자 고환유소불피 야(生亦我所欲 所欲有甚於生者 故不爲苟 得也 死亦我所惡 所惡有甚於死者 故患有 所不辟也)　고자상10
생역아소욕야 의역아소욕야 이자불가득겸 사생이취의자야(生亦我所欲也 義亦我所欲 也 二者不可得兼 舍生而取義者也)　고자 상10
생지위성(生之謂性)　고자상3
선명실자 위인야 후명실자 자위야(先名實者 爲人也 後名實者 自爲也)　고자하6
선전자복상형 연제후자차지 벽초래 임토지 자차지(善戰者服上刑 連諸侯者次之 辟草 萊 任土地者次之)　이루상14
설시자 불이문해사 불이사해지 이의역지 시 위득지(說詩者 不以文害辭 不以辭害志 以 意逆志 是爲得之)　만장상4
성가이위선 가이위불선(性可以爲善 可以爲 不善)　고자상6
성곽불완 병갑부다 비국지재야 전야불벽 화 재불취 비국지해야(城郭不完 兵甲不多 非 國之災也 田野不辟 貨財不聚 非國之害也) 이루상1
성덕지사 군부득이신 부부득이자(盛德之士 君不得而臣 父不得而子)　만장상4
성무선무불선야(性無善無不善也)　고자상6

성문과정 군자치지(聲聞過情 君子恥之)　이 루하18
성선(性善)　고자상6
성신유도 불명호선 불성기신의(誠身有道 不 明乎善 不誠其身矣)　이루상12
성유기류야 의유배권야 이인성위인의 유이 기류위배권(性猶杞柳也 義猶桮棬也 以人 性爲仁義 猶以杞柳爲桮棬)　고자상1
성유단수야 결저동방즉동류 결저서방즉서류 인성지무분어선불선야 유수지무분어동서 야(性猶湍水也 決諸東方則東流 決諸西方 則西流 人性之無分於善不善也 猶水之無分 於東西也)　고자상2
성인지행부동야 혹원혹근 혹거혹불거 귀결 기신이이의(聖人之行不同也 或遠或近 或 去或不去 歸潔其身而已矣)　만장상7
성자천지도야 사성자인지도야 지성이부동자 미지유야 불성 미유능동자야(誠者天之道 也 思誠者人之道也 至誠而不動者 未之有 也 不誠 未有能動者也)　이루상12
성즉오불능 아학불염이교불권야(聖則吾不能 我學不厭而敎不倦也)　공손추상2
세속소위불효자오 타기사지 불고부모지양 일불효야 박혁호음주 불고부모지양 이불 효야 호화재 사처자 불고부모지양 삼불효 야 종이목지욕 이위부모륙 사불효야 호용 투한 이위부모 오불효야(世俗所謂不孝者 五 惰其四支 不顧父母之養 一不孝也 博弈 好飮酒 不顧父母之養 二不孝也 好貨財 私 妻子 不顧父母之養 三不孝也 從耳目之欲 以爲父母戮 四不孝也 好勇鬪很 以危父母 五不孝也)　이루하30
소고불가이적대 과고불가이적중 약고불가이 적강(小固不可以敵大 寡固不可以敵衆 弱

固不可以敵彊) 양혜왕상7

소오어지자 위기착야(所惡於智者 爲其鑿也) 이루하26

수능집열 서불이탁(誰能執熱 逝不以濯) 이루상7

수약이시박자 선도야(守約而施博者 善道也) 진심하32

수오지심 의지단야(羞惡之心 義之端也) 공손추상6

수유지혜 부여승세 수유자기 불여대시(雖有智慧 不如乘勢 雖有鎡基 不如待時) 공손추상1

숙불위사 사친 사지본야 숙불위수 수신 수지본야(孰不爲事 事親 事之本也 孰不爲守 守身 守之本也) 이루상19

순명어서물 찰어인륜 유인의행 비행인의야(舜明於庶物 察於人倫 由仁義行 非行仁義也) 이루하19

순천자존 역천자망(順天者存 逆天者亡) 이루상7

시비지심 지지단야(是非之心 智之端也) 공손추상6

시일해상 여급녀해망(時日害喪 予及女偕亡) 양혜왕상2

시작용자 기무후호(始作俑者 其無後乎) 양혜왕상4

식색성야(食色性也) 고자상4

식이불애 시교지야 애이불경 수축지야(食而弗愛 豕交之也 愛而不敬 獸畜之也) 진심상37

신불행도 불행어처자 사인불이도 불능행어처자(身不行道 不行於妻子 使人不以道 不能行於妻子) 진심하9

신어우유도 사친불열 불신어우의(信於友有道 事親弗悅 弗信於友矣) 이루상12

심지소동연자하야 위리야 의야 성인선득아심지소동연이 고리의지열아심 유추환지열아구(心之所同然者何也 謂理也 義也 聖人先得我心之所同然耳 故理義之悅我心 猶芻豢之悅我口) 고자상7

아사십부동심(我四十不動心) 공손추상2

애무차등 시유친시(愛無差等 施由親始) 등문공상5

애인불친반기인 치인불치반기지 예인부답반기경(愛人不親反其仁 治人不治反其智 禮人不答反其敬) 이루상4

약민 즉무항산 인무항심(若民 則無恆産 因無恆心) 양혜왕상7

약약불명현 궐질불추(若藥不瞑眩 厥疾不瘳) 등문공상1

양묵지도불식 공자지도부저 시사설무민 충색인의야(楊墨之道不息 孔子之道不著 是邪說誣民 充塞仁義也) 등문공하9

양생상사무감 왕도지시야(養生喪死無憾 王道之始也) 양혜왕상3

양생자부족이당대사 유송사가이당대사(養生者不足以當大事 惟送死可以當大事) 이루하13

양심막선어과욕 기위인야과욕 수유부존언자 과의 기위인야다욕 수유존언자 과의(養心莫善於寡欲 其爲人也寡欲 雖有不存焉者 寡矣 其爲人也多欲 雖有存焉者 寡矣) 진심하35

양씨위아 시무군야 묵씨겸애 시무부야 무부무군 금수야(楊氏爲我 是無君也 墨氏兼愛 是無父也 無父無君 是禽獸也) 등문공하9

양자취위아 발일모이이천하 불위야(楊子取

위아 발일모이이천하 불위야) 진심상26
어불가이이이자 무소불이(於不可已而已者
　無所不已) 진심상44
어소후자박 무소불박야(於所厚者薄 無所不
　薄也) 진심상44
언근이지원자 선언야(言近而指遠者 善言也)
　진심하32
언무실불상 불상지실 폐현자당지(言無實不
　祥 不祥之實 蔽賢者當之) 이루하17
언인지불선 당여후환하(言人之不善 當如後
　患何) 이루하9
여민동락(與民同樂) 양혜왕상1
역민불이봉강지계 고국불이산계지험 위천하
　불이병혁지리(域民不以封疆之界 固國不以
　山谿之險 威天下不以兵革之利) 공손추
　하1
연목구어(緣木求魚) 양혜왕상7
열친유도 반신불성 불열어친의(悅親有道 反
　身不誠 不悅於親矣) 이루상12
영언배명 자구다복(永言配命 自求多福) 이
　루상4
예 조정불역위이상여언 불유계이상읍야
　(禮 朝廷不歷位而相與言 不踰階而相揖也)
　이루하27
오곡자 종지미자야 구위불숙 불여이패 부인
　역재호숙지이이의(五穀者 種之美者也 苟
　爲不熟 不如荑稗 夫仁亦在乎熟之而已矣)
　고자상19
오녕 공기란의야(惡佞 恐其亂義也) 진심하
　37
오문관근신 이기소위주 관원신 이기소주(吾
　聞觀近臣 以其所爲主 觀遠臣 以其所主)
　만장상8
오문지군자불이천하검기친(吾聞之君子不以
　天下儉其親) 공손추하7
오미문왕기이정인자야 황욕기이정천하자호
　(吾未聞枉己而正人者也 況辱己以正天下者
　乎) 만장상7
오사이비자(惡似而非者) 진심하37
오유 공기란묘야(惡莠 恐其亂苗也) 진심하
　37
오이구 공기란신야(惡利口 恐其亂信也) 진
　심하37
오자 공기란주야(惡紫 恐其亂朱也) 진심하
　37
오정성 공기란악야(惡鄭聲 恐其亂樂也) 진
　심하37
오취탕 오취걸자 이윤야(五就湯 五就桀者 伊
　尹也) 고자하6
오향원 공기란덕야(惡鄕原 恐其亂德也) 진
　심하37
왕기자 미유능직인자야(枉己者 未有能直人
　者也) 등문공하1
왕자지적식이시망 시망연후춘추작(王者之迹
　熄而詩亡 詩亡然後春秋作) 이루하21
왕척이직심(枉尺而直尋) 등문공하1
왕하필왈리 역유인의이이의(王何必曰利 亦
　有仁義而已矣) 양혜왕상1
외천자보기국(畏天者保其國) 양혜왕하3
요순 성자야 탕무 반지야 동용주선중례자 성
　덕지지야(堯舜 性者也 湯武 反之也 動容周
　旋中禮者 盛德之至也) 진심하33
요순 성지야 탕무 신지야 오패 가지야 구가
　이불귀 오지기비유야(堯舜 性之也 湯武 身
　之也 五霸 假之也 久假而不歸 惡知其非有
　也) 진심상30
요순지도 불이인정 불능평치천하(堯舜之道
　不以仁政 不能平治天下) 이루상1

요순지도 효제이이의(堯舜之道 孝弟而已矣) 고자하2

욕위군진군도 욕위신진신도 이자개법요순이이의(欲爲君盡君道 欲爲臣盡臣道 二者皆法堯舜而已矣) 이루상2

욕지순여척지분 무타 이여선지간야(欲知舜與蹠之分 無他 利與善之間也) 진심상25

용하경상 위지귀귀 용상경하 위지존현 귀귀존현 기의일야(用下敬上 謂之貴貴 用上敬下 謂之尊賢 貴貴尊賢 其義一也) 만장하3

우민지우자 민역우기우(憂民之憂者 民亦憂其憂) 양혜왕하4

우사천하유익자 유기익지야(禹思天下有溺者 由己溺之也) 이루하29

우아공전 수급아사(雨我公田 遂及我私) 등문공상3

원천혼혼 불사주야 영과이후진 방호사해 유본자여시(原泉混混 不舍晝夜 盈科而後進 放乎四海 有本者如是) 이루하18

위고필인구릉 위하필인천택(爲高必因丘陵 爲下必因川澤) 이루상1

위부불인의 위인불부의(爲富不仁矣 爲仁不富矣) 등문공상3

위비이언고 죄야 입호인지본조이도불행 치야(位卑而言高 罪也 立乎人之本朝而道不行 恥也) 만장하5

유관수자 부득기직즉거 유언책자 부득기언즉거(有官守者 不得其職則去 有言責者 不得其言則去) 공손추하5

유대인위능격군심지비(惟大人爲能格君心之非) 이루상20

유불우지예 유구전지훼(有不虞之譽, 有求全之毁) 이루상21

유사군인자 사시군즉위용열자야 유안사직신자 이안사직위열자야 유천민자 달가행어천하이후행지자야 유대인자 정기이물정자야(有事君人者 事是君則爲容悅者也 有安社稷臣者 以安社稷爲悅者也 有天民者 達可行於天下而後行之者也 有大人者 正己而物正者也) 진심상19

유성선 유성불선(有性善 有性不善) 고자상6

유수지위물야 불영과불행 군자지지어도야 불성장부달(流水之爲物也 不盈科不行 君子之志於道也 不成章不達) 진심상24

유위자비약굴정 굴정구인이불급천 유위기정야(有爲者辟若掘井 掘井九軔而不及泉 猶爲棄井也) 진심상29

유인자위능이대사소(惟仁者爲能以大事小) 양혜왕하3

유지자위능이소사대(惟智者爲能以小事大) 양혜왕하3

유포루지정 속미지정 역역지정 군자용기일완기이 용기이이민유표 용기삼이부자리(有布縷之征 粟米之征 力役之征 君子用其一 緩其二 用其二而民有殍 用其三而父子離) 진심하27

유하혜 성지화자야(柳下惠 聖之和者也) 만장하1

유하혜 불수오군 불사소관 진불은현 필이기도 유일이불원 액궁이불민 여향인처 유유연불인거야 이위이 아위아 수단석나정어아측 이언능매아재(柳下惠 不羞汙君 不辭小官 進不隱賢 必以其道 遺佚而不怨 阨窮而不憫 與鄉人處 由由然不忍去也 爾爲爾 我爲我 雖袒裼裸裎於我側 爾焉能浼我哉) 만장하1

유하혜불이삼공역기개(柳下惠不以三公易其介) 진심상28
은감불원 재하후지세(殷鑒不遠 在夏后之世) 이루상2
이대사소자 낙천자야(以大事小者 樂天者也) 양혜왕하3
이력가인자패 패필유대국 이덕행인자왕 왕부대대(以力假仁者霸 霸必有大國 以德行仁者王 王不待大) 공손추상3
이루지명 공수자지교 불이규구 불능성방원(離婁之明 公輸子之巧 不以規矩 不能成方員) 이루상1
이선복인자 미유능복인자야 이선양인 연후능복천하 천하불심복이왕자 미지유야(以善服人者 未有能服人者也 以善養人 然後能服天下 天下不心服而王者 未之有也) 이루하16
이소사대자 외천자야(以小事大者 畏天者也) 양혜왕하3
이순위정자 첩부지도야(以順爲正者 妾婦之道也) 등문공하2
이오십보소백보 즉하여(以五十步笑百步 則何如) 양혜왕상3
이윤 성지임자야(伊尹 聖之任者也) 만장하1
이윤왈 하사비군 하사비민 치역진 난역진 왈 천지생사민야 사선지각후지 사선각후각 여천민지선각자야 여장이차도각차민야 사천하지민필부필부유불여피요순지택자 약기추이납지구중 기자임이천하지중야(伊尹曰 何事非君 何使非民 治亦進 亂亦進 曰 天之生斯民也 使先知覺後知 使先覺覺後覺 予天民之先覺者也 予將以此道覺此民也 思天下之民匹夫匹婦有不與被堯舜之澤者 若己推而內之溝中 其自任以天下之重也) 만장하1
이인위미 택부처인 언득지(里仁爲美 擇不處仁 焉得智) 공손추상7
이일도사민 수로불원 이생도살민 수사불원살자(以佚道使民 雖勞不怨 以生道殺民 雖死不怨殺者) 진심상12
이천하여인이 위천하득인난(以天下與人易, 爲天下得人難) 등문공상4
인내야 비외야 의외야 비내야(仁內也 非外也 義外也 非內也) 고자상4
인개유불인인지심 선왕유불인인지심 사유불인인지정의 이불인인지심 행불인인지정 치천하가운지장상(人皆有不忍人之心 先王有不忍人之心 斯有不忍人之政矣 以不忍人之心 行不忍人之政 治天下可運之掌上) 공손추상6
인개유소불위 달지어기소위 의야(人皆有所不爲 達之於其所爲 義也) 진심하31
인개유소불인 달지어기소인 인야(人皆有所不忍 達之於其所忍 仁也) 진심하31
인능무이기갈지해위심해 즉불급인불위우의(人能無以飢渴之害爲心害 則不及人不爲憂矣) 진심상27
인능충무수이여여실 무소왕이불위의야(人能充無受爾汝之實 無所往而不爲義也) 진심하31
인능충무욕해인지심 이인불가승용야(人能充無欲害人之心 而仁不可勝用也) 진심하31
인능충무천유지심 이의불가승용야(人能充無穿踰之心 而義不可勝用也) 진심하31
인륜명어상 소민친어하(人倫明於上 小民親於下) 등문공상3

인병사기전이운인지전 소구어인자중 이소이자임자경(人病舍其田而芸人之田 所求於人者重 而所以自任者輕)　진심하32

인불가위중야 부국군호인 천하무적(仁不可爲衆也 夫國君好仁 天下無敵)　이루상7

인불가이무치 무치지치 무치의(人不可以無恥 無恥之恥 無恥矣)　진심상6

인성지선야 유수지취하야 인무유불선 수무유불하(人性之善也 猶水之就下也 人無有不善 水無有不下)　고자상2

인소 즉모부모 지호색 즉모소애 유처자 즉모처자 사즉모군 부득어군즉열중(人少 則慕父母 知好色 則慕少艾 有妻子 則慕妻子 仕則慕君 不得於君則熱中)　만장상1

인야자 인야 합이언지 도야(仁也者 人也 合而言之 道也)　진심하16

인언 불여인성지입인심야 선정 불여선교지득민야 선정민외지 선교민애지 선정득민재 선교득민심(仁言 不如仁聲之入人深也 善政 不如善敎之得民也 善政民畏之 善敎民愛之 善政得民財 善敎得民心)　진심상14

인유불위야 이후가이유위(人有不爲也 而後可以有爲)　이루하8

인의예지 비유외삭아야 아고유지야 불사이의(仁義禮智 非由外鑠我也 我固有之也 弗思耳矣)　고자상6

인의충신 낙선불권 차천작야 공경대부 차인작야(仁義忠信 樂善不倦 此天爵也 公卿大夫 此人爵也)　고자상16

인인무적어천하(仁人無敵於天下)　진심하3

인인심야 의인로야 사기로이불유 방기심이부지구 애재(仁人心也 義人路也 舍其路而弗由 放其心而不知求 哀哉)　고자상11

인인지안댁야 의인지정로야 광안댁이불거 사정로이불유 애재(仁人之安宅也 義人之正路也 曠安宅而弗居 舍正路而不由 哀哉)　이루상10

인인지어제야 부장노언 불숙원언 친애지이이의(仁人之於弟也 不藏怒焉 不宿怨焉 親愛之而已矣)　만장상3

인인친기친 장기장 이천하평(人人親其親 長其長 而天下平)　이루상11

인자무적(仁者無敵)　양혜왕상5

인자애인 유례자경인 애인자인항애지 경인자인항경지(仁者愛人 有禮者敬人 愛人者人恆愛之 敬人者人恆敬之)　이루하28

인자여사 사자정기이후발 발이부중 불원승기자 반구저기이이의(仁者如射 射者正己而後發 發而不中 不怨勝己者 反求諸己而已矣)　공손추상7

인자이기소애급기소불애 불인자이기소불애급기소애(仁者以其所愛及其所不愛 不仁者以其所不愛及其所愛)　진심하1

인즉영 불인즉욕 금오욕이거불인 시유오습이거하야(仁則榮 不仁則辱 今惡辱而居不仁 是猶惡溼而居下也)　공손추상4

인지소불학이능자 기양능야 소불려이지자 기양지야(人之所不學而能者 其良能也 所不慮而知者 其良知也)　진심상15

인지소이이어금수자기희 서민거지 군자존지(人之所以異於禽獸者幾希 庶民去之 君子存之)　이루하19

인지승불인야 유수승화(仁之勝不仁也 猶水勝火)　고자상18

인지실사친시야 의지실종형시야 지지실지사이자불거시야 예지실절문사이자시야 악지실락사이자(仁之實事親是也 義之實從兄是

也 智之實知斯二者弗去是也 禮之實節文斯二者是也 樂之實樂斯二者) 이루상27

인지어부자야 의지어군신야 예지어빈주야 지지어현자야 성인지어천도야 명야 유성언 군자불위명야(仁之於父子也 義之於君臣也 禮之於賓主也 智之於賢者也 聖人之於天道也 命也 有性焉 君子不謂命也) 진심하24

인지유덕혜술지자 항존호진질 독고신얼자 기조심야위 기려환야심 고달(人之有德慧術知者 恒存乎疢疾 獨孤臣孼子 其操心也危 其慮患也深 故達) 진심상18

인지유도야 포식난의일거이무교 즉근어금수(人之有道也 飽食煖衣逸居而無教 則近於禽獸) 등문공상4

인지이기언야 무책이의(人之易其言也 無責耳矣) 이루상22

인지환재호위인사(人之患在好爲人師) 이루상23

인항과 연후능개 곤어심 형어려 이후작 징어색 발어성 이후유(人恒過 然後能改 困於心 衡於慮 而後作 徵於色 發於聲 而後喻) 고자하15

입즉무법가불사 출즉무적국외환자 국항망 연후지생어우환이사어안락야(入則無法家拂士 出則無敵國外患者 國恒亡 然後知生於憂患而死於安樂也) 고자하15

자막집중 집중위근지 집중무권 유집일야 소오집일자 위기적도야 거일이폐백야(子莫執中 執中爲近之 執中無權 猶執一也 所惡執一者 爲其賊道也 舉一而廢百也) 진심상26

자반이불축 수갈관박 오불췌언 자반이축 수천만인오왕의(自反而不縮 雖褐寬博 吾不惴焉 自反而縮 雖千萬人吾往矣) 공손추상2

자생민이래 미유부자야(自生民以來 未有夫子也) 공손추상2

자유생민이래 미유공자야(自有生民以來 未有孔子也) 공손추상2

자포자 불가여유언야 자기자 불가여유위야 언비예의 위지자포야 오신불능거인유의 위지자기야(自暴者 不可與有言也 自棄者 不可與有爲也 言非禮義 謂之自暴也 吾身不能居仁由義 謂之自棄也) 이루상10

작어기심 해어기사 작어기사 해어기정(作於其心 害於其事 作於其事 害於其政) 등문공하9

재장윤여능여인규구 불능사인교(梓匠輪輿能與人規矩 不能使人巧) 진심하5

적인자위지적 적의자위지잔 잔적지인위지일부 문주일부주의 미문시군야(賊仁者謂之賊 賊義者謂之殘 殘賊之人謂之一夫 聞誅一夫紂矣 未聞弑君也) 양혜왕하8

정자상벌하야 적국불상정야(征者上伐下也 敵國不相征也) 진심하2

정지위언정야(征之爲言正也) 진심하4

제후조어천자왈술직 술직자술소직야(諸侯朝於天子曰述職 述職者述所職也) 양혜왕하4

제후지보삼 토지 인민 정사 보주옥자 앙필급신(諸侯之寶三 土地 人民 政事 寶珠玉者 殃必及身) 진심하28

존현육재 이창유덕(尊賢育才 以彰有德) 고자하7

존호인자 막량어모자 모자불능엄기악 흉중정 즉모자료언 흉중부정 즉모자모언(存乎人者 莫良於眸子 眸子不能掩其惡 胸中正

則眸子瞭焉 胸中不正 則眸子眊焉) 이루
상15

종기대체위대인 종기소체위소인(從其大體爲
大人 從其小體爲小人) 고자상15

종류하이망반위지류 종류상이망반위지련 종
수무염위지황 낙주무염위지망(從流下而忘
反謂之流 從流上而忘反謂之連 從獸無厭謂
之荒 樂酒無厭謂之亡) 양혜왕하4

주도여지 기직여시 군자소리 소인소시(周道
如底 其直如矢 君子所履 小人所視) 만장
하7

주불효 무역수자 무이첩위처(誅不孝 無易樹
子 無以妾爲妻) 고자하7

주우리자 흉년불능살 주우덕자 사세불능난
(周于利者 凶年不能殺 周于德者 邪世不能
亂) 진심하10

준선왕지법이과자 미지유야(遵先王之法而過
者 未之有也) 이루상1

중니불위이심자(仲尼不爲已甚者) 이루하
10

지기지 무폭기기(持其志 無暴其氣) 공손추
상2

지사불망재구학 용사불망상기원(志士不忘在
溝壑 勇士不忘喪其元) 등문공하1, 만장
하7

지아자기유춘추호 죄아자기유춘추호(知我者
其惟春秋乎 罪我者其惟春秋乎) 등문공
하9

지일즉동기 기일즉동지야(志壹則動氣 氣壹
則動志也) 공손추상2

지자무부지야 당무지위급 인자무불애야 급
친현지위무(知者無不知也 當務之爲急 仁
者無不愛也 急親賢之爲務) 진심상46

직사천하유기자 유기기지야(稷思天下有飢者
由己飢之也) 이루하29

진기심자 지기성야 지기성 즉지천의 존기심
양기성 소이사천야 요수불이 수신이사지
소이입명야(盡其心者 知其性也 知其性 則
知天矣 存其心 養其性 所以事天也 殀壽不
貳 修身以俟之 所以立命也) 진심상1

진신서 즉불여무서(盡信書 則不如無書) 진
심하3

창랑지수청혜 가이탁아영 창랑지수탁혜 가
이탁아족(滄浪之水淸兮 可以濯我纓 滄浪
之水濁兮 可以濯我足) 이루상8

책난어군위지공 진선폐사위지경 오군불능위
지적(責難於君謂之恭 陳善閉邪謂之敬 吾
君不能謂之賊) 이루상1

책선 붕우지도야 부자책선 적은지대자(責善
朋友之道也 父子責善 賊恩之大者) 이루
하30

천무이일 민무이왕(天無二日 民無二王) 만
장상4

천불언 이행여사시지이이의(天不言 以行與
事示之而已矣) 만장상5

천생증민 유물유칙 민지병이 호시의덕(天生
蒸民 有物有則 民之秉夷 好是懿德) 고자
상6

천시불여지리 지리불여인화(天時不如地利
地利不如人和) 공손추하1

천시자아민시 천청자아민청(天視自我民視
天聽自我民聽) 만장상5

천자적제후왈순수 순수자순소수야(天子適諸
侯曰巡狩 巡狩者巡所守也) 양혜왕하4

천작얼 유가위 자작얼 불가활(天作孼 猶可違
自作孼 不可活) 공손추상4, 이루상8

천장강대임어시인야 필선고기심지 노기근골
아기체부 공핍기신 행불란기소위 소이동

심인성 증익기소불능(天將降大任於是人也 必先苦其心志 勞其筋骨 餓其體膚 空乏其 身 行拂亂其所爲 所以動心忍性 曾益其所 不能) 고자하15

천지생물야 사지일본(天之生物也 使之一本) 등문공상5

천지생차민야 사선지각후지 사선각각후각야 (天之生此民也 使先知覺後知 使先覺覺後 覺也) 만장상7

천하무도 소역대 약역강(天下無道 小役大 弱 役强) 이루상7

천하유달존삼 작일 치일 덕일 조정막여작 향 당막여치 보세장민막여덕(天下有達尊三 爵一 齒一 德一 朝廷莫如爵 鄉黨莫如齒 輔 世長民莫如德) 공손추하2

천하유도 소덕역대덕 소현역대현(天下有道 小德役大德 小賢役大賢) 이루상7

천하유도 이도순신 천하무도 이신순도 미문 이도순호인자야(天下有道 以道殉身 天下 無道 以身殉道 未聞以道殉乎人者也) 진 심상42

천하지본재국 국지본재가 가지본재신(天下 之本在國 國之本在家 家之本在身) 이루 상5

천하지생구의 일치일란(天下之生久矣 一治 一亂) 등문공하9

천하지언 불귀양 즉귀묵(天下之言 不歸楊 則 歸墨) 등문공하9

천하지언성야 즉고이이의 고자이리위본(天 下之言性也 則故而已矣 故者以利爲本) 이루하26

청기언야 관기모자 인언수재(聽其言也 觀其 眸子 人焉廋哉) 이루상15

춘추무의전 피선어차 즉유지의(春秋無義戰 彼善於此 則有之矣) 진심하2

춘추천자지사야(春秋天子之事也) 등문공 하9

출어기류 발호기췌 자생민이래 미유성어공 자야(出於其類 拔乎其萃 自生民以來 未有 盛於孔子也) 공손추상2

취저인이위선 시여인위선자야 고군자막대호 여인위선(取諸人以爲善 是與人爲善者也 故君子莫大乎與人爲善) 공손추상8

측은지심 인개유지 수오지심 인개유지 공경 지심 인개유지 시비지심 인개유지(惻隱之 心 人皆有之 羞惡之心 人皆有之 恭敬之心 人皆有之 是非之心 人皆有之) 고자상6

측은지심 인야 수오지심 의야 공경지심 예야 시비지심 지야(惻隱之心 仁也 羞惡之心 義 也 恭敬之心 禮也) 고자상6

측은지심 인지단야(惻隱之心 仁之端也) 공 손추상6

치지막선어조 막불선어공(治地莫善於助 莫 不善於貢) 등문공상3

치지어인대의 위기변지교자 무소용치언 불 치불약인 하약인유(恥之於人大矣 爲機變 之巧者 無所用恥焉 不恥不若人 何若人有) 진심상7

친상고소자진야(親喪固所自盡也) 등문공 상2

친지과대이불원 시유소야 친지과소이원 시 불가기야 유소 불효야 불가기 역불효야(親 之過大而不怨 是愈疏也 親之過小而怨 是 不可磯也 愈疏 不孝也 不可磯 亦不孝也) 고자하3

친친 인야 경장 의야 무타 달지천하야(親親 仁也 敬長 義也 無他 達之天下也) 진심 상15

칠십자의백식육 여민불기불한 연이불왕자미 지유야(七十者衣帛食肉 黎民不飢不寒 然而不王者未之有也)　양혜왕상3

타인유심 여촌탁지(他人有心 子忖度之)　양혜왕상7

포유비육 구유비마 민유기색 야유아표 차솔수이식인야(庖有肥肉 廐有肥馬 民有飢色 野有餓莩 此率獸而食人也)　양혜왕상4, 등문공하9

폭기민 심 즉신시국망 불심 즉신위국삭(暴其民 甚 則身弑國亡 不甚 則身危國削)　이루상2

피사지기소폐 음사지기소함 사사지기소리 둔사지기소궁(詖辭知其所蔽 淫辭知其所陷 邪辭知其所離 遁辭知其所窮)　공손추상2

필부이유천하자 덕필약순우 이우유천자천지자 고중니불유천하(匹夫而有天下者 德必若舜禹 而又有天子薦之者 故仲尼不有天下)　만장상6

하사비군 하사비민 치역진 난역진 이윤야(何事非君 何使非民 治亦進 亂亦進 伊尹也)　공손추상2

학문지도무타 구기방심이이의(學問之道無他 求其放心而已矣)　고자상11

학불염지야 교불권인야 인차지 부자기성의(學不厭智也 教不倦仁也 仁且智 夫子既聖矣)　공손추상2

행혹사지 지혹니지 행지비인소능야(行或使之 止或尼之 行止非人所能也)　양혜왕하16

행유부득자 개반구저기 기신정이천하귀지(行有不得者 皆反求諸己 其身正而天下歸之)　이루상4

행지이부저언 습의이불찰언 종신유지이부지기도자 중야(行之而不著焉 習矣而不察焉 終身由之而不知其道者 衆也)　진심상5

향원 덕지적야(鄉原 德之賊也)　진심하37

현자이기소소 사인소소 금이기혼혼 사인소소(賢者以其昭昭 使人昭昭 今以其昏昏 使人昭昭)　진심하20

협견첨소 병우하휴(脅肩諂笑 病于夏畦)　등문공하7

협귀이문 협현이문 협장이문 협유훈로이문 협고이문 개소부답야(挾貴而問 挾賢而問 挾長而問 挾有勳勞而問 挾故而問 皆所不答也)　진심상43

형색 천성야 유성인 연후가이천형(形色 天性也 惟聖人 然後可以踐形)　진심상38

형우과처 지우형제 이어우가방(刑于寡妻 至于兄弟 以御于家邦)　양혜왕상7

호명지인 능양천승지국 구비기인 단사두갱 현어색(好名之人 能讓千乘之國 苟非其人 簞食豆羹見於色)　진심하11

혹노심 혹노력 노심자치인 노력자치어인 치어인자식인 치인자식어인 천하지통의야(或勞心 或勞力 勞心者治人 勞力者治於人 治於人者食人 治人者食於人 天下之通義也)　등문공상4

화복무불자기구지자(禍福無不自己求之者)　공손추상4

획어상유도 불신어우 불획어상의(獲於上有道 不信於友 弗獲於上矣)　이루상12

휘명불휘성 성소동야 명소독야(諱名不諱姓 姓所同也 名所獨也)　진심하36